积淀·跨越·创新

中国社会科学院台湾研究所成立卅周年纪念文集

主　编◎周志怀
副主编◎刘佳雁

九州出版社 JIUZHOUPRESS | 全国百佳图书出版单位

图书在版编目（CIP）数据

积淀·跨越·创新 ：中国社会科学院台湾研究所成立卅周年纪念文集 / 周志怀主编. -- 北京 ：九州出版社，2014.6
ISBN 978-7-5108-3047-1

Ⅰ. ①积… Ⅱ. ①周… Ⅲ. ①台湾问题—文集②海峡两岸—关系—文集 Ⅳ. ①D618-53

中国版本图书馆CIP数据核字(2014)第129750号

积淀·跨越·创新：中国社会科学院台湾研究所成立卅周年纪念文集

作　　者	周志怀　主编　刘佳雁　副主编
出版发行	九州出版社
出 版 人	黄宪华
地　　址	北京市西城区阜外大街甲 35 号 (100037)
发行电话	(010)68992190/3/5/6
网　　址	www.jiuzhoupress.com
电子信箱	jiuzhou@jiuzhoupress.com
印　　刷	北京京华虎彩印刷有限公司
开　　本	720 毫米 ×1020 毫米　16 开
印　　张	36.25
字　　数	628 千字
版　　次	2014 年 6 月第 1 版
印　　次	2014 年 6 月第 1 次印刷
书　　号	ISBN 978-7-5108-3047-1
定　　价	118.00 元

前　言

三十而立。自1984年9月正式成立，中国社会科学院台湾研究所已迈入第三十个年头。三十年来，作为国家级对台智库和涉台综合性学术研究机构，一代一代的台湾研究所前辈和学者，孜孜矻矻，戮力以求，本着“求真务实、锐意进取”的精神，始终坚持以中央对台大政方针为本，始终坚持以扎实的学术研究服务对台工作、服务社会各界为宗旨，在加强两岸关系政策性理论性问题、涉台基础性问题和重大热点问题研究的同时，不断加强涉台“综合性、战略性、前沿性”问题的研究，取得了丰硕成果，成为独具鲜明特色并享誉海内外的涉台研究重镇。

回首台湾研究所三十年不平凡的历程，我们要特别纪念和感谢那些为台湾研究所草创和奠基做出重大贡献的前辈专家学者！即将迈入第三十个年头的台湾研究所正站在新的历史起点上。值此之际，我们特组织全所在职研究人员精选历年在国内学术刊物公开发表的代表性论文编纂成集，作为对台湾研究所成立三十周年庆典的献礼，以资纪念。

文集按照积淀、提升与创新的思考脉络和编纂思路，共收录论文五十六篇，约五十万字。编者力图通过这种集中展示的方式，尽量能够较为全面地反映本所绝大部分研究人员的研究旨趣和历年研究精品；同时，也是想通过回顾过去三十年来本所基础学术研究的大致面貌，检讨成败得失，为台湾研究所的可持续发展、开辟本所台湾研究的创新之路，实现台湾研究的跨越，奠定基础，创造条件。

文集所收录的论文发表时间跨度从1992年始延续至现在，读者可以从涉及的内容一窥本所研究人员的专长与研究重点，其中涉及了台湾问题与两岸关系的方方面面，既有对“和平统一、一国两制”大政方针的理论探讨，也有对两岸政治、经济关系重点、热点问题的学术探索；既有对台湾政治现象、经济发展、对外关系的动态观察，也有对“台独”、中间选民、国际因素对台湾问题的影响等所进行的深入研究，这不仅反映了台湾研究所基础研究的深层积淀及研究触角的广泛性，也体现出台湾研究所牢记服务中央对台工作宗旨，在密切跟踪形势的基础上，已形成跨政治学、经济学、社会学、法学等多学科研究交叉的研究体系和鲜明特色。

当前两岸关系发展已经进入到了一个关键的转折时期，台湾研究所也同样面临着研究领域与研究范式的拓展和转换、研究方式方法亟须革新的挑战，需要研究水平与能力的再提升、再跨越，而唯有创新才能突破瓶颈。往者已矣，来者可追。我们无比欣慰的是，经过三十年的努力，台湾研究所已基本形成了以中年学者为骨干，以青年博硕士为主、知识结构更为合理、理论水平和学术研究功底更为扎实的研究队伍。文集中的不少成果就是由青年学者完成的，他们无疑承载着台湾研究所未来的希望。

三十年，在人类历史长河中如白驹过隙，倏忽之间。但对台湾研究所的成长是不平凡的，特别是台湾研究所取得的重大进步和可喜成就无不凝聚着所有曾经在这里工作过的前辈同仁的汗水和智慧，也渗透着正在这里工作的全体同仁的辛勤努力和耕耘。期待这一文集的出版，能进一步促进全体研究人员更加奋发有为，开拓进取，用不竭的创新力量，共同为本所研究水平再上一个新台阶而努力奉献！

编者

2014 年 5 月 28 日

目 录

两岸经贸与台湾经济

台湾对外关系

台湾社会文化历史综合

两岸关系

关于“一国两制”理论形成的几个问题

周志怀

“一个国家、两种制度”是我国政府实现祖国和平统一的基本政策，是邓小平理论的重要组成部分。1987 年 4 月，邓小平同志在会见香港特别行政区基本法起草委员会委员时指出：“我们的社会主义制度是有中国特色的社会主义制度，这个特色，很重要的一个内容就是对香港、澳门、台湾问题的处理，就是‘一国两制’。”在《邓小平文选》中，有两处地方直接回答了建设有中国特色社会主义的具体内容[①]，而上述重要讲话便是其中之一，这充分突显了“一国两制”在建设有中国特色社会主义中的重要地位。从八十年代初邓小平同志正式提出“一国两制”科学构想以来，我国政府已于 1997 年 7 月 1 日和 1999 年 12 月 20 日，成功地对香港和澳门恢复行使主权，“一国两制”的科学构想已经在新世纪来临前变为现实。围绕邓小平“一国两制”理论，国内学术界曾有过众多深入探讨，一批颇具水准的研究成果先后问世，本文拟围绕“一国两制”理论形成的有关问题做一点初步探讨。

一、关于“一国两制”的正式提出

“一国两制”对于推动和实现中国和平统一的进程具有无与伦比的作用。但是，直到九十年代末期，国内学术界对“一国两制”（泛指“一个国家，两种制度”）到底是什么时间正式见诸文字的仍有不同的说法，其中较有代表性的观点有两种。

一说是 1982 年 1 月。根据现有资料，此说最早是由中国社会科学院台湾研究所原副所长李家泉先生提出来的。他援引的资料说，1982 年 1 月邓小平先生在会见一海外朋友时谈到：“九条方针是以叶剑英委员长名义提出来的，实际上就是‘一

① 陈道华主编《“一国两制”与国家理论》，中共中央党校出版社 2002 年版，序，第 1 页。

个国家，两种制度’。两制是可以允许的，他们不要破坏大陆的制度，我们也不要破坏他那个制度。”李家泉先生认为，关于“一国两制”的概念，正是从这时正式开始使用的[①]。中央文献研究室冷溶先生也持此说，他认为邓小平是在1982年1月的一次谈话中第一次使用了“一个中国、两种制度”的提法[②]。李家泉与冷溶先生虽然在邓小平“一国两制”的提出时间上观点一致，但一人用的是“一个国家，两种制度”，一人用的是“一个中国，两种制度”，在内容上仍有细微差别。

在政府出版品中，引用的也多为此说。1993年8月31日，国务院台湾事务办公室和国务院新闻办公室发表的《台湾问题与中国的统一》白皮书中说，1982年1月1日，中国领导人就叶剑英的上述谈话（指“叶九条”）指出：这实际上就是“一个国家、两种制度”。在这里，“一国两制”提出的时间较前更为具体。中共中央台湾工作办公室、国务院台湾事务办公室1998年9月出版的《中国台湾问题（干部读本）》也认为，邓小平于1982年1月首次提出了“一个国家，两种制度”的概念[③]。

另一说是1982年9月。此说首先见诸于黄绍汪先生的一篇文章综述。他在《科学的构想，崭新的模式——关于“一国两制”理论探讨的综述》文章内提出，1982年9月邓小平同志在会见英国首相撒切尔夫人时正式提出“一国两制”的概念，同时，我国政府在撒切尔访华期间明确表示，在香港问题上也将实行“一国两制”,[④]。红旗出版社出版的《邓小平建设有中国特色社会主义理论学习文库》（1997年3月北京第二版）中所收录的《邓小平在新时期对党的统一战线理论的卓越贡献》一文也明确认为：1982年9月，邓小平在会见撒切尔夫人时，第一次明确提出“一国两制”的概念。邓小平说，关于收回香港主权，可以用“一个国家，两种制度”的方案解决。九十年代中期的部分学术研究成果中，沿用此说的论著与文章则较多，如1994年山西经济出版社的《中国特色社会主义理论大辞典》、1995年山东人民出版社的《建设有中国特色社会主义理论汇典》等。

除上述两种说法外，国务院台湾事务办公室的张铭清先生在其撰写的《实现祖国和平统一的理论指南》一文中，也曾涉及该问题。该文认为，“‘一国两制’的提

---

① 李家泉：《“一国两制”构想的形成和发展》，《“一国两制”与祖国统一》，第49页，《瞭望》周刊海外版编辑部编，新华出版社1988年12月版。

② 冷溶：《“一国两制”与邓小平的思想特色》，《党的文献》1992年第1期。

③ 《中国台湾问题（干部读本）》九洲图书出版社1998年版，第67—68页。

④ 《广东社会科学》1985年12月号。

法，正式见诸文字，是在1984年6月2日、23日。”[①]张文引述了邓小平在会见香港工商界访京团时的一段话：“我们的政策是实行‘一个国家，两种制度’，具体说，就是在中华人民共和国内，十亿人口的大陆实行社会主义制度，香港、台湾实行资本主义制度。”但是，由中国人民大学组织编写的《邓小平理论概论》（全国普通高等学校马克思主义理论课推荐教材，至2002年1月已第13次印刷）则认为，邓小平同志是在1984年2月会见美国乔治城大学战略与国际问题研究中心代表团时，第一次使用了“一国两制”的概念[②]。该书引述了邓小平同志的另外一段谈话：“我们提出的大陆与台湾统一的方式是合情合理的。统一后，台湾仍搞它的资本主义，大陆搞社会主义，但仍是一个统一的中国。一个中国，两种制度。香港问题也是这样，一个中国，两种制度。”笔者认为，如果仅从《邓小平文选》第三卷看，邓小平同志1984年2月的谈话应该是“一国两制”正式见诸文字的较准确时间。

在“一国两制”正式提出的准确时间这一问题上，之所以会出现上述诸多分歧，是因为学界一直未能看到较具权威性的公开引文。特别是上述两种说法在已公开出版发行的《邓小平文选》第三卷以及其他出版物中（例如：中共中央文献研究室1997年4月编辑出版的《一国两制重要文献选编》、民革中央1994年10月编辑出版的《邓小平论祖国统一》、历年的《人民日报》等），均无法找到出处。

随着历史文献资料的不断披露，“一国两制”提出的准确时间已逐渐清晰。1998年年底，由中共中央文献研究室编辑出版的《邓小平思想年谱》第一次公开发表了邓小平在1982年1月1日会见美国华人协会主席李耀滋时的谈话。可惜的是，有些研究工作者当时并未能注意到《邓小平思想年谱》的出版。邓小平说：“九条方针是以叶副主席的名义提出来的，实际上是一个国家两种制度，两种制度是可以允许的，他们不要破坏大陆的制度，我们也不破坏他那个制度。国家的统一是我们整个中华民族的愿望。这不仅有利于子孙后代，在中国五千年的历史上也是一件大事。我们是从这样的角度着想和对待这个问题。说什么‘统战手法’，我们不搞。我们讲大政方针。没有这样的气度不行。”[③]这次谈话对邓小平首次提出“一国两制”的具体时间、内容以及与谈人都作了详细记载。李家泉与冷溶先生的相关引文虽与上述谈话并不完全一致，但基本是准确的。由此可见，“一国两制”的正式提出应

① 《人民日报》，1994年5月23日。

② 奚广庆主编：《邓小平理论概论》，中国人民大学出版社1998年版，第336页。

③ 中共中央文献研究室编：《邓小平思想年谱》（1975—1997），中央文献出版社1998年版，第212页。

该是在1982年1月。

1984年5月，六届人大二次会议将“一个国家，两种制度”的提法正式写入政府工作报告。报告指出：“从国家和民族的根本利益出发，鉴于历史的经验和台湾的现实，我们提出了祖国统一之后可以实行‘一个国家，两种制度’的设想。我们的各项建议和设想都是诚心诚意的，通情达理的”。其后，邓小平同志在当年6、7月间分别会见香港工商界访京团、香港知名人士钟士元以及英国外交大臣杰弗里豪时，开始较集中地谈及“一个国家，两种制度。”10月2日，邓小平在会见华人科学家时指出：“‘一国两制’的构想，是根据世界的现实、历史的状况和中国的实际提出来的。”① 这是邓小平首次将“一个国家，两种制度”简化为“一国两制”。

二、“一国两制”理论形成的几个阶段

“一国两制”构想主要是在1978年党的十一届三中全会以后形成的。总体上说，“一国两制”理论的形成大体上经历了三个阶段：

（一）初步构想阶段（1978年—1980年）

“一国两制”构想发轫于党的十一届三中全会前后。在十一届三中全会召开之前的1978年10月，邓小平在会见日本文艺家江藤淳时就指出：“如果实现祖国统一，我们在台湾的政策将根据台湾的现实来处理。比如说，美国在台湾有大量的投资，日本在那里也有大量的投资，这就是现实，我们正视这个现实。”② 此次谈话透露出祖国统一后中国政府将从实际出发、尊重台湾现实和保护外国人投资的最初思考，这是邓小平同志涉及“一国两制”构想的最早谈话。当年1月会见缅甸总统吴奈温时，邓小平第一次明确谈到统一后台湾的某些制度和生活方式可以不动。他说：“在解决台湾问题时，我们会尊重台湾的现实。比如，台湾的某些制度可以不动。美日在台湾的投资可以不动，那边的生活方式可以不动。”③ 邓小平同志的上述重要谈话表明，在三中全会之前，他便已开始思考如何解决台湾问题，这些重要，谈话可以说是“一国两制”构想的最初萌芽。

三中全会之后，邓小平关于两种制度的思考更加清晰。1979年12月，他在会

---

① 《邓小平论祖国统一》，第30页。

② 《邓小平论祖国统一》，第1页。

③ 《邓小平论祖国统一》，第1页。

见日本首相大平正芳时说，实现统一祖国的目标，要从现实情况出发。统一后“台湾的制度不变，生活方式不变，台湾与外国的民间关系不变，包括外国在台湾的投资、民间交往照旧”。“台湾作为一个地方政府，可以拥有自己的自卫力量、军事力量。”[①] 这些谈话此后成为“一国两制”构想形成的基本框架。

从邓小平在这一阶段内的相关谈话看，除了一些大的原则问题，如“台湾要作为中国不可分割的一部分”，“一定要使台湾回到祖国怀抱”，“不允许有什么两个中国”之外，更多的是从尊重现实和兼顾各方利益的角度，探讨了两种制度并存于同一国家的可能性，充分体现了邓小平作为无产阶级革命家、思想家和战略家的非凡胆略和创新精神。从理论上看，允许两种完全不同的社会制度长期并存于一个统一的国家内部，无论是马克思主义的经典作家，还是西方的任何一派政治学家，都从未曾做过此类探讨。从实践上看，世界各国在国家结构形式上，无论是实行单一制，还是实行复合制，也都从未出现过两种不同制度自觉并存于同一国家内且受法律保护的问题，每一国家的基本社会制度都是单一的。邓小平从解决台湾问题所面临的实际情况出发，打破传统观念的束缚，把社会主义和资本主义两种对立的社会制度包容于一个统一的国家之内，从而突破了一个国家内只能实行一种社会制度的“一国一制”的传统观念，这不能不说是一个伟大创举。

（二）具体化阶段（1981年—1983年）

在这一阶段，邓小平“一国两制”理论的基本内容进一步具体化，其主要标志是1981年“叶九条”和1983年“邓六条”的发表。

1981年9月30日，叶剑英委员长发表《关于台湾回归祖国实现和平统一的方针政策》的谈话，详细阐明解决台湾问题的方针政策，建议举行中国共产党和中国国民党两党对等谈判，实行第三次合作，共同完成祖国统一大业；明确表示国家实现统一后，台湾可作为特别行政区，享有高度的自治权，并可保留军队。提出台湾现行社会、经济制度不变，生活方式不变，同外国的经济、文化关系不变，私人财产、房屋、土地、企业所有权、合法继承权和外国人投资不受侵犯。邓小平同志1984年12月会见英国首相撒切尔夫人时曾明确指出：“1981年国庆前夕叶剑英委员长就台湾问题发表的九条声明，虽然没有概括为‘一国两制’，但实际上就是这个意思。”[②]

① 《邓小平论祖国统一》，第8页。

② 《邓小平文选》，第三卷第102页。

还需要指出的是，在这一阶段，五届全国人大五次会议于1982年12月通过了《中华人民共和国宪法》，其中第31条规定："国家在必要时得设立特别行政区。在特别行政区内行使的制度按照具体情况由全国人民代表大会以法律规定。"国家根本大法通过的这一规定，为邓小平"一国两制"理论的形成提供了重要法律依据和必要条件。

（三）正式确立阶段（1984年）

1984年，邓小平关于"一国两制"的思考更加清晰，更加成熟。这一年9月，中国政府在与英国政府就恢复对香港行使主权问题展开为期两年的谈判后，终于达成协议并草签了《中英联合声明》和三个附件。其后，由中英两国政府首脑于当年12月19日在北京正式签署了《中英联合声明》。应该说，从1982年中英就香港问题进行谈判以后，邓小平同志就一直对"一国两制"问题进行着深入思考，而1984年则是思考最为集中的一年，这可从邓小平的有关论述中看得十分清楚。由民革中央编辑的《邓小平论祖国统一》一书中，收录了邓小平同志1978年—1990年间的关于"一国两制"方面的四十八条重要论述，而1984年一年就占了三分之一。邓小平同志在此期间的不间断思考，使"一国两制"构想渐趋明朗、不断完善。

1984年10月，《瞭望》周刊发表《一个意义重大的构想——邓小平同志谈"一个国家，两种制度"》，对"一国两制"构想作了首次系统报道。这一报导可以视为"一国两制"构想已基本确立的重要标志。

1984年，邓小平"一国两制"构想的内涵更为丰富。在这一年中，邓小平同志又先后提出了有关"一国两制"的许多重要思想，其中主要包括：

1."一国两制"的主体是社会主义。在台港澳地区实行资本主义，是否会影响大陆的社会主义呢？对此，邓小平给予了明确回答。他指出："中国的主体必须是社会主义。""'一国两制'除了资本主义，还有社会主义，就是中国的主体、十亿人口的地区坚定不移地实行社会主义。……主体是很大的主体，社会主义是在十亿人口地区的社会主义，这是个前提，没有这个前提不行。在这个前提下，可以容许在自己身边，在小地区和小范围内实行资本主义。我们相信，在小范围内容许资本主义存在，更有利于发展社会主义。"[①] 可以说，邓小平提出"一国两制"，允许在

---

① 《邓小平文选》，第三卷第59、103页。

台港澳地区保留资本主义制度，完全是基于对中国的主体是社会主义的一种自信。事物的性质毕竟是由取得支配地位的矛盾的主要方面所决定的。在中国一小部分地区实行资本主义，并不会削弱社会主义，也不可能改变中国政治制度的性质。这充分显示了邓小平伟大无产阶级革命家的气魄和胆识。

2.“一国两制”方针长期不变。针对部分人（包括外国人）担心中国“政策多变”问题，邓小平在年内多次阐明相关政策：“‘一个国家、两种制度’，我们已经讲了很多次了，全国人民代表大会已经通过了这个政策。有人担心这个政策会不会变，我说不会变。”我们讲“五十年”不变，“不是随随便便、感情冲动而讲的，是考虑到中国的现实和发展的需要”。① 邓小平从保持香港的繁荣稳定、保持稳定的台湾符合中国切身利益的这一角度出发，从中国现代化建设的长期发展战略出发，用“五十年不变”这一形象化的语言，强调了大陆坚定不移地落实“一国两制”政策的决心，同时也向全世界展示了中国将信守诺言的庄严承诺，这为推动“一国两制”的实施创造了必要条件。

3. 用“一国两制”办法解决中国统一问题也是一种和平共处。邓小平同志创造性地把列宁提出的和平共处原则运用到解决国家统一问题上来。他认为：“根据中国自己的实践，我们提出‘一个国家、两种制度’的办法来解决中国的统一问题，这也是一种和平共处。”指出“和平共处的原则不仅在处理国际关系问题上，而且在一个国家处理自己内政问题上，也是一个好办法。”② 用处理国际关系问题的原则来解决国内特殊问题，这是邓小平对列宁和平共处原则的灵活运用和新发展。

从七十年代末到八十年代初，邓小平“一个国家、两种制度”的构想日趋成熟，逐步系统化，成为中国政府实现祖国统一的基本方针。本着这一基本方针，中国政府先后于 1984 年和 1987 年与英国政府、葡萄牙政府签订了《联合声明》，顺利解决了我国对港澳恢复行使主权问题。

三、“一国两制”理论形成的重要条件

“一国两制”理论的形成是以一定的时代条件为背景的，它既是在新的实践基础上继承前人而又突破陈规的产物，又是在坚持解放思想、实事求是的思想路线基础上形成的。与此同时，国际大环境的变化也为“一国两制”的形成创造了必要的

① 《邓小平文选》，第三卷第 59、103 页。
② 《邓小平文选》，第三卷第 96—97 页。

外部条件。

（一）主要思想来源

江泽民总书记在党的十五大报告中指出："马克思列宁主义同中国实际相结合有两次历史性飞跃，产生了两大理论成果。第一次飞跃的理论成果是被实践证明了的关于中国革命和建设的正确的理论原则和经验总结，它的主要创立者是毛泽东，我们党把它称为毛泽东思想。""一国两制"主要是在十一届三中全会以后逐步形成的伟大构想。但从思想来源看，"一国两制"构想体现了中国几代领导人为实现祖国和平统一的集体智慧，是对毛泽东思想的继承和发展，与毛泽东思想一脉相承，密不可分。

早在五六十年代，毛主席和周总理就提出了和平解决台湾问题、进行第三次国共合作等重要思想。1955 年 5 月，毛主席在会见印尼总理沙斯特罗阿米佐约时说："就是西方国家，只要它们愿意，我们也愿同它们合作。我们愿意用和平的方法来解决存在的问题。""台湾问题也可以用谈判解决。"①1957 年 4 月，毛主席和周总理会见苏联客人时说："国共两党过去已经合作了两次……我们还准备进行第三次合作。"②1958 年 1 月，毛主席在其起草的《中华人民共和国国防部三告台湾同胞书》中呼吁，希望台湾当局"派出代表，举行和谈"。毛主席还强调："我们的和谈是真和谈，谈成了，内战就可以宣告结束。"③

周恩来总理也就对台政策发表了许多重要讲话。1955 年 5 月 13 日，周总理在全国人大常委会第十五次会议上明确宣布："中国人民解放台湾有两种可能的方式，即战争的方式和和平的方式。中国人民愿意在可能的条件下，争取用和平的方式解放台湾。"④这是祖国大陆第一次公开提出和平解放台湾的主张。1956 年 6 月，周总理又在一届人大三次会议上正式提出："愿意同台湾当局协商和平解放台湾的具体步骤和条件，并且希望台湾当局在他们认为适当的时机，派遣代表到北京或适当的地点同我们开始这种商谈。"⑤

五十年代大陆对台政策的调整与当时国内外环境的变化密切相关。从国际形势看，1953 年 7 月朝鲜停战协议签订，1954 年越南停战协议签订，国际形势趋于缓

① 《毛泽东文集》第六卷第 411 — 412 页。
② 《人民日报》1957 年 4 月 17 日。
③ 《毛泽东文集》第七卷第 453 页。
④ 《人民日报》1955 年 5 月 17 日。
⑤ 《人民日报》1956 年 6 月 29 日。

和。与此同时，中国政府也致力于消除解决台湾问题的外部障碍。1955年4月23日，周总理在亚非会议（万隆会议）期间的缅甸、锡兰、中国、印度、印度尼西亚、巴基斯坦、菲律宾和泰国代表团团长会议上发表声明指出：“中国人民同美国人民是友好的。中国人民不要同美国打仗。中国政府愿意同美国政府坐下来谈判，讨论和缓远东紧张局势问题，特别是和缓台湾地区紧张局势问题。”[①]中国政府的积极努力，促成了中美关于台湾问题的大使级会谈。从国内形势看，1956年党的八大确定今后任务是发展生产力、实现国家工业化，逐步满足人们日益增长的物质和文化需要。由于1956年以后，中国将进入全面的社会主义建设时期，在客观上需要一个和平安定的环境，为了适应国内经济建设的需要，中国共产党进一步确立了争取用和平方式解放台湾的思想。

1961年6月，毛主席在与印尼总统阿哈默德苏加诺会谈时，首次谈及容许台湾保持原来的社会制度。他说：“如果台湾归还祖国，中国就可以进联合国。如果台湾不作为一个国家，没有中央政府，它归还中国，那么台湾的社会制度也可以留待以后谈。我们容许台湾保持原来的社会制度，等台湾人民自己来解决这个问题。”[②]1963年，周恩来总理将中国共产党的对台政策归纳为“一纲四目”，即一纲：台湾必须回归祖国。这是台湾问题的核心，是任何时候都不会动摇的坚定原则。“四目”是：(1) 台湾回归祖国后，除外交必须统一于中央外，台湾所有军政大权人事安排由蒋介石决定；(2) 台湾所有军政及经济建设一切费用不足之数，悉由中央政府拨付；(3) 台湾的社会改革可以从缓，必候条件成熟并尊重蒋的意见，通过协商解决；(4) 双方互约不派人进行破坏对方团结之事。[③]从上述谈话内容看，祖国大陆在六十年代初的对台具体政策，便已显现出极大的灵活性。

毛主席和周总理的上述政策主张，可以说是邓小平“一国两制”科学构想的主要思想来源。限于当时的国内外环境，老一代革命家还不可能将上述主张进一步系统化和理论化。正如恩格斯所说的那样：“我们只能在我们时代的条件下进行认识，而且这些条件达到什么程度，我们便认识到什么程度。[④]邓小平“一国两制”构想

---

① 外交部、中央文献研究室编：《周恩来外交文选》，中央文献出版社1990年版，第134页。

② 外交部、中央文献研究室编：《毛泽东外交文选》，中央文献出版社、世界知识出版社1994年版，第469页。

③ 苏星、龚育之、杨春贵主编：《建设有中国特色社会主义理论教程》，中共中央党校出版社1996年版，第298页。

④ 苏星、龚育之、杨春贵主编：《建设有中国特色社会主义理论教程》，中共中央党校出版社1996年版，第46页。

的形成过程表明，这一构想是集中了全党的智慧，并通过对实践认识的不断深化、不断总结才逐步建立起来的，它是对毛泽东思想的继承、丰富和发展。

（二）党的解放思想、实事求是的思想路线的恢复

1993年11月2日，江泽民总书记在学习《邓小平文选》第三卷报告会上的讲话中指出："邓小平同志反复强调的'解放思想、实事求是'，是贯穿于建设有中国特色社会主义全部观点的精髓。"[①]而这一精髓正是"一国两制"理论形成的重要基础。邓小平同志曾经说，"一国两制"构想的提出，应"归功于马克思主义的辩证唯物主义和历史唯物主义，用毛泽东主席的话来讲就是实事求是"。[②]1978年12月，党的十一届三中全会确定把工作重心转移到以经济建设为中心的轨道上来，恢复了党的解放思想、实事求是的思想路线。在三中全会之前的中共中央工作会议闭幕会上，邓小平同志在《解放思想，实事求是，团结一致向前看》的重要讲话中，就指出"实事求是，是无产阶级世界观的基础，是马克思主义的思想基础"，批判了"书上没有的，文件上没有的，领导人没有讲过的，就不敢多说一句话，多做一件事"的思想僵化作风。可以说，没有"解放思想、实事求是"思想路线的恢复，就不可能有"一国两制"伟大构想的产生。

"一国两制"是从实事求是的思想路线出发提出来的。具体说来，它充分体现了尊重历史和尊重现实、兼顾各方利益的实事求是精神。

从尊重历史的角度看：1949年10月1日，中华人民共和国宣告成立，成为中国的唯一合法政府。但国民党集团的一部分军政人员退踞台湾，他们在当时美国政府的扶持下，继续与祖国大陆对峙与抗衡，从而使海峡两岸陷于长期隔绝。在两岸的长期分离中，台湾实行了与大陆完全不同的资本主义制度，形成了不同的生活方式。从尊重历史的角度出发，就是要充分理解台湾民众在特殊的历史背景下所形成的复杂心态，充分尊重台湾民众选择不同社会制度和生活方式的权利。

从尊重现实的角度看：邓小平所关注的是"中国面临的实际问题就是用什么方式才能解决香港问题，用什么方式才能解决台湾问题……是社会主义吞掉台湾，还是台湾宣扬的'三民主义'吞掉大陆？谁也不好吞掉谁"。对于台湾和香港来说，"如果用社会主义来统一，就做不到三方面都接受。勉强接受了，也会造成混乱局面"。对于大陆来说，"台湾当局提出要以'三民主义'统一中国"，要用一千几百

① 《人民日报》1993年11月3日。

② 《邓小平文选》，第三卷，第101页。

万人口的台湾的现行制度来统一十亿人口的大陆，至少也是“太缺乏现实感了”。[①] 在这种情况下，在短期内用社会主义统一台湾不可能，而用资本主义来统一大陆也不现实。因此，要实现祖国统一，就必须尊重现实，从实际出发处理这一问题。

从兼顾各方利益的角度看：解决台湾问题必然会涉及美日等国在台湾地区的利益。邓小平说：“用‘一国两制’的方式解决台湾问题，美国应该是能够接受的。”[②] 因为这有利于解决涉及台湾问题的国际争端，也有利于亚太地区和世界的和平与稳定。实现祖国和平统一后，大陆在小范围内允许资本主义存在，也将有利于壮大和发展社会主义经济。从邓小平关于社会主义和资本主义关系的理论来看，资本主义的“有些东西，并不能说是资本主义的。比如说，技术问题是科学，生产管理是科学，在任何社会，对任何国家都是有用的。我们学习先进的技术、先进的科学、先进的管理来为社会主义服务，而这些东西本身并没有阶级性”。[③] 因而，社会主义可以学习、利用和拥有资本主义社会存在的、反映了全人类文明成果的东西。对台湾来说，统一后可与大陆共同承担义务，维护中国的主权和领土完整。同时，大陆作为台湾经济发展的腹地，将有利于保持台湾的经济繁荣和社会稳定。

（三）中美正式建立外交关系，为“一国两制”构想的提出创造了条件

台湾问题是中国的内政，中国政府一向坚决反对任何外国势力插手和干涉台湾问题。早在 1958 年 10 月，毛主席就在其亲笔起草的《中华人民共和国国防部再告台湾同胞书》中指出：“中国人的事只能由我们中国人自己解决。”[④] 可以说，只要有外国势力干涉，台湾问题就不存在和平解决的基础。

1979 年元旦，全国人大常委会发表《告台湾同胞书》，郑重宣告了中国政府和平解决台湾问题的大政方针，表示在实现国家统一时，一定要“尊重台湾现状和台湾各界人士的意见，采取合情合理的政策和办法”。祖国大陆对台政策的重要转变，与解决台湾问题的国际环境的变化密切相关。

邓小平 1979 年元旦在全国政协举行的《全国人民代表大会常务委员会告台湾同胞书》座谈讨论会上指出：“在过去的一年里，我们在国际事务中取得了许多重大的成就，集中反映在《中日和平友好条约》的签订和中美关系正常化上。台湾回归祖国、完成祖国统一大业的事情能提到具体日程上来，也是由于在国内和国际的

---

① 《邓小平文选》，第三卷第 101、97 页。

② 《邓小平文选》，第三卷第 86 页。

③ 《邓小平文选》，第二卷第 351 页。

④ 《毛泽东文集》，第七卷第 427 页。

工作中能取得重大成就的结果。”[①] 在众多国内和国际成果中，中美关系的正常化无疑具有举足轻重的作用。

众所周知，台湾问题之所以拖而不决，是美国政府长期干预中国内政的结果。1954 年 10 月，毛主席在会见印度总理尼赫鲁时曾说：“不要以为中国已经完全独立，没有问题了，我们还有很大的问题，台湾就还在美国和蒋介石的手里。”[②] 这直截了当地点明了美国在台湾问题上的作用。实际上，新中国诞生以后，美国政府便对新中国采取了孤立和遏制政策，并把台湾长期置于美国的保护伞下。朝鲜战争爆发后，美国派出第七舰队侵入台湾海峡，武装干涉中国内政。1954 年 12 月 2 日，美国又与台湾当局签订了所谓“共同防御条约”。该条约规定：美国帮助台湾当局维持并发展武装部队；台湾遭到“武装攻击”时，美国将采取行动，对付“共同危险”；美国有在台湾、澎湖及其附近部署海陆空军的权利，还可扩及经双方协议所决定的“其他领土”。美国的干预使台湾海峡长期处于紧张对峙局势。为了探寻解决台湾问题的有效途径，中美曾就台湾问题举行了历时十五年的一百三十六次大使级会谈，但并未能取得实质性进展，台湾问题也便成为中美两国间长期悬而不决的重大争端。

直至 1978 年 12 月，随着国际形势的发展变化，美国政府不得不接受中国政府提出的建交三原则，即：美国与台湾当局断绝“外交关系”、废除美台“共同防御条约”以及从台湾撤军，中美两国终于 1979 年 1 月 1 日正式建交。中美建交联合公报声明：“美利坚合众国承认中华人民共和国政府是中国的唯一合法政府。在此范围内，美国人民将同台湾人民保持文化、商务和其他非官方联系……美利坚合众国政府承认中国的立场，即只有一个中国，台湾是中国的一部分。”中美关系正常化的实现，为祖国大陆调整对台政策、提出“和平统一，一国两制”方针提供了必要条件。

（原载《台湾研究》2002 年第 4 期）

① 《邓小平文选》第二卷第 155 页。

② 《毛泽东文集》第六卷第 361 页。

坚持“和平统一、一国两制”基本方针的战略意义

毛仲伟

中国共产党和中国政府提出用“和平统一、一国两制”的方针解决台湾问题的战略决策至今已有二十余年了。1997年香港回归，率先垂范，付诸实践，成为国际政治舞台上举世瞩目的创举。1999年澳门回归再度向世人证实“一国两制”务实可行。实现祖国完全统一分三步走战略迈出两步后，台湾问题的最终解决亦将更加突出地被提上日程。在世纪交替，国际风云变幻之际，准确深刻地领会邓小平确定“和平统一、一国两制”战略决策的精神实质，认清这一战略决策在国家发展总体战略中的定位，对于指导我们在二十一世纪最终解决台湾问题，实现祖国完全统一有着重要的现实意义。

一、“和平统一、一国两制”是以国家总体战略调整为前提和背景作出的具体战略决策

“和平统一、一国两制”作为针对具体目标作出的战略决策，它的出台不是孤立的，而是中国共产党第二代领导核心审时度势、实事求是对国际形势和中国现实问题进行哲学思考，打破思想禁锢，确定国家总体战略后，针对海峡两岸过去、现在及未来走向作出的战略抉择。

从1949年中华人民共和国成立到1978年中国共产党召开十一届三中全会以来，中国共产党和中国政府一直把实现台湾与祖国大陆的统一作为自己神圣的历史使命，并为此进行了几十年的努力。冷战时期，两岸斗争一方面表现在国际政治舞台上进行的“中国代表权”之争，另一方面表现在海峡两岸间展开的“反攻大陆”与“解放台湾”的政治、军事斗争。在冷战时期，以毛泽东为代表的第一代中国领

导人也曾提出并尝试用和平手段解放台湾，但在冷战的氛围下，两大阵营尖锐对抗的现实决定，祖国大陆的战略选择只能是以军事手段解放台湾为主，争取和平解放为辅，战略目标是国家统一，实现“一国一制”。这一战略决策是中国共产党第一代领导人依据当时中国面临内外形势决定的，也是与当时国家总体战略目标相适应的。

中国共产党第一代领导人成功地巩固了新生的政权，但在社会主义经济建设问题上，受到了主观和客观因素的严重干扰，尤其十年“文革”，走了一段不小的弯路。这一时期的社会主义实践，给后人留下的主要不是坚实的物质基础，而是进行战略调整的空间。痛定思痛，冷战后期乃至冷战结束后，中国面临的内外环境的重大变化，为中国共产党第二代领导人提供了对国家发展总体战略进行了深刻的反省和战略调整的历史条件和现实机遇。在国际上，1971 年，联合国通过 2758 号决议，恢复了中华人民共和国在联合国的合法席位，解决了中国代表权问题。冷战后期，美国出于在国际上建构大三角关系的需要加快了与中国改善关系的步伐，1979 年实现了中美邦交正常化。随着美国与台湾“断交、废约、撤军”，国际社会以中华人民共和国为中国惟一合法政府的政治框架更加巩固。这无疑也为中国打开国门，实行改革开放战略转变提供了外部条件。在国内，中国共产党完成了拨乱反正，以邓小平为核心的第二代领导人恢复了实事求是马克思主义思想路线，解放思想，重新研究并制定了解决中国根本困境的战略目标和对策。在被称作“社会主义时期的遵义会议”的中国共产党十一届三中全会上，确定了党的工作重点由以阶级斗争为纲转到以发展生产力、建设四个现代化为中心上，这是国家发展总体战略目标的调整。中国共产党的工作重点转移到发展生产力上，这就抓住了处于社会主义初级阶段中国现实中的主要矛盾，抓住了振兴中华民族的总纲。“和平统一、一国两制”便是这总体战略调整背景下产生的具体战略决策。邓小平 1984 年会见英国外交大臣杰弗里·豪时便强调：“‘一个国家，两种制度’的构想不是今天形成的，而是几年前，主要是在我们党的十一届三中全会以后形成的。”① 应该说，纲举目张，国家发展总体战略的调整，确定实事求是思想路线，为邓小平创造性地提出“和平统一、一国两制”战略决策提供了社会大背景和政治前提。

二、“和平统一、一国两制”战略决策是国家发展总体战略的有机组

① 邓小平：《我们非常关注香港过渡时期》，《邓小平论祖国统一》，团结出版社 1995 年版，第 27 页。

成部分

总体战略目标要由诸多具体战略决策来支撑、来配套，而具体战略决策必须与总体战略决策相一致、相统一，服务于总体战略目标，这是部分与总体的关系。随着国家发展总体战略目标的确定，我国在外交、军事、经济、社会、文教等各个领域方方面面的具体战略决策也相应出台。“和平统一、一国两制”作为在总体战略调整背景和前提下提出的决策，从一出台便发挥出作为总体战略中有机组成部分的特殊作用。

中国政府对解决港、澳、台问题的思考与十一届三中全会确定党的思想路线是一致的，即实事求是地根据统一问题的现实选择决策方案，把解决港、澳、台问题，放在“把全党的工作重点和全国人民的注意力转移到社会主义现代化建设上来”这一总体战略调整的大局下进行哲学思考。这就使“和平统一、一国两制”战略决策，使解决国家统一问题与国家发展总体战略内在有机联系更为紧密，成为与中国战略发展总目标、总方针相配套的具体战略决策。

中国总体战略发展目标是本世纪要翻两番，到二十一世纪中叶达到中等发达国家水平，和平是中国的需要，建构一个良好的适于和平建设的周边环境乃至世界局势，是中国实现总体战略目标的重要条件之一。中国的发展离不开世界，要实现中国的总体战略目标，就要全方位地向世界开放，用和平共处五项原则处理国家与国家之间的关系，摆脱冷战思维，尤其要调整好与西方资本主义国家的关系，特别要调整好作为一个最大的发展中国家和社会主义国家，与最大的发达资本主义国家美国的关系。只有这样，才能变不利为有利，化消极因素为积极因素。解决统一问题，如何使香港、澳门回归，至少涉及英国和葡萄牙等国的利益，如何解决台湾问题，客观上也必然要涉及如何处理中美之间、中日之间历史和现实中的障碍问题。

因此，统一祖国牵一发动全身，处理得好会使中国的腾飞增加新的动力，处理不好，则会形成强大的阻力，甚至会拖住实现总体战略目标的后腿。为此，以邓小平为核心的中国第二代领导人吸收了第一代领导人武力解放与和平解决的策略思想，研究中国和世界的实际，在明确做出不承诺放弃用非和平方式解决问题的同时，更鲜明地宣示了坚定力求用和平方式解决祖国统一问题的立场。这样就把解决统一问题时采取非和平方式与和平方式的关系进行了新的定位，两者间主从地位、主导与配合保障关系更为明确，更加具体。后者是上策，是主攻方向，是中国包括港、澳、台最大利益的体现，前者不承诺放弃非和平方式既是国家主权尊严的体现，也是配合后者，实现后者的有力保障。两者相得益彰，指明主攻方向的同时，又没有捆住自己的手脚，反而扩大了实现祖国统一大业战略选择的空间。

1979 年 1 月人大常委会发表《告台湾同胞书》，提出两岸商谈结束军事对峙状态，同时中国政府宣布停止对金门等岛屿的炮击，向台湾也向世界发出祖国大陆追求和平解决统一问题的讯息。1981 年 9 月 30 日，叶剑英委员长对记者发表谈话，进一步阐述了台湾回归祖国、实现和平统一的九条方针政策。采取什么方式解决统一问题是中国的内政，是根据中国发展战略总体的现实需要做出的抉择。坚持选择和平的方式，是在坚持独立自主行使国家主权、确保祖国统一的原则下，基于适应中国全面推动改革开放，创造更有利于推动总体战略目标实现需要的选择，更是基于两岸人民现实利益和中华民族全面振兴长远利益需要的选择。选择以和平方式解决统一问题，就是选择了最大限度地包容祖国大陆与港、澳、台的现实和长远利益，就是选择了要争取得到国际社会的充分理解和支持。尊重历史，尊重现实，真正做到充分考虑和照顾港、澳、台及各方面的切身利益，就必须以实现祖国统一这一大局为支点，淡化历史恩怨、意识形态之争、社会制度之争，建立最大的共识。邓小平在会见英国首相撒切尔夫人时指出："采用和平方式解决香港问题，就必须考虑到香港的实际情况，也考虑到中国的实际情况和英国的实际情况，就是说，我们解决问题的办法要使三方都接受。如果用社会主义来统一，就做不到三方面都接受。勉强接受了，也会造成混乱局面，即使不发生武力冲突，香港也将变成一个萧条的香港、后遗症很多的香港，不是我们所希望的香港。"① 正是基于这一思考的基点，邓小平将"和平共处原则用之于解决国家内部问题"，创造出一种适应和平方式的"一国"之内，中国的主体大陆实行社会主义与港、澳、台地区实行资本主义"两种制度"并存，共同维护国家领土主权完整并能繁荣发展的模式，这就创造性地将以社会主义政治、经济制度实现祖国统一调整为以"一个国家、两种制度"的模式实现统一祖国。

随着国家发展总体战略形成、确定和推动，实现祖国完全统一的战略决策也经过了逐渐完善化、具体化的过程。首先，1978 年 12 月 22 日通过的十一届三中全会公报中第一次以"台湾回到祖国怀抱，实现统一大业"来代替"解放台湾"的提法，传达出实现祖国统一战略决策调整的信息。1979 年 1 月 30 日，邓小平对美国参众两院议员讲祖国大陆对台政策时，明确表述："我们不再用'解放台湾'这

① 邓小平：《中国是信守诺言的》，《邓小平文选》，人民出版社 1993 年版，第三卷第 101—102 页。

个提法了。只要台湾回归祖国，我们将尊重那里的现实和现行制度。”[①] 其后“和平统一、一国两制”的战略决策进一步完善、细化，并成为解决香港回归问题的基本方针。为此，1982 年第五届全国人民代表大会第五次会议通过的《中华人民共和国宪法》增加了设立特别行政区的规定：“国家在必要时得设立特别行政区。在特别行政区内实行的制度按照具体情况由全国人民代表大会以法律规定。”这就为“和平统一、一国两制”战略决策的具体实施提供了法律依据和保证。1984 年 5 月召开的第六届全国人民代表大会第二次会议上，将“一个国家，两种制度”决策写入《政府工作报告》中，并获得会议通过。这使“一国两制”的实施进一步明确成为具有法律效力的基本国策。

1984 年 10 月邓小平在会见缅甸总统吴山友时指出：“台湾问题是中美关系中的主要障碍，甚至可能发展成为两国关系中爆发性的问题。如果采用‘一国两制’的办法，不仅解决了中国的统一，美国的利益也不致受损害。”[②] 确实如此，“一个国家，两种制度”不仅坚持统一的原则，最大限度地满足港、澳、台地区人民维持生活现状、繁荣发展的需要，也最大限度地保障了其他国家在这些地区的各种利益不受影响，稳定了中国与这些国家的关系，从而也最大限度地满足了中国推动实现总体战略目标的需要。因此，可以说以和平统一方式实现“一个国家，两种制度”的构想，是原则性和灵活性、包容性的统一，是使祖国完全统一真正成为有可能变负为正、变对抗为合作互补、变阻力为动力的战略决策。“和平统一、一国两制”战略决策作为实现总体战略目标的有机组成部分，真正发挥了配套工程的作用，是可将港、澳、台回归过程可能出现的阻力降到最低点，将港、澳、台能量最大限度融入中华民族全面振兴事业上来的一种战略决策。邓小平在 1984 年会见英国首相撒切尔夫人时就“一国两制”作用曾精辟地指出：“我们相信，在小范围内容许资本主义存在，更有利于发展社会主义。”[③]

① 邓小平：《我们要加快台湾回归祖国的速度》，《邓小平论祖国统一》团结出版社 1995 年版，第 4 页。

② 邓小平：《和平共处原则具有强大生命力》，《邓小平文选》人民出版社 1993 年版，第三卷第 97 页。

③ 邓小平《中国是信守诺言的》，《邓小平文选》，人民出版社 1993 年版，第三卷第 103 页。

三、实现国家总体发展战略目标，坚持推动“和平统一、一国两制”的现实意义

总体战略目标逐步实现必然会带动具体战略决策目标取得进展，而具体战略目标取得进展，无疑也会推动总体战略目标的进程。“和平统一、一国两制”作为国家的一项具体战略决策，从确立方向、完善设计到进入法律程序，进而顺利在港澳实施，无不与国家发展总体战略进展密切相关。回顾近二十年历史，可以说中国的总体发展战略取得每一步进展，都实实在在地为推动“和平统一、一国两制”增加了新的助力。同样，“和平统一、一国两制”每向前迈出艰难的一步，也都会对推动中国总体战略进展发挥积极作用，甚至作出历史性的贡献，使两岸态势对比的变化进一步朝有利于以“和平统一、一国两制”解决台湾问题方向发展。

首先，坚持用“和平统一、一国两制”方针解决台湾问题，有利于稳定推动实现中国总体战略目标进程。中国现阶段最核心的问题是发展，这是硬道理。十五大的主题就是高举旗帜，即高举邓小平理论的伟大旗帜，把建设有中国特色的社会主义事业全面推向二十一世纪。

在中国完成在本世纪末翻两番的创举之际，江泽民总书记要求全党对中国基本国情要有统一认识和准确把握，再次要求全党认清中国“最大的实际就是中国现在处于并将长期处于社会主义初级阶段”，“不发达的阶段”，“不可逾越的历史阶段”，可谓意味深长。强调“我们必须把经济建设作为全党全国工作的中心，各项工作都要服从服务于这个中心”，就是强调我们要时刻记住中国现实的“主攻方向和目标”。解决台湾问题最根本的后盾就是祖国大陆的政治影响力、军事实力和综合经济科技等实力是否够的问题。我们的实力一步步增强，以我为主解决台湾问题的筹码就一步步增加，反之则一步步减少。祖国大陆总体战略目标进展若能完成目前攻坚任务，到2010年国民生产总值上一个台阶，不难预想届时的综合实力将成为祖国大陆推动“和平统一、一国两制”更有力的筹码。推动“和平统一、一国两制”，我们在国际上对台保持压力，反“台独”反分裂也好，加大推动两岸经贸关系、突破台湾当局“戒急用忍”禁锢也好，为维护国家领土、主权完整加速国防建设也好，高举谈判大旗，推动两岸进行政治谈判也好，一个中心目的就是将台湾控制在一个中国的框架下，小局服务大局，保证大局的稳定发展。从总体上服务于“发展才是硬道理”的宗旨，为实现总体战略目标创造更好的条件，进而也为实现祖国最终统一累积更有力的筹码。

其次，坚持“和平统一、一国两制”，对实现国家发展总体战略目标仍具积极意义。集中主要力量用于主要战略方向，与推动相关具体战略目标的实现是辩证的统一。集中主要力量推动总体战略目标的实现，不仅不能一般地否认实现其他具体战略目标的意义，反而更应强调推动具体战略目标对实现总体战略目标具有重要的配合作用。推动“和平统一、一国两制”的意义也正在于此，因为它的战略意义不仅体现在结果上，更多的是体现在推动过程中对总体战略目标实现所起的积极作用上。从祖国大陆的切身利益和发展需要看，到本世纪末和下一世纪前五十年中国都需要一个稳定的台湾，需要一个在一个中国框架下，逐步走向统一的台湾，这是振兴中华的需要，是中国总体发展战略的需要。因此，在进入二十一世纪，坚持推动以“和平统一、一国两制”实现祖国统一，有利于稳住台湾，进而稳住中美、中日关系，争取有更长时间进行和平建设；有利于推动两岸经贸合作与交流，使两岸关系互补互利向更高层次发展，形成结构性的依存关系，既能对实现中国总体发展战略作出贡献，又能使两岸统一的纽带更为牢固；有利于推动政治谈判，遏制“台独”势力的发展，争取台湾民众更广泛的理解和支持；有利于推动用共同的中华文化连结两岸人民，增强中华民族意识，遏制分裂势力“脱中国化”、割断共同文化纽带的势头。

最后，坚持以“和平统一、一国两制”解决台湾问题的有利条件不断增加。毋庸讳言，对解决台湾问题复杂性、长期性要有清醒认识。冷战结束后，尤其是近年来，台湾当局自我膨胀，妄图利用美国主导建立世界新秩序机会，拉住美国、日本，给自己编织出一个抗拒统一、和平走向分裂的安全网，在一个中国原则之外确立台湾在国际社会的“独立主权国家”的地位。两岸斗争焦点已转到是走向统一还是迈向分裂，是“一个中国”还是“两个中国”或“一中一台”问题上。为此，两岸关系在发展过程中常常会处在箭已在弦刀要出鞘的对抗局面之中。在这种情况下，面对台湾分裂势力的挑战，是否还要坚持“和平统一、一国两制”，对祖国大陆来说是非常现实的考验。对此，我们一定要审时度势，不能因两岸关系出现某些波折，而轻易地改变“和平统一”的大政方针。

其一，两岸最终是统是“独”要取决于综合实力的较量。大凡战略决策都是在一定的困境下，在一定的压力下，权衡诸多战略方案后的一种选择。表面上看，两岸的政治冲突是“和平迈向统一”与“和平走向分裂”具体战略决策的较量，本质上这是牵动全局的综合实力的较量。推动和平统一二十年来，祖国大陆的综合实力大幅提升，两岸强弱差距发生了新的变化，这就为用和平方式解决统一问题创造了强大的后盾。

其二，中国的国际威望和地位进一步提高，祖国大陆反“独”促统，推动和平统一得到国际社会的普遍理解和支持，这为用“一国两制”解决台湾问题提供了大气候。李登辉1995年访美，1999年提出“两国论”，两次发难的结果，成为国际社会公认的“麻烦制造者”，坚持一个中国的原则，反对台湾独立，已成为国际社会稳定台湾局势共识，李登辉的分裂主义路线在国际上越来越没有市场。

其三，两岸经贸关系的发展，使两岸经济联系更为紧密，为统一进行政治整合打下了基础。寄希望于台湾人民，合则两利、分则两害一定会被越来越多的台湾民众理解和接受，随着和平统一的民意基础的形成，祖国最终统一必将水到渠成。

其四，祖国统一分三步走战略，随着香港、澳门按“一国两制”回归成功实践，标志着实现祖国的完全统一已取得了重大进展。最早针对台湾提出的“一国两制”构想，经过港澳实践，已不再是抽象的设计构想，对台湾产生的示范效应和积极影响将会日渐明显。由此形成的加速祖国完全统一的强劲势头，无疑将对台抗拒“一国两制”、拖延统一的政治防线不断构成严重冲击。

此外，还应该强调的是，“和平统一、一国两制”政策确定的同时还有一个配套的“战略”备案，追求“和平统一”的同时并“不承诺放弃使用武力”，这是以两手对两手，针对台湾当局妄图以大量购买先进武器甚至加入美、日战区导弹防御系统抗拒统一的军事准备。邓小平曾强调：“我们要记住这一点，我们的下一代要记住这一点，这是一种战略考虑。”这既是中国独立行使国家主权的需要，也是保证和平的方式能够真正落实的需要。既是针对台湾方面无限期地拖延，将统一变成永远可望而不可及的空中楼阁，也是针对岛内分裂势力贸然采取“台独”行动、铤而走险的最有效的对策。因此不放弃武力这条“和平统一、一国两制”战略决策的辅助线、配套手段，对于国际上支持分裂中国的势力和岛内一会儿想把中国割成“七块”，一会儿又将两岸定位为“两国”的分裂势力，无疑是一把无法抗拒的正义之剑。中国国防实力的增强，是国家的领土和主权完整不受侵犯的保证，中国人民解放军有能力、有信心、有决心反击任何阴谋将台湾从中国分裂出去的“台独”势力和国际敌对势力，这也是坚持和最终有可能实现以“和平统一、一国两制”解决台湾问题的最有力的保证。当然，实事求是地研判统一的进程，应该清醒地认识到两岸统“独”对阵基本态势表明，实现“和平统一、一国两制”战略目标仍需要经过比解决港、澳问题更为复杂的过程。如今虽然出现了实现祖国最终完全统一的有利形势，但统一条件还在继续累积之中。最终实现祖国完全统一还有赖于中国综合实力进一步增强，随着中国总体战略目标一步步实现，和平解决台湾问题的条件会更加充分完备。这是坚持“和平统一、一国两制”的基础，也是两岸现实基本态势中显现出来的发展趋势。

总之，最终解决台湾问题，实现祖国完全统一，要正视解决这一问题大背景和基本现实。八十年代末九十年代初面对国内外风云变幻，邓小平同志面对严峻挑战，挽狂澜于既倒，使中国改革继续破冰而进。邓小平基本对策思想就是：“不要急，也急不得。要冷静，冷静，再冷静，埋头苦干，做好一件事，我们自己的事。”[①]这里讲的我们自己的事，也就是实现国家总体发展战略目标，即从建国起算，用一百年时间把我国建设成中等水平的发达国家。这是中国跨世纪发展的主题，是最终解决祖国统一的纲。纵使面对百端待举，只要抓住这个纲，以不变应万变，中国面临的诸多难题终将迎刃而解。

（原载《台湾研究》2000年第1期）

① 转引自苏格著：《美国对华政策与台湾问题》，世界知识出版社1998年6版，第597页。

论江泽民推进祖国和平统一的基本观

周志怀

中共十三届四中全会以来，以江泽民同志为核心的第三代中央领导集体，不断丰富和发展邓小平“一国两制”理论，从中华民族的根本利益出发，坚定维护一个中国原则，制定一系列对台方针政策，大力推进祖国和平统一进程。在长期的对台领导工作与实践中，江泽民同志高瞻远瞩，敏锐并准确把握两岸关系与祖国和平统一形势所发生的重大变化，提出了一系列关于推进祖国和平统一的重要论断与主张，逐步形成了以维护中华民族根本利益为红线、以一个中国原则为核心的祖国和平统一基本观。江泽民同志关于推进祖国和平统一的一系列重要论断与主张，是“三个代表”重要思想的重要组成部分，是我们推动新时期两岸关系发展和祖国完全统一进程时必须长期坚持的指导思想。

一、江泽民和平统一基本观的红线：维护中华民族的根本利益

1991 年 7 月 1 日，江泽民同志在庆祝中国共产党成立七十周年大会上首次提出：“完成祖国统一大业，是中华民族的根本利益所在。”其后，江泽民在党的十四大报告以及其他一系列重要讲话中又多次强调了这一观点。可以说，以中华民族的根本利益为基点，去审视和考虑祖国的完全统一问题，是贯穿于江泽民推进祖国和平统一基本观中的一条红线。

1990 年 2 月，江泽民同志在会见台湾“统联”访问团时说：“我们都是中华民族的子孙……‘中华民族’这个词，比我们过去常讲的，‘炎黄子孙’的概括性更强，它包括了我们国家的各个民族。”以江泽民为核心的第三代中央领导集体所制定的推进祖国和平统一进程的一系列方针政策，正是从中华民族的整体利益出发

的。

（一）完成祖国统一大业有利于增强中华民族凝聚力和中国综合国力。中华民族具有五千年悠久历史。在中国灿烂历史与文化的长期熏陶下，中华民族形成了崇尚统一、维护统一、反对分裂的价值观念。这一价值观已深深溶化于中国各族人民的血液中，闪烁着强大的民族凝聚力，成为中华民族的光荣传统。正是有了这一民族凝聚力，在中国历史上虽曾出现过多次分裂，但分裂终究只能是昙花一现，并不能改变中国统一的历史趋势与潮流。崇尚统一、维护统一、反对分裂的价值观始终贯穿于中国历史发展的每一阶段，构成了中华民族凝聚力的核心内容。

中华民族凝聚力是中国综合国力不可或缺的组成部分。综合国力是一个主权国家生存与发展所拥有的全部实力及国际影响力的合力。尽管国内外学者对综合国力的概念有着各种不同的解释，但一般都认为民族凝聚力应为综合国力中软实力的重要组成部分。1998 年 9 月，江泽民在全国抗洪抢险总结表彰大会的讲话中便强调指出："综合国力，主要是指经济实力、技术实力，这种物质力量是基础，但也离不开民族精神、民族凝聚力，精神力量也是综合国力的重要组成部分。"江泽民这一讲话点出了民族凝聚力的重要性。近一百多年来，中华民族为抵御外辱、维护统一进行了不屈不挠的奋斗，香港与澳门已相继回归祖国，解决台湾问题，已更加突出地摆在中国人民面前。早日完成祖国统一大业，势必会进一步增强中华民族的凝聚力，有利于中国综合国力的提高，有利于维护中华民族的根本利益。

（二）完成祖国统一大业是实现中华民族伟大复兴的根本基础。中华民族在世界上曾创造过灿烂辉煌的历史。但 1840 年鸦片战争以后，由于帝国主义列强的入侵和封建王朝的腐朽没落，中国逐渐沦为半殖民地半封建社会。民族复兴从此成为所有中华儿女的共同意志和崇高愿望。新中国的诞生使中华民族的伟大复兴迈开了万里长征的第一步，但中华民族要自尊、自信、自强地屹立于世界民族之林，仍须经过长期艰苦奋斗。1997 年，江泽民在党的十五大报告中正式提出，要"在社会主义基础上实现中华民族伟大复兴"，进一步描绘了中国在新世纪的发展蓝图："在第一个十年实现国民生产总值比 2000 年翻一番，使人民的小康生活更加宽裕，形成比较完善的社会主义市场经济体制；再经过十年的努力，到建党一百年时，使国民经济更加发展，各项制度更加完善；到世纪中叶建国一百年时，基本实现现代化，建成富强民主文明的社会主义国家。"为了实现中华民族的伟大复兴，我们不仅要加快现代化建设，更要努力推进祖国统一大业。江泽民在建国五十周年大庆的讲话中明确指出，实现中华民族伟大复兴的根本基础是完成祖国统一大业。要振兴中华，完成民族复兴的伟大历史使命，必须依靠包括台湾同胞在内的全体中华儿女的共同努力，依靠整个中华民族的共同奋斗。只有早日完成祖国统一大业，才能奠定民族复兴的坚实基础，实现中华民族的根本利益。

（三）完成祖国统一大业关系到维护中国的主权与领土完整，直接牵动着中国人民的民族感情。1986年9月，邓小平同志在回答美国哥伦比亚广播公司记者迈克·华莱士“台湾有什么必要同大陆统一”的问题时说：“这首先是个民族问题，民族的感情问题。凡是中华民族子孙，都希望中国能统一，分裂状况是违背民族意志的。”江泽民在1995年访美、1999年与美国总统克林顿就李登辉“两国论”通电话时，均重申了这一问题的重要性。“中国十二亿人对台湾问题都很敏感”。因为国家主权与领土的完整，直接关系到国家和民族的兴衰与存亡，牵动着中国人民的民族感情。近代中国虽曾饱受帝国主义列强的欺凌，但新中国的建立正式向全世界宣告，中国任人宰割的历史已一去不复返了。中国人民绝不允许分割中国的主权和领土完整的屈辱历史重演，使中国人民的民族感情受到伤害。完成祖国统一大业是包括台湾同胞在内的全中国人民的神圣职责，中国人民维护和捍卫祖国统一的决心是矢志不移的。早日实现祖国的完全统一，实现中华民族的伟大复兴，将使一个更加强大、更加繁荣的中国自立于世界民族之林，海峡两岸的中国人均将为之骄傲与自豪。

在论及江泽民“完成祖国统一大业是中华民族的根本利益所在”的基本观时，还必须强调的一点是，江泽民所谈及的中华民族利益与狭隘的民族主义观是完全不同的，它与世界其他民族的利益并不是互相对立的。早日完成祖国和平统一大业、实现中华民族的伟大复兴，不仅将使中华民族受益，同时也有利于亚太及世界的和平与稳定，有利于中华民族为世界和平、发展与进步事业作出新贡献。

二、江泽民和平统一基本观的核心：坚持一个中国原则

1995年1月，江泽民同志在推进祖国和平统一进程的“八项主张”中，开宗明义地指出：“坚持一个中国的原则，是实现和平统一的基础和前提。中国的主权和领土决不允许分割。”毫不动摇地坚持一个中国原则，是江泽民同志推进祖国和平统一基本观的核心，它反映了中国共产党和中国政府解决台湾问题、实现祖国和平统一的一贯立场。海峡两岸关系发展的历史也表明，只有牢牢坚持一个中国原则，坚决反对任何制造所谓“台湾独立”、“两个中国”、“一中一台”的分裂活动，

才能有力地维护两岸关系的稳定与发展、维护祖国的和平统一进程、维护中华民族的根本利益不受损害。

（一）一个中国原则是实现两岸和平统一的首要前提。江泽民同志坚持一个中国原则的立场，源于中国政府关于一个中国的一贯政策。早在1958年10月，毛泽东主席在其起草的、以国防部长彭德怀名义发表的《告台湾同胞书》和《再告台湾同胞书》中就明确指出："世界上只有一个中国，没有两个中国……这一点我们是一致的。"1979年，祖国大陆宣布实行和平统一的大政方针时，也正是基于当时大陆和台湾仍然存在这一共同点。对此，全国人大常委会在1979年的《告台湾同胞书》中说得十分清楚："坚持一个中国的立场，反对台湾独立"，是两岸"共同的立场，合作的基础"。应当说，中国政府历届领导人所推出的一系列关于和平统一的方针政策，均是建立在一个中国基础上的。

中国政府解决台湾问题的基本方针是"和平统一、一国两制"。但是，正如江泽民同志所反复强调的，实现两岸和平统一的基础与首要前提是一个中国原则。只有坚持一个中国原则，海峡两岸才能用和平的方式实现祖国的完全统一。离开了这一原则，中国的和平统一就成了无源之水、无本之木，和平统一的基础也便不复存在。2001年7月，江泽民同志在庆祝中国共产党成立八十周年大会上的讲话中指出："新中国成立后，几代中国共产党人为实现祖国的完全统一，进行了不懈的努力。""中国共产党人维护国家主权和领土完整的立场是坚定不移的。我们有最大的诚意努力实现和平统一，但不能承诺放弃使用武力，我们完全有能力制止任何'台独'分裂图谋。"这充分表明了中国人民将义无反顾地捍卫国家主权和领土完整、绝不允许任何人以任何方式把台湾从中国分割出去的坚强决心。

在一个中国原则下实现中国的和平统一，不仅符合两岸人民的共同利益，也完全符合中华民族的整体利益和根本利益。一个中国原则关系到中国的统一大业、关系到中国的现代化、关系到中华民族的伟大复兴，只有坚定不移地维护一个中国原则，和平统一才能成为现实。

（二）坚持一个中国原则没有回旋余地。在推动两岸关系发展、实现台湾与大陆统一的进程中，以江泽民同志为核心的第三代中央领导集体，坚持一个中国原则，坚决反对任何形式的"台湾独立"与分裂活动，并始终表现出原则的坚定性。1999年7月，李登辉公开抛出臭名昭著的"两国论"，公然挑战举世公认的一个中国原则，严重破坏了两岸对话与谈判的基础，使两岸关系发展面临严重危机。江泽民同志1999年9月与美国总统克林顿会晤时指出："我们与李登辉的斗争是维护还是分裂中国主权和领土完整的斗争，在这个问题上，我们没有回旋余地。”2000年3月，台湾政局发生重大变化，主张“台独”的民进党上台执政。对此，江泽民同志再次重申了祖国大陆的鲜明立场：“台湾地区领导人的更替，改变不了台湾是中国领土一部分的事实……在关系到中国的主权和领土完整的根本问题上，我们不会让步，不会妥协。主权问题是不能谈判的。”

在重大原则问题上，祖国大陆的立场是一贯的，也是不可能改变的。1982年9月，邓小平同志在对英国首相撒切尔夫人谈及我们对香港问题的基本立场时就坚定地指出：“关于主权问题，中国在这个问题上没有回旋余地。坦率地讲，主权问题不是一个可以讨论的问题。”由此可见，在牵涉到国家主权和领土完整等重大原则问题上，中国政府领导人的立场是一脉相承的。

一个中国原则是中国政府对台政策的基石，在这个大是大非问题上，大陆无论在什么时间、什么情况下都不可能有丝毫松动。

（三）一个中国原则是实现两岸对话与谈判的基础。在历次重要对台政策讲话中，江泽民同志一再呼吁两岸进行和平统一谈判，并强调两岸对话谈判要有基础，要首先承认一个中国的原则。民进党执政后，江泽民在会见客人时又多次重申：“海峡两岸领导人可以谈，前提必须是一个中国的原则。”“是否坚持一个中国原则是有无诚意开展对话的试金石。只要台湾地区新领导人接受一个中国原则，两岸对话与谈判就可以恢复，而且什么都可以谈。”

两岸关系的曲折发展进程证明，在一个中国基础上实现两岸对话与政治谈判，是实现祖国和平统一的最重要、也是最好的途径。只要在一个中国基础上，两岸就能进行平等对话与谈判并取得双方满意的成果。反之，两岸关系发展就必然会受到损害。1992年11月，海协会与台湾海基会达成了双方各自以口头方式表述“海峡两岸均坚持一个中国原则”的“九二共识”，在这一共同基础上，两会于1993年4月实现了历史性的汪辜会谈。由两岸高层人士签署的《汪辜会谈共同协议》等四项协议，初步建立了两岸间的制度化协商机制，树立了海峡两岸在一个中国原则基础上进行平等协商的成功范例，使两岸关系迈出了历史性的重要一步。但是，在两会即将举行第二次“汪辜会谈”时，李登辉违背一个中国原则，于1995年6月公然访美，在国际上大肆进行分裂活动，严重破坏了两岸商谈的政治气氛。1998年10月实现的“汪辜会晤”，开启了两岸政治对话的序幕，达成了包括进行两岸政治、经济对话的四项共识。随后，两会对话则又因李登辉抛出“两国论”而再度被迫中断。

江泽民同志在十六大报告中指出："开展对话，进行和平统一谈判，是我们的一贯主张。我们再次呼吁，在一个中国原则的基础上，暂时搁置某些政治争议，尽早恢复两岸对话和谈判。"陈水扁当局执政以来，拒不承认一个中国原则，不接受"九二共识"，并公然抛出"一边一国"论，且将之视为"党魂"，使两岸对话与谈判的基础丧失殆尽。

（四）在一个中国原则下，什么问题都可以谈。1990 年 6 月，江泽民同志在全国统战工作会议上提出，只要双方坐下来，真正本着一个中国的原则商谈祖国统一，而不是搞"两个中国"、"一中一台"、"一国两府"，一切问题都可以提出来讨论、商量。1992 年江泽民同志在党的十四大报告中又重申，在一个中国的前提下，什么问题都可以谈，包括就两岸正式谈判的方式问题同台湾方面进行讨论，找到双方都认为合适的办法。胡锦涛总书记今年 3 月在参加十届全国人大一次会议台湾代表团审议时也强调指出：我们愿意在一个中国原则的基础上，务实、平等地进行协商，妥善处理台湾方面关心的问题，使两岸关系得到改善和发展。

在一个中国原则下什么问题都可以谈包含了三层含义：一是两岸对话与谈判必须建立在一个中国原则的基础上。二是两岸间的所有问题都可以平等协商。在八项主张中，江泽民同志明确指出，关于"政治谈判的名义、地点、方式等问题，只要早日进行平等协商，总可找出双方可以接受的解决办法"。三是两岸对话与谈判的基础并不以台湾是否更替领导人为转移。2000 年 3 月，江泽民同志针对台湾地区政局所发生的重大变化，再次向台湾当局领导人发出信息，只要接受一个中国原则，"台湾不管谁当权，我们都欢迎他来大陆谈。同时，我们也可以到台湾去"。

2002 年 10 月，江泽民同志在中共十六大报告中，又将"在一个中国的前提下，什么问题都可以谈"进一步具体化，提出了三个可以谈，即：可以谈正式结束两岸敌对状态问题，可以谈台湾地区在国际上与其身份相适应的经济文化社会活动空间问题，也可以谈台湾当局的政治地位等问题。这充分表明，祖国大陆在恢复两岸对话与谈判问题上，大门始终是敞开的，议题也是开放的，诚意更是毋庸置疑的。只要台湾当局能够尽快回到一个中国原则的立场上来，两岸就一定能够早日重开对话，共同开创两岸关系发展的新局面。

三、与时俱进的对台政策主张

解放思想、实事求是、与时俱进，是马克思主义的精髓。为了加速祖国和平统一进程，江泽民同志根据两岸形势的不断发展变化，从两岸人民的根本利益出发，提出了一系列有利于两岸关系发展的新主张。与此同时，江泽民同志还大力丰富和发展祖国大陆既有的对台政策内涵，并使之更加具体化。

（一）努力推动海峡两岸和平谈判与和平谈判分步走。1998 年 11 月，江泽民同志在吉隆坡同美国副总统戈尔谈及台湾问题时指出："要想和平地解决统一问题，双方迟早是要坐下来谈判的。谈比不谈好，早谈比晚谈好。"通过和平谈判实现祖国统一是大陆的一贯立场与主张。也始终贯穿于江泽民同志的基本观中。1990 年 6 月，江泽民同志在全国统战工作会议上提出，由中国共产党和中国国民党对等商谈，其后又在 1992 年党的十四大报告中，重申愿与台有关方面"就正式结束两岸敌对状态、逐步实现和平统一进行谈判"。在 1995 年发表的八项主张中，江泽民同志将两岸和平谈判问题进一步细化，创造性地提出："作为第一步，双方可先就'在一个中国的原则下，正式结束两岸敌对状态'进行谈判，并达成协议。在此基础上，共同承担义务，维护中国的主权和领土完整，并对今后两岸关系的发展进行规划。"

海峡两岸和平统一谈判分步走的主张，是祖国大陆对台政策中一个极富新意的内容。它把结束敌对状态谈判与两岸和平统一谈判相区隔，体现了党的一切从实际出发、实事求是的思想路线。这一主张与邓小平同志关于分阶段、有步骤地实现现代化的战略思想也是完全一致的，符合事物的渐进式发展规律。

海峡两岸和平统一谈判分步走的主张，是在 1993 年两岸协商取得一定进展、两岸对话出现了由事务性协商向政治谈判发展趋势的情况下提出来的，它准确把握了两岸关系发展的脉动，适时提出启动两岸政治谈判的新议题，反映了两岸人民的共同需求与愿望。在两岸敌对状态尚未结束的情况下，祖国和平统一必须循序渐进，不能脱离实际，超越阶段，一步到位。海峡两岸和平统一谈判分步走的主张，以两岸关系的实际发展为依据，把结束两岸敌对状态作为实现祖国和平统一的必经步骤，暂时不提和平统一问题，消除了岛内部分民众的疑虑，有利于做好寄希望于台湾人民的工作。

（二）全面发展海峡两岸经济、文化交流与人员往来。在两岸敌对状态尚未结束前，两岸经济、文化交流与合作是两岸关系发展的强有力的纽带。两岸经济各具特点与优势，存在着客观的互补性。大力发展两岸经济交流与合作，加速推动两岸全面和直接"三通"，不仅有利于台湾经济的繁荣，有利于祖国大陆经济的发展，也是推动两岸关系发展、促进国家统一的重要基础。1994 年 4 月，江泽民同志在国务院对台经济工作会议上强调指出："不断加强两岸的经济交流与合作，既可以促进两经济共同发展，又可以增加彼此了解，增进共识，从而推动两岸关系的发展和国家的统一。"江泽民同志还从中华民族整体利益的高度强调两岸经济合作的重要性。在八项主张中，江泽民提出："面向二十一世纪世界经济的发展，要大力发展两岸经济交流与合作，以利于两岸经济的共同繁荣，造福整个中华民族。"

在发展两岸经贸关系问题上，江泽民第一次提出"不以政治分歧去影响、干扰两岸经济合作"的主张。长期以来，两岸经贸关系是在两岸政治僵局一直未能打破的不正常状态下进行的。台湾当局为了限制两岸经贸关系的发展，防止两岸经济关系日益密切后所产生的政治效应，时而提出"南向政策"，时而提出"戒急用忍"，特别是千方百计地拖延和阻挠两岸直接"三通"的实现，使两岸经贸关系的发展受到严重干扰。与此相反，祖国大陆则从两岸人民的根本利益出发，屡屡排除政治干扰，有力地促进了两岸经贸关系的正常发展，保护了广大台商的合法利益。

江泽民同志高度重视两岸文化交流在推动祖国和平统一进程中的重要作用。1995 年 1 月，江泽民在"八项主张"中提出："中华各族儿女共同创造的五千年灿烂文化，始终是维系全体中国人的精神纽带，也是实现和平统一的一个重要基础。"江泽民同志的这一论断高瞻远瞩，揭示了两岸文化交流的深刻内涵，对于抑制台湾当局的各种"文化台独"活动具有十分重要的现实意义。

台湾当局为了割断与祖国大陆的文化和历史联系，推行分裂政策，在文化、教育和历史领域不遗余力地进行"渐进式台独"活动。但是，正如 1990 年 2 月江泽民在会见台湾客人时所说的那样："民族文化已经融化在我们的血液中，随时随地影响着我们的感情。"中华文化是两岸中国人共同的根，是中华民族凝聚力的重要源泉，它对一代又一代中华儿女的深刻影响，并不是台湾当局一朝一夕就可以改变的。文化的力量，深深熔铸在民族的生命力、创造力和凝聚力之中。大力扩大两岸文化交流，不仅有利于弘扬中华文化的优秀传统，也将有力地遏制"文化台独"的渗透。

（三）寄希望于台湾人民。寄希望于台湾人民是祖国大陆解决台湾问题的一贯立场，也是江泽民同志推进祖国和平统一基本观的重要内容。1998 年 5 月，江泽民同志在中央对台工作会议上明确指出："做好台湾人民的工作，争取和团结广大台湾同胞与我们一道共同实现祖国的完全统一，始终是对台工作的重要目标。"2002 年月，江泽民同志在党的十六大报告中进一步强调指出："解决台湾问题、实现祖国的完全统一，我们寄希望于台湾人民。台湾同胞具有光荣的爱国主义传统，是发展两岸关系的重要力量。”这些讲话充分肯定了台湾同胞在发展两岸关系和推进祖国和平统一中的重要作用，明确了祖国大陆对台工作的长期和基本任务。

寄希望于台湾人民，是祖国大陆对台方针政策形成的基础。从寄希望于台湾人民的角度出发，祖国大陆解决台湾问题的大政方针必然是与台湾人民的根本利益相一致的，台湾人民和各界人士的利益都将得到充分的考虑。从根本上说，实现和平统一，落实“一国两制”，将最大限度地满足台湾人民求和平、求稳定、求发展和维持现状的要求与愿望，这完全符合台湾人民的长远和根本利益，也符合中华民族的整体利益。这也正是以江泽民同志为核心的第三代中央领导集体始终坚持“和平统一、一国两制”政策的根本原因。

寄希望于台湾人民，是贯穿于祖国大陆各项对台工作的一项系统工程，是一项长期、复杂且细致的工作。1995 年 1 月，江泽民同志在八项主张中，就寄希望于台湾人民的工作提出了更具体的要求：“要充分尊重台湾同胞的生活方式和当家做主的愿望，保护台湾同胞一切正当权益。我们党和政府各有关部门，包括驻外机构，要加强与台湾同胞的联系，倾听他们的意见和要求，关心、照顾他们的利益，尽可能帮助他们解决困难。”

祖国大陆努力把寄希望于台湾人民的方针贯彻到各项对台工作中去。在推进祖国和平统一过程中，大陆充分尊重台湾同胞当家做主管理台湾的合情合理的愿望，并将之与极少数“台独”分裂分子相区别。在两岸经济、文化、科技、体育各项交流与人员往来中，制定了一系列法律、法规，保护台湾同胞的一切正当权益，为增进两岸人民感情，密切两岸人民关系，最大限度地争取台湾民心作出了不懈的努力。

（四）台湾问题不能无限期地拖延。1995 年 1 月，江泽民在八项主张中首次提出：“无限期地拖延统一，是所有爱国同胞不愿意看到的。”1997 年 7 月香港回归祖国之后，江泽民同志这一思想显得更加清晰。1998 年 10 月，江泽民在党的十五届三中全会闭幕式上做了比较系统的论述：“台湾问题马上解决有困难，但不解决是不行的，早解决比晚解决好。台湾问题不能无限期地拖下去，完成祖国的统一不能无限期地拖下去，总要有一个时间表。”

1999 年 1 月，钱其琛在纪念“江八点”四周年和《告台湾同胞书》发表二十周年座谈会上指出“‘统一祖国、振兴中华’是几代中国人梦寐以求的崇高理想。如今香港已经回归，澳门也将于今年 12 月 20 日实现政权交接。台湾问题不能再无限期地拖延下去了。一切爱国的中国人团结起来，为早日完成祖国的统一大业而共同奋斗。这是祖国大陆第一次明确、公开提出“台湾问题不能再无限期地拖延”。2000 年 2 月，国务院台办和新闻办发表的《一个中国的原则和台湾问题》白皮书中，明确提出了“三个如果”：如果出现台湾被以任何名义从中国分割出去的重大事变，如果出现外国侵占台湾，如果台湾当局无限期地拒绝通过谈判和平解决两岸统一问题，中国政府只能被迫采取一切可能的断然措施，来维护中国的主权和领土完整，完成中国的统一大业。2000 年 3 月，《人民日报》还发表了题为《抓紧早日解决台湾问题的准备工作》的评论员文章。可以说，这一阶段出台的相关对台政策主张，正是江泽民同志台湾问题不能无限期拖延这一思想的具体反应。

台湾问题不能无限期拖延的主张，是在香港问题已经解决，澳门问题即将解决情况下提出的，它体现了中国共产党和中国政府以及全中国人民解决台湾问题的坚强决心和意志。随着香港和澳门的相继回归，早日解决台湾问题，加速实现祖国的完全统一必然要提上议事日程，这不仅是全体中华儿女的共同意志和心愿，也是维护中华民族根本利益、实现中华民族伟大复兴的需要。

中共十五届五中全会已将完成祖国统一列为进入新世纪的三大任务之一。只要海峡两岸全体中国人和所有中华儿女，从中华民族的根本利益出发，共同努力，祖国的完全统一和民族的全面振兴就一定能够早日实现。

（原载《台湾研究》2003 年第 4 期）

简论《反分裂国家法》的重大意义

党朝胜

2005年3月14日，众所翘盼的《反分裂国家法》终于由全国人大胜利完成立法程序。这部法律以宪法为依据，以邓小平理论和“三个代表”重要思想为指导，贯彻中央对台工作的大政方针，紧紧围绕促进祖国和平统一、反对和遏制“台独”分裂势力分裂国家的活动这个主题，充分体现祖国大陆以最大诚意、尽最大努力争取和平统一的一贯主张，同时表明全中国人民维护国家主权和领土完整，绝不允许“台独”分裂势力以任何名义、任何方式把台湾从中国分裂出去的共同意志和坚定决心。这部法律是全国人大察民心、顺民意的重大举措，它的出台势将推动两岸关系的进一步发展，使两岸和平统一事业迈向一个新台阶，因而具有深远的历史与现实意义。

一、《反分裂国家法》是反对和遏制“台独”、维护国家主权和领土完整、维护国家统一的重大举措，是全体中国人共同意志的体现

世界上只有一个中国，大陆和台湾同属一个中国，中国的主权和领土完整不容分割。多年以来，海峡两岸的中国人都信守这一基本原则，并为之不懈努力。

然而，岛内的分裂势力在近年来却一直没有停止过“台独”分裂活动。自上世纪九十年代初开始，李登辉即以“修宪”为名行分裂之实，妄图将两岸同属一个中国的事实，从法律、文化、教育等方面予以否认。1999年7月9日，李登辉在快要下台之前，在接受德国电视台访问时，公然抛出所谓的“两国论”①。2000年台湾政权更替之后，陈水扁继承李登辉的衣钵，在岛内全面推行“渐进式台独”路线，

① 台湾《中国时报》，1999年7月9日。

并与李登辉等“台独”分子一道在岛内推行所谓的“台湾正名”运动。2002 年 8 月 3 日，陈水扁向由“台独”分子所把持的“世台会”年会致词时公开表示，台湾“是一个主权独立的国家”，台湾跟对岸中国“一边一国”，并喊出要“认真思考公民投票立法的重要性与迫切性”①。

此后，台当局在岛内推行“台独”分裂活动的步伐越来越快，动作越来越多，所谓“台湾正名”等“台独”分裂活动日益猖獗。2003 年，在分裂的主导下，台“立法院”通过了所谓的“公民投票法”，完成“台独公投”“合法化”。在 2003 年底至 2004 年初的“总统”选举中，陈水扁等不仅将此次选举定位为“一边一国”与“一个中国”的对决，将祖国大陆称为“敌国”，而且还多次明确宣示其“2004 年公投、2006 年制宪、2008 年落实新宪”的“台独时间表”。

2004 年 3 月 20 日，陈水扁不顾内外压力，在岛内首次举办“反中国大陆飞弹威胁”和“军购”两项“公投”，虽然两项“公投”均以失败告终，但在“公投”实践上迈出了第一步。“总统”选举之后，陈水扁又向国际媒体公开鼓吹，“一定会按照既定（台独）目标走下去”。在“五二〇”就职演说中，陈将“中华民国”与“中华人民共和国”，“台湾”与“中国”相提并论②。8 月，民进党和台联党全力推动台“立法院”通过“公投入宪”的“修宪案”。据此，“立法院”提出“宪法修正案”、“领土变更案”后，经公告半年后于 3 个月内交由公民复决，有效同意票超过投票人总数的半数即算通过③。

“公投入宪”是“台独”势力落实“公投制宪”、推进“法理台独”目标的第一步，不但为其未来推动修改“公投法”、降低“公投”过关门槛提供了依据，且为“台独”势力日后“实质制宪”创造了条件。9 月，陈水扁公开表示，“国号最好、最贴近、最真实的简称就是台湾”，“中华民国就是台湾”④。10 月，陈在“双十讲话”中又从“领土、主权、人口、政府”等国家构成要素方面，全面勾划“台湾国”的面貌，称“台湾是一个主权在民、享有充分自由与人权的国家，土地面积三万六千平方公里，具备充分治理的政府及完整的政治制度”，并称“中华民国就是台湾”、“台湾就是中华民国”⑤；在年底“立委”选举中，陈水扁及民进党为与李登辉及台联党在“台独”议题上飙车，多次鼓吹要推动“宪改”使台湾成为“正常完

---

① 台湾《中国时报》，2002 年 8 月 4 日。
② 台湾《自由时报》，2004 年 5 月 21 日。
③ 台湾《中国时报》，2004 年 8 月 24 日。
④ 台湾“中央社”新闻，2004 年 9 月 4 日。
⑤ 台湾《自由时报》，2004 年 10 月 11 日。

整的国家”。

此外，“台独”分子所推动的“去中国化”运动也进入一个新阶段。他们一再叫嚣要“终结中国宪法”，要对“驻外机构”与公营事业进行“正名”，去除其中的“中国”字样，代之以“台湾”。一些“台独”分子为割断台湾与中国的历史，甚至公然声称孙中山是“外国人”。台“教育部”编写的“新编高中历史课程纲要”甚至试图把台湾史、中国史、世界史并列，将清代以后的中国史纳入外国史，在“新编高中语文课程纲要”则大肆删减中国传统文化的课程及内容。

“台独”势力的分裂活动，严重破坏了祖国和平统一的前景，严重威胁着中国国家主权和领土完整，严重损害了中华民族的根本利益，两岸关系被推向危险的边缘。反对“台湾独立”已成为所有中国人的首要任务。一段时间来，内地各界、港澳台同胞、海外侨胞纷纷要求以法律手段反对和遏制“台独”分裂势力分裂国家的活动、实现祖国统一的呼声日益高涨。在此形势下，全国人大基于“反对和遏制台独分裂势力分裂国家，促进祖国和平统一，维护台湾海峡地区和平稳定，维护国家主权和领土完整，维护中华民族的根本利益”①，依据宪法，制定了《反分裂国家法》。这一举动，正可谓是察民情，顺民心，十分必要，非常适时，是功在当代，利泽千秋的重大举措。

二、《反分裂国家法》体现了大陆对台政策的一贯方针，落实了“依法治国”基本方略，将推动“反独促统”工作迈上新台阶

解决台湾问题，完成祖国和平统一，作为我们党和国家的三大历史任务之一。《中华人民共和国宪法》在“序言”中明确指出：“台湾是中华人民共和国的神圣领土的一部分。完成统一祖国的大业是包括台湾同胞在内的全中国人民的神圣职责。”

为实现祖国的完全统一，中国共产党的历代中央领导集体先后出台了一系列重要的方针政策。早在上世纪五十年代，以毛泽东为首的第一代中共领导人就曾试图争取在可能的条件下，“用和平的方式解放台湾”。七十年代末八十年代初，世界局势日趋缓和，和平与发展已成为时代主流，国内的工作重心也转移到经济建设上。在此形势下，以邓小平为首的中共第二代领导人，从中华民族最高利益出发，充分考虑到台湾当局和台湾人民的处境、利益和前途，为解决台湾问题，完成祖国统一大业而设计了“和平统一、一国两制”这一伟大科学构想，并逐步成为我国对

① 新华社北京电，2005 年 3 月 14 日。

台政策的基本方针[①]。

1992年10月，中共第三代领导核心江泽民在中共十四大的报告中提出："在一个中国的前提下，什么问题都可以谈，包括就两岸正式谈判的方式同台湾方面进行讨论，找到双方都认为合适的办法"。1995年1月30日，江泽民总书记发表题为《为促进祖国统一大业的完成而继续奋斗》的重要讲话，提出了现阶段发展两岸关系、推进祖国和平统一进程的八项主张，具体包括：坚持一个中国的原则；对台湾同外国发展民间性经济文化关系不持异议；举行海峡两岸和平统一谈判，作为第一步，双方可先就"在一个中国的原则下，正式结束两岸敌对状态"进行谈判，并达成协定；中国人不打中国人；大力发展两岸经济交流与合作；两岸同胞共同继承和发扬中华文化的优秀传统；充分尊重台湾同胞的生活方式和当家做主的愿望，保护台湾同胞一切正当权益；提议两岸领导人以适当身份互访[②]等等。这篇讲话是对邓小平"和平统一、一国两制"思想精髓的继承和发扬，是新时代发展两岸关系，促进祖国和平统一进程的新指针。

2003年5月17日，以胡锦涛总书记为首的新一代领导集体鉴于两岸关系的新形势，授权中央台办、国台办就当前两岸关系问题发表郑重声明。指出反对"台独"是两岸同胞当前最紧迫的任务，表明我们坚持一个中国原则的立场决不妥协，争取和平谈判的努力决不放弃，与台湾同胞共谋两岸和平发展的诚意决不改变，坚决捍卫国家主权和领土完整的意志决不动摇，对"台独"决不容忍的坚定立场，勾勒了在一个中国原则下发展两岸关系的"七大愿景"。[③]这篇声明指明了现阶段对台工作的首要任务，而且展现了对台工作的务实、坚定立场。

2005年3月4日，胡锦涛总书记又提出新形势下发展两岸关系的四点意见。在坚持"一个中国"原则、反对"台独"分裂活动的同时，胡总书记表示要坚决贯彻"寄希望于台湾人民"的方针，认为只要是对台湾同胞有利的事情，只要是对促进两岸交流有利的事情，只要是对维护台海地区和平有利的事情，只要是对祖国和平统一有利的事情，我们都会尽最大努力去做，并一定努力做好。[④]胡主席的这一重要讲话，再次展现了大陆对台工作的最大善意与诚意。

中共历代领导集体在不同阶段所推出的对台方针政策，都有力地推动了两岸

---

① 《中国台湾问题（干部读本）》，九洲图书出版社1998年版，第三章60—82页。

② 《人民日报》，1995年1月31日。

③ 新华社北京电，2004年5月17日。

④ 《人民日报》，2005年3月5日。

关系的健康发展。现在，全国人大制定以邓小平理论和“三个代表”重要思想为指导，依据宪法制定《反分裂国家法》，正是全面贯彻中共对台工作方针，并落实“依宪治国”、“依法治国”基本方略，以法律形式规范解决台湾问题、实现中国完全统一的原则、主张和措施，为两岸关系的和平稳定发展指明方向。同时，展现全体中国人民绝不允许“台独”的意志，给“台独”分裂势力划出“红线”，为祖国大陆针对“台独”分子一旦铤而走险制造“台独”重大事变，提供采取非和平手段的法理依据，并使完成统一祖国大业，反分裂、反“台独”斗争成为包括台湾同胞在内的全中国人民的共同义务。因此，《反分裂国家法》的出台，势将促使“反独促统”工作更上一个新台阶。

三、《反分裂国家法》充分展现了大陆以最大努力争取两岸和平统一的诚意，是“两岸和平统一法”

“和平统一、一国两制”是大陆解决台湾问题的基本方针，既体现了实现祖国统一、维护国家主权和领土完整的原则性，又体现了照顾台湾的历史和现实的高度灵活性，有利于维护台海和平稳定，促进两岸共同发展、共同繁荣，进而实现中华民族的伟大复兴，最符合包括台湾同胞在内的全中国人民的根本利益。

因此，《反分裂国家法》在强调“世界上只有一个中国，大陆和台湾同属一个中国，中国的主权和领土完整不容分割”，“台湾是中国的一部分”，“坚持一个中国原则是实现祖国和平统一的基础”的同时，明确宣示“国家以最大的诚意，尽最大的努力，实现和平统一”，“国家和平统一后，台湾可以实行不同于大陆的制度，高度自治”。

但是，要想实现两岸和平统一，首先就需要创造两岸之间的和平与稳定的局面。而这就需要有一个过程，以消除两岸因历史、政治等因素所造成的两岸人民之间缺乏互信的情形。对此，《反分裂国家法》第六条规定了五大措施鼓励，维护台湾海峡地区和平稳定，发展两岸关系，促进海峡两岸共同发展、共同繁荣。①

而要最终实现两岸之间的和平统一，就必然要通过协商和谈判才可实现。为此，《反分裂国家法》第七条又规定：“国家主张通过台湾海峡两岸平等的协商和谈判，实现和平统一。协商和谈判可以有步骤、分阶段进行，方式可以灵活多样。”

---

① 新华社北京电，2005 年 3 月 14 日。

该法还就台湾海峡两岸协商和谈判明列五个事项[①]，这表明该法已明确承诺，只要是坚持一个中国原则，两岸什么问题都可谈，从而为两岸之间的协商谈判提供了广阔空间，充分展现了和平统一只要有一线希望，我们也要尽最大努力争取而绝不会放弃的最大诚意。

当然，“台独”分裂势力并不愿看到两岸统一，甚至还可能借机生起事端，外国反华势力也可能插手两岸事务，甚至公然干涉。小平同志也早就指出，我们首先以“和平统一，一国两制”构想解决台湾问题，但在争取用和平方式解决问题的过程中，也不能放弃使用武力，“如果我们承诺我们根本不使用武力，那就等于我们的双手捆缚起来，结果只会促使台湾当局根本不同我们谈判和平统一。这反而只能导致最终用武力解决问题”。[②]因此，《反分裂国家法》在第八条第一款明确规定，“台独”分裂势力以任何名义、任何方式造成台湾从中国分裂出去的事实，或者发生将会导致台湾从中国分裂出去的重大事变，或者和平统一的可能性完全丧失，国家得采取非和平方式及其他必要措施，捍卫国家主权和领土完整。第二款又规定，依照前款规定采取非和平方式及其他必要措施，由国务院、中央军事委员会决定和组织实施，并及时向全国人民代表大会常务委员会报告。[③]这一方面宣示了中国政府的一贯重要立场，同时也展现了中国政府的慎重态度。

为了消除台湾同胞对“非和平手段”的顾虑，同时也为了再次表达对台湾同胞，以及在台外国人的善意，《反分裂国家法》第九条又明确规定：“依照本法规定采取非和平方式及其他必要措施并组织实施时，国家尽最大可能保护台湾平民和在台湾的外国人的生命财产安全和其他正当权益，减少损失；同时，国家依法保护台湾同胞在中国其他地区的权利和利益。”[④]

可见，《反分裂国家法》并不仅仅是针对“台独”分裂势力的种种阴谋，更是为了促进海峡两岸的共同发展、共同繁荣；不仅仅是为了反对和遏制“台独”分裂势力把台湾从中国分裂出去的活动，更是为了维护台湾海峡地区乃至亚太地区的和平稳定；不仅仅为了防大乱于未然，戡大乱于危急，更是一项“预警立法”、是一项“和平立法”。

---

① 新华社北京电，2005 年 3 月 14 日。

② 民革中央、祖统会编《邓小平论祖国统一》，第 5 页。

③ 新华社北京电，2005 年 3 月 14 日。

④ 新华社北京电，2005 年 3 月 14 日。

四、《反分裂国家法》维护了国家主权，符合国际惯例，别国无权说三道四

世界上任何主权国家都不会容忍分裂国家的行为，都有权采取必要的方式捍卫国家主权和领土完整。这一点，在西方诸国的法律中都有明确规定。

在美国，除了有1861年通过的《反脱离联邦法》，而且还要求每个公民在效忠誓词都必须诵读："我谨宣誓忠诚于美利坚合众国国旗，忠诚于它所代表的共和国，上帝庇佑下的一个国家，不容分割，人人由此享有自由与正义。"加拿大为了对付国内的分裂势力，由最高法院于1998年做出历史性判决：一个省无权单方面决定从加拿大联邦分裂出去，无论是加拿大联邦宪法，还是国际法中所说的人民自决权，都不允许一个省单方面决定独立。该国国会还在2000年6月制定了《公决明确法》（或译为《清晰法》），明确规定：第一，一个省要进行独立"公决"，首先在文字上必须清晰表明独立意图，不能用含糊的文字来降低人民对独立后果的认识；第二，在计票问题上简单多数不行，必须绝对多数才有效；第三，文字是否清晰，赞成票是否占绝对多数，只有联邦议会有权决定；第四，即使这两个条件都具备，还必须举行联邦政府和所有省份都参加的谈判，有三分之二的省份同意才能独立。俄罗斯为了维护联邦的统一和领土完整，在1992年既有《联邦条约》规范各联邦主体与俄联邦之间的关系，1993年宪法又明确规定，俄罗斯联邦主权适用其全部领土，各联邦主体的主权仅属于俄罗斯联邦，没有"自由退出权"，禁止以暴力方式破坏国家统一和领土完整，联邦宪法和联邦法律在俄罗斯联邦全境拥有最高地位等。在法国，为了对付科西嘉岛的分裂主义，法国在1975年颁布法令，明确把科西嘉确定为法国的第二十二个行政区。1991年又颁布法令，以违背法国宪法的不可分割性为由，拒绝承认科西嘉民族的存在，认为科西嘉是法兰西共和国的一部分，在主权问题上没有任何让步的余地。在西班牙，为对付境内的"埃塔"分裂势力，首相阿斯纳尔也公开表示要以"法律和宪法的手段"对付分裂势力。可见，通过法律武器保护国家主权和领土完整，是国际惯例。

而台湾自古以来就是中国的领土，无论从历史文献记载、地下文物、民族语言、文化宗教、风俗习惯，还是两岸人民之间的亲属血缘关系等，都证明了这一点。十九世纪末，日本帝国主义乘中国的清政府长年积贫积弱，通过甲午战争窃取了中国的台湾等地，但早在1943年11月26日，中美英三国元首共同发表的《开罗宣言》已明确规定，日本必须在战争结束后将台湾归还中国。

1945年7月26日，二战反法西斯同盟国——中美英苏四国所签订的《促令日本投降之波茨坦公告》又郑重重申，《开罗宣言》的条件必将实施。同年9月2日，日本政府在《日本投降条款》中再次对此做出承诺。正因此，在1945年10月25日，当时日本的台湾总督安藤利吉，才向中国代表陈仪交还了台湾与澎湖及其他岛屿，并由陈仪以中国政府台湾省行政长官兼警备总司令的身份签署了受降书，发予安藤利吉，完成了台湾向中国的移交与光复，自此，台湾重新归人中国版图。

1949年以后，由于中国内战，使两岸暂时处于分离状态，但这并没有改变台湾属于中国一部分的事实。1950年1月5日，美国总统杜鲁门在关于台湾问题的声明中说，《开罗宣言》的目的，是"日本所窃取于中国领土，如台湾，归还中国"。1971年10月25日，第二十六届联大以压倒性多数通过第2758号决议，明确"承认中华人民共和国政府的代表是中国在联合国的唯一合法代表，中华人民共和国是安理会五个常任理事国之一"，并明确宣告"把蒋介石的代表从联合国及其所属机构驱逐出去"。1972年，美国在中美"上海公报"中表示，它认识到在台湾海峡两岸两边的所有中国人都认为只有一个中国，台湾是中国的一部分，美国政府对这一立场不提异议。1972年中日恢复邦交和1978年中华人民共和国政府与日本政府签订《中日友好和平条约》时，在双方的联合声明中，日本都声明，"坚持遵守波茨坦公告第八条的立场"之承诺。[①] 而到目前为止，160多个与中国建交的国家都在承认世界上只有一个中国，台湾是中国的一部分。

上述事实表明，无论从国内法，还是从国际法的角度，台湾是中国的一部分，台湾的领土与主权属于中国，这是谁也无法否认与改变的，也是决不容许改变的。因此，任何分裂中国的行径都违反台湾与大陆同属一个中国的事实，违反包括广大台湾同胞在内的全体中国人民的愿望，违背联合国宪章中规定的任何成员国不得干涉他国主权与领土完整的基本精神，以及联合国2758号决议，违背世界各国与中国建交公报，进而影响台海局势发展、损害两岸人民福祉、危害亚太地区和平与国际新秩序。在一个中国的范围来说，"台独"就是动乱，"台独"只能带来战争，就国际社会而言，"台独"只会破坏亚太地区的和平稳定。

因此，制定《反分裂国家法》完全属于中国内政，并且符合国际惯例。该法的出台，只会对台海及亚太地区的和平稳定有利。国际反华势力毫无置喙之地，更无权对此指手画脚，"台独"分裂势力也不应指望国际反华势力对此有何干涉。事实

---

① 《中国台湾问题（干部读本）》，九洲图书出版社1998年版，第52—55页。

上，自我国正式启动《反分裂国家法》立法程序以来，国际主流媒体舆论都纷纷对此表示理解与支持，这也充分说明，国际正义力量支持我们的立法行动，支持我们的统一事业。

总之，《反分裂国家法》是一部反对和遏制“台独”分裂活动，促进两岸关系发展，推进两岸和平统一的法律，是一部维护国家主权和领土完整、反对和遏制“台独”分裂，维护台海及亚太地区和平稳定的法律，是一部符合中华民族根本利益，维护国际新秩序的法律。它的出台，势将有利于调动一切积极因素，广泛动员包括台湾同胞在内的全体中国人民，共同推进两岸关系的和平稳定发展，促进祖国和平统一大业的早日实现。

（原载《台湾研究》2005 年第 2 期）

两岸政治关系中“一个中国”问题之省思

刘佳雁

目前的两岸关系仍处在一种“冷和”状态。从近十年两岸交流与交往的矛盾纠结来看，之所以造成两岸政治关系今日此种僵局，其最主要原因莫若两岸在一个中国原则问题上的严重分歧。拙文仅从九十年代以来台湾当局大陆政策中有关“一个中国”问题的态度这一方面入手，通过就两岸对一个中国原则政治认知之对比，以反思与建构两岸政治关系中“一个中国”的内涵。

台湾当局的“一个中国”

众所周知，一直到八十年代后期，海峡两岸均是信守“一个中国”的，其主要争论点无非是谁代表中国的问题，但作为一个主权的中国的概念在两岸领导人的政治认知上是一致的，一个中国原则获得了国际社会的普遍承认，成为国际政治秩序的组成部分。然而，随着李登辉当政，特别是在他的政治地位初步得到巩固之后，开始着手调整国民党的大陆政策和“外交”政策。1990年，李登辉当选第八任“总统”后，台当局一个中国原则开始逐步发生动摇。

以1991年2月台湾“国家统一委员会”推出“国家统一纲领”为标志，台当局的““一个中国”概念出现了明显的变化。该纲领虽未明示否定一个中国原则及其内涵，但字里行间都充斥着两岸为“一个国家、两个对等政治实体”的政治理念，亦即要求“两岸互不否定对方为政治实体，在国际间上相互尊重，互不排斥”。岛内有学者曾一针见血地指出，该纲领“预设了‘两个中国’和分裂固定化、长期化的前提”，[①] 可以说该纲领中台当局所谓的“一个中国”不过是在为其“两个对等

① 姜殿铭主编：《台湾一九九一》，中国友谊出版公司1992年版，第248—250页。

政治实体”张目，预设了对“一个中国”的否定。次年，为贯彻该纲领，台湾当局通过了所谓“两岸人民关系条例”，以国际私法上的“法律冲突”理论来指导两岸间法律事务的处理，将“一个中国、两个对等政治实体”法律化。

如果说在“国统纲领”出笼的前后几年里，台当局对“一个中国”的提法及其内容等问题还在闪烁其词的话，但自1993年以后，台当局要否定“一个中国”原则的态度更加明确、具体。主要表现在：

（一）称“一个中国”不是现在，乃是过去的和将来统一后的中国，1994年5月，李登辉在回答台湾《自由时报》记者提问时就表示：“一个中国是我们的目标，但目前看不到一个中国，一个中国在哪里？这是将来的目标”。[①] 随后，在二届“国大”临时会答询时又说：“一个中国是将来的目标，现在不存在，现在是分裂分治的事实。”[②]1996年李在接受美国CNN专访时亦称：“我们要了解，统一之后才有‘一个中国’。”[③]

（二）公开否定和不提“一个中国”。李登辉不止一次对外表示，他自己从未说过“一个中国”的话，并称“先总统蒋公也从不说‘一个中国’”。[④] 更为露骨的是，1994年3月，李登辉接受日本作家司马辽太郎谈话时称：“中国这个词也是含糊不清的”，[⑤] 表示应尽量忘记“一个中国”、“两个中国”这种字眼。1996年5月，李登辉在就任首任“民选总统”后发表的演说词中正式绝口不提“一个中国”。

（三）将“中国”一词非政治化、抽象化。1993年11月21日，出席美国西雅图亚太经合会的台“经济部长”江丙坤以事先拟好的声明对外宣称：“中国只有一个，地理文化上台湾是属于中国，我们在一个中国的原则下，主张分裂主权的两个国家并存，是以一个中国为指向的两个中国政策，台湾与中华人民共和国是两个主权互不隶属的国家。”[⑥]1994年7月5日，台“陆委会”发布的《台海两岸关系说明书》则全面吸收了江丙坤讲话的要点，再次提出“‘一个中国’是指历史上、地理上、文化上、血缘上的中国”。[⑦]

（四）以正式的官方文件形式对外鼓吹“中华民国为主权独立国家”，强调两岸

---

① 台《自由时报》1994年4月15日、1996年5月26日。
② 台《中国时报》1994年5月20日、1993年11月22日及8月14日、1992年5月20日。
③ 台《联合报》1996年5月8日，8月24日。
④ 台《中央日报》1992年12月16日，1994年7月5日，7月6日，7月30日，10月4日。
⑤ 台《民众日报》1994年5月1日。
⑥ 台《中国时报》1994年5月20日、1993年11月22日及8月14日、1992年5月20日。
⑦ 台《中央日报》1992年12月16日，1994年7月5日，7月6日，7月30日，10月4日。

“分裂分治”。台当局自1994年起先后发表了《台湾两岸关系说明书》(1994年)、《“一个中国”政策说帖》(1949年)、《中华民国参与联合国政策》(1995年9月)、《透视一个中国问题说帖》(1997年2月)等文件,宣称:“中华民国自公元1912年创立以来,在国际间始终是一个具独立主权的国家,这是个不争的历史事实。”①“其主权用于整个中国领土,但自1949年以后未能在中国大陆行使统治权。……中国系处于暂时分裂之状态,由两个政治实体分治海峡两岸。”②“现阶段中国大陆与台湾地区是‘中国’境内分裂分治的两个领域;在国内层次上,台海两岸关系是特别关系;而在国际层次上,中华民国与‘中华人民共和国’除都各自主张为主权国家,并都愿意见到中国复归统一外,两者事实上不相互隶属,而且已长久并立存在。”③海峡双方“谁也不能代表全中国,而只能代表各自有效统治的一部分。准此,我们认为,与其去说‘一个中国’,不如说‘一个分治的中国’(One divided China),就象现在的韩国,过去的德国或越南一样。”④

综上所述,我们不难看出,台当局所持“一个中国”经历了一个由“一个中国”到“一个中国、两个对等政治实体”,再到“两个中国”的过程。申而言之,台当局的“一个中国”至少包括以下两个主要层次:一是“一个中国”是指历史上、地理上、文化上、血缘上的中国,也是指1949年以前的“一个中国”和未来统一以后的“一个中国”;二是海峡两岸目前是处于“事实上的分裂状态”,“中华民国”和中华人民共和国都是主权独立国家。

台当局要否定一个中国原则的所谓理由是:其一,依国际法上的国家理论,称“中华民国”为一“主权独立国家”。根据台当局及其领导人的说法,所谓“中华民国”自1949年以后虽在“治权”范围上有所缩小,但并未被消灭,不仅控制着相当的人口、土地,有“合法”选出的“政府”,并与近30个国家保持“外交”关系,“中华民国的存在”完全符合《蒙得维的亚公约》规定的国家构成的条件。其二,“中华民国的存在”符合国际法上的有效统治原则。台当局认为,对领土的权利主张必须符合国际法上有关实际有效管理与控制的要求,而中华人民共和国自成立后从未实际治理过台湾,没有在台湾纳过税,政治法律制度亦未施行于台湾,因而不能说台湾属于中华人民共和国。1994年9月30日,李登辉接受《亚洲华尔街

① 台《中央日报》1992年12月16日,1994年7月5日,7月6日,7月30日,10月4日。
② 台《中央日报》1992年12月16日,1994年7月5日,7月6日,7月30日,10月4日。
③ 台“中央社”1995年9月8日电。
④ 台《中央日报》1997年2月23日。

日报》记者采访时即称："自 1945 年日本归还台湾以来，中华民国在台湾一直存在着，而中华人民共和国则在其后，他们从未踏上台湾的领土，从未收过台湾一毛钱的税，而其法律也从未在台湾执行过。"① 其三，联合国及其他国际组织并未完全解决台湾的地位问题。台当局认为，中国自 1949 年以来即处于分裂状态，在台湾海峡两岸同时存在两个互不隶属、截然不同的"政治实体"，"中华民国"与中华人民共和国各自在其统治之领土上行使最高管辖权、同时并存于国际社会、各获有不同数目国家之承认，乃具体而客观之事实。1971 年联合国大会第 26 届大会通过的 2758 号决议，系冷战期间之产物，并未能完全解决中国因分裂、分治所产生的联合国席位问题。② 其四，"两个对等政治实体"符合分裂国家理论。台当局认为两岸只有中国问题，而不存在台湾问题，就象两德和两韩一样都是冷战遗留的产物，故依据分裂国家理论，1949 年以后中国实际上已分裂为两个国家即"中华民国"和中华人民共和国，因而所谓的"一个中国"只能是"历史地理文化血缘"上的概念。

祖国大陆方面对一个中国原则的表述

祖国大陆方面强调一个中国原则系针对五十年代以后西方反华势力主要是美国图谋制造"两个中国"而提出的。七十年代末八十年代初，随着国际国内形势的变化，台湾分裂与"台独"势力的蔓延与嚣张，为更好地促进两岸关系的发展、推动祖国的和平统一进程，祖国大陆方面在一个中国原则的表述上又有了新的发展和完善。

1979 年 3 月，邓小平会见香港前总督麦理浩，首次阐述了以"一个中国"为核心的统一政策。他建议，中国统一后，台湾"作为一个地方政府可拥有广泛的自治权"，但是"不能有两个中国，也不能有一个半中国"。③1981 年 9 月，叶剑英委员长向新华社记者发表谈话，正式提出了以"一个中国"、"和平统一"为核心的九条建议，明确主张"国家统一后，台湾可作为特别行政区，享有高度自治权，并可保留军队。中央政府不干预台湾地方事务"。④1983 年 6 月，邓小平会见美国一大学教授时，再次明确表述了"一个中国"为核心的和平统一主张。他说，他不赞成

① 台《中央日报》1992 年 12 月 16 日，1994 年 7 月 5 日，7 月 6 日，7 月 30 日，10 月 4 日。
② 台《中国时报》1994 年 5 月 20 日、1993 年 11 月 22 日及 8 月 14 日、1992 年 5 月 20 日。
③ 李家泉著：《一国两制与台湾前途》，人民日报出版社 1991 年版，第 2 页。
④ 《人民日报》1979 年 10 月 1 日、1983 年 7 月 30 日、1995 年 1 月 31 日、1998 年 1 月 27 日。

台湾“完全自治”的提法，“自治不能没有限度，既有限度就不能‘完全’。‘完全自治’就是‘两个中国’，而不是‘一个中国’”。他还重申，统一后两岸制度可以不同，但在国际上代表中国的，只能是中华人民共和国。台湾作为特别行政区“可以有其他省市自治区所没有而为自己所独有的某些权力，条件是不能损害统一的国家的利益”。[①]

一个中国原则由政策性的宣示转而向系统化的表述是在九十年代以后。1993年8月31日，国务院台办和新闻办联合发布了《台湾问题与中国统一》白皮书，第一次正式系统地阐述了祖国大陆方面所坚持的“一个中国”的原则，其中说:“世界上只有一个中国，台湾是中国不可分割的一部分，中央政府在北京。这是举世公认的事实，也是和平解决台湾问题的前提”。“中国政府坚决反对任何旨在分裂中国主权和领土完整的言行，反对‘两个中国’、‘一中一台’或‘一国两府’，反对一切可能导致‘台湾独立’的企图和行径。”[②]1995年1月30日，基于两岸经贸关系的扩大，两岸事务性商谈的展开，为进一步开创两岸关系的新局面，江泽民发表了《为促进祖国统一大业的完成而继续奋斗》的“八点”讲话，其中指出:“坚持一个中国的原则，是实现和平统一的基础和前提。中国的主权和领土决不容许分割。任何制造‘台湾独立’的言论和行动，都应坚决反对；主张‘分裂分治’、“阶段性两个中国’等等，违背一个中国的原则，也应坚持反对”。[③]

显然，大陆方面有关一个中国原则的政治涵义，是从主权这一核心问题上来展开的。依大陆方面之观念，一个中国原则所指称的意义，本质上就是中国领土主权的完整和独立，因此自五十年代以来乃始终坚定不移地主张“世界上只有一个中国，台湾是中国的一部分，中华人民共和国政府是中国唯一合法的政府”，以防止在国际社会出现“两个中国”或“一中一台”。正是基于此一认知，大陆方面乃一以贯之地坚决反对诸如“台湾独立”、“一中一台”、“一国两府”、“分裂分治”、“务实外交”等分裂中国领土与主权的企图和行径。

对两岸“一个中国”政治认知之比较

从理论层次上分析，“一个中国”问题应当包含两层意义：一是主权层次的意

① 《人民日报》1979年10月1日、1983年7月30日、1995年1月31日、1998年1月27日。

② 国务院台湾事务办公室、新闻办公室编:《台湾问题与中国的统一》，中央文献出版社1993年版，第12页。

③ 《人民日报》1979年10月1日、1983年7月30日、1995年1月31日、1998年1月27日。

义，它不是一个"历史地理文化血缘"上的概念，而是一个政治上、法律上的概念。主权层次的一个中国原则有着明确具体的内容，它强调的是"世界上只有一个中国，台湾是中国的一部分，中国的主权和领土完整不容分割"，其着重点是台湾的主权属于中国；第二个层次的意义关涉"一个中国"的内涵，亦即在国际上一个中国只能有一个行使主权的政府，而不能是两个，这是国际公认的准则。比较海峡两岸在"一个中国"问题上的主张，可以发现两岸在一个中国原则和"一个中国"内涵上的政治认知存在着巨大的差异。

第一，政治考虑的南辕北辙。

"和平统一、一国两制"是中国政府解决台湾问题的基本方针。基于此点，祖国大陆方面认为，既然两岸最终要走向和平统一，双方就需要确立一个能共同遵循的原则，如此才能确实有效地规范两岸关系顺利地由现时的分离之局向和平统一方向发展。这个原则就只能是一个中国原则。在祖国大陆方面看来，一个中国原则是实现和平统一的基础和前提。只有在一个中国原则下，才能保证中国统一大业的实现；也只有坚持一个中国原则，才能抑止"台独"势力的膨胀，从根本上解决两岸围绕"一个中国"政治涵义的冲突与分歧。

自九十年代以后，台湾方面将"中华民国在台湾是一个独立主权国家"作为其大陆政策的终极目标。"一个中国"的出发点乃从两蒋时代的"中国代表权之争"转而成为台当局为其制造"两岸分裂分治"的一种政策掩护。台湾方面认为，大陆不厌其烦地重申的所谓一个中国原则是一个政治陷阱，因为讲到"一个中国"时，国际上就会误解为中共的"中华人民共和国"、"台湾是中国的一部分"，台湾就会陷入中共"一国两制"的圈套。1992年李登辉在"国统会"第七次委员会上就明白指出："中共目前对两岸事务性谈判策略是要加入'一个中国'的前提，我们应谨慎因应，不要掉进圈套。"[①] 在李的指示下，"国统会"研究委员同时集会还就"一个中国"涵义进行研究，得出结论认为：两岸对"一个中国"涵义的认知，短期内不会有共识，因此当前不宜将一个中国原则纳入两岸事务性谈判之协定文字中，以免掉入"中共的陷阱"。[②]1997年2月，台"新闻局"发布的"透视'一个中国'问题"的说帖再将一个中国原则视为"图借简单符号达到模糊化目的"的"语意陷阱"，以图"在口头上并吞台湾"。[③] 在台当局看来，"中华民国"既然要生存、要

① 台《中国时报》1994年5月20日、1993年11月22日及8月14日、1992年5月20日。
② 台《自立早报》1992年5月20日及《自立晚报》1993年4月30日。
③ 台《中央日报》1997年2月23日。

发展、要推动“务实外交”和“参与联合国”，就必须摆脱一个中国原则的羁绊。因此不提“一个中国”乃为“上策”，依此不仅可避免被“一个中国”套住，而且还可以“从‘国民主权’出发，发展出一套诠释架构来涵盖，消解（中共的）‘一个中国’的压力”。[①]这实际是背弃了一个中国，推行“两个中国”的政策，在国际上追求所谓“双重承认”。

第二，主权认知的截然对立。

主权原则是解决所有国际问题的最重要准则之一。国际法上的主权原则的最主要内容之一，即是一个主权国家只能有一个合法政府在国际上作为代表并对外行使主权。祖国大陆方面认为，一个中国原则首先是一个主权事实问题，它强调的是全中国主权和领土的不可分割性，即世界上本来就只有一个中国，台湾是中国领土不可分割的一部分，中华人民共和国政府是代表全中国的唯一合法政府。自1949年中华人民共和国成立后，所谓“中华民国”不仅失去了其存在的法理依据，而且在事实上也已经不存在了，尽管目前海峡两岸处于暂时分离的状态，但台湾作为中国领土一部分的地位没有改变，这一点从联合国第2758号决议在解决中华人民共和国的联合国合法席位时仅用“恢复”字眼可得到证明，它包含着中华人民共和国政府代表中国的合法性具有溯及既往的法律效力。因此，台当局自称是“主权国家”、“其主权及于整个中国大陆”，极力鼓吹的“两岸分裂分治”、“先分裂后统一”、“分裂国家模式”、“阶段性两个中国”等主张，从表面上看似乎没有排斥两岸的最终统一，但其实质不过是借“一个中国”之名行“两个中国”、“一中一台”之实，说穿了是要将台湾从中国永久分裂出去，必须坚决反对。台湾方面对“主权”概念的认知则是建立在如何维护其“两个中国”的政策框架基础之上的。为了证明“中华民国政府”的合法存在，台湾方面首先采取的是从根本上否定国际法上的主权原则，认为传统国际法上的主权观念已经过时，应当再解释，中共对台湾的主权主张是一种过时的、守旧的、绝对的主权观；甚至说主权是“危险的单字”，[②]究其目的无非是为了强调台湾是享有“主权”的。其次是将不属于同一范畴的“主权”与“治权”的概念相混淆，从而将一个中国原则与“一个中国”内涵之间的关系颠倒换位。所谓“治权”本不是一个正式的法律概念，根据孙中山先生的解释，“治权”包括五种即立法权、行政权、司法权、考试权和监察权。显然，“治权”的概念是属于主权的行使（即来自主权的权利的行使）的范畴。在国际法上，主权是“国

① 台《自由时报》1994年4月15日、1996年5月26日。

② 台《自立早报》1992年5月20日及《自立晚报》1993年4月30日。

家的最高权力”，是不可分的，也是不受限制的，而主权的行使则是可以受限制的（如租界地），因而也是可以分割的（如一个国家可以依据宪法的给予或委任或委托给某些地方单位）。但又根据国际法理论，主权的行使的分割并不影响国家主权在本质上的完整性，也是说即便在主权的行使者不统一的情况下，一个国家仍继续是主权的。[①] 台湾今天的情况明显是属于中国主权对内的一种限制，其权利的行使是来自代表中国的合法政府的一种法律上的给予。很显然，台湾方面歪曲了国际法上主权的理论，为凸显其所谓“中华民国是主权国家”，而将所谓“治权”凌驾于主权概念之上，认为中华人民共和国从未治理过台湾因而无权主张对台湾的领土主权，进而否定一个中国主权的完整性。由是观之，尽管台湾方面仍在强调“一个中国”，但却以“治权”取代主权，实质上是在鼓吹中国主权已经分割的“两个中国”论调。

结论：一个中国主权原则的思考

不可否认，在两岸分离已四十余年，经过长期的隔阂与对立之后，时至今日双方的互信基础已严重削弱。目前两岸在“一个中国”问题上仍然针锋相对，祖国大陆坚持一个中国原则毫不动摇，而台湾方面仍难以在口头上和行动上回到一个中国的原则上来。在这一零和对局中，倘双方不能秉持求同存异之精神，加强彼此的良性互动，通过政治谈判以化解歧见，则双方关系势将无休止地陷入僵局，甚至随时有可能恶化。因此，俾使两岸关系向良性面发展，体检并确立一个相互间认同的一个中国原则及其意涵实乃当务之急。

吾人认为，两岸政治关系中一个中国原则的确立已具备了一定基础：

第一，祖国大陆方面对“一个中国”政治内涵的善意作为。祖国大陆早就明确表示过在两岸关系中为什么必须坚持一个中国。因为，如果放弃一个中国的原则无异是放弃对中国主权完整性的坚持，中国的最终统一也就失去了合法性、正当性。因此必须始终不渝地坚持一个中国原则。但在坚持原则性的同时，也不失保持高度的灵活性，特别是在处理两岸事务过程中，为了照顾台湾当局的“面子”，避免台湾方面在政治层面的尴尬，大陆方面对“一个中国”的政治内涵在处理两岸问题上一贯保有务实的灵活态度。稍早于 1992 年 8 月 27 日，海协负责人就两岸事务性商谈中应遵循一个中国原则表示：海峡两岸交往中的具体问题是中国的内部事务，应

① 邓正来编《王铁崖文选》，中国政法大学出版社 1993 年版，第 366—367 页。

本着一个中国原则协商解决；在事务性商谈中，只要表明坚持一个中国原则的态度，可以不涉及一个中国的政治含义。[①]1998年1月26日，在纪念“江八点”三周年大会上，钱其琛对此又作出了明确而郑重的宣示：“在统一之前，在处理两岸关系事务中，特别是两岸谈判中，坚持一个中国的原则，就是坚持世界上只有一个中国，台湾是中国的一部分，中国的主权和领土完整不能分割。”[②]这些讲话表明，在统一之前，两岸的接触与谈判以及因此产生的协议，大陆方面并未要求台湾方面承认中华人民共和国政府是中央政府为前提，而只要求台湾方面承诺坚持世界上只有一个中国，台湾是中国的一部分的真实，并在此基础上双方共同承担维护中国主权与领土完整的义务就可以了。可见，祖国大陆已实事求是地认为，海峡两岸的政治分歧是在谈判过程中解决的问题，是在逐步实现和平统一的过程中解决的问题，只要双方本着一个中国的原则，什么问题都可以谈。

第二，台湾方面对广义“一个中国”的坚持问题。作为主权概念的“一个中国”是不可能有广义与狭义之分的，广义“一个中国”作为一个表述上的概念而提出实乃目前两岸情势的务实作为，至少它为两岸寻求“一个中国”涵义的政治共识预留了协商的空间。就学理上理解，广义上的“一个中国”应包括含有各式各样有关“一个中国”含义的表达，不论其是现在或是将来。从台湾当局领导人及其所发布的一些官方文件，我们可以发现，台湾方面在“一个中国”问题上其实存在着内外有别的情况。如1994年台湾“陆委会”编印的《大陆政策答客问》中就写道：在两岸统一之前，“我为打开国际空间，在国际间强调两岸是对等、分治、各自享有充分自主权的国家”。[③]1996年8月，前“陆委会”副主委许惠岭在“亚太营运中心与大陆政策公听会”上称：“‘一国两区’的概念是针对大陆提出来的。在国际上，我们当然自我定位为中华民国，这是毋庸置疑的。”[④]而1997年台“新闻局”发布的《透视一个中国问题》说帖又强调“一个分治的中国”。这些事实表明，台湾方面在对外宣示时大多避谈“一个中国”，其主要目的是突出台湾不是中华人民共和国的一个省和海峡两岸是“对等政治实体”，实际上是“两个中国”。尽管如此，在客观上台湾方面对坚持广义的“中国”的立场并未明确放弃，如从“国统纲领”至“台海两岸关系说明书”，台湾方面尚没有明确以“两个主权国家”定位两岸关

① 《海协负责人就台湾当局关于两岸事务性商谈中“一个中国”涵义的文件发表谈话》，《海峡两岸关系协会1992年重要文件选编》，第51—52页。

② 《人民日报》1979年10月1日、1983年7月30日、1995年1月31日、1998年1月27日。

③ 香港《镜报》月刊1994年第2期。

④ 台《联合报》1996年5月8日、8月24日。

系。只要台湾当局更明确地回到“一个中国”的立场上，双方找到化解分歧之道还是可能的。

综上所述，两岸间“一个中国”原则的立场可谓同异互见。笔者以为，为打破两岸政治僵局，寻求两岸关系发展的政治基础，两岸政治关系中的一个中国原则的构建实是关键。具体而言，两岸关系中首先应确立一个中国的原则，即“世界上只有一个中国，台湾是中国的一部分，中国的主权和领土完整不容分割”，这是两岸双方都应认同的准则，是两岸关系发展的前提。其次，在原则性已确立的前提下，对于两岸间的“一个中国”内涵留待日后再逐步解决，以为启动政治谈判预留空间，推进两岸最终走向和平统一。

（原载《台湾研究》1998 年第 4 期）

十五年来两岸政治关系的回顾与思考

谢　郁

从上个世纪九十年代至今，两岸政治关系走过了起伏跌宕的十五年，其间有重大的突破与进展，两岸关系的发展出现过令人充满期待的契机，但也屡陷危机与困境，令期待两岸和平稳定的人们扼腕叹息，并为两岸至今还处于难以化解的僵局而深感忧虑。十五年来两岸关系所经历的曲折道路，值得我们认真总结与深刻思考，以便找出对未来两岸关系的良性发展有益的经验与教训。

一、十五年两岸政治关系回顾

回顾过去十五年来两岸关系的历程，可以看到，虽然两岸经贸交流和民间往来取得长足的进步与发展，但两岸政治关系却充满曲折，其间出现四次重大的起伏与转折：

第一次是 1992 年至 1993 年，两岸共同恪守一个中国原则基础，“汪辜会谈”开启两岸接触对话之先河。

上世纪九十年代初，海峡两岸均处于时代的重大变革时期。在大陆方面，1992 年春天邓小平发表南方谈话之后，进入深化改革全面开放时期，大陆政经发展均呈现良好的势头，为促进和推动两岸关系发展创造了有利的条件。1992 年 9 月，中共十四大正式将“一国两制”列为“建设有中国特色社会主义”的重要内容之一，发展两岸关系列为党的一项重点工作。党和国家领导人多次就两岸关系发表重要讲话，希望两岸能够进行沟通对话，增进交流，建立共识。大陆相关部门还主动采取措施促进两岸间的“三通四流”，并出台了相关的重大政策，国务院于 1992 年发布并实施《中国公民往来台湾地区管理办法》。大陆加速改革开放带动了两岸关系的良性发展、推动了两岸交流的快速发展。1992 年两岸人员交流超过 150 万人次，两岸贸易总额达 74.4 亿美元。

同一时期，海峡对岸的台湾在内外形势的压力下开始向多元化发展，进入所谓“宪政改革”时期，政治格局及社会生活也随之发生重大变化。九十年代初期，李登辉由于当政不久基础未稳，在两岸政策上仍旧延续蒋经国时期国民党既有的立场，总体政策遵循“一个中国”的架构。1990 年，成立“国家统一委员会”，作为“总统府”下设的政策咨询机构，并于 1991 年制定了“国家统一纲领”，明确认同一个中国原则。1992 年 8 月 1 日，“国统会”第八次全体委员会议通过“八一”结论，其中表示：海峡两岸均坚持一个中国之原则，但双方所赋予之涵义有所不同。“台湾固为中国之一部分，但大陆亦为中国之一部分”①，但 1949 年后中国处于“暂时分裂”之状态，由两个“政治实体”分治海峡两岸，任何谋求统一之主张，不能忽视此一事实之存在，并将“建立自由民主均富的统一的中国”②作为未来的目标。在这一大的政策背景之下，面对两岸民间交流掀起的热潮，台湾当局采取了一些放宽两岸交流的积极措施，于 1992 年颁布了第一部规范两岸交流的法规“两岸人民关系条例”，台“陆委员”并于当年底通过了《在大陆地区从事投资或合作许可办法》草案，放宽中小企业赴大陆投资。

这一时期大陆和台湾当局在“一个中国”问题上都本着谨慎务实的态度，自觉地将两岸政策界定在这一原则基础之上，这就使两岸关系能够维持一个基本稳定的态势，加上两岸民间交流热潮一浪高过一浪，在此形势下，两岸政治关系也取得突破性进展。1991 年和 1992 年，两岸相继成立了海峡交流基金会与海峡两岸关系协会，作为官方授权专责处理两岸事务的民间法人机构，实际上充当两岸对话交流的白手套。1992 年 10 月 28 日至 30 日，海协会与海基会在香港就两岸事务性商谈中如何表述坚持一个中国原则的问题进行了讨论，经过两会数轮会谈及函电往来，双方最终达成各自以口头声明方式表述“海峡两岸均坚持一个中国原则”的共识，也就是后来所说的“九二共识”。还原当时的历史文献，当时海基会的表述内容为：“在海峡两岸共同努力谋求国家统一的过程中，双方虽均坚持一个中国的原则，但对于一个中国的涵义、认知各有不同。”③海协的表述内容为：“海峡两岸均坚持一个中国的原则，努力谋求国家的统一。但在海峡两岸事务性商谈中，不涉及一个中国

① 台湾“中央社”电讯 1992 年 8 月 1 日。

② 台湾“中央社”电讯 1992 年 8 月 1 日。

③ 国务院台湾事务办公室研究局编：《台湾问题文献资料选编》，人民出版社 1994 年版。

的政治涵义"[①]。从中可以看出，尽管当时海峡两岸对于"一个中国"的内涵有不同的解释，但对于"一中"的大原则皆予以确认，双方在相互尊重的基础上达成了求同存异的默契。"九二共识"的达成为此后两岸展开对话与协商奠定了良好的基础。

1993 年 4 月，海协会会长汪道涵和海基会董事长辜振甫先生在新加坡举行了举世瞩目的"汪辜会谈"，在共同坚持"九二共识"、一中原则的基础上，就加强两岸经济合作和科技、文化、青年、新闻等领域的交流与合作进行了协商，签署了《汪辜会谈共同协议》、《两会联系与会谈制度协议》、《两岸公证书使用查证协议》和《两岸挂号函件查询、补偿事宜协议》等四项协议。特别是在《汪辜会谈共同协议》中，"双方认为应加强两岸经济交流、互补互利"[②]，确定了两会事务性协商的议题。"汪辜会谈"推动了两岸谈判的进程，也促进了两岸交流的蓬勃发展，两岸关系向前迈出了历史性的重要一步。

第二次是 1995 年至 1996 年，李登辉访美及分裂言论公开挑衅"一中原则"，引发"九六台海危机"，两岸关系遭受重创。

1995 年 1 月，中国国家主席江泽民发表题为《为促进祖国统一大业的完成而继续奋斗》的重要讲话，阐述了邓小平提出的"和平统一、一国两制"的构想，提出了"就正式结束两岸敌对状态、逐步实现和平统一"[③]进行谈判的主张，表示"作为第一步，双方可先就'在一个中国原则下正式结束两岸敌对状态'进行谈判，在此基础上，共同承担义务，维护中国的主权和领土完整，并对今后两岸关系的发展进行规划"，同时明确表达了"在一个中国的前提下，什么问题都可以谈"，以及"在和平统一谈判的过程中，可以吸收两岸各党派、团体有代表性的人士参加"的立场与愿望，以及"不以政治分歧影响干扰两岸经济合作"、"商谈并签订保护台商投资权益的民间性协议"等具体主张。"八项主张"的提出，是中国共产党第三代领导集体在新形势下对台政策的重要宣示，是中国共产党和中国政府为解决台湾问题、促进和平统一而采取的重大步骤，为两岸关系注入了新的活力，使两岸关系在经历了 1994 年的局部波折后又出现了良好的气氛。大陆各有关部门随后相继出台了各种落实措施，两岸民间交流再次出现热络的景象，讲话发表之后，在大陆和台港澳地区及海外华人中引起热烈的反响，舆论普遍认为其中所提若干主张为开拓两岸关系新局面展现了新契机，象征两岸关系新阶段的开始，呼吁台湾当局以理性态

① 国务院台湾事务办公室研究局编《台湾问题文献资料选编》，人民出版社 1994 年版。

② 国务院台湾事务办公室研究局编《台湾问题文献资料选编》，人民出版社 1994 年版。

③ 新华社电讯 1995 年 1 月 28 日。

度及务实作为加以回应，营造两岸领导人会面的气氛，因势利导将两岸关系推入新的阶段。在民意与舆论的强大压力下，台湾当局陆续做出了回应。时任“行政院长”的连战在“立法院”作施政报告时提出“面对现状、增加交流、相互尊重、追求统一”[①]四项主张，并表示两岸关系应该进入“协商时代”，希望通过两会尽快就签订“台商投资保障协定等议题进行讨论”。4月，李登辉在“国统会”上做出“六点正式回应”，愿意以中华文化为基础，加强两岸各项交流，发展互补互利的经贸关系，并透露出愿就“三通”问题与大陆进行“政策性对话”的讯息。可见，江泽民主席“八项主张”发表后，两岸之间无论官方互动还是民间往来都出现了良好的气氛，各方对进一步发展两岸关系的期待也大为上升。1995年5月，两会在台北举行了“第二次汪辜会谈第一次预备性磋商”，确定于7月20日在北京举行第二次“汪辜会谈”，并就会谈议题达成了八项共识，两岸关系再一次面临突破的良好契机。

然而令人遗憾的是，1995年6月，李登辉不顾各方的反对，到美国公开进行分裂活动，李在美公开演讲中挑衅一个中国的原则，大力鼓吹“两个中国”、“一中一台”，将台湾问题“国际化”。李登辉访美，是台湾当局借推动“务实外交”，在国际上挑战“一个中国”、制造分裂的严重事件，大大助长了“台独”势力的气焰，同时也进一步加深某些外国反华势力插手台湾问题、干涉中国内政的程度，严重破坏了两岸关系的和平与稳定，危害了中华民族的整体利益。李登辉访美事件使两岸对话与商谈的基础遭到严重破坏，两会事务性商谈以及第二次“汪辜会谈”也被迫中断，自1979年全国人大《告台湾同胞书》发表以来不断和缓的两岸关系迅速逆转，两岸无数关心台海和平的人士奔走努力多年培植起来的互信基础几乎丧失殆尽，不仅两岸关系再度失去改善与突破的契机，台海局势更因此而陷入危机。

面对李登辉严重挑衅“一中原则”、公开制造分裂的行径，中国政府向美国发出严正抗议，中美关系急剧恶化，中国外交部、全国人大、全国政协、国务院台办相继发表声明，再次重申“一个中国”的立场，强烈抨击李登辉置民族大义于不顾，公开在国际上制造“两个中国”、“一中一台”的严重事件，破坏两岸和平与稳定。对此，身为肇事挑衅一方的李登辉没有丝毫的悔意与缓和姿态，反而采取更为强硬的态度，进一步声称“台湾人民不要被中共所吓倒”[②]。在1995年下半年和1996年初台湾举行“大选”期间，李更叫嚣，如当选连任“还要再去访问一些对

① 台湾《中央日报》1995年2月22日。

② 台湾《自由时报》1995年6月27日。

方想都想不到的地方”[①]，宣布台湾要建立“有效吓阻，快速反应”的能力，加紧向美国购买性能先进的武器装备，同时在岛内连续开展针对祖国大陆的军事演习，台湾海峡局势骤然紧张。岛内“台独”分裂势力和国际反华势力更加猖獗，气焰更加高涨，中国的领土主权完整受到严重挑衅。1996 年 3 月，中国人民解放军在东南沿海举行导弹试射及海空联合军事演习。美国派出“独立号”、“尼米兹号”两组航空母舰在中国海域外围巡弋，台湾海峡军事危机升高，这是自 1958 年以后台海最为紧张的局势。

第三次是 1999 年“两国论”出台，导致两岸长期陷入政治僵局，至今未解。

中国大陆进行的反“台独”反分裂斗争有效地遏止了“台独”分裂势力的气焰，维持了两岸关系大局的基本稳定。两岸关系在经历了 1996 年的重创后，经过近两年的恢复，至 1998 年终于有所缓和。事实证明，仅靠两会进行事务性商谈来维持两岸关系大局的稳定是远远不够的，也是十分脆弱的，政治因素特别是台湾当局的政策因素，往往轻而易举地将两岸累积经年的互信全部摧毁，因此，要根本解决问题消除两岸关系的隐患，最为关键的是两岸应尽早在一个中国原则下进行政治谈判。为此，大陆方面采取了诸多灵活务实的措施，积极推动两岸政治谈判进程。1998 年初，钱其琛副总理公开呼吁两岸“首先要就政治谈判的程序性商谈作出安排”[②]，海协会主动致函海基会邀请辜振甫来访。此后两会就辜先生大陆之行进行了多次函电往来，两会副秘书长也先后互访磋商。经多方努力，排除诸多干扰因素，1998 年 10 月，海基会董事长辜振甫率团访问上海、北京，汪辜二度握手，经过协商对话，双方最终达成包括加强两会交流、进行政治经济等各方面的对话以及邀请汪道涵会长访问台湾等在内的四点共识。汪辜二次会谈以及所达成的共识，使两岸对话从事务性商谈向政治性商谈层次提升成为可能，给处于低温两年多的两岸关系带来了升温回暖的迹象。

从 1999 年初开始，两会又开始积极筹备汪道涵访台事宜，努力营造两岸政治对话的气氛，海峡两岸各界人士和国际社会对当年秋天即将来临的汪道涵先生访台、再次开展两岸政治对话也满怀希望，两岸通过政治商谈实现台海局势稳定和两岸关系的稳步发展不是没有可能的。

然而就在这一年 5 月，李登辉出版了《台湾的主张》一书，其中大力鼓吹分

---

① 全国台湾研究会编：《台湾一九九五》。

② 新华社电讯 1998 年 1 月 28 日。

裂中国的“七块论”，并宣称“要就台湾的国际地位提出更完整的解释”[①]，这无疑又使两岸关系笼罩上一层阴影。7月，李登辉在接受“德国之音”专访时公然抛出“两国论”，称“1991年修宪以来，已将两岸关系定位在国家与国家、至少是特殊的国与国的关系，而非一合法政府、一叛乱团体，或一中央政府、一地方政府的‘一个中国’的内部关系”[②]。“两国论”的出台，标志身为台湾当局领导人的李登辉已完全背弃了一个中国原则，彻底走上分裂的道路，不仅直接破坏了两岸关系和平稳定的基础，也是对亚太地区的和平稳定的严重挑衅。“两国论”一出，海峡两岸和国际社会皆为之震惊，中外舆论媒体及各方人士纷纷强烈谴责李登辉这种不顾民族大义、断送两岸和平的分裂行径，在大陆民众和海外华人中形成反“台独”反分裂的强大民意。美、英、法、日、德及东南亚各国政府迅速做出反应，重申坚持“一个中国”政策的立场，众多国际舆论纷纷批评台湾当局是危害两岸关系、破坏台海和平的“麻烦制造者”。好不容易回温的两岸关系再次急转直下，降至冰点，两岸间的政治互信尽毁，两岸政治关系就此陷入僵局，持续经年至今未解。

第四次是2005年、2006年两岸借由政党交流为两岸关系创造新的契机

2000年台湾政党轮替后，主张“台独”的民进党上台执政，在岛内全面推行“台独”分裂路线。陈水扁执政六年来，2002年公然提出“一边一国”论，之后又相继推动“公投立法”、“正名制宪”、“去中国化运动”等等，严重侵蚀两岸稳定的基础，毒化两岸关系的气氛。更有甚者，政绩不佳的陈水扁和民进党当局每逢选举都大打“统独牌”、口出恶言挑衅大陆、攻击一中原则，不惜牺牲两岸和平以换取选票的做法，更让本已处在僵局中的两岸关系雪上加霜。

2005年初，在大陆、台湾在野政党及民间力量的共同努力下，冰封多年的两岸关系开始有了回暖之意。1月初，台湾海基会前董事长辜振甫先生辞世，大陆方面派出海协官员以汪道涵先生私人代表的身份赴台悼念，表达对台善意与尊重。1月28日 全国政协主席贾庆林在纪念“江八点”10周年的讲话中提出，台湾的任何政党和政治人物“只要他从现在开始明确承认体现坚持一个中国原则的‘九二共识’，两岸对话和谈判可以立即恢复，而且什么问题都可以谈”[③]。3月4日，国家主席胡锦涛发表新形势下发展两岸关系的“四点意见”，进一步明确指出“台湾任何人、任何政党朝着承认一个中国原则方向所作的努力，我们都欢迎。只要承认一个

① 《台湾的主张》，台湾远流出版事业有限公司，1999年版。
② 台湾“中央社”电讯1999年7月9日。
③ 《人民日报》2005年1月29日。

中国原则，承认‘九二共识’，不管是什么人、什么政党，也不管他们过去说过什么、做过什么，我们都愿意同他们谈发展两岸关系、促进和平统一的问题”[①]，表示“只要确立了一个中国的大前提，我们对任何有利于维护台海和平、发展两岸关系、促进和平统一的意见和建议都愿意做出正面回应，也愿意在双方共同努力的基础上寻求接触、交往的新途径”[②]。大陆方面的这些做法，用心良苦，态度诚恳，明确地向包括台湾当局在内的各方表达了大陆对在一个中国原则之下尽快恢复两岸对话协商的期待与善意。

与此同时，中国国民党、亲民党、新党为代表的台湾“在野”政党也表现了愿意为改善两岸关系而有所作为的强烈愿望。大陆方面、国民党以及台湾的航空业组织多方努力，2005 年的台商“春节包机直航”得以顺利实现，两岸交流气氛热络、场面温馨。3 月底，国民党副主席江丙坤登陆访问，4 月、5 月初和 7 月，中国国民党主席连战、亲民党主席宋楚瑜、新党主席郁慕明先后访问大陆，与中国共产党总书记胡锦涛举行政党高峰会谈，达成了坚持“一个中国”原则、遵守“九二共识”、谋求两岸和平、增进两岸交流等多项共识与愿景，使两岸关系出现了十多年来难得一见的缓和气氛，台湾岛内也掀起了遍及各行业、各阶层的“大陆交流热”。2006 年 4 月，两岸经贸论坛在北京隆重举行，国共两党广邀两岸政商学界精英人士齐聚一堂，为发展两岸关系密切两岸交流与合作共谋良策。胡锦涛总书记在与连战先生会谈时提出“实现两岸关系和平发展的四点建议”，强调“和平发展理应成为两岸关系发展主题”[③]。2005 到 2006 年，大陆方面还连续推出多项惠及台湾同胞、利于两岸交流的政策措施，以积极的作为促进两岸关系的缓和与改善。

两岸政党交流，符合两岸关系和平发展的需要，符合两岸互利合作双赢的原则，更符合两岸民众的切身利益。台湾当局如能认清形势，顺势而为，以理性务实的态度为改善两岸关系做一些事情，则两岸关系将出现新的发展局面。然而，陈水扁和民进党当局却采取完全抵制和抗拒的态度，攻击大陆释出的利多政策是“统战阴谋”、台湾在野党访问大陆是“联共卖台”，多项交流事务因得不到台湾当局“公权力”的认可而搁置。2006 年初，深陷各种丑闻和弊案的陈水扁为了脱困突围，再度提出“废除国统会”、“公投新宪”等“急独”议题，并对两岸交流采取“积极管理”实则是加强控制的政策。两岸关系仍然面临“台独”分裂势力不断挑衅的严

① 新华社电讯 2005 年 3 月 4 日。
② 新华社电讯 2005 年 3 月 4 日。
③ 新华社电讯 2006 年 4 月 16 日。

峻形势。

二、对十五年来两岸政治关系的思考

过去的十五年中，两岸关系的历程走得异常曲折艰难，其间虽然多次有所缓和与改善，也曾出现过重大突破的契机，但都因为台湾当局推行分裂路线而丧失。遗憾之余，我们理应认真思考，如何总结经验，面向未来，为两岸关系的未来发展与和平稳定探寻真正的出路。

（一）“一中原则”是保障两岸关系和平稳定的基本前提，也是两岸对话与协商的共同基础

1949 年以后，海峡两岸虽然经历了严重的军事对峙和长期的隔绝，两蒋主政时代，国共两党在遵守一个中国原则和反对“台独”问题上长期保持默契与合作，从各自的角度出发共同维护着中国的主权和领土完整，尽量避免因为双方的政治分歧使国家民族的整体利益受到根本的损害。半个多世纪以来，“一个中国”已成为维持两岸关系与保障台海稳定的基本前提，也成为国际社会广泛遵守与奉行的一项原则。正是有这样的基础与原则，虽然两岸长期处于分离状态，但两岸同属一个中国的现状始终没有改变。正因为此，两岸也才能从隔绝发展交流，从对抗走向对话。回顾过去十多年来两岸关系的历程，不难发现，每当海峡两岸务实面对、共同遵守一个中国原则时，两岸关系就必然会出现稳定发展的良好局面，无论是当年的“九二共识”、之后两次汪辜会谈，还是 2005 年的两岸政党高峰会谈，都是双方首先在一个中国原则上达成了共识，以改善两岸关系、促进两岸交流为共同目标，才使两岸关系取得重大突破，两岸交流也才得以迅速发展，两岸人民切实从中受益。相反，每当“台独”分裂势力严重挑衅、公开破坏一个中国原则的时候，两岸势必陷入紧张和危机。无论是 1995 年李登辉访美引发的台海危机、1999 年“两国论”造成的政治僵局，还是陈水扁上台后的“一边一国”、“台湾正名”、“公投制宪”，无一不是公开破坏一个中国原则，严重毒化两岸关系，甚而引发严重危机，直接威胁台海稳定及亚太地区和平。

（二）“台独”分裂势力是阻碍两岸关系稳定发展的重要因素

十五年来，虽然两岸在经贸等各个领域的交流与合作都取得长足的进步，但政

治关系始终处于大起大落、风雨飘摇的不稳定状态。上世纪九十年代初，双方虽通过官方授权的方式经由两会展开过事务性的接触与商谈，确实为两岸关系打开了一扇门。但十多年的历史证明，两岸间仅有事务性协商是远远不够的，不仅难以满足两岸交流迅猛发展的形势需要，更重要的是无法为两岸关系的稳定提供有力的保障，因而显得十分脆弱。两会的对话与交流多次因台湾当局推行分裂路线而被迫中断，好不容易酝酿起来的和谈气氛一再被破坏殆尽、有始无终。究其原因，首先是岛内执政的“台独”分裂势力“拒统谋独”，不愿意见到两岸关系稳定，人为加以干扰破坏两岸协商进程；其二，是长期的政治隔绝之后，加上政治分歧未能解决，两岸之间严重缺乏政治互信，始终未建立起足以维护两岸关系稳定的政治对话机制。而这种机制的建立，首先需要双方以既有共识与原则作为基础，台湾当局对“九二共识”和“一中”原则的排拒与诋毁，是两岸难以建立协商机制的根本原因。1998 年的汪辜会晤达成的四点共识，原本使两会对话向政治层面发展成为可能，但李登辉的“两国论”使这一希望破灭。2000 年以后，陈水扁推行以“一边一国”为核心的“台独”路线，使两岸展开对话、建立政治协商机制的希望更为渺茫。

（三）政党交流开创了两岸对话的新模式与契机

2005 年的中国共产党与中国国民党、亲民党、新党之间的政党交流，虽然是由大陆执政党与台湾“在野”党之间实现的，并且饱受民进党当局的攻击，但对于长期处于僵局中的两岸政治关系来说，却具有十分重要的开创意义。

首先是开创了两岸政党直接对话的先例。这是 1949 年之后半个多世纪以来，海峡两岸首度实现政党对政党的直接对话与协商，两岸政党之间的政治互动迈出了历史性的第一步，为两岸之间的对话开启了新的渠道，最为可贵的是，它使得民进党执政以来持续了近六年的两岸政治关系的紧张气氛大为缓解，两岸人民都从中感受到了对方和解的善意，给改善两岸关系创造了新的契机。

二是确立了两岸政党之间对话的基础与前提。中国共产党与国民党、亲民党、新党的会谈公报和共同声明，都表明坚持一个中国原则、承认“九二共识”、反对“台独”是以上各党的共同主张，这也成为两岸政党之间进行对话与协商、建立互信与共识的基础。

三是两岸政党会谈都以具体的成果展示了两岸关系改善的可能性与前景。在一个中国的基础之上，两岸之间完全可以相互尊重、平等协商、求同存异，共同就结束敌对状态、建立军事互信、建构和平稳定框架、加强两岸经贸交流、建立经济合作机制、“协商台湾国际生存空间”等一系列敏感的重大问题达成互惠双赢的共识，取得建设性的成果。

四是会谈各方表达了对推动两岸交流的积极态度。特别就一些攸关两岸同胞福祉的事务达成了具体的共识与决策，如开放部分台湾农产品零关税登陆、促成2006年实现“双向包机直航”、建立“两岸共同市场”等议题，利及两岸关系，利及两岸同胞。

（四）岛内主流民意乐见两岸关系和平稳定、良性互动

回顾十五年来两岸关系走过的历程，无论政治风云如何变化，但两岸人民求和平、求稳定、求发展的强烈愿望，始终是推动两岸关系在曲折中不断向前发展的重要动力。正是在民意的强力推动下，两岸经贸往来与合作日益密切，两岸人员及文化、科技等各项交流日趋热络，两岸经济的依存度越来越深。然而，政治因素却经常成为干扰两岸交流的一个负面因素，特别是在台湾某些政治势力及特定人物的炒作与煽动之下，日益严重的“台独”冒进倾向使两岸关系起伏跌宕，险象环生，两岸人民共同期望的“三通”迟迟难以实现。2005年以后，大陆方面出台的一系列对台政策、成功推动“春节包机直航”以及两岸政党高峰会谈，正是体认到了两岸民意期待两岸和平稳定、良性发展的强烈愿望，顺应民意的作为。各主要媒体的民调均显示，高达百分之八十的台湾同胞希望两岸关系缓和稳定，超过百分之七十的台湾民众认为两岸应该立即实现直航，超过百分之六十的台湾同胞希望进一步密切两岸交流。维持两岸关系和平稳定发展、寻求两岸合作互利双赢不仅是大势所趋，更是民心所向。

2005年3月4日，国家主席胡锦涛郑重表示“只要是对台湾同胞有利的事情，只要是对两岸交流有利的事情，只要是对维护台海地区和平有利的事情，只要是对祖国和平统一有利的事情，我们都会尽最大努力去做，并且一定做好。这是我们对广大台湾同胞的庄严承诺”[①]。其中集中体现了祖国大陆当前对台方针政策的基本方向和重点目标，这是中国共产党在准确把握了两岸关系和国际形势的基础上提出的两岸关系新论述，在充分体认两岸主流民意走向的前提下作出的政策取向。

① 新华社电讯2005年3月4日。

三、结语

在这里需要指出的是，未来几年岛内“台独”势力推动“法理台独”、图谋分裂的行为还有可能使台海局势和两岸关系出现波折和起伏，但少数“台独”势力的行为与台湾的主流民意是背道而驰的，“台独”势力代表不了台湾人民，大陆坚决反对“台独”、维护国家主权完整的立场也绝不会改变。相信求和平、求稳定、求发展的两岸民意，仍然是遏阻“台独”势力、继续推动两岸关系向前发展的强大动力。尽最大的努力维护台湾同胞切身利益，亦成为祖国大陆的一项长期政策，未来还将一如既往地持续推动。

（原载《台湾研究》2006 年第 5 期）

对进一步增进两岸政治互信的战略思考

朱卫东

当前，两岸关系和平发展正由开创期进入巩固深化期，这将是一个对两岸信心、耐心和智慧带来更大挑战的全新阶段。两岸关系向“深水区”推进，逆水行舟，不进则退。两岸如何或者说能否继续保持和增进同舟共济的政治互信，对同在一条船上的双方来说至关重要。为此，有必要审慎地对当前及今后一个时期如何进一步加强两岸政治互信进行前期战略思考和设计。

一、要始终将增进两岸政治互信摆在两岸关系发展的突出位置上

政治互信顾名思义是政治上的相互信任，这既是政治关系发展的一个基本点也是政治交往中一个很高的境界，一旦有了互信，双方存在的问题就容易找到解决办法，甚至迎刃而解。对涉及信任的相关理论研究表明，信任是政治合作和联盟形成的必要条件。“信心与承诺是构成信任的两个主要组成元素。”[①] 信任作为一种变量，具有“情境性”和“时间性”的特点，在不同的情境中，信任的概念是不一样的，它会随着时间的变化而变化，亦即，信任既有程度之分又有时间之别，需要双方用心珍惜、巩固和累积。

两岸政治互信就是海峡两岸各自在政治上相互信任、相互给予对方政治信心。大陆方面一贯高度重视政治互信对两岸关系健康发展的极端重要性。2005 年，胡锦涛总书记在与国民党主席连战举行的正式会谈中，提出发展两岸关系的四点主张，第一点就是“建立政治上的互信，互相尊重，求同存异”；2008 年，胡总书记在纪念《告台湾同胞书》发表三十周年座谈会上的讲话中提出“六点意见”，第一

① 彼得·什托姆普卡：《信任——一种社会学理论》，程胜利译，中华书局 2005 年版，第 33 页。

点也是强调“恪守一个中国，增进政治互信”的主张。2012 年 3 月，胡总书记在会见国民党荣誉主席吴伯雄时再次强调，“两党和两岸双方继续巩固和增进政治互信，仍然是今后两岸关系保持良好发展势头的首要关键和前进动力”。[①]

基于这样的认识，大陆领导人近年来在很多场合不断强调维护和增进政治互信的必要性和重要性，并在推动两岸关系和平发展的实践中，始终秉持“建立互信、搁置争议、求同存异、共创双赢”的原则，保持双方良性善意互动，不急不躁，努力扩大共识；按照“先易后难、先经后政、把握节奏、循序渐进”的思路稳步扎实推进，积极创造条件，寻求解决两岸关系发展中遇到的问题。另一方面，自 2008 年 5 月马英九上台以来，台湾方面在维护两岸政治互信方面也作出了积极的努力，正是两岸双方在反对“台独”、认同“九二共识”问题上建立了最基本的政治互信，使得过去四年两岸关系能够取得一系列的突破性进展和重要成果，实现了历史性转折。

当前，两岸关系虽然获得了很大改善，但政治互信的水平仍然很低，两岸只是建立了初步的政治互信，无论是国共两党之间、还是两岸当局与民间社会乃至领导人个人之间仍缺乏足够的信任，两岸关系和平发展的政治基础、社会基础和经济基础仍须进一步巩固和扩大。

因此，要确保两岸关系健康可持续发展，深刻认识、高度重视、精心维护两岸政治互信的意义至关重要，倘若两岸对此缺乏清醒足够的认识，则不仅将难以累积扩大新的互信，而且业已存在的互信也容易遭到侵蚀甚至毁损。所以，未来一个时期，海峡两岸应始终将维护、累积和增强政治互信摆在两岸关系发展的突出位置上来，这不仅是一个思想认识问题，更要体现在具体的行动中。可以说，两岸政治互信的程度越高，越容易克服干扰、抵御风险，越有利于扩大共识、解决问题。

二、要认同和维护“两岸同属一国”这一双方政治互信的基石

信任理论告诉我们，信任本质上是建立于认知基础上的预期，认知构成信任概念与信任形成的基础。正如政治心理学家拉森所言：“心理学意义上的信任涉及三种不同的意义——可预测性、可信性以及良好的意图。”[②] 罗伯特·斯温斯认为，信任建立于产生之前，博弈双方应经历一个“承诺期”，“承诺”将直接影响信任的建

---

① 《胡锦涛会见中国国民党荣誉主席吴伯雄》，新华网 2012 年 3 月 22 日。

② 《国际关系中的信任概念与联盟信任类型》，尹继武，《国际论坛》2008 年第 2 期。

立；伯尔尼哈特·利布曼根据博弈游戏实验的结果，提出一种基于利益的信任概念，即，我们信任他人是与我们自己的个人利益与道德紧密相关。[①] 上述研究表明，信任形成的必要条件为预期的出现，如果对他者的行为、意图等无法做出预期，那么信任很难形成。政治行为者相互信任的建立，取决于双方相互认知基础上的共同承诺、可预测性以及可信性。

就两岸政治互信而言，虽然两岸还没有统一，但中国领土和主权没有分裂，大陆和台湾同属一个中国，亦即“两岸同属一个国家”的事实也没有改变。“确认这一事实，符合两岸现行规定，应该是双方都可以做到的。”[②] 过去，两岸在坚持“九二共识”，坚决反对“台独”问题上达成的共识和共同承诺，其根本点就是认同“两岸同属一国”，这应成为建立政治信任的必要条件，也是双方下一步深化政治互信的根本基础。所谓“共信不立，互信不生；互信不生，团结不固；团结不固，不能共存”就是这个道理。认同“两岸一国”，是两岸建立政治互信并进一步加强合作的题中之义，两岸之间只要确立了“一国”这个“大同”，彼此就有了最基本的互信，就可以做到求同存异、聚同化异。

2012 年 7 月，全国政协主席贾庆林在第八届两岸经贸文化论坛中又进一步提出，“当前，增进政治互信就是要维护和巩固一个中国的框架”，“一个中国框架的核心是大陆和台湾同属一个国家，两岸关系不是国与国的关系，两岸从各自现行规定出发，确认这一客观事实，形成共同认知，就确立、维护和巩固了一个中国框架。在此基础上，双方可以求同存异，增强彼此的包容性”。[③] 大陆在一中原则的基础上，进一步提出“一中框架”，二者相辅相成，并行不悖，充分体现了大陆方面解决问题的诚意、善意和包容。从发展的眼光看，体现一中原则、维护一中框架的表现形式，在不同的历史发展阶段，针对不同的对象，可以有不同的表达方式和实现路径，但是“两岸同属一个国家”这一核心不会也不应有任何变化。

两岸不仅要认同维护互信的基础，更要进一步加强和扩大互信。要做到这一点，一方面，两岸要珍惜呵护来之不易的互信，多扩大共识少凸显分歧。目前情况下，两岸刻意模糊搁置重大分歧的做法不是无视其存在，而是不使分歧影响其他容易达成共识问题的解决，进而为解决疑难问题创造条件。比如，台湾方面出于多种考虑将“一国两区”中的“一国”明确为“一个中华民国”，在两岸关系上便压缩

① 《国际关系中的信任概念与联盟信任类型》尹继武，《国际论坛》2008 年第 2 期。

② 《胡锦涛会见中国国民党荣誉主席吴伯雄》，新华网 2012 年 3 月 22 日。

③ 《贾庆林在第八届两岸经贸文化论坛开幕式上的致辞》，新华网 2012 年 7 月 28 日。

了双方在“一国”问题上求同存异的空间。另一方面，要在认同两岸同属一中、维护一中框架这一原则问题上形成更为清晰的共同认知和一致立场，明示“两岸一国”、“两岸关系不是国与国的关系”，努力实现“一中同表”或“共表一中”，直至“两岸同属一国”法律化，为两岸建构全方位的战略互信，为两岸关系和平发展奠定共同的法理基础。

认同“两岸同属一国”，不仅是两岸高层、国共两党之间建立政治互信的根本基础，也是大陆同包括民进党在内的其他岛内政党建立政治互信的基础。在不违背“两岸一国”的前提下，大陆方面愿意与任何人、任何政党进行对话和谈判，什么问题都可以谈，也一定会谈出双方都能认可接受的成果。

目前，共民之间因为民进党一直坚守“台独”和两岸“一边一国”立场导致两党难以建立政治互信，这是非常令人遗憾的。大陆一直希望民进党能够早日撤除自己为民共对话设置的障碍，摈弃“台独党纲”，为双方的对话合作创造条件和空间，因为这样做，对两岸关系有利，对台湾民众有利，对民进党也有利。只要民进党诚心诚意地想解决问题而不是以漫天要价的方式拒绝对话，民共之间总会有智慧找到处理问题的办法的，毕竟，办法总比困难多。

笔者认为，共民之间虽无历史恩怨，但是在涉及整个中国国家领土主权问题上存在重大分歧。对此，大陆的立场是一贯的，态度是友善的、真诚的，但是绝不会拿原则做交易。体现一中原则的表现形式可以与时俱进，双方在新形势下也完全有办法找到彼此都可以接受的表述方式，但要害是不能违背“两岸同属一国”。对民进党人士，包括那些曾经主张、追随和从事“台独”的人，以适当身份到大陆走走看看，大陆持鼓励和欢迎的态度。期望民进党拿出实际行动展现诚意，降低敌意，逐步放弃“台独”立场。我相信，通过双方的共同努力，共民之间的政治互信一定能够建立起来，民共对话合作的新时代也一定会到来。

三、要以自信尊重包容双赢的思维，积极善意稳妥地增进两岸互信

有关信任的理论认为，将信任建立于认知期望基础上，还需考虑情绪因素，信任需要一种温暖和情感的感觉。我们对他人的期望的程度，与情绪因素紧密相关，积极的情绪会影响认知与预期。

当前，增进两岸互信必须要摈弃零和心态、冷战思维等诸多旧观念、旧思维。零和思维的危害在于具有“自我实现的预言”的性质，冷战思维的害处在于，仅以

所谓政治制度和价值观来决定双方的关系，搞排他性的对立对抗，这些旧时代的旧思维完全不具建设性，无助于两岸问题的处理与解决。加强两岸互信、发展两岸关系没有指导手册可循，但是树立自信、尊重、包容和双赢的思维对两岸来说是最佳的选择，这些需要双方都具备相当的远见、魄力与创新意识。

未来，双方应从战略和长远的角度出发，认准共同利益，相向而行，善意互动，积极稳妥地不断增强两岸各个领域的互信基础，妥善管控和处理分歧，进一步扩大双方的合作，在合作中形塑共同的价值，厚植共同的利益，增进相互信任。

为此：一是，双方都要增强自信心。政治互信的累积在相当程度上是建立在双方自信心提升基础上的。未来大陆要更加自信从容地对台展现包容与耐心，台湾也应更自信地与大陆共同推动两岸关系和平发展。因为实践已经证明，两岸关系本质上是一国内部两个地区之间互利共赢的关系，合则两利，分则两害。在自信的基础上，要相信人民的力量和人民的选择，大陆没有“统战阴谋”，只有为两岸人民谋福祉的“阳谋”。二是，理性看待对方的战略企图和战略走向，务实善意地对待对方的相关政策，努力提高双方理解对方思维方式的能力，用同理心和“同情的理解”来看待对方，加强常态化、制度化的沟通协调，尽量避免误解与误判。三是，两岸都要根据不断变化的新形势恰当地设定阶段目标，既不能超越情势环境和条件，又不能在机遇面前无所作为而丧失机遇。阶段目标的设定是否符合实际，即预期与承诺定得过高或过低，都将影响情绪，影响信任与互信的累积。四是，在不挑战、不违背“两岸同属一国”这一双方都认可的核心利益的基础上，相互尊重、妥善对待处理彼此的重要利益和关切，要管理好、控制好两岸之间深层次、结构性的矛盾与分歧，将其消极影响降至最低。五是，从小事和点滴做起，从自我做起，不断提升两岸合作的质量和水平，培植新的共识和观念，塑造新的共同认同，通过信心与信任的逐步累积直至“生长”出两岸的战略互信。

总之，在两岸关系和平发展进程中，两岸要减弱和消除战略上的互疑，强化和增进战略上的互信，有很多潜力可挖，有很多办法可用，但尤为重要的是，双方要牢固树立自信、尊重、包容和双赢的战略思维，从“单独决定论”转变为“共同决定论”，在正视分歧中寻找共同点，在搁置分歧中创造共同点，在减少分歧中扩大共同点，努力实现两岸“求同存异”到“聚同化异”的转变。

四、要在政治互信基础上，稳步建立包括军事互信在内的两岸战略互信

政治信任内涵丰富，涉及民众对政治行为者的信任、对政策的信任、对政府的信任以及对共同价值认同的信任等诸多方面，建立和厚植互信，存在理性选择路径和社会文化路径两种主要途径。这些有关信任的理论内涵也必然成为两岸互信的重要方面，彼此相互影响作用，深刻地影响着两岸互信的累积。

鉴此，笔者主张借用内涵外延更为丰富的“战略互信”的概念，来说明不同领域、不同层次之间的互信是相互关联、相互作用、相互影响的整体，以期为跨入新阶段的两岸关系发展提供更为强劲的动能。所谓“战略互信”是指双方都深刻了解对方的战略意图，并在涉及各自核心利益的领域，持有对于对方立场和行为的积极预期。战略互信的内涵层次包括政治互信、军事互信、经济互信、政党互信、领导人互信、社会互信等更为宽泛的内容。

笔者认为，当前及今后一个时期，两岸应以更开放的心态和更积极的作为，扩大和深化两岸政治、经济、文教和民间社会的大交流、大合作，提升各个领域互利合作的水准，通过形成全方位、宽领域、多层次的互动格局，加深两岸的感情融合与利益捆绑，增强两岸人民的民族、历史、文化认同，摒弃形形色色的“台独”主张，清除各种“去中国化”的遗毒；在彼此交往和互利合作的过程中，增强两岸同胞一家人的观念，凝聚和形塑两岸休戚与共的“命运共同体”意识。

值得一提的是，目前，两岸各界对加强两岸经济和文化、教育等领域的互信合作有很强的共识，但对于开启和加强军事领域的互信合作，台湾方面还有很大疑虑，其实，这种猜忌也是多余的。政治互信与军事互信二者是相辅相成、相互作用的辩证关系：一方面，政治互信是军事互信的基础，没有政治互信，军事互信是脆弱不稳定的，其功能和作用多体现在危机管理方面。另一方面，军事互信是政治互信的延续和结果，是政治互信发展到高级阶段的产物。两岸努力推进军事对话交流乃至军事互信机制的建构，本身就是增进两岸战略互信的重要环节。因此，二者可以并行不悖，双管齐下。胡锦涛总书记在著名的“1231 讲话”中明确提出，“两岸可以适时就军事问题进行接触交流，探讨建立军事安全互信问题”，这为推动建立两岸军事安全互信指明了方向。虽然两岸目前建立狭义的、单纯的军事互信机制的条件与环境尚不成熟，但这丝毫不妨碍我们提前做些开渠引水的工作，为水到渠成创造条件。

鉴于探讨建立军事安全互信问题的复杂性及其对两岸关系发展的重要象征意

义，两岸不妨从可做、能做的地方入手，先易后难、先民后官、循序渐进地加以推动。两岸在军事问题上建立信任措施的过程，是认识和利用共同利益的过程，也是探讨和试验的过程。一开始，可以是有限的接触，可以是象征性的而非实质性的交流对话，然后逐步寻求有意义的合作措施。比如，两岸在钓鱼岛和南海问题上的合作就可以择机适时逐步展开。总之，所谓军事安全是合作的安全而不是对抗的安全，建立两岸军事互信问题无法回避也回避不了，越早推动越有利于双方增进了解、创造积极条件。在两岸政治、经济、文教等诸多领域大交流、大合作的今天，很难想象两岸在军事问题上还缺乏起码的交流对话、存在明显的“短板”，如果两岸在军事互信问题上裹足不前，终将影响和制约两岸政治互信的深化。

五、要加强制度化建设，努力构建两岸全方位的战略互信机制

现代政治信任的基础是制度信任，即公共权力运行的确定性与可信性主要依靠制度的规范和约束。制度具有规范性、权威性、约束性和可预期性的特点。对两岸互信而言，它既有利于信任的累积和互信合作的深化，又可以避免对对方意图的误判。因此，要巩固、增进两岸互信，必须建构两岸全方位的战略互信机制；通过制度化框架，对双方的行为进行约束，对未来的发展方向和目标进行规划，从而保障两岸政治互信关系的稳定与可持续发展。

制度化、机制化建设不仅对两岸互信十分重要，对两岸关系和平发展也具有关键的意义。胡锦涛总书记在“1231 讲话”全面阐述两岸关系和平发展思想的同时，提出了构建两岸关系和平发展框架的“六点意见”，涵盖政治、经济、文化、社会交流、涉外事务及军事安全等六大层面。作为构建这一框架的重要内容，如何建构两岸战略互信机制，在一定意义上说，已成为双方能否构建两岸关系和平发展框架的必要前提和重要保障。

笔者认为，当前及未来一个时期，要将推动两岸关系各个领域的机制化、制度化建设作为努力方向，共同致力于推进三大工程建设：一是全力加强和落实以 ECFA 为核心的两岸经济合作工程，二是全力扩大和深化以“三通”为平台的两岸各界交流工程，三是全力推进和深化以两会协商为主体的两岸多层次对话协商工程，努力营造一个有利于两岸关系和平发展的环境条件和机制，创造不可逆转的机制运行环境，使之成为沛然莫之能御的潮流，让任何人、任何势力改变它都要付出极大的代价。

建构两岸全方位的战略互信机制，首先应发挥好现有管道、机制的作用。

其一，进一步发挥国共平台特别是两党领导人定期会晤机制的作用。由于国共两党已建立基本的政治互信，国共交流机制发挥了不可替代的重大作用，它所导引的趋势、所营造的氛围、所达成的共识，对两岸关系发展做出了实质性的重大贡献。因此，未来无论国民党是否在台上执政，这一机制的功能和作用应继续得到高度重视。目前情况下，两个执政党的交流特别是两党领导人的定期会晤，不仅可以面对面地以“工作会谈”的形式加深了解，增进信任，更可以务实地规划未来的两岸关系发展，体现指导性和权威性，即，国共高层交流可以在战略层面上为两岸关系发展指明方向、创造条件，扮演“指南针”和“发动机”的角色；在战术层面上为两岸扩大共识、增进互信扮演“润滑剂”和“变压器”的角色。此外，一旦国民党领导人同时兼任台湾当局的领导人，理论上，双方可以敏感性较低的党主席名义互访，使两党领导人的会晤机制自然过渡到两岸领导人的会晤机制，如此将为两岸关系和平发展提供更大的回旋空间和更为有利的条件。

其二，继续发挥两会制度化协商机制及其他平台的作用。目前，两会协商机制是两岸正式授权达成协议的唯一机制，作为两岸涉及公权力协商的重要平台，过去四年两会先后举行八次商谈，相继签署十八项重要协议，每签署一项协议，都使两岸的交流合作更为规范化，两岸的战略互信得到进一步加强，两岸关系也因此更为紧密融合。两会商谈管道与国共交流机制并不冲突，二者“双脚并进，行稳致远”，属于相辅相成的关系。此外，由于两岸关系的复杂性，两岸还应加强和发挥诸如博鳌论坛、两岸经贸文化论坛、海峡论坛等诸多功能性平台的作用，使之更具多元性、包容性和草根性，以寻求两岸更大的共识，累积更多、更强的互信。

其三，加强两岸学术对话，发挥“二轨”机制的作用。在两岸关系迈向更广、更深、更高领域和层次的时候，两岸之间存在的重大政治分歧以及发展中的新情况、新问题不可避免地将一一显露出来，尤其是诸如台湾当局的政治地位与“中华民国”问题、台“国际空间”与安全问题等等，这些牵涉到主权的核心议题，极为敏感脆弱、复杂难解，稍有不慎，轻则破坏彼此互信，重则使两岸关系倒退，冲击两岸关系和平发展。对于这些问题的处理，笔者主张，应加强两岸学术界的交流，特别是要有计划地开展两岸具有官方背景的智库学者的对话交流，在时机成熟时，进行官方授意或授权的“二轨”对话，“二轨机制”的好处是立足于实质沟通，有助于两岸全面准确地掌握实情，理解和照顾彼此的合理关切，分清轻重缓急，找准切入点和突破口，以达到尽快寻求共识、完善方案的目的。从根本上讲，“二轨机制”有助于强化彼此的战略互信，是处理和解决问题必不可少的步骤和环节，也是行之有效的路径。

综上所述，在两岸关系发展跨入巩固深化新阶段的时候，不断增进两岸战略互信是两岸双方的必然选择。只有通过不断增进两岸政治互信，才能巩固和扩大两岸关系发展的成果；同时又能通过新的发展成果累积更多、更强的互信，推动两岸关系不断取得更大的发展。两岸之间的互信越强，达成的共识越多，分歧就越少，机会就越大，前景就越光明。

目前，大陆同国民党执政当局在共同反对“台独”、坚持“九二共识”基础上所达成的政治互信只是最基本的互信，尚不足以支撑两岸关系迈入深水区面临的各种严峻挑战；同时，这种脆弱不稳定的互信，也摆脱不了岛内周期性选举政治的考验。因此，未来一个时期，两岸应该抓住和用好难得的机遇，全面加强和深化两岸在各个领域、各个层次的交流与合作，让两岸民众不断建立互信、不断扩大互信，从而为两岸政治互信提供更加稳固、更加深厚的社会民意基础。另一方面，还要着力加强两岸关系和平发展机制化、制度化和法制化建设，在建构两岸全方位战略互信机制方面，努力推动双方在认同两岸同属一国、维护一中框架这一原则问题上形成更为清晰的共同认知和一致立场，实现“两岸同属一国”法律化，从制度上确保两岸关系和平发展的方向与成果是不可逆的。笔者深信，两岸通过这些制度性的安排与保障，将打开一扇扇大门，搭起一座座桥梁，拓宽前进的道路，排除各种干扰，为两岸关系和平发展注入强劲的动力，开辟更加美好的前景。

（原载《台湾研究》2012 年第 1 期）

互信与两岸关系和平发展：制度的分析

汪曙申

2012年台湾“大选”的结果是国民党继续执政，这预示着两岸关系走向巩固深化阶段的前景更加明确。在新的形势下，增进互信和推进制度建设业已成为支撑两岸关系和平发展的两大要素。如何理解互信与制度之间的相互作用及其对两岸关系的复杂影响，正是本文所要探讨的重点。

一、制度理论在两岸关系中的适用性

近几十年来，制度作为研究分析政经和社会问题的重要变量日益获得重视，其适用领域不断拓展。美国政治学家奥斯特罗姆认为，“制度是一整套规则，应遵循的要求和合乎伦理道德的行为规范，用以约束个人行为”①。美国经济学家诺思指出，“制度是一个社会的博弈规则，或者更规范地说，它们是一些人为设计的，形塑人们互动关系的约束”②。在国际领域，国际制度被认为是“在一定国际关系领域中汇聚行为体期望的一组原则、规范、规则和决策程序”③。总体上，研究制度的学者普遍认为，制度一般包含以下要素：规则和行为规范、约束力和限制性、处理社会关系。

我们从功能上看，制度的价值主要在于：一是创设规则，为参与者所遵循，使其在预先设定的框架下行动、相互作用和发挥影响，并规定违反规则的惩戒机制。

---

① ［美］V. 奥斯特罗姆等《制度分析与发展的反思》，王诚等译：，商务印书馆1996年版，第226—228页。

② ［美］道格拉斯·C. 诺思：《制度、制度变迁与经济绩效》，上海人民出版社2008年版，第3页、第4页。

③ Stephen D. Krasner, ed, *International Regimes*, Ithaca: Cornell University Press, 1983，p.2.

二是提供相对稳定的预期，减少事物及其关系的不确定性。“用经济学的行话来说，制度界定并限制了人们的选择集合。”[①] 三是减少交易成本。有效率的制度能够提供更加全面、及时和准确的信息，促进行为者之间合作的可能性，减少不必要的成本损耗，从而达到增进共同利益的目标。

海峡两岸关系是两岸经济、政治、社会、文化、军事、民意等领域关系相互交错和渗透构成的一个整体系统。随着两岸关系和平发展由开创期步入巩固深化期，两岸经济关系在正常化基础上进一步走向制度化；社会文化教育关系成为两岸探索加强合作的对象，构建常态化和稳定的制度是未来努力方向；政治军事关系虽尚未提上日程，但两岸结束敌对状态、签署和平协议、建立军事安全互信机制等均离不开良好完善的制度支撑。

从理论上看，适用于两岸关系的制度理论属于中层理论，它既不同于关于国家、社会性质的宏观制度理论，也区别于规范一般组织机构的微观制度分析。制度理论在两岸关系中的适用性主要体现在以下方面。

第一，关于制度的形成。历史唯物主义的观点认为，制度的生成最终是由生产力水平决定的。两岸关系发展过程中形成的各种制度，归根结底也是由两岸社会各自生产力发展水平及其所衍生的经济社会需求所决定的。比如，二十世纪九十年代初，两岸执政当局创设海协会和海基会并形成两会会谈制度，就是在两岸开放和互动的影响下根据双方经济社会发展需要所建立的。两岸关系的政治性强、敏感度高，制度的形成除了根植于社会经济力之外，还离不开政治力的上层推动和设计。因此，在两岸关系和平发展的整个进程中，制度建设主要还是由两岸执政当局根据双方经济社会发展要求进行理性稳妥的顶层设计，然后予以逐步实施和推进。也就是说，制度建设的主体是执掌公权力的两岸执政当局。

第二，关于制度的规范。规范是制度的重要内容。在两岸关系中，制度的适用范围广泛，涵盖政治、经济、社会、文化、军事等众多领域。制度首先规范的对象是两岸政治主体，它要求执政当局尊重制度的合法性，运用各自的治权将内部治理统一到两岸制度的规范要求上来。如两岸签署 ECFA 后，两岸执政当局自然应根据协议要求调整和完善内部相关经济政策和法规。其次，制度规范将推及到两岸经济主体、社会主体以及个人。如两岸投资保障协议对两岸投资人的权利义务进行了规范。总体上，两岸迄今签署的十八项协议和达成二项共识，对制度规范的对象、内

① [美]道格拉斯·C. 诺思：《制度、制度变迁与经济绩效》，上海人民出版社 2008 年版，第 3 页、第 4 页。

容、范围形成了明确的表述。在两岸关系和平发展进程中，制度的规范性需要两岸双方共同维护和完善，这不仅是双方的共同利益所致，也是互信不断增强的结果。

第三，关于制度的发展。基于适应生产力进步和人的发展需要，以及时代条件所限，制度往往呈现螺旋式上升的发展轨迹。“制度就会以一种自我实现的方式制约着参与主体的策略互动，并反过来又被政治主体在连续变化的环境下的实际决策不断再生产出来。”① 从二十世纪八十年代两岸初步开放交流到当前两岸步入大交流、大合作、大发展时代，两岸关系发展所需要的制度，其形式和内容都已发生重大变化，总体要求越来越高。从趋势上看，两岸关系制度发展不仅要紧跟两岸扩大交流合作的客观需要，还应发挥主动性和前瞻性，为深化两岸关系和平发展消除体制或机制上的各种障碍，创造更加有利的条件。

在两岸关系中，制度既是社会生产力发展的结果，也是两岸执政当局理性塑造的产物。十八大报告已明确提出，“促进平等协商，加强制度建设”。2013 年 1 月海协会会长陈云林访问洛杉矶时也指出，十八大报告强调加强两岸关系和平发展的制度化建设，表明了我们愿通过平等协商，强化两岸各领域交流合作的机制化，以利于巩固两岸关系和平发展局面，并形成不可逆转的趋势。可见，在维护两岸关系和平发展这一大局上，制度将会发挥越来越大的效用，成为促进两岸全面互信与两岸关系和平发展之间形成良性互动的重要因素。

二、互信与两岸关系制度化的逻辑关系

正如新制度政治学所主张的，制度并不是决定政治、经济和社会行为的唯一要素，现实中往往存在“制度攸关”而不是“制度决定”。根据制度的一般性功能及在两岸关系中的特殊适用性，制度化在两岸关系和平发展进程中与互信的逻辑关系，主要体现在以下两个层面。

（一）基本逻辑Ⅰ：互信→制度→两岸关系

互信是指行为者之间在心理上彼此信任、对相互间行为具有稳定预期的一种正面状态。互信是两岸关系保持和平发展正确方向的前提和基础，是四年多来两岸关系和平发展取得重大成就的关键所在。

两岸关系的制度建设，已完全超越一般意义上的交流互动，它涉及两岸经济、

① ［日］青木昌彦：《比较制度分析》，周黎安译，上海远东出版社 2004 年版，第 28 页。

政治、社会、军事等广泛领域的利益调整及其规范化、机制化。因此，推进两岸关系的制度化，必须倚赖两岸互信的巩固和深化。两岸关系发展的经验告诉我们，只有信任问题解决好了，才能协商去解决实务问题，信任度越高，越有利于达成共识和落实共识。在两岸关系进入巩固深化的新阶段，制度作为互信与两岸关系和平发展之间的衔接作用日益突出。

2008 年以来两岸执政双方的接触、对话、协商，对建立、维系、深化两岸互信的基本路径和方法进行了有益探索并累积了可贵的经验。从加强两岸关系制度化建设出发，如何深化两岸互信可参考以下路径。

第一，坚持不懈地培育和巩固两岸互信的政治基础。“两岸互信遍及广泛领域，人民之间的互信是基本命题，两岸双方的互信则起提纲挈领的作用。”[①] 尽管两岸在政治上仍有诸多历史遗留下来的复杂问题需要克服，现实中亦存在各种负面干扰因素，但双方既有的政治框架并不妨碍对“两岸同属一中”原则的共同坚持。在两岸关系和平发展新的形势下，两岸双方不断给予“两岸同属一中”更加清晰、明确的表述和宣示，对增信释疑将大有裨益。2012 年 3 月，国民党荣誉主席吴伯雄登陆与胡锦涛总书记会见时提出，国民党在大陆政策上坚持“九二共识”与反对“台独”，两岸“彼此都坚持一个中国”，“两岸并非国与国的关系”，传递了进一步推进两岸关系和平发展的积极信号。

当然，两岸关系和平发展仍面临“台独”势力的干扰破坏，两岸执政双方从长远计，理应拿出切实有效的举措，逐步削弱“台独”分裂势力的负面能量，从而为深化两岸互信、确保两岸关系行稳致远去除障碍。对此，马英九当局更应拿出执政魄力，打破李登辉、陈水扁执政二十年塑造的以分离主义为内核的“台湾主体意识”迷思，从文化教育和思想领域进行拨乱反正，去除“台独”分裂意识。

第二，不断提升和夯实两岸互信的物质基础。两岸互信的深化离不开物质上共同利益的追求与实现。迄今，两岸签署的十八项协议特别是对促进两岸经济关系机制化具有实质意义的 ECFA，为台湾积极应对全球化和区域经济一体化挑战提供了机遇。正是有了这些被实践证明为正确的重要成果，两岸双方才更有经验、更有信心、更有动力去进一步推进交流交往，扩大互利合作。随着两岸商谈的深入推进，双方在经贸合作上由浅入深、由易入难，难免会碰触到各自一些重要利益的调整。基于两岸经济同属中华民族经济，两岸双方对今后一个时期的经济合作与发展已达

① 孙亚夫：《客观地、全面地、辩证地看待认同问题》，香港《中国评论》2013 年 1 月号，第 11 页。

成相当共识，应有能力解决各种复杂的经济问题，为不断增进互信奠定更为扎实的物质基础。

第三，不断夯实和提升两岸互信的民意基础。社会互信对政治互信的发展具有重要意义，两岸双方需要从文化、教育、情感、心理等层面入手，抓住和平发展的历史机遇全面深化两岸社会互信。正如吴伯雄所言，“台湾与大陆无论是历史脉络、血缘和文化关系，都是血脉相连、唇齿相依”。同时，我们清醒地看到，经过两蒋时期的长期对抗隔阂，李登辉、陈水扁时期的“台独意识”泛滥，岛内民众对大陆的各种误解和疑虑还难以在短期内消除，两岸在对增进互信有重要作用的“共有观念”上仍然不足。对于两岸文化教育交流，大陆方面一向持积极态度，表明两岸既可通过签署一揽子协议做出通盘安排，也可就两岸文化教育领域的具体交流做出机制化的单个安排。今后，推动两岸文化教育交流与合作，加强社会基层更为广泛的接触对话，将是发展两岸社会互信的重要途径。

第四，结束敌对状态、签署和平协议是根本解决两岸互信问题的必然之路。从历史上看，两岸在冷战时期形成的敌对心理迄未根除，台湾当局仍然在政治、经济、军事等方面防范大陆，成为深化两岸互信的重大阻力。大陆方面提出两岸关系和平发展理论，对和平统一前的两岸关系发展进程进行了符合两岸实际情况和两岸人民利益的总体规划，充分展现出新思维和新观念。只有台湾方面真正打破冷战思维，与大陆一起以合情合理合法的方式正式结束敌对状态，签订和平协议，才能从根本上确立两岸互信。

可见，互信是制度建设的关键前提，从上述四个方面推进两岸全面互信，是保证两岸关系和平发展进程不断推进的基础工程。

（二）基本逻辑Ⅱ：制度→互信→两岸关系

二十世纪七十年代起，新制度经济学的有关理论被运用到国际关系领域。制度的功能从创造经济效益，扩大到政治、安全领域，即国家之间建立起良好的制度能够缓解权力现实主义的“安全困境”，从而增进国家间的信任与合作。“制度具有规范性、权威性、约束性和可预期性的特点。”[①] 在两岸关系和平发展过程中，制度如何以及发挥何种程度之作用，是我们认知两岸关系制度化的重要方面。我们知道，互信对两岸关系和平发展具有关键意义，两岸执政当局理应从战略高度进行规划、

① 朱卫东：《对进一步增进两岸政治互信的战略思考》，《台湾研究》2012年第5期，第4页。

培育，使其始终朝有利于两岸关系良性发展的方向演进。在此过程中，制度建设发挥着难以替代的重要作用。

第一，制度建设客观上要求两岸应从系统、前瞻的角度持续巩固深化双方互信。对于大陆方面，应将建立和深化两岸互信作为一个系统工程来看待，不仅需进一步明确两岸互信的基础、条件，而且要根据两岸关系发展的历史规律和阶段特点主动设计深化互信的进程、步骤，以与两岸关系的制度建设保持步调一致、相互协调，以确保两岸互信既能满足当前两岸关系发展的客观需要，又能为两岸进一步深化合作创造可持续条件。对于台湾方面，应将增进两岸互信纳入大陆政策框架的内核，作为制定和实施大陆政策的重要准则，从有利于两岸关系制度化的大方向思考决策。

第二，制度建设能够稳定两岸双方预期，减少不确定性。“制度能够增加人类行为的规律性，减少行为的不确定性，使解释和预测更加可靠。”[①] 随着两岸关系制度化持续推进，两岸在经济、社会、政治乃至军事上都可能实现更加紧密的对话、合作，双方在规则构成的制度框架下将会获得更加透明、准确和高效的信息，彼此行为都将受到约定的规范，相互提供稳定的预期，为维护和增进互信提供良好的制度环境。

第三，制度建设能够有效促进两岸互信、减少互疑。两岸互信是增长还是削弱，与两岸关系发展的实践密切相关。当两岸关系发展较顺利、稳步向前时，互信就容易累积、增长；当两岸关系遭遇挫折、冲击时，互信就自然消磨、减少。清楚把握这种相关性，两岸双方应进一步认清和强化“以实践促互信”的基本路径，多做、做好有利于增进两岸互信的事情，不断探索、开创有利于增进两岸互信的新方式、新途径。在此过程中，制度确实可以发挥两岸关系稳定器和推进器的作用，能够促进两岸关系平稳发展，减少不必要的误解和误判，从而维护和增进互信。

第四，制度建设能够减少交易成本，强化两岸合作的内在动力。在两岸关系中，合作的达成需要政治、经济和社会等方面条件的配合。制度建设有利于减少两岸交流合作的成本。如 ECFA 实施后两岸早收清单内容逐步实现零关税，显著促进了经贸合作的深化发展。随着两岸关系制度化由点及面的逐步铺开，两岸在经济、政治、社会、文化等方面的对话合作势将进一步扩大，从而为两岸互信的增长提供更好的制度保障。

---

① 魏姝：《政治学中的新制度主义》，《南京大学学报（哲学·人文科学·社会科学）》2002 年第 1 期，第 59 页。

以上论述说明，互信与制度是一个相互依赖和促进的关系，二者实现良性互动的结果是为两岸关系和平发展创造更稳定、更有利的条件。从不断巩固两岸互信、有力推进两岸关系和平发展出发，如何做好两岸关系的制度设计就显得至关重要。

三、推动两岸关系制度化的主要原则

认同与互信是两岸关系的基本问题,也是推动两岸关系和平发展的基础问题。[①]两岸关系和平发展越深化，需要破除的难题越多，互信和制度的需求就越大。基于两岸关系发展的历史规律和现实特性，两岸关系制度设计应坚持以下原则。

第一，两岸执政当局理应扮演好两岸关系制度化的设计者和维护者。两岸关系制度化要靠社会民间各方面力量的整体参与推动，更需要两岸执政当局的意志与能力支撑。由于阻碍因素多、情况复杂，两岸关系制度化的统筹设计应由两岸执政当局共同完成。双方应从两岸关系和平发展的大局出发，在互信的基础上求同存异，求同化异，尊重规律并发挥创新意识，力求不仅使制度建设满足两岸关系发展的要求，还要为两岸关系持续深化创造新的持久动力。

第二，两岸关系制度化应以有利于维护一个中国框架为前提。两岸关系制度化的宗旨是巩固深化两岸关系和平发展，为最终实现祖国和平统一筑牢基础。也就是说，在国家尚未统一特殊情况下，制度建设的首要前提是坚持一个中国原则，坚持反对“台独”。王毅指出，十八大报告“强调加强两岸关系和平发展的制度化建设，表明了我们愿通过平等协商，强化两岸各领域交流合作的机制化，以利于巩固两岸关系和平发展局面,并且形成不可逆转的趋势”[②]。十八大报告首次把坚持“九二共识”写入党的代表大会正式文件，提出两岸双方应增进维护一个中国框架的共同认知，表明大陆方面希望在认同并坚持一个中国上寻求两岸双方的连接点，扩大彼此的共同点，增强相互的包容性，从而深化政治互信、加强良性互动，增添两岸关系和平发展的前进动力。对此，台湾方面有必要在维护一个中国框架、坚持“两岸一中”立场上表明更加积极和坚定的态度。

第三，两岸关系制度化应坚持合情合理的原则。合情，就是照顾彼此关切，不

① 孙亚夫:《客观地、全面地、辩证地看待认同问题》，香港《中国评论》2013年1月号，第11页。

② 2012年12月26日王毅在“九二共识”20周年座谈会上的讲话《十八大报告的对台工作论述具有继承性、创新性和前瞻性》，国台办网站，http://www.gwytb.gov.cn/wyly/201211/t20121126_3391676.htm，上网时间2013-01-24。

搞强加于人；合理，就是恪守法理基础，不搞“两个中国”、“一中一台”。从这个意义上讲，一方面，制度建设需要基于两岸双方的共同意愿，不能将一方的意志强加于对方，制度建设过程中的矛盾和难点需要两岸通过平等协商谈判的方式去妥善解决。另一方面，制度建设不能违背见诸两岸各自内部规定的关于“一个中国”的法理基础，因此其目标是排斥“台独”路线，增进两岸对“一中”的认同。

第四，从增量的角度理解推进两岸互信和制度化建设。增量是相对于存量而言的，两岸互信需要在确保既有存量成果的基础上一步步向前推进，既不能停滞不前，又不能急于求成。有学者将两岸政治互信分为“基础性互信”、“长成性互信”、“融合性互信”三个不同层级[①]。增量互信重视结果，即通过两岸执政双方在战略指导下的共同努力，不断夯实互信基础，提高互信质量。由于两岸关系内在的复杂矛盾，互信呈现螺旋式上升状态，不排除会因某些突发事件导致停滞甚至后退的情况发生。但对此不必悲观，只要大原则一致，经两岸努力完全可以排除障碍。对于受制于客观条件尚难达成的事情，双方也不必操之过急，要从符合事务本身发展规律的角度去对待和处理。既然两岸互信的增长是一个渐进的过程，以互信作为支撑的两岸关系制度化同样是一个增量递进的进程。制度建设既要符合两岸关系发展的实际，不滞后、不过度超前，也要发挥前瞻性和规划性，为两岸关系和平发展不断取得新的实质突破创造环境。

四、两岸关系制度化的动力和限制

理论和实践中，制度都不是一成不变的，它本身是动态发展的，制度变迁是连续的、渐进的，是一种创新的过程。一般而言，制度变迁在能够为相关主体创造高于成本的收益时才会发生，它需要驱动力。纵观两岸关系和平发展进程，制度化的动力在于：

第一，两岸执政当局具有推进两岸关系制度化的意愿和能力。未来十年，大陆综合国力将保持稳步提升，对台战略的整体实施条件将更加有利，方向是继续以两岸关系和平发展为主题，在保持既定政策连续性的同时，根据两岸关系形势发展适时对政策进行创新发展，制度化是其中一项重点工作。十八大报告明确指出，希望双方共同努力，探讨国家尚未统一特殊情况下的两岸政治关系，作出合情合理安

---

① 刘国深：《增进两岸政治互信的理论思考》，张文生主编：《两岸政治互信研究》，九州出版社2011年版，第25页。

排；商谈建立两岸军事安全互信机制，稳定台海局势；协商达成两岸和平协议，开创两岸关系和平发展新前景。上述提法反映大陆方面希望两岸关系由经济的制度化逐步过渡到政治、军事关系的制度化。马英九当局在第一任期内，高度重视并将“两岸关系制度化”作为保障台湾安全的三道防线之一[①]，通过签署18项协议充实制度化的内涵。正如马英九所指出，“两岸和解制度化”是维护台湾安全最好、也是第一道防线[②]。今后三年，马英九当局大陆政策的总体基调不会改变，在国民党掌握“立法院”多数席次的优势下，“两岸和解制度化”在其政策框架中的地位还会加强。

第二，两岸关系和平发展的内在需要是制度化的重要驱动力。两岸关系和平发展是一个全面系统的过程，涵盖经济、政治、社会、文化、军事、民意等领域。在两岸关系和平发展的总体路线图中，从经济制度化走向社会文化的制度化，最后逐步破解难题实现政治、军事领域的制度化，是符合事物发展规律和两岸关系特殊情况的稳妥路径。2012年两会在第八次会谈中签署两岸投资保护和促进协议、海关合作协议，推进了两岸经济交流合作的制度化建设。两岸经济合作框架协议（ECFA）早收计划实施成效明显[③]，后续协商进展顺利。目前两岸已实现互设经贸办事机构，两会互设办事机构亦有望很快实现。这些都表明，两岸关系和平发展呈现阶段性递进的特征，其本身的能动性将对两岸关系制度化不断提出新的要求。

第三，两岸经济和社会一体化推进将为两岸关系制度化提供强大支撑。一般而言，制度创新从根本上受到制度供给能力与人的需求水平之间的矛盾驱动。两岸关系制度化，从一开始就是围绕两岸人民的需要建立起来的。当前，随着两岸经济、文化、社会联系达到了六十多年来最密切的水平，两岸关系和平发展理念已深入台湾社会，成为各界共识。从经济面看，近几年来两岸贸易投资稳步增长，2012年两岸贸易额达1689亿美元，同比上升4.3%，占台湾对外贸易总量的约39%。同时，两岸产业合作进一步走向制度化、机制化。从社会面看，2012年两岸人员往来规模达797万人次，再创历史新高。大陆居民赴台263.02万人次，同比增长42.56%，其中赴台旅游197万人次，同比增长57.5%。两岸民间社会交流交往日益

① 2011年5月马英九在与美国战略与国际研究中心（CSIS）视讯会议中提出“两岸和解制度化”、“深化台湾在经济、文化上对国际发展的贡献”、“强化国防与外交”为内容的“三道防线论”。

② 《马：两岸和解制度化，保台第一道防线》，台湾《中国时报》2011年11月30日。

③ 根据大陆海关的统计，2012年1至11月，台湾企业享受关税优惠大约是30.86亿人民币，同比增长3.2倍。据台湾海关统计，同年1至11月，大陆企业享受关税优惠大约是5005万美元，同比增长1.4倍。

密切，大幅增进相互了解和感情融洽。台“陆委会”2013 年 1 月 3 日公布民调显示，64.2% 的民众赞成两岸两会互设办事机构，76.4% 的民众支持台湾当局进一步深化两岸在人权、法治、经贸、文教、公民社会等领域各项交流，以增进两岸民众的相互了解；67.1% 的受访民众认为应适度开放大陆资金赴台投资。

当前，两岸关系制度化呈现前所未有的重要机遇，但台湾问题的长期性和特殊性，使得两岸关系制度创新是一个复杂和敏感的过程。它的建立和完善务必要讲究条件、时机和策略，在把握有利条件的同时，不能忽视以下限制性因素。

第一，两岸之间长期存在道路差异、制度差异、理念和观念差异。两岸关系制度化无法通过单方、强制的方式达成，只能是一种双向、协议式演化过程，它取决于大陆的对台政策和台湾当局的大陆政策。两岸长期存在的道路、制度和理念观念差异对两岸互信的深化构成重大障碍，加之两岸在地理幅员、人口规模、经济总量、军事实力上的落差，使台湾方面在推进两岸关系制度化进程中难以去除作为相对弱势一方、因缺乏自信而产生的心理疑虑。“在台湾的国、民两党对于‘在一个中国原则下，什么都可以谈’这般话有着不信任与不安全感。”[①] 这种心理状态造成了马英九当局在推动两岸经济关系制度化的同时，奉行“政经分离”的保守政策，刻意回避两岸政治对话和谈判，拖延协商建立两岸军事安全互信机制。这种“只经不政”局面若长期维持下去，将导致两岸关系制度化很难在政治、军事领域取得突破，互信的发展也将遭遇瓶颈。

第二，两岸重叠认同的塑造是一个艰难的过程。本质上，认同决定互信。淡江大学大陆研究所教授赵春山称，唯有两岸有共同思维想法、心灵相通、共同价值观，才有助于推动两岸和解制度化[②]。根据台湾政治大学选举研究中心长期跟踪的调查数据，近二十年来台湾民众的中国人认同持续下降，“台湾人”认同不断上升，2008 年国民党重新执政以来两岸关系和平发展未改变这一趋势。同样，在多数人支持维持现状下，偏向统一的比例下降，偏向“独立”的反而上升。这说明两岸社会在大交流、大合作时代的“共同意识”、“共有观念”仍然不足，两岸关系和平发展在扭转台湾民众“去中趋台”、“去统趋独”方面还需要更多条件的配合，需要花费更大的力气去耕耘。马英九当局实施的“不统、不独、不武”政策以维系两岸关系现状为目标，其缺乏明确方向所造成的消极性，制约了两岸社会从根本上持续扩

---

① 张亚中：《两岸和平发展期应是统合期：以统合深化认同与互信》，香港《中国评论》2013 年 1 月号，第 5 页。

② 《两岸政治协商议题，学者交锋》，台湾《中国时报》2012 年 7 月 29 日。

大重叠认同。要扭转这一形势，需要马英九执政当局拿出更大的政治勇气和决心，破除旧观念和旧思维，进一步明确"两岸同属一中"、"两岸同属一国"的政治立场，与大陆方面一起将其文件化、法律化和制度化。

第三，"台独"势力始终对两岸关系制度化持抵制态度，是两岸关系实现"由经入政"的最大阻力。2008年以来"台独"运动在两岸关系和平发展大潮中步入低谷，民进党的两岸政策开始转以构建两岸稳定的关系为基调。但在政党竞争、选举利益、"台独"理念等影响下，民进党对两岸执政当局进一步推动经济关系制度化的政策，包括扩大大陆资金入岛投资、陆生赴台求学等，始终持疑虑和抵制态度。对于两岸进一步增进维护一个中国框架的共识、强化确认"两岸同属一中"，推动"一中各表"走向"一中共表"，民进党等"台独"势力势必会全力反制。鉴于民进党所代表近四成岛内民意，若其一味极力反对，两岸启动政治谈判以取得两岸关系制度化实质性突破将很困难。

第四，以美国为代表的国际制约因素仍将长期存在。美国的台海政策向来以其自身的亚太和全球战略为依归，现实主义特性浓厚。台海局势关系亚太区域和平稳定，民进党执政时期，美国虽一度加强对"台独"行径的管控，但并没有放弃对台湾的支持。2008年国民党重新执政后，美台关系快速恢复。从衡量美台关系的对台军售看，过去四年美国对台售武步入二十年来经费最高、项目最多的阶段，总额达183亿美元。此外，美国正式给予台湾免签证待遇，访台官员层级也进一步提高。布鲁金斯学会东北亚政策研究中心主任、前"美国在台协会"理事主席卜睿哲撰文称，美中之间存在的摩擦越来越多，美国在台湾问题上向中国让步，无助于美国解决其他问题，反而会让日本、韩国等盟友担心美国会牺牲其利益①。今后三年是两岸进一步增进互信、推进两岸关系制度化的关键时期，美国在转向亚太、防范中国的战略部署下，势必更加重视台湾的地缘价值，对两岸关系"由经入政"保持警惕，防止两岸进行政治谈判削弱其在台海事务上的影响力。

五、结论

在两岸关系和平发展的长期进程中，互信是前提和基础，制度化是路径和方式，二者犹如两根支柱，相互关联、缺一不可。互信的建立和深化有助于两岸关系

---

① Richard C. Bush III, "Uncharted Strait", http://www.brookings.edu/research/papers/2013/01/14-taiwan-bush, 上网时间 2013-01-15。

制度化的持续发展，反之，两岸关系制度化的不断推进将为两岸互信的增长创造更加有利的条件，二者共同支撑着两岸关系和平发展这一主题。今后三年将是构建两岸关系和平发展框架的重要机遇期，只要两岸秉持建立互信、搁置争议、求同存异、共创双赢的精神，发挥两岸中国人的智慧，妥善处理好增进互信与拓展制度化之间的关系，两岸关系一定会取得更大的发展。

（原载《台湾研究集刊》2013 年第 5 期）

后 ECFA 时期海峡两岸政治谈判路线图探析

朱卫东

备受关注的台湾 2012“大选”以马英九连任、国民党继续执政落下帷幕，这一结果不仅符合除民进党以外的各利益攸关方的期待与利益，也更有利于未来四年的两岸关系和平发展。由此，一个近年来屡屡被提起的重大现实问题又一次被摆在了两岸执政当局面前，即，在两岸经济合作制度化、机制化基本实现的后 ECFA 时期，两岸如何与时俱进地创造条件推动开启政治议题的谈判进程，为两岸政治关系的发展提供坚实的制度化保障？

选后，大陆和台湾的两岸事务部门负责人均就这一重大问题发出了明确的信号：国台办主任王毅表示，要在“九二共识”求同存异的基础上，进一步聚同化异、增进互信；继续秉持先易后难、先经后政的基本思路，务实推动两岸关系循序渐进向前发展，不断为破解两岸政治、军事等方面的难题积累共识、创造条件。① 台“陆委会”主委赖幸媛也在华府表示，“两岸政治谈判所必需的岛内共识和两岸互信等条件目前都不成熟”，有意回避拖延开启两岸政治议题的协商，并重申马英九胜选后提出的“先经济后政治、迫切的优先、容易的优先”三原则。② 表面上看，目前两岸政治谈判一时还难以谈起来，其实两岸关系“经中有政、政中有经”，开启两岸政治对话商谈的能量与日俱增，要想为下一个四年的两岸各项合作交流注入更强大的动力、提供更可靠的保障，就必须尽快改变“政治”滞后的局面。鉴此，两岸学者专家应积极为此建言献策，坦诚交流，塑造环境，培养氛围，为将来的政治商谈预作准备。

---

① 王毅：《2012 新年寄语》，《两岸关系》2012 年第 2 期。

② 赖幸媛：多维新闻网 2012 年 2 月 1 日。

一、推进两岸政治对话商谈的前期准备

不断积极营造环境条件，全力培养增进战略互信，是启动两岸政治对话商谈的必要的前期准备，也是两岸政治谈判能否取得成果的基本前提。

（一）积极营造有利于开展两岸政治对话商谈的环境与条件

客观而言，虽然自2008年以来两岸关系实现了历史性转折，取得了一系列令人瞩目的重大进展和突破，两岸关系和平发展也越来越成为台湾问题的各利益攸关方和海内外关心台湾局势发展的各界人士的共同愿望和最大公约数。但是，毋庸讳言，支撑这一发展的政治基础、社会基础和经济基础并不十分稳固。由于岛内外诸多因素的影响，特别是受岛内周期性选举政治的制约，两岸和平发展进程仍有可能因为缺乏政治商谈所达成的制度化安排而停滞不前甚至倒退。

因此，从目前的发展态势看，要营造有利于开展两岸政治谈判的环境与条件，首先是要多管齐下逐步在岛内社会营造出认同、支持两岸尽早开展政治对话商谈的小气候，在这方面，台湾当局的角色与作用十分重要、不可替代，没有执政者清醒而自觉的主观推动，要想使岛内形成较为成熟的氛围将十分困难。为此，两岸应该携手行动，使岛内主流民意能够充分认识到，在两岸关系大发展、大合作背景下举行两岸政治商谈的极端重要性、必要性和紧迫性；充分认识到两岸关系发展无法永久地将政治与经济分开处理，两岸关系发展最终将取决于政治关系的进展，从而对两岸政治谈判的定位、角色和作用等方面逐步形成岛内较为一致的共识：即，两岸经贸、社会、文教关系的深入发展要与两岸政治关系的发展协调同步，“只易不难、只经不政”的单纯思维难以为继，“鸵鸟政策”不足以应付未来的挑战；要确保两岸关系发展在正确的轨道上行稳致远，要就政治议题进行商谈，以建构可长可久的两岸和平发展框架；两岸政治商谈无法回避搁置，台不必惧谈；越早商谈，对台湾越有利。倘若岛内社会能够形成上述共识和氛围，将必然对台湾当局产生较大的压力和驱动力，也将能有效抑制和减弱民进党等“台独”分裂势力的反弹。在选举政治环境下，岛内社会对上述问题达成共识的成熟程度，决定了两岸政治谈判的进程和结果。

为此，当前及今后一个时期两岸双方应共同致力于推进三大工程，以加快两岸政治谈判环境和条件的培养与塑造。

一是全力加强和落实以ECFA为主体的两岸经济合作工程。两岸签署和实施

ECFA 是两岸关系六十多年发展史上一件具有分水岭性质的重大事件，它不仅为实现两岸经济关系正常化和经济合作机制化开辟了道路，更对两岸包括文教、政治关系在内的各个领域的全方位合作产生深远的影响。ECFA 虽然已经签署实施，但是还有大量的繁重任务尚未完成，所谓“后 ECFA 时期”并不代表 ECFA 问题的解决。对两岸而言，当前及今后一个阶段的工作重点是，全面推进 ECFA 的各项后续协商取得实质性成果，[①] 使 ECFA 的效应全面释放，特别是要让台湾的各行各业、不分地域的民众都能分享到 ECFA 的经济红利，享受到两岸关系和平发展所带来的实实在在的利益。

对于这一点，目前两岸决策者的认识趋于一致，都同意按照“先易后难，先经后政”的思路去扩大两岸的利益共同点、增强政治互信，通过加强经济合作的方式来缓解政治分歧，通过经济合作的成效来培养和扩大岛内社会赞同两岸关系和平发展的政治基础。笔者认为，这种将两岸政治关系发展寓于经济关系发展之中的思路，有其必要性，也是两岸政治谈判之前的必要准备和必经阶段。事实上，在目前情况下，两岸能够认真贯彻落实好 ECFA 就是最大的政治。尽管如此，“先经后政”的思路绝不是机械和绝对的，“先经后政”实际上是“经中有政”，[②] 不能“只经不政”，完全割裂经济与政治的关系。大陆虽然对台没有政治谈判的时间表，[③] 但若两岸迟迟不进行政治对话商谈、不发展政治关系，不仅将难以深入推进两岸经贸关系，也将难以保障两岸经济合作的成果。

二是全力扩大和深化以“三通”为主体的两岸各界交流工程。以“三通”为载体的两岸社会各界大交流，对于增进两岸民众的了解、理解，加深彼此的感情融合和利益连结，增强岛内民众的文化认同、民族认同和中国人认同，逐步培养两岸命运共同体意识，形塑新的共同认同，都具有十分深远的影响。但是，目前日益扩大和深化的两岸社会各界大交流仍缺乏足够的时间去磨合，在形塑共同认同方面存在明显不足。要想通过两岸交流交往去扭转岛内相当一部分民众在对大陆认识、国家认同和台湾地位前途等重大问题上的严重偏差，拆除横亘在两岸社会大众之间有形和无形的藩篱，特别是心理屏障，凝聚两岸社会的向心力，还有一段较长的路要走。不仅是两岸社会民众的彼此认知不同，即使在岛内，对于一些攸关两岸政治谈判的重大议题，“朝野”蓝绿的认识也存在相当严重的分歧，难以有效形成“台湾

① 王毅：《在桂林第九届两岸关系研讨会上的讲话》，《台声杂志》2011 年 2 月，第 20 页。

② 王毅：《谋求两岸关系的稳定发展》，中国评论网，http://www.chinareviewnews.com,20101020

③ 王毅：《亚洲周刊》2010 年 4 月 4 日，第 14 页。

共识”。

因此，下一步两岸社会仍须全面交流、重点交流，以时间换空间；通过拓宽交流领域、丰富交流内容，创新交流形式，建构交流机制，促使两岸双方和社会各界全面加强经贸、文教、社会等各层次、各领域的交流交往，以实现两岸社会的全面融合。鉴于岛内独特的“北蓝南绿”的政治生态和蓝绿社会基础的差异，大陆方面尤需进一步加强同台湾中南部地区、中下阶层民众、中小企业、中间势力和青少年的交流，努力使岛内民众减少偏见、误解和误判，以增加了解、理解和谅解，逐步由“三通”实现第四通“心通”。

三是全力推进和深化以两会协商为主体的两岸多层次对话协商工程。两会协商机制是目前两岸官方和岛内社会都认可的谈判的主渠道，未来这一平台的积极作用应该充分发挥，要使越来越多的台湾民众充分认识到，两岸政治谈判像两岸经济性、事务性商谈一样无法回避，台湾不会被“矮化吞并”，也不存在什么“倾中卖台”，平等谈判是可以解决问题的，谈判的成果是全民共享的；即使是复杂的难题，两岸只要有互信和诚意也是有智慧找到解决办法的。

由于两岸关系的复杂性，两会作为两岸涉及公权力协商的唯一管道仍有其局限性，必须通过其他协商管道予以补充。目前看，双方应进一步巩固和充实国共两党交流合作机制，充分发挥两个执政党交流协商管道的作用；同时加强和扩大两岸经贸文化论坛、海峡论坛等诸多功能性平台的功能，使之发展成为在两岸更有权威、更有影响、更为广泛的意见平台，为此，这些平台的参与基础应进一步扩大，要更具多元性、包容性和草根性，以寻求更大的共识。笔者以为，未来有关两岸政治关系、定位问题、结束敌对状态与和平协议问题等均可在时机成熟时通过这些论坛进行讨论，以引领舆论，引导民意，凝聚共识。

总之，两岸通过实施上述三大合作工程，在两岸关系迈向更广、更深、更高领域和层次的发展过程中，可以逐步在岛内外营造出有利于两岸开展政治谈判的环境和条件。

此外，在外部环境塑造方面，两岸也应清醒地认识到，台湾问题解决之难，表现在外部因素方面是，它不可避免地要与国际局势、中美关系、亚太形势等大环境产生复杂的互动；因此，大陆方面应充分利用中国综合国力和国际地位提升的硬实力，提高软实力和全球影响力，全力做好美国等国际社会的工作，让其明晓，中国作为一个和平负责任的大国，推进两岸关系和平发展乃至实现最终的政治整合，是有利于亚太地区和平稳定和各攸关方利益的。台湾方面也应以实际行动向国际社会展示，台湾是亚太和平与稳定的维护者而不是像陈水扁那样的国际社会“麻烦制造者”。通过两岸合作，将外部因素对两岸政治谈判的消极负面作用降至最低。

（二）培养和增进两岸战略互信，提升台当局进行政治谈判的动力和意愿

培养和增进包括政治互信在内的战略互信是马英九第二个任期需要两岸共同努力的重要方面。这是因为：两岸之间的政治互信迄今依然较为脆弱。两岸当局现在虽然都十分重视维护彼此的互信，但客观而言，四年的合作并不能化解六十多年的隔阂与分歧。两岸目前仅仅是建立了初步的政治互信，无论是民间社会还是国共两党、乃至两岸当局以及领导人个人之间仍缺乏足够的信任，从而制约了两岸关系向前迈进。两岸在政治上建立充分信赖的互信关系是两岸关系稳定、可持续发展的基础；不断维护、巩固与增进两岸政治互信，是两岸在政治谈判上能够达成妥协并最终解决分歧的重要保证。

鉴此，在目前两岸还难以开启政治对话商谈的时候，两岸应着力培养和增进以政治互信为核心的全方位的战略互信，高度重视政治互信对两岸政治谈判和两岸关系和平发展的重要作用，坚持双方反对“台独”、认同体现一中的“九二共识”这一两岸互信的根本基础，通过不断增进政治互信，巩固和扩大两岸关系发展的成果，通过新的发展成果累积更多、更强的互信，推动两岸关系形成良性循环、不断取得更大的发展。可以说，两岸政治互信的维护、累积、扩大和持久，对两岸政治谈判健康深入的发展至关重要，在此基础上，两岸就容易减少猜忌和担忧，就会更加自信地互谅互让，以实事求是和宽容包容的态度，妥善处理彼此的分歧和矛盾，也容易找到处理和解决问题的办法。

在增进互信的基础上，进一步提升台湾当局开展两岸政治对话谈判的动力和意愿。从马英九第一个任期的情况看，在诸多因素的影响制约下，台当局缺乏自信、顾忌担心太多。由于马一直未能有效摆脱执政困境，施政满意度始终低迷不振，加之岛内各种选举接连不断，马当局很难有意愿和动力敢于在两岸政治商谈问题上冒风险。如今，马英九成功实现连任，马虽没有连任的压力，但有历史评价的压力和国民党继续执政的压力，如何使二者相辅相成取得平衡是马英九和国民党必须深思的重大问题。其实，从此次“大选”的胜选经验看，岛内民众已对马英九推行的大陆政策投了赞成票，马要想寻求历史定位留下政治遗产，理应继续在发展两岸关系上采取更为积极大胆的作为；同时，国民党要想在 2016 年继续执政，也应继续全力支持马英九这条与大陆合作双赢的路线。

未来四年，由于内外环境促使两岸加强合作的动力仍然强劲，以及中共十八大人事调整和马英九、国民党主导政局的能力依然较强；同时考虑到马第二个任期的后两年，国民党还要应对一系列选举以及马可能出现的跛脚风险，笔者认为，未来两年是开启两岸政治对话商谈的最佳时机，期望马英九方面能够把握住难得的历史契机果断打开两岸的“机会之窗”，否则，历史留给两岸的机会稍纵即逝。

二、推进两岸政治对话谈判的路线图

鉴于目前推进两岸政治谈判仍面临诸多障碍和困难，两岸既不能无所作为，消极等待，也不能只争朝夕，操之过急；应在继续坚持“先易后难、先经后政、把握节奏、循序渐进”既定思路的同时，“有序发展、稳定发展、良性发展”，实现“稳中有进”[①]。首先两岸应尽早通过开展各种形式的政治对话增进了解，积累共识，为将来的政治商谈预作准备，在时机环境相对成熟的时候，进一步创造条件，积极稳慎地推进两岸政治谈判进程。具体做法和基本路径包括：

（一）两岸学术界的“政治对话”先行，充分发挥“二轨”机制的作用

两岸政治谈判涉及时机、名称、对象、议程、内容等一系列诸多复杂敏感的问题，若事前缺乏充分沟通，单方面过急过快地推进都会欲速则不达，甚至起到相反的效果。因此，两岸应通过协商精心设计好政治谈判的路线图，稳步有序地加以推进。作为第一步，应通过两岸学术界的民间交流就两岸谈判问题先行开展政治对话，尤其是要有计划地启动两岸具有官方背景的智库学者的对话交流。民间学者的研讨可以试探预热，引发舆论关注讨论，营造氛围；官方背景学者的实质沟通，有助于两岸准确掌握彼此的真实考虑，分清轻重缓急，找准切入点和突破口，以达到尽快寻求共识完善规划方案的目的。

应特别强调的是，要想确保两岸政治谈判能够坐下去谈起来，开局良好，进展顺利，两岸应特别重视建立和发挥二轨谈判机制的作用。这一机制应具有权威性，即由两岸官方授权指定，能全面准确地反映和代表各自当局的意见，且双向沟通顺畅。在二轨机制运作中，通过两岸指定的智库学者对彼此关心的重大问题的各自研讨，逐步过渡到双方共同探讨的阶段，在二轨机制内部不断的磨合过程中求同存异、聚同化异，从而找到双方都能接受认可的办法与方案送交各自的决策层。在

① 王毅：《在广东东莞台商协会庆典上的致辞》，《台声杂志》2011年1月，第21页。

二轨协商中，可先把双方的要求或提案摆出来，列出长名单，确定短名单，逐条梳理，找出分歧点和尽可能多的共同点，扩大共识，搁置和缩小分歧，做到既有利于摸清对方的意图顾虑，又能通过存异求同营造出良好的谈判气氛。协商过程尤其要突出两岸的共同利益，强调双方是伙伴而不是对手。“谈判本身就是一个不断判断、权衡和妥协的过程，讨价还价的内在本质在于，它是互为有利互相让步的追求，最终的结果是相对均衡和共赢。”①

与此同时，要继续充分发挥国共交流机制的作用。通过两党领导人的交流为未来两岸的深层互动规划方向，通过两党中高层的机制化沟通管道增信释疑，为破解难题创造条件。从过去的实践看，国共交流机制的高端——两党领导人的见面会谈远较海协、海基两会平台的层级高、讨论的问题更为宏观、前瞻，对两岸两会的发展更具有实质的指导意义。试想，若没有胡连会谈、胡吴会谈的成果，两会不仅难以尽快恢复制度化协商，也难以在最短时间内达成解决两岸周末包机、大陆居民赴台旅游问题的共识。国共交流机制是从战略层面上规划两岸商谈的方向、议题、节奏，为两会实务层面商谈顺利取得成果创造条件。国共机制和平台不仅可以扮演“催化剂”和“发动机”的角色，也能够发挥平衡和缓冲两岸矛盾分歧的“缓解阀”和“变压器”的功能。正如国民党荣誉主席吴伯雄所言：“国共论坛与两会协商的关系就像人的两只脚，只有相互交替前进才能行稳致远。”② 因此，未来，两岸应继续通过国共之间日益增强的政治互信，在消除疑虑、扩大共识、缩小分歧、寻求双方都能接受的解决办法方面发挥更好、更大的作用。

（二）先建立协商机制，后着眼问题处理，先易后难，分步推进

从两会事务性商谈的经验看，尽早建立政治对话商谈的常态机制十分重要。两会在开启事务性商谈不久，即在新加坡汪辜会谈中签署了《两会联系与会谈制度协议》，这一制度化的安排，使得两岸关系即使在最困难的时期也未完全中断联系，并为相关具体问题的沟通处理提供了权威的管道。因此，未来无论两岸政治对话协商是否需要借用两会机制，抑或另起炉灶建立新的渠道和平台，建立政治谈判常态化机制的意义都是显而易见的，其作用不仅可以使议题、议程、方式等可以得到合情合理的安排，为谈判高效、可持续的进展提供制度化保障；也可以通过机制本身的权威性引导议题进入社会大众，激发两岸广泛深入的讨论，逐步营造讨论和解决

① [匈]涅尔基什·亚诺什：《谈判的艺术》，世界知识出版社 1992 年版，第 71 页。

② 吴伯雄：新华网，http://www.xinhuanet.com,20081221

问题的社会氛围。鉴此，两岸在开启政治性议题对话协商之初，应尽快就政治对话商谈的制度化安排达成共识，并签订协议，为从易到难解决诸如台湾当局政治地位这样复杂的难题创造条件，确保未来无论两岸政治环境如何变化，两岸政治谈判的机制仍能发挥持久的作用。

与两会经济性、事务性商谈的进程一样，在两岸政治谈判中同样要遵循“先易后难、把握节奏、循序渐进、求同化异”的思路。对于两岸长期存在的争议巨大的重大政治分歧，诸如“中华民国”定位问题，仍应技术性地加以搁置，不使之妨碍两岸政治商谈可以推进的其他事情，在“求同”到一定阶段之后，才有可能“化异”；如果两岸一开始就将主要精力集中在这些核心分歧上，在目前的环境下，不仅不能缩小分歧反而会扩大分歧，使谈判很难取得进展甚至破裂。

除了要把暂时不具条件、无法处理的难题搁置以存异求同之外，两岸对于政治谈判中的任何方案设想都应本着同理心的思维，照顾好彼此的关切，在共同点而不是分歧点上大做文章。亦即，方案设计要两厢情愿、务实可行；要有利于维护和推进两岸政治谈判的进程。两岸的任何提法和设计都要考虑到对方的接受程度，不是零和游戏而是互利双赢；任何一厢情愿、不考虑对手的做法，实际上只会干扰和破坏谈判的进程，吓跑对手。正如台前“国安会”秘书长苏起所言，“如果两岸都能学着用‘同情的理解’来看待对方，事事将心比心，处处互留余地，透过善意的交流与谈判，双方必可在许多领域，包括政治领域，找到可以互利互惠的地方”。[①] 两岸在追求和实现国家统一的谈判中必须做到原则性、灵活性和策略性的高度统一。为推动两岸商谈朝着预定目标前进，两岸都应在具体的谈判中展现新思维，表现出灵活性与妥协性，不死守教条，正视现实，敢于和善于冲破传统禁区，提出新的思想和理论以顺应现实，从而推动统一目标的早日实现。对两岸学界而言，要有具有创新意义的思想和与之相应的理论出台，为自己的设想方案提供依据，为推进统一谈判的进程留下余地和空间。

当然，由于台湾问题的复杂性，两岸政治谈判不可能一蹴而就，其方案的选择往往具有过渡性、阶段性的特点，任何有关两岸关系过渡性的政治设计，既要有利于维护和推进谈判进程，又要避免对两岸的最终统一带来隐患、留下后遗症。

（三）从丰富充实“九二共识”出发，逐步确立处理两岸政治关系的基

① 苏起：《两岸写新页寻找最大公约数》，台《中国时报》2010 年 9 月 27 日。

本框架

综合目前各方因素的发展趋势看，要想通过政治谈判一步到位地解决两岸之间的重大政治分歧几乎不可能，必须避开和搁置对诸如“中华民国”等重大复杂敏感问题的纠缠和争论，立足两岸业已达成的政治基础，从容易取得共识的地方入手，通过对两岸关系的动态定位，由过渡性安排逐步实现双方共同协商确立的终极定位。

现阶段两岸均认同“九二共识”，并在此基础上进行了富有成效的制度化协商，因此，通过对“九二共识”的充实完善，甚至提出新的共识，寻求双方都能接受的处理两岸政治关系的暂行框架将是一条务实可行的路径。鉴于岛内政局和两岸关系的复杂性，倘若未来一个时期，两岸能在“九二共识”基础上再往前走，即从所谓的“一中各表”明确为两岸“共表一中”或“一中共表”，直至双方达成“两岸同属一中”的法律文件，那将十分有利于处理和解决两岸政治谈判中的核心议题——台湾当局的政治地位问题。未来，两岸白纸黑字地将“两岸同属一中”载入双方达成的声明、共识、协议等相关法律文件中，应成为确立两岸政治关系框架的优先目标和基本内容。为此：

一是要进一步巩固“九二共识”在两岸关系定位中的基础作用。目前在台执政的国民党与台当局对“九二共识”是认可承认的，“九二共识”也经受了“大选”的检验，得到了多数民众的支持。正是坚持了“九二共识”，才使双方在两岸关系定位问题上达成了基本的共识。马英九称“双方对于‘一个中国’的原则都可以接受，但对于‘一个中国’的含意，大家有不同的看法”。[①] 马对待“九二共识”的立场和态度使两岸关系有了向前发展的政治基础。因此，两岸必须十分珍视、维护这一来之不易的政治基础，“九二共识”和反对“台独”已构成现阶段国共两党乃至两岸政治互信的根本，只有坚持和巩固这一政治基础，才能增强和扩大两岸的战略互信。

二是两岸应以新的形式明确“九二共识”的内涵。“九二共识”是两岸各自以口头方式表述的共识，不仅易被台湾方面扭曲，而且缺乏双方共同签署正式法律文件的权威性，存在明显的缺憾。自“九二共识”形成以来，由于台湾政治的复杂性和政党轮替的影响，该“共识”在岛内或被李登辉的“两国论”和陈水扁的“一边一国论”推翻，或被工具化甚至妖魔化，民进党至今仍不承认“九二共识”。国

① 马英九：接受墨西哥《太阳报》专访，台“中央社”2008 年 9 月 3 日台北电。

民党方面虽承认“九二共识”，但强调其内涵为“一中各表”。马英九对待“九二共识”的态度也随着形势的变化而变化。2009 年 1 月，台“总统府”发言人在回应胡锦涛总书记“1231 重要讲话”时，更强调要捍卫“中华民国主权，维护台湾尊严”，并在“九二共识、互不否认”的基础上，与大陆展开协商与交流，[①]正式将“九二共识”与“互不否认”相连结，旨在淡化“一中”，强化“各表”，进一步突出“互不否认”的主张。台当局一味强调“一中各表”，是对“一个中国”内涵的消极界定，对破解政治难题不具建设性意义。

鉴此，在目前情况下，首先应坚持原汁原味地阐释“九二共识”。即，“九二共识”是双方在 1992 年达成的各自以口头方式表述“海峡两岸均坚持一个中国原则”的共识，其重点和共同点是坚持一中，台方将“九二共识”解释为“一中各表”并不准确。其次，强调“九二共识”的精髓是求同存异，两岸不应就此争论纠缠，在延续将一个中国的“原则”和“内涵”分开处理的同时，在坚守一个中国底线的前提下，为“一中内涵”预留协商的空间。笔者此前在不同场合多次提出，要打开两岸在一中问题上的死结，两岸首先要对“九二共识”中的“一个中国”内涵予以更为积极的界定，以建设性的态度积极面对这一问题，即，以“共识”而非“同意分歧”的方式来界定“一个中国”，实现“一个中国，共同表述”，或者“共同表述一个中国”，即“一中共表”、“一中同表”或“一中新表”。对此，两岸不少学者均赞同呼吁这一设想，尝试以新的表现形式明确“九二共识”内涵，是现有条件下两岸相对容易协商、相对容易接受的处理方式。

三是将实现“两岸同属一中”法律化作为确立两岸政治关系框架的基本内容。即，两岸政治谈判要及早在“大陆和台湾同属一个中国”问题上形成更为清晰和明确的共识，实现“两岸同属一中”法律化，为下一步的商谈奠定更为深厚的互信基础。这是因为，“九二共识”是两岸在缺乏政治互信情况下为解决事务性问题所达成的具有过渡性的政治安排，虽然它在此后的两岸关系发展中发挥了难以替代的重大积极作用，但由于“九二共识”表现形式本身的不足，使得两岸在一中问题上形成了逻辑怪圈，“一个中国”既是两岸的最大公约数也是最大的分歧点：一方面马英九强调“海峡双方的关系不是‘两个中国’，双方是一种特别的关系，并反对在国际上搞‘双重承认’”；[②]另一方面又称“对北京来说，‘一中’当然是指中华人民

① 范凌嘉：《回应胡六点，府强调“互不否认”》，台《联合报》2009 年 1 月 2 日。

② 同上。

共和国，对我们来说，‘一中’当然就是‘中华民国’，不可能有别的解释”。[①]鉴此，未来，两岸应在继续巩固“九二共识”这一政治互信基础的同时，要为彼此找到更多的、更清晰的共同政治语言，为推进两岸关系的可持续发展提供动力。“大陆和台湾同属一个中国”这一提法不仅符合两岸的历史与现实，也未违背台湾现行的法律文件，两岸应将这一表述白纸黑字地载入两岸所达成的声明、共识、协议等相关法律文件中，实现“两岸同属一中”法律化，为建构两岸政治关系框架以处理和解决两岸重大分歧奠定坚实的法理基础。

综上所述，随着马英九第二个任期以及后 ECFA 时期的到来，两岸关系和平发展也将迈入新的发展阶段，开启两岸政治对话商谈，推进两岸关系制度化发展，已成为两岸无法回避的重大现实问题。对此，两岸都应从战略和长远的高度，树立新的政治思维，特别是马英九方面，应放下包袱，以对历史和民族负责任的态度敢于作为，积极作为，把握好难得的历史机遇，共同开启两岸政治对话商谈的进程，迎接两岸政治谈判时代的到来。

（原载国防大学《国际战略形势与中国国家安全（2011-2012）》年度报告第 244—264 页，2012 年 3 月时事出版社出版）

① 马英九：台《中央日报》2006 年 5 月 9 日。

和平发展时期的两岸政治关系探析

彭维学

2008年5月以来，两岸政治关系进入“和平发展、柔性对抗”的新阶段，缓步推进，总体向好，但仍处于敌对状态与初级阶段，政治僵局仍未打破。当前，制约两岸关系的战略环境尚未根本改变，尤其是两岸政治互信和社会互信基础薄弱，两岸政治关系短期内难以实现重大突破。笔者拟从探讨两岸政治关系的发展现状、存在的问题及其制约因素着手，就推动两岸政治关系发展的策略与路径谈几点浅见，就教于各位大家。

一、两岸政治关系进展

中国共产党十八大报告确定了两岸关系和平发展时期的三大议题：“探讨国家尚未统一特殊情况下的两岸政治关系，作出合情合理安排”、“商谈建立两岸军事互信机制”、“协商签署两岸和平协议”。其中，“合情合理安排两岸政治关系”，无疑是三大议题的核心。和平发展时期的两岸政治关系，其主要内涵包括政治互信、政治合作、政治安排、政治定位四个基本面向。其中，政治互信是基础，贯穿于两岸政治关系的始终。政治定位是关键，涉及两岸所有重大政治议题。政治接触、互动与合作是重要纽带，可促进政治互信，同时为政治安排、处理政治定位创造条件。政治安排是核心，是两岸政治关系发展中的规划与部署，也是具体成果的体现。

与两蒋时期、李登辉执政后期、陈水扁时期两岸政治关系对抗、冲突、敌视、紧张的基调相比，马英九执政以来两岸政治关系总体缓和，对抗冲突程度明显减弱，政治互动面向不断扩大，合作程度不断加深。

(一)两岸维护一个中国框架的共同认知开始增进，政治互信不断增强

一是国共两党和两岸双方坚持“九二共识”、反对“台独”的共同基础更加巩固，维护一个中国框架的共同认知开始增进，在“两岸同胞同属中华民族”、共同振兴中华问题上的基本立场趋于一致。马英九强调：“两岸关系不是国与国关系，而是很特殊的关系”，“中国大陆是我们宪法上的国土”；[①]未来“不会推动‘两个中国’、‘一中一台’或‘台湾独立’”。[②]2012年3月，国民党荣誉主席吴伯雄与胡锦涛会面时，首度提出“一国两区”，强调“彼此都坚持一个中国”、“两岸同属一中”、“自己是台湾人，也是中国人”。2013年6月13日，吴伯雄会见习近平时表示，“两岸各自的法律、体制都实行一个中国原则，都用一个中国架构来定位两岸关系”。[③]这是经马英九明确授权后、国民党首次在一个中国框架问题上作出明确表述。2013年7月20日，马英九再次当选国民党主席后给习近平总书记回函时明确表示：“1992年，海峡两岸达成‘各自以口头声明方式表达坚持一个中国原则’的共识。”[④]这是马英九执政以来有关一个中国原则最为明确的表述。

二是大陆对台湾当局“正视现实”和“互不否认治权”的要求展现灵活性。大陆以“个案处理、权宜安排、注重需求、局部突破”为思路，灵活处理两岸实务部门公权力行使、台湾基层民事调解书司法认证、台湾以适当身份参与国际组织活动等问题。大陆在第五届海峡论坛上宣布：“最高人民法院将就认可和执行台湾地区乡镇市调解委员会出具的民事调解书作出司法解释。”[⑤]2013年10月6日，国台办主任张志军在印尼“习萧会”后与“陆委会主委”王郁琦“简短寒暄”时“互称官衔”，在承认台湾方面两岸事务主管部门职能与权力方面迈出了重要步骤。

三是两岸开始对对方的核心利益与重大关切互体互谅，展现善意。对于台湾当局“外交休兵”和“有意义参与国际组织活动”的主张，大陆释放善意，不仅低调处理与台“邦交国”关系，还认可、甚至善意安排台湾以适当身份参与一些重要国际组织的活动。马英九当局也对大陆打击“藏独”“疆独”分裂势力的政策行为展现善意，多次拒绝绿营邀请达赖、热比娅访台的要求。

---

① 《马：两岸不是国与国关系，是很特殊的关系》，香港中评社台北2013年6月12日电。

② 《马英九强调：不论岛内外都不会推动“两个中国”》，新华社2013年4月29日电。

③ 《吴伯雄提两岸关系发展七项主张》，香港中评社2013年6月14日电。

④ 《中共中央总书记习近平电贺马英九当选中国国民党主席马英九复电习近平表示感谢》，新华网2013年7月20日电。

⑤ 《海峡论坛惠台措施台湾如何接招》，台湾《工商时报》2013年6月20日。

（二）两岸政治互动与合作创新模式、提高层级、拓宽领域、成效明显

一是两岸高层互动频繁。胡锦涛于2008年4月、李克强于2012年4月，分别会见了以民间身份参加博鳌论坛的台湾候任“副总统”萧万长、吴敦义，开辟了两岸高层在大陆互动的新模式。借助一年一度的APEC峰会，胡锦涛自2008年11月以来，连续五年与马英九的代表、台湾前“副总统”连战会晤，开启了两岸高层以党职身份在国际场合互动的新模式。这些会晤对于两岸累积互信、解决台湾方面的紧迫性需求发挥了不可低估的作用。

二是两岸两会“准官方谈判”成效显著。两岸官员以顾问或专家身份开展两会业务商谈，两岸司法互助、海关合作协议及两会磋商互设综合性办事机构都涉及政治问题，推动两会协商进入“经中有政”阶段，“为两岸架接了从‘互不否认治权’，逐渐走向‘相互承认治权’的桥梁”。①

三是国共两党高层间接政治对话拉开序幕。自2005年4月“胡连会”以来，国共高层透过国共平台展开制度化交流，以“准战略对话”引领两岸政治关系。2012年10月，马首次以国民党主席身份电贺习近平当选总书记，开启国共领导人党对党互动新模式。2013年6月举行的“习吴会”揭开了两岸高层政治对话的序幕，提升了国共平台的功能与影响，勾勒出两岸关系迈向“深水区”发展的路线图。②另一方面，国共党际沟通平台——两岸经贸文化论坛自2006年建立以来，成功举办9届，形成了100多项共同建议。两党高层会晤机制、两党党际沟通平台，在促进两岸关系稳定发展、汇聚“反独促和”力量等方面发挥了重要作用。

四是两岸民间政治对话蓬勃展开。去年下半年以来，特别是今年以来，国共两党、两岸具有官方背景的智库、学术机构、民间团体，先后召开多场有一定规模的研讨会，形成讨论两岸政治性议题的积极氛围与上涨声势。尤其是2013年10月召开的首届两岸和平论坛，搭建了两岸民间政治对话的机制化平台，深入探讨了两岸政治关系、涉外事务、安全互信、和平架构等四大政治议题，营造了两岸红、蓝、绿学者开诚布公地进行政治对话的良好氛围，达成了诸多前瞻性的共同认知，受到海内外广泛好评。

五是两岸军事安全互信取得初步进展。两岸退役将领交流层级提高、密度加大、形式多样、议题广泛，两岸联合人道救援和海陆空联合搜救演练不断提升层级，两岸军事演习和军事宣传用语有所克制，一定程度上缓解了李登辉、陈水扁时

---

① 《准领事待遇，相互承认治权第一步》，台湾《联合报》2013年4月12日。

② 《朱卫东：国共确定“深水区”路线图》，香港大公网2013年6月14日。

期两岸剑拔弩张的局面。

（三）两岸在高层互动、涉外领域的非正式政治安排收到良好效果

政治安排是两岸基于政治现实、两岸民意和政治互信，出于两岸关系和平发展制度化、两岸合作双赢、携手振兴中华的政治目标，通过高层互动、默契配合、政治协商与谈判、签订协议等途径，就两岸政治关系走向、重大政治议题前景、双方在两岸政治结构中责任、权力、权利的确认等所进行的共同规划、妥善部署、具体安排或共同声明，具有长期性、制度性、稳定性特征。

随着两岸政治互信的增强，大陆应台湾方面要求，经与台湾方面沟通磋商，在逐步提升两岸政治互动层级、减少两岸涉外领域内耗、协助台湾参与国际区域经济整合等方面，释放善意，适度回应，妥善安排。

在两岸高层互动领域，大陆领导人会见以适当身份参加博鳌论坛的台湾候任“副总统”和卸任“副总统”，允许台湾参与APEC峰会的领袖代表由“部长级”提升到卸任“副总统级”，这在李登辉、陈水扁执政时期根本不可能达成。2013年10月国台办主任张志军与“陆委会主委”王郁琦在印尼“习萧会”后的“自然会面”，更是双方非正式安排的结果。

在涉外领域，2008年以来，台湾“邦交国”数目维持不变、以“观察员”身份参与世界卫生大会、以“贵宾”身份参加国际民航组织年会、同大陆签署ECFA后再与一些大陆方面建交的国家签订经济性协议，这些“涉外成果”与两岸相互谅解、尤其是大陆善意安排密不可分。

（四）两岸对政治定位的政策主张与实际作为善意调整、累积共识

所谓定位，即确认名分地位。两岸政治定位是指两岸双方在政治上界定己方及对方身份、地位、权利、责任，以及由此产生的对双方关系性质认定的政策宣示、法理规定或共同声明，涉及中国主权、治权、国际代表权等核心问题。从国际法理论、中华人民共和国宪法和国际政治现实而言，中华人民共和国对“中华民国”的继承是“政府继承”的完全形式，不存在“国家继承”的问题，台湾是一个“处于内战局面的既成事实的地方政府”；[①] 中华人民共和国是代表全中国的唯一合法政府，具有完整的国际法人资格，而“中华民国”欠缺国际法意义上的对内主权和对外主权。但从两岸政治关系60多年的演进和台湾“宪法增修条文”看，上述

① 林冈：《两岸在统一前的政治关系探析》，香港《中国评论》月刊5月号。

"政府继承"没有完全完成，"中华民国政府"在中华人民共和国成立后的一段时间内仍占有中国在联合国的代表席位，迄今仍"有效治理台湾"，并维持一定数量的"邦交国"。

鉴于两岸"法统"的较量、李登辉的"两国论"、陈水扁的"一边一国论"及"法理台独"主张，导致两岸政治关系长期激烈对抗，损害了中华民族整体利益，两岸双方自 2008 年 5 月以来大幅调整了有关政治定位的政策主张。大陆坚持"中华民国已经灭亡"、台湾当局不具备"国家主权"、在国际上无权代表中国等宪法精神和基本原则，但在两岸政治定位问题上展现了极大的弹性与善意。一是默认台湾当局为中国主权和领土范围内"非主权国家但高于特别行政区的境外政治实体"；[①] 二是默认台湾享有"不完整国际法主体"的权益，甚至开始协助台湾扩大"有意义的国际参与"；三是明确提出"两岸从各自现行规定出发"，"增进维护一个中国框架的共同认知"，在此基础上"双方可以求同存异，增强彼此的包容性"。[②] 马英九当局在坚持"中华民国宪法"、"宪法增修条文"、"中华民国是一个主权国家"的同时，也在两岸政治定位问题上展现了一定善意，创造了一定的模糊空间。一是承认一中原则与一中框架。吴伯雄表示，"两岸各自的法律、体制都实行一个中国原则，都用一个中国架构来定位两岸关系"。二是重申"两岸关系不是国与国关系或国际关系"，而是一种特殊关系。两岸应采取"互不承认主权，互不否认治权"的务实态度来定位两岸政治关系。三是明确表示"中华民国领土主权涵盖台湾与大陆，目前政府的统治权仅及于台澎金马"，[③]"政府不能否认大陆是一个统治当局"。[④]

两岸在探寻政治定位问题上展现善意、累积共识、增强互信，为两岸政治关系注入了新的正能量。一是从两岸现行法律、体制蕴涵的一个中国原则出发，以一中框架来定位两岸关系，实际是认同"两岸法理一中"，维护了中国主权的完整性。二是明确两岸不是国与国关系，不是国际关系，蕴涵两岸是"特殊国内关系"。三是在承认对方"治权"合法性方面迈出关键步骤。四是明确并认可一中框架在两岸政治定位中的核心地位与关键作用。事实上，随着一中框架共同认知的不断增进，台湾当局"治理台湾"的合法性不断提升，享受的和平红利不断增多，这为未来不断明确两岸政治定位提供了有益的启示。

---

① 此一概念吸纳了黄嘉树教授的创意。参见黄嘉树：《"未统一前两岸政治关系"剖析》，《台海研究》2013 年第 1 期，第 4 页。

② 《贾庆林在第八届两岸经贸文化论坛开幕式上的致辞》，新华社 2012 年 7 月 28 日电。

③ 《总统马英九就职演说全文》，台湾"中央社"2012 年 5 月 20 日电。

④ 《马总统：两岸谈判非"只经不政"》，台湾《联合报》2013 年 10 月 23 日。

从以上分析可以看出，马英九执政以来两岸政治关系处于1949年以来的历史最好时期，发展质量超过了上世纪90年代初“汪辜会谈”前后的水平。两岸政治关系所取得的进展，一定程度上增进了两岸政治互信和社会互信，深化了两岸关系和平发展格局，降低了两岸紧张对抗，遏制了“台独”扩张势头，为大陆维护和延长战略机遇期、为马当局和国民党创造两岸政绩、为台湾发展经济与扩大国际参与，创造了有利条件。

二、两岸政治关系存在的问题

应该理性地看到，当前两岸政治关系仍处于初级阶段和敌对状态，非官方性、非直接性特征明显，正常化、制度化、机制化、法制化水平较低。

（一）两岸政治关系的敌对性质没有根本改变

上个世纪中国内战遗留并延续的政治对立依然存在，两岸在政治、军事、涉外、意识形态、社会心态等领域的柔性对抗仍较严重，台军以大陆为“唯一假想敌”的军事战略没有改变。在较长时期内，两岸之间的柔性对抗不会完全消除，成为制约两岸政治关系进一步深化的重要障碍。

（二）两岸政治互信稳定性不高，制度化保障水平较低

一是“九二共识”、一中框架暂时搁置两岸主权争议，以战略模糊方式求同存异，但根本争议仍未解决。二是一中框架理论化、协议化、法制化程度低。尤其是台湾方面对于一中框架仅见诸口头表述，没有落实到政党政纲和相关法规之中，也没有得到岛内多数民众认同。在特定条件下，台湾方面所强调的“九二共识，一中各表”、“中华民国宪法下的一中架构”，异化成“两个中国”、“一中一台”的风险依然存在。更主要的是，一旦民进党上台执政，“九二共识”、一中框架有可能被推翻。三是一中框架的包容性有待持续扩张，有关“台湾治权”的表述无法满足台湾需求。四是两岸在“共同维护国家主权与领土完整”这一核心问题上没有形成共识。

（三）两岸政治交流合作正常化、制度化程度较低

一是两岸官方公开、直接的政治对话管道仍未开通，两岸政治僵局仍未打破。

二是两岸官方交流没有实现正常化、高层化、制度化、机制化。尤其是，两岸领导人建立热线电话、以适当身份会谈、公开互访等，迄未实现。三是两岸政党关系没有实现正常化，两岸党际交流间接、单向、不平衡特征明显。国、共即使实现了高层交流，但主要是国民党高层来大陆交流，现任政治局委员以上中共领导尚未赴台交流。民进党与共产党缺乏基本的政治互信，现阶段民、共不可能正式接触对话。

（四）两岸政治安排低档、低效徘徊，非正式性、权宜性特征明显

一是两岸政治安排的非正式性。两岸处理一些重大政治问题、重大利益关切没有进行正式的政治对话与协商谈判，主要依靠两岸互信、私下沟通，尤其是依靠大陆善意与让步，缺少制度化安排。二是两岸政治安排的个案性。有关两岸高层互动、台湾涉外关系的政治安排，只是个案处理、权宜安排，并不是整体规划、协议保障、通案解决的机制性安排。三是两岸政治安排的低敏感性与短期性。当前两岸政治安排的议题主要属于“政治浅水区”的低敏感度议题。由于马英九当局刻意冷却日益升温的两岸民间政治对话、以“全民共识”为由回避两岸官方政治对话，两岸军事互信机制、和平协议等前瞻性、高敏感性议题，短期内难以提上政治对话与政治安排的议事日程。

（五）两岸政治定位的根本分歧仍未解决

一是双方在“中国主权与国际法主体归属”问题上仍存在根本分歧。马当局刻意突出“一中内涵”差异，强调“一个中国就是中华民国”。二是两岸没有公开承认对方“宪政秩序”、“治权”、“政权”的合法性。三是两岸在政治关系走向上看法分歧。大陆以“国家尚未统一”的论述，坚持和平发展的“统一指向”，提出“在同心实现中华民族伟大复兴进程中完成祖国统一大业”。[①] 而马英九重申维持台海“不统、不独、不武”现状，宣称“统一没有时间表”。由于两岸政治定位分歧，国民党调整两岸政策倍感艰辛，“不仅必须因应对岸回避‘中华民国’的主权对立难题，还得防范绿营借‘修宪’将主权异化的企图”。[②]

两岸政治关系发展进程中存在的上述问题与不足，严重制约了两岸政治关系的进程、广度与深度，阻碍了两岸政治互信与社会互信的深入发展，限制了两岸经济社会文化领域的深度交流合作，削弱了两岸和平红利的扩散效应，极大地限缩了台

① 《胡锦涛十八大报告涉台部分》，香港中评社 2012 年 11 月 8 日电。
② 周志杰：《两个正视，化解两岸僵局》，台湾《旺报》2013 年 6 月 4 日。

湾国际参与的广度与深度。尤其是，两岸政治关系缺乏制度化、机制化、法制化保障，缺乏正式的、高层次的政治安排，不仅为美国等介入两岸关系、在两岸挑拨离间预留了较大空间，更主要的是给两岸和平发展留下了停滞不前、甚至紧张倒退的隐患与风险。

三、制约两岸政治关系的因素

当前，有利于深化两岸政治关系的积极因素不断增强，包括：大陆综合实力与影响岛内政局、两岸关系的实力持续增强，岛内支持两岸和平发展、开展民间政治对话、进行政治接触互动的民意基础持续增强，有利于两岸融合、不利于“台独”发展的势头持续增强，有利于两岸关系和平发展的外部因素持续增强。但应该理性地看到，这些积极因素尚不足以扫清两岸政治关系的结构性障碍。在较长时期内，制约两岸政治关系的战略环境与结构性障碍不会发生根本性变化。

（一）美国推行“以台制华”战略，强力干预两岸政治对话协商，给两岸政治关系发展增添了极大阻力

美国是影响台湾问题与两岸关系发展的重要外因，其唯一超级大国地位在未来20—30年内不会发生根本性变化。[①]美国将中国视为最大对手，将“以台制华”战略视为围堵、遏制中国崛起的重要战略之一。美国官方表面声称“欢迎两岸和平发展，期待两岸加强经济、政治及其他领域的对话与互动”，但实质上希望两岸处于“不统不独不战不和”、“可控制的不稳定状态”。美、日通过投资、产业链条及核心技术控制台湾经济，美国更在政治、安全、意识形态领域对台维持重要影响。当前及今后一个时期，美国加紧推进“亚洲再平衡”战略，将以强化美台经济关系、提升美台军事关系、支持台湾扩大国际参与、阻挠两岸政治对话、扶持民进党“台独”势力为杠杆，增强台湾对美依赖，阻止两岸关系“过快过热”，破坏两岸政治互信，影响两岸政治关系进程。即使两岸民间就某些敏感政治议题达成共识，美国也将阻止两岸官方政治谈判和两岸官方交流的重大突破，阻止两岸建立军事互信机制、签订和平协议。

---

① 王缉思：《20年内美国仍是唯一超级大国》，《环球时报》2011年8月2日。《切勿轻言轻信“美国衰落”》，香港中评社2011年7月8日电。

（二）两岸经济、社会、文化交流正常化、制度化、机制化水平和社会融合程度较低，突破两岸政治僵局的社会基础仍不坚实

过去五年是“两岸交流合作成果最丰硕、两岸民众得利最多、两岸内耗最少、两岸关系发展最迅速的时期”，[①] 但两岸各领域交流合作发展不平衡，制度化机制化程度不高。一是现有 19 个协议远不足以满足两岸大交流需要，协议落实成效也与预期效果有一定落差。二是两岸经济关系基础不牢，不对称性、不平衡性、非正常性特征仍较明显，两岸产业链、贸易链、价值链整合程度较低。三是两岸社会文教交流不够广泛、不够深入，两岸科技、法制、政治文化等其他领域的交流相当有限。四是民进党诬蔑两岸交流“财团化”、“国民党化”、“北部化”所产生的负面影响，导致两岸经济社会交流的政治外溢效果未能充分发挥。

（三）两岸社会互信严重不足，尤其是岛内多数民众对两岸政治谈判疑虑较重，突破两岸政治僵局的民意基础仍不雄厚

推进两岸政治问题的协商解决，取决于两岸执政当局的格局、立场与政策，更取决于两岸人民的认知、意志与诉求。短短五年两岸关系和平发展的正面影响，尚不足以弭平两岸政治体制、社会价值、生活方式上的差异，不足以扭转台湾民众“亲美媚日恐共”心态，不足以消除两岸民众在国家认同、台湾前途走向、两岸政治定位等重大问题上的歧见。多数岛内民众“中华民国情结”较浓，对“中华人民共和国代表全中国”、“大陆与台湾同属一个国家”的说法难以接受，[②] 对所谓“大陆打压台湾国际空间”、“大陆导弹威胁”强烈不满，害怕过早推动政治谈判会损害台湾主体性和自由民主价值。[③] 萧万长认为，两岸分治 60 多年，政治观点认知，尤其涉及一个中国部分，仍有相当大的分歧，短期内没有政治谈判的条件。[④]

（四）民进党“台独”势力诬蔑两岸政治谈判，严重阻碍两岸政治关系进程

从扩大“台独”社会基础出发，民进党长期阻挠两岸经济社会交流合作，强烈反对两岸政治往来，抹黑大陆“惠台让利”政策是“裹着糖衣的毒药”，诬蔑两岸

① 《张志军在十一届两岸关系研讨会上的讲话》，香港中评社 2013 年 3 月 22 日电。

② 《“中华民国就是台湾”，5 成民众认同》，台湾《中国时报》2011 年 10 月 14 日。《远见》杂志 2009 年 7 月公布的民调结果显示，82.8% 的台湾受访者认为“两岸目前是各自发展的国家”。

③ 《57.2% 民众支持两岸协商先经后政》，香港中评社 2012 年 12 月 15 日。

④ 《萧万长：现阶段没政治谈判条件》，台湾《联合晚报》2012 年 4 月 28 日。

政治对话是“统一谈判”、“和平协议是统一协议”。迫于“台独基本教派”强烈反弹及群众基础“独”性较强的政治现实，加之阻止国民党两岸政策优势不断扩大的策略考虑，2012 年“总统”选举失败后一度摆出大幅调整两岸政策姿态的民进党，仍坚持以“台湾前途决议文”为基调的两岸政策立场，极力阻挠两岸政治对话。苏贞昌声称：“台湾不能受制于中国设定的议程，要在中国的框架之外，主动提出以台湾为主体的议程。”① 蔡英文所属青壮派表示：“在大陆民主化前，台湾无法与大陆进行政治谈判。”② 未来几年，民进党除极力塑造民共对话假象、摆出与大陆交往姿态、展现“处理两岸关系能力”外，不可能放弃“台独”立场，不可能支持两岸在一中框架下发展政治关系。

（五）两岸在政治博弈过程中算计较多，尤其是台当局两岸政策具有较强的局限性、保守性与工具性，极大地制约了两岸政治关系的进程

近五年来，两岸执政当局尤其是大陆处理两岸问题的思路与方法，展现了振兴中华的高度、“两岸一家”的胸怀。但不容否认，因政治互信不足，两岸在推动政治关系过程中仍有不少政治算计的成分。台湾方面以两岸政治对话、和平协议，作为谋求大陆正视两岸“分治现状”、承认“中华民国治权”的筹码。

当前，马英九把巩固权力、深化改革和拼经济作为摆脱执政困境的优先选择，担心开启两岸政治对话会引起美国、民进党反弹，影响 2014 年“七合一”选举和 2016 年“总统”选举。同时，马寄望以“先经后政”、“政经分离”策略，通过在大陆与美国之间维持平衡关系，既得到更多两岸和平红利，又得到更多美国政治安全承诺，为巩固执政地位、为国民党 2016 年“大选”营造利多。

受上述因素制约，加之 2014 年、2016 年台湾选举期的到来，马当局的两岸政策难有大幅调整，两岸政治关系可能维持小步慢进的既有格局，通过政治对话来建立军事互信机制、签署和平协议，短期内仍有较大难度。

四、推进两岸政治关系的策略路径

鉴于“国家尚未统一”、两岸政治关系尚处于初级阶段、制约两岸关系的战略环境短期内难以根本改变的政治现实，我们应把握国际政治格局和两岸关系演进大

① 《苏贞昌：中国框架外提台湾主体议程》，台湾《联合报》2013 年 5 月 10 日。
② 《台学者：“可操作模式”为与陆互动重点》，《多维新闻》2013 年 4 月 26 日。

势，把握两岸关系和平发展主题和中华民族伟大复兴的战略高度，以“一中框架、统一指向、务实协商、权责结合”为原则，以“壮大综合实力、增进政治互信、巩固强化基础、深化互利融合、循序渐进推动、务实平等协商、加强理论创新、合情合理安排”为路径，合理规划推进两岸政治关系的路线图，不断推进两岸政治关系。

路线一：壮大自身综合实力，优化两岸关系战略环境，扭转岛内民众“亲美媚日恐共”心态

中美综合实力博弈，将在相当程度上决定两岸政治关系的进程与质量。一旦中美实力对比发生有利于我的质变，就能从根本上扭转制约两岸政治关系的战略环境。届时，“大陆强台湾弱”的趋势更为明显，大陆影响两岸关系、岛内政局的实力显著增强，处理两岸政治关系、推动理论创新将更加自信。美国对台政经影响明显下降，美国介入两岸关系的成本大幅增加，介入两岸关系的能量与意愿下降。台湾民众“亲美媚日恐共”心态将根本扭转，对大陆向心力明显提升，对两岸政治安排的要价趋于合理。民进党两岸政策立场将出现实质调整，民、共关系将出现重大突破，国、民、共三角关系将趋于稳定。

路线二：深化交流对话融合，累积推进两岸政治关系的经济、社会、文化、民意基础

两岸经济社会关系的全面、正常、深入发展，是两岸政治关系全面、稳定、可持续性推进的基础。两岸双方在较长一段时期内，仍应坚持一中框架，搁置争议，着眼于扩大交流合作、发展两岸经济、提升民众福祉、加强互利融合，着力加强两岸对话协商、经济整合、社会整合、文化整合、政党交流、共同机构建构、舆论宣传等七大基础工程建设，不断提升两岸交流合作的正常化、制度化、机制化、一体化水平，尤其是推升“大陆资金、机构、人员、信息入岛”质量，促进两岸加强利益联结、缩小社会差异、增进社会互信、培养价值认同，为推进两岸政治关系、开启两岸政治对话筑牢基础、创造条件。

路线三：妥善对待台湾民众在经济发展、传统安全与国际参与领域的重大关切，增强台湾民众对大陆的好感与信任

尽管两岸政治对话短期内难以开启，我们仍应更加自信、更加灵活、更有成效地处理好、维护好台湾同胞的重大关切与利益诉求。以“一中框架、有效惠民、个案处理、收放有度”为原则，持续推动、认真落实惠台让利政策，理性协助台湾参与区域经济整合，审慎处理台湾参与《联合国气候变化纲要公约》、国际民航组织活动等问题，条件成熟时单方面宣布逐步减少海西区的导弹部署，逐渐淡化台湾民众对大陆的恐惧与敌意，增强台湾同胞“两岸一家”、“两岸命运共同体”意识。

路线四：推动两岸政治互动与政治合作拓宽渠道、扩大领域、加强授权、提高层级，累积两岸共识与互信

两岸可继续强化以国共高层定期会谈、两岸经贸文化论坛为发动机，以两岸两会制度化协商为主体，以两岸高层会晤和官方智库“二轨对话”为辅助，以两岸和平论坛民间政治对话为导向的多元交流对话协商，深化两岸政治互动。一是搭建更多高层互动和对话平台，作出更多个案性的、功能性的安排。促使马当局在两岸政治互动中加强对台方人员授权，增强两岸高层互动的权威性。二是尽快促成两岸事务主管机关负责人互访，有选择性地放宽两岸低敏感度实务部门公权力行使的限制，提高两岸交流合作成效。三是在两会框架下，加大“经中带政”议题的比重，逐渐放宽两岸官员以职衔参加两会谈判的限制。四是建立两岸经济战略对话机制，以非政治领域的高层对话来推进两岸政治互动。五是以首届两岸和平论坛达成的十项共同认知为参考，推动两岸就低敏感度、有利维护两岸权益、惠及两岸经济民生的政治性议题展开交流合作。六是推动两岸民间政治对话加强理论创新，扩大议题范围，吸引更多具有官方背景的智库、机构与重要人物参加，吸纳更多具有代表性的绿营智库、机构与重要人士参与，形成更多操作性强的共识与成果，为破解政治难题、开启官方政治对话积累经验、累积互信、创造条件。

路线五：坚持一中框架、循序渐进、平等协商、务实安排的工作思路，渐进解决两岸政治难题与分歧

第一，循序渐进推动，切勿急躁冒进。破解两岸政治难题，除采取“先民后官”政治对话模式外，还可采取“梯级推动”与“化整为零”方式。即：按政治议题敏感度、紧迫度、双方意愿、成功可能性的高低，分阶段渐次推动；将军事互信机制、和平协议可能涉及的内容合理分割，分开对话，逐个形成共识，或签署协议，条件成熟时形成总协议。

第二，平等对话协商，切勿强人所难。不论是当前两岸两会协商、民间政治对话，还是未来两岸官方政治对话、谈判，都要本着平等尊重、坦诚沟通、互体互谅的原则，不搞单边主义，不强人所难，不强加于人。

第三，合情合理安排，切勿罔顾现实和情理。一是排除分裂。两岸政治对话不能造成事实上的“两个中国”、“一中一台”、“台独”或永远维持现状的恶果。二是舍得有度。古语云：“施人慎勿念，受施慎勿忘。”[①] 大陆要有舍、让的责任、诚意与魄力，最大限度地尊重并满足台湾同胞的重大关切、利益需求、体面尊严，台湾也应将心换心，展现智慧，适时适情适度回应大陆民意，不能长期“只经不政”、“只要不给”、“要多给少”。三是符合实际。两岸对话协商不能以大欺小，以势欺人，拒不让步；也不能罔顾现实，漫天要价，毫不妥协。两岸政治安排的结果，要基本符合两岸政治现实与国际政治现实。四是排除外力。两岸政治对话协商，两岸高层正式会晤，应具两岸特色，应在一中框架下进行，不应让第三方介入、仲裁、调停，不应挟外力谋取谈判筹码。

路线六：从两岸法律体制中不断为“一中框架”探寻更多联结点、增强更多包容性，并根据台湾对“两岸同属一中”清晰化程度，逐渐增加认可“台湾治权”清晰化程度，分阶段处理政治定位难题，谋求政治突破

中国“主权”归属争议（即“谁为中央政府”）以及治权统一的难题，不可能在和平发展阶段解决。传统的“法统之争”、西方的国家理论学说、分裂国家整合理论都无法解决两岸政治定位难题，两岸民众国家认同严重分歧使得这一难题的解决不可能一步到位。在和平发展阶段处理两岸政治定位难题，合理安排政治关系，必须坚持“一中框架、统一指向、理论创新、法制保障”，可与“两个一百年”发展目标及中华民族伟大复兴进程相衔接，把两岸和平发展划分为近程、中程、远程三个阶段，在“两岸同属一中”与“现实治权并立”之间取得平衡。根据台湾方面对“两岸同属一中”明确化、深入化、法制化程度，扩大台湾“治权”论述的弹性与空间，分层级分阶段处理“中华民国”名义下“宪法”、“宪政体制”、“治权”、“政府”等四个层次的问题，渐进处理两岸在主权、治权与代表权上的分歧，即：分阶段推进“一中框架清晰化、两岸定位明确化、两岸对话协商官方化高层化、两岸政治关系紧密化、台湾扩大国际参与增量化制度化”。

近程阶段（两岸各表一中，治权互不承认）：以“一国两治，各自法理”（“一个中国框架、两个治理当局、各自治理内部”）来定位两岸政治关系。两岸是“中

---

① 韩才主编：《增广贤文》，内蒙古少年儿童出版社 2006 年版，第 71 页。

国内战状态尚未完全结束情况下、两个综合实力和国际法地位极不对称的两个治理当局之间政治对立、和平发展的特殊国内关系”。两岸政治角色以适当身份、渠道、形式接触互动。两岸各自治理内部事务，深化两岸大交流大合作大繁荣大融合，增强两岸政治互信和社会互信。两岸“邦交国争夺战”暂时休兵，大陆以“一中框架、排除外力、个案处理、可控可逆”为原则，处理台湾参与国际组织活动、参与国际经济整合的急迫性需求。

中程阶段（两岸同属一中，治权互不否认）：以“一国两体，分工治理”（“一个中国框架，两个宪政实体，分工治理两岸”）来定位两岸政治关系。随着台湾方面在“两岸同属一中”问题上的表述更为明确，大陆逐渐认可台湾“宪政秩序”和“司法管辖权”，但不承认“中华民国政权”。第一步，两岸事务主管部门直接接触交流，互称官衔，实现互访制度化。第二步，两岸低敏感度公权力部门及其负责人公开正式直接接触交流，互称官衔，实现互访制度化；涉外、防务等敏感部门主管以适当身份制度化会面；第三步，两岸就低敏感度非政府组织的国际参与建立沟通机制，减少冲突与内耗。第四步，两岸举行政治对话、并就结束敌对状态达成共识后，大陆以“一中框架、符合章程、主动配合、个案处理”为原则，主动协助台湾在无须以主权国家身份参与的国际组织活动、加入区域经济合作组织等方面取得较大突破。

远程阶段（两岸共建一中，治权互相承认）：以“一国两府，共同治理”（“一个中国、两个政府、涉外互补、大陆主体、权责相符、共同治理”）来定位两岸政治关系。台湾方面将“两岸同属一中”明确化、深入化、法制化，承诺共同维护国家主权与领土完整，默认大陆国际法主体地位后，大陆明确承认“中华民国”是台湾地区合法政府及其“应享有的治权”，但不承认其主权属性。两岸官方通过对话协商谈判，签署和平协议或类似协议，合情合理安排国家尚未统一阶段的两岸政治关系及涉外关系，“共同追求绝不独立、绝不分离的终极统一之路”。① 两岸政治关系进入“主权共享、治权分享、国际代表权大陆独享、两岸涉外事务互补”、“两个政府共建一中、共同治理两岸事务、采取实质行动共同维护中国主权与领土完整”的阶段。第一步，两岸共组跨两岸共同治理机构，扩大两岸官方办事处职能，共同治理两岸事务，联手维护国家主权与领土完整。第二步，两岸最高行政主管部门负责人在两岸四地公开场合正式直接接触、交流、互访，形成制度化安排。第三步，

---

① 《后九二共识期，政治谈判逐渐浮台面》，台湾《联合报》2013 年 4 月 27 日。

在默认中华人民共和国在涉外领域代表全中国，确认台湾不能参加联合国、不能以正式会员身份加入联合国下属组织、不能参加以主权国家名义参与的国际组织这一前提下，台湾可以“中华台北”等适当名义参加绝大多数国际组织。双方维持原有对外关系不变。第四步，两岸领导人交流互访制度化。

两岸政治关系演进具有高度敏感性、阶段性、长期性、复杂性特征。未来海峡两岸要加强对两岸政治议题的民间政治对话与理论创新研究，不断完善“一中框架”内涵，不断增进“一中框架”共同认知与包容性，尤其是要以“两岸一家”的胸怀和中华民族复兴的高度，不断为两岸政治对话筑牢基础、营造氛围、创造条件、累积经验，务实推进两岸政治关系正常化、制度化、机制化。

（原载《台湾研究》2013年第2期）

论转型正义与两岸关系和平发展的深化

刘国奋

相较于民进党主政时期，2008 年以来两岸关系的确发生了重大转折。过去五年来两岸关系进展较快，但两岸关系和平发展如何巩固并深化却也遇到一定的瓶颈，这一状况的出现其实是两岸关系转型正义未能最终完成所致。两岸关系转型正义事关两岸关系和平发展的深化和有效、长效的两岸互动机制的建立，更涉及两岸民众切身利益与中华民族根本利益的维护。本文围绕两岸关系转型正义的内容、它的历史与现实和内部与外部的需求与压力、完成两岸关系转型正义对两岸三党的要求及其相关路径与方法等问题展开初步探讨。

一、两岸关系转型正义及其需求与压力

众所周知，1949 年以来两岸长期处于分离状态，由于冷战和隔绝等因素，两岸双方都有对对方不利的宣传。1979 年人大常委会发表《告台湾同胞书》呼吁两岸“三通”，两岸老死不相往来的局面有所打破，特别是 1987 年台湾开放民众赴大陆探亲政策，两岸经贸人员往来增多，两岸民众的相互了解逐渐增加。但遗憾的是，上世纪 90 年代后随着台湾民主化和“本土化”的推进，台湾越来越向“独立”的方向发展。尤其是在李登辉主政中后期和陈水扁主政时期所进行的全面的“去中国化”，及其对两岸关系作出的错误定位，即所谓的“两国论”和“一边一国论”，不仅给台湾民众的中国认同观造成极为负面的影响，而且也毒化了两岸关系。2008 年 5 月国民党在台湾重新执政后，回归“九二共识”、反对“台独”的政治立场，两岸关系得到一定程度的拨乱反正。本文将“两岸关系拨乱反正”称为“两岸关系转型正义”，并就此问题展开进一步的探讨。

在两岸的共同努力下，五年多来两岸关系和平发展已进入到“深水区”。然而，我们也注意到，两岸关系和平发展至今，两岸的政治僵局仍未破解，两岸的经济互利失衡，两岸政治经济发展不平衡，两岸交流交往不够全面深入，所有这一切其实与两岸关系转型正义未实现有关。所谓“两岸关系转型正义”，大致有三个方面的内容：1. 政治上，两岸互不敌对；2. 经济上，两岸互利互惠；3. 目标上，要有共同的处理两岸关系发展的长远目标追求。时至今日，两岸在这些问题上还存在较大的矛盾与分歧，表明两岸关系转型正义远未实现。两岸关系转型正义的实现需要两岸官方和两岸社会各界共同努力，探讨两岸关系转型中存在的问题及原因，寻找消除存在的问题的方法与路径，共同倡导两岸关系转型正义以推动两岸关系和平发展的深化。

（一）两岸关系转型正义的历史与现实需求

谈到两岸关系转型正义的历史需求，我们不免会想到先人们对中国前途与命运的担忧和期待，有人可能会以“老生常谈”作评论，但事实是，大陆领导人和广大民众追求两岸统一的确是出于对国家和民族的历史责任感。这一祖国统一的目标其实与孙中山的三民主义统一中国有共通之处。然而，至今两岸一定程度上仍处于猜忌、敌对甚至仇视的状态，这不利于两岸关系和平发展进程的推进，更不利于两岸民众的整体利益和中华民族的根本利益的维护。中华民族一百多年被欺负的历史激发了中国人民国家强盛、民族复兴的梦想，历史重任已经摆在两岸中国人民的面前。两岸人民分离了 60 多年，又饱受外力的干扰，两岸合则利于两岸，分则损于两岸。

从现实需求上讲，现今两岸关系和平发展的局面来之不易，而两岸关系转型正义的实现是深化两岸关系和平发展的需要，要使已进入深水区的两岸关系和平发展行稳致远，必须从政治、经济、文化、社会等方面加以综合考虑与推进。两岸关系和平发展到今天，两岸政治性分歧问题难以回避，如果两岸关系转型正义不能实现，两岸就不能很有效地触碰到双方所面临的政治性问题，更遑论问题的解决。

（二）两岸关系转型正义的内外动力与压力

首先，两岸关系转型正义的完成具有内在的动力与压力。五年多来，两岸民众在交流交往中获益较多，台湾民众支持两岸关系和平发展的比例也在增加，有进一步扩大和深化两岸关系和平发展的需求。但另一方面，台湾民众对两岸关系也存在各种矛盾心理，如：既“承认自己对大陆的了解很不够”，但又“对大陆没有兴趣”；既“承认大陆对台湾的发展很重要”，同时又“对大陆的影响力很担心”；既希望在两岸交流交往中获利，又担心过度依赖大陆；等等。[①]台湾民众诸如此类的矛盾心理表明，两岸关系转型正义必须提到目前的两岸议事日程上。

其次，两岸关系转型正义的实现具有外在的压力。近两年来，美国的全球战略出现新的调整，试图通过“重返亚洲”，构建以美国为主导的亚太权力结构。为此，美国从政治、经济、军事等方面在亚太地区展开新的部署。在策略手法上，美国采取了冷战时期老一套的分化、对抗策略，如：在钓鱼岛争端问题上若明若暗地支持日本，加大了中日在钓鱼岛问题上的纷争；在南海问题上煽风点火，扩大东南亚国家和中国大陆之间的矛盾斗争。这些不仅给亚洲地区的发展带来变数，也给两岸关系带来某些不利影响。事实表明，无论在钓鱼岛问题上，还是在南海问题上，两岸都面临共同合作、维护国家主权领土完整的外部压力。然而遗憾的是，由于马英九当局对大陆方面的不信任，两岸在前述问题上不能展开有效合作，反而让外人渔翁得利，使两岸共同利益受损。由此我们也必须认识到，两岸极需要通过实现两岸关系转型正义达到共同合作维护中国的主权与领土完整的目的。

二、两岸关系转型正义对两岸三党的要求

两岸关系转型正义涉及两岸民众对彼此的看法与情感，但两岸关系转型正义的实现更与两岸三个主要政党的立场态度有关。从两岸民众整体利益和中华民族根本利益考虑，实现两岸关系转型正义是两岸三个主要政党义不容辞的责任。

（一）两岸关系转型正义对中国共产党的要求

过去五年多来，支持两岸关系和平发展的台湾民众逐渐增多，但这并没有使台湾民众产生自己是“中国人”的身份认同，相反，认为自己是“台湾人”的身份认同得到了某种程度的强化，据台湾相关民调显示，马英九执政五年的“台湾人认同”指数增加比陈水扁时期要快得多。[②]在台湾，主张“台独”者无罪，提倡统一者却难被容忍，例如花莲县政府民政处长周杰民2013年6月间因说了“两岸统一

① 《两岸关系7个社会心理矛盾》，台湾《中央日报网路报》2013年8月8日，http://www.cdnews.com.tw，2013-08-08。

② 《童振源对卜睿哲专书〈未知的海峡〉的评论》，台湾《中央日报网路报》，http://www.cdnews.com.tw，2013-04-10。

是必然的”的话语而丢了官职，县长傅崐萁还向县议会及大众“致歉”。[①] 台湾这样的情况，对于主张两岸统一的中国共产党不能不说是一大挑战。对此，中国共产党不能气馁，必须做到：一要继续坚定不移地追求两岸统一的目标，不让“台独”分子有任何幻想；二要有更大的耐心，相信时间在大陆这一边、在中华民族整体利益这一边；三要有灵活务实的对台政策策略，作好统筹安排。

中共第五代领导人习近平提出中国梦，其反映在对台政策的目标上是追求两岸的统一，两岸如果不统一，中国梦就不能完整实现。中共对两岸统一的目标方向明确，但手段要灵活，措施要务实。由于大陆日益强大，台湾民众总有忌惮心理，因此，在当前对台工作方面，中共要放下身段，多倾听台湾民众的声音，对其合情合理合法的要求要照顾到。在高举祖国统一大旗、牢牢把握两岸关系发展方向的同时，要广开言路，脚踏实地，持续推动两岸政治、经济、文化和社会等方面的交流交往，积极主导并促使两岸关系转型正义早日实现。

（二）两岸关系转型正义对中国国民党的要求

国民党要坚持“九二共识”和“两岸同属一中”的政治立场，担负起促进中国统一的历史责任。很遗憾，国民党在台湾民主化和“本土化”过程中已经失去了统一中国的目标。马英九的“不统、不独、不武”的政策有助于改善因陈水扁主政而恶化了的两岸关系，它在短期内有利于两岸关系的改善与稳定，但从长期看不利于两岸关系和平发展的扩大与深化，反而在某种程度上成为两岸关系和平发展深化的阻力。国民党支持台湾民主化值得肯定，但不能没有正确的方向，更不能被“台独”分子牵着鼻子走。为了实现两岸关系转型正义，国民党要有更积极的作为，作出自己应有的贡献。

国民党要坚持以两岸的中华民族利益为先，不能仅看美国的眼色行事。马英九的“不统、不独、不武”政策也符合美国对两岸的政策要求。国民党必须考虑清楚：在中华民族利益和美国利益之间孰轻孰重、孰先孰后？我们时常会发现这么一个怪现象，台湾在大陆利益和美国利益之间作选择时往往会选择后者，而忘记了在中华民族整体利益问题上自己的利益其实与大陆的利益是一致的、是捆绑在一起的，这在钓鱼岛问题和南海问题上就表现得十分明显。例如 2013 年 5 月台湾举行“政经兵棋推演”，模拟大陆为争夺钓鱼岛主权和日本开战的紧急状况，马英九所率

---

① 《统一论掀波花县民政处长下台》，台湾《中时电子报》2013 年 6 月 29 日。

的当局23部门因被美、日要求选边站，最后竟然加入美日联盟而对抗中国大陆和俄国。这种情况，似乎比民进党执政时的“兵推”更为荒腔走板，不能不令人担忧。因此，面对台湾这样的现况，国民党应有更广的胸襟、更远的眼光来推动两岸关系和平发展，绝不能因一党或台湾一隅之利而牺牲中华民族的全局利益。

（三）两岸关系转型正义对台湾民进党的要求

从目前两岸关系和平发展情况看，做一个理性、负责任的政党对民进党十分重要。

理性的政党不会一味地为反对而反对。民进党自成立迄今，反对党的角色扮演得过头，采取“凡之国民党赞成的民进党就反对、凡之国民党反对的民进党就赞成”的非理性做法，如既反对“九二共识”，称其为“国共共识”而非“台湾共识”，也反对扩大两岸交流交往，称大陆“有政治目的”、台湾会被大陆“套牢”，等等。某些民进党人士虽同意与大陆交往，但其目的还是想利用“和中国发展全面性的特殊关系，积极壮大自己”，进而“降低对中国的依赖”。[①] 这种非理性的反对立场会让民进党自己付出代价，最终因其与台湾民众的需求不符和与两岸关系和平发展脱节而不可避免地“被边缘化”。

负责任的政党并不会将民主诉求与国家分裂混为一谈。民进党在成立之时主张所谓“住民自决”，到后来推出“台独党纲”、“台湾前途决议文”，伴随着民进党在台湾推动民主化，其“台独”主张由隐讳越来越走向显性。直至民进党上台，陈水扁于2002年8月初抛出所谓“一边一国论”，民进党从李登辉手中接过“台湾主体意识”的接力棒，试图在“台湾民主化与本土化”的幌子下以“公投制宪”等方式，行“台湾独立”之实。这种企图以“民主方式”达到分裂中国的目的的做法不是一个负责任的政党该有的行为。

民进党必须从自己的小算盘中走出来，抛弃“台独”诉求，站高望远，做一个对中华民族历史负责的政党。民进党必须首先实现自身的政治转型，这是两岸关系转型正义中非常关键的一环。如果民进党够觉悟，则可以选择“主动转型”，即放弃“台独”幻想，承认“九二共识”，在此基础上与大陆建立起“两岸同属一中”的共识；积极支持并参与两岸各界、各领域的交流交往活动，而不是动辄给对方抹黑，拖两岸关系发展的后腿。倘若民进党不能实现“主动转型”，则两岸关系转型

---

① 《台北、金门和北京学者座谈：两岸的挑战》，香港《中国评论》2013年6月8日，http://www.chinareviewnews.com，2013-06-08。

正义实现的时日就会被拖长，如果这种情况出现，则只有等待两岸民众给予压力，倒逼其转型。不过这种“被动转型”将会使民进党的发展受到影响，其执政的可能性降低。

民进党必须尽早认清两岸关系和平发展大势，认识到“台独”目标不切实际，与大陆对抗不利于民进党，也不利于台湾发展。民进党必须承认“九二共识”和“两岸同属一中”，融入到中华民族复兴的潮流中才是其真正的出路所在。

三、实现转型正义、深化两岸关系和平发展的路径与方法

从现阶段情况看，实现两岸关系转型正义是深化两岸关系和平发展必不可少的一环，两岸关系转型正义不落实，两岸关系和平发展就难以得到深化与扩大。笔者以为，两岸关系转型正义的实现可以从以下四个方面着手进行。

（一）树立“两岸同属一中”的观念，开启解决两岸根本分歧的大门

一个中国问题是两岸绕不开的根本问题，目前两岸关系所有问题的症结都根源于此。在一个中国问题上，大陆方面已一再作出了调整，如从“老三段论”到“新三段论”，从“一个中国原则”到“一个中国框架”，再到“两岸同属一中”。目前对一个中国问题的主要纠结在台湾方面，为解决这一问题，台湾必须从以下三方面进行拨乱反正：

一是停止以“民粹式”地宣传“台湾为主”、“台湾优先”论，以事实为基础建构合则两利、互惠互利的思维方式。在两岸关系中，片面提倡以一方“优先”、“为主”的想法，都是不考虑对方的感受与利益的做法。因此，这种“民粹式”的“台湾为主”、“台湾优先”的论调应停止使用，对有关思维进行拨乱反正式的清理，对于两岸关系转型正义的实现十分关键。

二是停止以对抗大陆为目的的所谓“台湾主体性”、“台湾主体意识”的主张，以避免继续误导台湾民众。“主体性”、“主体意识”是相对模糊的概念，但在反共、“反中”思想意识浓厚的台湾社会氛围中，“台湾主体意识”易被用来作为与大陆对抗的思想武器，也极易被“台独”人士利用作为“台独意识”的引火线。民进党主政时期，“台湾主体性”、“台湾主体意识”被搬上台面，为其推行“台独”路线作舆论宣传和思想准备。因此，所谓“台湾主体性”、“台湾主体意识”等用语的继续使用只能误导台湾民众，不利于两岸关系转型正义的实现。

三是停止对台湾青少年“去中国化”的教育。马英九上台后，中止了陈水扁时期实行的一些“去中国化”的政策措施，但该问题还未得到根本性解决，特别是在台湾的中小学教育上，是到了真正彻底地拨乱反正的时候了。台湾应停止向青少年进行包含“去中国化”内容的教育，增强台湾青少年的正确的中国历史观和中国意识，让台湾青少年树立起中国认同观、为中华民族复兴而奋斗的理念与目标。

（二）消除两岸敌对心理、建立相互尊重与互利互惠的新型两岸关系

一是停止敌对，相互尊重。由于两岸敌对状态未结束，两岸相互猜忌心仍较重，台湾方面尤为如此。以两岸经贸往来为例，2013 年 6 月两岸达成服务贸易协议，尽管该协议大陆让步较多，但岛内仍然有很大的反对声音。这种状况的发生，与台湾相关部门事先工作做得不到位有关，更与民进党和“台独”人士利用台湾社会对大陆的敌对与猜忌心有关。

二是互惠互利，利益共享。自称“民主社会”的台湾，不该有只为台湾自身获利而不顾大陆方面的利益的做法，尤其不该在大陆让利后还一再宣称大陆让利“有政治目的”、“别有用心”。[①] 这种说辞不是追求“民主政治”与“自由经济”的台湾所该有的，然而这些年来这样的说辞在台湾不断地被重复着，并使一些善良的台湾民众对大陆产生反感，进而排拒两岸交流交往，更排斥两岸统一。为此，两岸要建立互惠互利的常态经济关系，而不是大陆单方让利，更不是大陆让利后反遭羞辱。

三是荣辱与共，维护主权领土完整。当前，在钓鱼岛问题和南海问题上，两岸应有共同的合作目标。如前文所述，两岸应以中华民族整体利益为重，采取必要的合作措施，共同维护中国的主权与领土完整。以此类推，即两岸的统一也是对中华民族整体利益的维护，两岸加强合作，荣辱与共，必将使两岸民众的现实利益和中华民族的整体利益得到维护和加强。

（三）相互磨合与妥协，实施“分阶段走”的方案

两者关系的和谐本身就是磨合与妥协的结果，两岸关系也不例外。两岸关系纷繁复杂，历史与现实、内部与外部等因素相互交织，两岸双方必须要作出相互妥协与让步。过去 30 多年来，大陆的对台政策不断进行调整，作出了一些妥协与让步，并有了较为明确的“分阶段走”的战略。在上世纪 90 年代以前，大陆方面对台湾

---

① 《陈唐山：中国让利充满政治目的》，台湾《自由时报》2013 年 8 月 5 日。

问题的解决没有“分阶段走”的概念，不管是先前的“武力解放台湾”，还是后来的“和平解决台湾问题”都是以“立即统一”为导向的。然而自90年代后期以来，大陆方面鉴于台湾内部政治发展变化，在台湾问题的解决上出现“分阶段走”的思路。而且这一思路越来越清晰，到2012年11月胡锦涛总书记在中共十八大作政治报告时就明确表示：“希望双方共同努力，探讨国家尚未统一特殊情况下的两岸政治关系，作出合情合理安排。”因此，可以说大陆已将两岸关系分为统一前与统一后两个时期，目前两岸最为重要的事是，确立统一前两岸应做的事项。

然而，台湾方面对于两岸关系的重要性却认识不足。其执政党——国民党对解决两岸关系的根本分歧问题仍持消极、回避态度，对两岸关系和平发展进程不能起到积极的主导作用。其主要反对党——民进党对两岸关系的主张仍停留在不合时宜的“台独”立场上，而看不到两岸关系和平发展的大势，如此下去这个政党在两岸关系和平发展中只能“被边缘化”。不过我们也注意到，近期来民进党召开“华山会议”对大陆政策进行讨论，虽然“台独”立场仍是民进党“华山会议”的主调，但还是有人建议民进党的大陆政策不妨“向国民党靠拢”，国、民两党“来比内政争取民心”。[①]这种与国民党就岛内政策问题展开竞争、而不是以“台独”与其作区隔的声音虽弱，却也表现出民进党内有识之士的理性务实的态度。如果民进党能在大陆政策上作出理性选择，则两岸关系转型正义的实现就会加快，不但民进党的前途光明，而且更重要的是两岸关系和平发展能有一个“历史性转折”。

鉴于两岸关系的处理需要妥协与让步，两岸必须寻找最大的公约数。目前两岸最大的公约数就是“九二共识”，中共已将“九二共识”写进其十八大报告中，而台湾方面，民进党至今仍否认“九二共识”的存在，对两岸关系和平发展进程的推进很不利。如果民进党能承认“九二共识”，两岸双方确立“两岸同属一中”的共识就不会很难。从两岸关系和平发展现况看，目前两岸关系中重要的是确立“两岸同属一中”的共识，在此基础上两岸可就统一前的相关问题进行讨论、安排，如两岸结束敌对状态、建立两岸军事安全互信机制、签订两岸和平协定、两岸政治关系定位、台湾参与涉外活动、两岸共同维护领土主权完整的相关事务协作等等，如此，两岸关系和平发展面临的政治僵局就能突破。

① 《遥指2016政治调色盘悄然变化》，台湾《中时电子报》2013年7月12日。

（四）以官方为主导，全面、深入地展开两岸有序交流

在两岸交流交往中突出官方主导作用。在两岸关系和平发展的推进过程中，两岸官方的主导作用极为重要。检视自1979年以来两岸交流交往的每一个阶段，官方的作用从正反两个方面影响着两岸关系的发展进程。自人大常委会发表《告台湾同胞书》到2008年初，两岸的交流交往大多以民间跨出步伐为先，这种情况在台湾尤其明显。2008年5月国民党在台湾重新执政以来，马英九当局对两岸交流交往虽采取相对积极开放的政策措施，但受制于岛内政治环境因素，仍坚持所谓的“先民后官”立场，致使两岸交流交往除经贸外的其他方面还不够全面、深入。两岸关系发展到今天，两岸官方的主导作用应被突出出来，两岸官方应联手合作主导两岸交流交往，乃至两岸政治对话或谈判。两岸官方要对相关活动进行统筹规划，不仅使其有节奏、分阶段推进，还应使两岸交流交往活动细化，以分清主次，理出重点，攻克难点。

广泛吸引两岸各界人士参与交流交往活动，增强两岸民众的情感和扩大两岸利益的交汇面。扩大和深化两岸关系和平发展有赖于两岸民众的共同参与，两岸民众共同参与的内容和方式应是多种多样的。可以广泛吸纳各界人士共议两岸共同关心的问题，让问题的讨论更加深入、有针对性；可以共组公益社团组织，通过共同参与相关活动，增加双方的兴趣与情感交汇点；可以实行两岸人员自由流动，除经商、旅游外，还可适度向对方放宽求学、就业限制，做到利益共享；等等。总之，共同推进两岸各界、各领域的交流交往，可以使两岸民众参与到共创两岸记忆、共写两岸发展史的活动中，从而起到增进情感和扩大利益交汇面的作用。

四、结语

由于李登辉和陈水扁时期的全面“去中国化”，两蒋时期的反共宣传教育被转化为反大陆和反中国的教育，尤其是“两国论”与“一边一国”的思想意识灌输，这种错误的两岸关系定位对给台湾民众的中国认同造成极为负面的影响。而大陆在改革开放政策下经济发展迅速，用30余年的时间走过了西方发达国家100多年才走完的经济发展之路，在经济发展的同时，大陆政治经济、社会文化等各种矛盾交织。加之，西方思想价值观在台湾盛行，实行社会主义制度的大陆不被台湾民众所看好与接受。种种原因，使得台湾民众对大陆和两岸关系有不少误判和不合适的看法。

过去五年来，马英九当局对两岸关系转型正义的作为有限，至今仍将两岸交流交往局限于经贸文化层面上，并将解决两岸根本问题的政治对话或谈判推给了民间；民进党与“台独”人士对两岸关系继续抹黑、歪曲，并不时地掩马英九当局和国民党大陆政策的后腿，使得马英九当局和国民党对两岸政治僵局的打破没有更大的勇气。所有这一切都加大了两岸关系转型正义实现的难度。

但是我们也看到，经过五年多的和平发展，两岸关系转型正义的实现面临一个机遇与挑战并存的关键时刻。两岸关系转型正义的实现有赖于共产党对两岸和平统一问题解决的坚持不懈的努力，有赖于国民党对中华民族前途责任的历史担当，有赖于民进党的大陆政策的实质转型，同时也有赖于两岸官方和广大民众的共同努力。我们有理由相信，有两岸人民的智慧和勇气及两岸共同不懈的努力，定能早日实现两岸关系的转型正义，并使两岸关系和平发展进程持续进行下去，直至两岸和平统一的目标的达成。

（原载《台湾研究》2013 年第 4 期）

台湾当局全面修正“两岸人民关系条例”刍议

刘世洋

“台湾地区与大陆地区人民关系条例”（简称“两岸人民关系条例”，下称“条例”）是台湾当局规范两岸人民往来并处理因此衍生的法律纠纷与事务的“母法”，施行20多年来虽对两岸交流合作产生了积极的影响，但也因其立法精神先天就有被动性、保守性等局限性，加上政党轮替和争斗等因素，在既往和现今都曾或仍为两岸交流交往设置了诸多障碍。2008年两岸关系迈入和平发展阶段，两岸交流交往进入全面深入发展的新时代，“条例”内容已越来越不合时宜，全面检讨并修正“条例”过时的规定已成为岛内各界的热切期盼。顺应两岸关系深入发展的客观形势和民意的呼声，马英九当局连任后多次宣布将通盘检讨修正“条例”作为第二任重大施政规划，台当局全面修正“条例”已摆上议事日程。如何修正、从什么方向修正、修正的重点和前景如何，逐渐成为各界关注的焦点，本文试就这些问题作初步探讨。

一、“条例”历次修正情况

为因应1987年11月开放民众赴大陆探亲后两岸民间交流新形势，台湾当局于1989年2月提出“条例”草案，历经“立法院”4个会期18次会议长达3年的审议，特别是在1991年4月台“国民大会”临时会议通过“宪法”增修条文第11条后，最终于1992年7月三读通过，自同年9月起施行。“条例”涵盖总则、行政、民事、刑事、罚则、附则6章96条，是台当局处理两岸关系的基本法，在“六法全书”中位列最高阶的“宪法及其关系法规”类，制定之初因受“不接触、不谈判、不妥协”立场影响而包含大量禁限性条款，20多年来在两岸交流不断深化的历史潮流和两岸民意推动下已经历 14 次大修小补，可谓“修正是常态、不修是例外”。

（一）李登辉时期

“条例”施行初期，台商赴大陆投资发展迅猛，两岸婚姻、遗产继承、渔事纠纷问题突出，海协海基两会事务性商谈如火如荼展开，但随着李登辉分裂路线的逐渐暴露，和“戒急用忍”政策的推行，这一时期“条例”的 5 次修正虽在一定程度上考虑到两岸关系快速发展衍生各种事务纠纷的新形势，但更多的是配合当局大陆政策基调而收紧两岸经济合作和人员往来。1993 年 2 月公布的第 18 条修正条文，增订 1992 年前结婚的大陆配偶不适用原有强制出境条款，以体现信赖保护和法不溯既往原则。1994 年 9 月公布的第 66 条修正条文，将大陆人民在台继承遗产的表示期间由 2 年延长为 3 年，1995 年 7 月再度修正延长为 4 年，以维护大陆继承人权益。1996 年 7 月公布的第 68 条修正条文，就未能在第 66 条规定的 4 年期限内申请继承的“荣民”遗产设立“荣民荣眷”基金会，以方便大陆合法继承人日后领取遗产，并以孳息用于“荣民”急难救助及清贫“荣民”子女教育补助。1997 年 5 月公布了 25 条修正条文，包括增订第 26 条之 1、28 条之 1、67 条之 1、75 条之 1、95 条之 1，及修正第 5、10、11、15 至 18、20、27、32、35、67、74、79、80、83、85、86、88、96 条，是截至当时最大的一次修正，最终加强了对海基会与大陆订定协议的监督，微调大陆配偶权益、严厉打击非法入台行为并适当照顾被强制出境人员的权益，适当调整违法到大陆投资及两岸贸易的罚则，以大陆认可台湾民事判决为前提增订认可大陆民事判决，并对“荣民”回大陆定居及军公教大陆遗族的抚恤金和大陆人民在台继承不动产条文作适当调整。

（二）陈水扁时期

在岛内民意要求“三通”、扩大两岸交流的强大压力及国民党、亲民党在“立法院”合作联手主导和推动下，台湾当局对“条例”进行了大幅检讨修正。2000 年 12 月公布的第 2、16、21 条修正条文，删除了“在大陆居住 4 年的台湾居民为大陆人民”的规定，增订大陆人民得申请来台从事商务或观光活动，增订大陆人民在台担任教职或科研人员不受设籍 10 年限制。2002 年 4 月公布的第 24、35、69 条修正条文，将经第三地赴大陆投资的收入所得纳入纳税抵扣数额，延长台商补充申请赴大陆投资许可的时限，有条件开放陆资赴台投资不动产。2003 年 10 月公布的96条修正全文中，共增订37条、修正55条，是“公布施行以来最大幅度的修法工程”，[①] 修正要点包括：在两会商谈方面，增设“复委托”机制、全面强化协议监督；在民间交流方面，贯彻“积极开放，有效管理”政策，全面调整“三通”及陆资入岛等规定，放宽台湾人民赴大陆限制，完善大陆人民在台停留、居留、定居制度，特别是建立陆配入境面谈制，对台商学校、招生中介、校际合作等既成事实予以追认。2006年7月又公布第9条修正条文，将低阶未涉安全机密的公务人员及警察赴大陆由许可制改为申报制。但因陈水扁当局顽固坚持“台独”立场，拒不承认“九二共识”，导致两会商谈难以恢复，两岸直航及陆资陆客入岛等议题实际上并未落实。陈水扁当局拟将“条例”有关两岸“一国两区”定位修正为“一边一国”关系的企图，也因受制于“朝小野大”局面而未能得逞。

（三）马英九时期

2008年5月国民党重新执政后，两会立即恢复了中断近9年的商谈，并在短短4年多时间里陆续签署18项协议，实现大陆民众赴台旅游、直接双向“三通”和陆资入台，“条例”已有的相关规定始真正实施。马英九上台以来对“条例”修正的重点主要体现在两岸两会协议的落实、促进扩大两岸交流及人权保障方面。2008年6月公布的第38、92条修正条文，增订“大陆地区发行之币券，在台湾地区之管理及货币清算，由中央银行会同行政院金融监督管理委员会订定办法”，为人民币在岛内兑换及管理赋予了法源。2009年7月公布的第12、17至18、57、67条修正条文，放宽了大陆民众申请在台依亲居留及定居、大陆配偶及长期居留者在岛内继承遗产的限制，删除了大陆劳工遭遇事故后其眷属不得请领保险给付、依亲居留的大陆民众在台工作须“向主管机关申请许可”等规定，增订了将大陆民众强制出境前“得召开审查会并给予当事人陈述意见之机会”等条文。2010年6月公布的第29条之1修正条文，增订两岸海空运业者参与两岸运输时取自对岸的收入得“于互惠原则下，相互减免应纳之营业税及所得税”，为解决两岸海空运业者双重课税问题赋予了法源。2010年9月公布的第22、22条之1修正条文，明订“在大陆地区接受教育之学历，除属医疗法所称医事人员相关之高等学校学历外，得予采认”，“大陆地区人民经许可得来台就学”，标志着台当局正式承认大陆学历并开放陆生赴台就学。2011年12月公布的第80条之1修正条文，增订大陆船舶违反

① 《两岸条例三读通过两岸协商可委托民间》，台湾《联合报》2003年10月10日。

规定被扣留者“得处该船舶所有人、营运人或船长、驾驶人新台币一百万元以上一千万以下罚锾”，加强了对大陆船舶违法进入及越界捕鱼的处罚。

总的来看，“条例”虽为保障两岸交流秩序发挥了积极作用，但因历次调整均呈现“开放没到位、限制不放松、缺乏前瞻性”的特征，[①] 实务上已远难适应两岸关系和平发展新形势及两岸大交流、大合作、大发展新局面。也因此，大陆方面多次呼吁“台湾方面确实有必要与时俱进，尽早修改不合时宜的政策规定”，[②] 台“陆委会”1 月 3 日公布的民调也显示，72.4% 的民众支持马当局全面检讨并修正“条例”，以符合民众实际需求；67.5% 赞成分阶段修改“条例”，落实移居来台的大陆民众人权及平等权。[③] 这显示马当局通盘检讨修正“条例”的时机已经成熟。

二、马当局全面修正“条例”的重点及可能方向

马英九在 2011 年 10 月为竞选连任抛出的“黄金十年愿景”中主张“常态化两岸人员往来机制，落实民众权益保障，完善法制规范”，胜选连任后立即指示“陆委会”等单位通盘检讨“条例”相关规定，并在 5 月海基会新大楼启用典礼、8 月国民党中山会报、10 月“双十讲话”、11 月“九二共识 20 周年研讨会”、2013 年元旦讲话、2 月大陆台商春节联谊等场合反复表示，“未来政府将朝扩大与深化两岸交流、两岸两会互设办事机构，以及通盘检讨与修正‘两岸人民关系条例’等三项目标而努力，希望超越目前两岸互动的格局，为彼此打下长远永固的基础”。马英九当局此时将通盘检讨修正“条例”列为第二任施政目标，主要有三点考虑：一是适应两岸民间交流新形势，逐步废除对两岸民间各领域交流合作的不合理限制，完善两岸交流合作的法制保障，推进两岸交流正常化；二是进一步清除两岸经济合作的障碍，赶搭大陆经济稳定高速发展的列车，为台湾经济社会长远发展创造更多“和平红利”；三是在第一任内大幅推进两岸开放合作基础上，顺应岛内外民意的需求，以期建立两岸关系和平发展的制度化机制，实现个人历史定位。

然而，通盘检讨修正“条例”工程浩大，旷日持久，很难一次到位。综合“陆委会主委”王郁琦 2012 年 10 月在“立法院”备询及 12 月在国民党中常会专案报告等多次谈话可以看出，马英九当局此次修正“条例”将采取“先易后难”方式

---

① 李翌鹏：《新“两岸关系条例”到底有多“新”？》，《福建日报》2003 年 10 月 14 日。

② 《国台办新闻发布会辑录（2012-10-17）》，国台办网站。

③ 《“民众对政府大陆政策之看法”民意调查（2012-12-22~2012-12-25）》，台湾“陆委会”网站。

“分区块”逐步推进，具体时程大致分为三个阶段：第一阶段配合联合国《难民地位公约》进行修正，拟定避免双重课税问题、大陆人民强制出境及收容制度的修正草案，于2012年6月底送“立法院”第一会期审议；第二阶段拟提案修法加强对大陆配偶权益的保障、推动陆生比照外籍生纳入全民健保、调整大陆地区人民取得身份后服公职的限制、重新检讨大陆广告管理规范等，于2012年下半年送“立法院”第二会期审议；第三阶段修法重点包括配合ECFA后续协商进程循序检讨修正经贸交流相关规定、配合政策需要研议规划两岸两会互设办事机构的法规（拟于2013年上半年完成法制化作业）、配合两岸关系现况调整刑事章相关规定等，预计在2013年至2014年底间完成。[①]按已拟定的修法时程，目前“行政院”已陆续出台相关修正草案，从其内容来看，重点及可能方向主要包括：

（一）大陆配偶在台生活及工作权益保障

目前岛内大陆配偶已由两岸开放交流之初的零星现象发展到逾30万人的可观规模，但受限于“条例”第17条规定，其在岛内的居留、定居、工作、生活都面临困难。以取得身份证为例，由于依亲居留后须再等6年才能取得，迄今仅有9万多人取得身份证。目前“行政院”已完成第17条修正草案，并于2012年9月交付审查，[②]该草案主张参照“入出国及移民法”、“国籍法”外籍配偶申请定居的规定，将大陆配偶申请定居年限由6年修正为4至8年，规定“依亲居留连续居留满3年，且每年在台湾地区合法居留期间183日以上者，得申请长期居留；长期居留满1年且居住335日以上，或连续居留满2年且每年居住270日以上，或连续居留满5年且每年居住183日以上者，得申请在台湾地区定居”，另参照外籍配偶制度增订“大陆配偶于申请定居时需具备国民权利义务基本常识，协助尽速适应在台生活”。此外，许多国民党籍“立委”也针对第17条提出了与“行政院”版类似的多个版本修正草案，其中李庆华版已排入“立法院”8届2次会期第8会次，吴育升版、谢国梁版、吴育仁版已分别于2012年4月、5月、10月交付审查，亲民党党团提出的类似版本也于2012年4月交付审查。各界质疑较多的还有第21条关于大陆配偶到公教机关任职需设籍满10年的规定，认为至少无需对担任“学校工友、清洁队队员等，与国家安全关联甚微之工作”设限，[③]目前“陆委会”正就该条文

---

① 《陆生速纳保“两岸条例”将大修》，台湾《中国时报》2012年10月4日。

② 《行政院会通过“两岸人民关系条例”修正草案》，台湾《台湾时报》2012年11月9日。

③ 王国元：《论新移民工作权之保障——以大陆配偶之问题为中心》，台湾东海大学硕士论文，第98页。

进行检讨修正。[①]

（二）大陆民众在台旅游及交流权益保障

据台“观光局”初估，2012年大陆赴台旅客达223万人次，占全部赴台旅客700万人次的36%。但“条例”对陆客在台活动仍存在诸多限制和歧视条文，各界普遍认为，“就人权保障观点而言，《两岸人民关系条例》对于大陆地区人民救济保障仍显不足，宜修法补足之”。[②]目前“行政院”已完成第18条、第18条之1、第87条之1修正草案并于2012年9月交付审查，[③]其中第18条修正“得强制大陆地区人民出境之法定事由”，规定“内政部入出国及移民署于强制其出境前应召开审查会”，以确保当事人有陈述意见的机会；修正“收容大陆地区人民之要件”，将“于强制出境前，得暂予收容，并得令其从事劳务”修正为“受收容时间以60日为限，必要时得延长一次，最多为120日”，并删除“得令其从事劳务”规定，赋予受收容人对于收容方法、程序及其他侵害利益情事的即时救济途径，以避免变相长期收容及“一罪二罚”。第18条之1及第87条之1增订“主管机关对于逾期停留、居留之大陆地区人民，得处罚锾”、“逾期居留未满30日，原申请居留原因仍继续存在者，经处新台币2000元以上1万元以下罚锾后，得重新申请居留，无需强制出境”等规定，避免了大陆民众偶因疏忽未依期限办理延期造成逾期居留后被强制出境而造成的无谓困扰。

（三）大陆学生在台就学期间权益保障

台当局自2010年8月正式承认大陆学历并开放陆生赴台就学以来已连招两届大陆学位生，近日进一步宣布由承认41所以“985工程”为主的高校学历扩大到承认逾百所的“211工程”高校学历，并拟招收大陆专科生赴台修读二技学位。[④]但陆生在台学习和生活仍面临诸多歧视，包括“三限六不”及不能享受健保等。目前“行政院”已完成“条例”第22条修正草案并排入“立法院”8届2次会期第8会次，[⑤]主张将陆生在台就学身份从“停留”修改为“居留”，从而可比照侨生及外

① 《陆委会拟放宽陆配工作权》，台湾《联合报》2012年12月27日。

② 陈正扬：《“台湾地区与大陆地区人民关系条例”“收容”之正当法律程序》，台湾“中央警察大学”硕士论文，第178页。

③ 《政院通过“两岸条例”修正草案》，台湾《中国时报》2012年6月1日。

④ 《采认陆生学历拟增70所》，台湾《台湾立报》2013年1月14日。

⑤ 《月缴749政府补贴500元 陆生纳健保 最快明年元旦上路》，台湾《中国时报》2012年10月12日。

籍生纳入健保第六类人口，每个月保费新台币1249元，其中“政府”负担500元、陆生自付749元，每年自付保费8988元；并增列“撤销或废止许可事由”，规定只要就学事由与时间终止就可撤销居留身份。

（四）大陆企业资本在岛内从事经济活动问题

目前两岸双向投资严重不对称，截至2012年11月底，大陆累计批准台资项目87760个、实际利用台资567.6亿美元，而台当局仅累计核准330件、总计3.5亿美元，就连马英九也认为“开放中国大陆资金来台3年仅3亿美元，实在太难看”。[①]究其原因，主要是台当局对大陆企业赴台投资设置严苛限制，特别是受第34条“许可制”的制约大陆业态广告至今无法在岛内刊播，就连岛内媒体以专辑、特刊等方式刊播大陆各地风情、文化、旅游、经贸等内容也屡遭“监察院”纠正。对此，“陆委会主委”王郁琦表示，目前已将检讨大陆广告管理规范列为今年上半年“条例”修正工作重点，预计将于“立法院”第3会期前提出修正草案，[②]未来还将逐步强化对大陆企业赴台投资的权益保障，以配合两岸互动新局及经贸需求。

（五）两岸双重课税问题

两岸征税系统缺乏互惠协议及税务协助，致使两岸民众及组织自对方取得的收入面临两次征税的处境，不仅给业者造成损失，也影响两岸经贸交流的深入发展。目前“行政院”已完成第25条之2修正草案并于2012年9月交付审查，[③]明定“在互惠原则下，对于大陆地区人民、法人、团体或其它机构自台湾地区取得的收入或所得，以及台湾地区人民、法人、团体或其它机构自大陆地区取得的收入或所得，减免其应纳的所得税及营业税”，且“为维护租税公平并确保税收，得相互提供税务协助”。

（六）两岸两会互设办事处问题

早在2008年第一次“陈江会谈”时，两岸双方就达成两会互设机构的意向。随后大陆方面多次呼吁并释放善意，马英九“黄金十年愿景”也明确宣示“循序渐进推动两岸互设综合性办事机构”，连任后马当局也多次重申将推动两岸两会互设

---

① 《马：陆资来台3年3亿美元，太难看》，台湾《中国时报》2012年8月28日。

② 《王郁琦：大陆广告登台 可望松绑》，台湾《中国时报》2013年2月7日。

③ 《两岸互免营业税修正案难闯关》，台湾《中国时报》2012年3月17日。

办事机构并将其列为“陆委会”重点工作，显示两会互设办事处的时机日渐成熟。目前两会已进行了两次副秘书长级非正式沟通，初步达成纳入经贸、文教、联系、两岸交流、急难救助协处等5项功能，并列入下次两会协商议程，适时启动正式业务沟通。但“条例”第6条仅规定得依对等原则许可大陆机构赴台设分支机构，且许可事项须“以法律定之”，并未明文许可台湾机构赴大陆设分支机构。对此，“陆委会主委”王郁琦表示，目前已完成相关配套法案草案，预定4月底前送交“立法院”审议。①

（七）台商在大陆担任公职、公务人员访陆等问题

目前大陆台商已达8.7万家，人数逾百万，仅凭台湾同胞投资企业协会已无法满足台商需要。大陆响应台商要求已开放其通过政协平台参政发声，但“条例”第33条明文规定“台湾地区人民、法人、团体或其它机构，不得担任经‘行政院大陆委员会’会商各该主管机关公告禁止之大陆地区党务、军事、行政或具政治性机关（构）、团体之职务或为其成员”。目前台湾当局高层虽表示不会开放台商担任政协委员，但也指出“特聘或特邀的政协委员，只有发言权而没有投票权，性质上类似荣誉职，这部分有讨论研究的空间”。②此外，黄昭顺等21位国民党“立委”提出的第9条修正草案，主张放宽对10职等以上公务人员赴大陆限制，也已于2012年3月交付审查。

三、“条例”全面修正的前景

马英九当局全面修正“条例”正紧锣密鼓地展开，但从其整体规划来看仍有许多不足，如何真正做到切实为两岸民众往来及交流合作建立制度化保障，为两岸关系未来10年乃至更长时期的发展确立经纬，端赖马当局的格局和视野。

（一）马英九当局修正“条例”基本维持“急迫的、事务的、经济的”三优先原则，开创性、前瞻性不足

从“行政院”拟定的修正草案来看，其内容与全面修正的目标存在明显落差：

一是尚有许多不合时宜的条文并未列入修正规划。如：对公职人员登陆设置的

① 《两会设处案 下月送立院》，台湾《联合报》2013年3月6日。

② 《绿阻陆生纳保 王郁琦轰嘴上人权》，台湾《旺报》2012年12月28日。

须提出申请并经审查许可等限制、对大陆涉台民事法律与刑事判决的歧视，以及台生到大陆高校读书的服兵役问题、台胞在大陆的就医问题、台商在大陆的权益保障问题等，目前并未看出有修正的征兆。

二是敏感政治性议题可能不在本次修正范围。“条例”关于“一国两区”的两岸定位源于“宪法”增修条文第 11 条，且符合马英九当局一贯主张，加之事涉两岸关系基本规范的任何变动都极为敏感，此次修正可能不会纳入“两岸同属一中”等清晰论述。对于各界关注的台商参政问题，台当局已表示“由于两岸法律不相容，目前不会修改不允许民众出任大陆公职的规定”。①

三是虽亟须调整但可能对台湾造成冲击的限制政策短期内仍将延续。以两岸间单纯的招商行为为例，“陆委会”已明确表示，“大陆来台投资与台湾赴陆投资目前严重不对等，台赴陆投资比例远高于大陆来台投资比例”，加之“大陆经济量体远大于台，因此目前不对等的情形，并非指双方金额不相等”，因此“暂时不考虑开放大陆人士赴台招商”。②

四是不排除加入部分不利两岸关系和平发展的条文。马英九当局为回应绿营对其“倾中卖台”的攻击，以妥协换取绿营降低杯葛阻挠力度，不排除纳入部分绿营要求管制两岸关系的主张。例如针对绿营为帮助“藏独”、“民运”及大陆异议人士赴台居留而订定的“难民法草案”，马英九已明确表示，“陆委会正通盘检讨、修正两岸人民关系条例，当中也包括‘难民法’部分，未来会做详细报告”。③

（二）马英九当局全面修正“条例”将面临诸多现实挑战

第一，民进党“台独”势力顽固阻挠修法审议进程。其主要做法包括：其一，恶意杯葛提案。例如“行政院”为将陆生纳入健保范围而提出的第 22 条修正草案遭到民进党与“台联党”连续 9 度杯葛，旨在缩短大陆配偶在台取得身份证年限的第 17 条修正草案也被阻挡 5 次。其二，无理设置前提。如民进党台北市议员徐佳青就要求马当局在缩短大陆配偶取得身份证年限的同时，“应先要求陆配放弃中华人民共和国国籍”。④ 其三，借势提出对案延宕审议。为反制马英九当局不断松绑

① 《台商任大陆公职 不开放》，台湾《中国时报》2012 年 7 月 12 日。

② 《台商任大陆公职 不开放》，台湾《中国时报》2012 年 7 月 12 日。

③ 《马：关切中国人权不是赶时髦 立委：马说多做少 根本是伪善》，台湾《自由时报》2012 年 12 月 19 日。

④ 《中国配偶身份证取得年限拟下修 立委：应要求放弃中国籍》，台湾《自由时报》2012 年 8 月 29 日。

陆资赴台，民进党提案修正第73条、第73条之1至10、第93条之1并已于2012年9月交付审查，[①]要求将“大陆地区人民来台投资许可办法”提升到法律位阶并在“条例”中专章规范，不仅明订禁止投资业别、严禁大陆军方资金赴台，还规定逾5亿新台币的投资案须列入审查。目前民进党在主席苏贞昌主导下停止了对两岸政策的调整步伐，两岸立场日趋保守，未来在“逢中必反”、“逢马必反”的惯性思维下，其对“条例”全面修正的干扰阻挠不容低估。

第二，“立法院”复杂政治生态不利修正草案的审议。“二合一”选后“立法院”形成两大两小格局，政治生态更加复杂化，特别是“台联党”及亲民党利用其关键少数地位加大要价筹码，将严重干扰修正草案的审议进程。例如，“台联党”提出的第5条修正案已排入“立法院”8届1次会期第12会次，要求增列“两会协议生效后，如有损害国家、人民利益或有之危险，立法院得决议命行政院重启谈判或终止协议”；“台联党”“立委”黄文玲提出的第89条修正案也已于2012年9月交付审查，要求对大陆在台通过新闻媒体进行“置入性行销”的处罚，由新台币10万元以上50万元以下，提高为100万元以上5000万元以下。特别是，“行政院”为给两岸签署租税互免协议提供法源进而实现避免双重课税，早在2009年3月就通过第25条之2条文草案并送“立法院”审议，但其间不仅民进党、“台联党”联手杯葛，就连亲民党也以“两岸签署租税协议前不应先修法空白授权给行政机关”为由表示反对，导致草案长期无法列入“立法院”议程。另外，国民党内部也并非意见完全统一，部分“立委”不愿全力支持修法，修正草案通过后的一系列子法修正工作也将异常繁杂。

第三，岛内仍有部分民众对全面修正“条例”存有担忧。虽然岛内主流民意支持两岸关系和平发展，乐见马英九当局修正不合时宜的相关法规，但由于历史原因和李登辉和陈水扁前后20年执政的“去中国化”教育，仍有部分民众对“条例”一次性全面修正怀有疑虑。“陆委会”去年12月及今年1月公布的两次民调显示：31.7%的民众认为目前两岸交流速度“太快”，仅17.8%认为“太慢”；14.3%不支持马英九当局全面检讨并修正“条例”以符合两岸民众的实际需求，23.8%不赞成修改“条例”以落实移居来台的大陆民众人权及平等权。多位国民党“立委”指出，目前社会氛围并不希望太快开放，“不能期盼一次大调整”，建议分短、中、长期修法，较敏感的留到后头。[②]马英九当局原本就有抗压性较差的弱点，这种民

① 《绿拟法律规范陆资 蓝吁维现状》，台湾《中央日报网络报》2012年10月14日。

② 《台企联赴“立院”疾呼开放台商加入陆政协》，台湾《中国时报》2012年12月22日。

意状况更直接牵制了马英九当局推进修正工作的力度和意愿，许多台商就私下抱怨“行政部门的态度比民进党还保守”。①

综合来看，马英九当局修正“条例”尽管面临诸多困难和挑战，但由于两岸关系和平发展不可逆转，修正已是不可阻挡之势。值得注意的是，马英九当局目前所作的修正仍局限在现实层面细枝末节的技术问题，难免流于头痛医头脚痛医脚思维，其效果必然是隔靴搔痒，无法真正满足两岸关系发展的需要，更谈不上是为未来 10 年奠定新的交流秩序。因此，笔者认为，马英九当局应该彻底扭转过去的冷战思维和防堵心态，全盘清除加诸两岸关系的不合理限制，在立法原则及指导思想上作出实质性改变，将“确保台湾地区安全与民众福祉”的宗旨修正为“保障两岸人民福祉”，从而以开放、合作、共赢的精神为两岸交流合作建立新的法制保障。尤其是，两岸关系和平发展已进入巩固深化期，马当局应从中华民族整体利益出发，从扩大两岸共识、巩固“九二共识”政治基础出发，从法律角度对“两岸同属一中”的政治定位给出更为清晰的表述，从而为探讨两岸政治关系创造条件，为两岸民众拉近心理距离、增进共同的民族认同，乃至两岸关系和平发展及两岸融合奠定更为坚实的政治基础。

（原载《台湾研究》2013 年第 3 期）

① 《台商维权 争取任职大陆政协》，台湾《中国时报》2012 年 12 月 22 日。

陆生赴台问题初探

石　勇

台湾开放大陆学生赴台攻读学位从酝酿到正式实现走过了一段不寻常的路。陆生入台开启了两岸文教交流的新篇章，对深化两岸关系和平发展将起到积极的推动作用。

一、台湾开放陆生入台的政策演进

（一）李登辉时期

1949 年国民党退台后，台当局长期奉行对大陆“不接触、不谈判、不妥协”的“三不”政策，两岸在相当长的一段时间内处于军事对峙状态，两岸民间交流乏善可陈，两岸文教交流几为空白。1987 年 7 月台当局宣布“解严”，打破了两岸交流的制度性壁垒，为两岸进行文教交流提供了可能性。1988 年李登辉上台后放宽了对两岸交流的限制，台湾内部针对承认大陆学历、开放大陆学生赴台开始有了一定的探讨。1991 年 2 月，台当局通过“国统纲领”，明确将“逐步放宽各项限制，扩大两岸民间交流”纳入“交流互惠”近程目标。[①] 李登辉明确表示“文教交流应该在两岸交流中优先规划”，并将“加强两岸学生学人交流计划”列为两岸优先交流项目。[②] 同年“行政院青辅会”在全台青年辅导会议上提出书面报告，建议台当局为大陆高中、高职学生提供半工半读机会，以解决台湾劳工缺乏的问题。但“劳

① 台海两岸关系研究中心:《台海两岸关系说明书》，台湾“国家建设文教基金会”1998 年版，第 353 页。

② 其内容主要包括加强两岸学人共同参与研究；辅导两岸学生短期互访研习；扩大双方海外学生学人之交流；鼓励台湾大专学生及社会青年赴大陆从事社会服务；奖励大陆学生学人从事研究与进修；加强两岸学术科技交流计划；研究开放大陆科技人士来台参与研究及讲学。

委会”等部门基于“国安”考量，否决了此项建议。1992 年 6 月，台当局颁布“台湾地区与大陆地区学生交流活动作业要点”，表示支持两岸青年学生的双向交流，“但活动范围则仅限制于学术性、功能性与服务性之交流”。[①] 7 月，台当局公布“台湾地区与大陆地区人民关系条例”，其中规定“台湾地区人民与经许可在台湾地区定局之大陆地区人民，在大陆地区接受教育之学历检核及采认办法，由教育部拟定，报请行政院核定后发布之”，[②] 为采认大陆学历提供了初步的法源依据，台“教育部”亦据此开始对采认大陆学历进行研议，进而制定了“大陆地区学历检核及采认办法”，于 1997 年 10 月宣布承认大陆 73 所大学学历，但在李登辉的反对下，次年台“教育部”不得不“以两岸敌意仍浓、相关配套措施不够周延为由”对该办法“无限期搁置”。[③] 此后，台教育部门少量开放了邀请大陆学生赴台进行 2 至 4 个月的短期研修活动，“陆委会”下属的“中华发展基金会”，也对两岸研究生及学者的互访进行了零星的奖助。

总体上看，李登辉当政期间推动“分裂分治”路线，实施“去中国化”和“戒急用忍”政策，并无实质意愿推动两岸经济和民间交流，两岸文教交流渠道不畅，虽然台当局针对承认大陆学历、开放大陆学生赴台有过探讨，相关部门也提出了一些建议，但在严格的管控措施下，不仅台生大陆学历难以获得承认，而且大陆学生赴台也仅限于个案交流，人数有限，停留时间短暂，陆生赴台就读学位则根本无从谈起。

（二）陈水扁时期

陈水扁当政期间，推行以“一边一国”为核心的大陆政策，延续“戒急用忍”措施限制两岸交流，采认大陆学历以及陆生入台被明令禁止。曾志朗、黄荣村任“教育部长”期间，曾对“大陆地区学历检核及采认办法”草案两度作出修正。但陈水扁却以“保障台湾劳工与大学发展”为由公开表示，“任内绝对不会开放大陆劳工，也不会承认大陆大学学历”，[④] 使采认大陆学历、开放陆生入台议题再次被打入冷宫。2003 年年底，台当局在审查下一年度教育经费时，将大陆学历认证工作

① 刘胜骥：《两岸教育交流的法令与发展》，台湾《研习资讯》2007 年第 6 期，第 23—24 页。

② 台海两岸关系研究中心：《台湾地区与大陆地区人民关系条例》，台湾“国家建设文教基金会 1998 年版，第 189 页。

③ 曾文昌：《台湾当前大陆教育政策之研究》，台湾政治大学 2006 年博士论文，第 107—109 页。

④ 《陈水扁声称任内不开放大陆劳工、不承认大陆学历》，中国新闻网，http://www.chinanews.com/n/2003-12-17/26/382118.html，2003-12-17。

预算全部删除。[①] 2004年“本土意识”浓厚的杜正胜就任“教育部长”，对陈水扁立场亦步亦趋，公开对有意愿招收陆生的台湾高校进行打压。陈水扁也在不同场合一再强调其立场，使陆生入台议题成为“禁区”。

这一时期，台湾社会虽时常有关于采认大陆学历以及开放陆生来台的提议，台“陆委会”面对社会压力也曾表示要检讨大陆学生来台的就读限制，“然而，在当时的政治情势中，陆生来台宛如天方夜谭”。[②]

（三）马英九时期

马英九主张承认大陆学历、开放陆生入台。2004年任台北市长时就表示，应承认大陆学历、开放陆生来台就读大学。2008年“大选”时，马英九将承认大陆学历、开放陆生入台作为其选举的重要政见。当选后马英九积极兑现承诺，责成“教育部”及“陆委会”积极研议。2008年年底台“行政院”提出“大陆学生来台就读及大陆学历采认规划”，并将“陆生三法”即“大学法”、“专科学校法”、“两岸人民关系条例”修正草案送交“立法院”审议。但“陆生三法”修正案在“立法院”审议时遭到民进党的强烈反对，民进党甚至试图以暴力杯葛法案通过。为保证法案过关，马当局在全台召开30多场公听会，充分听取各方意见，并在“立法院”进行甲级动员，将“陆生三法”列入优先审议法案。2010年8月19日，台“立法院”临时会三读通过“陆生三法”修正案，台湾大专院校招收陆生入台终获法源依据。此后，台当局陆续出台“大陆地区学历采认审议办法”、“大陆地区人民来台就读专科以上学校办法”、“大陆地区学生来台就学及停留办法”草案等相关配套政策。台“教育部”则于2011年成立了“招收大陆地区学生招生委员会联合会”，[③] 并公布招生简章、招生名额、招生方式，实质展开招生、录取作业，陆生入台终成现实。

二、台湾开放陆生入台的原因

（一）大陆不断推进两岸关系和平发展，积极推动两岸文教交流，为促成陆生赴台创造了良好的环境。自上世纪70年代末以来，大陆在两岸文教交流中始终

---

① 《近3月大陆学历认证相关大事纪》，台湾《立报》，http://www.lihpao.com/？action-viewnews-itemid-67996，2011-08-15。

② 林彦宏：《一厢情愿抑或两情相悦？陆生来台政策之回流与转变》，台湾《教育研究与发展期刊》2010第6期，第160—161页。

③ 简称“陆联会”。

扮演着积极推动的角色，邓小平、江泽民以及胡锦涛三届中央领导集体，高瞻远瞩，出台了一系列支持性的政策措施，推动两岸文教交流。1979 年 1 月 1 日，全国人大常委会发表《告台湾同胞书》，提出“双方尽快地实现通航通邮，以利双方同胞直接接触，互通信息，探亲访友，旅游参观，进行学术、文化、体育、工艺观摩”，[①] 释出开展两岸文教交流的善意。1981 年 9 月 30 日，全国人大常委会委员长叶剑英在和平统一祖国的九条方针中又进一步指出，“建议双方共同为通邮、通商、通航、探亲、旅游以及开展学术、文化体育交流提供方便，达成有关协议”。[②] 江泽民总书记也在“八项主张”、《新形势下对台工作的任务》以及党的十六大政治报告等重要文献中，强调要不断加强两岸文教交流。党的十六大以后，以胡锦涛为总书记的新一届中央领导集体在两岸文教交流问题上有了更多的着墨。2005 年 8 月，大陆宣布调整对台湾学生的收费政策，对赴大陆就读的台湾学生执行与大陆学生相同的收费标准。2006 年 4 月，国台办主任陈云林在首届两岸经贸文化论坛闭幕式上宣布大陆正式认可台湾教育主管部门核准的台湾高等学校学历。2007 年 4 月，时任教育部副部长袁贵仁在第三届两岸经贸文化论坛上宣布，欢迎台湾高校来大陆招生，并对大陆学生赴台就读提供必要的协助。[③] 2008 年 5 月以来，两岸关系迅速改善，两岸关系和平发展不断深入，为扩大和深化两岸文教交流与合作提供了前所未有的便利条件。2009 年 12 月 31 日，胡锦涛总书记在纪念《告台湾同胞书》发表 30 周年座谈会上提出“六点意见”，表示“将继续采取积极措施，包括愿意协商两岸文化教育交流协议，推动两岸文化教育交流合作迈上范围更广、层次更高的新台阶”。[④] 为进一步推动两岸文教交流，大陆又陆续出台多项政策建议，进一步畅通了两岸文教交流的渠道，强化了两岸大专院校的合作意愿。据统计，到 2010 年底，台湾共有 128 所各级高校与大陆结为盟校，签署各类教育交流合作协议达 1075 项。[⑤] 与此同时，大陆赴台短期研修学生数量急剧增长，2009 年达到 2640 人，比 2007 年翻了三番。大陆推动两岸文教交流规模不断扩大，领域不断拓宽，为陆生入台营造了良好的环境。

---

① 《中华人民共和国全国人大常委会告台湾同胞书》，《人民日报》，1979 年 1 月 1 日第 1 版。

② 《关于台湾回归祖国实现和平统一的方针政策》，《人民日报》，1981 年 10 月 1 日第 1 版。

③ 国台办：《台湾方面开放大陆学生赴台是积极措施》，http://www.chsi.com.cn/jyzx/200911/20091126/45871589.html，2011-09-11。

④ 《携手推动两岸关系和平发展 同心实现中华民族伟大复兴》，《人民日报》2009 年 1 月 1 日第 1 版。

⑤ 《99 年度各级学校申报与大陆地区学校缔结联盟或为书面约定审查同意案件》，台湾“教育部”网站，http://www.edu.tw/mainland/itemize.aspx?site_content_sn=7450&itemize_sn=8248，2011-3-31。

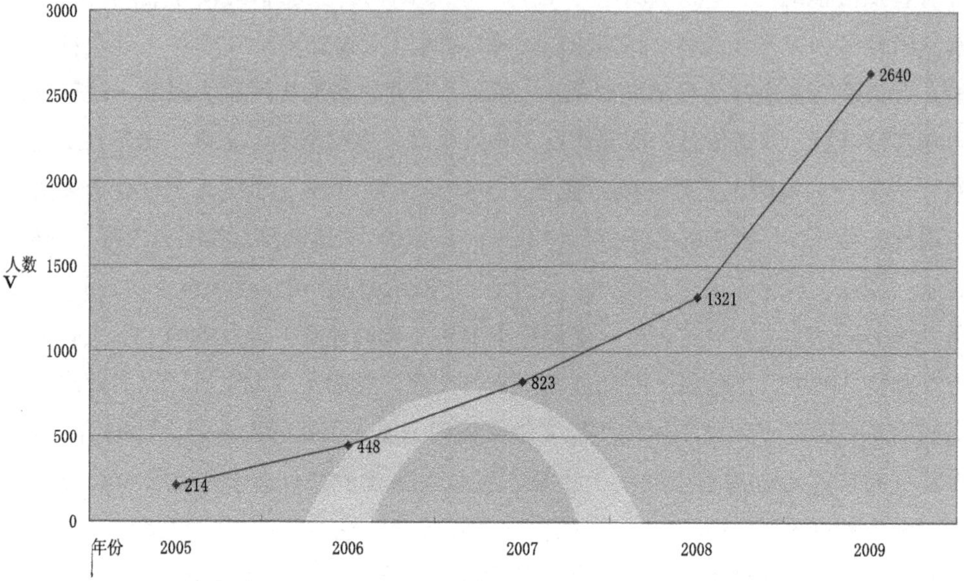

图 1 2005—2009 年大陆学生赴台短期（6 个月以下）研修人数

资料来源：台“教育部”

（二）台湾高校生源需求严重不足，是促成台开放陆生入台的内部诱因。近年来台湾教育产业供需矛盾突出，教育资源供大于求导致岛内大专院校面临严重的招生危机。据台“教育部”统计，近十年来岛内大学数量暴增，2001 年至 2010 年十年的时间内，大学数量从 57 所增至 112 所，加上技职院校，全台大专院校共计 163 所。① 但另一方面，台湾生育率不断降低，从 1981 年的 22.97% 降到 2010 年的 7.21%，每年的新生儿数量也从 1981 年的 41 万降到 2010 年的 16 万。② 台湾社会少子化趋势的必然结果是中小学在学人数的下降和大专院校生源的不断萎缩，为招收学生，台湾高校被迫提高录取率，2001 年录取率为 61.35%，2006 年录取率则首超九成，达到 90.93%，2009 年更是达到 97.14%。③ 尽管如此，台湾大专院校学生缺额现象仍然十分严重。2009 年缺额首次突破 2 成，达 69009 人，其中私立院校缺额最大，私立大学缺额 18535 人，比 2008 年增加 2455 人，缺额率为 20.15%，私立技

① 《大专校院学校数及学生数》，台湾“教育部”网站，http://www.edu.tw/statistics/content.aspx?site_content_sn=8956，2010-2-23。

② 台湾“教育部”网站，http://www.edu.tw/statistics/content.aspx?site_content_sn=8956，2011-01-25。

③ 《大学联招（指考）录取率》，台湾“教育部”网站，http://www.edu.tw/statistics/content.aspx?site_content_sn=8956，2011-01-25。

专院校缺额46433人，比2007年增加7086人，缺额率更高达26.80%。① 此外，台湾部分中产阶级家庭将子女送到美、日、欧等地留学，也在一定程度上影响了台湾大专院校的生源。生源不足导致部分台湾高校资源闲置，一些学校经营惨淡，学者也忧心台湾高等教育将面临院系合并乃至高校倒闭的发展困境。更为严重的是，生源的减少使学生素质下降，为招收学生，不少大学降低入学标准，甚至出现平均每科3分就可以上大学的现象，大大影响了台高等教育的质量。

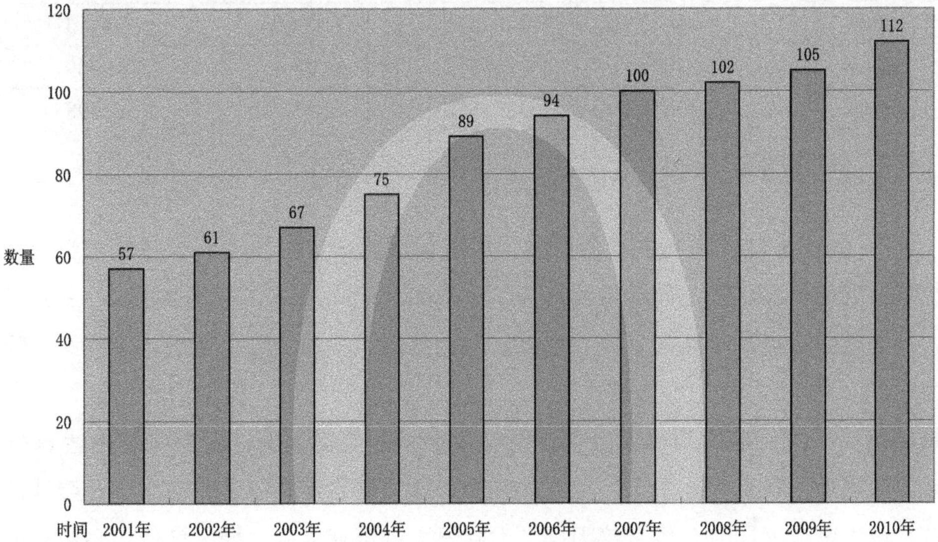

图2 近十年台湾大学数量变化

资料来源：台“教育部”网站

面对日益严重的招生窘境，台湾教育界普遍主张开放招收陆生赴台。2008年5月台湾木铎教育学社的民调显示，90%的台大学校长赞成陆生赴台。② 台“立法院”审议“陆生三法”修订案期间，岛内大学校长也罕见地站在同一战线上支持修法，对朝野呼吁“台湾应该把校园打开”、“应百分百支持开放陆生来台政策”。③

① 《99学年度大专校院新生注册率概况统计分析》，台湾“教育部”网站，http://www.edu.tw/statistics/content.aspx?site_content_sn=8169，2011-04-02。

② 《9成大学校长赞成陆生来台》，台湾《联合报》2008年5月15日第C4版。

③ 《台9所大学校长公开喊话支持开放陆生赴台》，华夏经纬网，http://www.huaxia.com/thpl/tbch/tbchwz/05/1887042.html，2010-05-17。

台湾大专院校新生注册率及注册人数

单位：人；%

学年	招生名额	新生注册人数	新生注册率（%）	招生缺额
2004	379454	318983	84.06	60471
2005	370481	315918	85.27	54563
2006	367140	310408	84.55	56732
2007	358405	299231	83.49	59174
2008	349053	289638	82.98	59415
2009	335827	266818	79.45	69009
2010	332650	271152	81.51	61498

资料来源：台“教育部”网站

（三）台湾民意赞同陆生入台对台当局决策形成一定的压力。全球化是当前高等教育发展的重要趋势，而学历互认与学生双向交流则是高等教育全球化的主要特征，台湾既无法自外于这一趋势，也无法阻挡台湾学生的登陆求学潮。李登辉、陈水扁主政20年，在意识形态的作祟下，拒不承认大陆学历，但岛内青年赴大陆求学热情仍然不减，期间约有2万名台湾学生在大陆取得学历，目前在校生达6000余人。台当局不认可大陆学历，给在大陆取得学位的台湾青年返台求职以及继续深造带来极大困扰的同时，也直接阻碍了大陆学生赴台就读硕、博士学位。多数岛内民众认为两岸文教交流不应过多地掺杂政治因素，应该理性、客观对待承认大陆学历、开放陆生入台等问题。如2007年《远见》杂志以及2009年台“教育部”的民调显示，赞成开放陆生赴台的比例分别达64.8%、65.7%。而《中国时报》、《联合报》、《旺报》、《中央日报网络报》等岛内主流媒体也称“应尊重学生的教育选择权，没有道理阻止陆生入台”、“陆生入台有利于两岸关系和平发展”，[①]对陆生入台予以支持。台湾企业界则长期呼吁当局应重视科技人才之不足，建议开放大陆学生来台就学就业。[②]岛内民众要求台当局承认大陆学历对陆生入台起到了积极的推动作用。2008年马英九上台后，顺应岛内民意的要求，积极兑现竞选承诺，终使陆生入台议题纳入台当局的政策开放范畴。

---

① 《广开大门，欢迎大陆学生到台湾来》，台湾《中央日报网络报》，http://www.cdnews.com.tw，2009-05-05。

② 石咏琦：《台湾承认大陆学历开放招生问题初探》，《台声》2009年第5期，第26—27页。

三、陆生入台对两岸关系的影响

（一）有利于两岸青年学生消除误解，增进感情与友谊。国民党退台后，两蒋先后近40年对台湾青年学生进行反共宣传教育，妖魔化大陆，导致两岸民众心理产生严重的隔阂，李登辉、陈水扁又先后主政20年，大肆推动“去中国化”、修改教科书，严重误导了台湾青年学生对大陆的态度与看法，使青年学生形成了大陆专制保守的刻板印象。陆生入台后与台湾学生朝夕相处、共同生活学习，有助于台湾学生正确认识大陆、解读大陆，重构对大陆的认知。有利于密切两岸青年学生的联系，增进两岸青年学生的友情。有利于两岸学生取长补短、优势互补，为促进共同发展创造条件。

（二）有利于两岸青年培养共同历史记忆、价值观。两岸青年学生的认同事关两岸关系发展的未来，陆生入台不仅能进一步扩大两岸青年学生共同生活学习的机会，也将使两岸青年学生在相互熟悉、深入了解的的基础上，进行思想价值层面深层次的沟通。共同的学习生活以及共同推动两岸经济、社会不断进步的经历，有助于两岸青年学生形塑共同的历史记忆与价值观，降低两岸敌意与分歧，夯实两岸政治互信的基础，厚植两岸和平发展的土壤。

（三）有利于进一步推动两岸文教交流与合作的制度化，为两岸关系发展注入新的活力。两岸青年学生交流是两岸文教交流的重要组成部分，台当局承认大陆学历，开放陆生赴台，将大大加快两岸青年交流的步伐，畅通两岸文教交流的渠道，丰富两岸教育交流的形式与内容，激发两岸教育合作的热情，带动两岸互派讲学、联合研究、合作办学，实现两岸院校的强强联合，提升两岸高等教育的国际竞争力，为今后两岸商签文教交流协议积累经验。

四、陆生赴台面临的主要问题

一方面，赴台陆生面临台当局歧视性政策的壁垒。在民进党“台独”分裂势力的压力下，马当局对陆生赴台采取开放与限制并行的双轨政策，虽开禁底线打开陆生入台之门，但仍提出“三限六不”、[①]“一限二不”[②]等限制性措施，这些制度性壁

① 对陆生限校、限量、限学历采认领域，陆生赴台不加分、不影响台生就读权益、不编列奖学金、不允许校外打工、不可考证照、不可留台就业和从事公职。

② 限制承认陆生医事学历、不让陆生报考“国家”机密相关系所、不具“中华民国国籍”不得参加“国家考试”。

垒制约了陆生赴台的积极性，使台湾高校首度招收陆生成效不彰。据“陆联会”统计，本科招生方面，实际录取率49.86%，仅招到742人，不及原定录取人数的一半。硕士、博士招生方面，实际录取率为35.6%，仅招到233人，缺额逾六成。台湾大学、台湾清华大学、政治大学等台湾顶尖大学均未能足额招生。更有41所高校因大陆学生无人报名，一名研究生也未招到。岛内教育界普遍认为，若台湾招收陆生赴台的歧视性政策不能得到逐步修正，不但会继续影响陆生赴台的积极性，再度使台湾高校招收陆生遇冷，而且将给赴台学习的陆生造成经济、生活、学习上的一系列压力，甚至会使推动两岸交流交往的初衷大打折扣，干扰两岸关系和平发展。

另一方面，入台陆生也面临适应台湾政治、社会等问题。两岸同根同源、同文同种，两岸青年学生既有很多相似之处，也因政治、社会、教育制度的不同，在价值观、统“独”立场等方面有一定程度的差异。如自由民主是两岸青年的共同价值认同，但对自由民主的内涵以及实现方式的认知却不尽相同，大多数台湾青年学生倾向于西方特别是美式的自由民主，大陆学生则认同社会主义民主的优越性。再如两岸青年有共同的民族与文化认同，但对“国家认同”以及“台湾前途”却有着不同的看法，台湾青年民意的主流是“维持现状”认同“中华民国”，不完全排除“台独”选项，而绝大多数大陆学生支持两岸最终统一。陆生与台湾学生长期生活相处，必然在上述问题上有所碰撞、摩擦甚至产生矛盾。据2010年《远见》杂志的民调显示，有21.1%的大陆短期进修生受到意识形态差异的困扰，感觉有压力。①因此，如何既求同存异，又聚同化异，增进两岸学生的感情与友谊，推动两岸青年交流的制度化，深化两岸教育交流与合作，为两岸青年参与交流活动提供更为便利的条件，是两岸共同面对的重要议题。

（原载《高教发展与评估》2012年第3期）

① 《远见》杂志民调中心：《两岸交流学生意见调查》，http://www.gvm.com.tw/gvsrc/index.asp，2010-03-04。

台湾政治

李登辉在意识形态领域的分裂活动简述

党朝胜

1999年7月9日，李登辉公然宣示“两国论”，使其蓄意将台湾从中国分割出去的阴谋，完全暴露在世人面前。当然，纵观近十年来李登辉分裂祖国的言行，可说是不胜枚举。特别是自1991年首次“修宪”开始，李登辉便在对整个社会行为具有约束或指导意义的意识形态领域，包括在法律、政策以及社会公众意识等各个方面，极力构筑所谓的“台湾人国家”、“分裂的政策”、“台湾人意识”，为其分裂活动不断地制造“法律依据”，并从政策上控制岛内民众，从社会心理上误导岛内民众。这是李登辉分裂理念与行为的最集中体现，危害性也更为明显。本文分别从意识形态领域的三个层次对李登辉的分裂本质予以简要分析。

一、以修订相关法律的方式谋求“法理独立”

法律作为意识形态的最高体现，对整体社会行为而言，具有指引与强制等诸多功能，任何社会个体都必须遵守。李登辉在谋求分裂的过程中，正是利用了法律的这些功能，为实现台湾的“法理独立”做了大量的准备动作。

李登辉为实现“法理独立”的目的而采取的最主要的手段是修改有“根本大法”之称的“宪法”，即是“修宪”。蒋介石逃台之后，为了维护自己的“正统”地位，也将1947年颁布、而在1949年即被中华人民共和国废除的“中华民国宪法”带到了台湾，并辅以“临时条款”的方式，维系自己的统治地位。由于这部“宪法”在南京制定，并以孙中山的“五权制衡”理念为蓝本，因此，该“宪法”处处都打上了旧中国的烙印，是一部典型的中国式资本主义“宪法”。它的存在，不但限制着“台独”分子的各种行为，而且成为李登辉想要“出埃及”的首要路障。因此，李登辉在 9 年的时间之内，先后通过了五次“修宪”，基本上搭起了“法理独立”的框架。具体言之：

其一，“疆域”的“台湾化”。1947 年的“宪法”虽没有明确宣示“中华民国”的领土范围到底涵盖何处，但它有“固有疆域”之说，而最能体现“主权”范围的最高权力机构——“国民大会”与其他“中央民意”机构（“立法院”与“监察院”）都由各省市遴选产生，这便充分证明了“中华民国”的疆域涵盖全中国。而李登辉所主导的第一次“修宪”的结果便包括，“国民大会代表”之选举不受“宪法”（1947 版）第二十六条及第一百三十五条之限制，“立法委员”之选举不受“宪法”第六十四条之限制，而改由“自由地区（台湾）每直辖市、县市”，以及“自由地区平地原住民及山地原住民”选出。代表中虽也有“侨选”与“不分区”代表，但都采取政党比例方式。而“监察委员”的产生方式则由原来经省市议会选举，改为“总统”提名，“国民大会”同意，并废除了其作为民意机构的主要功能。根据上述修改，最高权力机构与其他“中央民意代表”的产生因其选举人与被选举人都限于台、澎、金、马，所以其代表性仅限于台、澎、金、马。尽管有“全国不分区”和“侨选”代表之规定，但名额少，选举人和被选举人又都以台、澎、金、马的人士为主，使“修宪”所设计的“全国不分区”与“侨选”象征意义大于实质意义，从而不但落实了权力机构与“中央民代”的“台湾化”，而且将“中华民国”的疆域限制在台、澎、金、马地区。而作为“中华民国国家象征”的“总统”，则由“中华民国自由地区全体人民直接选举之”，从而使“中华民国总统”实际上仅是台澎金马地区的“总统”。这样，通过选举与被选举人及区域的限制，落实了“中华民国”的疆域仅在台湾的法理依据。李登辉的所谓“中华民国在台湾”，从某种角度而言，正是他对自己在疆域上分裂国土的文字表白。

其二，“行政架构”的“台湾化”。其中最突出的便是将“五权分立”改变为“三权分立”。按 1947 年“宪法”，“中华民国”权力机构的设置是“总统”是作为国家象征，“国民大会”代表全国最高权力，而“行政院”、“立法院”、“司法院”、“考试院”、“监察院”，作为具体的职能部门，实现“五权分立”。但通过“修宪”之后，基本形成“总统”、“立法院”与“司法院”“三权分立”的局面。

在行政权方面，通过五次“修宪”，改变了过去由“行政院长”主导的方面，“总统”基本主导一切，“行政院长”已基本成为“总统”命令的执行人。这不但表现在对正副“总统”的选举权改由全体台湾地区的居民行使，从而增加权力基础与威信，而且对“总统”的制约机制也几乎不存在。首先，按照“增修条文”之规定，对“总统”的罢免“须经全体监察委员过半数之提议，全体监察委员三分之二以上之决议，向国民大会提出”，并且须“经国民大会代表总额三分之二同意”才生效；或者“国民大会四分之一提议，三分之二同意后提出，并经中华民国自由地区选举之总额过半数之投票，有效票过半数同意罢免时即为生效”。这样，使“总统”罢免基本难以实现。其次，“增修条文”规定“总统发布依宪法经国民大会或是立法院同意任命人员之任免命令，无须行政院长副署”，这样又取消了1947年“宪法”所规定的“行政院长”对“总统”的制约权。此外，“增修条文”还赋予“总统”其他诸多权力，使“总统”由原来的“国家象征”升为最高“权力象征”，基本形成“总统制”的局面。

在立法权方面，“中央民意机构”不但因前述产生方式的改变，而改变其权力基础，而且使“三国会”体制的功能完全改变。“监察院”的职权中删除了对“司法院长”、“大法官”、“考试院长”、“考试委员”等的人事同意权，并将动案人数增加，同时删除“监察委员”原有的言论免责权、免纠弹权及现行犯的免逮捕权，现仅存具象征意义的弹劾、纠举与审计权，并无实质约束力，从而使其无法发挥“为民喉舌”的功能，而降格为“准司法机构”。而“国民大会”虽然在第三次“修宪”过程中还增设了“议长、副议长”，但其最为基本的选举、罢免“总统”权，则已不复存在，而仅限于“修宪”与进行“国是建言”，因而地位大大下降。在1999年的第五次“修宪”之后，“国代”的产生方式已改为政党比例代表制，在李登辉的暗中支持之下，国、民两党主流派并且企图以“延任”的“必要之恶”方式，①最终达到废“国大”的结果，为立法机构完全西方化提供了极大可能。这样，立法权的“台湾化”图谋也已基本实现。

在司法权方面，除保留原有的权力之外，还赋予它“组成宪法法庭审理政党违宪之解散事项”的权力，进一步向西方的司法体制演变。此外，将“考试院”的权限管辖对象也限定为公务员，其管辖事项也由“例示式”改为“列举式”，使其从一个与“行政院”并列的机构降为“人事部门”。

其三，行政区划的“台湾化”。按1947“宪法”规定，行政区划由上而下是中央、省（市）、县（市）、乡镇。但第四次“修宪”将“台湾省”虚级化，使省级机构成为“行政院”的派出机构，这样又使行政区划实现了“台湾化”。

假如说“修宪”还没有明文规定两岸定位，没有进一步凸显李登辉真实的分裂

① 参见1999年7月5日至7日台《中国时报》相关报道。

意图，那么，在岛内90年代一系列的“制法”、“修法”过程中，则已基本体现了李登辉将两岸区隔为“两个国家”的图谋。李登辉关于两岸定位的最重要的文献莫过于1992年的“台湾地区与大陆地区人民关系条例”。该条例虽然表面上坚持“中华民国法统”及“中华民国主权及于大陆”，但实际上以两岸对各自地区拥有“治权”为立法基点，在处理两岸人民往来、商品进出口、投资及技术合作等等问题上，均将大陆视为“准外国”；在关于两岸互设分支机构的规定上又特别强调“对等原则”，因对大陆地区的民事法律有限适用及对大陆民事仲裁判决适度承认、对大陆公文书效力的适度承认等问题上，体现了所谓“不否认对方为政治实体”的理念，在一定程度上贯彻了国际私法的有关原则。该条例通过，自然也为李登辉进一步将两岸定位为“两国关系”提供了过渡。此外，台颁布的新“领海法”将其“领海”限定在台湾地区及其附属岛屿的周围，①“内政部长”黄主文也于1999年3月底正式宣布，“全国性”组织可以直接冠以“台湾”名称。②这样，李登辉将台湾作为“主权”仅于台澎金马的“独立国家”的框架已基本实现。

可见，台湾当局已通过“修宪”为主，“制法”、“修法”落实的方式，实现“中华民国台湾化”，这正是李登辉幻想从意识形态的最高体现——法律中实现分裂祖国的图谋。

二、推出系列政策，模糊、否定乃至突破一个中国原则

政策作为统治阶级的意识，完全可能上升为法律，它同样具有指导功能与强制功能，同时，它又可在无法“修宪”、“修法”的情形下权宜实现，更具灵活多变性，更能体现执政当局的意图。李登辉正是基于政策的这一属性，通过一系列的重要政策，从模糊“一个中国”开始，到否定“一个中国”，最终以求突破一个中国原则，提出所谓的“两国论”。李登辉推动分裂政策的轨迹基本如下：

其一，以“国统纲领”模糊“一个中国”。1991年，在李登辉的主导下，台当局通过称为“国家政策与推动两岸关系的指导原则的”所谓“国家统一纲领”。此纲领虽名为“统一”，却人为地为两岸关系的发展设置所谓的近中远三个阶段，在提出两岸同为“政治实体”的同时，要求双方“对等”，并提出两岸“协力互助，参加国际组织与活动”。此外，正式纲领中还将原有“一个中国不容分裂”原则与

① 台“领海法”于1998年12月31日由“立法院”三读通过。

② 参见1999年4月1日台《自由时报》。

"大陆与台湾均是中国不可分割的领土"中"不可分割"四字删除，[①]其实也已暗示出台湾可从中国"分割"出去的意涵。这表明蒋氏父子时期的以"反攻大陆"或"三民主义统一中国"为核心的统一政策转变到了模糊"一个中国"的立场。这也为以李登辉为首的台当局进一步提出两岸是"对等的政治实体"，推动"参与联合国"案预留了政策空间，为其进而提出"两国论"埋下了伏笔。

其二，通过"参与联合国"活动进一步模糊、动摇"一个中国"政策。1993年，台"外交部"经过较长时间的谋划，炮制出所谓的"中华民国参与联合国"说帖，以"联合国会籍普遍制"和要求"尊重台湾地区人民基本人权"为借口，花钱雇用7个"邦交国"为其"参与联合国"辩护。这标志着台当局已在最重要的国际组织改变过去的"汉贼不两立"的立场，开始了在国际场合公开制造"两个中国"的活动。这既为当年年底台"经济部长"江丙坤在西雅图进而提出"一个中国为指向的阶段性两个中国"的模糊政策提出了直接依据，也为台当局在后来推动"参与联合国"说帖的过程中进一步要求推翻联合国2758号决议，乃至准备在1999年提出"中华民国在台湾"和"中华人民共和国在大陆"各为"两个主权独立国家"作了政策铺垫与准备。

其三，"台海两岸关系说明书"逐步透露出台当局由模糊而至否定"一个中国"的政策意图。1994年，台当局抛出所谓的"台海两岸关系说明书"，将"一个中国"限定为"历史上、地理上、文化上、血缘上"的中国，称传统观念上的"一个中国"已分裂为"两个对等政治实体"，并解释"政治实体可以指一个国家"，"中华民国的存在"不仅是"不容否定的事实"，而且"在国际间始终是一个独立主权国家"，与"中共政权"是"两个本质上完全对等的政治实体"，因而，所谓"对等政治实体"一词已被台当局赋予"对等国家"的意涵。台"外交部"更将之解释为"'一个中国'概念下的'两个中国'"。[②]此说明书不但成为台进一步拓展"国际生存空间"的理论指导，而且使其将两岸关系定位为"两个国家"的政策俨然成型。

其四，以"一个分治的中国"否定"一个中国"的存在。1997年初，台"行政院新闻局"发表《透视"一个中国"问题》的说帖，称"一个中国"是"口头并吞中华民国"，因为"中华民国"自1912年以来即为一个"主权国家"，而自1949年中共政权成立起，中国即处于"分治"的状态。其后由于台北与北京均未统治对方，所以谁也不能代表对方，谁也不能代表全中国，而只能代表各自有效统治的一

---

① 有关"国统纲领"草案内容参见1990年12月19日台《中央日报》。

② 参见1994年7月7日台《联合报》。

部分。准此，台当局认为，与其去说“一个中国”，不如说“一个分治的中国”。此说帖清楚表明台当局已开始否定“一个中国”。

其五，“两国论”标志着李登辉图谋突破一个中国原则的分裂政策的最终暴露。如果说李登辉以前在统“独”问题还采取一些模糊动作的话，那么“两国论”便已让李登辉分裂祖国的政治本质完全暴露在世人面前。1999 年 7 月 9 日，李登辉在接受“德国之声”记者采访时表示，两岸之间是“国与国之间的关系，至少是特殊的国与国关系”。[①] 此论调出台后，受到包括国际社会在内的一致批评，台“陆委会”被迫对此予以解释，并发表名为《对等、和平与双赢——“中华民国”对“特殊国与国关系”的立场》的说明书，但其实质仍是贯彻“两国论”。该说明书声称，李登辉对两岸定位的这项陈述是“基于国家利益与尊严的前提”，“既未扭曲事实，也未夸大渲染”，是为了“奠定两岸对等的基础”，并称 50 年来，“一个分治的中国及两岸间的特殊关系至今未变”。[②] 此举表明，李登辉不会收回“两国论”。事实上，台当局在今年的“参与联合国”活动中，已将两岸明确为“中华人民共和国在大陆”和“中华民国在台湾”，这显示台当局在继续推动“两国论”，沿着分裂祖国的危险道路越走越远。

上述政策的调整，就是李登辉在政策层面逐步由模糊、否定再至突破“一个中国”原则的轨迹。也正是这一系列政策，指导了李登辉一系列的分裂祖国活动。

三、在岛内民众间散布分裂意识，幻想建立以分裂为目的的“台湾意识”

无论是法律还是政策，在意识形态领域而言，都不能完全脱离普遍的社会价值观、道德观。岛内社会也无法超越这一规律。在 90 年代初，岛内对统一的支持度曾高达 91%，这显然是反分裂、反“台独”的一股最强大的力量。这迫使李登辉在当时不得不多次表示反对“台独”，坚持一个中国原则。李登辉要想蒙蔽岛内民众，让他们跟着自己的思路转，就必须最大可能地减少岛内民众对他的反弹。因此，李登辉在不断出台以分裂祖国为目的的法律政策的过程中，还采取了许多“独化”台湾民意的动作，其中最主要的有挑拨台湾民众对祖国的认同，建立以分裂为实质的“台湾人意识”两大部分。

---

① 参见 1999 年 7 月 10 日台《中天频道电视》。

② 参见 1999 年 8 月 2 日台《中央日报》。

其一，散布、发酵“悲情”意识，挑拨台湾民众对祖国的认同。民族、国家的认同感，是两岸追求统一的社会心理基础。李登辉为达到分裂祖国的目的，可说是利用一切可用之机，与“台独”分子分头出击，不断地鼓吹“台湾悲情”，挑拨岛内民众中华民族的认同。对台湾被清政府割让给日本之事与“二二八事件”，李登辉便有不少惊世骇俗的言论。1994 年，李登辉与日本右翼作家司马辽太郎对谈时便称：“在中日甲午战争败给日本时，李鸿章最先割让给日本的是台湾，并不一定要台湾，因为是化外之地！”“以往（蒋介石治台期间）象我们七十几岁的人在晚上都不能好好地睡觉”；“在那种政治情况下假如蒋经国先生露出一点声色，说不定我会被罢黜”；“也有不能为波士尼亚尽一份心力的痛楚。生为台湾人，也曾有过不能为台湾尽一份心力的悲哀”；“到目前为止掌握台湾权力的，全都是外来政权”。后来，李登辉不但常将根本错误的“务实外交”四处碰壁的情形归咎于祖国大陆的打压，而且以“民主统一”为幌子，大肆攻击祖国大陆的社会生活制度，攻击“一国两制”具“矛盾性”、“暧昧性”、“不民主性”，是“矮化台湾”、“口头并吞台湾”。① 在 1999 年，台湾南投地区发生百年不遇的大地震之后，以李登辉为首的台当局，更是利用地震救灾之事大做文章，不断恶毒攻击祖国大陆将救灾“泛政治化”。台“外交部”不断发布消息，诬称祖国大陆阻碍国际救援队赴台协助救灾，许多国家之所以无法对台实施援助计划，是因为祖国大陆在国际上打压台湾，俄罗斯救援小组到台时间较晚是因为祖国大陆不愿提供俄罗斯空中交通的方便。② 海基会副董事长兼秘书长许佑惠更诬称，“中共企图藉救灾达成归并台湾的政治目的”。③ 李登辉这些言论的根本目的，就是试图让岛内民众对祖国的感情由爱转恨，由近而远。

其二，鼓吹“台湾民族”、极力推动“台语”教育，妄图从文化上将两岸分割开来。这是李登辉让台湾同胞远离中华民族，认同“台湾民族”的重要措施。早在 1994 年与日本作家司马辽太郎的对谈中，李登辉就称，“台湾必须是台湾人的东西”，“由于五十年的历史与其他汉民族不同”，台湾本岛人“成为一个民族”。后来，因为其讲话受到岛内外的普遍反对，李登辉不敢再提“台湾民族”，而改以所谓的“生命共同体”取代。李登辉称，台湾在近五十年的发展过程中，在精神上，形成了一股“不服输”的，“敢于向不可能挑战”的“台湾人精神”；在文化上，“在这块土地汇聚着来自大陆各地、海外以及本地的众多菁英人才，历经共同生活

① 李登辉接受彭定康采访时的谈话，参见 1998 年 6 月 23 日台《中央日报》。
② 参见 1999 年 9 月 25、26 日台《中国时报》。
③ 参见 1999 年 9 月 28 日台《中国时报》。

与共同传动的融合，已经逐渐蕴育着一种崭新的文化生机；加上台湾地理位置的特点，更成为大陆文化与海洋文化的联系枢纽，已经形成为文化的‘新中原’”；经济上，台湾外汇储备居世界第二，年人均所得达一万多美元，实现了经济自由化与国际化，在半世纪内完成了“其他资本主义国家”需要几百年才能完成的经济发展过程，实现了“经济奇迹”，创造了“台湾经验”；政治上，台湾通过“宪政改革”，以“不流血”的“宁静革命”方式结束了“威权”统治时代，走上了“政党政治”的“民主之路”，在政治上充实了“台湾经验”。他由此得出结论，台湾领先于大陆，与大陆已属两个完全不同的实体，进而鼓吹，“我们2100万人是同舟一命，只有携手同心，才能共谋发展”，“要突破国际孤立，台湾2100万人民必须先有命运共同体的共识，凝聚内部力量争取国际认同”。后因岛内族群矛盾仍然相当紧张，“生命共同体”再次未被岛内民众接受，于是又将之演变成所谓“新台湾人”理念，并将之解释为，“不分来台先后，只要爱台湾，痛惜这块地方，愿为它打拼，就是新台湾人”，台湾已经形成“文化新中原”，大家应该“建设大台湾”。①

为了使岛内民众舍弃“大中华情结”，进一步认同台湾，认同“新台湾人”，李登辉还不断鼓吹所谓“本土教育”。李登辉曾对司马辽太郎表示，在台湾小学教育里，“不教台湾的事而尽记些大陆的事，那是荒唐的教育”，“说台语这件事本身就很重要”，“我现在带头用台语说话，为选举去巡回演讲时也全都讲台语”。由于李登辉对“本土教育”的鼓动，台湾的中小学史地教材在1997年被修改为以台湾为主的教科书。说到底，李登辉对祖国大陆的攻击，与对台湾自我吹捧、自我膨胀，根本目的是割裂台湾民众对祖国的向心力，企图让他们随着自己转。

当然，李登辉在意识形态领域里的分裂活动还有很多，但上述三个方面是其妄图实现“体制建国”与“精神建国”的重要组成部分。就目前时局而言，其对两岸统一进程造成伤害是不言而喻的。但是，无论李登辉如何表演，两岸间“血浓于水”的民族认同感都是无法否定的。李登辉在法律、政策上的分裂活动必将随着其退出政坛而被调整，而其在民众间造成的不良影响也势必逐渐消失。李登辉分裂祖国的行径除了会将自己定位为历史罪人外，并不会影响中华民族的凝聚力，更不可能阻止两岸统一的实现。

（原载《台湾研究》1999年第4期）

① 参见1996年5月24日台《中央日报》。

“台独”与“独台”的同一性和差异性及走向

毛仲伟

本文以台湾在野唯一具实力抗衡执政党的民进党的“台独”路线和在朝台湾当局的“独台”路线为主要分析对象，因为这两大势力的冲突与妥协、争夺与交换、分裂与合流，是现阶段台湾“朝野”互动的关键，其互动的现状和趋势直接影响着台湾的政治走向与两岸关系的发展。

一、“台独”与“独台”的同一性

“台独”与“独台”本来就是孪生兄弟，所以有A型与B型“台独”之称。两者之所以是两个各自独立的个体，有着复杂的社会、历史及现实的原因，但就本质而言，两者只是在由谁来主导台湾政治前途，采用什么方式达到最终从中国分裂出去的目的上，代表不同集团的利益。

近两年，由国民党主导的台湾“宪政改革”基本完成，台湾社会的政治结构发生了质的变化，主要表现在：结束“动员戡乱时期”后，一个台湾本土化的“国民大会”登上台湾政治舞台；一个由新科“国代”修订的“宪法”迅速出笼，随后，一个台湾“本土化”的“立法院”出现，国民党十四大后，一个本土化的国民党基本形成。这些重大变化虽然派生出一些新的矛盾，但作为台湾社会政治分歧的焦点——统“独”间的力量对比，却发生了深刻的变化，真正统一的声音被联手打压，而台湾当局明统暗“独”具明显“独台”倾向的政治主张，一定程度上包容了民进党的“台独”诉求，有被民进党接受为权宜之计阶段性政策的可能。民进党前主席黄信介认为站在对付共同敌人共产党的立场上，国民党与民进党实际上是同志关系。他说："我搞台独，你搞独台，你只做不说，我只是坦白地说出来而已。"①分析一下民进党"台独"诉求与台湾当局"独台"倾向暗自合流且在台湾现实政治舞台上互相帮衬的举动，就会更加理解"台独"与"独台"两者在本质上的"同志"关系。

1. 依赖国外势力，本源相同

"独台"与"台独"是一根藤上的两个毒瓜，这根藤就是共同的国际背景。其本源（从形成一定社会势力角度说）皆来自于国外妄图利用中国分裂局面和妄图瓜分中国的势力。从历史角度看，台湾问题的形成就是国外势力插手中国事务、直接干涉中国内政的产物；从现实角度看，今日的"台独"与"独台"仍是以国外，特别是以美国某些势力的极力怂恿和支持为温床，才得以发展并形成气候的。因此不可避免地显现其本质上的买办性特征，即唯美国马首是瞻的特性。而且，不仅国民党后面有美国势力在为其撑腰，民进党后面也有美国一些势力在或明或暗地向其伸出援手，美国前司法部长克拉克在 1991 年就公然到台湾参加"台独"势力组织的游行并作演讲，叫嚷"台湾事实上独立"，"现在是台湾争取加入联合国的时候"，为"台独"活动撑腰打气。美国政界这种通过不同势力向台湾"朝野"分别投资的方式，客观上形成美国对台湾政权的特殊控制方式，即：在台湾造成"在野"的手背牵制"在朝"的手心，"在朝"的手心又能控制"在野"的手背，手心手背都是美国势力在幕后操纵，翻手为云也好覆手为雨也罢，谁掌权也跑不出美国手中牵着的线。美国政客使用这种方式的目的就是更好地控制台湾，使台湾政权始终不会失去其亲美反共性。

美国对台湾投入的"资本"，在历史上有"扶蒋反共"时的"美援"和其后的"共同防御协定"，其获得的利润就是台湾成为一艘为其驱使的"不沉的航空母舰"；到现在美国对台湾投入的仍颇能获利的资本，就是其干涉中国内政的"与台湾关系法"，及其目前突破中美"八一七"公报限制，向台出售高性能武器，这些就是使台湾甘心充当西方"和平演变"大陆基地的根本原因，也是致使台湾当局内外政策仰美国鼻息的根本所在。1992 年 8 月底，出身军旅的郝柏村以"中华民国行政院郝院长诤言"为题，接受美国电视记者采访时就直言不讳地表示："中华民国"在台湾的安全系于几个方面，第一就是 2000 万台湾人的共识与团结；第二是台湾经

---

① 《镜报》月刊 1902 年 1 月号。

济的继续发展和成长；第三是军事防卫能力的加强；第四是在国际社会所获得的活动空间和尊重。他认为，这几个方面，与美国的良好关系是关键性的因素。“与台湾关系法”，以及与美国长期以来“实质的友谊”，对于台湾海峡的军事情势的均衡有很大的帮助。他还强调，台湾的安全不仅关系“中华民国”本身在台湾的生存与发展，同时与美国在西太平洋地区的利益也息息相关。①几天之后，美国总统布什宣布解除长达10年之久的禁止向台湾出售F–16战斗机的禁令，为此台湾《中央日报》驻美特派员在报上欢呼“美国走出8·17公报阴影，台美军售关系，一十年来首获重大突破。”美国正是利用这种政治军事投资控制台湾当局。美国同时投资民进党以更有效地控制国民党，进而利用台湾朝野的这种亲美性，控制台湾与大陆的关系，从而加强对西太平洋的控制。

2．搞分离独立，本质相同

“台独”与“独台”是两种以分裂中华民族、破坏祖国统一为目标的政治诉求，不管形式上有多大差别，其在与中国母体相分离、将台湾问题国际化这一本质属性上都是完全相同的。这一属性决定了两者在基本路线上有吻合的坚实基础。民进党公开扛着“台独”的旗帜，进行分裂国土的勾当，公然抛出“台湾宪法草案”，打出“台湾共和国”旗号。1991年9月1日，“台独”势力正式抛出“以台湾名义加入联合国”的宣言，进行“台独”活动。国民党当局则扛着“国统”的旗帜，导引着“独台”的方向，提出海峡两岸应在“对等”的前提下进行交流，以“互惠中不否定对方为政治实体”为两岸深化交流的先决条件，在“外交”上积极推进“务实策略”，谋求“双重承认”，试图建立一个以承认分裂现实、确立分裂关系为旨归的“一国两府”模式，并于1991年9月21日由“外交部长”钱复宣布，“为积极处理我国（台）加入联合国有关事宜”，“外交部国际组织司”第一科将改为“联合国科”，并提升驻纽约办事处“联合国小组”派驻人员层级、增加预算，强化其功能。今年更是在加入联合国问题上大造声势。

3．大陆政策，先决条件相同

如果细心比较一下，就不难发现国民党主导制定的“国统纲领”的近程、中程目标与民进党“现阶段两岸关系与中国大陆政策”草案第一阶段、第二阶段目标有极为相似之处。表面上似乎有颇多抵触之处，深究就不难发现其在本质上有很多暗

① 《香港时报》1992年8月29日。

合之处，遣词确有不同，立意却是殊途同归。“国统纲领”设立了依其纲领无法也无心去实现的最终目标——中国统一，而民进党的草案也只是就反对这有名无实的目标，提出“应考虑一中一台国际策略”。“国统纲领”强调两岸间须先确定互为对等政治实体架构，作为进一步发展关系的前提，民进党则强调“两岸关系是两个国家的关系”，彼此间应建立“和平的、对等的、互惠的、安定的关系架构”。提法虽有不同，但在建立把台湾从大陆分离出去的两岸发展关系的政治基础这一点上，两党的用意如出一辙。

二、“台独”与“独台”的差异性

“台独”与“独台”的区别，不在于两者的本质，而在于二者的表现形式，因为二者的终极目的，都是将台湾从祖国大家庭中分离出去。二者的差异性主要表现在实现独立的策略、途径、时机等问题上，核心在于谁来统治台湾主导“台独”问题。

1．夺权保权，旗帜有别

在野的民进党扛起“台独”大旗，公然向已有“独台”倾向的执政党提出挑战，其要害是以否定“中华民国”在台湾的合法性来否定国民党政权的“法统”地位，从而为民进党执政、建立“新国家”鸣锣开道，核心是夺取政权。在朝的国民党则为维护在台的统治，坚持“中华民国法统”，言必称“民国”，嘴上时时不忘挂着“统一”，意不在“统”，核心是保住政权。这也就是国民党当局为什么在不想统一时抛出了一个“国家统一纲领”的原因。不情愿搞统一却非要订个“统一纲领”，是国民党“独台”路线不可缺少的特色。从这个角度看，“统一”与“台独”在一定程度上是台湾政治角逐场上的两张王牌，“台独”与“独台”差异性的核心是由谁来主导“台湾独立”于中国之外。

2．求实求名，战略有别

“台独”与“独台”由于其思考角度不同，所以战略思想也很不同，其主要表现是“台独”明确鱼和熊掌要兼得，“台独”之名与实要两全。而“独台”则出于维护“法统”及现实条件的考虑，在战略上先舍鱼而取熊掌，弃“台独”之名行“独台”之实，以“中华民国”为包装，还渐由对等而分离，最终走上“独立”之路。这种在国家表面形式与“独立”实质内容上不同的战略考虑，决定了“台独”与“独台”势力在现实政治斗争中的不同阶段策略运用的差异。

3．公开隐蔽，作用有别

“台独”与“独台”作为本质相同形式有别的政治诉求，因国民党与民进党发展的历史、现实力量的对比及各自战略目的不同，所以在表现形式上也有所不同。其主要表现在民进党主张“台独”具公开性，1991 年 10 月 13 日民进党五全大会正式通过将“台独条款”列入党纲，明目张胆地、毫无掩饰地主张分裂、公然搞“台独”，其危险性在于其具有较大的挑衅性。国民党由于其党内派系矛盾及其政治需要，其“独台”路线表现得比较隐蔽，更多的是在一个中国（或“中华民国在台湾”）的掩护下寻求“重返联合国”，与大陆形成一个中国名义下两个互无统属关系的“独立政治实体”。其“独台”倾向隐含在其大陆政策及“外交”政策中。如分析其制定的“国家统一纲领”，就不难发现其为“统一”预设了三道防线——“第一道防线是只有在大陆承认台湾是独立的政治实体、承诺对台湾不使用武力、不阻挠台湾开展国际关系的三条件下，才开放三通；第二道防线是要求中共完全放弃社会主义，实现经济自由化、政治民主化、军队国家化之后才谈判统一问题；第三道防线所谓台湾两千万人的福祉，也就是台湾人民对统一有最后的否决权。”[①] 国民党的“独台”倾向，以隐蔽的形式出现，其危险性在于具有一定的欺骗性，因国民党在台湾处于执政党的地位，因此其推行“独台”路线对于祖国统一更具危害。

三、“台独”与“独台”的走向

“台独”与“独台”的走向，受三个重要因素制约：国际大气候——国际政治、军事、经济格局的变化；台湾岛内“宪政改革”及朝野互动的情况；两岸关系的发展情况。这三个重要因素彼此间有着千丝万缕的联系，每一个因素的变化都会引起其他因素的变化。

1．国际因素与“台独”“独台”的走向

中国的统一问题是中国内政问题，但台湾问题是国际政治斗争的产物，是国际上反共反华势力干涉中国内政的一种表现。因此，台湾问题从其成为问题的那一天

---

① 《两岸关系的政治连环套》，《镜报》1992 年 7 月号。

起，就被打上了国际政治斗争的印记，过去如此，今天仍然如此。

进入90年代，东欧剧变和苏联解体，使国际格局出现了全球性的质变，二战后形成的世界两极对立格局不复存在了。冷战结束后，国际力量开始重新组合，各国都在密切注意国际格局重组的趋势，并开始调整彼此的关系。台湾岛内的一些人面对中美苏大三角关系随苏联解体而成为历史的局面，及美国对中国大陆和台湾的“双轨政策”作了一定的调整的情况，以为美国可以主宰世界了，中共成了美国的头号敌人，形势对台湾十分有利。另一方面，两德合并、苏联解体、波罗的海三国和一些加盟共和国的独立、北南朝鲜同时加入联合国以及南斯拉夫各加盟共和国的独立运动，也极大地刺激了“台独”势力，一些人以为“独立”的机会已经到了，大陆已无暇顾及台湾的“独立”，“不会对台动武”。于是乎台湾岛内“台独”声浪在1991年底达到了甚嚣尘上的地步。台湾当局在明擒暗纵“台独”的同时，也不失时机地抛出具明显“独台”倾向的大陆政策，在争取两岸互为“对等政治实体”、签订“两岸互不侵犯协定”、国际上“双重承认”等问题上大做文章。

台湾当局在两岸关系上做出的种种动作，与整个世界各方面因素都有联系，但美国因素是核心的因素。美国出于各种考虑，调整对中国大陆和台湾的“双轨政策”，这是台湾“台独”、“独台”升级的主要外部原因。美国对台政策的变化主要表现在以下几个方面：其一，在国际空间上，美国或明或暗地支持台湾与大陆间形成相对独立且“对等的政治实体”的关系，将台湾问题国际化、长期化，支持台湾加入一些国际性、区域性经贸组织，以显示台湾为享有一定国际地位的“独立的政治实体”。其二，在向台湾当局的军备销售上，不惜触怒中国，竭力突破中美“8·17”公报中有关美国向台湾销售武器的限制，公开提高对台军售的层次，继近两年美国批准向台湾当局出售具攻击性能的眼镜蛇直升飞机、S–70型反潜直升飞机之后，于1992年美国大选前，布什又宣布解除长达10年之久的禁止向台湾出售F–16战斗机的禁令，其后美政府向台出售预警飞机、鱼叉导弹等，公开支持台湾当局在军事上创造“对等政治实体”的条件，同时也使一些国家跟进，造成一些国家与台湾政治、军事等方面实质关系有所提升。其三，在政治舆论上，美国某些政客大造声势，为美国政府“亲台保台政策”鸣锣开道：美国国务院中国科前科长费浩伟声称，“台湾为一分离个体”，“美国将逐渐接受这个事实”，“美国在台协会”理事主席白乐崎则公开鼓吹，所谓“分离的台湾身份已形成”，“国际社会已面临一个如何给予台湾一个合理法律地位的时候”，美国前驻华大使李洁明也宣称，“中国大陆”的“主权观已过时”，攻击“一国两制”是一种“霸道的作法”。

对于建立国际新秩序，尤其是对美国的一系列作法，“台独”和“独台”两派势力，均心领神会，积极作出了回应。台湾当局以“国统纲领”作为其大陆政策的总原则，其所追求无非是所谓坚持一个中国原则的“抽象目标”，争取两岸形成分裂国家下“对等政府”现实模式的具体目标，建立以“对等的政治实体”为基本架构的两岸关系，维持“不统不独”的政治局面，进一步提升台湾的国际地位，增加与大陆讨价还价的资本。台湾当局所谓兼顾理想与现实的大陆政策，核心是追求“一国两府”，台“经济部长”江丙坤于1993年11月22日，在美国一个记者会上公然提出“在统一条件未成熟前，台湾当局采取以将来一个中国政策为指向的阶段性两个中国政策”，更为露骨地宣称台湾当局的“独台”主张，谋求所谓长远是“一个中国”，眼前是“两个政府”这种无任何制约机制的“独台”架构，可以说这是台湾当局目前政治路线的走向。

作为在野的“台独”势力，在与国民党争夺台湾政治大饼之时，由于考虑到国际势力尤其是美国对台湾当局目前这种“和而不统”“不统不独”策略的认同，也相应地调整自身的战略，在一定程度上愿意接受台湾当局目前采取的模式为过渡到“台独”的权宜方式。由于世界范围的军事对抗随着两极对立结束而下降，出现了国际的竞争与区域的经济合作，这为进一步扩大中国大陆与周边国家的关系提供了有利的条件，如1992年韩国与中华人民共和国建交，而与台湾“断交”，这种国际形势对岛内的“台独”、“独台”也势必发生一定的影响。应当看到，以意识形态为分界线的冷战结束，美国在与海峡两岸的关系上开始寻求新的平衡点，尤其是出于对中国大陆市场经济利益层面上的和大陆在国际政治舞台上作用的考虑，台湾这颗棋子在其整体利益关系上也发生了一些变化，过去冷战体制下为政治利益掩盖着的美台经济矛盾也日益突显出来，对美台关系将发生一些影响。总之，美国从自身利益出发，“不统不独”是其比较乐于接受的两岸关系，所以美国目前不会为台公然“独立”作出政治或军事上的承诺，这就使台湾只能在不愿统也不敢“独”的层面上寻求有限的发展。

2. 岛内因素与“台独”“独台”的走向

如果说，国际因素构成“台独”“独台”发展的外因，那么，岛内因素就是“台独”“独台”发展的内因。台湾岛内政治转型近两年取得了很大的进展，随着“宪政”的进展，台湾社会政治结构发生了较大的变化。“中华民国”台湾化，势必对台湾的政治走向产生深刻的影响。

台湾政权“本土化”，在两岸长期分离的情况下，是一种必然趋势，而“台独”并不是“本土化”必然趋势，也就是说不能说“本土化”就是导致“台独”的直接原因。但“台独”势力一定会利用“本土化”大做文章，把“本土化”当作走向“台独”的有利条件，对“台独”势力利用“本土化”为其搞“台独”造势的危害绝不能低估。

台湾岛内“宪改”是影响统“独”的重要因素，它为两岸交流扫清了一些障碍，也为岛内“台独”提供了极大的活动空间。以李登辉为首的国民党主流派，依照西方的价值取向，想把台湾建成一个西方式的政治民主化、经济自由化的社会，在政治上为“台独”主张松绑，减少甚至取消对“台独”活动的约束，使“台独”的主张得以公开化、合法化。利用岛内这种政治形势，海外“台独”人士大量回台活动，岛内“台独”势力亦借机发展自己的力量，利用政治民主化，偷梁换柱地把独立和民主等同，广为宣传“台独”理论，扩张“台独”势力。反过来，党外有党，党内有派，以李登辉为一首的国民党主流派，也利用其一手策划的这种政治结构的变化，利用在野的反对党，向国民党内的非主流派施压，加速台湾本土化进程，打击和削弱大陆籍传统势力，并利用“台独”势力在台湾社会政治结构中的地位，对抗大陆的“和平统一”攻势。台湾目前的政治结构为台湾当局维持“不统不独”的“独台”政治路线提供了政治上的条件，为台湾“朝野”两大党的政治诉求趋同创造了条件，民进党的“民主”诉求已基本被国民党纳入“宪改”，包括“总统”直选这一在国民党内尚有较大分歧的诉求，也已被李登辉首肯。而国民党现阶段的大陆政策，也基本被民进党接受。

从李登辉为首的国民党主流派主观意图看，对民进党主要采取为“用”而“拉”策略，让民进党认同国民党主流派的“独台”主导路线及目前的大陆政策，在台湾做一个“好的反对党”，一定程度上分享名为“中华民国”的台湾政权。1991年统“独”之争闹得不可开交之时，李登辉方邀请十一位台籍重要人士，极其诚恳地掏了几句心里话：“不要有统，也不要有独，接受目前的状况最好，因为台湾已经是个主权独立的国家，国名是中华民国。”[①] 据香港《镜报》报道，1992年7月8日，李登辉在接见许信良所率领的参加美国民主党大会五人代表团时，也曾与许信良作了一番交心的谈话。谈话主要有下列内容：“一、我们没有打仗，也没有流血，就结束了四十年的积累（指大陆人对台湾的统治），这是一项最大的胜利。二、今天

① 《联合报》1991年9月30日。

台湾要走的道路，我非常清楚。不过台湾内政外交都不能忽视中共的因素，所以大陆政策要模糊一点，不能讲得太明白。三、你们主张进入联合国问题，我正努力在做，大约三、四年内会有显著成效。不仅进入联合国，还要参加国际货币基金组织和世界银行等国际组织。四、你们主张总统公民直选，我已决定在1995年前定案。五、进入联合国只能通过两个中国代表权的形式。你们主张的台湾共和国，因为现在不存在，如果硬干，一定会招致中共的武力对付，所以台湾建国这条路是行不通的。中华民国已经是存在已久的独立国家，勿需要搞台湾共和国。六、你们搞街头运动，对台湾独立只有坏处，并无好处。七、你们应参加国家统一委员会，就会更清楚我的大陆政策。况且你们参加之后，会对任何走向统一的步骤取得否决权。”① 据称许信良对李登辉的这番交心的谈话很满意。

民进党会在一定程度上支持李登辉暂时“维持现状”的大陆政策，配合台湾当局，使“独台”路线在两岸关系及国际上具备更充分的条件，而后借风行船，分享“独台”的成果，伺机由分享而至独享台湾政权，以求最终实现“台独”。民进党现主席许信良曾对民进党的策略作过明确的说明，他说：“民进党如果不是执政党，哪有权力进行换国旗、改国号之事。现在不是谈台独的时候。重要的是民进党对此并无分歧，即台湾以中华民国的名义四十年来已是一个独立在台湾的一个国家，而且大家意识到应该维持下去。也就是维持和中国分离的独立形式。若其中还有重大分歧，就是要不要公开宣布改国号、换国旗。”目前民进党出于岛内政权攻防战的客观需要，对“台独”主张进行了新的包装，如提出“一中一台”、“公民自决”等。

3．两岸因素与“台独”“独台”的走向

台湾“朝野”都非常清楚，台湾的前途问题抛开大陆因素是不可能的。如同“台独”“独台”是祖国统一的最大障碍一样，大陆也是台湾推行“台独”“独台”的最大障碍。近两年，大陆一方面打破了以美国为首的西方国家的制裁，另一方面改革开放进一步深化，经济实力稳步增长。两岸经贸往来出现了很好的势头，大陆良好的投资环境与台湾形成对比，台湾不少大中企业对大陆投资意愿高涨，这为促进两岸直接“三通”创造了有利的条件。两岸关系的进一步发展，并非台湾当局所乐见，台湾当局把承认其为“对等政治实体”等条件与实现两岸“三通”搅在一

① 《镜报》1992年9月号。

起，已引起台湾工商界的不满，要求早日实现两岸“三通”的呼声，已使台湾当局颇感为难，降温减速不仅有悖民意，而且也不利台湾产业结构转型。目前两岸间的经济互补可能形成的优势，对两岸关系的深入发展将起很大的促进作用。大陆和平统一的方针和一系列促进两岸交流的政策，也构成了压制“台独”“独台”的有力武器。这将迫使台湾“台独”“独台”势力一定程度上调整各自的政策，对其可行性进行重新评估。台湾当局目前也很清楚两岸经济上的天然联系，在国际经济竞争加剧和区域整合趋势不断发展的情况下，面对亚洲国家和地区无不与大陆发展经贸关系的现实，台湾当局亦深感不能独立其外，李登辉公开表示的“台湾未来的发展要以大陆为腹地”的认识，正是对未来两岸间经济关系的一种较务实的看法。但是李登辉出于其政治上“反共拒和”理念，把发展两岸经贸关系这一经济目标同确定两岸“对等政治实体”这一政治目标摆在同步进行的位置，所以李登辉很难解开这个政经连环套，出于目前台湾完成“宪改”这一“安内”的需要，不会推出更积极的大陆政策。

从国际、岛内及两岸三方面因素看，对“台独”“独台”，来说，有利、不利条件均有，目前“台独”与“独台”势力的走向以互相配合、朝野呼应、合流共拒大陆和平统一方针为主要趋势。当然，在台湾岛内政争中，朝野也会相机运用统“独”两张牌，“台独”势力以体制内推行政治诉求为主要策略外，仍保有在体制外抗争的一手。“独台”势力也会在推行两岸“对等政治实体”具“独台”倾向的路线时，交换使用以统压“独”、以“独”压统及以“独”攻“独”等策略。

（原载《台湾研究集刊》1994年第1期）

试论“台湾主体意识”的形成、特性及其与“台湾意识”之异同

王建民

“台湾主体意识”与“台湾意识”有所不同，是一种“自上而下”的人为建构的，更强调台湾“主体性”、台湾价值、台湾利益、台湾优先的社会政治意识，也是具有某种程度的“台湾国家化意识”。其对当今台湾社会的主流价值的深刻影响所及，直接牵动着台湾岛内政治与两岸关系发展。

一、“台湾主体意识”的概念与形成

“台湾意识”是自发产生的，是历史演变过程自然形成的，但“台湾主体意识”则不完全如此，它在很大程度上，是人为建构的，是从执政当局强调要坚持台湾的“主体性”及走“台湾主体意识路线”后，逐渐演变为台湾社会的一种主流意识的。

对于“台湾主体意识”的起源，有不同观点。有学者认为台湾早就有主体意识，可以追溯到抵抗荷兰人的郭怀一事件、抵抗日本人的莫纳鲁道、林爽文事件甚至还有抵抗日本割地成立的台湾共和国。[①] 只是这种认知与观点无法获得普遍认同，当时的抵抗运动不能称为“台湾主体意识”。有更多学者认为最早提出“台湾主体意识”概念的是日本的台籍历史学家戴国煇教授。[②] 戴教授的本意是鼓励台湾人在精神上、思想上不但要摆脱日本殖民帝国主义的枷锁，同时也要摆脱国民党的意识形态，做一个真正独立思考的自由人，但民进党把主体意识、“台湾意识”无限上

① 杨艾俐:《选择永远维持现状之因》，台湾《旺报》2012 年 2 月 6 日，C7 版。

② 戴国煇教授所提出台湾人该保持的主体性，并非当前所讨论的“台湾主体意识”的概念。

纲，极度窄化，变成狭义的“台独”意识。[①] 戴教授的概念只是讲台湾人的“主体性”，尚没有使用“台湾主体意识”的概念。1999年出版的《台湾意识与中国意识》一书中，郭正亮发表了“台湾主体性的辩证”，仍没有使用“台湾主体意识”概念。2004年，台湾大学王晓波教授发表的《中国是台湾人民不可剥夺的权利——台湾人民主体性的统一论》，提出“台湾主体性的统一理论”由三部分组成，主要是批判“台独论述”，从台湾人民的角度建构两岸的统一论述，其中也没有提到“台湾主体意识”。[②]

“台湾主体意识”不仅已成为今天台湾社会重要的价值取向，而且成为学术界研究的热点问题之一。许多学者追根溯源，探讨“台湾主体意识”的起源与来由，但常常将“台湾主体意识”和“台湾意识”的起源与两者的概念混为一谈，无法准确把握“台湾主体意识”的真正要意。事实上，今天我们讲的“台湾主体意识”不是理论上的学术概念或理论探讨，而是有特定内涵的，是在特定复杂社会历史条件下出现与形成的，既有客观孕育的社会基础，也是特定人士、特定政党竭力推动建构的社会思潮的产物。

“台湾主体意识”核心其实就是认同台湾为一个现状独立的主权国家。其出现与形成以及受到广泛关注与讨论，始于民进党执政之后，即20世纪初。“台湾主体意识”是在以李登辉为首的“台独”分裂势力倡导与主导下，由一批“台独”学者人为建构，再通过民进党执政当局的宣扬与政策推动逐步形成的。

依目前所掌握的资料，“台湾主体意识”概念是主张“台独”的李登辉首先提出的。台湾的苏嘉宏教授撰文指出，“李登辉开始公开提出‘台湾主体意识’”。[③] 2003年10月，李登辉表示，台湾长期遭受外来政权统治，接受殖民化教育，一直未能建立主体性的意识。他进一步表示，解严后虽然逐步建立民主自由政治、社会体制，也由人民直接选出台湾人“总统”，但教育、文化仍然未脱离“大中国思想”宰制，也有不少人仍抱持强烈的“大中国意识”，导致台湾意识形态对立，政党恶斗不断，政局动荡不安。因此，未来必须透过“台湾正名”，让国际社会认清“中国是中国”，“台湾是台湾”，久而久之，台湾才有机会登上世界舞台，并透过教育、

---

① 武之璋：《台湾主体意识——台湾意识评议》，台湾“联合新闻网”博客，blog.udn.com/jasonwu0211/1326313，2007年10月26日。

② 王晓波：《中国是台湾人民不可剥夺的权利——台湾人民主体性的统一论》，第13届海峡两岸关系研讨会学术论文，2004年8月。

③ 苏嘉宏：《台湾应有超越“台湾主体意识”的积极论述》，香港《中国评论》月刊2007年7月。

文化，培养人民“台湾主体意意识”，才能迈向“正常国家”[①]可见，“台湾主体意识”是针对“大中国意识”而提出的，目标是通过“台湾正名”实现台湾的“法理独立”（即建立所谓的“正常国家”）。同年11月，李登辉进一步表示，“现在更重要的是要让台湾主体意识深入人心，也是未来必须努力的目标”。2004年，李登辉组织“台独”学者编纂“愿景·台湾”系列丛书，宗旨就是“提升台湾的主体意识，确立对台湾国家的认同”。其中一本书就是《台湾主体性的建构》，由李永炽、李乔、庄万春、郭生玉等“台独”学者撰写，提出台湾“切离中国，独自走自己的主体之路”，强调“台湾意识逐渐取代中国意识，成为台湾民意的主流”，“台湾要主体化、一体化，必须‘去外来化’”。同时该书认为1990年后，台湾经过政权的“本土化”、制度的“民主化”，逐渐形成有别于中国大陆的新制度与新政权，人民有了新的生活方式，有了新的价值观，“台湾主体意识”就是这时候萌芽起来的。[②]

2004年初，陈水扁在“大选”中成功连任后，绿营势力将这次胜选视为“台湾主体意识”的胜利。民进党竞选主要负责人邱义仁在选后当晚就表示，陈水扁胜选的关键原因是，陈水扁在选举过程中抓住“台湾主体意识”的主轴，选举结果也证明，“台湾主体意识”已成为台湾主流价值。2004年，台湾亲绿学者施正锋发表的《台湾主体意识的发展》一文是较早讨论“台湾主体意识”的论文。

2005年前后，“台独”势力开始大力宣扬“台湾主体意识”，陈水扁公开强调“台湾主体意识路线是我们必须坚持的路线”。陈水扁在2006年“元旦文告”与“春节讲话”中提出：“以台湾为中心的主体意识摆脱了历史的窠臼与政治的教条，发源于2300万人民的对自我的认同、土地的情感，以及命运与共的体验”；“台湾是我们的国家，土地面积3万6千平方公里，台湾的主体属于2300万人民，并不隶属于中华人民共和国，台湾的前途只有2300万台湾人民才有权决定”。2007年4月13日，陈水扁表示，“党内没有路线的问题，台湾主体意识的路线仍是全党同志一致服膺的路线”。[③]

维基百科对“台湾主体意识”的解释是：“台湾主体意识是台湾一种政治及文化论述，希望透过台湾民族主义的力量，突破中国主义的文化霸权，来建立台湾自身的国家与文化认同。台湾主体性的支持者，如李登辉与民进党，希望由支持台湾

① 杨毅州、韩晨：《台湾“总统”选后社会新思潮研究》，全国台湾研究会（编）《两岸关系研究报告（2004—2005）》，九州出版社2006年9月第1版，第74—75页。

② 章念驰：《“台湾主体意识”辨析与构建新型的两岸关系》，香港《中国评论》2006年第6期。

③ 苏嘉宏：《台湾应有超越“台湾主体意识”的积极论述》，香港《中国评论》月刊2007年7月。

本土化运动，形成以台湾为中心的主体意识，来发展出台湾自身的文化。”

民进党执政八年，采取的诸多政策尤其是“去中国化”、“去中华民国化”、“去蒋化”与“台湾正名”等，都是在建构“台湾主体意识”下推动的“台湾独立”活动。但“台独”人士仍认为陈水扁当局八年做得不够，“2000—2008 年时，（民进党）政府要津职务，台湾主体意识者可以上台亮相，但表现平平，没有勇敢直冲，快速的扩张台湾意识力道，着实可惜”。① 但事实上，民进党执政八年，将“台湾主体意识”置于重要的政治地位，达到一个新的发展高度。

不过，由于台湾社会政治的多元化，台湾学术界与不同政治派别，对“台湾主体意识”的讨论与分析，则存在不同的观点与主张。绿营与“台独”人士认为“台湾主体意识”，就是一种独立意识，确认“台湾是一个主权独立的国家”，中国大陆是另一个国家。泛蓝阵营认同“台湾主体意识”，但不否定“中华意识”，不认为“台湾主体意识”就是“台独意识”。台湾学界则有不同的观点与看法，没有定论。其中，台湾夏潮基金会董事长宋东文认为，“台湾主体意识”就是，“国家认同，在土地上是台澎金马，或台湾加澎湖，人口 2300 万人，视中国大陆为另一有特殊历史、文化、血缘渊源，与台湾有重要关系的地区 / 国家，‘外国’或‘敌国’”。他同时认为“台湾主体意识”不等于“台独意识”，但是“台独意识”的重要基础，只是可接受“中华民国”为国号。② 可见，“台湾主体意识”与“台湾意识”一样，在岛内出现“一个概念，各自解读”的现象。但不可否认，“台湾主体意识”有多样性与多元性，但核心是强调“台湾主体”与“台湾主权独立”。

二、“台湾主体意识”是“台湾意识”的集中表现

尽管“台湾主体意识”与“台湾意识”有所不同，但不可否认的是“台湾主体意识”是“台湾意识”在新的历史条件下的发展与强化，是“台湾意识”的集中表现，但在文化上、政治上、经济上较“台湾意识”更明确、更直接，更强调“自我”、“自主”、“独立”与排他性、“排中国性”。

“台湾主体意识”较“台湾意识”更具有强烈的“台湾文化主体性”。“台湾意识”的起源与台湾乡土文化、乡土文学的兴起发展有密切关系，最早的争议焦点就

① 林玉体：《台湾主体意识的延续与发展》，台湾《新世纪智库论坛》第 44 期，2008 年 12 月 30 日。

② 宋东文：《“台湾主体意识”对两岸关系的制约影响与预测》，全国台联于 2005 年 3 月在安徽省举办的“第十二次台湾问题论坛”论文。

是台湾乡土文学是不同于中国文学的台湾独特的文学还是中国文学的一部分。“台湾意识”虽然强调台湾的乡土文化与台湾文化，但还没有上升到台湾文化主体性层面。“台湾主体意识”在文化上则强调台湾文化的主体性、独特性、多元性、融合性以及与中国文化的差异性。尤其是作为“台湾主体意识”建构者的“台独”分裂势力，在文化教育上强化“台湾主体意识”，主要表现在从历史、文化、教育、语言等方面，全方位推动“文化台独”，力图切断台湾与中国大陆的文化脐带与联系，弱化岛内民众对中国与中国文化、中国历史的认同，建构“台湾国家史观认同”。在民进党执政八年内，陈水扁在延续李登辉执政后期“独台”文化教育政策的基础上，更全面推动“本土化教育”与“去中国化”的政策。

“台湾主体意识”较“台湾意识”更强调“台湾政治的主体性”与“政治上的独立性”，即强调台湾的“政治自主与独立”，强调台湾的“主权独立”，强调台湾与中国大陆互不隶属及相互独立。当今的“台湾意识”虽然政治性增强，在某些情况下与“台独”意识、“台湾主体意识”接近，尤其是民进党与绿营学者将三者视为同一概念，但在一般民众的认知中，“台湾意识”较中性，较有弹性，政治性并不强，只是解读上有很大差异。为此胡锦涛总书记明确表示“台湾意识”不等于“台独意识”。“台湾主体意识”尽管是“台湾意识”基础上发展起来的，也有不同的认知或解读，但它的形成、发展与台湾主政者的政策推动密切相关，更强调它的政治性与台湾“主权的独立性”。

李登辉于1999年首次明确提出两岸是“特殊的国与国关系”后，开始强调“中华民国台湾化”与“台湾主体意识”。陈水扁上台执政后，在政治上极力宣扬“台湾主体意识”，强调台湾“主权独立”，主张两岸“一边一国”，在政策上全面推动“去中国化”与“台湾正名”运动，均旨在推进“台湾主体意识”的建构与台湾“主权独立化”的政治进程。

陈水扁极力推动的“制宪”或“新宪”活动，就是要破除所谓的“大中国意识”与“一中”框架，确立“主权属于台湾人民”的“新主权论述”，让台湾脱离“一中宪法”，在法政体制上成为“一个主权独立、自由民主的正常国家”。为实现这一目标，陈水扁当局全面消除“中国”、“统一”标志或象征符号，以“台湾”取而代之，于是拆除“总统府”大楼“三民主义统一中国”标语牌，废除“国统会”与“国统纲领”，废止带有“中国版图”图样、“中华民国国旗”标志的台湾“新闻局”局徽，将军队刊物中《中国海军》、《中国空军》等刊名中的“中国”两字改掉，将“中国国际商业银行”改为“兆丰国际商业银行”，将军人为“中华民国”

生存而战改为“为台湾生存发展而战”，将居民身份证上“中华民国”的领土水印更换为“台湾地图”等等，均是要“突出台湾主体性”，“确保台湾主体性”。可以说，在民进党执政时期，“台湾主体意识”已完全政治化、政策化，甚至“独台化”。

过去“台湾意识”至多是强调与“中国意识”的不同与差异，不过后来“台湾意识”的核心则逐渐变为“台湾主权独立”。而“台湾主体意识”则明确“台湾与中国的主权对等、地位对等”。因此，“台湾主体意识”逐渐成为绿营政治势力的政治信仰与政治主张。

“台湾主体意识”较“台湾意识”更为强调“台湾经济主体性”，即强调台湾经济的独立性与自主性。“台湾意识”初期主要是一种社会意识、文化意识，后来政治意识逐渐成为主流意识，但没有明显的台湾经济独立自主意识。但“台湾主体意识”不同，在强化台湾“文化主体性”与“政治主体性”的同时，也特别强调台湾经济的主体性，即为避免两岸经济的相互依存与依赖，使台湾经济发展受制于大陆而更强调台湾经济上的自主性、独立性。

民进党执政时期，在两岸经济关系发展问题上一直坚持“台湾经济主体性”的原则与政策，导致两岸经贸关系无法获得重大突破，一直无法实现直接“三通”。两岸“三通”本来是一个不涉及政治问题的经济或商业往来活动，但陈水扁当局坚持“无法接受一中原则下的两岸直航”，强调两岸直航，台湾“不能被矮化、边缘化和地方化”，其实就是要彰显台湾“经济主权独立”，不能在经济上将台湾视为地方政权（不能地方化），而是要与大陆平起平坐与对等（不被矮化）。陈水扁甚至提出，在两岸直航问题上“主权绝不退让”，“公权力运作不受任何侵蚀”、“政府充分主导”等协商条件，核心就是要维护所谓的“台湾经济主权”。2004 年 2 月，陈水扁强调，台湾在确保“经济主体性”的前提下，将“中国市场看作台湾经济全球布局的一部分”。陈水扁在 2007 年元旦讲话中进一步明确提出，目前台湾的两岸经贸政策只有“台湾优先”与“台湾主体意识”路线。两岸经贸关系发展中的“台湾经济主体性”意识与思想，也成为蔡英文出任民进党主席后处理两岸经贸关系发展的主要思维与原则。蔡英文在“十年政纲”中提出，“如果只想倚赖无常的善意，把自家祸福系在他人的喜怒当中，势必失去开拓新天地的动能与承担挑战的勇气，更失去宝贵的经济自主性”。[①] 这一论述主要是批评马英九当局的两岸经贸政策过度

① 《十年政纲》，蔡英文竞选办公室，www.dpp.org.tw。

依赖大陆的善意与支持，从而可能失去台湾经济的自主性。因此，蔡英文就把“提升台湾的经济自主性”作为两岸经贸政策主张的核心，并作为“十年政纲”两岸经贸的主轴思维之一，提出“台湾应加强产业结构、强化企业管理与产品研发能力，永续台湾的经济自主性。台湾须在全球分工体系中掌握关键性地位，继续保持技术领先，并以此为基础，与中国建立互惠而非让利、和平而非冲突、对等而非主从的经贸关系”。可见，坚持台湾经济的自主性、主体性与对等性，是蔡英文与民进党的两岸经贸政策的核心思想。

另一方面，民进党不断攻击马英九当局的两岸政策尤其是两岸经济合作政策是“倾中卖台”，或“让台湾主权流失”，或“掏空台湾主权”，均是民进党“台湾主体意识”在经济领域的充分表现。

从上述的分析可以发现，“台湾主体意识”是一种防御性的社会意识与政治意识，是针对两岸关系发展尤其是两岸经贸关系发展可能对台湾产生重大冲击而提出的一种维持台湾自主性与主体性的自我保护与防范意识。上世纪 90 年代以后，两岸经贸交流与发展迅速，台湾经济对大陆市场的依赖性增强，台湾当局或“台独”分裂势力担心台湾融入中国经济体系，担心所谓“台湾向中国倾斜”，担心台湾与大陆的和平统一，为此提出要坚持台湾的主体性、自主性、独立性，要与中国（大陆）完全“对等”，就是要强调台湾作为一个“主权独立”的“国家”的主体性，以对抗中国作为国家的主体性与台湾作为中国一部分的地方性。

三、“台湾主体意识”与“台湾意识”的差异性

“台湾主体意识”与“台湾意识”有何差异或不同，是需要回答的重要问题。

“台湾主体意识”与“台湾意识”有相同或相似之处,均强调以“台湾为核心”，“以台湾为中心”，强调台湾利益至上，台湾优先，但两者又是不同的，是有差异的。

首先从时间点上看，“台湾意识”产生的历史较早，主要从 20 世纪 70 年代末开始，经过岛内三次学术论战逐步形成。第一次是 1977 年前后的台湾乡土文学大论战，争论的重点是台湾乡土文学是否为中国文学的一部分，这是“台湾意识”与“中国意识”关系争论的开端。被称为统派文学家与学者的吕正惠教授曾撰文指出，在同一营垒中战斗的不少作家，称“乡土文学”的“乡土”不是指“中国”，而是特指“台湾”，或者认为“小乡土”的台湾才是真实存在的，“大乡土”的大陆只是

“虚幻符号”。[①]有学者认为，台湾岛内“独派”学者将“乡愁文学”归于“中华民族主义”，却将“乡土文学”与“中华民族主义”或中华文化割裂开来，是本土的“台湾民族主义”。第二次是上世纪80年代初期开始的“台湾意识”大论战，也是在讨论“台湾意识”与“中国意识”的关系问题，以及“台湾意识”与“台独意识”的关系问题，其实已变为统“独”之争。在国民党“本土化”政策的推动下，“台湾意识”与“本土意识”开始合二为一，排他性上升，政治性增加。第三次是上世纪90年代中期开始的“认识台湾”历史教科书引起的“台湾史”与“中国史”关系问题的讨论，逐渐形成“独派”历史观与统派历史观的大论战，即“中国作为国家主体性”与“台湾作为国家主体性”的斗争。[②]三次论战的核心或主轴是“台湾意识”与“中国意识”关系问题或台湾与大陆关系的定位问题。

“台湾主体意识”则出现较晚，始于20世纪90年代中期，逐渐受到关注并广泛讨论则是新世纪以来的事情，是民进党上台执政后大力宣传与培育的结果。“台湾主体意识”是在“台湾意识”基础上建立与发展起来的，而且逐渐取代了“台湾意识”。目前海峡两岸学术界主要讨论与争论的是“台湾主体意识”而不是“台湾意识”。台湾岛内已普遍认为“台湾主体意识”已成为当今台湾社会的主流意识，而不再讲“台湾意识”成为台湾社会的主流意识。

其次，“台湾意识”的内涵较“台湾主体意识”更广、更宽；“台湾主体意识”的内涵则较“台湾意识”更明确、更具体。“台湾意识”的直接含义或初始含义是一种地方意识，初期具有明确的台湾乡土情结与乡土意识。尽管后来，“台湾意识”的发展出现变化，尤其是不同政治势力或学者解读出现差异，绿营强烈强调它的“独立意识”，蓝营则强调“台湾意识”与“中国意识”的差异，大陆则强调它的地方意识与文化意识，但是事实上，“台湾意识”的形成过程中融合了乡土意识、省籍意识、悲情意识、反抗意识、出头天意识（当家做主意识）、认同意识、政治意识等，而“台湾主体意识”则更强调台湾的“主体性”、“自主性”、“独立性”，更具针对性，政治意识更明确，更强烈。

再次，“台湾意识”与“台湾主体意识”的形成与发展过程是不同的。“台湾意识”是历史发展中自然形成的，是大陆与台湾关系或海峡两岸关系历史发展演变的

① 古远清：《略述岛内统派文学家的“中国意识”》，《台湾周刊》2008年第7期。

② 1997年6月，新党“立法委员”李庆华首先发表《我对国中认识台湾教科书的质疑》一文，逐步在台湾学界与政界展开关于认识台湾历史教科书的大辩论。李理：《“去中国化”的台湾中学历史教科书编纂》《台湾研究集刊》2008年第2期。

结果，是“自下而上”形成的，即先有民间的“台湾意识”，再有当局的“台湾意识”政策。“台湾主体意识”尽管也有台湾社会历史发展背景，但更重要的是李登辉、陈水扁执政时积极推动倡导相关政策的结果，是在特定历史条件下（两岸关系对立与紧张，“台独”活动高涨，甚至“台独”势力掌权与执政）人为建构的，具有很大的主观成分，更多地体现出政党或政治人物意识形态色彩，是“自上而下”建立起来的，具有明确的政治目标与意图。尤其是台湾当局将“台湾主体意识”作为执政的重要战略目标，采取一系列的文化、教育、经济、政治等措施，强化“台湾主体意识”，进而让“台湾主体意识”成为一种普遍性的民众意识或社会意识。

最后，“台湾主体意识”在台湾社会政治意识观念上更易被台湾民众接受与认同。“台湾主体意识”较“台湾意识”在政治含义上更直接，更明确，更强调与维护台湾的自主性或主体性；相对政治目标更明确的“台独意识”，“台湾主体意识”则更有柔性与弱性，没有“台独意识”那样张扬与激烈，因此更易获得台湾民众接受与认同。在这种情况下，“台湾主体意识”也更具迷惑性，更具欺骗性，进一步阻碍了台湾内部“中国意识”与“中国认同”的存在与发展。要特别强调的是，在当今台湾社会政治认同上，“台湾主体意识”与“台湾意识”、“台独意识”的内涵逐渐趋于一致，没有本质的差异，只有概念上的不同与学者解读的不同，这是需要进一步深入研究与分析的重大课题。

（原载《台湾研究》2013 年第 3 期）

“修宪”抑或“制宪”：撩开陈水扁“宪政改造”的面纱

刘佳雁

5月20日，陈水扁面对岛内群众和在野势力的激烈抗争发表了“就职演说”。在这篇演说中，陈一改“大选”期间的挑衅口吻，将“公投制宪”变成了“宪政改造”，并声称“涉及国家主权、领土及统独的议题，目前在台湾社会尚未形成绝大多数的共识”，建议将其排除在“宪改范围之外”。然而，这一“宪改”的烟幕难掩陈水扁及其所代表的民进党“公投制宪”的理念与立场。为更进一步认清陈水扁当局“宪改”的本质，本文试就前六次“修宪”中民进党对“修宪”与“制宪”的态度立场加以考察，进而对民进党上台后的“制宪”活动进行探讨，以期从客观上还原陈水扁当局“宪政改造”的本来面目。

一、民进党、陈水扁与“制宪”

“公投制宪”滥觞于海外“台独”势力和岛内的“党外”反对势力中的鼓吹“台独”者，[①] 其最初表现就是完全否定“中华民国宪法”，推动“制定台湾新宪法”。1986年民进党成立后，迅速接过了“台独”势力的有关“制定新宪法”的旗号，将“制宪”作为实现“台独”目的的最重要手段，欲竭力搬除“中华民国宪法”这一最大障碍。其“基本纲领”即称，“依照台湾主权现实独立建国，制定新宪，使法政体系符合台湾社会现实，并依据国际法之原则重返国际社会”。1998年，民进党通过由陈水扁最后捉笔的“4·17决议文”，其中宣称“如果国民党不实行真正的民主宪政，则主张台湾应该独立”。1989年11月三项“公职人员”选举中，林义

① 参见“台湾宪政改造会”编《主权、制宪、社会改造——从台湾社会改造出发的制宪运动》，1992年4月17日印行，第13—21页。

雄自美返台公布"台湾共和国基本法草案"，而以民进党"新潮流系"为主筹组的"新国家连线"也公布"台湾共和国宪法草案"，打出了"新国家、新宪法、新国会"的口号。

民进党及海外"台独"势力的鼓吹的"制宪"顶着"民主改革"的光环，在岛内引起了很大震动。1990 年 3 月爆发的"野百合学运"更是将民间"制宪"的要求推到"沸点"。[①] 随后，民进党"立委"陈水扁等人基于"情事变更"及"国民主权"原则声请"司法院大法官会议"就"第一届未定期改选之中央民意代表终止行使职权"进行解释，其结论意见规定了"国会改选"的期限，这给国民党当局的"正统性"和"合法性"造成了巨大冲击。[②] 因此，如何从制度层面证明自身权位的"合法性"和重构国民党政权在台湾的"正当性"就成为甫走上权力高峰的李登辉的首要问题，李登辉当局随之开启了长达 10 年的"修宪"大幕。

以民进党为代表的在野反对势力认为，"现行宪政结构，不具民意基础"，故"必须根本推翻"，并"另制新宪，建立新国家"。[③] 但是，以李登辉为代表的国民党主流派受党内非主流派的掣肘，只是想借"宪改"巩固权力和统治。主观愿望的落差，导致民进党与李登辉当局爆发了"制宪"与"修宪"的"宪改途径"之争。针对国民党的"修宪"主张，民进党提出"先召开人民制宪会议制定新宪法，再据此新宪法产生国家领导机构和国家领导人"的"一次性制宪方案"。为此，1990 年 4 月民进党提出"台湾基本法草案"；6 月"国是会议"召开前夕，民进党政策研究中心提出"民主大宪章"，并经由中常会决议成立"制宪运动委员会"。[④] 9 月，民进党"制宪委"决议反对国民党所提之"修宪"途径，将拟另筹备"宪政会议"，邀各界人士讨论"宪改"，并提出"宪政改革"必须由台湾直接选出之代表进行，"宪法"内容必须适合于台湾 2000 万人民，并交由"公民投票"作最后决定等"宪改"基本主张。[⑤] 同年 10 月，民进党"四全二次会议"通过"10·07 决议文"。重申了"4·17 决议文"的主张。旋即，民进党成立"台湾主权独立运动委员会"，以

---

① 1990 年国民党内的争议及"国大代表"扩权引起在野党和舆论的批评，并导致当年 3 月 18 日，包括台湾大学学生在内的 2 万多名学生群众聚集台北中正纪念堂，组织"野百合"民主论坛，抗议"国代扩权"，要求"解散国会，总统直选"。这就是著名的"野百合运动"，成为台当局"宪政改革"的先声。

② （台）曾建元：《九十年代国民党主导下台湾宪政改革之研究》，台《宪政时代》第 22 卷第 3 期，1997 年 1 月。

③ 涂怀莹：《第二次及第三次宪法增修条文的析解上》，台《法律评论》第 62 卷第 1、3 期合刊。

④ 台《中国时报》1990 年 7 月 12 日。

⑤ 台《联合报》1990 年 9 月 16 日。

具体落实“4·17决议文”。民进党力图借助“争取民主”、“落实国民主权”的外衣，迂回实现“台独”。因此“台独会”成立后，民进党内即有人宣称“把事实主权决议”与主张“总统直选”、“国会全面改选”、省市长民选等诉求全部统合起来，成立这一委员会，极富意义。①

民进党对“制宪”的执着集中体现在1991年的一系列活动。其一，抗议“老国代修宪”。是年4月开始的第一次“修宪”，在国民党优势主导的情况下，民进党采取议场抗争与群众运动相结合的方式坚决反对国民党“一党修宪”。在“修宪案”一读时，民进党“国代”首次在体制内提出“制定新宪法”。随后，民进党退出“国大临时会”，发动数万人的“反对老贼实质修宪”的“4·17”大游行。其二，配合年底“国代”选举进行“制宪”造势。民进党视1991年底的“二届国代”选举为“制定新宪法、建立新国家”的关键战役，意图借此主导“国民大会”，一举达成“制宪”目标。民进党不仅进行全党动员，发动“人民制宪全国巡回列车”，在全岛进行“制宪”宣导，同时集合无党籍及部分学界人士召开“全民制宪会议”，通过所谓“台湾宪法草案”，并经中常会决议后作为民进党二届“国代”选举的共同政见及最高指导原则。该案成为民进党历次“修宪”中推动“公投制宪”的蓝本。10月，民进党“五大”接受陈水扁对林浊水提案的修正案而推出“台独党纲”，宣称“建立主权独立自主的台湾共和国及制定新宪法的主张，应交由全体住民以公民投票方式选择决定”，这是民进党首次将“制宪”和“公投”通过党的文件方式结合在一起。以此一逻辑，民进党认为“台湾已经主权独立”，故“要透过制宪来建国”和“借由公投秩序以落实‘台独党纲’”。②但是，选举结果，民进党大败，其“制定新宪法的尝试，此后即一蹶不振”。③

后来李登辉逐步主控了国民党，并吸纳民进党的一些诉求，推行“独台”路线，这一情势变化促使民进党自第二次“修宪”始即尝试一条妥协之路——与李登辉主导的国民党主流派合流，在体制内合作“修宪”，达成“实质制宪”的目标。1992年起，民进党“国大党团”决定“拥抱现实”，积极参与“修宪”。同年，④民进党积极呼应李登辉推动“总统直选”的“修宪”。在民进党看来，“总统直选”所凸显的意义是“向国际宣告台湾是一个主权完全独立的国家”，可以“更明确定义

① 参见詹孝俊《台湾宪政体制改革及其影响和对策》，《台湾法研究学刊》1991年第1期。
② 台《民众日报》1999年1月19日。
③ （台）许介鳞：《李登辉与台湾政治》，社会科学文献出版社2002年版，第109页。
④ 《台湾评论》总第27期，1996年元月号。

台湾的领土与人口，揭橥新国家的产生"。① 同时，"总统直选"采"相对多数，这样的设计让民进党也有机会趁国民党分裂时赢得多数，侥幸当选"。② 为此，民进党积极配合李登辉，成立"总统直选联盟"，发动游行示威，向国民党内"委任直选派"施压。同时，民进党还以化整为零方式将"台湾宪法草案"分解成28件"宪法修正案"，以夹带"直选案"过关。最终因要求不能得到满足而退出"国大临时会"。

民进党"制宪"立场的公开调整是与其内部有关"台独"的认识与转型分不开的。1993年底，民进党各派系经过激烈辩论达成执政路线的共识，即"制宪建国"是最高理想，但也不能脱离现实。现阶段的中心任务是倾力与国民党争夺执政权，目标包括采取各种手段不断充实和强化目前台湾"实质独立"的内涵，推行"一中一台"为核心的大陆政策等。陈水扁还进一步称"民进党若想迈向执政之路，应先关心周遭人民的具体生活内容，不能再停留在过去的意识形态"。③ 自此，被民进党前秘书长邱义仁称为"分期付款式制宪"的"现制改良修宪路线"成为民进党参与"修宪"的主要策略。

1994年的第三次"修宪"，民进党以"全面修宪"为目标，根据1991年的"台湾宪法草案"，抛出"单一国会"、"实行三权分立"、"更改国旗国号国歌"等项修正案，并提出包括"国家必须定位在以台湾为名义的独立民主宪政、公投必须入宪"等项"修宪"主张，以从根本上改变"中华民国宪法"的内容。同时，民进党还鼓动和积极参与"台独"势力在体制外召开所谓"第二次人民制宪会议"，通过民间力量向执政党施压，以落实"制宪"主张。

1996年"国代"选举，国民党丧失了"修宪"的主导权，客观上使民进党高层认为此次"修宪"不仅可以落实民进党"废省"等长期追求的"宪改"主张，同时还可以通过"双首长制"促进民进党提前执政。在"美丽岛系"和"新潮流系"的共同掌控下，民进党以落实1996年年底"国家发展会议"共识为由，提出"双首长制修宪案"，以所谓"废省"和"冻结五项选举"与国民党交换"倒阁权"。尽管此举招致党内"基本教义派"的强烈反对，但最终在党内大老黄信介的斡旋下，此次"修宪"完成了"实质废省"等结论。对此次"修宪"的实质，黄信介曾说"这些人（反对者）都不懂政治，台湾这次修宪，其实是制宪，使台湾真正拥有自

① 参见台湾《民众日报》1993年4月3日、1996年3月24日。

② 前揭许介鳞书，第111页。

③ 台《中国时报》1993年9月27日。

己宪法，这是台湾历史的大事”。[①] 有学者在专著中指出，该次“修宪”的结果是所谓“中国的台湾省”就此被打上了“终止符”的命运，“如此宪政体制的改造，等于将‘两国论’的精神入宪”。[②]

在“国会全面改选”、“总统直选”和“冻省”主张相继实现后，废除“国民大会”就成为民进党的最主要目标。1999 年李登辉抛出“两国论”后，民进党认为“制定新宪法”的机会来临，遂予以热烈呼应。但因时值台湾“大选”，考虑到民进党的长期主张和陈水扁“新中间路线”的诉求，民进党大老张俊宏提出了“公投废国大三阶段论”，即“公民连署凝聚全民共识”、“政党协商将公投入宪”、“举行公投废除国大”，并获得党内各派系的支持。很显然，此次“修宪”，民进党力图以完成“公投废国大”为主，不谈“制宪、修宪”，去除社会对其“台独公投”的疑虑，并“为国家的根本大法建立正当性与合理性”。[③] 尽管“国代延任案”的通过引起了争议，但次年的“大法官会议释宪”和第六次“修宪”的完成，使民进党终借“任务型国代”的设计阶段性地完成了“废国大”的目的。

从历次“修宪”来看，陈水扁虽然未站在第一线推动其“台独制宪”的主张，但落实“台独”的基本理念，始终是其追求。1996 年，针对民进党“务实派”放弃“台湾共和国宪法草案”，与国民党联合举行“国家发展会议”，当时的台北市长陈水扁就抨击“国发会共识”是“四不像的宪改制度”，认为“即使是为了国家整体利益，要做成一些共识，但在野党仍须凸显其和执政者的差异，而不是变成两者愈来愈像”。[④] 同时，他还暗中策划“正义连线”与“福利国连线”筹组“推动总统制联盟”，反对“双首长制”，在“修宪”紧要关头，甚至公开强调“公投入宪”比“冻省”重要的“台独”主张，使“修宪”濒于失败，但却得到了“建国党”、“民间监督宪改联盟”、林义雄等的呼应与支持，并在后来击败许信良成为民进党的“总统”候选人。1999 年[⑤] 李登辉抛出“两国论”后，陈水扁称这与他本人的长期主张“不谋而合”，进而主张废除“国统纲领”，将“两国论入宪”。1999 年 12 月，陈水扁发表“宪政体制白皮书”，明确主张将“两国论和公投条款纳入宪法”，声称“未来宪法应确立台湾主权独立”，明确规定“领土包括台澎金马及其附属岛屿以及

---

① 台《中国时报》1997 年 7 月 27 日。

② 前揭许介鳞书，第 113 页、第 114 页。

③ 台《中国时报》1999 年 9 月 9 日。

④ （台）齐光裕：《中华民国的宪政发展——民国三十八年以来的宪法变迁》，扬智文化事业股份有限公司 1998 年版，第 224 页。

⑤ 台《民众日报》1997 年 7 月 8 日。

其他国家权力所及之地区”等等，系统阐述了其“宪改”立场。[①]

二、六次“修宪”结果与民进党的“宪改”主张

过往六次“修宪”，虽然民进党只是扮演着一个“压力团体”或配合者的角色，但基本上民进党“宪改”主张的一些核心内容几乎都贯穿于六次“增修宪法条文”中。从上世纪90年代以来，民进党推动“宪改”的方式虽依其对形势变化的评估而有所调整，但其基本立场并未有太大转变，集中反映在民进党的政策纲领和1991年的“台湾宪法草案”。该草案汇整了民进党中央党部的“民主大宪章”、林义雄的“台湾共和国基本法草案”、张灿鉴及李宪荣的“台湾民主共和国宪法草案”、许世楷及“新潮流系”推出的两部“台湾共和国宪法草案”等版本的基本立场。[②]归纳起来，其最重要而且有实质意义的“宪改”主张包括

一是修改“宪法”总纲及基本精神，确定“国号”和“领土范围”。民进党在“基本纲领”中主张“依照台湾主权现实重新界定台湾国家领域主权及对人主权之范围”，声称“五权宪法”违背“台湾主权”的现实，因而主张应在“宪法”中明确规定“台湾为民有、民治、民享之民主共和国”，台湾“领土包括台湾本岛、澎湖群岛、金门、马祖与附属岛屿及国家权力所及之地区”。

二是停止“动员戡乱”，推动“国会全面改选”和“总统直选”。民进党成立时通过的党纲草案，就明确宣称“废止临时条款及一切违宪法令，回归民主宪政”、“尊重国民主权原则，中央民意代表全面改选，总统直接民选”、“地方自治合宪化，省市长直接民选”等。

三是以“总统制”规划所谓“中央政府体制”。民进党崇尚美国的总统制，因而主张“行政权属于总统”、“总统任命各部会首长，国会有同意权”。同时，民进党虽未明确主张废除“监察院”和“司法院”，但从监察权和司法权的归属来看，却明确主张“国会议员不得兼任官吏，国会有弹劾权”等，明显倾向于“行政”与“立法”、“司法”三权分立的体制设计。

四是废除“国民大会”，其“修宪权”、“人事同意权”、“变更领土提案权”等

---

① 台《中国时报》1999年12月21日。

② 民进党的“宪改”主张，详见民进党党纲及“台湾宪法草案”。另见民进党政策白皮书编纂工作小组《政策白皮书（纲领篇）》，民进党中央党部1993年7月印行；施正锋编《台湾宪政主义》，前卫出版社1995年版；陈水扁“国家蓝图委员会”撰写《新世纪、新出路——陈水扁国家蓝图2（国家体制改造）》，陈水扁“总统”竞选指挥中心1999年版。

移至“立法院”，以实现“立法权由国会行使的单一国会制”，并纳入“公民投票”制度。

五是“废省”并调整四级行政架构为“中央”、县市两级。民进党是最早主张改革台湾省建制者，一贯主张应“废省”，并停止乡镇、市级选举，乡镇、市长改为县长依法派任。①

而从“修宪”的结果来看，在民进党“制宪建国”路线的冲击下，民进党“宪改”的核心主张“仍透过舆论与社会运动的压力渗透到国民党的修宪规划当中”，②从而使1947年施行的所谓“中华民国宪法”出现了根本性的变动。首先，“国代”和“立委”的“全面改选”，使“宪法制定与修改的主体”发生了变动，同时“总统”和省市长的“直选”也使台湾当局政治权力产生的来源出现了彻底的改变。所有“中央民意代表”和台湾地区领导人，均由台澎金马地区民众选举产生，表明“中华民国基于宪法法理和统治之事实，已从统治全中国人的国家幻想中蜕变为设或曾设籍于台湾而具有中华民国国籍者的现实国家”，“此一台湾主权归属的重新认知，无疑地与民进党有关台湾国际主权独立的观点不谋而合”。③其二，“中华民国宪法体制”的崩解。经过“修宪”，“五权体制”下的“总统”权限大幅扩大，“中央政治体制”由“内阁制”偏向“总统制”，“国民大会”虚级化，“监察院”、“考试院”权力萎缩，“五权体制”名存实亡。其三，台湾省被冻结，台当局“中央”、“省（市）”、县（市）、乡（镇、市）四级行政架构开始改变，地方行政层级逐渐向市、县层级迈进。④很显然，李登辉主导的“修宪”落实民进党的主张，对“中华民国宪法”是颠覆性的。

事实说明，“分离主义运动”这个逻辑是李登辉当局“宪法修正”的主要基础。它不仅主导着有关“总统选举”制度的相关争议，更明白地支配着有关国家主权范围的所有争议，如废除“国民大会”、“五权宪法废除与否”、“台湾省制是否废除”和“公投入宪”的争议等。⑤“修宪”的结果是由“新宪法”制定权力者所制

① （台）曾建元:《九十年代国民党主导下台湾宪政改革之研究》，台《宪政时代》第22卷第3期，1997年1月。

② （台）曾建元:《九十年代国民党主导下台湾宪政改革之研究》，台《宪政时代》第22卷第3期，1997年1月。

③ （台）曾建元:《九十年代国民党主导下台湾宪政改革之研究》，台《宪政时代》第22卷第3期，1997年1月。

④ 有关“修宪”结果的具体内容请参见范忠信《“修宪”与“宪改”台湾半个多世纪的法制困境》，《台湾研究》2004年第2期。

⑤ 台《海峡评论》第155期，2003年11月1日。

定的"新宪法"，"绝对不能解释为是由中国人民行使宪法制定权力所做的修宪"，"这部宪法与中国及其宪法制定权力完全无关，所以并非延续下来的法统"。[①]台湾大学法律系教授许宗力谓经由"宪改"的设计，"中华民国之相对于包括中华人民共和国在内的世界各国独立的事实，不仅仅是事实上的独立而已，甚且是法律上的独立"。无论如何，台湾早已技巧地、默默地缔造完成"法律上独立状态"。[②]对此，陈水扁的"宪政体制白皮书"也认为，"1991年台湾进行修宪终将事实上的独立推进到法律独立的阶段"。[③]对台湾总体政治的发展来说，90年代的"宪改"并非一无是处。扬弃老"法统"，建立"新国会"，涉及了对"国家领土"及公民资格的重新界定，"中华民国的领土范围"和"中华民国人民"实质上已经确认是所谓的"中华民国自由地区"和"中华民国自由地区人民"，亦即台澎金马地区的人民。"这些重要的改革，已在实质上斩断旧有的中华民国法统与政府，无异是缔造另一个全新的国家。"[④]

而亲自主导"修宪"的李登辉在下台后，对其勾结民进党进行"修宪"的实质作了更为明晰的注脚。李登辉称，这个过程"当然有政治作用，中共与美国的警觉并未错误，但是这也是台湾民主化的必然结果，根本回不了头"。[⑤]因此，这场"政权变动"和"体制变革"被李登辉自诩为所谓"宁静革命"。李登辉还称，"透过修宪等方式来改变政府体制，也就是所谓的'中华民国的台湾化'，现在已有了很大进展"，"而每一次的宪政改革，都进一步落实了台湾的本土化，也增强了台湾的认同感"，[⑥]"现在的中华民国不再是以往的'民国'，而是拥有崭新内涵的'新的共和'"，"也就是第二共和"，"我不知道何时会由谁明确的作此宣示，但为了台湾的未来，这是必须跨出的一步"。[⑦]因此，可以说李登辉主导推动的"修宪"，已经塞进了相当多的民进党"宪政"主张。

---

① （台）许庆雄：《增修宪法体制之研究——兼论制宪、修宪之法理》，载《台湾法制一百年论文集》，"台湾法学会"1996年11月编印，第47页、48页。

② （台）许宗力：《宪改后两岸关系的法律定位》，载耶鲁两岸关系协会编《迈向21世纪的两岸关系》，时报文化出版企业有限公司1995年版，第80—98页。

③ 陈水扁：《新世纪新出路—陈水扁国家蓝图2（国家体制改造）》，第14页。

④ （台）游盈隆主编：《民主巩固或崩溃——台湾二十一世纪的挑战》，台北，月旦出版社1997年版，第73—74页。

⑤ （台）邹景雯整理：《李登辉执政告白实录》，台北，印刻出版有限公司2001年版，第12页。

⑥ 李登辉、中岛岭雄：《亚洲的智略》，台北，远流出版事业股份有限公司2000年版，第145、50、41、42页。

⑦ 李登辉、中岛岭雄：《亚洲的智略》，台北，远流出版事业股份有限公司2000年版，第145、50、41、42页。

三、陈水扁当局“宪政改造”的实质

前六次“修宪”，虽达到民进党的阶段性目标，但有关“中央政府体制”的规划仍不完善，特别是“总统制”、“公投入宪”和“单一国会”并未彻底落实。尤为突出的是，就宪法法理学而言，形式上的“双首长制”与“实质上的总统制”之间的矛盾，使陈水扁当局处处受在野党的掣肘，这明显不利于民进党当局稳定政权和长期执政。因此，如何化解外在压力，理顺体制，扫除执政障碍，并彻底实现民进党“制宪”理想，遂成为陈水扁上台以来的主要课题之一。

承前所述，民进党陈水扁是“制宪”的积极鼓吹者和推动者。民进党在“制宪”立场上的调整多少也反映了陈水扁个人对政治现实的体认。在陈水扁看来，民进党积极提倡的“制宪”理念就是要达成“制宪”这一终极目标，但是在岛内共识形成前的过渡阶段，民进党不反对以“修宪”途径逐一解决台湾当今所面临的“宪政”问题。在这种情况下，1999 年民进党通过“台湾前途决议文”，承认“中华民国”，其后陈水扁竞选阵营推出所谓“宪政体制白皮书”，系统阐述了陈水扁在“中华民国宪法”架构下的“宪改”主张，“以作为未来追求台湾宪政政党化终极的目标和宪政改造的理想景象”。①

陈水扁上台后，囿于“朝小野大”的现实和美国等外在压力，一度“冷落”了激进的挑衅主张，而提出所谓“四不一没有”，在“宪改”立场上除 2002 年 5 月民进党中常会通过“国会改革修宪案”外，并没有采取任何实质的“修宪”或“制宪”动作。但是，2003 年随着“总统”选举的展开，泛蓝整合成功使处于劣势的陈水扁寻求连任面临威胁，陈水扁遂蓄意挑起两岸对抗，提出“公投”议题，并宣称“公投催生新宪法”，抛出“公投制宪时间表”，迅速掌握了“改革的话语权”。在被扣上“反改革”罪名的强大压力下，泛蓝阵营不得不在“公投”和“修宪”等既有立场上步步退却，民进党多年以来追求的“公投立法”因此得以实现，而民进党的“公投入宪”、“彻底废除国民大会”等主张，在选举竞争日趋白热化的情况下也逐渐成为两大阵营的共识而有了实现的可能。

2004 年 3 月陈水扁在争议中获得连任后，由于外有美国出于国家利益考虑对其“台独”理念的忧虑与施压，内有泛蓝等反扁势力对其当选正当性与合法性的质疑，因而在“520 讲话”中，在最为敏感的“制宪”问题上提出了“宪政改造”的

① 前揭《陈水扁国家蓝图 2（国家体制改造）》书，第 12 页。

中性言词，声称"未来将邀请朝野政党、法界、学界及各领域阶层的代表，共同筹组宪政改造委员会，针对宪政改造的范围及程序寻求社会最大的共识"，"涉及国家主权、领土及统独的话题，目前在台湾社会尚未形成绝大多数的共识……不宜在此次宪改范围之内"。[①]

陈水扁"就职演说"在"公投制宪"立场上的"明显后退"不仅引起了民进党基层的疑惑，也引起了"台独基本教义派"的强烈质疑，他们指责陈水扁"国家领导人不应该、也不能这样做，会给外面有摇摆的印象"。[②]然而，陈水扁从"大选"中极力鼓吹"制宪"到选后急转弯提出所谓"宪政改造"，明显是受到来自祖国大陆坚决反对"台独"的强大震慑力和美国对台海局势的忧虑与施压的结果，这一权宜考量并不意味着其"台独"立场的些微改变。若据此认为陈水扁当局"放弃长期以来的'制宪'和'台独'主张，恐怕过于天真"。[③]

首先，陈水扁当局仍会顽固推动"制宪"，只不过是以"宪政改造"来掩盖其"制宪"实质而已。众所周知，"制宪"是陈水扁的一贯立场，绝不会轻易放弃。"宪政改造"说法在语义上与"制宪"似有天壤之别，但在陈水扁看来，一如"宪政改革工程"和"催生新宪法"的说法一般，"宪政改造"只不过是在刻意模糊"修宪"与"制宪"的区别，从其谈话的文本或是民进党一贯主张"制宪"的脉络看，其所谓"宪政改造"与"制宪"在精神实质上并无二致。而陈水扁本人及其策士幕僚的解释更泄露了其"宪政改造"实质为"制宪"的天机。陈声称，"新宪法"是从党外时期至今的改革理想，是民主运动数十年来的改革愿景，"宪改"工程不可能只是修几条条文就能大功告成，但若用"制宪"字眼又会被定位为"台独建国"，因此不使用"修宪或制宪"字眼。而其辅选机制也认为，不管是"修宪"还是"制宪"都只是概念性的问题。陈水扁在抛出"宪政改造"论后回应支持者反对声音时也表示，"修宪或是制宪，不必在意文字、在文字上做臆测，也不必玩文字游戏"，"只要大幅动到宪法本文，就是立新宪，否则用制宪达不到目的还是没效"。"总统府秘书长"苏贞昌和"考试院长"姚嘉文都认为，"宪政改造"涵盖"修宪"与"制宪"。姚嘉文还进一步称，"未来的制宪运动，不会停留在修宪、制宪或宪政改造这种层次的争议，不管宪政改造或制宪主张，方向上是一样的，最重要的是

---

① 陈水扁：《为永续台湾奠基》，台湾《联合报》2004年5月21日。

② （台）黄尔璞：《建构台湾为正常国家的宪法变革途径——修旧宪限界和制新宪机制》，台《共和国》杂志2004年第7期。

③ 台《中国时报》2004年7月2日。

2008年台湾要有一部新宪法出来”。显然，陈水扁的“宪改”只不过是曲线“制宪”的遮羞布。

值得注意的是，陈水扁抛出“催生新宪法”后，民进党中央即成立了以李鸿禧担任召集人的“新宪法小组”，并在当选后由苏贞昌领衔启动所谓体制外的“宪改征询之旅”。同时，还与激进“台独”势力相勾结大肆炒作“公投制宪”。今年7月1日，李登辉纠集“台联党”等激进“台独”势力举行所谓“制宪运动誓师大会”，并发表声明称“无论是修宪或是宪政改造，虚有其名之中华民国宪法必须全面翻新，使其成为量身打造之台湾新宪法”。对此，陈水扁表示“台湾是民主多元社会，政府推动宪改，需要听取社会各种不同的声音”。陈水扁与激进“台独”势力相互唱和，其企图通过与民间“制宪”运动分进合击，利用民粹骗取台湾民众对其“制宪”理念的认同与支持，最终达到“公投制宪”的目的昭然若揭。

第二，“宪改”的目标或内容，明显溢出了“修宪”范围，而成为不折不扣的“制宪”动作。宪法学理上，修宪应有质与量的界限，否则就没有区别修宪与制宪的客观标准。[①] 修宪的质与量不仅体现在修宪所要达成的目标，也体现在修宪的幅度与内容上。陈水扁始终认为，1946年制定的“宪法”台湾根本没有参与，对目前的台湾来说不仅不能适用，更不适合台湾的“独立现状”，因而必须彻底改变，并明确宣称“台湾人民需要一部合时、合身、合体的新宪法”，这是“为了将台湾建设成一个正常、完整、伟大国家的必经途径”。在“宪改”的内容上，陈水扁也一贯主张“以总统制规划中央政府体制”，在抛出“公投制宪论”后又进一步表示，“宪改”议题应包括“国会席次减半、内阁制或总统制、五权宪法或三权分立、政府层级为二级或三级制、基本人权与基本国策的检讨与充实乃至于整个宪法修正的程序等”，也就是说“目前宪法175条至少有2/3乃要修正”。对此，陈本人也意有所指地表示，“宪法本文有175条，若修改100多条，是修宪还是制宪”。综合民进党“制宪”的一贯主张来看，陈水扁的“宪政改造”在内容上几乎是随心所欲、毫无限制的。一旦实行，整部“中华民国宪法”将因质变而消灭，“台独”一贯的“制宪”主张无疑将得到实现。

第三，从“宪改”权力行使者和程序看，“新宪法”的产生已完全不同于原“宪法”文本。根据陈水扁的设想，“新宪法”要经过2300万台湾人民“公投复决”决定，这本身即说明原“宪法”规定的“宪改”权力行使者的同一性发生了变化，

① 前引许庆雄文，同书第53—54页。

“新宪法”是经由一个完全不同于“原宪法”规定的制定权力者而产生的。从学理上说，如果宪法制定权力发生变化，即使宪法只修改了一个字，也不能称为修宪。[①]陈水扁描述“新宪法”产生的过程，就绝不只是“修宪”或“宪改”可以概括的，事实上“以公投方式表决宪法版本的程序，就是不折不扣的制宪程序”。[②]由此以观，陈水扁其实是打算“将新宪法不论是修宪或制宪的形成，当成一个重塑国民意志的过程与运动。至于到底是修宪或制宪，不过是程序性手段”。在“520 讲话”中，陈水扁则明确将“新宪法”与所谓“国家共同体的再造”紧密联系起来，这无疑呼应了其“2008 年实施新宪”的竞选承诺，强调了其“公投、制宪、建国”三步走的既定方针。可以说，“宪改”权力行使者的变更客观上表明陈水扁当局未来推出的“新宪法”已与原“宪法”截然不同，而是一部“全新的宪法”。

（原载《台湾研究》2004 年第 5 期）

① 前引许庆雄文，同书第 53—54 页。

② 台《自由时报》2004 年 6 月 16 日。

略论“单一选区两票制”及其政治影响

曾润梅

自2007年年底第七届“立委”选举始，台湾地区将正式舍弃行之多年的“复数选区单记不可让渡制”，改采“单一选区两票制”，这势必严重冲击岛内现有的政治生态与政党格局，并形塑出新的选举竞争模式。本文试图就“单一选区两票制”的主要特点及其对政党政治、选举文化以及政局运作等方面的影响作一粗浅分析。

一、“单一选区两票制”的内涵及特点

由于“复数选区单记不可让渡制”容易导致同室操戈、派系恶斗、黑金盛行、政党提名及“配票”程序复杂等弊端，故近年来岛内各界要求进行选制改革的呼声不断，各政党也纷纷提出各自的改革版本，但基于各种现实利益考量而迟迟没有付诸行动。在2004年年底的“立委”选举中，包括选制改革等内容的“修宪”议题发酵，朝野各党为避免被对手扣上“反改革”的帽子而不利选情，被迫在“立法院”同意放行“修宪案”。8月23日，台“立法院”三读通过“国会改革修案”，其中规定：自2007年第七届起，“立委”席次由225席减为113，任期由3年改为4年；“立委”选制采“单一选区两票制”，区域“立委”为73席（每县市至少1席），不分区及侨选“立委”为34席（由获得5%以上政党选票的政党依得票比例分配，其中妇女保障名额不得低于二分之一），山地及平原住民“立委”各3席。[①]这一“修宪案”于2005年6月7日召开的“任务型国民大会”复决通过。

所谓“单一选区两票制”就是兼采“单一选区相对多数制”与“政党比例代表

① 《国会改革修宪案条文》，台《中央日报》2004年8月24日。

制”的混合制，由德国于1949年率先实施，1990年后陆续有日本、意大利、俄罗斯、韩国等国家采用，其中在席次换算上又分为德式的“联立式两票制”与日式的“并立式两票制”两种。[①]台湾地区采用的是“日制并立式”，其主要内涵为：1.“国会”议席分为区域与不分区“立委”两部分，两者分别投票，分开计算；2. 区域“立委”采“单一选区相对多数决制”，也即将全国或全地区划分若干个小选区，每个选区只选出1名“立委”，由得票最高的人宣告当选；3. 不分区“立委”采“政党比例代表制”，由跨过选票门槛的政党按政党得票部分的比例分配席次；4. 每位选民拿到两张选票，一票投给区域“立委”，一票投给政党。

与“复数选区单记不可让渡制”（以下简称旧制）相比，“单一选区两票制”主要特点有：

1. 政党提名作业相对单纯。在“旧制”中，因每个选区可以产生多名甚至高达10名以上的“立委”，且选票在相互间不能转移，政党为求席次极大化，不仅需要事先精确评估该党在选区内的可能当选人数，并据此提出适当的提名人数，还要动员支持者在各个参选人间“抑强扶弱”，尽量避免选票过于集中或分散，操作稍有不慎就有可能导致总席次受损以及部分候选人高票落选。而在“单一选区两票制”中，因每个选区只选一名“立委”，政党提名作业比较单纯，大体上可以避免提名与“配票”所带来的困扰。

2. 基本上避免了同室操戈。在“旧制”中，因每个政党在大部分选区都会提出数名参选人，加之蓝绿阵营的选民结构基本稳定且泾渭分明，双方参选人最大的敌人不是对手政党而是彼此的盟友与同志。同党或同阵营候选人为抢食同一票源经常不思对外开拓票源，反而互挖墙脚、自相残杀，党内竞争远较党际竞争来得激烈。在“单一选区两票制”中，因每个政党只提名一个参选人，选举将导正为政党之间的对决，而非政党内部的竞争。

表1 新旧“立委”选举制度之比较

项目	旧制	新制
选制	复数选区不可让渡制	单一选区两票制
总席次	225	113
区域“立委”席次	168	73
原住民席次	8	6

① 参见拙著《台湾选举制度及其影响初探》，《台湾研究》2002年第2期。

不分区及侨选“立委”	49	34（1/2 妇女保障）
立委任期	3 年	4 年
选区划分	复数选区	单一选区
各选区应选数	一人以上	一人
选票可否转让	否	否
投票数	一票（选人）	二票（选人、选党）
当选票数	相对多数决	相对多数决
不分区席位分配方式	并立式一票制（比例代表总额乘以政党全台区域“立委”总得票率）	并立式两票制（比例代表总额乘以全台政党票部分得票率）

资料来源：笔者自行整理

3.“赢者全拿”、“死票”增多。在区域“立委”选举中，因每个选区只能产生1名“立委”，由得票多者宣告当选，有时只是几票之差就决定了两位参选人完全不同的命运。当选者不仅拥有法律所赋予“立委”的一切权力，还将借助“立法院”这一政治舞台累积更多的政治能量与资源，落败者则一无所有，所获选票成为无用的“死票”。这不仅将产生低票当选、高票落选的现象（第二、第三名候选人得票加总高于第一名），同时也扩大了选票与席次的不平衡性。如有的政党可能只获得 35% 的选票，却拥有 50% 的席次，而有的政党虽获得 30% 的选票，却只换来 10% 的议席。

4.“两票制”较能精确反映选民的政党认同度。在“旧制”中，不分区“立委”席次主要依附于区域“立委”的选票，难以精确反映选民对政党的认同度。但在“单一选区两票制”中，选民可直接对政党进行投票，政党部分的得票率将精确体现某政党的选民支持基础。

二、选区划分及其特点

选制改革后，台现行 29 个大选区必须重新划分为 73 个小选区。2007 年 1 月 31 日，经过岛内各政党在台面下长达一年半的激烈角力与争斗，台“中选会”最终得以赶在法定公告日期的最后一天，完成选区重新划分方案的公告程序。

表2 各县市选区划分具体情况

县市	选民数	原有席次	现有席次	泛蓝占优区	泛绿占优区	混战区
台北市	196万	20	8	第3、4、5、6、7选区	第2选区	第1选区
台北县	268万	28	12	第1、8、9、11、12选区	第2、3、5选区	第4、6、7、10区
桃园县	126万	13	6	第1、3、4、5、6选区	第2选区	
苗栗县	40万	4	2	第1、2选区		
台中县	106万	11	5	第1、3选区		第2、4、5选区
台中市	71万	7	3	第1、2选区		第3区
南投县	38万	4	2	第1选区	第2选区	
彰化县	95万	10	4	全部选区		
云林县	55万	6	2		第2选区	第1区
嘉义县	42万	4	2		所有选区	
台南县	82万	8	3		所有	
台南市	55万	6	2		所有	
高雄县	91万	9	4		第1、3、4选区	第2选区
高雄市	111万	11	5	第1选区	第2、3、4、5选区	
屏东县	63万	7	3		全部选区	
宜兰县	33万	3	1		绿占优	
新竹县	31万	3	1	蓝占优		
新竹市	27万	3	1	蓝占优		
基隆市	28万	3	1	蓝占优		
嘉义市	19万	2	1		绿占优	
花莲县	19万	2	1	蓝占优		
台东县	12万	1	1	蓝占优		
澎湖县	6.9万	1	1	蓝占优		
金门县	4.6万	1	1	蓝占优		
连江县	6900	1	1	蓝占优		
总计	1667万	168	73	35	27	11

资料来源：

1. 台《新新闻》2007年第1040期《以史为鉴：从三次大选，看单一选区规划下73选区之蓝绿胜负》
2. 台湾政治大学选举研究中心网站（http://www.nccu.edu.tw）

选区划分方案主要呈现以下几个特点：

1. 蓝绿阵营各自拥有特定地盘。因不同的选区划分方案可能导致不同的选举结果，因而蓝绿阵营都希望支持者较集中的乡里被划在同一选区，并全力防堵出现“杰利蝾螈效应”（也即一位美国麻州州长在主导选区划分时，为形成对己方有利的选举优势，而将敌营的“死忠”选民群切割成数块，使选区变成奇形怪状的变形虫样子）。经过几番角力与折冲后，台“中选会”最后公告的划分方案基本上能为各党派所接受，并未出现强行切割、整并乡里的情况。从蓝绿阵营在2000年、2004年“总统”以及2004年“立委”三次选举中在各乡镇的得票率可以看出（参见表二），双方都拥有各自的“铁票区”。如泛蓝在台北市第三、四、五、六、七选区，台北县第一、八、九、十一、十二选区，桃园县第一、三、四、五、六选区，苗栗县、新竹县市、基隆市以及花东离岛等35个选区拥有较大优势；云林县、嘉义县市、台南县市、高雄县市以及屏东县等中南部27个选区则是泛绿的天下。这也导致蓝绿阵营在登记党内“立委”初选时呈现“票仓区挤破头，艰困区无强将”的冷热两极化局面，如泛蓝在北部地区参选爆炸，泛绿在桃竹苗以及花东离岛等艰困区无人问津。

2. 出现一些“一强独大”的选区。据初步统计，尽管多数“立委”选区竞争激烈，但仍有不少选区处于“一强独大”，他人难以撄其锋，进而怯于挑战的局面。其中包括的台北市七选区（信义、南松山）的费鸿泰、桃园县五选区（八德、大溪等）的孙大千、桃园县六选区（平镇、龙潭）的朱凤芝、台中县四选区（丰原、石冈等）的徐中雄、南投县一选区（埔里、草屯）的吴敦义，高雄市五选区（前镇、小港）的郭玟成、高雄县四选区（凤山）的林岱桦，台东县的黄健庭、金门县的吴成典、连江县的曹尔忠、云林县的张丽善以及地方实力雄厚的“澎湖王”林炳坤等蓝绿现任“立委”所在的选区。[①] 如无意外，这些人只要获得政党的提名与支持就等于当选，从而使上述选区成为选战还未开打即已预知结果、悬念不大的“无风险地带”。

3. 争取党内提名及当选的难度增大。在旧制中，因选区大、席次多，当选门槛通常只有三四万票，部分候选人只要讨好一小撮特定选民，就有当选的可能。但实施新制后，因席次减半，加之小县市拥有1席的保障名额，部分大县的席次缩水幅度高达60%，2/3的现任“立委”面临下岗命运。这不仅导致争取党内初选出线的

① 《实力超强，无敌选区战将 拔剑四顾心茫茫》，台《中国时报》2007年2月1日。

竞争较以往更加激烈，同时即使历经浴血奋战出线后，大多参选人还必须争取10万以上多数选民的支持才有当选的可能，难度增大。如民进党内各派系围绕年底“立委”选举党内初选提名有关民调部分是否深度“排蓝”展开数波的对决就是这一压力下的产物。

4. 地方派系以及眷村影响选举的能力减弱。因选区重新划分，长期操纵“立委”选举的既有地方派系将面临被分割与打散的命运，而逐渐失去以往左右选情或护送特定候选人的优势，将逐渐弱化、消亡，或被政党整合。同时，因外省籍人口居住地比较分散，加之眷村被打乱，已无力支持特定人选，以前靠眷村特定票源而当选的外省籍政治人物极有可能无法在单一选区胜出。

5. 地方实力派拥有较大的当选优势。因选区变小，特别是大部分选区和乡镇市、市议员的选区重叠，这对票源集中的地方型政治人物比较有利，对票源较分散的形象牌政治人物较为不利，如一向以形象取胜的前国民党“立委”李永萍就表示“选制改革后，真不知道要怎么选”，[①] 因而放弃争取连任，转任台北市文化局长。这也将鼓励一些自认为有实力的现任或曾任乡镇市长、县市议员投入“立委”选战，或以此作为进军“立法院”的跳板。据国民党党组会评估，目前有意投入年底“立委”选举党内初选的县市议员与乡镇市长，总人数约有30人，其中不乏基层实力雄厚，足以取代现任“立委”的强棒。[②]

6.“立委”的政治地位有所提升。“立委”席次由225减为113后，“立委”的政治分量与影响力较以前增大，如只要四分之一即29人就有“领土变更提案权、罢免总统的提案权和修宪提案权”；二分之一以上即57人就有“弹劾总统的提案权”与通过司法、考试及监察三院人事的同意权以及否决“行政院”复议案的权力；至于在“立法院”运作方面，若仍照现制设12个委员会，一人参加一委员，则113人分配起来，平均每个委员会连10个人都不到，而10人不到的委员会开会门槛极低，三四人就操有重大法案和预算的决定权。

三、“单一选区两票制”的政治影响

“单一选区两票制”实施后不仅将对岛内政治生态、政党制度产生重大而深远

---

① 《选区将重划、立委心慌慌，地方派系比形象牌有胜算》，台《新新闻周刊》2005年总第954期。

② 《蓝委初选改变游戏规则，保障现任者》，台《联合报》2007年3月14日。

的影响，也将强烈冲击现有选举文化。

（一）以国、民两大党为主的两党政治将日趋成熟

从理论上看，“单一选区两票制”的制度设计，基本上对大党有利，中小型政党、无党籍人士缺乏生存空间，有助于两党政治的形成。一是小党在区域“立委”选举部分难以获取席次。因每个选区只产生1名“立委”，候选人必须获得选区内绝大多数选民的支持才有当选可能，加之选民为避免浪费选票而在心态上不愿将票投给当选希望不大的小党候选人，因而先天上对资源丰富、基层组织扎实的国民党、民进党两大党候选人有利，对实力薄弱、资源欠缺的亲民党、“台联党”等中小型政党以及无党籍人士不利。除非小党能在特定选区取得局部优势或候选人个人基层实力超强，否则将无法在单一选区获得议席。二是小党能分配到的不分区“立委”席次极其有限。虽然政党票部分的设计为小党的生存预留了一定的空间，但一方面因不分区席次仅有34席，比例过低，另一方面又有5%的政党门槛的限制，小党即使能跨过门槛，最后分配到的席次也将极其有限，难以对政局产生有效影响。

从实践上看，日本自1994年选制改革后的选举经验也印证了“单一选区两票制”所具有的不利小党、有助两党制成形的铁律。如在1996年改制后的首次选举中，最大党自民党的席次从选前的221成长到239席，而选前由六个在野党所组成的新进党则成为第二大党，曾经颇具影响力的若干小党，如先驱新党、社民党等则日渐萎缩。同时，历经1996、2000、2003、2005年等四次众议院选举，日本的两党制隐然成型，如在2005年9月11日的选举中，第一大党自民党获296席，第二大党民主党（原新进党联合其他小党演变而来）113席，两大党囊括85%席次。①而台湾地区实施“单一选区制”的县市长选举近年来也基本呈国、民两大党对决的现象，小党基本被边缘化。如在2005年年底的县市长选举中，国、民两大党的得票率合计93%，亲民党、“台联党”等小党虽倾力投入选战，但却以全面溃败收场；在2006年年底的台北、高雄市长选举中，国、民两大党分别拿下北、高两市，亲民党主席宋楚瑜虽顶着前“台湾省长”、参选两次“总统”大选的光环投入台北市长选战，最后仅获4%的选票，“台联党”在北、高两地推出的候选人的选票更平均不到1%。

故不论是从理论上还是从选举实际经验上看，实施“单一选区两票制”后，台

① 《从日本经验看选制改革的政党变局》，台《中国时报》2004年8月26日。

湾走上两党制已是大势所趋，小党将加速泡沫化、边缘化，不是逐步走上消亡或被其他政党整并，就是“名存实亡”难对政局产生实质影响。面对年底“立委”选举，亲民党、“台联党”都面临巨大的生存压力，目前都在积极寻找出路。就亲民党而言，在同属泛蓝阵营的国民党的挤压下，“现在只剩下形式而已，实际上已经名存实亡”，①该党公职人员为延续自身政治生命，自2005年年底后便陆续回到国民党以提早经营，一些走不了的人则期盼在“国亲联盟”的协商机制下获有一线生机。就台联党而言，在赖以生存的“深绿”版块被同属泛绿阵营的民进党严重压缩后，则意图通过调整“急独”路线、推动政党转型，改走关怀民生、弱势的“中间偏左”路线来拓展新的生存空间，②但收效不大。

（二）蓝绿对决、“北蓝南绿”的政治格局进一步强化

“单一选区两票制”的特色就是“赢者全拿、成王败寇”，“大党恒大，小党恒小”，这不仅将加剧政党间围绕权力争夺而展开的斗争，也将使早已存在的“北蓝南绿”的政党版图逐步固化。

1. 蓝绿对决将日趋尖锐。“立委”选举实施“单一选区两票制”后，台湾从“总统”、县市长到“立委”选举都变成“赢者全拿、成王败寇”的竞争态势，国、民两大党将围绕执政权、地方行政权、立法权以及政局与两岸关系政策走向的主导权展开惨烈的争夺。尤其是民进党为寻求“一党独大”，“长期执政、全面执政”的优势地位，势必不择手段、无所不用其极，出台各种毒招、险招、怪招打垮国民党，导致蓝绿争斗日趋激烈。西方早就有研究表明，“单一选区制能塑造温和两党制的神话只能在同质性高的社会方能发生，万一某国或地区内部有很大的国家认同、种族、宗族之争，单一选区这种胜者全拿的选举方式只会发生更多暴力与对立”。③而从实际情况看，在政治学上被称为“中间选民定理”的理论在台湾地区并不适用。如在实行“单一选区制”的“总统”与县市长选举中，理论上国、民两大党为争取多数选民的支持，政见立场应向中间靠拢，趋于温和、理性，但实际情形却是民生、经济等理性议题最后完全被淹没，反而被争议性与煽动性极强的统

---

① 《亲民党名存实亡，台联党尚无对策，选票多一张，政党少一半》，台《新新闻周刊》2007年总第1040期。

② “台联党”“精神领袖”李登辉2007年1月29日接受香港“壹周刊”专访时宣称，“统独争议在台湾已经成为一个假议题，自己从未主张台独，也认为没有追求台独的必要”，同时还主张应该开放中资以及大陆观光客入台等等，意图为“台联党”重新寻找定位。

③ 陈筱峰：《权力分享的选制才是正途》，台《中国时报》2004年3月8日。

“独”议题所取替，民进党方面更是完全放弃中间选民，全面巩固“台独”基本盘。陈水扁就公开指出，“没有所谓的中间选民，因为中间选民是不会出来投票的，只有蓝绿之分，唯有固好基本盘面才能胜选”。[①] 民进党青年部前主任、“新世代论坛”召集人周奕成则预言，“经历年底新型态‘立委’选战后，台湾将会成为‘终极内战’的政治生态，国、民两大党都将自动放弃中间选民，争取比较好操作的基本教义派票源”。[②]

2.“北蓝南绿”的政党版图将逐步固化。在种种因素的影响下，台湾地区一直存在严重的“南北对立”问题，北部民众大多倾向支持国民党，中南部本土选民倾向认同民进党。而近年来的“总统”、县市长以及“立委”选举均显示，泛蓝在大台北、桃竹苗以及花东离岛等地区占有较大优势，云嘉南、高屏澎等中南部则是泛绿的“大本营”。在2006年年底的高雄市长选举中，深陷“国务机要费”等贪污弊案困境中的民进党最后仍能以1100多票的微弱优势获胜，显示民进党在中南部的“基本盘”极其稳固，难以轻易撼动。实施“单一选区两票制”后，国、民两党在南北两地的地域优势历经几次选举后将得到强化，极有可能出现绿营政治人物在北部等传统深蓝区难以当选，而蓝营政治人物在云嘉南等深绿区永无出头之日的现象，使“北蓝南绿”的政党版图逐步固化。这种政党间的地理对峙情形在实行“单一选区制”的英、美等西方国家也表现得十分明显，如美国南方州是共和党的地盘，东北州是民主党的地盘，英国市区是工党的“大本营”，市郊则是保守党的“票仓”等等。[③]

（三）新的选举竞争形态将逐步呈现

实施“单一选区两票制”后，政党、候选人的竞选策略以及选民的投票行为模式都将有所改变。

1. 党内能否实现整合是决定胜选的关键因素

由于每个选区只能产生一名“立委”，特别是席次减半后，因僧多粥少，各党内部争取提名出线的竞争异常激烈，极有可能出现一些自认有实力而在党内初选落败后仍执意参选的现象，故如何在党内整合出一位具有胜选希望的候选人非常重要。若无法顺利完成整合，最后导致一党出现多人同台竞逐的局面，很有可能因票

---

① 《扁与南社餐叙，强调固好基本盘》，台《中国时报》，2007年2月27日。

② 《亲民党名存实亡，台联党尚无对策，选票多一张，政党少一半》，台《新新闻周刊》2007年总第1040期。

③ 林浊水：《选制改革才是民主永续的重点》，台《中国时报》2004年8月19日。

源分散而让敌对阵营渔翁得利。实行“单一选区制”的“总统”、县市长选举就一再上演“泛蓝分裂，泛绿渔翁得利”的戏码。而一个政党能否进行有效整合的关键在于政党威信的强弱以及政治资源的多寡，这对于执政党或潜在执政党有利，而对于在野党或潜在在野党不利。就今年年底的“立委”选举而言，因民进党掌握了庞大的执政资源，尽管内部竞争激烈，但仍有较大的协调整合空间。反观国民党，不仅资源欠缺，马英九因“市长特别费案”被检方起诉请辞党主席更重挫该党一度高扬的声势，在2008年“大选”重返执政之路前景不明朗的情况下，要强力整合的难度非常大，不仅多个选区出现兄弟阋墙现象，部分人士更扬言将转披民进党“战袍”参选到底。泛蓝阵营近年来虽一直在“立法院”维持过半优势，而且从选区划分看，泛蓝占优势的选区也较泛绿多，但若因党内提名协调摆不平，导致多人同台竞逐，最后极有可能“转胜为败”。

2. 参选人的选区经营与问政模式受到冲击

选制改革后，因选区变小且当选门槛提高，加强选区经营、累积基层实力将变得非常重要。在上届“立委”选举中拿下全台第一高票的台北县国民党“立委”吴育升强调，“有没有地方实力将成为未来立委选举中的必要条件，单纯的形象牌立委未来只能在台北、高雄等大都会生存”。[①] 多数“立委”都反映，以往参选一般抓大不抓小，改成单一选区后，地方行程愈跑愈细，晚上12点还与选民“搏感情”更是家常便饭。参选人为求胜选加强选区经营将造成以下政治效应：一是参选人的政策主张将围绕地方建设、选区利益而展开，将缺乏全局观。二是“立委”若将大部分时间花在选区经营上，必将疏于“国会”问政，无法做好立法、审预算的工作。三是现任“立委”可能推动“肉桶立法”，为选区选民争取更多的福利津贴，造成国会政治地方化。四是现任者为寻求连任必将更加用心经营选区，从而导致选举地盘逐步固定化，甚至世袭化，并取代地方派系成为新的“派阀”领袖。

3. 选民的投票行为将有所改变

实施新制后，选民之前所习惯的“选人不选党”以及配合政党“配票”的投票行为将会有所改变，其政党认同投票、“弃保”以及分裂投票的模式将得到强化。

一是选民操作“弃保”的手法将愈来愈成熟。所谓“弃保”效应就是指，在“单一选区”中若出现三人以上竞逐的局面，选民为避免浪费选票或自己所认同的政党与阵营因票源分散致使敌对阵营获利，而放弃当选希望较小的候选人，将票集

① 《形象牌与地方型，优劣势逆转》，台《联合报》2005年5月23日。

中投给当选机会较大的参选人。台湾选民近年来在实行“单一选区制”的县市长选举中已累积了不少操作弃保的实际经验。如在2006年年底的台北、高雄市长选举中，泛蓝选民为避免台北市长之位因亲民党主席宋楚瑜与国民党籍参选人郝龙斌两强相争而落入民进党之手，最后被迫“弃宋保郝”；泛绿选民为保住高雄市这一“南部重镇”，则将选票集中投给民进党籍参选人陈菊，使“台联党”参选人罗志明被边缘化，仅获6000多票。这一“弃保”经验有可能移植到实施“单一选区两票制”的“立委”选举中。

二是选民有可能出现“分裂投票”倾向。所谓“分裂投票”即选民在区域“立委”选举中将票投给大党候选人，而在政党投票部分投给小党。以日本为例，在1996年的众议院选举中，自民党在区域选票部分的得票率为38.6%，而在政党选票部分只得32.7%。同时，小党在区域部分当选机会较小，可能会提出向“大党借票”的哀兵策略以博取选民同情。所谓“大党借票”也即吁请选民在区域部分支持同阵营的大党候选人，但在政党投票部分投给其喜爱或同情的小党。[①] 以德国为例，如自由民主党与绿党等小党因在区域部分无法当选，为求在政党票部分能跨越5%得票率的法定门槛，而提出“向大党借票”的策略，鼓励选民在区域票部分投票给大党以免浪费选票，而在政党票部分则投给小党。[②]

三是选民的政党认同投票模式将得到强化。长期以来，台湾选民具有“选人不选党”的投票倾向，尤其是在“复数选区不可让渡制”下，因每个选区都可能出现数名同党候选人同台竞争，选民只能从多名同党参选人中挑选出一位进行投票，从而强化以候选人个人为取向的投票模式。在“单一选区两票制”中，一方面因每个选区只能产生一名“立委”，党内竞争不复存在，选民不需要在同党候选人进行选择，政党提名人即代表该政党；另一方面政党投票完全是选民政党认同的呈现，这将逐步强化选民的政党认同投票模式。

2007年年底“立委”选举是首届实施“单一选区两票制”的选举，对岛内各政党以及政治人物而言将是一次全新的体验与挑战，其对政治生态、政党格局以及选举文化的冲击，将在一两届选举后得到更加清楚、完整的呈现。

（原载《台湾研究》2007年第2期）

---

① 《大蓝吃小蓝、大绿吞小绿》，台《联合报》2005年5月23日。

② 谢相庆：《浅谈立法委员选举制度改革——单一选区两票制》，财团法人国家政策研究基金会（http://www.npf.org.tw）。

1996年以来台湾地区领导人选举中的经济投票行为研究

张 华（女）

一、经济投票（economic voting）理论

一般认为，选民的投票偏好受到选举前后选民所处经济大环境的影响。选民在选择执政党或领导人时，会将本国或本地区的经济表现作为投票时的重要参考依据。当选民认为执政者过去的表现和行为较差，目前经济状况变坏，或对未来经济评估较为悲观时，往往会将选票投给在野党，反之则将选票投给执政党，这一现象被称为经济投票。最初提出这一概念的是Lewis-Beck，他针对西方国家的选举研究指出，当选民肯定（不肯定）过去的经济表现时，他们便会投票支持（不支持）执政党。① 在全球化时代中，选民偏好愈来愈受与候选人或政党相关的本国经济表现，包括人均GDP增长率，贸易依存度，对外直接投资（FDI）和保护贸易政策等因素的影响，即选民依据这类经济表现信息来确定偏好从而与选择候选人相联系。②

除了把执政党经济表现的评价作为投票行为的依据外，选民对未来经济发展的评估也是影响投票行为的重要经济因素，同样属于经济投票理论的重要方面。从时间向度分析，当选民根据政府过去的施政表现进行投票时，称之为回顾性投票(retrospective voting)，如根据未来经济发展的趋势进行投票，则称之为展望性投票(prospective voting)。由于选民对未来经济发展趋势的判断和预估大部分建立在候

① Lewis-Beck, Michael S. *Economic and Elections: the Major Western Democracies*, Ann Arbor: University of Michigan Press，1988，PP.34.

② 沈剑平：《为什么全球化中民主国家的选举不那么“民主”了？》，http://www.unirule.org.cn/xiazai/2007041 341.doc。

选人的竞选政见方面，因此又有学者将竞选政见对选民投票的影响视为选民展望性投票的重要表现之一，并将展望性投票称为议题投票（issue voting），或竞选政见投票。这两种类型的投票取向都可以看做是一把反映选民的政治态度、进而影响其投票抉择的政治温度计。

从评价或评估范围向度分析，选民评价和评估经济情况时如以个人经济情况为投票依据，则属于个人向度投票，学术界称之为口袋投票（pocket voting）；如以整个社会经济发展繁荣与否作为投票标准进行投票，则称为社会投票（sociotropic voting）。当选民对个人经济状况较为满意或认为社会经济发展状况符合其期待时，将进行正面投票，即支持执政党候选人；反之则进行负面投票，支持在野党候选人。

Powell 和 Whitten 针对 19 个国家举行的 102 次选举进行跨国性研究，结果发现经济增长率提高有助于现任者获得选票，失业率升高会使现任者损失选票。① 美国自 1972 年至 2000 年的总统大选中，对经济状况感到满意而进行正面评价的选民投票支持现任者较高；反之，认为经济状况恶化或经济没有重大改善者，较倾向进行负面投票而支持在野党。在共和党执政的 1972 年、1976 年、1984 年和 1992 年的总统选举中，对经济状况感到满意，肯定现任者经济表现的选民，倾向于以正面投票模式支持共和党；而不满意经济表现者，则往往进行负面投票，即较倾向于投给民主党。在民主党执政的 1980 年、1996 年及 2000 年的总统选举中，正面评价经济状况表现而投票支持民主党候选人几率明显较高；反之，不满意经济表现的选民，投给民主党候选人的几率明显偏低。② 在 2008 年全球经济、尤其是美国经济严重衰退的情况下，多数选民在美国第 44 届总统选举中再次进行经济投票，抛弃了执政的共和党，选举民主党候选人奥巴马当选新一届总统，这是美国总统选举十分典型的经济投票个案。

二、回顾性投票在台湾“大选”中对选民投票行为的影响

从回顾性投票取向分析，选民在 1996—2004 年台湾地区领导人选举（“大

① G. Bingham Powell, Jr. and Guy D. Whitten, “A Cross-National Analysis of Economic Voting：Taking Account of the Political Context.”, *American Journal of Political Science*，vol.37，No.2 (May, 1993)：391-414.

② 俞龙通：《经济状况、施政表现与投票选择：美国总统选举多变项整合解释模型——1972—2000》，台湾淡江大学美国研究所博士论文，2002 年 6 月。

选”）中都没有表现出明显的经济投票取向。尽管陈水扁执政四年期间台湾经济明显恶化，但在蓝绿阵营高度对决，两岸关系议题牢固主导台湾社会主要分歧线的背景下，选民因受统“独”认同和“国家”认同制约而很难进行经济投票。只有在经济因素足以实质影响选民的生活水平，并成为社会主要分歧线之一时，选民的经济投票取向才可能出现。这一现象在 2008 年“大选”中表现得较为明显。

第一，经济因素对 1996—2004 年三次“大选”中选民投票行为的影响。

在台湾，影响“大选”的经济因素包括经济总体形势的好坏程度、失业率与物价的高低、收入的增减、股市行情的涨跌幅度、经济资源的重新分配、税收、财经与福利政策等。这些因素相互交叉、相互影响，与其他因素共同决定选民的投票行为。经济因素影响台湾选民投票行为的方式和程度，与建立在西方国家选举实践基础上的经济投票理论具有较大的不同。当两岸关系议题主导选举主轴时，经济因素往往难以发挥其影响选民投票行为的常规作用，但是当经济环境恶劣到足以引起选民的高度关注，如与当前社会高度关注的两岸关系议题相提并论，甚至高于两岸关系议题时，经济因素必将发挥其影响力，选民将以符合经济投票理论的行为进行常规投票。从选民对经济情况态度的调查来看，1996—2004 年的三次“大选”中，台湾经济整体表现的好坏对选民投票行为的影响并不明显。

1996 年以前，尽管台湾的经济增长速度已呈现下滑趋势，但失业率基本上未超过 2%，显示台湾经济整体发展相对良好（见图 1）。1996 年，台湾的经济较从前有所衰退，但在基点较高的情况下，经济的下滑并没有严重影响选民的生活水平，更没有成为台湾社会的主要矛盾，尤其是李登辉对当时政局的掌控能力较强，首次“直选”台湾地区领导人又是在李一手推动下实现的，因此，选民对李登辉的评价普遍较为正面。在这种背景下，影响 1996 年台湾地区选民投票行为的主要变量并非并不十分重要的经济因素，而是“李登辉情结”和以统“独”议题为核心的两岸关系变量。

2000 年，选民对经济情况的评估较 1996 年时趋于恶化，但在当时“三足鼎立”的情况下，尤其是在“兴票案”、“李远哲挺扁事件”效应下，国民党的黑金问题以及选民的“求新、求变”心理是 2000 年“大选”时各界关注的焦点，经济议题在“大选”层次中对选民投票行为的影响仍然没有充分表现出来。

民进党执政后，尽管台湾经济发展迟滞衰退，民间投资意愿低落，消费者信心长期低迷，两岸关系高度紧张，台湾经济不断趋向边缘化，但民进党全方位操弄“民粹主义”，台湾整个社会陷入蓝绿高度对峙、国家认同分歧严重的斗争旋涡中，两岸议题已然成为政治生活中的敏感议题与核心议题。在这样的特殊背景下，经济议题很容易被这些更易影响选民投票行为的意识形态因素所掩盖，民进党施政无能带来的经济恶化最终没能撼动民进党基本教义派的信念与热情。

2004 年“大选”时，尽管台湾经济状况严重恶化，台湾民众对整体经济状况已表现出普遍不满态势，并对未来台湾经济走势非常“悲观”，但在民进党将认同议题作为选战主轴的情况下，陈水扁利用“本省人选本省人”、“爱台与卖台”、“台湾对抗中国”等激情口号煽动民粹，蓝绿阵营空前对立，导致选民的投票行为仍未大幅转移到经济投票取向上来，选民的认同态度和立场再次成为决定其投票行为的关键变量，加上“3·19 枪击案”这一突发事件，陈水扁得以侥幸连任。从表 1 可以看出，在 2004 年“大选”中，经济因素在选民投票支持陈水扁的比例中仅占 4%，位居最末，而投票支持陈水扁的前两大主要因素分别是“2·28 手护台湾活动”、“候选人比较爱台湾”，这两项因素都含有强烈的认同成分在内。

从 1996 年、2000 年、2004 年三次“大选”的结果分析，在台湾特殊的历史背景和政治环境中，经济理性因素无法超越以统“独”认同为核心的两岸关系议题对选民产生的影响力。因此，经济投票也始终没有成为选民投票的主要取向。

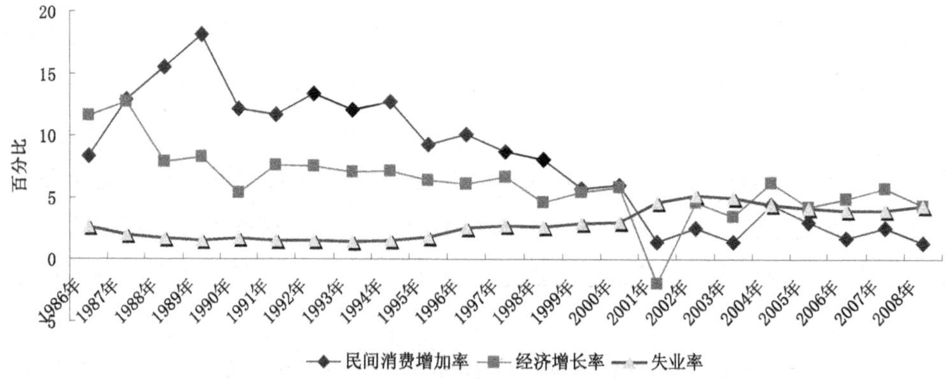

图 1 1986—2008 年台湾各项经济指标趋势

资料来源：作者根据台湾“经济部”网站相关数据自行整理

表 1 2004 年“大选”时投票支持陈水扁的主要因素

投票原因	%
2·28 手护台湾活动	29
候选人比较爱台湾	16
政绩表现	11
候选人的品格操守	10
不喜欢对手	8
喜欢候选人	7
支持政党	6
公投的议题	5
两岸政策	4
经济因素	4

资料来源：TVBS 民调中心，2004 年选举当天出口民调，www.Tvbs.com. tw

第二，经济因素对 2008 年“大选”中选民投票行为的影响。

2007 年至 2008 年初，台湾经济衰退态势比以往三次“大选”前更为严重（见图 1），加上民进党高层弊案丛生，经济因素对选民投票行为的影响在 2008 年“大选”中发挥了关键性作用。可以说，这既是台湾经济恶化到一定程度的必然产物，也是民进党当局多年来操弄政治意识形态的必然反噬，更是台湾民众民主素质提高的必然结果。

此次选前的民调显示，与前三次“大选”不同，选民对经济开始高度关注。2007 年底，台中华征信所针对台湾五千大企业经理人所做的民调显示，72% 的经理人关注经济问题，60% 以上希望通过 2008 年“大选”换党执政来改变台湾经济问题，50% 以上的认为民进党推动的“正名”、“入联公投”、统“独”议题对经济无帮助。经理人是台湾企业界的中坚阶层，他们传达的心声很大程度上反映了台湾多数中产阶级的期待。

从选举结果分析，受民进党执政不佳包袱的拖累，民进党候选人谢长廷继续操弄的“统独牌”、“族群牌”、“两岸牌”并没有发挥预期效应。而马英九高票当选，一方面是源于其自身的人格魅力，另一方面则因民进党执政无能和严重贪腐引发的信任危机使民众转而投票支持马英九。这一选举结果说明经济因素对选民投票的影响已开始显现，这和 2007 年韩国、2008 年美国总统选举中选民的投票行为极为相似。

台湾《远见》杂志公布的台湾民心指数从数据上进一步印证了上述观点。台湾民心指数（Taiwan Public Mood Index，TPMI）包括政治信心指数和经济信心指数两类。该指数介于0—100分之间，指数大于50分代表乐观或正面评价，指数愈高显示台湾政党或台湾政治经济发展的情况愈得民心；指数小于50分代表悲观或负面评价，指数愈低表示民众愈悲观愈否定，台湾政党或台湾政治、经济情况就愈失民心。从图2可知，自2007年始，台湾民心指数的三项指标都在50分以下，且呈现逐渐下跌趋势，2007年年底达最低点，反映了台湾民众对台湾政治、经济的信心空前低落。至2008年年初，由于受“立委”选举结果影响，台湾民心指数呈现一年来未曾有的反弹上升态势，但仍未突破50分。2月，随着“立委”选举影响力的降低，台湾民心指数再次下跌，显示2008年“大选”前，台湾民众对台湾的政治和经济信心严重受挫。在选民普遍感受经济衰退，个人经济利益受损之际，参与竞选的执政党——民进党不仅没有提出解决经济的竞选政见，反而继续主导认同议题，甚至借此“批蒋”、“斗马”，以清算斗争的手法操作选举，严重违背了道德、公平、正义以及人性，并进而强化了选民对“认同议题”的厌恶甚至反抗。事实上，蓝绿之间关于中国民族主义与“台湾民族主义”之争在2005年县市长选举时即已显出疲态，2008年的两次选举，尤其是“大选”更明显地体现出部分选民的经济投票优于认同投票，一般民众对于执政表现的要求超越了他们对于认同的执着。在经济环境恶化下选民的利益意识上升，压倒了动员到疲惫的“本土认同”，是民进党受挫最主要的原因。①

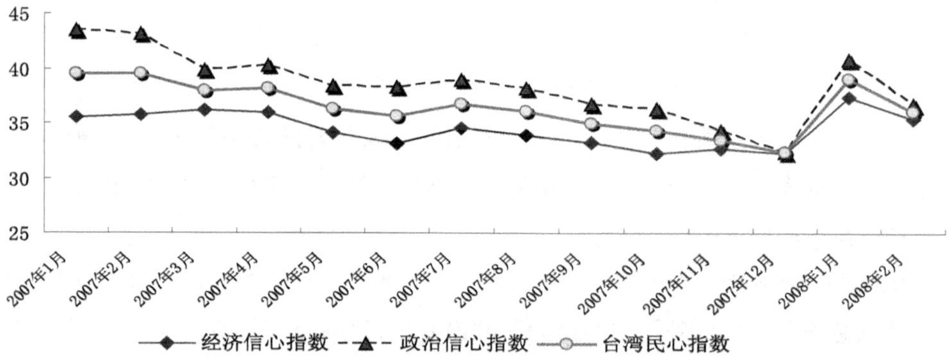

图2 2007—2008年台湾民心指数趋势

资料来源：台湾《远见》杂志民意调查中心，http://www.gvm.com.tw /gvsrc/index.html

① 吴玉山：《民进党溃败原因及后续影响分析》，台湾《联合报》2008年1月13日。

三、竞选政见对台湾“大选”中选民投票行为的影响

所谓竞选政见，是指参与选举的候选人在竞选期间为迎合特定选民，或与竞争对手相区别，或就某一具有争议性与急迫性的问题提出不同的政策目标或政策方向，来影响特定选民群体的投票行为。美国选举专家坎贝尔（Campbell）等人提出的传统理论认为，只有选民认知、重视候选人提出的政见，并认为这一政见与他党或其他候选人存在明显差异而更符合选民个人利益之际，选民的投票行为才会出现政见取向，但这种取向仍是在政党认同框架下作出的投票抉择，即候选人提出的政见即使满足了以上条件，也只是构成选民政见投票的必要条件，而非充分条件，还不足以确保选民以对候选人的竞选政见认同与否来决定其投票行为。

近年来，在西方选举社会中，随着各种政治环境的冲击、选民教育水平的提高、候选人竞选策略的改变、传播媒介的发展，尤其是选民政党认同投票取向的弱化，候选人竞选政见对选民投票行为的影响日益重要。Schulman 和 Pomper、Miller、Vebband Petrocik、Abramson 等人的研究认为，选民并不全然按照政党认同取向进行投票，政见取向对美国大选时选民投票行为的影响越来越大。V.O. Key 指出，选民会先检视政府的施政表现再进行投票抉择。[①] 显然，候选人的经济竞选政见被认为是投票行为理论中影响选民投票取向的最重要因素。

在台湾地区的四次“大选”中，参与选举的候选人都会在选举初期提出如经济、社会福利、教育、卫生医疗等属于改革、安定、民生类的竞选政见，但随着选情不断激化，尤其是进入白热化阶段后，这些看似理性的竞选政见很容易被边缘化，或被诸如二元对立的“政治情感”议题所替代。在台湾这种特殊的选举政治文化背景下，竞选政见对选民投票行为的影响不断被其他政治因素所淹没甚至替代，只有在极为特殊的情况下，竞选政见才会发生部分作用。

1996 年“大选”中，议题立场的影响力虽然是一个显著且重要的因素，但并不像候选人因素、“李登辉情结”、政党认同等变量重要。[②] 台湾学者盛治仁就台《中国时报》针对 2000 年“大选”中候选人竞选政见的报道情况进行统计分析，发现与选举相关的 4112 篇报道中，有 81.8% 的新闻并没有提及候选人的竞选政见。

---

① V. O. Key, *the Responsible Electorate*. New York：Vintage Books，1966. 转引自蔡奇霖：《从投票与否和投票抉择进行选举预测》，台湾中正大学政治学系暨研究所硕士论文，2006 年 7 月，第 38 页。

② 庄玉卿：《台湾选民议题取向投票之研究：1996 年总统大选之实证分析》，台湾东吴大学政治学系研究所 1997 级硕士学位论文。

距离投票日仅有两个月之际，50% 以上的选民对候选人所提政见印象不深刻。[①] 由此看出，选民对候选人的竞选政见并非十分关注，尤其是在情绪化议题渲染下，选民很容易陷入统“独”议题等两岸关系议题的政治旋涡中，无暇顾及或很难理性思考个人或社会的经济利益以及候选人的经济政见，经济民生等竞选政见逐渐被“冷冻”。

2001 年台湾经济增长率为 -2.18%，这是台湾半个世纪以来首次出现负增长的状况，失业率则飙升至 5.17%，创历史新高。但善于“拼选举”的民进党成功地把民众的视线转移到统“独”议题上来，在同年年底“立委”选举中赢得第一大党位置。2004 年“大选”中，尽管陈水扁表面上提出“拼经济”、“拼改革”，以此作为选战主轴之一，并利用一切机会向选民在社会福利、市政建设、交通设施等方面作出各种承诺，但实际上陈水扁则将选举操作成“一边一国”、“爱台与卖台”的蓝绿对决战，有关改革、经济的竞选政见迅速被政治议题所淹没，并最终被民进党完全丢弃。台湾年代民调中心针对 2004 年“大选”前选民对经济议题的看法所作调查显示，虽有 83.9% 的受访者表示应将经济议题作为竞选者第一优先的议题或政见，却有高达 60% 以上的受访者基本不了解国民党或民进党的经济政见。[②]

2008 年民进党最具代表性的政策就是利用执政资源实施“一周一利多”政策，但这一政策真正落实的并不多，最终不了了之。而谢长廷提出所谓的“幸福台湾”、“幸福经济”竞选政见不仅空洞无物，更随着选情紧绷而从最初的“走中间理性路线”逐渐滑向“统独族群之争”的泥潭，民进党顽固操弄族群、统“独”、两岸牌，根本无暇顾及经济议题。在这种情况下，国民党候选人马英九在 2008 年选战中全力主打经济主轴的同时，不得不被动回应民进党的意识形态之战。不过，与 2004 年相比，2008 年“大选”中的竞选政见议题已对选民投票行为发挥了部分作用，马英九提出的“改革与经济”和发展两岸关系议题，对选民的投票行为产生了关键作用，甚至成为当选者获取胜利的重要因素之一。

四、经济投票在四次“大选”中的异质性分析

在历届“大选”中，经济因素与选民投票行为之间并没有必然联系。在省籍、

---

① TVBS 民意调查中心，2000 年 1 月 23 日，原始问卷及详细交叉表：www.tvbs.com.tw。

② 台湾年代电视台民调中心：“民众对‘总统大选’经济议题的看法”民调，2003 年 11 月 23—25 日。

族群、政党认同以及两岸关系议题对选民投票取向有重要影响的情况下，选民不会仅因为对经济发展或经济表现感到满意而支持执政党，也不会因为仅对经济发展或经济表现不满而支持在野党。这种现象在学术界被称为经济投票的异质性，即选民在投票时，经济发展的好坏不是决定选民支持某政党或候选人的唯一依据，而是在评估经济情况的同时，存在着其他归因因素，包括政党、族群、国家等认同因素，选民的政治成熟度和政治信任感等因素。

第一，两岸关系议题严重分歧制约了选民的经济投票行为。经济因素对选民投票行为发挥影响力有其限定条件：一个社会内具有高度的同质性，不存在起主导作用的、非经济性质的社会分歧线，即分割社会意见及团体政治倾向的主要议题，[①] 如统“独”认同、种族分歧、宗教争议等。这种社会分歧线往往把社会意见团体及党派分割成不同、甚至严重对立的派别，在选举过程中往往比经济因素更能影响选民的投票行为。

台湾是一个存在严重歧异的社会。从四次“大选”可知，两岸关系议题一直是台湾地区最重要的社会分歧线。在这条分歧线下，认同“台湾独立”、认同中国统一或主张两岸关系维持现状之间的争论是岛内政治活动的重要议题，更是重大选举中被政党动员、炒作的主要议题。尤其是在台湾地区领导人选举这个关系台湾未来走向的重大选举中，认同问题往往高于其他一切因素成为决定选民的投票行为的核心议题之一，选民也被这一分歧线分裂为两大政治对立的群体。

在李登辉以及陈水扁多年推动“本土”活动、培植“本土”意识，甚至进行“台独”意识灌输的影响下，岛内民众的“台湾主体意识”持续高涨。民调显示，目前超过 60% 的民众认同“台湾主体性”，这种民意结构一度对泛蓝的基本选情造成重大冲击。当经济问题与维持台湾的“主体性”发生矛盾时，尤其是民进党 2000 年后不断将台湾“神化”或“宗教化”，提出“台湾不能输”、打一场“保卫本土政权的圣战”等宗教式的政治口号，能否维持“台湾主体性”，而不是能否推动台湾经济发展已成为选举过程中矛盾的主要方面，甚至完全主导选情。尽管 2000 年台湾社会曾一度出现了“改革与安定”、“清廉与贪腐”的社会分歧线，但统“独”认同已经完全超越经济因素成为影响选民投票行为的主导性因素。2004 年“大选”是政治人物操弄统“独”议题的典型个案，陈水扁将“大选”操弄成“台湾对抗中国”的选战，并成功从中谋取政治私利。2008 年“大选”时，民进党

---

① 盛治仁：《台湾 2000 年“总统”选举投票行为研究》，台湾，韦伯文化事业出版社 2001 年版，第 6 页。

的选战主轴仍为统“独”议题，借马英九外省人“原罪”攻击其对台湾的“忠诚度”、攻击马英九和萧万长的“一中市场”等，认同议题再次成为2008年“大选”的重要议题之一，从而淡化了部分民进党支持者对经济议题的关注。但是，与前三次“大选”不同，经济因素第一次与候选人形象、两岸关系议题同时成为2008年“大选”时选民投票的主要取向。

由上观之，经济分歧线（改革与安定，阶级矛盾）虽已出现，但与长期盘踞在台湾社会的两岸关系分歧线相比，经济因素对选民投票行为的影响具有强烈的不稳定性和明显的脆弱性，容易随两岸关系议题的发酵而失去作用。在两岸关系一直是台湾社会主导性分歧线的背景下，台湾选民很难根据经济的繁荣或衰退，评估执政党的施政绩效，进而作为投票的重要依据。

第二，蓝绿政党意识形态的严重分歧导致选民在投票时容易以政党认同而不是以经济因素进行投票。西方选举中政党区别主要是民生、环保、社会福利等经济议题，或弱势族群议题“左”或“右”的区隔，选民可以根据经济状况投票支持与自己利益接近的政党候选人。这种以经济利益为投票取向的选民，容易在不同选举中出现党际转移现象，即此次投票支持A党候选人，下次选举则可能支持B党候选人。但是，台湾的政党区隔主要在于意识形态不同，即国民党倾向于认同一个中国，反对“台独”，而民进党则致力于实现台湾“独立建国”，反对与大陆统一。尽管认同国民党者不一定支持中国统一，认同民进党者也不一定支持“台湾独立”，但认同国民党的选民绝大多数都反对“台湾独立”，而认同民进党的选民则多数反对两岸统一。这是选民在投票时很难支持自己所不认同政党候选人的重要原因之一。

在“总统”选举中，“台湾前途”往往成为超越一切的重要政治议题，不同政党的候选人代表该党对此议题表明政治立场和统“独”态度。民进党候选人往往善于利用“大选”这样的竞选机会，大力宣导并强化其追求“台湾独立”的政治立场，通过各种渠道煽动“国民党卖台、民进党爱台”的言论，积极将政党认同与统“独”认同绑在一起，使选民投票时自觉或不自觉地依据其政党认同，而不是经济因素去选择候选人。

第三，岛内特殊政经环境容易给民进党提供掩盖执政不佳的借口。1999年以前，台湾的经济呈现良好发展态势，经济议题难以成为选民以及候选人关注的焦点，对选民投票抉择影响甚小。2000年以后，台湾的经济呈现不断恶化趋势，但民进党发展经济无能、执政不佳的事实却被岛内一些特殊的政经环境所掩盖。

一是2000年“大选”后至2004年期间民进党尚处于初次掌握台湾执政权阶

段，即便民进党在推动台湾经济方面无所建树，已被国民党统治长达 50 年之久的台湾民众在厌倦国民党执政的情况下，也宁愿给民进党继续改进和“进步”的机会。二是所谓的“分立政府”（divided-government situation）为民进党推卸经济衰退的责任提供了借口。2000—2008 年，民进党处于少数执政状态，国民党掌握“立法院”多数，使得民进党将经济增长趋缓甚至恶化的责任归咎于国民党对诸多政策和法案的杯葛，从而降低了选民对民进党的不满。三是台湾的经济主要是外向型经济，受国际整体经济环境影响显著，因此经济恶化很容易被当局归因于国际大环境的不利，岛内不少民众也持相同看法。2003 年年底的一项民调显示，除 35.3% 的受访者认为台湾三年来经济不好的主因是民进党执政经验和能力不足外，第二大原因被认为是受国际经济形势影响所致，这一比例高达 32.8%。[①]

第四，台湾民主政治尚处于转型期，民主制度尚不成熟，选民的民主素质尚未达到一定高度，选民的投票行为仍缺乏理性。Duch 针对波兰与匈牙利等国家的选民投票行为所进行的研究发现，传统的经济投票理论在这些民主转型国家中并不适用。[②] 在这些国家中，普遍存在着政治知识欠缺和政治信任感较低的选民，因此经济投票的行为不够显著。台湾地区也是如此，自竞争型的政党政治发展以来至今不过 20 年时间，历经解除“戒严”、“党禁”、“报禁”以及“立法院”和台湾地区领导人直接选举等多元化改革，选民虽经多次选举洗礼，但台湾的民主政治尚未发展到成熟与完备的状态。在这种情况下，选民由于欠缺对责任政治的坚定信念，尚无法有效建立投票行为与执政绩效以及竞选政见良莠的连接关系，尤其是蓝绿对峙的政治环境以及政党之间的高度对立，都使得不同阵营的选民对敌对阵营高度不信任，这种情绪不断引导台湾民众走向不问是非、只问蓝绿的非理性投票取向。因此，回顾性经济投票或展望性经济投票对台湾选民投票行为影响难以呈现稳定态势，使得台湾地区选民的经济投票行为呈现出异质性特征。

第五，对候选人的特殊评估也是一个影响因素，如果选民看重候选人的程度远远大于经济问题时，选民自然不会出现经济投票倾向。但是，如果选民看重经济因素，而又认为某候选人的主张可以实现其经济愿望时，才可能会出现经济投票现象。1996 年的“李登辉情结”，2004 年的“陈水扁情结”，以及 2008 年的“马英九现象”都是候选人的特殊评估因素在特定场合对选民投票行为发生的作用。

---

① 台湾年代电视台民调中心，2003 年 11 月 23—25 日。

② Duch, Raymond M.,“A Development Model of Heterogeneous Economic Voting in New Democracies”, *American Journal of Political Science*, 44（4）：635-652.

五、台湾社会分歧线决定未来选民经济投票行为常态化趋势

综上可知，社会分歧线的性质以及执政者的操作决定选民的投票行为取向。在台湾社会仍存有严重统“独”认同分歧的政治态势下，经济投票取向能否回归常态，取决于台湾当前的政治人物对社会分歧线的认知与引导。

若政治人物尤其是执政者长期引导民意朝“独化”方向发展，并继续操弄省籍、族群、统“独”议题，将其作为煽动民粹、动员选举的主要工具，两岸关系将再次成为台湾社会的主要分歧线。这种情况下，统“独”认同等两岸议题成为选战主轴，选民也将呈现出较为强烈的非理性特征，容易受选举中负面选战手法的影响，将注意力专注于候选人所主打的政治议题或候选人的人品、诚信，以及对台湾的忠诚度方面，从而很难展现出理性的经济投票取向。另外，虽然岛内学者屡次强调的经济分歧线（改革与安定，阶级矛盾）已经出现，但与长期盘踞在台湾社会的两岸关系分歧线相比，具有强烈的不稳定性和明显的脆弱性，选民的经济投票取向也将因此呈现出不稳定性。

反之，若政治人物不再蓄意挑动族群、统“独”议题，经济因素或阶级矛盾分歧线必将逐渐超越两岸关系社会分歧线，选民的经济投票取向也将回归正常化。回顾性经济投票或展望性经济（竞选政见）投票都是对执政党候选人或在野党候选人执政能力的评估。当政党分际不仅仅凭借带有鲜明意识形态色彩的统“独”立场划分，而经济、民生、社会福利、环保等议题成为不同立场政党的关注点之际，选民才有可能理性分析执政党政绩和在野党的竞选政见，从而才会出现将投票作为一种奖惩机制进而决定其投票取向的现象。也只有选民不再仅仅考虑候选人的统“独”认同和政党立场，而是更看重候选人自身的形象、能力、魄力时，选民的经济投票取向才是理性的、正常的、常态化的。另外，由于岛内“台湾人认同”和“台湾主体意识”不断上升，以及在两岸关系上维持现状的选民比例缓步上升，政党及其候选人基于争取过半选票的考虑，不得不在台湾定位及统“独”立场主张方面逐渐往中间主流立场靠拢。在这种情况下，经济因素而非意识形态等政治因素在影响选民投票取向诸因素中的作用将不断加大。而台湾选举政治的不断完善，也将促使选民的经济投票行为逐渐回归常态。

（原载《台湾研究集刊》2010 年第 2 期）

台湾选举与经济、两岸经贸的关联性分析

——以“五都”选举为例

熊俊莉

随着政治选举制度的完善，选民根据经济发展现状及预期进行理性评估和“经济投票”。政党为获取经济型选票往往在选举前后调整相关经济政策或政见，从而出现“选举性循环”现象。两岸经贸已成为影响台湾经济、社会发展的重要因素之一，也与岛内选举存在密切的互动关系。本文以“五都”选举为例，剖析台湾选举中的“经济投票”行为及其对政党两岸政策与两岸经贸关系的影响。

一、相关理论探讨

在成熟的政治体制中，选举是选民借以惩罚或奖励执政党的一个机制，选民投票给某一政党表示认同其执政能力、支持其政策主张、赞赏其个人特质。执政党上台后若无法制定良好的施政政策，并有效解决当前最需要解决的问题，则选民可能在下一次选举中改投其认为有能力解决问题的政党。但实际上要使选举机制实现最优公共利益，需要假设选民为理性经济人，否则人为的、主观的因素及不同的选举规则、方法等都会影响选举结果，使其无法体现社会偏好。

在缺乏理性经济人的前提下，社会心理学派对投票行为的研究认为，影响选民投票意愿的三大因素是政党认同、个人形象和选举议题，其中，政党认同的强度和方向是最主要的长期因素。但随着时代变迁，尤其是大众传播媒体兴起后，候选人个人形象和选举议题等短期因素的影响愈来愈大，同时由于其具有变化快、不稳定等特性，实际上增加了选举结果的不可预测性。此外，经济因素（包括经济现状和未来经济政策）也成为重要的短期影响因素，它甚至比候选人个人形象和选举议题

对选举结果的影响更不稳定，原因在于人们很难对复杂而专业性强的经济情况作出客观评价。

由于经济因素在施政中具重大指标意义，因而应从执政能力和政策主张中分离出来，单独评估其对选举的影响，以及政党是否在选举前后操控经济因素和相关公共政策等。对美、欧等地选举的研究显示，经济问题已成为“关键票”，甚至有时选举演变成不同经济政策的对决。2010 年 11 月美国中期选举中执政的民主党败选，一个很重要的原因就是选民对美国经济现状不满及对执政党未来经济政策的悲观。因此，选民以个人的、国家（或区域）的、现在的、未来的经济状况，对执政党或在野党进行理性评估并投票，就成为“经济投票”。“经济投票”有多个显著特征：一是经济现状体现执政党过去的政绩表现，经济越景气对执政党的选情越有利，而在野党往往利用经济衰退之机达成政党轮替，这也被称为“回顾型经济投票”。二是执政党和在野党在选举前开出竞选支票，多表现为满足选民提高福利等诉求的经济政策，选民根据政党所提出的未来政策主张投票，即“前瞻型经济投票”。实际上，由于不同阶层民众的利益诉求有差异，经济投票的对象也不同。三是大部分选民都采取“荷包投票”，即根据直接感受到自身经济变化的情况进行投票，通过个人经济状况来间接判断国家（选区）整体经济情况。四是受教育程度愈高、对经济知识愈了解的民众，对经济状况的评估愈准确，越能进行更理性的“经济投票”。

选举中“经济投票”现象愈明显，就愈容易造成“政治景气循环”。当执政党发现经济表现对吸引选票具正面影响，就利用行政资源制定短期繁荣经济的政策，如减税、扩张性财政政策等，以获取选民的支持，而选举结束后，又为消除选前政策的负面影响（如扩张性财政政策会造成通货膨胀）采取反向政策，选举前后政策交互实施造成经济景气和萧条的循环。这种“政治景气循环”现象在政党轮替时也并不少见。在实际选举中，由于政策实施的动机、政策发挥效果的时间及经济状况变化是否因为该政策都很难确定，因而也很难判断选举与经济波动的关联性，但可以转而观察经济政策是否存在选举性循环（electoral cycle），进而将观察领域延伸至包括福利、民生、对外关系等任何与民众切身相关的公共政策是否受选举影响而出现波动。

近年来岛内外学者对台湾选举的研究增多，并开始关注选举中的“经济投票”行为，以及是否存在“政治景气循环”或其他公共政策的“选举性循环”现象。王鼎铭从理论上阐释了出现“政治景气循环”的条件和原因，[①]并对台湾县市财政支出预算是否存在“政治景气循环”现象作了实证分析。[②]张慈佳以台湾县市长选举为例，验证执政者是否操控经济以达成连任目的，并因此造成地方经济的“政治景气循环”现象。[③]万美君等人的研究显示，[④]1996年以后经济相关议题逐渐受到选民的重视，2004年的“总统”选举和“立委”选举中，经济议题俨然已成为选战的轴心之一。

对台湾选举的研究不可忽视经济因素的影响，而观察选举前后岛内经济相关公共政策的变化也变得很有意义。特别是2000年以来，台湾经济一直徘徊在低增长或衰退状态，选举中已不能忽视经济议题及政党经济政见的重要性和影响力。根据上述“经济投票”和“政治景气循环”理论，可作出如下假设：一是台湾选举中选民根据经济现况及经济政策的预期效果作出“经济投票”；二是政党为赢得选举直接或间接操纵经济政策（如两岸经贸政策即为间接的经济政策），可能产生消极影响。

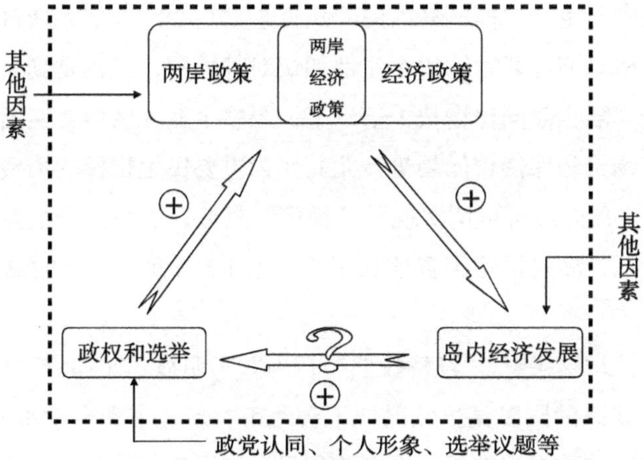

政经关系示意图

① 王鼎铭：《政治与经济间的交错——政治景气循环理论的发展评析》，《公共行政学报》第20期，2006年9月。

② 王鼎铭：《台湾地方财政的政治景气循环分析：固定效果与随机效果模型的估算比较》，《台湾政治学刊》10卷2期，2006年12月。

③ 张慈佳：《地方经济之政治景气循环现象——以台湾地区之县市长选举为例》，《台湾“国科会”研究丛刊》10卷3期，2000年7月。

④ 万美君：《总统选举经济投票选民之研究》，台湾中正大学政治系硕士学位论文，2006年。

二、“五都”选举中的经济投票行为及原因分析

台湾自2000年以来呈现经济发展放缓的态势，2001年和2009年两次出现2%左右的经济衰退，2008年“总统”选举发生政党轮替便与民进党8年执政时期经济每况愈下有很大关联。理论上，在台湾经济长期萧条背景下，选民受经济因素的影响将增大，经济好转应成为执政党有利的助选工具。但从“五都”选举观察，台湾选举中经济因素的影响和作用不如预期，选民受到各种复杂因素的影响很难作出理性客观的“经济投票”行为。

国民党重新上台后，即面临严峻的经济环境。受国际金融危机冲击最大的2009年第1季，总体经济衰退了8.56%，全年经济增长率为-1.93%，是60年最大衰幅。2009年以来的几次选举，民众对执政党政绩不满，尤其是对台湾经济现状不满，很大程度导致了国民党的败选。2010年台湾经济表现优异，在投资和出口均大幅增长的双重拉动下，台湾经济增长率创21年来最高纪录，突破了10%。[①]企业纷纷扩大投资与生产规模，岛内民间投资规模达20000亿元新台币的高峰，许多在国际金融危机时期经营紧缩的企业都加快对外投资，尤其是到大陆投资布局的步伐，台商投资大陆金额同比增长1倍以上。当整个亚太区域普遍面临复苏性的通货膨胀时，台湾物价却保持较低趋势，尤其作为重要民生指标的消费者物价指数年增率仅1%左右，岛内经济可谓实现了“稳定”复苏。而另两个重要指标失业率年底也降至5%以下，岛内平均工资增加了7%达4.7万元，也证明岛内经济呈现良好态势。

从“五都”选举结果看，“经济投票”行为并不明显。2010年11月27日，“五都”选举落幕，执政的国民党虽然保住了台北市、新北市和台中市的地方执政权，但并不算一场成功的政权维护战，许多迹象显示国民党的执政面临重重危机。从总得票数和得票率来看，国民党无论与2008年“总统”选举得票纵向比较，还是与民进党横向比较，都显现不利形势。从各直辖市具体投票情况来看，国民党在南部二市大败，依得票率来看，台南市和高雄市认可国民党执政的仅分别占40%和21%；而北、中部地区的认可程度也大幅下滑，反映在得票率从原来对民进党的绝对领先转变为微幅领先，台北、新北、台中仅分别高出12%、5%、2%。

2010年台湾良好的经济形势并未使执政党赢取选举优势，没有止住国民党执

① 台湾“主计处”：《国民所得统计及经济情势展望》，2010年11月18日，http://www.dgbas.gov.tw。

政以来支持度日益下滑的态势，原因主要有三点。

第一，影响台湾选举投票意愿的因素比一般选举都复杂。理论上，选民视经济为重要影响因素是有前提的，即朝野的意识形态立场差异不能太大，但台湾政党、候选人间政治立场有明显差异，也就使非理性的意识形态因素远远压过理性的经济评价因素，加上台湾还有一些特别的影响因素，如统“独”立场、省籍情结等交织其中。

第二，选民的经济评价具有主观性和滞后性。所谓的主观性，一是有些人根据国家（地区）经济情况好坏来评价，有些人根据自身经济情况好坏来评价，标准不一样，而人们往往将自身经济情况不好归咎于政府；二是实际上经济评价很大程度上也受选民政党认同及对候选人评价的影响，往往会出现带偏见的经济评价（如泛绿偏向于形成“经济表现差”的评价）。滞后性就是经济繁荣或衰退反映到民生指标，即就业、工资、物价等都需要一段时间，总体经济指标好转后半年或一年民众才会有切身感受。

第三，台湾经济恢复的程度不够，结构性矛盾仍然突出。经济增长率高主要是因为去年受金融危机冲击导致基数很低，有些指标至今还没有恢复 2008 年的水平，产业结构偏重电子资讯产业、经济增长动力过度倚重出口等矛盾没有解决。尤其是失业率高、贫富差距扩大、实际可支配收入增长慢等矛盾日益激化。表面经济指标的水分很大，如失业率降到 5% 以下，很大程度是当局各种短期就业政策的作用。

三、台湾选举对两岸经贸关系的影响

尽管“五都”选举在各种复杂因素的影响下没有出现明显的“经济投票”行为，但岛内政党并未忽略经济因素对选举可能产生的影响，尤其是若两岸经贸关系对台湾经济发展有明显贡献，政党就可能以变动两岸政策（或政见）对选举施加影响，换言之，选举将造成两岸经贸关系的波动和不确定性。

随着统“独”议题对岛内选举影响力逐渐消退，两岸经贸取代其成为影响岛内选举的重要的两岸因素，主要原因是两岸经贸成为台湾经济发展的重要引擎之一，台湾当局的两岸经贸政策也成为一项间接的岛内经济发展政策，这是政党在选举中操纵两岸经贸政策，也是选举反作用于两岸经贸关系的前提条件。2008 年国民党在台湾重新执政后，台湾当局对大陆经贸政策发生了从限制到开放的战略思维上的大幅调整，即放弃李登辉时期的“戒急用忍”和陈水扁时期的“积极管理、有效开放”等限制两岸经贸、防范台湾经济受大陆影响的政策，转而将两岸经贸发展纳入台湾整体经济发展战略的大框架，直接提出利用大陆内需市场、推进两岸经济合作，并陆续出台一系列扩大开放两岸经贸往来的政策措施，如放宽高科技产业及服务业赴大陆投资限制、开放陆资企业投资岛内部分产业（包括股市）、积极推动产业搭桥及两岸经济合作框架协议等。台当局调整两岸经贸政策虽是顺应全球化、区域整合以及两岸经贸发展大局的必然举措，但也存在借两岸经贸带动台湾经济以及缓解施政压力拉抬选情等意图。从实际情况来看，两岸关系改善，尤其两岸加强经济交流与合作，确实对促进台湾经济摆脱低迷状态、走出国际金融危机阴影、呈现强劲复苏发挥了明显作用。

从台湾经济增长的动力来看，消费长期低迷，投资和出口是主要的增长动力，而两岸经贸已成为拉动岛内出口和投资的重要影响因素。2008 年年底爆发的国际金融危机虽然造成岛内经济大幅衰退，却也提供了两岸经济进一步紧密结合的必然性和有利时机，尤其是大陆扩大对台产品采购与农产品进口减免税等一系列对台政策，对台湾经济企稳复苏发挥了重要作用。2009 年 11—12 月台湾对大陆出口增长率分别高达 48.5% 和 91.9%，对台湾整体出口增长由负转正起了决定性作用。同时，大陆赴台游客人数大幅增长，对岛内消费、就业的拉动作用十分明显。

从台湾产业升级的动力来看，台商产业转移大陆的同时，为岛内传统产业向高附加价值产业转型提供了空间，而两岸深化经济合作也成为台湾进一步向服务型社会转型的重要动力。在大陆投资的台商约 90% 集中在制造业，而且主要是劳力和资本密集型的组装生产线，台商母公司则在岛内进行高附加价值的设计、研发及关键零组件制造，宏观上形成了整体产业在价值链上的提升。两岸“三通”、开放大陆居民赴台旅游、逐步开放金融市场和金融业务，也将为台湾“虚肥”的服务业提供实质动力。

两岸签署并生效的《经济合作框架协议》(ECFA)，更被岛内外公认为未来台湾经济发展重要的积极因素。其一，政治风险历来是影响台湾投资环境竞争力的重要因素（如 BERI 评比）[①]，后 ECFA 时代两岸关系将进一步改善，并对岛内投资环境、经济前景等形成正面效应。其二，台湾当局的两岸经贸限制措施历来制约着台商在大陆的发展空间，后 ECFA 时代两岸经贸关系逐渐正常化、自由化，对大陆经济崛起背景下台商的发展壮大具重大意义。最近，台湾主要的经贸伙伴如美、日等

---

① BERI：美国商业环境风险评估公司。BERI 的投资环境评比三大指标为：营运风险、政治风险和汇兑风险。

国都表示了对后 ECFA 台湾经济发展的乐观及加强与台湾经贸往来的意愿。岛内原本极力反对两岸交流的泛绿阵营出现分化，云林县长苏治芬、台南县前县长苏焕智等对 ECFA 持肯定态度，并亲赴大陆促销农产品。台湾当局则视 ECFA 为启动台湾“黄金十年”的关键，期望其与去年新出台的“产业创新条例”一起成为未来台湾经济两大引擎。显然，论及两岸经贸对岛内经济的正面作用，无论现阶段还是未来的表现都毋庸置疑，因此，积极促进两岸经贸发展有利台湾经济，而限制性的紧缩的两岸经贸关系将制约台湾经济发展。

在两岸经贸明显拉动台湾经济发展的前提下，产生了政党操纵两岸政策或两岸议题进而影响选举的诱因，因此，需要观察选举前后岛内政党的两岸政策是否出现波动。另一方面，选举对两岸经贸关系的影响，还可能表现在不明显的“经济投票”效果可能对执政党两岸政策产生负反馈。台湾执政当局的两岸政策若发生波动或倒退，不能保持正面、积极的方向，对两岸关系发展都将十分不利。

岛内两岸政策已呈现“选举性”循环现象，易造成两岸关系波动。“五都”选举民进党采取了新的选举策略，完全不同于过去主打“倾中”、“卖台”等两岸牌，反而尽量模糊其两岸政策论述，对两岸关系发展也未明确表示反对，与选举前积极组织反 ECFA 游行、“公投”表现出的反对两岸关系发展的态度成鲜明对比，这是在两岸关系发展背景下出现的新现象。与此异曲同工的是，国民党两岸政策也出现“选前变异”，原本热络的两岸交流活动在选举期间出现停滞，两岸进一步协商经济等领域合作的步伐暂时放缓。由此可知，两岸政策对岛内政经产生影响，并间接影响选民投票意愿，已经构成了国、民两党操纵两岸政策的诱因，国民党和民进党分别通过选前两岸政策“不作为”和“不反对”来讨好中间选民，而选举过后很可能又都恢复各自原来的政策立场，即两岸政策呈现“选举性”循环，国民党两岸政策“选前紧、选后松”，而民进党“选前松、选后紧”，因此容易造成两岸关系出现“投机性”波动。此外，若选举后出现政党轮替，则可能形成另一种两岸政策“选举性”循环，与“五都”选举表现出的“投机性”波动相比，这种“政党性”的两岸政策波动影响更加深远，无论“中央”还是“地方”，由于轮替执政的政党意识形态、政策取向等存在巨大差异，容易造成两岸关系大幅震荡。

选举中经济因素作用的不确定性，还将影响台湾当局的两岸政策效果及两岸关系发展。国民党执政后尽管遭遇国际金融危机的巨大冲击，但经济复苏速度和幅度也较令人瞩目，因而“五都”选举中国民党也主打“经济政绩牌”，希望借此拉抬选情。但选举结果与预期相去甚远，其中既有岛内经济结构自身存在问题的因素，也有经济因素发挥政治效应在岛内需要具备特殊条件等原因。但这也凸显了台湾选举中经济因素作用的复杂性和不确定性，并可能间接影响两岸关系的稳定发展。两岸关系遵循“先经后政”原则“循序渐进”地发展，现阶段主要是促进两岸经济关系正常化，扩大两岸经济合作成果，对台湾经济的正面影响已十分明显。然而，岛内经济因素对选举影响的不确定性，使执政当局“两岸政策—经济发展—政治选举—两岸政策”的利益链断裂，选举失利还在其次，更严重的是，若因此低估或错估两岸政策和两岸关系发展的利弊，将选举失利归咎于两岸政策，将对两岸关系发展造成巨大伤害。岛内已经出现两岸政策开放幅度过大、两岸经济合作利益恶化贫富差距等声音，其故意忽略两岸经济合作取得的成果及对台湾经济的贡献，忽略两岸 ECFA 早收清单将台南、高雄等南部中低收入的农民作为早收清单的主要受益者等现实，可能影响到两岸关系的发展。主要表现有两点：一是将岛内经济因素作用不确定、不明显之罪转嫁于台湾当局的两岸政策和两岸关系发展；二是片面夸张两岸关系发展对岛内经济、社会的负面影响，错误引导岛内舆论和民意。

综合而言，选举影响台湾当局两岸政策的调整与波动。若无政党轮替，如“五都”选举两岸政策已呈现明显的“投机性”波动；若出现政党轮替，则两岸政策可能呈现更大幅度的“政党性”波动。台湾选举频繁，两岸政策随选举摇摆或对其效果错误评估，均会影响两岸关系的稳定健康发展。

（原载《台湾研究》2011 年第 2 期）

台湾地区中间选民投票行为分析

张　华（女）

一、中间选民的理论解释

中间选民（Median Voters），又称独立选民，最早出现于美国选举政治理论研究中，但理论界对这一概念的认知存有诸多分歧。一派学者认为，中间选民是具有负面意涵的一群特异分子。坎贝尔等人在《美国选民》一书中指出，中间选民具有如下特征：一是缺乏政治兴趣，较少涉入政治活动；二是缺乏足够的政治知识和信息；三是投票时，很少建立在对全国政治进行了解的基础上。[①] 另一派以Meyer为代表的学者则指出，中间选民至少应具备两项条件：一为缺乏持续性的政党认同，即在连续几次选举中，会投票给不同的政党；二为中间选民是具有高度政治兴趣的，非对政治漠不关心的无党派认同者。中间选民在作决定时，比其他人有更多的事实作为判断的依据；他们是所有选民中最能分辨两党政策优劣者；此外，他们在决定其投票抉择时，是最有可能对所有候选人进行评估者，也是最有可能分裂其选票的人。[②] 还有学者认为，中间选民具有高度政治兴趣，除《美国选民》中描述的中间选民（旧中间选民）外，还有一种新中间选民，他们受教育

---

① Angus Campbell, Philip E. Converse, Warren E. Miller, and Donald E. Stokes, "*The American Voter*", New York: John Wiley & Sons, Inc, 1960.

② Meyer. Allan, "*The Independent Voter*", in William McGhee and William Glaser, eds. Public Opinion and Congressional Elections. Glencoe 111：The Free Press. 1962. 转引自朱晓玉：《我国独立选民投票行为之研究：2000 年与 2004 年总统选举之分析与比较》，台湾铭传大学公共事务学研究所在职专班硕士学位论文。

程度高、收入高，具有固定职业。[①] 在界定中间选民时，理论界也存在三种标准。一是分析选民的行为面，即根据选民的投票行为进行判断，投票行为表现出没有特定政党支持者为中间选民，即在同次不同类公职人员选举中，分别投给不同政党的候选人（属分裂投票）的选民，或在同一类公职人员的不同年次选举中，分别投给不同政党候选人（属投票的转移或浮动投票）的选民，可视为中间选民。二是分析选民的态度面，即以选民通过民意调查等渠道自我宣称是否具有特定政党认同等政治立场作为判断其是否为中间选民的依据。表态不具任何特定政治立场的选民被视为中间选民。三是混合方法，即结合选民的行为面与态度面综合判断其是否为中间选民。

由上可知，理论界对中间选民的认定与涵义并不完全统一，但都认为中间选民是与政党认同密切相关的一个概念，其核心涵义强调，在政党政治体系中，除拥有特定政党认同的选民外，还存在部分对任何政党都没有特定立场的选民。这部分选民因其既不靠左，也不靠右，因此被视为中间选民。主要包括两种。一种是理想类选民（又称之为理性选民），主要指具有高度的政治兴趣和较高政治知识水平、理性而不偏激、自主性较高的选民，其投票行为以候选人取向或竞选政见取向为主。另一种是无知冷漠型选民。这类选民一般缺乏政治知识，较少涉入政治事务和选举，政治立场不坚定，容易被动员。一般来说，西方选举政治体系中的理想类中间选民远远多于无知冷漠型选民。随着西方国家和地区选民政党认同度的不断下降，中间选民所占比例不断增加，因此呈现出“钟形”的选民结构。图 1 表示，在一对一的选举中，候选人 A 和 B 若想在选举中取胜，除需分别固守 L-A 和 R-B 段的基本盘外，还必须争夺 A-M-B 之间多数中间选民的支持。因此，中间选民因左右单一选区的选举结果而受到高度关注。

---

① Burnham, Walter Dean, “*Critical Elections and the Mainspring of American politics*”, New York: W. Norton & Company, Inc, 1970. 转引自庄天怜：《我国独立选民的发展与变迁（1989—1999）》，台湾《选举研究》第 8 卷第 1 期，2001 年 5 月，第 75 页。

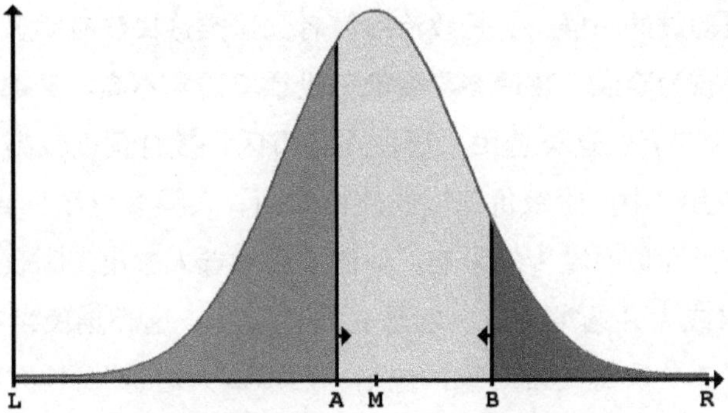

图 1 西方选举政治体系中的中间选民分布图

* L-A 段代表 A 候选人的基本盘，R-B 段代表 B 候选人的基本盘，A-M-B 段为中间选民地带。

资料来源：维基百科，http://zh.wikipedia.org/wiki

台湾选举政治虽然仿效西方选举政治，但因其带有鲜明的族群认同和统“独”认同分歧，因此台湾选举体系中的中间选民概念与理论上指涉的中间选民概念相比有其特色。台湾学者丘昌泰认为，台湾的中间选民没有特定的意识形态与政党偏好，厌恶负面选举，投票决定因素是“政绩表现”，投票行为则是拒绝投票或是跨党派投票。① 洪永泰提出测量中间选民的四个指标，即对指标性政治人物、政党认同、“台湾人”与“中国人”认同、统“独”认同等都无偏好或偏恶的就是中间选民。② 本文结合理论界关于中间选民的三种认定方式，以及台湾特殊的族群政治和统“独”认同，对台湾中间选民作出如下界定：第一，没有特定持续的政党认同，在不同类型或同类不同次选举中投票倾向呈现党际转移特征的选民；第二，没有明显的统“独”立场，在两岸关系上主张维持现状或可统可“独”（双趋倾向）的选民（见表 1）；③ 第三，没有强烈族群认同，在身份认同上对自身是“中国人”或“台湾人”没有特殊偏好的选民，即选民的投票取向与候选人的族群类别没有直接联系。

根据以上界定条件，台湾的中间选民大致可以分为以下五类：一是政治无知者。此类选民严重缺乏政治知识，无特殊政治立场，通常是女性多于男性，教育程

① 《胜也中间选民，败也中间选民》，台湾《联合报》，2002 年 12 月 10 日，第 A15 版。

② 《中间选民到底是谁？》，台湾《财讯》，第 264 期，2004 年 3 月 7 日。

③ 主要是指只要条件配合就愿意接受“台独”，或只要条件配合就愿意接受“统一”的选民，这类选民的投票立场同样游离不定。

度小学以下，60岁以上居多，闽南人居多，主要是农渔牧民和家庭妇女，投票率较高，属于易被动员的一群。二是政治冷漠者。这类选民没有明显的人口特征，对政治事务和选举较为冷漠，政治参与度低，投票率通常不高，又被称为“不投票选民”。三是理性投票者。这类选民多居住在都市区，教育程度较高，政治意识和自主立场较强，具有“中产阶级价值”的政治取向，投票多以政见或候选人为取向，不容易受政治抹黑和负面宣传的影响，他们要求候选人拿出实际政绩，而不是空洞的意识形态诉求或大开选举支票。四是立场游离者。这类选民没有固定的投票倾向，一般视选情态势决定支持对象，包括“西瓜偎大边者”、地方桩脚、工商界人士等。五是拒绝表态者，这类选民或许已有明确的政治立场和投票倾向，但在接受民调访问时不愿作答而拒绝表明其政治立场。除理性投票者属于政治学理论中所指涉的真正意义上的中间选民部分外，其他四种类型的中间选民皆根据台湾特殊选民结构划分。

这五类中间选民之间没有明确界限，在一定条件下还可能发生角色转变，如理性选民对任何候选人都不认同时则转变为不表态或不投票选民；而政治无知者也可能在受到强烈动员之后表现出明显的政党倾向。另外，中间选民与明确表态的选民之间随着选举形势的变化也可能发生转移。因此，与蓝绿各政党的基本盘相比，中间选民并非固定板块，在不同的选举以及不同的政治环境下都会发生变化。

表1 2000—2004年“大选”时中间选民的统“独”立场

统“独”立场	2000年	2004年
	%	%
尽快统一	1.7	0.9
维持现状，以后走向统一	14.0	6.0
维持现状，看情形再决定“独立”或统一	30.2	41.8
永远维持现状	19.8	23.3
维持现状，以后走向“独立”	6.0	10.1
尽快独立	1.6	2.2
无反应 *	26.7	15.7
合计	100.0	100.0

* 无反应包含回答“很难说”、“无意见”、“不知道”、“拒答”及其他无法归类之选项。
资料来源：作者根据以下资料整理：朱晓玉：《我国独立选民投票行为之研究：2000年与2004四年总统选举之分析与比较》，台湾铭传大学公共事务学研究所在职专班硕士学位论文，第36页。

中间选民在台湾选民数量中所占比例众说纷纭，也缺乏十分严谨而科学的测量依据，但通过上述中间选民的测量方式，以及多家民意调查资料的综合分析，主流观点认为台湾中间选民占整体选民的比例约为20%左右。洪永泰指出，自1994年以来，台湾地区中间选民的比例大致维持在20%—30%（见表2）；2002年台“国科会”民调显示，台湾中间选民的比例约为19.2%。[①] 民进党民调中心主任陈俊麟认为，扣除有蓝绿倾向的六成和不会去投票的两成，中间选民约占两成。[②] 大陆学者谢郁等人亦认为，中间选民的比例大致在20%—30%之间。[③] 另外，也有学者认为台湾中间选民的比例为15%左右，如台湾“民主基金会”执行长黄德福、台湾学者徐永明等持此种观点。黄德福指出，占5%的“被动员选民”不是中间选民，因为他们已经靠传统人际关系、组织而决定了投票对象，或者对政治没感觉而不会去投票。[④] 这种估算方式只因将易被动员的5%分离出去，而得出15%的结论，事实上与其他认为台湾地区中间选民比例在20%左右的主流观点相差无几。

由于选举的种类和激烈程度不同，台湾中间选民的比例会出现不同波动。当选举呈现一对一的激烈对决时，选民对选举议题的立场往往呈现出较为明显的两级对立态势，中间选民的比例被严重压缩，选民结构也呈现出独特的“M”型结构（见图2）。由于半数以上选民具有较为固定的政党认同，且国民党与民进党的政党支持者比例差距并不十分明显。在这种情况下，一对一的台湾地区领导人选举使得任何一方政党候选人仅靠基本盘难以胜选，中间选民的数量虽然被严重压缩，但却是决定选举胜负的关键因素。因此，中间选民是历次台湾地区领导人选举中蓝绿政党极力争取的对象，其投票取向也成为蓝绿政党高度关注的问题。

① 《中间选民：“总统”大选等你表态》，台湾《中国时报》2003年8月4日，第A13版。
② 《中间选民到底是谁？》，台湾《财讯》第264期，2004年3月7日。
③ 谢郁等：《从2004年选举透视台湾的中间选民》，《台湾研究》，2004年第4期。
④ 《中间选民到底是谁？》，台湾《财讯》第264期，2004年3月7日。

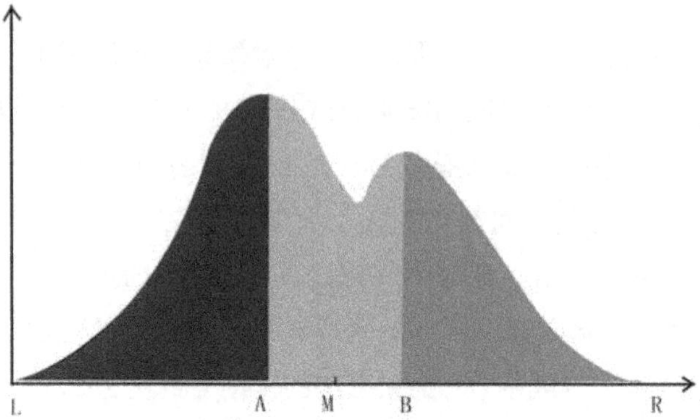

图 2 台湾选举政治体系中中间选民分布图

*L-A 段为国民党候选人基本盘，R-B 段为民进党候选人基本盘，A-M-B 段为中间选民部分。
资料来源：作者根据台湾民意结构特征制作

表 2 1989—1998 年独立选民变化表

单位：%

	国民党	民进党	新党	独立选民	无反应
1989 年增额“立委”（台北市）	49.1	7.2	--	43.1	0.6
1989 年增额“立委”（台北县）	37.1	6.0	--	54.8	2.1
1991 年第二届“国代”（台北市）	53.6	5.0	--	34.7	6.7
1991 年第二届“国代”（台北县）	36.2	4.8	--	49.1	9.9
1992 年第二届“立委”	42.3	4.8	--	36.3	8.7
1993 年第十二届县市长	33.4	14.5	5.2	37.9	9.0
1994 年省长	38.8	15.0	6.6	27.7	12.0
1994 年台北市长	27.7	19.8	20.0	22.4	10.0
1995 年第三届“立委”	36.2	16.7	11.4	22.5	13.1
1996 年“大选”以及第三届“国代”	41.8	16.9	9.3	22.1	9.9
1997 年第十三届县市长（台北县）	31.0	21.5	6.4	34.6	6.4
1998 年第四届“立委”	35.6	20.0	3.6	33.8	7.1
1998 年台北市长	29.8	28.0	7.3	27.6	7.3

资料来源：洪永泰：《政党认同、领袖魅力与选举竞争》，台湾“国家政策研究基金会”网站。

二、中间选民在台湾“大选”中的人口特征及其投票行为分析

通过对2000—2008年的三次台湾地区领导人选举（“大选”）样本分析，大致可以看出中间选民的人口特征及投票行为（见表3）。

与具有政党认同、族群认同以及统“独”认同的泛蓝或泛绿选民相比，台湾地区的中间选民在性别、年龄、受教育程度、省籍、所从事职业等方面都有一定特征。性别方面，女性中间选民比例在60%左右，而男性则在40%左右，显示女性中间选民的比例高于男性。这一差别在2008年“大选”时更为明显，女性中间选民高达68%，男性中间选民仅为31%。年龄方面，在2000年和2004年两次“大选”中，除60岁以上中间选民比例较高（分别为20.4%、18.6%）外，30—49岁年龄段的中间选民比例也较高。这一趋势至2008年“大选”时回归常态，即年龄与中间选民呈负相关，年龄越大，成为中间选民的可能性就越大。60岁以上的中间选民比例甚至高达38%，20—29岁的中间选民比例则仅有9%。教育程度方面，与西方选民的教育程度越高成为中间选民的可能性越大情况不同，台湾地区受教育程度为高中、高职以下的中间选民比例最大，2000年和2004年“大选”时，高中、高职以下教育程度的中间选民高达七成以上，显示台湾地区中间选民的教育程度普遍较低，其中又以中小学及以下者比例最多，2000年为42.6%，2004年为43.6%。大专以上学历的中间选民比例最少，三次“大选”依次为17.8%、29.3%、16%。从省籍背景分析，台湾选民主要包括闽南籍、客家籍、外省籍以及少数民族籍四大群体，其中少数民族人口最少，外省籍次之，闽南籍人数最多。从省籍背景分析三次“大选”中间选民的比例，可知闽南籍中间选民所占比例较其他群体的中间选民比例都高，依次为76.5%、78.4%、42%。客家人中间选民次之，外省人最少，显示外省人支持对象最为明确。从选民所从事职业分析（由于缺乏2008年详细调查数据，仅以2000年和2004年为分析对象），中间选民的职业背景共性较多，以家管（家庭主妇）最多，中小企业劳工及职员次之，军公教及学生较少。其中，军公教、私人企业部门管理阶层、专业人员及职员又被称为白领阶层；私人企业部门劳工、农林渔牧等行业工作者可视为蓝领阶层。白领阶层的独立选民由2000年的41.2%增加为2004年的49.2%，增加了8%，而蓝领阶层的独立选民则由31.3%减少到23.7%，减少了近七个百分点。综上可知，台湾地区中间选民的人口特征以女性、大龄、高中职以下教育程度、闽南籍、家管及私人企业劳动阶层为主。

表 3 2000—2008 年三次“大选”中间选民的具体分布情况

单位：%

<table>
<tr><th rowspan="2">人口学变项</th><th colspan="3">人数</th></tr>
<tr><th>2000 年</th><th>2004 年</th><th>2008 年</th></tr>
<tr><td>男性</td><td>42.9</td><td>47.5</td><td>31.4</td></tr>
<tr><td>女性</td><td>57.1</td><td>52.5</td><td>68.5</td></tr>
<tr><td>年龄</td><td></td><td></td><td></td></tr>
<tr><td>20—29 岁</td><td>19.4</td><td>21.7</td><td>9.0</td></tr>
<tr><td>30—39 岁</td><td>23.4</td><td>22.2</td><td>14.0</td></tr>
<tr><td>40—49 岁</td><td>20.5</td><td>22.0</td><td>15.0</td></tr>
<tr><td>50—59 岁</td><td>12.4</td><td>13.1</td><td>23.0</td></tr>
<tr><td>60 岁以上</td><td>20.4</td><td>18.6</td><td>38.0</td></tr>
<tr><td>无反应</td><td>4.0</td><td>2.4</td><td>--</td></tr>
<tr><td>教育程度</td><td></td><td></td><td></td></tr>
<tr><td>小学及以下</td><td>42.6</td><td>29.8</td><td rowspan="2">57.3</td></tr>
<tr><td>初中</td><td>14.9</td><td>13.8</td></tr>
<tr><td>高中、高职</td><td>24.5</td><td>26.6</td><td>26.2</td></tr>
<tr><td>专科</td><td>9.6</td><td>14.3</td><td rowspan="2">16.4</td></tr>
<tr><td>大学及以上</td><td>8.2</td><td>15.0</td></tr>
<tr><td>无反应</td><td>0.3</td><td>0.4</td><td>--</td></tr>
<tr><td>省籍</td><td></td><td></td><td></td></tr>
<tr><td>客家籍</td><td>9.1</td><td>8.9</td><td>35.6</td></tr>
<tr><td>闽南籍</td><td>76.5</td><td>78.4</td><td>44.4</td></tr>
<tr><td>外省籍</td><td>11.3</td><td>9.4</td><td>20.0</td></tr>
<tr><td>原住民</td><td>0.9</td><td>1.4</td><td>--</td></tr>
<tr><td>无反应</td><td>2.2</td><td>1.9</td><td>--</td></tr>
<tr><td>职业</td><td></td><td></td><td></td></tr>
<tr><td>军公教人员</td><td>7.0</td><td>8.6</td><td>--</td></tr>
<tr><td>私人企业管理阶层及专业人员</td><td>16.6</td><td>18.9</td><td>--</td></tr>
<tr><td>私人企业部门职员</td><td>17.6</td><td>21.7</td><td>--</td></tr>
<tr><td>私人企业部门劳工</td><td>20.9</td><td>15.8</td><td>--</td></tr>
<tr><td>农林渔牧</td><td>10.4</td><td>7.9</td><td>--</td></tr>
<tr><td>学生</td><td>4.3</td><td>5.1</td><td>--</td></tr>
<tr><td>家管（家庭主妇）</td><td>22.9</td><td>20.7</td><td></td></tr>
<tr><td>无反应</td><td>0.2</td><td>1.2</td><td></td></tr>
</table>

资料来源：2000 年与 2004 年的资料源自朱晓玉：《我国独立选民投票行为之研究：2000 年与 2004 四年总统选举之分析与比较》，台湾铭传大学公共事务学研究所在职专班硕士学位论文，第 25 页。2008 年资料系作者根据 TVBS 民调中心数据整理。

台湾特殊的历史背景和政治结构决定了中间选民成分复杂、政治立场变动不居，进而导致其在四次“大选”中的投票取向表现出相对分歧、不稳定、易受动员等特点，这与具有特定政党认同及相关统“独”立场倾向的选民投票取向完全不同。

一是政治无知者以投票支持民进党及其候选人为主。政治无知选民大致占5%，多居住在南部，收入较低，选民多为农林渔牧民及家庭主妇。由于政治知识水平较低，受教育程度偏低，对政治议题陌生、不关心、没看法，容易受政党、桩脚、家人朋友动员、收买，更容易受黑函、耳语、“抹黑”、“抹红”、“抹黄”等操作手段影响，并易受突发事件左右，往往比其他类别的中间选民投票率高，是蓝绿政党及其候选人积极拉拢并易见效果的部分，这部分选民因其易受动员又被称为“人际型”中间选民。从四次“大选”情况分析，此类选民以支持本省籍政党及本省籍候选人居多，如1996年“大选”时倾向支持李登辉和彭明敏，2000年和2004年“大选”时支持陈水扁，2008年“大选”倾向支持谢长廷。2004年“大选”期间，中南部“亲绿”地下电台长期散布“中国人投连宋、台湾人投阿扁”等言论，以及“3·19枪击案”中“阿扁帮台湾人民挡子弹”等耳语都对政治无知类中间选民发挥了显著影响。有学者指出，与2000年相比，2004年高教育程度的中间选民比例有所增加，低教育程度的中间选民明显降低；同年，白领阶层中间选民也明显增多，而蓝领阶层的中间选民则大幅减少，其原因在于民进党四年的政治操作，已成功动员低教育程度的中间选民转变立场成为民进党的认同者，进而变相凸显高教育、白领阶层的中间选民比例相对提升。

二是理性投票者以经济投票或候选人取向为主。理性选民占中间选民的5%—10%左右，受教育程度较高，年龄多为50岁以下，多聚集在都市区，一般看重候选人的施政能力和政绩，往往以候选人及其经济类竞选政见作为投票取向，厌恶、反对恶质选举文化，投票取向较为独立，不易受他人影响，因此又被称为“理念型”中间选民。2000年“大选”时，理性选民因不满国民党黑金体制以及独裁专制，大多倾向支持打着改革、清廉旗号的陈水扁。2004年“大选”时，这部分选民因既不满意陈水扁执政四年的政绩及其极端路线，又不认同形象保守、缺乏改革魄力的“连宋配”，因此投票意愿大幅下降，多数成为拒绝投票甚至投废票的选民。如“泛紫联盟”、“百万废票联盟”以及“族群平等行动联盟”等都不同程度地发动选民以投废票表达对两大阵营的不满。同时，也因该年“大选”时蓝绿两大阵营激烈对峙、民进党恶意操弄统“独”议题而大幅压缩中间选民的存在空间。台湾学者石之瑜曾以“消失的中间选民：2004年‘总统’大选对空间理论的修正”为题，论述中间选民理论对2004年“大选”结果不具解释力。[①] 2008年“大选”时，这部分理性选民多因民进党成为“急独”、贪腐、无能的代言人，转而支持历经八年改革的国民党以及清廉、理性、具有“明星式”魅力的马英九（见表4）。

表4 2008年“大选”中间选民投票取向

	全体		政党	
		民进党	国民党	中立
		20%	29%	42%
“长昌配”	27%	86%	2%	18%
“马萧配”	54%	8%	95%	47%
投废票	1%	0%	1%	2%
拒答	17%	7%	2%	33%

资料来源：TVBS民意调查中心，2008“大选”后2天民调，2008年3月24日。

三是立场游离者投票行为倾向“顺势而为”。立场游离选民一般根据选前形势的发展和竞选双方的气势决定投票取向，易受突发事件影响，也容易受动员而改变投票对象。游离选民中的部分地方桩脚和工商界人士则在选情激烈、情势不明的情况下惯于采取两边“押宝”的方式，但最后投票取向一般仍支持胜选几率较大的一方。1996年和2000年“大选”时工商界大都明确支持国民党候选人。国民党在2000年“大选”中败选使工商界人士在之后的选举中转趋低调。2004年“大选”时蓝绿选情胶着，大多工商界人士不再明确表示投票倾向，但私下则两边“押宝”。2008年“大选”期间，由于国民党候选人马英九民调大幅领先民进党候选人谢长廷，多数工商界人士明确表态支持马英九，但也有少部分“亲绿”财团支持谢长廷，还有部分工商界人士游走蓝绿之间，这一现象可从工商界的政治献金中窥察一二。2008年“大选”之前，元大集团共捐给民进党候选人谢长廷和苏贞昌600万元（新台币，下同），台塑集团则捐给国民党候选人马英九和萧万长1400万元，远东集团蓝绿阵营双边都捐，总计金额约6200万元，其中捐马萧4400万元，捐谢苏1800万元……[②]

① 石之瑜：《消失的中间选民：2004年总统大选对空间理论的修正》，台湾《问题与研究》第44卷第4期，2005年7、8月。

② 《大选献金 远东最大方 台塑只捐马》，台湾《联合报》2009年2月17日，第A1版。

四是拒绝表态者投票行为倾向“北绿南蓝”。拒绝表态选民分为两种，一种是心中已有明确支持对象，但碍于各种原因拒绝在民调中表态的选民，又称为未表态选民、隐性选民；另一种是的确没有支持对象，且不能决定是否会投票的选民。后一种选民投票行为因缺乏评析资料，无法判断其投票倾向。一般认为，年龄越大的选民越可能成为未表态选民，60 岁以上的未表态选民最多。[①] 这部分选民之所以拒绝表态，主要取决于执政党与自身立场是否一致，区域政治势力偏蓝或偏绿、对民调机构的不信任，以及防止被贴上统或“独”的标签等。分析台湾《联合报》2000—2005 年与政党支持率有关的大型民意调查结果发现，拒绝表态选民的投票行为与台湾地区“北蓝南绿”的选民结构相反，呈“北绿南蓝”态势，即北部拒绝表态选民的投票行为倾向以支持民进党及其候选人为主，而南部拒绝表态选民则倾向支持国民党及其候选人。同时，拒绝表态者的投票行为也会随政治气氛不同而产生变动。2000 年之前，民进党的隐性支持者较多；但 2000 年陈水扁当选之后，民进党支持者转趋显性，国民党支援者则有化明为暗的趋势；2005 年高捷弊案的爆发，又让民进党支持者转趋为隐性选民。[②] 总体上看，2008 年之前支持民进党的隐性选民始终较多。当他们对民进党较为失望时，往往拒绝投票，很少转向支持国民党。台湾 TVBS 民调显示，2008 年“大选”当天，“中立选民则有近三成（29%）没去投票”，[③] 其中绝大多数为民进党的隐性支持者。

五是政治冷漠者多拒绝投票或投废票。政治冷漠选民或对政治毫无兴趣而放弃投票，或对所有参选人都极不满意而放弃投票，甚至投废票。除非双方选举结果十分接近，否则政治冷漠者对候选人及选举结果影响不大。

三、影响台湾地区中间选民投票行为的主要变量

通过以上对中间选民的特质及投票行为分析可知，与西方选举政治不同，除经济因素（经济表现、执政者施政优劣以及候选人竞选政见）之外，影响台湾地区中间选民投票行为的主要变量还有政党动员力度、政党及候选人形象以及突发事件等因素。

一是经济表现、执政者施政优劣及候选人的竞选政见。在以美国为代表的西方

---

① 谢郁等：《从 2004 年选举透视台湾的中间选民》，《台湾研究》2004 年第 4 期。

② 《选举民调 隐性选民“北绿南蓝”》，台湾《联合报》2005 年 12 月 7 日，第 A4 版。

③ 台湾 TVBS 民意调查中心，“2008 总统大选选后 2 天民调”，原始问卷及详细交叉表见 http://www.tvbs.com.tw。

选举政治中，中间选民以理性选民为主，投票取向受选举前后本国或本地区经济因素影响较大。台湾地区中间选民中的理性投票者，尽管比例偏少，但具有西方选举理论中中间选民的基本特征，即受教育程度较高、以中间阶级为主、政治态度较为温和，影响其投票抉择的因素主要是当时所处的经济环境、执政者的施政表现及候选人双方的竞选政见。正因如此，参与“大选”的执政者极力宣传、美化自身执政绩效，而在野党的参选者则全力规划未来施政蓝图，双方都适度向中间调整政党路线。2000 年“大选”时陈水扁调整民进党“急独”路线为“新中间路线”，2008 年“大选”时马英九推动国民党本土化改革和开放灵活的两岸政策，皆意在通过经济因素赢得理性中间选民的认可与投票支持，并最终取得预期效果。由于台湾地区中间选民生态特殊，经济因素除对理性中间选民投票行为影响较大外，对“大选”中其他类型的中间选民投票行为影响并不明显。未来，随着台湾地区理性选民的逐渐增多，以及选举政治逐渐回归正常化，经济因素对选民投票行为的影响程度有望逐渐提升。

二是政党动员力度。政党动员力度是影响台湾地区中间选民的又一重要变量。所谓政党动员是指政党及其候选人在选举过程中，为影响、改变选民的态度、价值与投票行为，而利用各种资源进行拉票和固票的竞选活动。一般来讲，动员力度愈大的政党，愈容易得到立场游离者、政治无知者以及部分未表态中间选民的支持，但理性中间选民不易受政党动员影响。台湾“大选”是台湾所有选举中层级最高的选举，关系到台湾各个政党的生死存亡，以及主要政治人物的发展前途。因此，参与选举的各个政党及其候选人无不强化动员力度，巩固和扩大选民基础。纵观三次“大选”，政党动员选民投票支持该党候选人的主要方式有文宣动员、组织动员，以及举办大型造势活动等。其中以宗亲氏族、地方派系、同乡同事行会、师生同学等人际关系展开的组织战，以及以耳语、黑函、谣言等为主的文宣战对非理性中间选民的投票行为影响最大。这一现象在 2004 年“大选”时表现得尤为突出。

三是政党及候选人的形象。政党及候选人的形象好坏对蓝绿阵营的基本教义派来讲重要性不大，但对中间选民影响较为明显。候选人和政党形象越差，中间选民对其投票支持的可能性就越小。Downs 认为，每一个政党都有各自的政党政策与政治议题，当选民发现不同的政党提供给他不同的效用时，选民就会按照这些标准，投给立场与他最接近、能够提供给他最大效用的政党。[1] 李登辉主政的 13 年

① Anthony Downs, “An Economic Theory of Political Action in a Democracy”, *The Journal of Political Economy*, the University of Chicago Press, Vol. 65, No. 2 (Apr., 1957), pp. 135-150.

间，国民党黑金贪腐横行，基层组织涣散，政党形象败坏，而民进党是一个新兴政党，以“清廉、本土、改革”自居，双方的鲜明对比激发了中间选民的求变心理，为2000年台湾实现首次政党轮替埋下了伏笔。2000—2008年期间，相较于民进党逐渐从之前的“清廉、改革、民主”转向“贪腐、无能、急独”，导致中间选民强烈反感，国民党则在政党路线和两岸政策上都形塑出“改革、本土、理性、民主”形象，马英九的温、廉、恭、俭、让的个人形象与陈水扁的贪污、善变、“台独”形象，以及与谢长廷阴柔、权谋形象都形成巨大反差，有利于马英九赢得多数中间选民的认可，从而成为2008年国民党夺回执政权的关键因素。

四是突发事件。突发事件，又称“偶发事件”或“选举危机”，指在选举过程中毫无预警之际爆发，若不在短时间内做成决策就可能对候选人的选情产生重大影响的紧急、意外事件。在候选人基本盘较为稳固的形势下，突发事件在选举的关键阶段，尤其是最后关头，对选民投票行为以及最终的选举结果往往具有决定性作用。2000年发生的“兴票案”不仅重击宋楚瑜的清廉形象，也唤起了台湾民众对国民党“黑金政治”的厌恶，让之前主打“清廉改革”议题的陈水扁找到了着力点，并吸引先前支持宋楚瑜的大量中间选民转而投票支持陈水扁，使得维持将近一年的“一高两低”（宋的支持度较连、扁二者为高）竞争局面很快调整为“三强鼎立”。被社会各界视为“清流楷模”的台湾“中央研究院院长”李远哲在2000年“大选”前夕三次公开支持陈水扁，加之其“反黑金”政见，使部分渴望改革、反对黑金的中间选民转向支持陈水扁。陈水扁阵营指出，李远哲于陈水扁犹如“天兵借将”，不只具有号召游离票的象征意义，更具有实质票源挪移的效果。[①]2004年“3·19枪击案”除有效凝聚绿营向心力外，还造成部分民众以“同情”、“赌烂”心理投票支持“陈吕配”，[②]也激发一些厌恶恶质选举文化、准备投废票或不投票的中间选民出来投票。TVBS民调中心当晚所作调查显示，“陈吕配”在中立选民中由落后9个百分点（24%：33%）转为领先3个百分点（30%：27%），显示“枪击事件”对中立选民的投票意向有相当程度的影响。[③]

（原载《台湾研究集刊》2010年第6期）

---

① 《李远哲激化选情 三阵营操作弃保效应》，台湾《中时电子报》，2000年3月12日。

② 《南市两颗子弹打翻民调均势》，台湾《中国时报》2004年3月21日，第A12版。

③ TVBS民调中心，2004年3月19日，原始问卷及详细交叉表见http://www.tvbs.com.tw。

论民进党“台独”倾向的发展

许钟萍

民进党成立五年来，其政治主张先后经历了“台湾住民自决论”、“台湾国际主权独立论”、“台湾独立建国论”等几个发展时期，逐渐由一个主要追求“民主政治”的政党一步步滑向反对祖国统一、鼓吹“台湾独立”的政党。造成这一转变的主要原因有：国民党当局深入推行“政治革新”使民进党“在政治体制和政策方面逐渐失去抗争议题”，两岸关系深入发展令民进党担心“国共和谈出卖台湾”、使其执政无望，台湾当局“务实外交”做法的“鼓励”和对“台独”活动的纵容；美国一些政客明里暗里的支持。

民进党作为台湾反对运动四十年的结果，自 1986 年 9 月“抢滩成立”迄今已走过五年的岁月。在短短的五年里，民进党在与国民党的拼杀中，挟带岛内民众对第一个反对党的期望，从内外政策、两岸关系等方面给予国民党极大的政治压力，使国民党常处于被动应付的境地，对台湾政局的发展起着一定的作用。然而，随着国民党“政治革新”的推展和深入以及大陆政策的调整，国民党逐步掌握了政治斗争的主导权，民进党却因政治反对空间的日益缩小，逐步朝着“台独”方向发展，试图借此稳住其固有的社会资源和扩大民心影响力。本文拟就民进党成立五年来“台独”倾向的发展及其与各个时期的内外政治因素的联系作一粗浅的分析。

一

1986 年，民进党突破“党禁”抢滩成立时，即在党纲中提出，“台湾的前途，应由台湾全体住民，以自由、自主、普遍、公正而平等的方式共同决定。任何政府或政府的联合，都没有决定台湾政治归属的权利”。

相对以后明确的“台独”主张，“住民自决”留给人们对种种可能结果的猜测，尚有一定模糊、不确定性。它的出现，与当时特殊的政治环境有关。首先，民进党成立于“解严”前，随时有被国民党取缔的危险。当具有浓厚分离倾向的民进党党纲草案出现时，便遭到来自国民党方面的强大压力。蒋经国等提出了“遵守宪法”、“坚持反共”、“不搞分裂”的组党三原则，迫使民进党组党的头面人物表示“坚持反共”及“与台独划清界限”。其次，民进党建党之初成员复杂，包括党外的重要团体“党外公政会”和“党外作家编辑联谊会”及其他一些较有影响的党外人士。他们在“台湾前途”问题上，有很大的分歧，有主张统一、反对“台独”的反对运动大老费希平、傅正等，也有存着浓厚“台湾意识”或分离倾向的许荣淑、洪奇昌等。为求党内外的平衡，化解矛盾，扩大对外的代表性，所以民进党乃修正党纲，回避激进的“台独”主张，改以文字较为模棱两可的“自决”替代。再次，从民进党当时许多头面人物的言论来看，并未把“自决”或“台独”当作其追求的最终目的。当时的一位中常委就曾表示，住民“自决”对民进党来说只是一种手段，只是一个过程和程序，也就是说，台湾前途应由全体住民来决定，至于决定的结果怎么样，要尊重全体住民最后的抉择。这时民进党一些人士主张的“台独”，正如张俊宏所指出的“它的潜意识乃是出发于一种‘乡土社群’的认同”，“‘台独’是台湾人要求当家作主的政治图腾”。

尽管民进党以“住民自决”昭示大众，但这段时期其在两岸关系上发挥了积极的作用。在国民党仍然严守“不接触、不谈判、不妥协”的防线、拒绝与大陆“三通”的情况下，民进党冲破禁忌，率先于 1987 年 3 月发起了“返乡省亲运动”，迫使国民党于同年 11 月开放民众赴大陆探亲。在两岸关系上，民进党亦主张“以积极、主动、开放的精神，进一步开展学术文化交流、体育科技交流，乃至通商、通邮、通航的沟通”，允许党员以个人名义赴大陆访问，反对国民党的“反攻大陆”政策，主张“终止台湾两岸对抗，基于台湾人民整体利益，谋求合乎人道、平等、和平的解决途径”。由此，可以认为，在国民党僵硬的大陆政策面前，民进党的“住民自决”更多地是对两岸和谈统一的畏惧及怕被出卖既得利益的体现。民进党还想通过此一主张在两岸和谈中争得“台湾第一大反对党的地位”，其赞同“三通四流”的主张及发起的返乡省亲运动，在客观上对两岸关系的发展起了一定的推动作用。

二

1988年4月17日，民进党召开“二大”临时会，通过所谓“人民有主张台湾独立之自由”的决议，声称“台湾国际主权独立，不属于以北京为首都的中华人民共和国”，提出“如果国共片面和谈，如果国民党出卖台湾人民利益，如果中共统一台湾，如果国民党不实行真正的民主宪政，则民进党主张台湾应该独立”。这些决议公开反对中共和平统一的方针，表明民进党的“台独”主张已进一步具体化。不久，姚嘉文又以党主席的身份发表文章，称“不论未来是否需要再就台湾主权问题作成决定，目前，台湾主权明确不属于中国，尤其不属于中共”。这是继“417决议”后，民进党对台湾主权问题最强烈、最清晰的表达。民进党几大派系抛弃“住民自决”的外衣，全面突破国民党“台独”言论的禁忌，将“台独”具体化为四个“如果”说，并纳入大会决议文，此乃民进党出于现实政治的需要而为。

首先，以“台独”对抗日益升温的“大陆热”。本来，“返乡省亲运动”是民进党为吸引更多民众、顺应民心而向国民党打出的一张牌。然而，当国民党开启探亲大门后，面对民众强烈的大陆热，民进党反而忧心忡忡，一时因应无方。该党部分具“台独”倾向的人担心台湾人民通过与大陆交流往来，会加深两岸人民间的民族感情，增强对祖国和平统一的向心力，使支持“住民自决”的人越来越少。同时，又担心国共两党再次携手“达成某种共识和默契”，把民进党撇在和谈台湾问题之外。这部分人士的心情相当矛盾，既想继续促进两岸交流以争取岛内民意，又抱有有朝一日取代国民党政权，实现“独立”的幻想。因此，他们急切地提出“台独”，与国民党进行抗争。他们表示，今后大陆政策一定会更加开放，海峡两岸在不同的体制下会有什么关系，未来可能朝向什么方向发展，都需要开始讨论，而“台独”的讨论就是其中一环。他们称，“国共秘密勾结”有日益加强的倾向，“台独”言论市场需强化理论，否则对台湾未来“防止被中共统治”将产生负面的影响。

其次，以“台独”诉求来摆脱政治困境。国民党自在十二届三中全会上决定“政治革新”后，相继解除了“戒严令”，开放了“党禁”、“报禁”，并着手开始了“宪政”改造。这一系列顺应民心的举动，使民进党的活动空间日益缩小。1988年，李登辉继任“总统”以第一位台籍“总统”的身份使民进党高唱的“台湾人出头天”遭到遏制。尤其是蒋经国之死，台湾强权政治结束，国民党内以“增额立委”为基本力量的“少壮开明派”（所谓第三代）迅速崛起，使民进党在“政治体制和政策方面已逐渐失去抗争议题”，产生了极大的政治压力。民进党认为，在“国会全面改造”、“省市长民选”等政见都已经走到了接近落幕的时刻，民进党假如不提出新的大政见，不继续主导台湾社会矛盾面的发展，那么几年后，“民进党的政治影响将荡然无存”。鉴于此，民进党乃决定开发具有前瞻性的主张，以提升“台独”为最高层次的政治诉求来“凸显民进党和其他政党的不同”。如此，既吸引民众，同时也给“国民党实施宪改的最大压力，迫使国民党为避免民进党主张台湾独立必须跟民进党取得协调”。

另外，岛内统派力量的迅速发展，增强了民进党的反制心理。国民党开放民众赴大陆探亲，对岛内统派是一个极大的鼓舞。他们迅速组织起来，发出了自己的声音。从 1987 年 5 月到 1989 年 4 月，台湾共有 5 个统派政党和 4 个统派团体出现，其中尤以包容岛内持各种不同政见的统派团体和人士的“中国统一联盟”的影响最广、规模最大。尽管这些政党和团体的背景复杂不一，但是在两岸关系上均坚决反对“台湾独立”，主张和平统一祖国。统派力量的壮大，使民进党人士颇感不安。“新潮流系”核心人士就坦承，“工党对大陆与台湾关系的立场令人害怕，我担心台湾劳工受到工党立场的影响。因此要想办法让台湾的劳工了解到，除了工党外，还有另外一种立场也在重视他们”。

三

如果说，民进党在 1988 年的“二大”临时会上决议“人民有主张台湾独立之自由”的同时，仍强调着“本党党纲坚持住民自决原则”，并在较为稳健、温和的“美丽岛系”主控民进党的领导权以后，“台独”活动有所减缓，那么，从 1989 年以来则是民进党的“台独”活动更加猖獗，并在纲领化、组织化方面进一步发展的时期。1989 年年底的三项“公职人员”选举中，民进党首次喊出“新国家、新宪法、新国会”的口号。1990 年 10 月，民进党“四全二次会议”通过了“我国（即台湾）事实主权不及于中国大陆及外蒙古”的“1007 决议文”，旋即又成立了“台湾主权独立运动委员会”和“保卫台湾委员会”；1991 年 8 月，民进党借“人民制宪会议”提出了“台湾共和国宪法草案”。在此同时，民进党内的“台独”势力还在“台独理论”和组织方面进行了重点建设。在“台独理论”上，1990 年 10 月，“新潮流系”提出“中国关系法草案”，这是第一部将“台独”理念融入政策的法案，它将两岸关系界定为两个“政治实体”间的“国际关系”，严格限制两岸间的政治、经济和文化的交流。民进党的“增额立委”陈水扁紧跟其后，提出“中华民国及中华人民共和国基础条约”，企图以曾经的两个德国的模式，制造“两个中国”。在组织方面，近一两年来，民进党内次级“台独”团体纷纷成立，而且各“台独”组织间加紧了串联沟通和整合，以因应日益发展的两岸关系。新近成立的“台独”组织有：1990年11月由“FAPA”前会长蔡同荣在台北市成立的“公民投票促进会”；1990年12月成立的由部分台籍学者组成的、认同“台湾主权独立”的“台湾教授协会”；在1990年新的保钓运动中成立的“台湾新生代主权运动联盟”；1991年5月，由陈婉真发起成立的“台湾建国运动组织”；等等。岛内“台独”组织林立，造成了“独派”在政治资源上的重叠和彼此间的摩擦。为了解决这些矛盾，以有利于推展“台独”活动，岛内外的“台独”团体开始了整合。从1990年11月至今，岛内各主要“台独”团体召开了三次沟通会议，决定联合起来，在“分进合击”的原则下，推动“主权独立运动”。在此情况下，民进党终于在1991年10月召开的该党第五次大会上，通过将“独立建国”纳入党纲的决议，使民进党变成为真正的“台独党”。

追究这段时期民进党“台独”倾向不断发展的原因，可见其与岛内外的形势有着密切的联系。在岛内方面，首先是国民党当局的“务实外交”和对“台独”的纵容，使民进党的“台独”气焰高涨。从1988年台湾参加亚银年会开始，国民党当局以“亚银模式”推展其在国际上的关系。它凭借金钱上的优势，在“一个中国”的幌子下，展开银弹外交，企图制造“两国两府”和“一中一台”。特别是1991年夏以来，台湾“外交部”公然在美国《纽约时报》上刊登广告，称“暂时接受双重承认”，“外交部长”钱复对记者表示“暂时接受双重承认是一个事实”。李登辉公开表示接受李洁明等人提出的“新主权论”。国民党籍“增额立委”又提出“重返联合国建议案”。国民党这种明目张胆搞“独立政治实体”的做法，于民进党而言，不如抛弃“中华民国”的外衣，公开打出“台湾共和国”的招牌，或许能进一步拓展国际空间。与此同时，国民党一面推行“独台”政策，一面纵容“台独”活动。“新闻局长”邵玉铭就称，“台独言论是台湾多元化社会中很正常的声音，政府不能完全压制”。国民党这种纵容“台独”、利用“台独”的政策和行动，也是滋长民进党“台独”倾向发展的重要因素。其次，两岸关系的发展，使民进党颇为担心。自1990年10月起，国民党相继成立了“国家统一委员会”、“行政院大陆委员会”、“海峡交流基金会”，并在1991年2月通过“国家统一纲领”。由于“三保警事件”和“闽狮渔事件”，两岸官方机构有了初步接触，民进党和“台独”人士倍感恐惧和疑虑，担心“国民党随时会出卖台湾”，故加紧推展“台独”活动，来阻止两岸关系的发展及迈向统一的进程。其三在于应付年底选举的到来。民进党作为一个反对党，选民的支持和得票率是它生存和发展的动力。而要赢得选举，就必须有标新立异、不同于执政党的选举诉求。在“政治民主”主张难有突破之时，民进党只能在国家认同上大做文章。1991 年年底的第二届“国代”选举是民进党和“台独”势力与国民党争夺未来台湾前途主控权的关键性一战。在“选罢法”不利于己的情况下，民进党也只能抛出其最后的一张牌——“台湾共和国”，以与国民党作最后的一搏了。

值得指出的是，民进党的“台独”活动的发展还与这一时期国际气候的变化密切相关。首先是美国部分政客明里暗里的支持。在美国国会中，一直有少数几个议员对民进党的“台独”活动相当倾力。海湾战争以后，美国在国际上影响日升，一些前政府官员不断放出有助于“台独”的言论。如美国国务院中国事务科前科长费浩伟、前驻华大使李洁明、美国在台协会主席白乐崎等人公开鼓吹“一中一台”，表示“维持现状是一个更切合实际的选择’，指责中共提出的“一国两制”模式已经行不通，宣扬所谓的“新主权论”。这些对民进党鼓舞相当大，认为台湾理应在此有利时机重作战略考虑，重返联合国等国际组织。其次是近年来东欧社会主义国家巨变和苏联解体的激励。东欧变局使民进党错误地认为共产社会的解体即将到来，苏联各加盟共和国纷纷要求独立并加入联合国，也让民进党感到，台湾不仅有自主的“政府”和军队，而且在经济方面有比波罗的海三小国更大的独立优势，中共不敢也没有能力对台用武，即便中共动武，美国也不会坐视。因此，现在是“独立建国的最好时机”。

综上所述，民进党在其五年的发展历史中，由于岛内外客观形势的发展和变化，由于民进党本身体制的不完善及多数成员素质的低下，其发展道路越来越窄，越来越险。民进党正在脱去其“民主”的外衣，蜕变为一个“台独党”。

（原载《台湾研究》1992 年第 2 期）

浅析民进党社会基础的现状与发展态势

彭维学

近10多年来，民进党社会基础经历“过山车式”颠簸，由2000—2004年扩张高峰期跌至2008年的发展低谷。经由2012年“总统”选举，民进党小幅拉近了与国民党社会基础的差距，但未突破“蓝大绿小”选民结构。自2008年以来，随着两岸关系和平发展持续深入，岛内主流民意也在不断变化之中。未来四年民进党能否突破路线转型、形象改造等结构性困境，能否有效争取多数中间选民支持，值得进一步观察。本文将就民进党社会基础的现状结构及其制约因素等问题展开探讨，以便准确地了解其社会基础的发展变化。

一、民进党社会基础的总体规模与构成结构

民进党2000年首次上台执政以来，其社会基础一度呈现“量增质优”的态势。但2005年以来，尤其是2008年“立委”、“总统”选举败选以来，其社会基础的发展并不稳定，呈现总体规模比国民党小、“倾独”支持者保守色彩浓厚、浅绿选民向心力削弱、中间选民增幅有限等特征。

（一）民进党社会基础缓慢恢复，但未突破“蓝大绿小”和“国强民弱”格局。“中央层级”选举（尤其是“总统”选举）得票率、各层级公职人数、政党认同度，是反映岛内政党社会基础发展变化的主要指标。从选举得票率看，民进党2012年“总统”选举得票率为45.63%，比2008年“总统”选举得票率41.55%增加4.08个百分点，但仍比2004年“总统”选举得票率50.11%少4.48个百分点。民进党2012年区域“立委”选举得票率达到43.8%的历史最高点，比绿营2008年选举增加4.64个百分点，但仍比蓝营少7.07个百分点。从近20年“中央层级”选举

泛绿阵营得票率看，民进党除2004年“总统”选举得票率为50.11%、领先国民党0.22%外，其他几次“总统”选举得票率从未超过46%，泛绿“立委”选举得票率从未超过44%。[①] 目前，蓝绿选民结构从2000年的60%比40%缩减为55%比45%。从执政资源看，民进党未掌握“中央执政权”和“立院”议事主导权，县市长和“立委”席次比国民党少，基层掌控力比国民党弱。该党拥有“五都”中经济相对落后的南部2都、17个县市中4个农业县的执政权，执政县市人口不到台湾总人口的三分之一。该党乡镇市长、村里长席位约占总席次的10%。从政党认同度消长看，台湾政治大学选举研究中心长期追踪民调显示，岛内民众对民进党的偏好度在2000年上升到26%的最高点，首次超过严重分裂的国民党，但2003年以来一直在26%以下徘徊；而民众对国民党的偏好度从2000年14.4%的最低点逐渐攀升，2005年以31.2%再度超过民进党，2011年达39.5%的最高点，2012年降为32.7%。[②] 台湾指标调查研究股份有限公司2012年7月公布的最新民调显示，受访者对国民党、民进党的支持度分别为29.6%、24.7%，对泛蓝、泛绿政党支持度分别为35.9%、29.3%。[③]

（二）民进党支持者“急独”色彩有所淡化，“倾独”民众对民进党发展走向影响较大。陈水扁推动“法理台独”、“公投制宪”遭受重挫后，尤其是2008年以来两岸关系和平发展不断深化，岛内民众主张“急独”的比例由2007年7.8%的最高点，下降到2012年12月的4.8%。但主张“急独”和“缓独”的“倾独”民众由1994年的11%左右上升到2000年的14.7%，2003年增为20.7%，首次突破20%，2008年达到23.1%的最高点，2012年12月降为19.9%[④]。当前，“倾独”民众占岛内选民总量的20%多，绝大多数在“总统”选举中支持民进党。他们占民进党支持群体的半数左右，构成民进党社会基础的核心。其中，“台独基本教义派”超过台湾选民总量的5%，他们属“理念型台独”，“只问蓝绿，不问是非”，对大陆充满敌意，对绿营政治人物道德操守要求较低，对绿营务实派人士无情打击。“倾独”民众在诸多重大议题、选举活动上扮演民进党的助攻部

① 参见拙著《“台独”的社会基础》，九州出版社2008年4月第1版，第91页。2008年以来选举数据根据台湾“中选会”公布的资料整理而成。

② 《选举研究中心重要政治态度分布趋势图——台湾民众统独立场趋势分布（1994—2012.12）》，台湾政治大学选举研究中心公布。

③ 《民众政党立场倾向追踪分析》，台湾指标调查月份有限公司2012年7月公布。

④ 《选举研究中心重要政治态度分布趋势图——台湾民众统独立场趋势分布（1994—2012.12）》，台湾政治大学选举研究中心公布。

队，同时在相当程度上决定民进党党公职候选人提名、高层权力结构和路线政策走向。

（三）浅绿选民对民进党向心力有所弱化，民进党在南部的领先优势下降。浅绿民众约占岛内选民总量的20%，是民进党社会基础的重要组成部分。他们多属“民主价值型”、“经济利益型”、“情感依托型”、“维持现状型”选民，虽“台湾主体意识”浓厚，但多数能理性务实面对台湾前途问题，不反对两岸关系和平发展。因不满贪腐施政、担心“台独”执政损害台湾发展和自身利益，浅绿选民开始回归理性，对民进党的支持度由2004年的最高点摆动下降。自2005年县市长选举以来，少数长期支持民进党的台籍大企业、大财团、中小企业主、城市中产阶级转向支持国民党。2012年“大选”，长荣集团总裁张荣发、奇美实业董事长廖锦祥、义联集团董事长林义守等人，公开支持“认同‘九二共识’的人”，在浅绿选民中具有一定代表性。与此同时，少数长期支持民进党的南部农民转为“含泪不投票”的隐性选民。2012年“大选”中，南部6县市民进党铁票区投票率73.99%，比全台投票率74.38%低0.39个百分点，比北部8县市投票率75.56%低1.57个百分点；民进党在南部赢国民党53万票，比预期少赢17万，比2004年陈水扁在南部大赢80万少27万。[①] 民进党“总统”候选人在多数具有代表性的陆客旅游与大陆采购集中区得票率的增幅，小于所在县市得票率的增幅，小于民进党整体得票率的增幅（参见下表）。其中，近年来与大陆进行“契作”的绿营铁票区台南市学甲区，投票率71%，比全市74%低；废票率0.8%，比全市0.7%高。这说明，因大陆惠台政策开始发挥积极作用，民进党对中南部农业县市、一些铁票地区选民的吸引力有所削弱。

① 根据台湾《联合报》2012年1月15日刊载的选举数据整理。

陆客旅游与大陆采购集中区域民进党2008、2012年“总统”选举得票率比较[①]

单位：%

地区	2008年得票率		2012年得票率		所在乡镇蔡苏配比谢苏配增加率	所在县市蔡苏配比谢苏配增加率	民进党比2008年增加率
	马萧配	谢苏配	马吴配	蔡苏配			
南投埔里	64.01	35.99	57.53	39.74	3.75	4.40	4.08
南投鱼池	56.99	43.01	50.25	47.16	4.15	4.40	
嘉义县阿里山	78.68	21.32	72.96	24.43	3.11	4.14	
云林古坑	45.65	54.35	38.43	59.06	4.71	4.28	
嘉义县大林	48.03	51.97	41.34	56.47	4.50	4.14	
台南学甲	34.83	65.17	29.66	68.37	3.20	4.38	
高雄永安	48.27	51.73	41.86	55.62	3.89	3.67	

注：埔里、鱼池、阿里山为陆客旅游集中区；古坑（柳丁）、大林（文心兰）、学甲（虱目鱼）、永安（石斑鱼）为大陆采购集中区。

（四）中间选民支持民进党的比例比预期低。国、民两党基本盘分别约占选民总量的45%、40%，其余15%的中间选民成为影响选举的关键。中间选民政党归属感与意识形态较泛蓝、泛绿选民弱，投票意向可塑性、游离性较大，政党的执政能力、两岸政策、形象等是影响他们投票意向的主要因素。2012年“总统”选举，民众对马英九执政的不满意度比满意度高很多，民进党预期马英九会失去多数中间选民支持。从选举结果看，民进党给马英九贴上“执政无能”标签，极力宣扬“民进党有能力维持两岸稳定”，争取到三分之一中间选民的支持。但民进党没有深刻反省2008年败选原因，没有从根本上调整两岸政策与政党形象，三分之二的中间选民仍选择支持国民党。蔡英文两岸政策幕僚评估，2012年“大选”最后两周岛内形成“蔡英文上台、两岸关系倒退”的风潮，导致2.4%准备“弃马投蔡”、2.2%准备“弃马投宋”的中间经济型选民回投马英九，成为决定选举胜负的关键因素之一。民进党前主席许信良认为，有一成多、近200万关注两岸和经济的中间经济型选民，站在政党监督立场，可以支持民进党地方执政，但不放心将“中央政权”交给主张“台独”的民进党。[②]

（五）民进党支持者对抗性、保守性较强，民进党“乡村党”、“恶质党”特色比较突出。民进党主要依靠搞“街头抗争”与群众运动起家，历任党主席均乐此不

① 根据台湾“中选会”公布的“总统”选举数据整理。

② 《老许是永远的卡姗德拉？》，台湾《时报周刊》第1774期，2012年2月18日。

疲，区别在于程度、手段、目标有所不同。民进党支持者因此具有比较明显的冲撞性、对抗性特征，与泛蓝支持者理性形象形成鲜明对照。受此影响，民进党支持者中闽南籍、中南部地区、中小企业、劳工农渔民、高龄段、低学历人群占比较高，北部和都会地区民众、知识分子、军公教占比较低，这也是近20年来台湾“北蓝南绿”格局不断固化的关键因素。2012年“大选”，民进党在南部6县市和北部宜兰县领先国民党55万票，但在中北部其他15个县市落后国民党134万票。[①]《中国时报》、《联合报》等媒体分析，民进党蜕变为区域性的“乡村党”、“南部党”、“恶质党”，党籍县市长、“立委”、乡镇市长等公职人员绝大部分集中在经济相对落后、科技不发达的南部县市或农业县市，代表民进党反省、改革、开拓的动能明显不足。

（六）县市长、“五都”市长选举中偶然出现的“民强国弱”现象，一般反映不到“总统”选举上来。2005年县市长、2008年“立委”、“总统”选举连遭重挫后，民进党从发展低谷开始恢复，2009年以来在“立委”、乡镇市长补选中胜多败少，2009年县市长选举得票率只比国民党少2.56个百分点，2010年“五都”市长选举得票率更比国民党多5.33个百分点（民进党49.87%，国民党44.54%）。岛内有些学者常以国、民两党在县市长层级选举结果，或者补选结果，来预测“总统”选举走向，这种分析方法并不科学。从近20年台湾选举结果看，民进党在地方层级县市长、“五都”市长选举、各层级补选的胜选，一般很难复制到“总统”选举上来。2000年“总统”选举，陈水扁以不足40%得票率险胜，根本上是国民党严重分裂造成的，与1997年县市长选举民进党得票率首次超过国民党的结果并无直接关联。2009年以来民进党在补选中胜多败少，主要是低投票率和蓝营选民的低参与率造成的。如果将立场倾向泛蓝的无党籍候选人的得票计入泛蓝阵营，县市长、“五都”市长选举中偶然出现的“民强国弱”现象，一般情况下并没有改变地方层级选举中“蓝大绿小”的选民结构。根据2009年县市长选举、2010年“五都”市长选举得票分析，民进党得票率上升到48.3%，蓝营约51.7%，蓝仍比绿多3.4个百分点。[②]

更主要的是，因候选人人格特质、两岸议题的重要程度、选民的重视程度不一样，“中央层级”选举时蓝绿阵营的投票率和凝聚力，与县市长等地方层级选举明

---

① 根据台湾“中选会”公布的“总统”选举数据整理。

② 蓝绿地方层级县市长选举得票率根据台湾“中选会”公布的2009年县市长选举、2000年“五都”市长选举资料整理而成。2009年无党籍的花莲县长当选人傅崑萁、2010年无党籍的高雄市长参选人杨秋兴，二人得票计入蓝营。

显不同。一般而言，县市长等地方层级选举仅涉及地方治理，投票率较低，且泛绿选民参与率往往比泛蓝选民高；而“中央层级”选举涉及台湾前途与两岸关系走向，投票率明显比地方层级选举高，泛蓝选民的参与率也明显增高，有时甚至超过泛绿选民。2012 年“总统”选举投票率 74.38%，比 2009 年县市长选举投票率 63.34%、2010 年“五都”市长选举投票率 71.71% 高。蓝营优势地区投票率比绿营优势地区高，其结果蔡英文各县市得票率比 2009 年县市长、2010 年“五都”市长选举民进党候选人得票率不同程度地下降。

二、制约民进党社会基础走势的基本因素分析

蓝绿对抗格局与执政资源、社会环境与民意走势、政党的路线政策与实际作为、两岸关系与美日影响等，是影响岛内政党社会基础发展演变的重要因素。不容否认，当前及今后一个时期，有利于民进党社会基础维持一定规模的因素依然存在。因世界经济发展迟滞、“台独”势力强力掣肘，马英九当局发展经济、缩小贫富差距的任务相当艰巨。“台湾主体意识”持续上升，岛内民众民族、国家认同“去中倾台”的趋势短期内难以根本扭转。美国推行“亚太再平衡”战略，在加大“拉马”、“压马”力度的同时，仍明里暗里扶植民进党。两岸在一个中国框架、台湾当局政治定位、台湾“国际空间”等关键问题上的分歧与矛盾短期内难以解决，大陆惠台政策成效与岛内民众预期尚有一定落差。但更应该看到，民进党未来能否拓宽社会基础，仍面临一系列结构性困境。

（一）岛内外局势和岛内民意走势发生深刻变化，尤其是大陆“遏独”能力持续增强，加大了民进党以“台独”思维和传统手法扩张社会基础的难度。与民进党自成立到 2004 年发展扩张期的社会环境相比，当前岛内外形势发生了重大而深刻的变化。一是岛内政治民主化、国民党台湾化基本完成，台湾都市化进程加快，选民政治素质不断提高。二是深化两岸关系和平发展格局的环境显著改善，两岸经济、社会、文化交流与合作正常化、机制化的趋势明显，岛内“认同‘九二共识’、加强两岸交流、拓展和平红利、发展台湾经济”的主流民意进一步增强。三是大陆综合实力和国际影响不断提升和扩大，影响岛内政局、主导两岸关系、引导台美关系、维持一个中国国际框架的能力进一步增强。受此影响，“台独”在岛内和国际社会的发展空间受到明显挤压，民进党“台独”对抗的思维、路线与政策越来越与岛内外形势脱节，其过去惯用的“本土牌”、“省籍族群牌”、“联共卖台牌”、“联美

制中牌”等民粹式选举操作，除了巩固“倾独”票源外，难以有效争取多数中间选民支持。

（二）路线转型、形象改造、权力分配、人才培养等多重结构性困境，严重制约民进党拓展社会基础的动能。一是“台独基本教义派”阻碍民进党两岸政策务实转型，影响该党民意基础的拓展。苏贞昌出于2014年连任党主席、打赢“七合一”选举、2016年争取党内“总统”候选人提名的考虑，不敢得罪“台独基本教义派”，声称“面对中国的态度、方法有改变，但是信仰、价值没有改变”。① 未来四年民进党不会也不敢承认“九二共识”，其处理两岸关系的能力必将受到多数民众尤其是工商界的质疑。二是贪腐黑金形象、“为反对而反对”形象和“街头抗争”形象，削弱了民进党拓展民意基础的正当性。民进党甩不掉陈水扁贪腐执政的沉重包袱，苏贞昌、谢长廷、蔡英文等人形象不同程度地存在争议。民进党毫无理性地阻挠、抵制马英九当局提出的改革法案，动辄以“街头抗争”动员群众，但又提不出符合民众期待的具体主张与政策，在推动两岸政策转型与提升政党体制方面缺少改革魄力。民进党的所作所为背离了其标榜的“清廉勤政爱乡土”口号，难以有效巩固浅绿选民，甚至可能激起多数中产阶级、中间选民反感。三是民进党选举恩怨、权力斗争、路线斗争较国民党复杂，降低了民进党拓展民意基础的动能。苏贞昌、蔡英文围绕2016年“总统”候选人党内初选提名明争暗斗，苏贞昌与谢长廷围绕民进党两岸政策主导权矛盾公开，“务实派”与“台独派”围绕是否调整两岸政策立场公开批斗，这些纷争削弱了苏贞昌的领导权威，加深了党内裂痕。《美丽岛电子报》副董事长郭正亮认为，如果苏贞昌无法领导民进党强势出击，让民众感受到“换党会更好”，苏恐怕将陷入“党内腹背受敌、舆论四面楚歌”的困境。② 四是人才断层问题日益突出，削弱了民进党拓展民意基础的气势。陈水扁执政以来，一些民进党中生代、新生代因贪腐问题提前折损，不少务实派人士因“台独基本教义派”排挤而在该党公职候选人提名中受挫。目前，老一代“天王级”人物仍牢牢掌握党机器，世代交替无法完成。中生代、新生代人才严重缺乏，民进党2014年“七合一”选举在多数县市极难推出强棒人选，基层乡镇市长、村里长候选人更无法与国民党抗衡。

（三）马英九坚持改革，深耕南部，使民进党开拓选票面临更大挑战。马英九2012年连任以来，其领导风格、执政绩效的确备受质疑，执政困局仍未根本缓解，

① 苏贞昌：《“宪法各表”非民进党主张》，台湾“中央社”2012年10月25日。

② 《火大之后，郭正亮：民进党恐空转》，台湾《联合报》2013年1月3日。

但民进党务实派人士认为，马英九已经“利空出尽”，2013年将“咸鱼翻身”。从目前形势看，岛内局势仍朝有利国民党2016年继续执政的方向发展，势将加大民进党开拓选票的难度。一是马英九大力推动经济、民生、党务等领域的改革，“在艰难的改革道路上做出了无私的选择”，“牺牲执政党忠诚支持者的利益”，[①]虽激起蓝军内部暂时不满，但可能换来更多中间选民的支持。二是马英九利用庞大执政资源、两岸政策优势和大陆惠台政策，积极处理中南部民众、中小企业、中下阶层等“三中”问题，高度重视深耕南部基层，有利争取特定地域、特定阶层的支持。三是马英九“和陆亲美”的策略，为“拼政绩”营造了稳定的外部环境。四是国民党中生代、新生代人才远较民进党多。尤其是吴敦义、朱立伦、郝龙斌等接班梯队，在行政经验、人格特质、两岸政策、年龄结构等层面，比当前民进党台面人物具有一定优势，2016年“大选”无论是对苏贞昌，还是蔡英文，都会形成不小的压力。

三、未来四年民进党社会基础的基本走势

由前文分析观之，未来四年影响岛内政党社会基础的决定性因素不会发生大的变化，民进党在与国民党选民争夺战中的劣势地位仍难以改变。

（一）民进党社会基础的总体规模在2014年“七合一”选举中可能小幅上升，但在2016年“总统”选举中仍会是“蓝大绿小”的选民结构。民进党主打“马英九执政绩效不彰”，强调“维护台湾主权”，夸大两岸社会差异与矛盾，夸大两岸交流对台湾社会的冲击，在2014年“五都市长”、县市长选举和2016年“总统”选举中将维持40%的基本盘。国民党在多个连续执政两届的县市必须提名新人，其候选人又背负马英九当局执政包袱，届时民进党有可能在“五都市长”、县市长选举中突破个别县市，其得票率更加接近甚至小幅超过国民党。但“五都市长”、县市长选举中的“蓝消绿长”态势，不可能改变“国强民弱”格局，也不可能改变国民党在2016年“总统”选举中的领先优势。如果台湾经济形势明显转好，2016年“总统”选举中选民结构不排除“蓝长绿消”的可能。《中国时报》、《联合报》等主流媒体认为，民进党短期内解决不好路线调整、党内团结、形象提升等结构性困境，在2016年“总统”选举中仍难跨过50%的选票门槛；只要蓝营不出现大的分裂，国民党不发生像民进党执政时一样的重大集体弊案，2016年民进党仍将无缘“总统”宝座。

---

① 台湾《联合报》2012年12月7日。

（二）民进党“倾独”支持者的“急独”对抗色彩将缓慢淡化，支持两岸关系和平发展的理性声音将有所增加，但短期内难以改变“台独”立场，不会接受“九二共识”。大陆“大国地位”日益稳固，台湾社会“两岸化”趋势日益明显，岛内外“台独”生存环境巨变，岛内主流民意强烈要求两岸加强交流合作，使得民进党调整两岸政策的压力不断加大。事实上，自2012年“总统”选举败选以来，民进党内要求加强与大陆交流合作、壮大台湾经济、争取中间选民的呼声不断上升，党公职人员以适当身份登陆交流亦呈现“层级越来越高、次数大幅增加、渠道不断拓宽、探讨议题广泛”的态势。自2009年6月至2012年12月底，民进党党公职人员来大陆参访共104件，其中2009年8件、2010年27件、2011年19件、2012年50件。[①] 尤其是，谢长廷登陆返台之后，以走进校园演讲、举办青年辩论赛等方式，积极与高校学生、基层民众互动，陈述其两岸政策新理念，扩大社会共鸣。随着两岸关系和平发展格局不断巩固和深化，尤其是民进党“务实派”人士登陆交流不断出现新局面，民进党传统支持者主张“急独”、反对两岸交流的声音必将进一步下降，主张扩大两岸交流、开展民共交流的声音将不断升高。

但应该理性地看到，扭转民进党“倾独”支持者“台独”思维、降低民进党社会基础中“倾独”支持者的占比、促进民进党两岸政策立场转型，仍将是一个长期、复杂、曲折的渐进过程。当前，两岸关系的广度和深度仍然有待大力加强，两岸利益、情感、价值认同有待进一步联结，而民进党党公职人员、基层支持者来大陆交流合作的比例相对蓝营而言仍然很低，他们对大陆的误解与敌意仍然较深。只有经历多次“总统”选举败选，尤其是更为密切的两岸交流合作与更为紧密的利益情感联结，越来越多的“倾独”支持者才有可能逐渐放弃“台独”对抗思维，接受“九二共识”，民进党才有可能逐渐调整以“台独”、“一边一国”为核心的路线思维与政策立场。

（三）中间选民对民进党支持度短期内不会大幅增加。民进党朝“稳健型、交往型台独”方向调整两岸政策策略，会吸引一些中间选民支持。马英九执政不尽如人意，国民党一些贪腐弊案曝光，也会使少数中间选民转向支持民进党。但民进党诸多结构性困境短期内难以突破，执政能力、政党形象与国民党仍有一些差距，尤其是其两岸政策不可能根本转型，未来四年多数中间选民“对国民党执政不满，但对民进党不信任”的现象不会改变。

---

① 《民进党今年访大陆党公职，增加逾2倍》，香港中评社台北2012年12月23日电。

民进党社会基础总体规模的消长变化、构成结构的优劣变化，是影响岛内政局和两岸关系发展的重要变量。我们应以中国共产党“十八大”确定的对台方针政策为指导，着眼于构建两岸关系和平发展框架的战略大局，以“深化交流合作、落实惠台政策、扩大和平红利、松动‘台独’基础”为思路，积极促成更多民进党“务实派”骨干、绿营县市长、两岸政策幕僚、地方实力派人士、基层支持者，以适当身份来大陆参访交流、推销产品、招商引资，逐步淡化绿营支持者的“台独”对抗性思维，扩大岛内支持两岸关系和平发展的群众基础，增强岛内民众对大陆的利益、情感与价值认同，巩固和深化两岸关系和平发展的政治、经济、文化、社会基础。

（原载《台湾研究》2013 年第 1 期）

败选后的民进党及其发展困境探析

杨　磊

2008年3月“总统”选举惨败后，民进党陷入创党以来的最大危机。尽管党内传出追究败选责任、重新检讨路线的呼声，但因全面检讨可能重新导致派系内斗和路线争议，在以稳定、疗伤止痛为先的背景下，民进党选后检讨如昙花一现，随着党主席选举的进行迅速复于平静。蔡英文当选党主席以及中常委改选产生新的权力结构后，民进党暂时度过了动荡的危机，气势逐渐回升。但陈水扁海外“洗钱案”曝光后，民进党再遭重创，重新站回到生死存亡的十字路口。民进党再起之路波折不断，与其自身存在的结构性问题有密切关系。未来，面对两岸互动的新形势和朝大野小的竞争环境，民进党能否化危机为转机，端看其是否真正能走出目前的结构性困境。

一

“322大选”惨败至今，民进党的发展如同坐过山车一般，先是陷入了群龙无首的混乱内斗，此后迅速收拾残局、气势回升，但随即又因陈水扁洗钱案再跌谷底，可谓一波三折。

（一）“322”败选至5月18日蔡英文当选党主席，是民进党败选后的混乱内斗阶段

2005年底以来，民进党连遭县市长选举、“立委”选举及“总统”选举三场重挫，地方执政版图被限缩至南部7县市，“立法院”席次大幅下降至仅27席，最终拱手交出了来之不易的“中央”执政权，一瞬间退回到十年前的发展水平。这种状

况使民进党陷入创党以来的最大危机，党内蓄积已久的各种矛盾全面爆发。各派势力围绕败选责任、路线走向、派系存废、党中央权力改组等焦点问题展开了全面、激烈斗争，全党陷入群龙无首的混乱状态。

其中，最为激烈的是围绕党主席职位的争夺。陈水扁、谢长廷为掌控党机器明争暗斗，几近翻脸。苏贞昌、游锡堃等“天王”的企图心也非常强烈，蠢蠢欲动。以往在党主席选举中一直颇为沉默的“台独”基本教义派也积极推出“台独”大老蔡同荣、辜宽敏直接参与党主席改选，使得党主席选举最后演变成务实派与基本教义派的较量。

选后，民进党内斗、检讨波及面之广，斗争之惨烈为其成立以来所罕见。但在稳定压倒一切的考量下，为避免内斗引发更大的混乱，加之各派势力都不足以主导全局，这场来势汹汹的内斗随即因党主席选举的进行而归于平静。首先，败选责任追究不了了之。虽然社会各界多认为陈水扁应为败选负最大责任，谢长廷及段宜康等务实派也将矛头指向扁，但在拥扁及反谢势力的强力拉锯下，党内始终无法就败选责任达成共识。5月21日，陈水扁在蔡英文就任党主席仪式上公开称，败选是党内不团结所致，民进党败选检讨就这样以集体概括承受的模糊态度而告结束。其次，路线调整无果而终。民进党内要求改革、扩大“本土论述”的务实派与要求强化“台湾主体论述”的基本教义派针锋相对、互相攻讦，但谁也无法占上风，未能解决这个攸关民进党生死存亡的根本问题。再次，派系争斗依旧。民进党虽调整初选制度，废除了“排蓝民调”，但存在已久的派系问题并未由此化解，特别是新潮流系与反新系的矛盾仍在不断蓄积。

（二）蔡英文当选民进党主席至陈水扁洗钱案曝光，是民进党推动务实改革、气势回升阶段

5月18日揭晓的民进党主席选举，蔡英文以73828张票、57.14%的得票率当选。[①] 蔡英文与民进党渊源不深，只有4年党龄，但其清新、专业、务实、都市化的形象与民进党有互补性，符合基层民众期待。蔡的当选使民进党内围绕党主席的争斗暂告一段落，其随后的务实改革更让基层支持者信心恢复，民进党出现了近年来少有的回升迹象。蔡就任后的务实改革主要包括以下几方面：

第一，舍弃陈水扁式的“激进台独”做法，改采较温和的“务实路线”。蔡在

① 《得票57%蔡英文当选民进党主席》，台湾《中国时报》2008年5月19日。

两岸问题上虽仍未放弃“台独党纲”，继续抨击两岸关系新形势，诬蔑两会复谈是“徒具形式的傀儡戏”，“政府对政府谈判才是‘开大门走正道’”，[①] 拒不承认“九二共识”，称一旦民进党重新执政可以不接受两会基于“九二共识”签署的相关协议，但蔡也逐步扬弃了扁式“激进台独”做法，不再像扁那样一味地刺激、挑衅大陆，表示不设前提下愿访问大陆，愿与大陆作“‘辅助性、一般性’的沟通”。[②]

第二，加紧推动世代交替。蔡就任后迎合基层求新求变呼声，着手大幅调整党中央人事，陈其迈、林成蔚等青壮派人物相继接掌党中央要职，罗文嘉等一批青壮派也进入中常委、中执会，已呈青壮派全面接棒之势。

第三，刻意形塑理性问政的在野党形象。蔡一改以往民进党逢蓝必反的态度，一再强调民进党要做“有执政经验的在野党”，理性问政。

第四，强化内部团结，淡化派系问题。一方面，蔡采取尊扁立场，避免了扁系及基本教义派的反弹。另一方面，蔡在人事布局中力求兼顾各派系，强调“只有民进党派”，[③] 在一定程度上减小了派系问题的冲击。蔡的务实举动暂时有效地防止了内斗的恶化，营造了团结氛围。

第五，推行党务改革。7 月 20 日“全代会”，蔡主导通过了次年县市长候选人征召案、修正“廉政条例”等多项党务改革方案。县市长候选人征召案不仅使民进党有可能避免重蹈初选内耗影响战力的覆辙，也在一定程度上增强了党中央权力。

蔡英文一系列务实改革举动，迎合了基层民意，蔡的人气迅速攀升，一度高居岛内政治人物之首，[④] 党内地位得以稳固，许多人甚至已将其视为 2012 年与马英九一决高下的最佳人选。民进党的支持度也随之有所回升，TVBS 电视台民调中心 6 月下旬的民调显示，民进党在重视民意、改革等方面的形象大有改观，均提升一成以上。[⑤] 再加上马英九上台之初表现不如预期，许多期望“马上就会好”的中间和浅蓝选民深感失望，民进党因此信心大增，蔡英文公开称“民进党已结站起来了”。[⑥]

---

① 《民进党：一出徒具形式的傀儡戏》，台湾《中国时报》2008 年 6 月 14 日。

② 《蔡英文：不排除与对岸辅助性沟通》，台湾《中国时报》2008 年 8 月 5 日。

③ 《一级主管齐亮相 蔡英文：都是民进党派》，台湾《联合报》2008 年 5 月 28 日。

④ 《蔡英文：很多人民希望民进党恢复战斗力》，台湾《中国时报》2008 年 7 月 18 日。

⑤ 《马就职满月后政党形象调查》，TVBS 民意调查中心，http://www.tvbs.com.tw/FILE_DB/DL_DB/rickliu/200806/rickliu-20080627202342.pdf。

⑥ 《全代会演说 蔡英文：台湾主权陷空前危机》，台湾《自由时报》2008 年 7 月 21 日。

（三）陈水扁海外洗钱案曝光，民进党再度跌入谷底

8 月 13 日，陈水扁海外洗钱案被台湾《壹周刊》率先曝光。[①]随后，国民党“立委”洪秀柱等及岛内多家媒体又相继披露陈水扁家在海外有多个账户，利用人头将巨款汇到海外，案情愈滚愈大。案发之初，陈水扁矢口否认，但随着更多内幕的曝光，陈被迫于 14 日公开承认将选举节余款汇到海外，“做了法律不许可的事”。[②]洗钱案曝光及陈公开认错在岛内迅速掀起轩然大波，舆论几乎一边倒地批扁，蔡英文及民进党中央被迫数度公开道歉。8 月 15 日，陈水扁、吴淑珍夫妇宣布退出民进党。陈虽退党，但并不甘束手就擒，随即展开一连串全力自保的动作。一是大批国民党搞“政治追杀”，试图混淆视听，将弊案焦点再度转移为蓝绿政治斗争；二是授意其女陈幸妤直接点名苏贞昌、谢长廷、陈菊等都拿过陈水扁的钱，逼民进党继续保驾；三是竭力唤回深绿民众的支持。陈水扁 9 月初南下高雄，与深绿社团座谈，接受深绿电台专访，称国民党要追杀他，强调自己“宁愿为台湾死在十字架下，也不愿死在乱石堆中”，[③]反对“大陆武力统一才是台湾最高道德”，煽动深绿民众继续挺扁。扁的自保动作很快奏效，民进党在是否与扁切割及如何与扁切割上陷入摇摆，台北市党部原本要开除吴淑珍等扁家人的党籍，但最后仅以“停权”了事，民进党中常会还被胁迫通过决议参与“830 游行”。

陈水扁洗钱案曝光及民进党立场的摇摆，不仅使民进党、蔡英文失去了最佳的与扁切割的机会，前一段的改革努力付之东流，而且使民进党基层信仰发生动摇，再起之路困难重重。其一，政党形象几近崩溃。与此前的“国务机要费案”等弊案不同，陈水扁洗钱案事实清楚，扁也公开认错，不仅扁个人人格彻底破毁，而且因谢长廷、苏贞昌、陈菊等民进党高层也被指涉案，更坐实了民进党“共犯结构”的恶名，民进党长期在道德和政治上构筑的防线一夕之间全然崩解。《联合报》8 月底的民调显示，民进党支持率仅剩 11%，比“红衫军”倒扁时还要低 10 个百分点。[④]其二，深绿支持者信心动摇，民进党社会基础松动。长期以来，深绿支持者不问是非，“肚子扁扁也要挺阿扁”，是民进党的最坚实基础。但陈承认将巨款汇往海外后，深绿支持者因被欺骗而深感失望、愤怒，甚至要扁“跳海、剖腹自杀”，[⑤]政治热情大减。其三，民进党所谓“台独”、“民主”诉求的虚妄性更加凸显。陈水

① 《利用黄睿靓 扁密汇 3 亿出境》，台湾《壹周刊》377 期，2008 年 8 月 14 日。
② 《扁：短报选举结余 妻汇海外》，台湾《自由时报》2008 年 8 月 15 日。
③ 《扁：钱汇海外 是珍担心我太阔绰》，台湾《中国时报》2008 年 9 月 6 日。
④ 《联合报民调 民进党满意度剩 11% 创新低》，台湾《联合报》2008 年 8 月 27 日。
⑤ 《支持者骂翻 要求开除扁》，台湾《自由时报》2008 年 8 月 16 日。

扁洗钱案的曝光，使岛内更多民众意识到，“台独”、“民主”并不完全是政治理念的追求，而是陈水扁、民进党及许多“台独”头面人物追逐权力进行贪污的工具、遮羞布。陈水扁“假台独、假民主、真贪腐”的行径使“台独”的号召力大减，未来发展空间进一步被压缩。其四，蔡英文领导权威受到严峻挑战。蔡本已在党内树立了较高威信，但洗钱案后陈水扁绑架民进党自保的动作使蔡陷入领导危机。《中国时报》透露，蔡在案发后态度明确，希望与扁切割，“830游行”也应“择期再战”，但扁系强势绑架党中央通过参加“830游行”的决议，大力护扁，使蔡所谓的新路线成为泡影，蔡甚至一度不想干了。[①] 可见，未来蔡若不能妥善处理陈水扁弊案问题，不仅民进党难以东山再起，蔡的个人声望也可能严重受挫。

二

民进党在成立不到20年的短短时间内，以不到四成的支持度通过选举实现政党轮替，几乎缔造了政党政治的新神话。但短短8年执政即沦为在野党，选后发展波折不断，再起之路困难重重，这表明民进党远未成为一个真正成熟的现代民主政党，尚未真正解决制约着其发展的深层次、结构性困境。

困境之一：政治理念体系落后。民进党成立于国民党威权统治时期，是从反国民党势力中剥离出来的各种政治势力的大集合，这种特殊的社会历史背景使其政治理念极为复杂，最突出之处就是将台湾政治民主化进程与“主权认同”问题交织在一起。“民进党一开始就认同用‘台独’或所谓‘住民自决’来解决台湾政治体系的不正统性，似乎只有‘独立建国’，民主政治才能落实”，[②] 并最终导致其确立了“台独党纲”的“神主牌”。但随着社会的发展变化，民进党的“台独”政治理念及以此为基础的政治纲领失去了存在和发展的基本依据，与台湾现行的“宪政体制”也相对立，[③] 明显缺乏现实性与可操作性。随着民进党逐渐进入体制内进行权力的博弈，其“台独”理念的困境不断浮现，制约了其发展空间。此次“大选”结果及两岸关系目前的新形势表明，国民党的本土化、民主化努力正得到越来越多的岛内民众的认同，本土化、民主化已不再是民进党可垄断的民主诉求。不仅如此，民进党过去所极力推动的撕裂族群、挑衅大陆的“激进台独”做法反而引起岛内民众的

① 《扁派护主急 蔡英文一度不想干》，台湾《中国时报》2008年9月2日。

② 张建赓 王英：《民进党政治实力分析》，台湾研究会编《九十年代之台湾》，中国友谊出版公司1993年版，第163页。

③ 林劲：《民进党执政之后的困境与走向》，《台湾研究集刊》2001年第3期。

厌倦，未来要想东山再起，就必须进行务实的路线调整。但因惮于基本教义派的反弹，民进党路线检讨始终不敢触及“台独”理念问题。即使在蔡英文上台后，党内路线调整方向仍处于摇摆之中。蔡英文虽在两岸政策上作了一些温和务实调整，但仍无法摆脱基本教义派的制约，更不敢舍弃“台独”“神主牌”，调整效果非常有限。在国际社会更加坚决支持一个中国原则的今天，民进党这种以“台独”为基础的政治诉求及理论体系完全昧于时代变化，其活动空间注定会越来越小。

困境之二：社会基础的局限性。民进党社会基础以台湾本土中、下阶层为主，这部分民众本土意识强烈、凝聚力强，是民进党迅速发展壮大的强力后盾，也是民进党近年来在历次重大选举中始终能保持35%—40%左右得票率的关键因素。但这种过于单一的社会基础有一定局限性，特别是民进党执政后被整体性地挤向深绿，[①] 对基本教义派形成了结构性依赖，更凸显了其局限性，并对民进党的政治文化以及路线走向产生了相当大的负面影响。

首先，逐步形成了草根、极端、偏激、斗争的政治文化。民进党狭隘的社会基础造就了其草根、斗争的政治文化，在陈水扁上台后更走向了投机、冲突、胜选高于一切、斗争不择手段、唯我独尊的极端，进而使杜正胜、庄国荣等一批饱受社会各界抨击的争议性政治人物在党内如鱼得水，成为支持者追捧的“明星”。在岛内社会日益多元化的背景下，这种过于单一的社会基础及其所衍生的不正常的政治文化现象严重影响了民进党的社会观感，形成恶性循环，不仅使民进党更难以争取到中间选民，而且使部分浅绿支持者也发生了动摇，成为其发展、转型的一大障碍。

其次，限缩了路线调整空间。民进党基层支持者“本土意识”强烈，不满国民党长期威严统治，对大陆更有一定隔阂甚至误解、仇恨，再加上民进党长期蛊惑、煽动，不能冷静、客观地看待两岸关系，尤其反对两岸开放政策，民进党若在两岸政策上进行务实的路线调整，势将遭到基层支持者的强烈反弹，使民进党在路线调整上畏首畏尾，难有突破。

再次，造成了党内政治生态的不平衡。长期以来，民进党“立委”、县市长的区域布局一直是“北少南多、北弱南强”，而中南部“立委”、县市长多本土色彩鲜明，在推动路线调整、务实改革上态度消极。民进党社会基础的区域差异造成了政治生态的区域差异，客观上限缩了务实派空间，不利于党的转型。

困境之三：难以彻底与陈水扁切割。陈水扁家族深陷弊案风暴，使民进党长期

---

① 范晓军：《在蓝绿两极化困局下“脱色政治”的努力》，《台湾研究集刊》2007年第3期。

标榜的“清廉改革”招牌轰然坍塌，是民进党“大选”惨败的重要原因，民进党要想再起就必须彻底与扁切割。但实际情况却是，陈水扁自弊案风暴以来，就成功绑架了民进党，利用推动“二阶段宪改”、“入联公投”等活动抢占了“台独教主”位置，构成了与民进党的“命运共同体”。这种状况使陈水扁轻易躲过了败选检讨，而民进党却一再被迫护扁，在弊案风暴中越陷越深、难以自拔。目前，已坐实了贪污共犯集团的恶名的民进党不仅难以与扁完全切割，即使与扁切割，短期内也不可能完全摆脱扁的阴影。

困境之四：派系问题如影随形。民进党执政以来，派系问题一直无法得到有效解决，屡屡导致内部争斗，极大地损害了其社会形象，影响了整体战力。2006年，民进党虽决议解散派系，但实际上却解而不散，派系仍在暗中运作，并进一步形成了分别以陈水扁、谢长廷、苏贞昌、游锡堃等为中心的人脉派系。在“立委”和“总统”初选中，派系斗争愈演愈烈，“刀刀见骨”，整体战力大受影响，被外界认为是导致民进党“大选”惨败的重要原因。败选后，民进党的派系斗争也毫不逊色，如党主席选举一度被渲染成“新系与反新系之战”。

蔡英文深知，派系问题解决不好，民进党改造就无从谈起，当选后即明确表示自己“不是一个软弱的党主席！党也不应由派系来集体领导”，① 在人事布局中力求淡化派系色彩。但蔡英文淡化派系、改造派系的愿望短期内很难实现，主要因为：其一，蔡英文能当选民进党主席本身就是派系支持的结果。没有选举战功的蔡在民进党内其实形同“孤鸟”，被称为“非典型的民进党人”，② 此次出线与新系、苏系及扁系的支持有很大关系，是“派系夹缝下开出的蔷薇花”。③ 目前，在谢长廷、苏贞昌不甘就此退出政治舞台，时刻准备“拔剑再战”，扁系又全力挟党护扁的情况下，蔡更难摆脱派系牵制。其二，民进党派系是历史的产物，根深蒂固。民进党得以成立本身就是各派党外势力相互结盟的结果，可以说是先有派系，后有民进党，民进党的“政党事务、选举事务与政府事务皆有党内派系明显介入运作，而其政治精英则几乎都以隶属各派系身份从事政治竞争”，这是民进党特殊的政党特色。④ 与之相适应，党中央组织机制就是“派系共治”的设计，中常会、中执会选举基本为形同换票联盟的派系所掌控，民进党的这种组织机制不改变，很难彻底处

① 《蔡：党不应由派系集体领导》，台湾《中国时报》2008年6月2日。
② 《终于，闻到新鲜空气了！》，台湾《联合报》2008年4月19日。
③ 《派系夹缝下 开出蔷薇花》，台湾《联合报》2008年5月19日。
④ 郑明德：《一脉总相承——派系政治在民进党》，台湾时英出版社2004年版，第6页。

理好派系问题。7月20日，民进党全代会进行中常会、中执会改选时，派系斗争就再次爆发。派系阴影挥之不去对民进党建立、巩固新的领导核心构成了潜在威胁。目前，蔡英文虽拥有超高人气，但因缺乏坚实可靠的派系、组织支持，尚难做到说一不二，不利于其领导民进党改革转型。

三

选后迄今，岛内局势及两岸关系出现了全新局面，岛内主流民意发生显著变化，民进党重新在野的政治情势已迥异于8年前。在两岸关系迅速发展、选制变革及民进党自身弊案等因素综合作用下，处于生死存亡十字路口的民进党能否化危机为转机，甚或陷于持续败选的危机之中，端视蔡英文和民进党在两岸政策及陈水扁弊案上是否能作出正确抉择。

第一，两会复谈之后，两岸关系发展迅速，进入一个全新阶段，岛内民众希望发展两岸关系的愿望更加强烈。《远见》杂志的民调显示，57%的民众对两会复谈中的周末包机直航、大陆民众来台观光的经济效益表示乐观。[①]《中国时报》在马英九上台满月时所作民调显示，马两岸关系方面的施政颇受好评，得到59%的支持率。[②]民意的这种变化大大压缩了民进党继续打“统独牌”的空间。民进党目前虽仍对两岸新形势大唱反调，但其在两岸政策上已无法掌握话语权，边缘化趋势严重。

第二，岛内现行选举制度不利于民进党的发展。由近年来的“总统”选举、“立委”选举及县市长选举结果可知，岛内“蓝大于绿”的选民结构相当稳固，很难在短期内发生根本变化。而自今年“立委”选举实行“单一选区两票制”之后，这三项攸关岛内政治版图消长的选举其实都已变成了单一选区内的蓝绿对决，民进党可谓是未战已先输。特别是在“立委”部分，几乎输得脱裤子的民进党要想翻身更难。“台独”大老林浊水称，“如果这种有利大党的选制不改，民进党未来二十年内翻身的机会都微乎其微”。[③]

第三，陈水扁弊案案情发展前景难料。目前所曝光的陈水扁海外洗钱案等弊案尚是冰山一角，岛内各界甚至包括泛绿支持者要求彻查弊案的呼声越来越强烈。目

---

① 《远见民调 两岸复谈 五成七民众乐观》，台湾《联合报》2008年6月11日。
② 《本报民调 马满意度5成 刘获4成肯定》，台湾《中国时报》2008年6月21日。
③ 《林浊水：选制不改 绿难翻身》，台湾《联合报》2008年1月14日。

前，这一系列弊案已由台检调单位展开全面调查，非一时能水落石出。可以预见，在政党政治斗争的过程中，民进党将很难从弊案中轻易脱身，随着案情的不断披露，难以与扁切割的民进党甚至有可能越陷越深。

承前所述，由于民进党错综复杂的内部权力生态，使得败选后的重整活动沦为内斗，全党一度陷入群龙无首、方向不明的混乱状态。蔡英文就任党主席后，内斗缓解，气势有所回升，但由于民进党内深层的结构性矛盾并未得到真正解决，随之又受到洗钱案冲击，民进党再度跌入谷底。未来随着弊案案情的发展，民进党重整将更为艰困，要持续相当长一段时间。但同时也应看到，民进党是选举型政党，善于根据民意变化进行务实调整。陈水扁 2000 年能当选，就与该党拟定“台湾前途决议文”、淡化“台独”色彩有相当大关系。目前，面对岛内支持发展两岸关系、维护台海和平的强大民意，民进党迫于选举压力不可能不进行务实调整，只是调整幅度有多大尚待观察。更重要的是，民进党此次“总统”选举在大环境如此不利的情况下仍拿到 544 万票，41% 的得票率，泛绿基本盘之稳固可见一斑。民进党内斗虽然你死我活，但始终是斗而不破，没有任何一个指标性人物离党出走，这使民进党保住了东山再起的资本。再加上民进党本就善于当在野党，下台后短时间内就让国民党吃够苦头。虽然民进党能否化此次“总统”选举惨败的危机为转机尚难预料，但可以断言的是，民进党未来仍将在岛内政坛扮演相当重要的角色，是国民党施政的重要的制衡力量。

（原载《台湾研究》2008 年第 5 期）

试析民进党民粹主义的成因、本质及困境

石　勇

一、民粹主义的意涵

尽管学术界对民粹主义的理解众说纷纭，但这并不妨碍我们从中抽离出对民粹主义认识的共性。作为一种社会思潮，民粹主义强调“人民性”，反对精英主义，表现出极端平民化倾向，“把平民化和大众化作为所有政治运动和政治制度合法性的最终来源”。作为一种政治运动，它将普通群众视为政治改革的唯一决定力量，从根本上否定政治精英在社会变迁中的重要作用。因此有学者将其定义为“唯一地诉诸和求助于人民群众的所有运动和学说”。作为一种政治策略，民粹主义主张依靠平民大众的激进政治运动和广泛的群众动员，“是操纵群众的一种特殊的具体方式，是表达其利益的一种手段”。① 由此可见，民粹主义有质朴反应权力平等的意味，在一定程度上体现了公民权利意识的觉醒，包含了民主的成分。但另一方面，民粹主义对民主政治发展又产生了很大的负面影响，因而饱受诟病。学者及评论家用民粹主义批评那些假借“人民”之名煽动群众的政客，也把裹挟民意冲击体制与合法性的政治行为冠以民粹主义的恶名，因此，有学者总结出民粹主义有“消极性”、“狭隘性”、“反制度性”的特征。② 部分台湾学者则将其视为“政治操弄”的同义词，认为但凡被贴上民粹标签，就被划入“不可理喻”的范畴。③

纵观民进党民粹主义，在很大程度上从体现出了民粹主义的“反制度性”、“激

① 俞可平：《现代化进程中的民粹主义》，新浪网，http://news.sina.com.cn/c/pl/2007-01-11/144212011315.shtml，2007-01-11。

② 林红：《欧洲新民粹主义的意识形态分析》，《江西行政学院学报》2005 年第 1 期，第 19 页。

③ 陶仪芬：《全球化、民粹主义与公共知识社群》，台湾《思想》2008 年第 9 期，第 226 页。

进”、“不理性”、“不可理喻”等负面特征。如在民进党民粹动员的推波助澜下，台湾选举演变成为“民主式的阶级斗争”，加剧了台湾社会内部的对立。民进党将民意视为其合法性的唯一来源，削弱了台湾民主、法律及制度的合法性，极易导致政策决策失误，或决策正确而无法实施，乃至为以“人民”之名破坏合法体制打开方便之门。此外，民进党进行的民粹煽动，还割裂了两岸同胞手足之情，将彼此推向敌对，使两岸关系时陷紧张。鉴于此，本文探讨的民进党民粹主义，是消极、负面形象的民粹主义。

二、民进党民粹主义的成因

第一，台湾特殊的政治文化环境是民进党民粹主义滋生的温床。成熟的民主政治社会需要丰沛的民主文化滋养，尽管台湾一再榜示自己是“亚洲民主的灯塔”，但由于重民主制度设计轻民主文化吸收，照搬西方“民主政治”模式，造成了台湾社会民主形式与民主实质的“两张皮”现象，为民进党民粹主义的产生创造了条件。

上世纪 80 年代中晚期，随着台湾经济的发展及教育水平的普遍提升，民众的权力意识不断高涨，对国民党专制统治的不满情绪日益外显，形式多样的社会运动如雨后春笋般陆续涌现。李登辉上台后，为稳固权力地位，迫于岛内民众“反权威统治”、“要民主自由”的诉求，推行“政治革新”与“宪政改革”。但与此同时，李登辉又假借民主之名，将“台独”思想杂糅在所谓的政治改革中，不但夸大岛内民众的“悲情意识”、“亚细亚孤儿心理”，煽动岛内民众与大陆的对立情绪，而且推行“分裂分治”路线，推动“台湾化”、“本土化”，并相继抛出了“一中一台”、“一国政府”、“两个对等政治实体”等言论，直至 1999 年公然抛出“两国论”。李登辉的行径背离了民主政治的核心，割裂了岛内族群与社会，埋下了民粹主义的种子。台湾学者黄光国一针见血地指出，李登辉在台湾搞的所谓的“民主改革”，其实根本不是“民主”，而是一种“民粹主义”，“是东方专制传统和西方民主思潮结合后，所产生出来的一种怪胎”。[①] 在李登辉的操作下，岛内“黑金政治”、“说谎政治”、“市场民主”盛行，不良选举文化逐渐衍生，民众正常、正当的民主政治诉求被引入歧途，台湾民主形式与民主内容逐渐脱节，为民进党民粹主义的滋生创造了条件。

---

① 黄光国：《民粹亡台论》，台湾商周文化事业有限公司 1996 年版，第 2 页。

第二，现代公民意识的不健全为民进党操作民粹主义创造了机会。现代民主政治需要具有现代公民素养的公民支撑，台湾在从传统臣民社会到公民社会的转型中，公民的素质虽然有了值得称道的进步，但仍与现代意义上的真正公民有一定的差距。

一方面，受中国传统臣民文化的影响，岛内相当一部分民众仍然秉持“尊尊原则”，有“权势崇拜”的心理和“为尊者讳”的意识，没有从道德人格、政治理想、价值目标等方面客观全面地评价和认识掌权者，而是想当然地将位居高位的政治人物视为“人民精粹”，且极易随之起舞，这给了“精英独裁”以可乘之机，也方便了民进党政治人物借权势高位操作民粹。另一方面，台湾先后遭荷兰、日本长期的殖民压迫，光复后又受到国民党的专治统治，尤其是“二二八”事件造成本省籍与外省籍民众的心结，特殊的“集体历史记忆”使台湾民众产生强烈的“出头天”愿望。这种“当家做主”的政治宿愿及自治自管的民主诉求被李登辉等“台独”分子利用，将其操作成为根深蒂固的省籍与族群意识。受此影响，岛内民众的公民意识畸形发展，对公民以及公民身份的认同淹没在族群、省籍的矛盾之中，公民意识与族群、省籍意识相比居于下风，为民进党操弄民粹捞取政治资本创造了机会与条件。

第三，体制内资源的匮乏是民进党走上民粹道路的重要原因。民进党成立初期，国民党仍然维持着相当的权威统治，占据了绝大部分的体制内资源，出于对这种政治现实的无奈，民进党只能觊觎体制外运动，诉诸民粹积聚能量，频频煽动民众走上街头，举行示威、游行、罢工、绝食、静坐，以语言暴力、肢体冲突等极端方式凸显民进党的存在与声音，为政党的生存发展寻求合法性支撑。据岛内相关机构统计，仅在解严后的短短一年时间里，岛内共发生各种游行活动 1900 多起，平均每天超过 5 起，民进党则是岛内反对活动的主要策划者与参与者。而后民进党虽通过选举进入体制内，实力不断增长，绿色版图逐渐扩大，但总体上看，两党在体制内的资源仍长期处于悬殊状态，这迫使民进党继续将暴力对抗在体制内“发扬光大”，动辄以辱骂嘲讽、拳脚相加等方式“为人民代言”。2000 年上台后，民进党仍然面临“朝小野大”少数执政的尴尬处境，国民党坐拥“立法院”第一大党的位置，拥有过半席次，民进党难以全面贯彻其政治意志，为摆脱这种困境，民进党更变本加厉操纵统“独”议题进行政治动员。而 2004 年“大选”中，民进党借“两颗子弹”险胜国民党，使其权力的合法性更加受到质疑，加上扁家弊案逐渐浮出水面，民进党只有继续操弄民粹，转移焦点。2008 年民进党下台，整体实力大幅削弱，“立委”席次仅剩27席，不足“立法院”总席次的1/4，随着其资源与能量骤减，党内“急独”势力的焦虑感与危机感骤增，煽动民粹、“暴力问政”的模式不但没有打破，反而一度越演越烈。

三、民进党民粹主义的本质

第一，虚伪的政治策略。台湾的民粹主义曾经是对国民党专制统治的反动，包含了民主的内核，但在现实政治利益的左右下，民进党将这种原本包含进步因子的“主义”完全发展成“一种基于精心预谋的诉诸民众利益或偏见的政治策略”。①不分黑白、混淆是非，但凡有利于选举，民进党便炒作民粹，将各种议题政治化，其政策也可反复无常，甚至自相矛盾，诚如台湾学者吴琼恩所言，民进党“在意识形态与现实利益的左右夹击下，一切为了选举斗争的需要，视民粹政治为权谋诈术。”②如，2000年“大选”陈水扁淡化“台独”色彩，倡导“新中间路线”，骗取了岛内民众的信任上台，就职演说中还公开承诺“四不一没有”。上任后却大搞“法理台独”活动，公开否认“四不一没有”。再如，2011年4月，出于“打马”需要及选举考虑，曾经积极推动“国光石化”案的民进党，一反执政期间的支持态度，昔日“行政院”正副阁揆苏贞昌、蔡英文，一个辩称“现在时空环境不同，台湾必须停止国光石化案”，一个表示“国光石化案不一定要设在台湾”。在核能利用问题上，民进党也置岛内经济及民生需求于不顾，态度反复，先是为“兑现”陈水扁的选举承诺，在2000年宣布停建经合法程序通过的“核四”电厂，后又在强大的舆论压力下宣布复工续建，给台湾经济造成巨大的损失。2011年3月，蔡英文又借日本福岛核电站事故引发岛内民众担心核电安全的心理，提出“2025非核家园计划”，“核四不商转”。对此，岛内舆论认为，民进党的真正意图并非“反核”，而是给2012年“大选”预留议题，给马制造麻烦。民进党的这种做法也印证了西方学术界日益关注的“政治操纵”现象，即政党及政治人物愈来愈善于借着掌控媒体和制造新闻、诡辩的言辞，强词夺理来炮制各样假议题，而在假议题里则暗藏了原本的歧视文化因子、挑拨离间等因素。③

---

① 吴俊刚：《台湾民粹主义的伪化》，新加坡《联合早报》2004年5月14日，第14页。

② 吴琼恩：《两岸关系的僵持与突破》，中国网，http://www.china.org.cn/chinese/zhuanti/13lagxyth/657310.htm，2004-09-10。

③ 南方朔：《不能让没有资格的人发号施令》，中国评论新闻网，http://www.crntt.com/crn-webapp/doc/docDetailCreate.jsp?coluid=0&kindid=0&docid=101665373，2011-04-19。

第二，破坏性的政治思维。民进党言必称台湾的主体性和本土化，将自己装扮成台湾利益的唯一守护者，掌控话语霸权，塑造出“民进党 = 本土 = 台湾人 = 爱台湾，国民党 = 外来 = 外省人 = 卖台湾”的对立概念，但凡一切与大陆有关的事物，对于两岸关系的理性思考都被“污名化”，被扣上“红帽子”成为“中共同路人”、“台奸”。在这种情况下“所有的政策都失去理性讨论的空间，只有主权认定，只有帽子与标签”。① 这种泛政治化、泛意识形态化民粹狂飙已全然与民进党追求的所谓“民主、自由”相脱节。岛内学者敏锐地指出“一个只有负向而没有正向思考的民粹运动，也是一个从领导者到追随者都充满不确定性、投机性及侥幸心理的矛盾体，它必须依赖对抗维生，而且制造题目继续对抗”。② 如，岛内历次重大选举中，民进党的主要政治诉求就是攻击国民党为“卖台集团”，强调民进党“维护本土政权”，2004 年，选情不佳的陈水扁甚至恐吓台湾民众，散布泛蓝上台就是“外来政权复辟”的言论。2008 年下野后，民进党不顾岛内渴望和平发展的主流民意，一意孤行重回街头抗争路线，发动了数次游行，牵制马英九当局的大陆政策，给马英九扣上“倾中”、“出卖主权”、“终极统一”的帽子。2009 年 10 月陈云林访台期间民进党又发动“围城事件”，引发流血冲突，造成 140 余名警员受伤，并波及数十名记者与民众。此外，民进党还以保卫“本土”、保护“主体性”之名阻挠两岸商签 ECFA，并在陆客、陆资、陆生入台问题上处处设限。在这种“非黑即白”两极化的思维搅动下，岛内族群、统“独”矛盾加剧，民众的“国家认同”出现混乱，岛内经济发展环境恶化，两岸关系和平发展的进程也受到阻碍。简言之，民进党民粹主义已成为造成岛内及两岸不安宁、不稳定的主要因素。

第三，空洞的政治价值。整体上看民进党民粹主义缺乏立身的关键政治价值支撑，只能依附于自由、民主等价值，或假借“台独”口号维生。目前，自由民主仍然是民进党的口头禅，但其进步性与正当性早已湮灭。因为“民主被用来精心包装‘台独’，民主被用来激化省籍情结与族群对立，民主被操弄成选举的割喉战，用民主把‘公投’化作挟持选票的手段，以民主绑架两岸议题坠入民粹锁岛的死胡同”。③ 由此可见，“自由民主”对民进党而言早已沦为民粹工具，其政治价值仅仅是徒具其表。

---

① 张麟徵：《虚拟的国家，扭曲的民主》，台湾《海峡评论》2004 年第 159 期，第 22 页。

② 孙庆余：《民粹主义继续作祟民进党走不出困境》，中国评论新闻网，http://hk.crntt.com/doc/1016/7/4/3/101674307.html?coluid=7&kindid=0&docid=101674307，2011-04-27。

③ 潘锡堂：《“民主与法制”被滥用成贪腐温床》，中国台湾网，http://www.taiwan.cn/plzhx/zhjzhl/zhjlw/200808/t20080827_732948.htm，2008-08-27。

而“台独”尽管仍然是民进党难以放弃的“神主牌”，但并非民进党的核心价值。澳门评论家富权提出了“台独”的五个层次，认为接受过日本“皇民教育”的辜宽敏、彭明敏、黄昭堂等人，“台独”理念根深蒂固，属于“台独”第一层次。林义雄、蔡同荣、陈唐山、吕秀莲等“白色恐怖”受难者，既把“台独”当成目标也将“台独”当成选举工具，属于“台独”第二层次。陈水扁、苏贞昌、谢长廷等“美丽岛世代”，非“台独原教旨主义”者，也不打算为实现“台独建国”而终生奋斗，更谈不上为“台独”抛头颅洒热血，至多是将“台独”当成选举工具，是“台独”的第三层次。而学运世代深刻体认到“台独”理念受国际大环境的限制，不可能成功，仅仅坚持以“台湾主体论”为其理论基础，是“台独”的第四层次。至于处于第五层次的民进党中的青年军，“台独”观念更弱。[①] 由此可见，除了少数日薄西山的“台独”“基本教义派”外，“台独”对绝大多数的民进党政客而言只是区隔国民党的政治口号、意识形态符号以及选举工具而已，并非其真正的核心价值。而“没有了民主进步的理想，也没有了为民请命的责任，民进党所能做的就只是消极地破坏政党轮替前国民党留下来的所有政治、经济和文化遗产，并且一次又一次地制造和煽动民粹来掩盖自己的无奈和惶恐”。[②]

四、民进党民粹主义的发展困境

第一，道德形象难以修补。民粹主义倾向于个人魅力型的领导，追随者们“对他们的领导的回应是献身、敬畏、崇敬和盲目信仰，简而言之，带着接近宗教崇拜的感情”。民进党领袖则极其擅长通过民粹操作，制造“大陆吞并台湾”、“外省人欺负本省人”、“中国人打压台湾人”的危机感，正是通过这种事实上并不存在的危机，民进党化身成为弱势群体的保护者，并借此牢牢掌控其支持者。绿营民众则“在他们的领导者体现出来的美德中寻找庇护，而不是明确找出这些美德是什么”。[③] 因此，他们对“319 枪击案”毫无质疑，相信陈水扁贪污是为了筹备“建国基金”，陈水扁入狱服刑是“政治迫害”，而扁子陈致中召妓曝光仍能获高票支持当选议员，台南县议员王定宇推打海协会副会长张铭清，绿营名嘴郑弘仪公然在电视上爆粗口辱骂马英九仍也被绿营民众视为英雄。“这种道德崩溃，不止在绿营的领袖及名嘴

---

① 富权：《台独”分五个层次阿扁是假“台独”斗士》，人民网，http://tw.people.com.cn/BIG5/14811/14869/8444005.html。

② 徐峰：《当代台湾政党政治研究》，时事出版社 2009 年版，第 119 页。

③ [英]保罗·塔格特：《民粹主义》，吉林人民出版社 2005 年版，第 136 页。

阶层，而是一路到了其主体支持群众。领袖阶层以不道德的政治操作来维系群众，群众以扬弃道德底线来回应及支持其领袖”。事实上，这种风格、文化及传统，使得绿营及民进党对台湾的威胁不再只是在操作“台独”、撕裂社会、伤害两岸关系，而是从根本处摧毁了道德底线及廉耻观念。[①] 很难想象已身处道德迷失、价值混乱之境的民进党，其民粹之路还能走多远。

第二，激进群众动员的组织瓶颈难以突破。党外及在野时期，民进党走的是一条“造反有理”的民粹道路，不可否认这种民粹群众动员机制与路线曾经对民进党的成长发展作用重大，对强固民进党的深绿基本盘也有一定效果，但在和平发展成为民心所向、交流开放成为民意所趋的两岸关系发展新形势下，这种短线的操作与制度路线设计又将民进党带进死胡同。

其一，民粹主义要想长时间维持一种亢奋的大众情绪非常困难，当“危机感和崩溃感有所减弱，大众很可能又渴望有秩序的、稳定的统治，不再愿意冒重陷危机的风险”。[②] 通过群众动员、社会运动以及通过制造危机感操纵民众，只会把台湾导向动荡与不确定的未来，不会得到民众的长期支持。事实也证明了绝大多数岛内民众早已对民进党诉诸民粹口号，长时间靠刺激岛内民众的被害意识，塑造“被打压”、“被歧视”的假象，鼓噪街头运动，操作统“独”议题，不断将两岸关系推向高度紧张，造成台湾社会的动荡不稳，泛化意识形态的民粹做法已经相当厌倦。其二，两岸关系已进入大交流、大合作、大发展的新阶段，和平发展的形势难以逆转，随着两岸和平红利逐步渗透到台湾社会的各个层面，岛内民众也愈益享受两岸和平发展的利多，民进党试图通过民粹动员的方式，挑动一部分台湾民众对抗另一部分民众或对抗大陆的可能性将越来越小。因为假借“人民”的名义，把正常的两岸交流交往无限上纲上线的做法，除了可以满足少数“台独基本教义派”自欺欺人的意淫外，恐怕难以再发挥更大的效用。其三，民进党的民粹主义要维持其有效的动员体系，很大程度上需要一位“个人魅力型”的领导人物，激发民众对其的狂热崇拜。但在资讯发达、快速变迁的现代台湾社会，政治人物都是被放在放大镜下检视的，其优点容易被放大，其缺点也容易被发现、被扩大。这往往使得民粹式政治人物的魅力犹如昙花一现般短暂，如陈水扁贪腐案曝光后，其形象一落千丈，高达八成的民众对其行为表示不满。而素以“清新、理性、温和”形象示人的蔡英文在一系列事件的影响下，也逐渐走下“神坛”。2008 年 11 月因执意杯葛陈江台北会

---

① 《道德崩溃是绿营的致命危机》，台湾《联合报》2010 年 11 月 18 日 A2 版。

② 林红：《民粹主义—概念、理论与实证》，中央编译出版社 2007 年版，第 62 页。

谈挑起暴力冲突，被冠以“暴力小英”的名号，而后经历了“性取向风波”、2012年“大选”初选的“唯一支持”事件后，其光环也随之褪色。当民进党的政治人物无法再通过所谓的魅力取悦民众时，其民粹主义的操作方式迟早会被抛弃。

第三，重赢民众信任十分艰困。民进党失信于岛内民众的所作所为不胜枚举，岛内民众对民进党的信任度始终萎靡不振。2008年以来《远见》杂志民调显示，下野后民进党的信任度持续下滑，信任指数甚至一度跌到只有不到30个百分点。关于政党支持度的民调也显示，支持国民党的民众比支持民进党的民众整体上高10到20个百分点左右。①2009年9月TVBS电视台所作的“民进党23周年政党形象调查”显示，民进党在重视民意、廉洁、活力、团结程度等方面指标大幅下降，政党形象严重受挫。②随着大陆全方位崛起和两岸关系和平发展局面不断深化以及2012年“大选”临近，民进党越发意识到自身的民粹形象难获岛内民众信任与支持，成为其重返执政舞台的绊脚石。因此，民进党不得不调整两岸政策，蔡英文、苏贞昌、谢长廷等党内要角纷纷提出诸如“和而不同，和而求同”、“台湾共识”、“宪法各表”等模糊抽象的两岸政策新论述，试图为其民粹形象“消毒”，塑造务实、理性、有能力处理两岸关系的形象，以便争取岛内民众尤其是中间选民的信任。但鉴于其历次政策调整均有虚伪性、摇摆性、工具性的特点，岛内民众对此投射出相当的疑虑，认为“不管绿营论述什么，就是一些花招而已”。③因此，民进党能否以及在多大程度上与民粹主义切割变数重重，可否重获民众尤其是中间选民的信任也就充满了不确定性。

（原载《理论界》2012年第4期）

① 远见杂志民调中心，http://www.gvm.com.tw/gvsrc/index.asp?page=1。

② 《民进党23周年政党形象调查》，TVBS民意调查中心网站，http://www.tvbs.com.tw/FILE_DB/DL_DB/yijung/200909/yijung-20090929184421.pdf。

③ 王庆瑜：《蔡英文说得模糊难与大陆对话》，中国评论新闻网，http://hk.crntt.com/doc/1016/0/8/3/101608328.html?coluid=93&kindid=5670&docid=101608328，2011-02-24。

民进党两岸政策转型的影响因素与走势探析

陈桂清

近年来，随着大陆综合实力的稳定提升、两岸关系的不断深化以及国际战略格局的新变化，民进党两岸政策的“台独困境”日益凸显。民进党两岸政策究竟会否再次转型，若转型又会在何时转、朝哪个方向转、程度与策略如何，这些关键问题已引起各界高度关注。笔者认为，受党内外诸多因素制约，尤其是党内权力纷争激烈，当前及今后一段时期内，民进党仍将推行以“台湾前途决议文”为基调的“温和台独”路线，不可能实现以放弃“台独”路线为标志的两岸政策再转型。

一、制约民进党两岸政策调整、转型的主要因素

民进党从1986年成立至今，在两岸政策上历经多次调整。1991年，民进党通过“台独党纲”，确定“台独”路线。1999年，为适应新的形势，民进党又抛出淡化“台独”色彩、有条件承认“中华民国”的“台湾前途决议文”，完成了一次并不彻底的两岸政策转型。[①] 然而，民进党在2007年通过“正常国家决议文”，公开谋求“法理台独”。经历2008年、2012年两次“大选”失利，民进党的两岸政策再次到了转折的重要关口。根据美国学者罗伯特·哈莫尔和肯尼斯·琼达构建的政党变革理论，政党变革在大多数情况下是外部刺激和内部因素共同作用的结果。[②] 民进党两岸政策调整、转型进程同样受到诸多因素制约。

① 外界一般将“台湾前途决议文”的出台作为民进党完成首次两岸政策转型的主要标志。但笔者认为，转型是指价值观念等发生改变，而“台湾前途决议文”虽然显示民进党的价值观念有所变化，但民进党并未放弃“台独”理念，因此只能算是一场并不彻底的转型。

② [美]罗伯特·哈默尔、肯尼斯·琼达：《一种政党理论：政党目标和政党变革的整合》，转引自荣敬本：《政党比较研究资料》，中央编译出版社2002年版，第244页。

（一）两岸形势发展变化是促进民进党两岸政策调整、转型的关键因素

随着大陆综合实力的不断提升，两岸关系和平发展理念及大陆对台政策逐步得到岛内主流民意普遍支持。民进党以“台湾前途决议文”为基调的两岸政策保守性、负面性日益凸显，受到的外界质疑也越来越多。“台湾前途决议文”虽承认台湾的名字叫“中华民国”，不再追求建立“台湾共和国”，但声称“台湾是一个主权独立的国家”。民进党声称“新法优于旧法”，“台湾前途决议文”取代“台独党纲”作为其两岸政策新的“基本方案”，但“台独党纲”至今未被废除，更重要的是，要论“新法”，“正常国家决议文”才是该党最新的纲领。这种被“台独”意识形态笼罩的两岸政策在新的两岸形势面前显得越来越不合时宜。一方面，民进党无法与共产党展开对话，无法展现稳定两岸关系的能力，让民进党自外于两岸党际交流和两岸和平发展的时代潮流，也让不少绿营支持者丧失享受两岸和平红利的机会；另一方面，它也无法确保两岸关系和平发展，无法维系台海和平，也就无法令大多数期盼两岸和平稳定的岛内民众放心。因此，民进党两岸政策若不及时调整、转型，不仅无法适应新的两岸发展形势，还将被渴望两岸和平发展的岛内主流民意所抛弃。

（二）美国等势力是影响民进党两岸政策调整、转型的主要外部力量

作为干预岛内政治发展重要外部力量的美国，对民进党的政策走向具有重要影响。长期以来，美国的对华政策以及与民进党交往的态度均具有极强的“两面性”。一方面，随着近年来中美实力的消长，中美战略互相需求的增多，美国不愿看到民进党“法理台独”将其卷入两岸战火，破坏其台海地区的利益，因而公开批评“法理台独”，要求民进党确保两岸关系和平发展，推动与大陆交流。2012 年“大选”期间，美国虽公开表态“不选边站”，但因对民进党候选人蔡英文的“台湾共识”存有疑虑，对民进党重返执政不放心，最终通过宣布给予台湾“免签证”待遇、公开肯定“九二共识”等方式，发出力挺马英九的关键信号。2013 年苏贞昌赴美活动时，美国知名学者葛莱仪明确透露，“如果民进党没有提出一个北京能接受的‘九二共识’替代方案，美国为了确保两岸关系稳定，不可能在 2016 年台湾‘总统’大选中保持沉默”。① 另一方面，为确保台海局势定处于“可控制的不稳定状态”，尤其是出于“亚太再平衡”战略需要，美国仍扶持、利用民进党等“台独”

① 《美国专家葛来仪：美国对两岸的喜与忧》，中国评论新闻网 2013 年 5 月 3 日。

势力，牵制国民党，阻挠两岸关系深入发展。可以预期，美国反对“法理台独”、纵容“渐进式台独”、要求两岸和缓的策略将对民进党两岸政策调整、转型的方向、深度产生重大影响。

（三）岛内政党竞争环境是影响民进党两岸政策调整、转型不可忽视的因素

根据政党变革研究学者威尔逊的研究，“某种外部因素，尤其是竞争环境和影响环境的因素的变化，为政党变革开辟了道路”。[①] 从这一角度而言，民进党两岸政策转型还与岛内政党竞争环境的变化以及竞争对手的发展状况有关。

在政党竞争体制下，“政党实现自己目标的绩效越差，政党变革的压力就越大”[②]。民进党之所以在 2008 年、2012 年两次“大选”中败北，“台独”施政、贪腐形象显然是两大重要因素，而以“台独”为指导的两岸政策更是“票房毒药”。民进党执政时期，频频制造两岸紧张，失去大多数选民信任，最终丢失执政权。2012 年“大选”同样如此，“未来事件交易所”民调显示，约有 70 万中间经济性选民在投票前，对民进党两岸政策不放心，5.75% 原本喜欢蔡英文的中间经济性选民因担心民进党上台影响两岸关系而改投马英九。[③] 选后，岛内民调显示，49.6% 的民众认同民进党应该废除“台独党纲”，另有高达 66% 的受访者认为民进党不应排斥跟中国大陆交往。[④] 可见岛内多数民众期待民进党进行“台独”路线转型，尤其是期待民进党与大陆改善关系、开展交流。

主要竞争对手国民党的执政状况变化、两岸政策走向也对民进党两岸政策调整产生联动效应。若国民党继续得到多数民意支持，保持强劲上升势头，尤其若在两岸政策上迈出更大步伐，取得更多政绩，民进党调整两岸政策的压力就会越大。反之，若马当局执政陷入困境，两岸政策又没有太多进步，民进党调整两岸政策的压力就会越小，转型的动力就会不足，该党一部分人甚至幻想依靠马当局执政低迷，在不调整两岸政策的情况下重返执政。

---

① 转引自王勇兵：《国外关于政党变革与转型的研究》，《学习时报》第 252 期。

② [美]罗伯特·哈默尔、肯尼斯·琼达：《一种政党理论：政党目标和政党变革的整合》，转引自荣敬本：《政党比较研究资料》，中央编译出版社 2002 年版，第 244 页。

③ 两项民调数据分别引自《谢系张丰藤：民进党两岸政策没让人民放心》，中国评论新闻网 2013 年 4 月 20 日；《郭正亮：民进党不面对两岸局势永远是受害者》，中国评论新闻网 2013 年 4 月 29 日。

④ 台湾《新新闻》2013 年 3 月 29 日。

（四）党内权力核心的变化、群众基础的构成是民进党两岸政策调整、转型的决定性因素

政党变革理论认为，政党领导者是政党变革的最关键推动力量。根据肯尼斯·琼达的研究，“选举失利并不能够构成变革的必要或者充分条件，还必须结合考察组织行动者的因素，无论是环境的还是内部的冲击都可能产生重要的变革刺激，但是决定突变最终会否发生，还取决于政党的行动者是否允许或促成他们这样”。[①] 从这个角度分析，民进党两岸政策转型能否实现，关键取决于政党领袖或是主导联盟是否允许或促成。若党主席或者主流派系都认为两岸政策改变有利于巩固和保护自己的权利，有助于民进党夺取政权，其两岸政策调整与转型的步伐就会加快。若党主席或主流派系认为调整与转型没有必要，或者认为调整与转型“收益低于成本”，就会抵制调整与转型的发生。当前，“倾独”支持者占民进党支持者50%左右，“台独基本教义派”对民进党权力结构和政策调整仍具重要影响。民调显示，“蔡苏配”支持者认同调整“台独党纲”的仅有36.2%[②]，这是民进党领导人必须顾虑的政治现实。

二、当前民进党内对两岸政策调整与转型的主要看法

民进党的两岸政策主要包括如何处理与大陆在“主权”、安全、发展等层面上的问题。2012年“大选”失利后，民进党内围绕两岸政策是否需要调整，如何处理“中华民国宪法”、“九二共识”以及“台独党纲”等核心问题展开激烈讨论，党内各种观点交织，派系意见分歧明显，“保守派”与“务实派”的交锋尤为激烈。

（一）对是否需要调整两岸政策仍有不少杂音

2012年“大选”失利后，民进党内掀起一股检讨两岸政策的声浪，要求正视大陆崛起、调整两岸政策、与大陆展开交流的声音较之以往任何时候都要大。党内主流意见认为，“民进党两岸政策有必要调整，否则难以重返执政”。但民进党内仍有部分势力不承认两岸政策是其“大选”失利的主因，认为没有调整两岸政策的必要。辜宽敏、蔡同荣、吴荣义等党内“极独”势力认为，民进党2012年“大选”不是败在两岸政策，没有调整路线的必要。前“立委”罗文嘉称，民进党不是要改

---

① 转引自王勇兵：《国外关于政党变革与转型的研究》，《学习时报》第252期。

② 台湾《新新闻》2013年3月29日。

变两岸政策立场，而是要突破与社会对话的方式。

（二）对如何处理“中华民国宪法”、寻找“九二共识”替代方案认识不一

民进党两岸政策最核心的问题是如何看待“主权”与“国家定位”层面的“中华民国宪法”问题，这攸关民进党对两岸关系性质、发展基础、前途的认识。20多年来，民进党对“中华民国宪法”的态度几经变化，从最初声称“消灭中华民国宪法”，1997年间接承认“中华民国”，2002年提出“台湾中国，一边一国”，2004年提出“公投制宪”，到2007年主张“彻底摆脱‘中华民国’体制的后遗症”。民进党自始至终没有正式承认“中华民国宪法”，也没有将“法理台独”内容从政党价值中剔除。民进党高层对“中华民国宪法”虽有不同看法，如谢长廷主张“宪法各表”，“‘中华民国宪法’治理台湾”，苏贞昌强调“台湾是一个主权独立国家，国号是中华民国”，蔡英文宣称“台湾就是‘中华民国’，‘中华民国’就是台湾”，前“陆委会主委”陈明通主张“宪法一台”，但都不愿正视“中华民国宪法”中最为关键的“一中内涵”，其实质均是“一边一国”的翻版。

对于两岸关系发展基础的认识，民进党至今不愿承认“九二共识”这一两岸关系和平发展的政治基础。在岛内民众强烈要求其与大陆展开互动的情况下，民进党不得不试图寻找“九二共识”的替代方案，蔡英文、苏贞昌主张以所谓的“台湾共识”寻求与大陆的互动，谢长廷主张以“宪法各表”、“宪法共识”为基础与大陆互动，“立委”蔡煌琅、游盈隆、洪智坤主张以“九二精神”或“九二香港会谈精神”取代“九二共识”，前“陆委会主委”陈明通主张以“宪法一台”作为与大陆交流的前提，陈其迈等中生代“立委”拟出“台海人权决议文”作为民、共交流的基础。2013年11月14日，民进党“中国事务委员会”达成两岸政治定位初步共识，主张以所谓“宪政共识”作为两岸互动基础。这些主张回避“废除‘台独党纲’”等核心问题，不愿承认“九二共识”、“一中框架”，目的都是为了欺骗两岸民众。

（三）对如何处理“台独党纲”等三个纲领性文件存在严重分歧

“政党的政治纲领即党纲是一个政党政策主张和指导方针的具体体现”。民进党两岸政策最为核心的内容散见于“台独党纲”、“台湾前途决议文”、“正常国家决议文”三大党纲性质的文件当中。从民进党检讨2012年“大选”失利原因、举办“中国事务委员会”及“华山会议”的情况看，党内“务实派”陆续提出修改“台

独党纲”、处理“台湾前途决议文”与“正常国家决议文”的主张，甚至建议通过“‘中华民国’决议文”或其他新的决议文作为党的最新行动纲领。其中，谢长廷主张“党纲要改”，“如果不修改党纲，未来空间有限”；前党主席许信良认为，“正常国家决议文”必须处理；前“陆委会副主委”童振源则建议通过“‘中华民国’决议文”，落实“台湾就是‘中华民国’，‘中华民国’是台湾”的“台湾共识”内涵，不再将“法理台独”作为民进党的政党目标。

但“务实派”的主张不但没有成为党内共识，反而遭到“保守派”的抵制与围剿。前党主席、“独派”大老姚嘉文声称，民进党不能放弃“台独党纲”，“否则民进党就垮掉了”。曾负责起草“台独党纲”的林浊水表示，“台独是民进党的资产而非票房毒药”，现在还没到要修改“台独党纲”的程度。经过多次党内会议讨论，民进党于 2013 年 11 月 14 日达成两岸政策初步共识，虽表示“民进党的对中政策必须与时俱进，用相对应的政策来因应新生议题”，但强调“台湾前途决议文”的基本立场与核心价值无须改变”。

从“务实派”与“保守派”的激烈交锋看，民进党的两岸政策出现了一些变化的迹象，如开始正视大陆崛起、不再一味抵制两岸交流，但“保守派”仍在党内占据上风，民进党对两岸关系的定位仍未脱“一边一国”的性质，对两岸关系前途未接受“两岸同属一中”的安排，对废除“台独党纲”、“正常国家决议文”继续回避。

三、对民进党两岸政策转型走势的两点观察

由于民进党内“务实派”与“保守派”对是否转型等问题的看法存在严重分歧，该党两岸路线转型的前景至今仍不明朗。从制约该党路线转型的因素看，民进党调整两岸政策的压力将不断增大，但现阶段尚未到一定要放弃“台独”路线的临界点。现阶段民进党的两岸政策及策略会有所调整，不过实现以放弃“台独”价值为标志的两岸政策转型可能性不大。

（一）现阶段民进党仍将继续奉行以“台湾前途决议文”为基调的“温和台独”路线

有“台独理论大师”之称的林浊水曾指出，民进党谈转型谈了十几年，其状态可用“一个转型，各自表述”来概括，而“各自表述”大体可分为三个方向，一是以吴荣义为代表的转为更加“台独化”方向，一是以郭正亮为代表的废除“台独党

纲”方向，一是以他为代表的介于两者之间的“妥协”方向。①

从目前态势看，吴荣义所代表的追求“法理台独”的“极独”路线固然有部分支持者，但在历史发展的潮流面前已然落伍，难成主流。而以郭正亮为代表的“弃独”主张具有前瞻性，理应是民进党两岸政策转型的终极方向，但如同当年许信良“大胆西进”观点的遭遇一样，暂时难被多数民进党人接受。大多数民进党人可能选择介于追求“法理台独”与废除“台独”之间的、以林浊水为代表的“温和台独”路线。这种选择主要是基于以下四个方面的考虑：

一是大陆崛起的趋势难以逆转，大陆对台影响将不断加深。民进党要与大陆打交道，必须对“台独”论述，尤其是“法理台独”进行某种程度的策略调整。二是在美国反对“法理台独”与纵容“渐进式台独”之间，民进党误认为“联美制中”仍有较大空间。三是两岸和平发展成为岛内主流民意，但“台独”在岛内仍有一定市场。民进党担心放弃“台独”将动摇现有群众基础，失去10%左右“台独基本教义派”的支持。尤其是，出于争取2014年党主席选举胜选、2016年党内初选出线的考虑，苏贞昌、蔡英文都不敢得罪“台独基本教义派”。四是一些民进党人误认为马当局民意支持度持续走低，2016年不用实质调整两岸政策，民进党也能夺回政权。

从民进党“中国事务委员会”举行的多次会议上党内各派系领袖的意见看，民进党可能按照“原则不变，策略可灵活”的既定调子，多方讨好。一方面，继续鼓吹所谓“台湾主权独立”，宣扬“捍卫台湾主体性”，强调“台湾的前途由2300万台湾人民决定”，讨好“台独基本教义派”，巩固绿营基本盘。另一方面，以“让台湾民众支持、美国接受、大陆忍受”为目标，在一定限度内调整两岸政策，放宽与大陆交流的限制，端出所谓“宪政共识”作为两岸对话的基础，甚至可能形成所谓“‘中华民国（台湾）’决议文”作为其新的政策纲领，制造该党调整两岸政策、具有稳定两岸关系能力的假象，骗取中间选民支持，消除美国对民进党两岸政策的疑虑。

（二）未来民进党修改、放弃“台独”路线是历史发展的必然趋势

由于内外环境的不断变化，任何政党的政策都不可能一成不变。从两岸关系和国际格局发展趋势看，民进党两岸政策完成“台独”路线转型将是历史必然。

一是大陆综合实力的增强将不断压缩“台独”的空间。众所周知，民进党“台

---

① 《林浊水：民进党转型 一个转型各自表述》，中国评论新闻网2012年6月27日。

独”意识形态的形成有其特殊的历史根源与时代背景，尤其是在上世纪国际社会“共产主义终将灭亡”论调盛行之际，“台独”势力更是对其理想成真充满幻想。然而，随着大陆稳定发展，对台政策逐渐得到岛内主流民意支持，尤其是在决定台湾问题最终走向的“中美综合实力对比”上，大陆与美国的差距正在不断缩小，使得大陆在反对“台独”上更有底气与信心。一旦大陆的综合实力赶上甚至超过美国，使美国极大降低或丧失操弄“台独”的意愿，减少对“台独”势力的支持，民进党“台独”路线的国际生存空间也大大缩减，直至消失。

二是岛内期待两岸和平发展的主流民意决定民进党必将“弃独”。在政党竞争体制下，政党的调整与变革往往与选举利益需要及民意基础直接相关。罗伯特·哈莫尔和肯尼斯·琼达的政党变革理论认为，“对于谋求选票的政党来说，它们在选举中的失败越明显，变革的可能性越大”。① 近两次岛内“大选”结果显示，民进党的得票率基本维持在45%上下，跨过50%的门槛尚需争取更多中间选民支持，而实现两岸政策转型便成为关键。因此，当越来越多的岛内民众要求民进党放弃“台独党纲”，回到两岸关系和平发展的正确轨道上来，尤其是当大多数“倾独”支持者都不愿民进党再死守“台独”立场之时，民进党“台独”转型的临界点将出现。

三是民进党内部发展演变预示“台独”转型势所必然。民进党长期奉“台独”为“神主牌”，但在政治现实面前，民进党人并非死心塌地地坚持“台独”理念，大多数民进党人对“台独”无法实现心知肚明。被视为“台独教父”的李登辉公开表示“‘台独’是个假议题”，陈水扁也承认“‘台独’做不到就是做不到”，现任党主席苏贞昌也强调“台湾不必回头搞独立”。既然大多数民进党人未将“台独”理念视为政党追求的首要目标，而是将其作为政治斗争、煽动民意、骗取选票的重要工具，那么随着内外环境的变化，“台独”作为骗取选票工具价值的不断减弱，甚至成为负面因素，尤其是经历多次“大选”的失败，民进党的“台独”理念将不可避免地逐步松动。民意、选票重重压力之下，抵制转型的“保守派”逐步退出历史舞台，而能认清历史发展规律、顺应民意的新政治势力或许有机会在民进党内占据主导地位，成为民进党内新的主导派系或推举出新的政党领袖。届时，民进党或许将痛下决心放弃“台独”。

（原载《台湾研究》2013年第6期）

---

① ［美］罗伯特·哈默尔、肯尼斯·琼达：《一种政党理论：政党目标和政党变革的整合》，转引自荣敬本：《政党比较研究资料》，中央编译出版社2002年版，第244页。

“学运世代”两岸政策主张的特点及其影响

徐 青

前 言

“学运世代”是指台湾20世纪80年代中期始参与学运，尤其是1990年参与反对国民党当局的“野百合学运”及其后加入民进党并扮演一定角色的精英人物群体。在民进党大陆政策务实转型的过程中，“学运世代”或幕后参与，或直接发声，诸如1996年5月推出“台独运动的新世代纲领”、1998年2月的党内中国政策研讨会、2000年“党纲定义扩大化”讨论、2002年“党纲柔性化”提案、2004年的“新文化论述”、2005年“新民进党运动”，乃至2006年反陈水扁“第二共和”“二次宪改”、2007年年初推动“第三共和修宪案”等几次大的动作，都以其较“基本教义派”更为开阔而前瞻的国际化视野，在两岸定位与互动关系上提出了新的务实思考，从而扮演了不可或缺的推动者角色。然而民进党执政8年来，“学运世代”大力鼓噪、参与推动的“台独”务实转型路线在选举利益的绑架下中断、逆转，少数“学运世代”以另组政党的方式，不惜与民进党决裂，捍卫民进党务实转型路线（“台湾前途决议文”）精神。“学运世代”在政途发展备受“台独教义派”路线连累的情况下，未来发展值得观察。

一、“学运世代”两岸政策主张的主要特点

由于所处的岛内外大环境的差异，“学运世代”的两岸政策主张表现出与民进党内以往任何一个世代都不同的思考。这就是，尽管“学运世代”作为一个整体，

尚未形成统一的共识，在解决两岸关系问题的战略战术上还有着各样的分歧，但从其共性上来看，其在坚持“台独”理念的同时，表现出与传统“台独教义”（“台独党纲”）的鲜明区隔以及政策上的开放性、务实性。

（一）与传统“台独教义”（“台独党纲”）的鲜明区隔

民进党的大陆政策，主要体现在两岸关系定位与两岸互动这两个方面。民进党的“台独党纲”集中了“基本教义派”的立场主张，而“台湾前途决议文”则集“学运世代”的务实思考之大成。虽然“学运世代”在大陆政策的具体策略上仍有一些歧义，但都希望修改甚至放弃“台独党纲”，在维持“台湾主权事实独立现状”的基础上，展开两岸全方位的互动，其立场观点与“台独基本教义”有着明显的不同。这主要表现在如下几个方面：

（1）在台湾前途上，从“台湾共和国”是唯一选项到“台湾共和国”是选项之一。

与“台独党纲”中“建立台湾共和国”的唯一明确目标相较，“学运世代”希望“台独党纲”“回归民主自决”。正如郭正亮所言，历经多年的统“独”激荡，台湾前途的选项已经更加多元，“台独”愿景未必等于“台湾共和国”，也可能是“两个中国”乃至“华人国协”，可“台独党纲”却完全排除这些选择，只认“一个国家”，这样“既默认中华民国在台湾的主权现状，又不接受现有的中华民国国号”的做法，使民进党陷入“既要维持现状，又要推翻现状的定位矛盾”状态。① 因此，他们反对预设台湾的统“独”立场，提出“台湾在民主化之后独立和统一都变成正当的选项”，台湾前途由人民“公投”决定。而游盈隆认为，台湾必须在两岸问题上“保持高度的灵活与弹性”，“在不伤害二千三百万人基本权益的基础上，创造一个可独可统的回旋空间，以争取全民最大利益”。②

（2）在“台独”内容上，从追求“台湾共和国”到认同“主权独立的中华民国”。

“台独基本教义派”主张台湾尽早“独立”，而且要“一步到位”，建立“台湾共和国”，“制定新宪法”；认为台湾本已具备“独立”的条件，但套上“中华民国”的外套就什么都不是了。而“台独运动的新世代纲领”认为，实现“台独”并非

---

① 郭正亮：《台独党纲何处去：回归民主自决淡化民族主义》，台湾《中国时报》1998 年 12 月 31 日，第 15 版。

② 《罗文嘉、游盈隆辞官参选立委》，台湾《中国时报》2001 年 1 月 8 日，第 4 版。

"一定要建立一个所谓的台湾共和国"，"只要可以达到独立的目标"，什么名称（即"国号"）都"可以暂时接受"；"新文化论述"认为"台湾已经独立"，"中华民国是台湾"，"维持现状"就是"台独"，主张"接纳'中华民国'国号"，认为"中华民国""国号"有"安定两岸的保护作用"，接受"中华民国符号"并不会对"台湾意识"不利，相反"可在台湾认同上拓展纵深"；提出民进党应该是"中华民国的执政党"，"以执政的思维"定位两岸及各项政策；周奕成则指出，"台湾已经是独立的，不需要再独立一次。现行宪法是正当的，不需要再制宪一次。中华人民共和国是中华民国以外的另一个国家。这就是我所谓的实质独立。台湾的实质独立，也是中华民国存在的基础。因此台湾实质独立是全体台湾（中华民国）国民的根本国家利益，不分党派要团结维护"，[①] 因此他反对 2006 年陈水扁"冻结现行宪法，制定新宪"，批评此举"破坏国家利益"。罗文嘉认为，"从最早 1912 年中华民国在大陆成立，到 1949 年后蒋中正把中华民国带到台湾的'中华民国在台湾'，1996 年总统民选后，应该变成'中华民国是台湾'"。[②]

（3）在两岸政治文化关系上，从"分裂中华民族"到"淡化台湾民族主义"，从"独立的台湾文化"到"台湾文化不能去中国化"。

"台独基本教义派"认为两岸是"两个国家的关系"，并试图将台湾从中华民族中分割出去，从理论上制造所谓"独立"的"台湾文化"、"台湾民族"、"台湾国"。而"学运世代"则提出"淡化台湾民族主义"。郭正亮提出台湾与中国是"文化兄弟"关系，两岸在"分裂分治"的现实中有"一个中国"的"历史遗留"，故而是"特殊关系"；颜万进则提出两岸是"一个民族，两个国家"的观点。"新文化论述"的代表罗文嘉指出"文化与政治必须做区隔，文化不能'去中国化'"，"中国文化到台湾来，经过在地化的重新诠释，也成为台湾多元文化的重要一环，如此在这块土地上的所有台湾新旧住民，才能有安身立命的归属感"。[③] 游盈隆认为，"台湾要摆脱中国意识，这个中国是一个政治的意涵，不是文化的。就政治中国来讲，我们坚决在未来 30 年 50 年以内应该要划清界限，文化上的意涵可以胜任，可以讨论，过去的渊源、血统、历史都不必否认，但在政治上应该分得非常清楚"。[④]

① 周奕成：《名目台独的面貌》，台湾《中国时报》2006 年 10 月 2 日，A15 版。

② 《青壮派立委主张 民进党定位：中华民国执政党》，台湾《自由时报》2004 年 4 月 24 日，第 6 版。

③ 《青壮派立委主张 民进党定位：中华民国执政党》，台湾《自由时报》2004 年 4 月 24 日，第 6 版。

④ 《游盈隆：需要新的集体认同》，台湾《远见》杂志 1996 年 8 月号，第 92 页。

（4）在两岸交流上，从“不与中国接触”到与中国展开“全方位互动”。

与“基本教义派”不愿、惧怕与大陆接触的心态相异，“学运世代”对中国研究表现出浓厚兴趣，他们或进大陆高等学府进修，或多次深入大陆考察参访，以增进对大陆的了解，进而试图提出解决两岸问题的架构与观念。如两岸交流全面化、正常化，两岸高层在不涉前提、避谈主权、地位对等的基础上进行政治对话或谈判，同时寻找两岸互动的可行性制度化架构，如郭正亮提出的“两岸联立”，颜万进的以“一个民族、两个中国”的现实为基础的类似两德基础条约的模式，陈明通的“统合”论、“第二共和”论等，都旨在通过建立这样的架构，使两岸“分裂分治的现状”或“台湾主权独立的现状”以“法制化”的方式固定下来。

（5）在实现“台独”的做法上，强调安全与和平原则。

与“基本教义派”宁冒战争危险也要推动“法理台独”的做法不同，“学运世代”出于夺取岛内政权的考虑，基于台湾安全是美国亚太利益所系的认知，面对大陆、台湾和美国三方关系的新情势，无不强调“台独”的“安全”与“和平”。“台独运动的新世代纲领”指出，民进党要想“台独”在自己手上完成，“就必须务实地保证和平与安全”。“学运世代”倡导两岸全方位互动，也旨在通过交流，积累了解，建立互信，减少两岸情势的误判，避免擦枪走火的情况发生。而主张“改变现状才需公投”，反对修宪，由挑战两岸和平底线走向防御两岸战争的爆发。这些思考，体现出“学运世代”在追求“台独”的同时，顾忌到国际政治现实，也知道自己对台湾安全负有责任。

（二）坚持“台独”理念

从上述“学运世代”与“台独基本教义派”的政策区隔当中，我们不难发现，“学运世代”虽然对“基本教义派”的两岸政策并不认同，但并没有放弃“台独”理念。游盈隆就明确提出，“在台湾内外环境出现结构性变化后，民进党必须从传统的冲突导向的运动策略改采和解导向的运动策略”，[①] 他建议“独派”人士“扬弃三大错误”，“一是走出虚无主义的阴影，二是扬弃形式主义，三是避免盲动主义”，认为“民进党作为一个负责任的政党，应该重新丰富台独党纲的内涵，清楚的告诉台湾人民及全世界什么是台独？为什么要主张台独？什么时候台独？如何台独”。[②] 可见，“学运世代”思考的是如何将“台湾”与“中华民国”相连接，从而“负责

① 《游盈隆：民进党应改采“和解导向”运动策略》，台湾《联合报》1996年4月9日，第4版。
② 《台湾维持现状就是死路一条》，台湾《民众日报》1998年7月13日，第2版。

任”地亦即“和平”地达成“台湾的实质独立”，在操作手法上，其改变的不过是达成“独立”目标的战术，在论述上，不过是对“台独”分裂行径进行了柔性包装而已。

（三）政策上的开放性

“学运世代”两岸政策中所体现出的开放性，主要是因为其成长背景与民进党内以往的世代大不一样。“学运世代”就学期间虽然感受到校园内对学生思想的钳制，但与国民党的专制统治没有太多的历史纠结，更没有如“二二八”事件那样的亲身经历而因此与国民党当局结下血仇；反专制的社会政治大环境，也给了他们抒发内心向往自由民主的渠道，更让他们没有付出太大的代价就成为社会关注、支持的一群。没有前几个世代浓厚的悲情意识，个人发展道路的较为顺畅，都使“学运世代”可以在更健康的心态、更大的格局上，审视两岸关系的现状与未来发展趋势，并将其放在国际大环境中加以审视、调整，从而在其两岸政策中体现出开放的特点。

正如颜万进认为，“学运世代没有亚细亚孤儿的弃儿情结，相对而言比较健康，可能为台湾国家发展保留开放式心胸，愿意并且可以接受开放演变下的结局，两岸关系太复杂，因此保持开放式心态是这一代人必须做到的。这也是国家生存的经营管理策略问题。国家要生存下去，如何排除不必要的风险，降低风险，让国家生存保有最大优势，只要确保国家生存，其实不是非怎样不可”。①

（四）政策上的务实性

这样的成长背景、心态与认知，加上他们对两岸关系的了解与研究较以往民进党内任何一个世代都更为深入，进而促使他们的两岸政策具有相当的务实性。他们从政治、经济、社会等各个方面剖析大陆的政风民情，并预测台湾在两岸政经交往中的利弊得失，努力将政策的制定奠基于“知己知彼”之上，而“知己知彼”的结果是“学运世代”的两岸政策主张，更具有心理上的笃定性、政策的开放性，也更贴近两岸交流事务的本身，而非盲目的受困于心理上的恐惧与无稽的揣测，而在两岸交往上的作为，则表现出主动多于被动，沟通了解多过故步自封。周奕成就将“台独运动新世代纲领”运动归结为“学运世代”的务实性。他说，“那次运动我认

---

① 何荣幸：《学运世代——众声喧哗的十年》，台北：时报文化出版企业股份有限公司 2001 年版，第 143 页。

为我们很成功，我们提出的观念，跟后来民进党转型、新政府执政后的国家定位很接近，证明我们有掌握到那个趋势，但不是我们看的特别清楚，是大家都知道，但只有我们把真相讲出来，我们只是没有包袱，可以务实认识真相而已”。①

（五）没有形成对两岸政策的共识

尽管许多“学运世代”相信，两岸关系未来的发展，将是“学运世代”可以发挥与承担责任的新舞台，“学运世代”也因此而在两岸关系上的研究着力甚多，但作为一个整体，“学运世代”并没有一致的共识，特别是在统“独”观上，有的认为可以务实解决，有的则予以否认。如田欣曾大胆提出“最好的方法还是与中国寻求和平共存、彼此都可以接受的模式，如果这代表着台湾必须放弃、牺牲某些东西来换取这个和平模式，我认为我们应该接受，不论这种模式是国协、联邦或是其它模式。最好的情况当然是中国能改变它的态度……若它对台湾够友善，台湾牺牲一点换取和平是可行的”。李文忠同意田欣的观点，认为“台湾让中国大陆取得一定的、特殊的政治影响力，可能是保住台湾现状最好的方式。但是中国一定要给我们东西，我认为这是台独现阶段的任务，让中国取得的东西越少越好”。②游盈隆认为，“台湾必须在两岸问题上保持高度的灵活与弹性，在不伤害 2300 万人基本权益的基础上，创造一个可独可统的回旋空间，以争取全民最大利益”。③而林浊水的核心幕僚陈尚志却认为，“统独问题无解”，强调“统独是不同价值观冲突，无法解决，要靠时间，没有务实解决这回事，只有统一或被统一”，并质疑“许多年轻人强调务实解决时，其实是在为统一作心理准备”。④

也正是因为有着难以跨越的分歧，“学运世代”在两岸政策上的不同是显而易见的。此外，某些在党务、行政系统内担任要职的“学运世代”政治人物为了为陈水扁当局的政策护盘，在两岸政策上也出现大幅转向。如林佳龙 2007 年在民进党秘书长任上，对民进党中央通过“国家前途决议文”指称，1999 年民进党通过的“台湾前途决议文”是“策略上的撤退”，“间接承认了中华民国体制”；但“中华民国现在的遗毒越来越强”，因为“中华人民共和国现在用‘中华民国’和台湾连

---

① 何荣幸：《学运世代——众声喧哗的十年》，台北：时报文化出版企业股份有限公司 2001 年版，第 178 页。

② 何荣幸：《学运世代——众声喧哗的十年》，台北：时报文化出版企业股份有限公司 2001 年版，第 147 页。

③ 《罗文嘉、游盈隆辞官参选立委》，台湾《中国时报》2001 年 1 月 8 日，第 4 版。

④ 何荣幸：《学运世代——众声喧哗的十年》，台北：时报文化出版企业股份有限公司 2001 年版，第 147 页。

结，利用‘中华民国’宣传台湾是中国的一部分，也就是所谓的一中原则，造成台湾的重大危机”，因此，林佳龙强调，“台湾经过民主化后，民主牌获得认同，现在正是时机，要向中华民国体制说 byebye，展开一个全新的体制”。[①]

未来“学运世代”的两岸政策歧义否会因固有的理念不同，甚或基于政治现实的考虑而进一步扩大，有多少人会像周奕成一样为了捍卫自己的理想、理念而选择与民进党分道扬镳，它将对民进党下一个世代产生怎样的影响，都是一个值得长期关注的议题。

二、对民进党大陆政策的影响

岛内外政治大环境的变化，给了民进党内“学运世代”思考大陆政策的背景和空间，这些年轻精英及其思考在当时虽然并未成为民进党转型的引领者或主流意见，但却相当引人注目。在民进党大陆政策的调整与转型过程中，“学运世代”无疑扮演了重要的推手角色。而当民进党执政后，日益背离核心价值，走向堕落，甚至完全被“台独基本教义派”绑架后，少数“学运世代”则以另组政党的方式，不惜与民进党决裂，捍卫民进党务实转型路线（“台湾前途决议文”）精神。

（一）“学运世代”在民进党政策转型中成为不可忽视的推力

“学运世代”在民进党大陆政策务实转型中的推动作用，集中体现在 1996 年 5 月推出“台独运动的新世代纲领”、1998 年 2 月的党内中国政策研讨会、2000 年“党纲定义扩大化”讨论、2002 年“党纲柔性化”提案、2004 年的“新文化论述”、2005 年“新民进党运动”，乃至 2006 年反陈水扁“第二共和”“二次宪改”、2007 年年初推动“第三共和修宪案”等几次大的动作上。

1996 年 5 月，民进党“正副总统”搭档彭明敏、谢长廷在首次“总统”直选中受到重挫，民进党内出现强烈的检讨声浪，“基本教义派”出走，自组“建国党”，民进党传统“台独”论述面临空前挑战，“学运世代”则趁势发动了一场串联运动。由时任文宣部主任周奕成、选举对策委员会副执行长陈俊麟等人发起了“新世代台独纲领”运动，这次串联运动虽然在短时间内烟消云散，但在某种程度上却反映了“学运世代”努力挣脱传统包袱、寻求新出路的可贵探索，其内含的求新求变以及

① 《转向急独？民进党：跟“中华民国”体制说再见》，中国评论新闻网 2007 年 8 月 5 日 http://mag.chinareviewnews.com/doc/1004/2/3/4/100423428.html?coluid=7&kindid=0&docid=100423428。

“大和解”精神，也彰显了一定的时代意义，从而成为民进党务实转型的重要动力之一。舆论一致认为，3 年后民进党“全代会”通过的替代“台独党纲”的“台湾前途决议文”的核心价值，几乎不脱“台独运动的新世代纲领”的基本精神。

此后，1998 年初的党内“中国政策研讨会”，幕后运作的关键人物正是美、新两系的学运精英郭正亮、颜万进。这次研讨会的成功，不仅使全党在大陆政策上有了一定的共识，更促进了一向保守的新潮流系向务实方向的迈进，进一步减轻了“台独”教条对民进党大陆政策转型的束缚；而“学运世代”多次发动的检讨“台独党纲”的动作，也催生 2001 年 10 月“《台湾前途决议文》位阶优于‘台独党纲’”的“全代会”决议；由于“台湾前途决议文”是民进党在野时所提出的“准执政论述”，“学运世代”认为，面对民进党执政后，特别是选举操作带来的朝野恶性政争、族群矛盾尖锐、社会对立分化、支持基础松动的新困境，民进党要转型为真正的执政党，其论述应比在野时更丰富、广大，真正展现出执政的思维，因此，2004 年的“新文化运动”，2005 年“新民进党运动”，从某种程度上来说，正是民进党执政危机下试图建构民进党的“执政论述”，开启多元认同的大门，稳定民进党的执政根基，以“让社会认知民进党就是中华民国的执政党”的新探讨。也正因如此，2006 年曾任民进党青年部主任的周奕成等明确反对陈水扁在“第二共和”名义下，“冻结现有宪法”以制定一部“新的台湾宪法”的动作，批驳陈水扁此举将造成两岸紧张，“有失国家元首的责任感和信用”，并大动作推动“第三共和修宪案”，从而彰显出“学运世代”的理想性与自我惕励。

面对新的国际及两岸、岛内情势，民进党内的“学运世代”对如何落实“台独”有新的思考与认识，故而对党内那些“伤害台独”的激进政策，一次次表达出明确的反对意见，从而促进民进党的大陆政策更加趋近岛内主流民意，实现务实转型。

（二）理论的粗糙与派系的制约，导致“学运世代”未能掌握党内政策主导权，因而其政策未能成为党内主流意见

“台独运动的新世代纲领”因为推动了“台湾前途决议文”的出笼，被认为是“学运世代”毕业后最具有“挑战主流价值与既有游戏规则”意义的串连运动。其后的“学运世代”在政策上的发言，虽有与这次运动一样的昙花一现，却没有如这次运动一样催化出如“决议文”般鲜亮的果实，使“台独运动的新世代纲领”成为“学运世代”唯一具有实质意义的发声。之所以如此，根源无他，“学运世代”因没

有提出一套完整的理论作支撑，也没有彻底解决"承认中华民国"与"追求台湾独立"的矛盾纠结，所以难以赢得广泛的认同与支持，更因尚未掌握党的资源、未能形成世代共识而不可避免地要受制于党内权力斗争与派系的制约，难以凝聚成一股力量，引领民进党的政策走向。

首先，理论粗糙。究其原因，一是：民进党对两岸关系的论述困境就在"法理台独"目标与现实政治的矛盾无解，民进党的宪法专家曾明白指出，只有"法理台独"才符合国际法的逻辑。这意味着任何对"法理台独"的粉饰包装或逃避都是无济于事、逻辑不通的。何况，民进党的转型本质上也说明从国际环境、两岸关系的政治现实情势来看，"法理台独"都是条死路。因此，"学运世代"要找出民进党真正的大陆政策核心论述，必须彻底抛开"台独党纲"，而不是与一条死路纠缠不清。在这一点上，他们尚没有能力根本超越民进党的传统理念乃至历史文化局限，不能彻底摆脱"台独党纲"的羁绊，因此也就没能找到取代"台独党纲"的全新愿景，因而在政治认同上不能达成共识并提出彻底消除民众疑虑的原则立场，也难以构建出相对完整的理论论述，更别说提出进一步落实的配套政策了。

此外，追求内容繁杂，面面俱到，也是"学运世代"无法提出完整论述，赢得广泛支持的原因之一。林浊水就批评"新文化论述"试图将"族群、统独及政治对立'三合一'"，"只会模糊焦点"。①

理论粗糙的原因之二："学运世代"虽然以其对民进党执政转型的清楚认知而不断提出相关的思考，但是，提出这样的思考大多是基于政治现实的催迫。考察"学运世代"在民进党政策转型中的作为，不难发现，其发动的时机与岛内重大选举有相当大的契合。"台独运动的新世代纲领"与1996年"总统"选举民进党惨败密切相关；1998年中国政策研讨会的召开，既因1997年县市长选举民进党大胜，也是为了因应1998年底的"三合一"选举的需要；2004年选后"新文化论述"的提出，既是呼应稳定岛内政局的"上意"，也恰在年底"立法委员"选举到来之际；而2000年以来修改"台独党纲"的种种动议，不是出于为陈水扁的政策矛盾解套，便是基于短期的朝野政党合作利益；2005年"新民进党运动"的提出则时值罗文嘉竞选台北县长白热化期间。可见"学运世代"的举动更多地被质疑为治标不治本式的"短线操作"，或"企图切割与党的关系"，并非没有缘由。尽管"学运世代"的思考可能不尽然限于选举时刻，但选民的压力大概是促其在选举的敏感时期有所

① 《林浊水：台湾问题在政治撕裂》，台湾《联合报》2004年5月16日，A4版。

举动的直接原因。由于将尚不成熟的思考仓促提出，必然暴露其理论的不完善。最终多是半途而废，沦为选举、政治操作的工具，成了空泛的“善意期待”。

其次，“台独基本教义派”的强烈反制。“基本教义派”在海外拼命多年回到台湾后，就是希望台湾要“独立建国”，他们有人脉、有财力、有行动力，也有“使命感”和岁月不饶人的急迫感，加之他们对大陆的敌视、对两岸开放的非理性恐惧，故对“台独”有着超强的意志力，难以沟通，不易说服，因此，成为民进党扩大票源、登上执政舞台的最大包袱。可以说，民进党的转型史就是“基本教义”与“务实”两派的激烈较量史。民进党内的“台独基本教义派”虽然随着“建国党”的建立而与民进党分道扬镳，但仍有不少“基本教义”者出于各种考虑而选择留在民进党内。无论在党内还是党外，他们对民进党的转型都扮演了“压力团体”的角色，更对“学运世代”的“前卫”发声或极尽讥讽或无情抨击。如“学运世代”种种淡化“台独”的主张，被“基本教义派”指责为“贬低台独、模糊台独、俗化台独，甚至丑化台独”，“打着中华民国的旗号搞台独”，“根本走不通”，“等于自杀”，不但无法解决“国家认同危机”，反而混淆台湾民众的“国家观念与国民意识”，使“国家走向毁灭之路”等等。“学运世代”在“文化论述”等重大议题上的阐述，更被民进党传统支持者痛骂“背叛”，“不知啥碗糕”。民进党在2000年上台后，由于改革、清廉形象尽失，政绩不佳，为求巩固基本盘，更是逐渐被“基本教义派”绑架，使民进党务实转型路线中断。2006年游锡堃接任党主席后，时任民进党秘书长的林佳龙、“立法委员”郭正亮等打算在3月底举办党内第二次“中国政策大辩论”，让民进党的两岸政策回归“中间”、“温和”，帮陈水扁解套，以赢得2008年“立法委员”及“总统”选举，结果“行政院”一个“积极管理”政策出台，就把辩论彻底取消了。而在两岸政策上走向“务实”的新潮流系则对此次辩论相当低调，主要原因就是怕再次面对1998年首次辩论时许信良被“基本教义派”围剿的局面。2008年“立法委员”选举民进党的惨败，才使“基本教义派”在严重的危机感下，对“总统”选举中谢长廷的两岸政策保持沉默。

再次，“务实派”内部的权力斗争与派系的制约。除了“台独基本教义派”的强烈反制之外，“学运世代”的思考还受到“务实派”内部权力斗争与策略分歧的冲击。“台独运动的新世代纲领”运动之所以后继乏力，就是因为当时民进党主席许信良透过幕僚陈文茜游说，企图收编运动成果，而“学运世代”们不愿接受党中央这样的摆布而宣布退出，使这次运动顿失动力。这是“学运世代”的主张受制于“务实派”内部权力斗争的典例。就派系利益的束缚来说，民进党内的“学运世代”，除了郭正亮、林佳龙、马永成、罗文嘉等几个人不在新潮流系之外，几乎都在新系，这就使得“学运世代”们的思考一方面很难突破派系的利益，一旦有损派系利益，或涉及派系龙头的权力卡位，派系大老首先会出面进行压制、反驳。2005年面对“民（民进党）亲（亲民党）合作”议题，李文忠建议删除或修改“台独党纲”，引起党内哗然，新潮流系办公室马上发表声明，对李文忠的言论“深表遗憾”，并要求所有成员对任何重大议题的发言必须事前经过团体讨论。① 另一方面，“学运世代”们的思考不可避免地会受到其他派系的臧否，它涉及各派系之间的利益权衡与政策策略分歧。1998年由郭正亮、颜万进以中国政策研讨会四共识而整理出来的“民进党大陆政策共识草案”，就是由于各派系观点仍有分歧而仅仅成为民进党中央的“参考文件”。而2005年10月罗文嘉、段宜康倡议的“新民进党运动”则被派系矛盾扭曲为“向老一辈逼宫”的“世代斗争”。②

综上所述，日益政治成熟的“学运世代”在民进党的两岸政策仍“定于一尊”、“不做傀儡仍是梦想”等党内外政治生态环境中，自然顾忌日多，也就失去了“学运世代”集结成一股力量而彰显这一世代主体性、先锋性的能量。因此，“台独运动的新世代纲领”运动就成为迄今为止的最后一次“学运世代”跨派系的串联和集体发声，也引发外界对“学运世代”理想性的质疑。尽管如此，“学运世代”由于没有历史包袱，可以更为务实地揭出事实真相，而抓住了民进党转型的大趋向，促进了民进党的自省与转型，同时让党内高层看到了他们的能力与潜力，为这一世代自1996年后逐渐进入民进党中央党部、地方党部核心阶层提供了契机。

（三）周奕成等另组政党，虽被开除党籍，但仍扮演了民进党务实转型路线的激进捍卫者角色

民进党在2000执政后，施政绩效始终不彰，贪腐堕落，党的核心价值沦丧，特别是为求选票，中断了“台独”务实转型之路，日益背离“台湾前途决议文”的精神，“学运世代”或多或少都批评的声音与看法出来，特别是周奕成继2006年成立“世代论坛”后，2007年进而另组“第三社会党”，招致被开除党籍，意味着民进党“基本教义派”与务实派的矛盾空前激化，“学运世代”中最具理想性、行动力的政治人物对务实转型路线采取了激进的捍卫行动。

2005年，罗文嘉曾提出“新民进党运动”，希望找回民进党过去主张的公平、

---

① 《删台独党纲？谢：勿自乱阵脚》，台湾《联合报》2005年1月8日，A4版。

② 《新民进党运动罗文嘉挨轰》，台湾《自由时报》2005年10月3日，A4版。

正义的核心价值，通过反省，重塑民进党的形象，结果遭到党内大力围剿。2006年陈水扁“国务机要费弊案”缠身，红衫军要求陈水扁下台，在民进党二十周年党庆前夕，周奕成等一批“学运世代”成员出来呛扁，周撰文直言批判陈水扁，甚至暗讽陈的作为“并不爱国”；他在给民进党青年的公开信中，抨击党领导层的问题，进而举办“世代论坛”，并规划未来十年的政治纲领，企图为党找寻出路和转变的契机。这些都反映出作为党内具有一定影响的“学运世代”领袖人物的反省力。但这两波党内揭竿而起的改革声浪，很快在民进党内被强压下来，最后铩羽而归。

为了赢得2008年“立法委员”与“总统”选举，民进党两岸政策甘被“台独基本教义派”绑架，“学运世代”与陈水扁等民进党高层的激进“台独”路线产生严重分歧。周奕成认为，“台独”理想正“沦为家族与权力集团利益攫取的工具”，对真正的“台独”理想造成巨大的伤害。对台湾政党恶性竞争造成社会两极对立，周亦十分担忧，认为社会两极对立让台湾长期处于“民主内战”态势，“只会让国家走向内耗及毁灭”。而民进党内以“学运世代”为主的改革派在“立法委员”初选中相继挫败，让周奕成对民进党丧失理想和进步万分失望。因此，2007年5月，周奕成转而自行筹组“第三社会党”，不再接受陈水扁的政治领导。“第三社会党”成员大都是民进党“十一寇”的幕僚助理，让外界格外注目。

但摆在眼前的政治现实是，蓝绿历经数次大选激荡，选票市场已形成稳固的两块对立态势。而2008年“立法委员”选举第三势力小党一席未获，似乎再次印证这一点。同时，党内“学运世代”主要代表人物如郭正亮、郑运鹏等都对“第三社会党”有祝福但不期待。“第三社会党”要如何撼动人心，打破“改革无效论”，重新造成政治板块重组，对周奕成等人来说无疑是个艰巨的挑战。

由于“第三社会党”投入2008年“立法委员”选举，周被民进党以违反党纪为由开除党籍。它再次说明“学运世代”与民进党“基本教义派”的严重分歧，也彰显着“学运世代”的理想自救，更凸显由于“学运世代”在民进党组织系统内没有自己的深厚支持力量，实力不够的同时更遭选举利益残酷绞杀的政治现实。

结　语

（一）“学运世代”必将重新思考自己的定位与出路

陈水扁执政8年来，一味追求选举利益，导致全党日益被“台独基本教义”派绑架，“台独”的务实转型之路逆转，其“深绿”路线在2008年的“立法委员”选举中遭到空前失败，而参选的"学运世代""五寇"在选举中标举的"中间路线"也不敌选民对民进党的厌恶，其政治发展前途备受"深绿"路线连累。"总统"选举，民进党以绝对劣势失去执政权，扁吕谢游苏的时代随之过去，民进党在重回执政舞台的压力下，进行再转型势在必行。

在这样的背景下，特别是在自身的生存危机压力下，"学运世代"必将重新思考自己的定位与出路。但是2008年"总统"选后，"学运世代"因没有行政资源、没有政治班底、没有共识，世代实力并不足以任其放手一搏，故并未表现出民进党兴亡"舍我其谁"的气魄，没有抓住机遇一举将党机器掌握在手的能力。"学运世代"短期内将如何应对民进党内的权斗与路线走向，而未来何时才能主导并架构出能得到广泛认同的完整的"执政论述"，担负起民进党重新崛起的重任，都值得观察。

（二）"学运世代"肩负着民进党未来发展的重责大任

承接"学运世代"的民进党"新世代"（20世纪70年代出生的一代）中，一些人已经扮演着"学运世代"精英人物的核心幕僚，不同程度地参与了"学运世代"推动的民进党转型过程，有些因表现出众还担负了党政要职。遗憾的是，"新世代"中这样出色的人物凤毛麟角，而且其两岸政策主张也未能超越"学运世代"的思考。这导致"新世代"作为一个整体，其两岸政策主张以及整体政治实力仍处于混沌状态，缺乏亮点。因此，短期而言，"学运世代"在党内尚没有强有力的竞争对手，这一方面给了"学运世代"从容的思考、调整和进一步累积政治实力的时间，但另一方面则更加凸显"学运世代"所必须肩负的民进党未来发展的重责压力。

（三）"本土两党政治"的"中间路线"走向值得观察

当国民党搁置"终极统一"目标，只谈维持"一中各表"的现状，而民进党的转型也将"台独"终极目标供为图腾之后，蓝绿两大阵营的务实派们在两岸政策的主张上其实已经没有什么原则性分歧了，也就没有了蓝绿两大政党的根本冲突，加之近来李登辉"台联党"的转向，"台独基本教义"势力已经可以被控制住，这就为未来岛内朝野凝聚两岸政策共识提供了基础，也就是马英九日前所说的"国民两党的差距远比不上国共两党的差距"的寓意所在。基于此，"学运世代"在岛内外新情势下的新思考，与国民党大陆政策上的契合点日益增加，两党不约而同向“中间路线”趋近，是否会带来两党大陆政策上的合流，真正实现所谓“本土的两党政治”，也是在考察“学运世代”有关两岸关系思考的同时，值得注意的问题。

（原载《台湾研究集刊》2008 年第 3 期）

“台联党”发展概况述评

曾润梅

2001年8月12日，以李登辉为“精神领袖”，以延续“两国论”分裂路线为宗旨的“台湾团结联盟”（简称“台联党”）正式成立，并在2001年底“立委”选举中获得13个席次，成为“立法院”第四大政党。“台联党”成立后，为抢攻岛内“急独”票源、企图影响台湾政局走向、阻挠两岸关系的发展，一再抛出各种“激进台独”主张，逐渐成为岛内“激进台独”势力的总代表。在岛内绝大多数民众反对“台独”、要求维持现状的情况下，推行极端“台独”路线的“台联党”最终难逃走向泡沫化的命运。本文试图从“台联党”成立的背景与目的、发展概况、未来走势等方面作一粗浅分析。

一、成立的背景与目的

2000年3月“总统”选后，李登辉被愤怒的国民党基层支持者轰下台，国民党逐渐抛弃李登辉分裂路线回归“一个中国”政策，“系出同源”的国民党、亲民党、新党三党开始走向整合，陈水扁政权在“朝小野大”的“国会”生态下陷入执政困境。为防堵泛蓝军成功整合、帮助陈水扁稳定阵脚，并确保“两国论”分裂路线得以有效延续，具有“完成台湾独立建国畸型使命感”的李登辉决定筹组“台联党”作为幕后发挥影响力的平台。

（一）李登辉分裂路线面临挑战

李登辉自称一生最大的希望是“建立属于台湾人自己的政权”，[①] 为了终结其眼

① 台《自由时报》2000年4月8日。

中的“国民党外来政权”，将台湾从中国领土分裂出去，李登辉在主政12年期间，不仅将外省籍精英排挤出国民党权力核心，将国民党裂解为国、亲、新三个政党，而且结合岛内分裂势力，抛出各种分裂理论，在政治、经济、文化、“外交”等各个领域推行“两个中国”的分裂路线。在2000年3月的“总统”选举中，由于李登辉发现民进党候选人陈水扁比其钦定的接班人连战更能继承其分裂路线，于是在选举最后关头操作“弃连保扁”，使陈水扁最终以微弱多数胜出。然而，李登辉分裂路线却在陈水扁上台之初面临极大挑战。

一是国民党逐渐抛弃李登辉分裂路线。一夕之间丧失50年执政权的国民党，经过一番痛定思痛，决定“从零开始、浴火重生”。在两岸政策方面，以连战为首的国民党中央毅然与李登辉分裂路线划清界限，回归传统的“一个中国”政策，主张依循“国统纲领”，在“九二共识”的基础上恢复两岸谈判；国民党并呼吁陈水扁当局大力发展两岸经贸，积极调整“戒急用忍”、推动两岸直接“三通”。与此同时，经过一段时间的整编，连战在党内的地位日渐稳固，所谓“李登辉人马”在党内的势力逐渐弱化，不是向连战输诚就是被排挤出权力核心之外或离开党中央。

二是泛蓝军三党开始走向整合。政党轮替后，基于反“台独”的共同理念、对付民进党的共同需要，国、亲、新三党开始在“立法院”寻求合作，并因2000年10月的“核四风暴”走向大联合。泛蓝军三党不仅在“立法院”组成在野联盟，对陈水扁当局展开强力的制衡与监督，并主张回归“一个中国、各自表述”的“九二共识”、松绑“戒急用忍”、实现两岸“三通”，① 甚至酝酿在2001年底的“立委”及县市长选举中进行合作，被李登辉一分为三的国民党有重新整合的迹象。

三是陈水扁当局陷入执政困境。以39.3%微弱多数当选的陈水扁，漠视“少数总统”、“国会朝小野大”的政治现实，罔顾“双首长制”的“宪政体制”，执意组成“少数政府”，引起“立法院”在野多数党的强烈反弹，以致朝野政争不断。不仅行政部门陷入“令不出行政院”的困境，陈水扁甚至因“核四”事件引发在野党发动“罢免案”。此外，民进党在毫无准备的情况下仓促上台，因人才缺乏而由各方势力组成的“拼装内阁”，不仅常因理念不合、默契不足而“各吹各调”，更因执政经验缺乏而导致各种政策尤其是经济政策摇摆不定，让业者无所适从，以致股汇市大幅度下跌、经济景气不断下降，引发民怨。

以上现象不仅对陈水扁实现连续执政目标形成严峻挑战，更对陈水扁顺利推行

① 台《中国时报》2000年11月12日。

李登辉分裂路线造成极大障碍，令李登辉产生“外来政权即将复辟”、分裂路线将难以为继的危机感。

（二）“台联党”的酝酿与形成

李登辉声称，“他是一位八十多岁的老人，但眼见12年好不容易建立起来的自由、民主就要‘崩’了，使他这个‘老伙仔’无法安心退休去抱孙”。[①]为保证其分裂路线顺利推行，防堵台湾政治发展方向偏离其所指定的轨道，李登辉决定“重出江湖”，为其再度介入政坛提供媒介的“台联党”也应运而生。“台联党”的酝酿与形成主要经历了三个阶段：

第一阶段：密谋鼓动国民党本土派人士另立党中央。自国、亲、新三党于2000年11月12日举行高峰会宣示合作后，为阻止三党在2004年“总统”选举前整合成功，“亲李人马”与“总统府”、民进党高层热线不断，并密谋鼓动国民党本土派“立委”另立党中央，与民进党合组“立法院多数执政联盟”。“李系大将”刘泰英更放话称，政局不稳的关键原因在于“朝小野大”，国民党应有本土派“立委”出来，与民进党或其他理念相同的政党合组一新的政党，而李登辉可作为此一政党的“精神领袖”。[②]这一讯息抛出后，有关国民党内本土派“立委”将出走或另立党中央的传闻不断。但是，在国民党中央的严密防堵下，加之亲李人马在国民党内逐渐边缘化，李登辉鼓动本土派“立委”另立党中央的阴谋失败。

第二阶段：另起炉灶筹组新政团。2001年后，李登辉开始酝酿筹组一个新政团，拉拢、吸纳一些本土派人马投入年底“立委”选举，并以夺取35个席次为目标，以便在选后与民进党形成“85+35”的“国会”稳定多数，从而帮陈水扁摆脱“朝小野大”的执政困境。4月上旬，李登辉就告知陈水扁，他有筹组新政团的想法，以协助“新政府”在“立法院”取得稳定多数的席次。[③]5月初，李登辉抛出《李登辉执政告白实录》一书，形同宣告他将为维护其分裂路线而在台湾政坛继续战斗的“宣言书”。6月后，李登辉分期、分批接见本土人士，积极密谋政团筹组事宜。8日，李在会见跨党派本土“立委”时称，希望他们筹组一个政团帮助陈水扁在选后稳定政局。16日，李登辉与陈水扁一同出席“台独”社团“北社”的成立大会时说，“有一个人（暗指连战）偏离了他的本土化路线，他呼吁大家团结组

① 台《中国时报》2001年8月21日。
② 台《自由时报》2000年12月19日。
③ 台《新新闻》2001年第747期，第24页。

织起来，建立新台湾”。19日，李公开号召跨党派本土人士投入年底“立委”选举，支持陈水扁稳定政局，并提出了“稳定政局、振兴经济、巩固民主、壮大台湾”四大年底竞选主轴，号召所有认同他路线的人，投入年底选举，支持新当局。之后，以“李系大将”、前“内政部长”黄主文为首的一小撮李登辉死忠追随者私下积极串联、四处挖角，新政团初具规模。

第三阶段：“台联党”正式成立。8月12日，经过一段时间的酝酿，“台联党”举行成立大会，大会宣布了由黄主文出任首任党主席等人事案，并公开推荐了共39位“立委”参选人。其中原国民党籍有19人，民进党籍9人，亲民党2人，新党1人，“建国党”1人，“新国家连线”3人，无党籍4人。这些来自各党各派的参选人主要由一些政治实力薄弱的过气政治人物或政治边缘人物组成，不是前“国代”、前“立委”，就是地方派系的二、三军，或是国、民、亲等党的初选落败者。此外，出席“台联党”成立大会的政治指标性人物，除“立法院长”王金平之外，全是彭明敏、彭荣次、张灿鍙、陈隆志、许荣淑等“独派大老”或“北、中、南社”等“台独”组织的头面人物，而李登辉在会上不断高呼“台湾万岁”等的口号，使“台联党”的成立大会宛如“台独”大老们的会师大会，散发出浓烈的“独”味。

在李登辉南北奔走拼着老命的助选下，“台联党”在年底“立委”选举中获得7.7%的选票，一举跨过5%的政党门槛，取得“立法院”13个席次，在台湾政坛占有一席之地，成为李登辉介入政坛、发挥幕后影响力，从而左右台湾“后李时代”的政治走向和政策路线的主要政治工具和杠杆。

二、“台联党”的发展概况

在2001年底选前仓促成军的“台联党”，由于缺乏根基，整体实力比较薄弱，但在“精神领袖”李登辉的率领下，却在台湾政坛造成了与其实力不相称的政治影响。

（一）基本实力薄弱，主要依靠外围组织进行社会动员

“台联党”成立之初，碍于经费紧张，既未设立地方党部，也未大量招募党员，主要以“李登辉之友会”及围绕在李登辉身边的一些“台独”组织作为基层动员力量。

一是选票实力薄弱。岛内各种民意调查机构所作的调查显示，“台联党”自成立后，政党认同度一直维持在2%—3%之间，有关政党形象的各项指标认同也一直徘徊在2%—3%之间。[①]民意调查同时也显示，“急独”选民是“台联党”的主要选票市场，“缓独”选民是次要选票市场，且大多为50岁以上的闽南籍选民；40岁以下的年轻族群以及主张急统、缓统及维持现状的选民多不支持“台联党”。[②]此外，“台联党”虽然在2001年年底“立委”选举中获得7.76%的选票，但在接下来的基层选举中却成绩欠佳，如在2002年年初的县市议员及乡镇市长选举中只取得7个县议员席次；在2002年年底的台北、高雄市长及市议员选举中，只在大本营高雄市获得两个席次，提早出现泡沫化征兆。

二是人才极其缺乏。“台联党”的主要骨干成员除“精神领袖”李登辉外，党中央方面包括党主席黄主文、秘书长兼“立院”党团主任林志嘉（原国民党籍）、副秘书长黄金郎、文宣部副主任黄瑞华、行政部兼妇女部主任陈敏英、“国际事务部主任”张祯祥、政策研究部主任李先仁（原国民党籍）、组织部主任陈鸿基（原国民党籍）。13名“立法委员”包括黄宗源、陈建铭、廖本烟、许登宫、何敏豪、钱林慧君、苏盈贵、罗志明、林志隆、吴东升、程振隆、黄政哲、王政中等人。7名县市议员包括萧贯誉、杨宝猜、李妍慧、高基赞、王宪堂、李建升、黄万全等人。2名高雄市议员包括叶津玲、赵天麟。此外还有前秘书长、现“国家安全会议咨询委员”苏进强，以及新任“考试委员”吴茂雄、张正修，台湾省咨议会咨议员王戴春满、林哲艺、陈启吉，“总统府顾问”杨思勤等曾代表“台联党”参选“立委”或县市议员失利者。

三是外围组织庞杂。基层组织薄弱的“台联党”主要依靠李登辉的民间支持力量以及学术界、政商界的人脉进行选举与社会动员。其一，“李登辉之友会”是“台联党”进行选举动员的主要基层力量。在2001年年底选举期间，为弥补基层组织的欠缺，“台联党”“立委”候选人为争取具“李登辉情结”选民的支持，纷纷成立“李登辉之友会”。为防堵民进党等非李登辉嫡系人马抢食“李登辉之友会”大饼，并使“李登辉之友会”转化为“台联党”在地方选举时的基层动员力量，“台联党”在选后积极辅导各地成立“李登辉之友会”。目前全台各地已成立了26个“李登辉之友会”，除“李友会全台总会”和台北市、屏东县的“李登辉之友会”不是由“台联党”主导成立，其他都是由“台联党”负责包办的。党主席黄主文称，

① 台《联合报》2002年12月23日。
② 台《联合报》2001年9月14日。

““台联党”在选举中主要靠‘李登辉之友会’拉票，如果没有‘李登辉之友会’，台联就像骑着独轮的车子，没有依靠”。[①] 其二，“台联党”全权接收了“台湾综合研究院”、“国家政策研究院”以及李登辉在学术界的其他人脉，为“台联党”规划选举议题、选战对策以及各种法案发挥了重要的“后援部队”作用。其三，“北、中、南、东社”，“台湾教授协会”、“医界联盟”等“台独”组织成为“台联党”的重要拥护者与主要社会动员力量。此外，与李登辉关系密切或长期支持“台独”的部分企业成为提供“台联党”选举经费的重要“金主”。

“台联党”在北高市长选举中失利后，为在台湾政坛站稳脚跟、避免在2004年“立委”选举中走向泡沫化，“台联党”决定积极发展基层组织，在各主要县市成立地方党部、招募党员、挖取人才。2003年2月28日，“台联党”第一个地方党部——高雄市南区党部正式成立，据称共680位新党员。

（二）宣扬李登辉分裂路线，成为“激进台独”势力的总代表

以维护李登辉分裂路线为使命的“台联党”成立后，不遗余力地推行“激进台独”路线，获得岛内外“激进台独势力”的掌声，认为其才是真正支持“台湾独立运动”的政党，“台联党”也由此取代日渐式微的“台教会”、“建国党”等“激进台独”组织，成为“激进台独势力”的总代表。

一是在政治方面，大肆鼓吹“两国论”、“一边一国”。“台联党”不仅在党纲中明确宣称“台湾是一个主权独立国家，与中华人民共和国并存于世界；台湾现状的任何变更，都必须经由台湾2300万人民透过‘公民投票’决定；应以‘台湾’之名做国家定位，全力推动‘台湾正名’”等等，[②] 并在各个公开场合叫嚣“台湾不是中国的一部分”，“坚决反对一个中国原则、一国两制”，台湾的未来就是“一边一国”，两岸关系应该是“两国关系”。“台联党”不仅在“立法院”积极推动“公投立法”，提案除了预算、租税、薪水及人事案不得作为公民投票提案外，“国旗、国歌、领土变更”等议题，都可以透过“公投”解决。[③] 还集合岛内各个“台独”组织在2002年5月11日及11月17日两度发动“台湾正名运动”万人大游行，要求将一切冠有“中国／China”的社团、公司等全部改名为“台湾”，将“国号”改为“台湾国”或“台湾共和国”等等。另外，“台联党”还叫嚣要制定一部符合台

---

① 台《中国时报》2002年7月5日。

② 详见http//www.tsu.org.tw（“台联党”网站）“台联党”党章。

③ 台《中国时报》2002年4月30日。

湾现状的"台湾基本法","不仅可以破解'一中迷思',也可以完成'国家认同',更能宣告新而主独立的台湾国之确立"。①

二是阻挠两岸经贸关系的发展。为防堵两岸经贸、人员交流的快速发展增强台湾同胞对祖国大陆的向心力,李登辉、"台联党"极力反对松绑"戒急用忍"、反对开放两岸直接"三通"。在岛内工商界的强大压力下,陈水扁当局被迫决定有条件开放8吋晶圆登陆,但引来李登辉的强烈反弹,声称此举无异"送肉饲虎","长此以往,会使台湾产业空洞化、失业率攀升,台湾经济也将因此不保"。②"台联党"中央并发表文宣称,"西进等于慢性自杀,开放8吋晶圆、石化工业西进等政策,将导致资金、技术、人才如洪水般流向中国,不出三、五年,台湾将被掏空殆尽"。③面对岛内各界强烈要求开放两岸直接"三通"的呼声,"台联党"宣称"鼓吹加速三通,等同鼓吹加速统一",④两岸若要就"三通"进行谈判,必须在"国与国"以及大陆放弃武力的基础上进行。李登辉则称,"三通是一场攸关主权独立的战争,如果中共不接受台湾主权存在的事实,仍然坚持一个中国、国内事务,三通问题没有让步的必要"。

三是在意识形态领域加速灌输"台独认同"。成长于日据时期的李登辉对日本文化顶礼膜拜、对日本殖民统治大唱赞歌,对中华民族和中华文化充满刻骨的仇恨。在李登辉主政的12年间,为斩断台湾民众的中华民族意识,李不断在意识形态领域向台湾民众灌输"台独意识"。下台后,李登辉更是不遗余力地鼓吹台湾应加速培育台湾民众的"建国意识"。李登辉声称,当前台湾最大的危机在于"国家认同"出现混淆,"要摆脱一个中国的纠缠,台湾内部必须有认同台湾的国家意识"。⑤李登辉并在接受Open周刊专访时称,"2008年是台湾建国的最后一个机会,从现在开始就应该培养建国意识,在6年的关键时间内,加强推广台湾认同,使百分之八十到九十的人都认同台湾"。⑥与此同时,李登辉、"台联党"还鼓吹要彻底在思想、文化上与中国划清界限,鼓动"教育部"全面扬弃过去中小学史地教材的"大中国"观点,⑦并要求在中小学推广乡土语言教学,将闽南话列为"第二官方语

① 台《自由时报》2002年12月22日。
② 台《自由时报》2003年1月23日。
③ 详见http//www.tsu.org.tw新闻稿2002年8月23日。
④ 详见http//www.tsu.org.tw新闻稿2002年7月18日。
⑤ 台《新台湾》2002年第339期第98页。
⑥ 台《自由时报》2002年7月24日。
⑦ 台《中央日报》2002年9月10日。

言”等等。

四是全力防堵泛蓝军重新执政。为防止“外来政权复辟”，李登辉及“台联党”不仅在2001年底选举中大肆挑拨省籍矛盾，诬蔑泛蓝军三党是“联共卖台”，叫嚣“外省人滚回大陆去”，并在“立法院”提出“总统台生条款”，要求增订非台澎金马出生者不得参选“总统”的规定。① 面对泛蓝军加快2004年“总统”选举合作的步伐，李登辉心急如焚，一再宣称，“2000年的政党轮替好不容易赶走外来政权，2004年无论如何都不能让以连战为代表的外来政权复辟”。② 可以想象，李登辉为阻止泛蓝军重新执政，势必在2004年“总统”选举中大肆炒作统“独”议题和省籍矛盾，激化族群对立。

“台联党”极力张扬“激进台独”主张不仅激化了岛内族群分歧，也对陈水扁推行两岸经贸政策造成了极大的掣肘，阻挠了两岸关系的发展。

三、与民进党既合作又竞争

李登辉、“台联党”和陈水扁、民进党两者之间在追求“台独”、防止泛蓝军重新执政、确保陈水扁2004年争取连任等大方向上高度一致，但由于两者在实现上述目标的具体策略上有所分歧，加之两党在选票上存有一定的竞争关系，导致双方在合作过程中产生不少摩擦，但这些摩擦却难以动摇两者间的政治结盟。自陈水扁当选后，两者之间的关系演变主要经历了三个阶段。

（一）扁李两人互动频繁的蜜月期（2000年3月到2001年底）

面对“少数总统”、“国会少数党”、“少数政府”等“三重少数”的困境，陈水扁上台之初的当务之急就是如何稳固政权，因而极需李登辉在政治上的扶持。陈水扁不仅对李登辉尊重有加，尊称李登辉为“民主之父”、“台湾之父”，而且在“新政府”内大量起用亲李登辉人马。与此同时，李登辉下台后，不仅其分裂路线被国民党抛弃，亲李登辉人马也在国民党内边缘化，李登辉只有帮陈水扁稳固政权才能使其分裂路线继续推行下去。据了解，陈水扁当选后与李登辉的互动相当频繁，“5.20”就职前，两人至少会面3次，“5.20”就职后，陈至少去鸿禧山庄4次，讨论主题主要围绕两岸、经济、股市、罢免案与跨党派合作，其中又以两岸局势与罢

① 台《中国时报》2002年2月8日。
② 台《自由时报》2002年12月23日。

免案谈得最多。[①] 李登辉的背后暗助，使陈水扁平安度过连番危机与挑战。陈水扁对李登辉的倾心相助也十分感激，并在为《李登辉执政告白实录》一书作序时称“他与李登辉无论对民主改革的宏观理念或对国政经营的总体方略，本源一体，并无二致”。[②] 面对连宋两人加快合作步伐，扁李两人也加速结盟，“台联党”也在此背景下成立。

此外，在 2001 年底“立委”选举期间，由于“台联党”与民进党在票源上高度重叠，引起部分民进党人士质疑“台联党”将抢食、瓜分民进党票源，秘书长吴乃仁甚至批评打着帮助民进党“稳定政局”旗号而成立的“台联党”是“成事不足，败事有余”。[③] 然而，双方基于票源重叠产生的摩擦，也随着两党在“立委”选举中总体席次与得票率的扩张，民进党成为“立法院”第一大党的大获全胜的结果而暂告一段落。

（二）双方既合作又竞争的碰撞期（从 2001 年底到 2002 年底）

2001 年年底选后，随着李登辉被国民党撤销党籍、彻底抛弃，泛蓝军加快整合步伐，为防止泛蓝军成功整合、巩固所谓的“本土政权”，陈水扁、民进党与李登辉、“台联党”两者之间除了合作别无选择，但两者之间也因政治认知落差而产生不少摩擦。

一是两党组成“泛绿执政联盟”，但因政党竞争产生不少摩擦。为与泛蓝军相抗衡，“台联党”进入“立法院”后与民进党组成“泛绿执政联盟”，在“立法院”正、副院长选举，“财政划分法复议案”，“考试院”正、副院长同意权以及其他重大议案方面都无条件配合民进党，一定程度扭转了民进党在“立法院”居于劣势的局面，并增强了陈水扁掌控政局的能力。然而，由于民进党一直没有建立起一套和“台联党”进行合作的有效模式，加之民进党将“台联党”的无条件支持看成理所当然，引来“台联党”人士的极大不满，不断宣称“台联党”是个独立的政党，不是民进党的附庸组织。另外，为凸显政党主体性并抢夺、巩固“急独”票源，“台联党”不断在“立法院”抛出“总统台生条款”、“变更领土修宪案”、“公民投票法草案”等“激进台独”主张，不仅获得南部“急独”选民的认同，甚至有侵蚀民进党“台独”基本票源的趋势，引来部分民进党人士的反弹，质疑“台联党”究竟是

① 台《联合报》2000 年 12 月 18 日。
② 台《中时晚报》2001 年 5 月 11 日。
③ 台《中国时报》2001 年 8 月 6 日。

来帮民进党，还是来扯民进党后腿的。

但是，多数民进党派系领袖与决策人士对““台联党”现象”不以为意，认为民进党的基层实力相对扎实，“台联党”的“急独”言论不仅伤不了民进党的“筋骨”，反而可以帮民进党守住“急独”地盘，将民进党往“中间路线”推移，从而压缩国民党与亲民党的空间，最终扩大泛绿阵营的整体版图。时任党主席的谢长廷就指出，“民进党一定要与台联有所区隔，让台联扮演民进党右翼的角色，民进党往中间靠，才能压缩国民党与亲民党的空间，民进党加台联的选票才能超过50%”。[①] 民进党高层的友善态度在一定程度上缓解了两党因选票竞争而产生的矛盾。

二是扁李两人因对政治认知有落差而产生不少碰撞。在2001年年底“立委”选举中，李登辉率领的“台联党”在外界极不看好的情况下获得7.76%的选票，使李膨胀地认为其仍具有左右台湾政治局势的实力，增强了主导台湾未来政局走向的企图心，其在选后第一时间宣布成立扮演“国家智库”角色的“群策会”，就是希望加大对陈水扁施政的影响力。与此同时，随着民进党成为“立法院”第一大党，上台两年来毫无政绩可言的陈水扁，为争取连任、“拼政绩“，急欲展现自主性，在施政上有所作为。

在两岸关系方面，陈水扁原本寄望在李登辉、“台联党”帮民进党稳固“急独”票源的前提下，为展示“拼经济”的决心，决定进一步调整“戒急用忍”政策，如宣称有条件开放8吋晶圆登陆、研议规划开放两岸“三通”等等，但是，为使陈水扁按照其规划的政治路线前进，李登辉强烈表示反对，不仅组织“独派”团体发动大游行，并宣称将不断升高抗争力度，对陈水扁的施政形成了强大的掣肘。

为建立“反黑金”的改革形象，并斩断国民党的地方基层辅选“人脉”，陈水扁宣示将对基层农渔会信用部进行整顿，甚至喊出“如果为了怕失去政权，不敢改革，那是懦夫的表现”的重话。[②] 但是，基层农渔会信用部牵涉复杂的选票利益，陈水扁的改革行动不仅将松动国民党的基层实力，也将影响李登辉主政12年来在农渔会累积的“人脉”与“金脉”。为维护自己在农渔会的既有利益，并接收国民党的票源，从而为“台联党”拓展选票、增强自己的政治实力，李坚持反对整顿农渔会信用部。李痛批陈水扁是“假改革之名，行消灭农渔会信用部之实”、“只会选

---

① 台《中国时报》2002年3月17日。

② 台《中国时报》2002年9月24日。

举不会治国",[①]并间接推动12万农渔民走上街头发动大规模游行抗争，引来民进党人士的极大不满，不少人更公开呼吁应重新检讨和李登辉及"台联党"的互动关系。

但是，由于"台联党"是民进党目前在"立法院"必须争取的"关键性少数"，而"台联党"的支持群众大部分都是陈水扁的死忠支持者，两党之间的相互依存关系令两党"立委"拼命对扁李的碰撞"降温"、"消毒"，宣称李扁两人只是小小吵一架，并不会影响民进党与"台联党"的长期合作。

（三）确保陈水扁连任的紧密合作期（北高市长选举后）

2002年年底北高市长选后，国民党在台北市的大胜及高雄市的惜败，增强了泛蓝军进一步加强整合、重新夺回政权的信心，国亲两党在2003年2月14日达成2004"总统"选举以"国正亲副"模式共推一组人马参选的共识，更对陈水扁寻求连任造成了强大的压力，为确保陈水扁争取连任、确保所谓的"本土政权"于不坠，愈接近选举，扁李两人只会更紧密地结合在一起。

李登辉方面：在北高市长选举中，虽然李登辉使尽浑身解数为"台联党"的市议员助选，却无法带动票源，"台联党"不仅在台北市全军覆没，在泛绿军的大票仓高雄市也只获得2个席次，得票率甚至比"立委"选举时还少，显示李登辉的选票动员能力式微。在日后共同对付泛蓝军的挑战以及"拚选举"的过程中，李登辉已经没有与陈水扁内耗的时间与筹码，只有全力帮助陈水扁获得连任，才有可能确保其分裂路线的延续。北高市长选后，不仅李登辉本人宣称他和陈水扁的关系没有问题，"台联党"主席黄主文也称，"2004年总统大选，李登辉及台联肯定会支持陈水扁"，[②]组织部主任陈鸿基也表示，"扁李关系或许没有很甜蜜，但李登辉绝对是支持陈水扁的"。[③]

陈水扁方面：陈水扁上台3年来政绩不彰，岛内经济长期低迷、失业率居高不下更引起台湾民众的普遍不满。据岛内民意调查显示，陈水扁的施政满意度已从就职之初的82%滑落至37%，不满意度则升高至45%左右，[④]对陈水扁寻求连任造成了极大的威胁。因而，为争取连任、与泛蓝军相对抗，不论是巩固"台独"基本票源的支持，或是在"立法院"内"拚法案"、"拚政绩"，民进党都需要李登辉、"台

① 台《自由时报》2002年11月21日。
② 台《联合报》2002年12月21日。
③ 台《联合报》2002年12月23日。
④ 台《中时晚报》2003年1月25日。

联党”的支持。民进党内部人士指出，为争取2004年胜选，泛绿集团应高度团结，没有破裂的本钱。不仅陈水扁本人在北高市长选后亲自邀请李登辉到“总统府”谈经济问题，破解两人不和传闻，“总统府”幕僚更指出，“扁李两人的亲密程度，并非外人所能了解的”。

随着2004年选举脚步的逼近，扁李两人加快紧密合作的步伐，势必对陈水扁的两岸政策产生一定的影响。毋庸置疑，李登辉必将在选举中大肆挑拨统“独”矛盾、激化族群议题。陈水扁到底是随之起舞，还是大打两手策略，一方面利用李登辉巩固“台独”基本票源，另一方面在两岸关系方面释放一些“口头善意”，骗取岛内民众的支持，或是甩开李登辉的阻挠，大胆松绑“戒急用忍”、开放两岸“三通”，以真正展现“拼经济”的决心，争取中间选民的支持，还有待观察。

四、“台联党”的发展困境及趋势

依恃李登辉个人政治剩余价值而成立的“台联党”，面对李登辉政治光环的快速褪色、岛内“激进台独”市场的日渐萎缩，最终将走向泡沫化。

（一）李登辉个人政治光环逐渐退化

“台联党”的唯一支柱就是李登辉，没有李就没有“台联党”，“台联党”“立院”党团干事长程振隆就非常传神地诠释，“李登辉的一个眼神，就足以决定台联的问政走向”。[①] 但是，随着“李登辉情结”的选票动员能力日渐衰退，“台联党”的生存空间也将随着弱化。

所谓“李登辉情结”即部分具有浓厚“台湾意识”的中南部本土籍选民对于李登辉的政治主张和个人特质的认同。其产生的原因主要有三：一是李登辉作为第一位台湾本省籍的“总统”，满足了部分台湾本省籍民众反对国民党独裁专制统治、要求“出头天”的心理；二是李登辉极具煽动性的言行举止具有强烈的个人魅力，深获部分本土选民的支持与认同；三是李登辉的省籍象征色彩，既能使其自外于国民党专制独裁、黑金腐化的不良形象，又能独享国民党在发展经济、推行改革等方面所作的贡献，从而建立起炫目的政治光环。以上种种使部分台湾本省籍民众产生了强烈的“李登辉情结”，认为“唯有在李登辉的带领下，台湾才有前途”。[②] 对于

① 台《财讯》2002年第5期，第152页。

② 台《民众日报》1995年7月17日。

这种情结的感受，民进党创党元老张俊宏是这样剖析的：“我看到李登辉就完全无法抗拒，因为一看到他，就像看到自己的父亲，我忍不住就是要帮他，即使被他利用也甘愿。”①

“李登辉情结”也为李登辉带来了强大的选票动员力。1992年的民意调查显示，“不管发生什么情况，都应该无条件支持李登辉”的比率高达39.7%，②在1996年“总统”选举中，李登辉不仅获得过半的选票，甚至吸引了10%左右民进党基本选民的支持。但是自1997年后，“李登辉情结”的票房魅力逐年下降，1998年的民意调查显示具有“李登辉情结”者减少了12个百分点。③2000年“总统”选后，随着李登辉走向极端“台独”路线，“李登辉情结”的票房魅力更是急剧下降。在2001年底选举中，即使李登辉拼了老命助选，最后也只能在民进党的大票仓中南部维持住7%—8%的支持度。2002年底的北高市长选举再一次证明，李登辉的人气正在迅速下降，只能固守“台独”基本教义派的票房。

在陈水扁逐渐取代李登辉成为新的“本土政治明星”后，李登辉在2004年“立委”选举中还能为“台联党”的候选人带来多少选票有待观察。

（二）激进“台独”空间日渐萎缩

“台联党”自进入“立法院”后，不断抛出各种激进“台独”主张，自我定位为极端“台独”政党。然而，岛内的“急独”市场一直很小，台“陆委会”近十年来所作的民意调查显示，随着祖国大陆综合国力的不断发展，岛内要求发展、改善两岸关系的呼声越来越大，“急独”空间日渐萎缩，支持“急独”的选民一直维持在2%—3%左右，支持缓独的选民维持在10%左右。④“台联党”在北高市长选举中遭受重挫，是其不断张扬极端“台独”路线的必然结果。

北高市长选后，为避免在2004年“立委”选举时走向泡沫化，“台联党”中央已决定，未来将调整激进的“台独”路线，以温和诉求向中间靠拢。为争取中间选民的认同，今后在问政方向将更加专注于财政、经济、治安以及弱势团体保障等议题相关的立法，减少容易引发争议的政治性法案。此外，“台联党”中央还有意进行高层人事局部异动，起用国民党出身的温和路线代表，以新形象争取中间选民认

① 台《联合报》2000年5月16日。

② 台《联合报》1992年3月23日。

③ 台《联合报》1998年5月17日。

④ 详见http//www2.nccu.edu.tw（台湾政治大学选举研究中心网站），“台湾民众统独立场趋分布”（1994-2002）。

同、抢攻国民党的本土票。

但是，在李登辉分裂路线的大框架下，“台联党”不可能从根本上改变激进“台独”的政党属性，也就无法摆脱泡沫化的危机。

（三）因利益而结合的“台联党”先天具有分裂诱因

仓促成军的“台联党”不是主义、思想的凝聚，而是一种临时利益的结合体。李登辉筹组“台联党”是为了重新介入政坛、防堵陈水扁偏离其政治轨道搭的一个“戏台子”，投入“台联党”旗下的各路人马则想借李登辉的政治光环捞取选票、延续政治生命、获取政治利益。由各党各派人士组成的“台联党”在李登辉的带领下，看似团结，其实内部却常因行事风格不同、政治理念歧异而埋下了不少矛盾。如因与李登辉的关系亲近不一，“台联党”“立委”常对李登辉的真正意思理解不一，从而导致口径、行动不一；出身民进党的“立委”，有时反而和“母党”显得更为热络；内部因互信不足，多位“立委”对党主席黄主文独自操控党内财务心生不满；因老派“民意代表”与新派“民意代表”行事风格不同而在事件处理中产生不少摩擦，如为了“考试院副院长”同意权中的“卖票疑云”，“立院”党团总召集人许登宫与干事长程振隆之间种下心结；部分“台联党”支持者及干部对“立委”苏盈贵的特立独行的行事作风颇有微词，尤其是苏盈贵将高雄市议长选举爆发的“贿选风波”的炮火最后转向高雄市长谢长廷，引起部分“台联党”人士的不满等等。

从“台联党”的发展困境来看，在2004年“立委”选举中，“台联党”的发展趋势不外乎走向泡沫化、与民进党进行合并，或是搭陈水扁连任的顺风车继续苟延残喘等三种情况，在台湾政坛上难以掀起大的风浪。

（原载《台湾研究》2003年第1期）

台湾第三势力及其生存空间探析

王鸿志

台湾2012年“大选”过程中，国、民两大党选情胶着，双方始终难以拉开明显差距，因此当宋楚瑜及亲民党宣布参选后，一度被视为可能影响选举结果的关键少数，并再次引发对于台湾第三势力问题的关注。这是继2008年第七届“立委”选举前，一批国、民两大党之外的政治人物推动建立“跳脱蓝绿的第三势力”之后，第三势力在岛内的又一轮兴起。面对第三势力这些年来为岛内政坛增添的变数以及其自身的起伏，学界似有必要透过台面上喧嚣复杂的表象，探究台湾第三势力一词的缘起、概念体系及其主要特征、生存空间等，这些都是研究台湾第三势力首先必须回答的问题。

一、台湾第三势力的概念界定及分类

现代西方政治学界并未将第三势力作为一个政治学专门术语，只是在涉及相关议题时，才根据情况，以第三党、中间政党及相关社会运动等一个或多个概念进行论述。而中国自现代政党产生以来，国民党、共产党两大党之外的许多小党就把自身标榜为第三势力，因此中国学界对第三势力一词使用较早。1949年败退到台湾的国民党在此后30多年间推行威权统治，禁止反对势力组党，对社会采取高压控制政策，直到20世纪80年代民进党成立及开放党禁后，才为台湾第三势力的出现提供了空间。

（一）台湾第三势力的概念界定

“势力”一词在《现代汉语词典》中的解释为政治、经济、军事等方面的力量，[①]本文所指的“势力”要具备一定的实力和影响力。对台湾第三势力的概念界定可从广义与狭义两个角度去思考，笔者认为，狭义上的第三势力主要是政党型的第三势力，也就是两大主要政党之外的第三党。广义上的第三势力则指不依附于两大党而独立存在，具备组织结构及领导人物，以参与并影响政治为目标，并能产生一定影响力的组织或有组织背景的个人。

通过近年来岛内政治生态，特别是第三势力在选举中的表现来看，考察台湾第三势力的视角一般有以下两种：

一是从政党制度角度对第三势力的界定。学界从政党制度的角度对第三势力的探讨多从两党制或两大党制的角度进行切入，其中有代表性的观点如台湾综合研究院董事长黄辉珍所提的“第三势力是区别于国民党、民进党之外的有意义的政治力量”，“开放党禁以来，台湾一直有其他的有意义的政党存在，早期有新党，后来有亲民党、台联党等”。[②]厦门大学学者孙云及文胜武指出，所谓台湾的第三势力有广义与狭义之分，广义上的第三势力是国、民两大党之外的所有政治力量，而不论其在理念或组织上与两大党有任何联系或依附关系。该广义界定突出了两党之外的势力，但缺陷又在于其涵盖范围过于宽泛，将“两大党之外的所有政治力量”皆纳入，且“不论在理念或组织上与两大党有任何依附关系”。但事实上，两大党之外的部分利益集团、社会团体等如果长期依附于其中某一个大党，那它事实上就是该政党的外围组织或代表，绝非具有独立性的第三势力。此类概念界定的关键因素有二：一是强调第三势力是两大党之外的力量，即其生存背景是在两大主要政党之外。二是强调第三势力必须是政治力量，即以参与并影响政治为目的。

二是按蓝绿阵营角度对第三势力的界定。由于台湾特有的历史文化与政治生态，岛内形成了蓝绿二元对立的政治结构，有学者从蓝绿两大阵营的角度去思考第三势力的概念界定。台湾大学“国家发展研究所”黄国虹在其硕士论文《台湾第三势力之空间分析》中认为，外国所谓的第三势力主要指非左非右的势力，而台湾虽有蓝绿两大阵营，但无左右两派的意识形态区隔，因此第三势力是指蓝绿阵营（蓝营涵盖范围为国民党、亲民党、新党，绿营包括民进党、“台联党”及“建国党”）之外的所有势力，其中包括地方势力、脱党参选者、无党派及第三党派等党派势力。黄国虹又将台湾第三势力划分为理念型与非理念型两种，理念型第三势力包括台湾绿党、台湾慧行志工党、公教联盟、红党、客家党、台湾农民党等，但黄以其

① 《现代汉语词典》，商务印书馆 2005 年 6 月第 5 版，第 1245 页。

② 《台湾第三势力有政治空间吗》，《中国评论》，2009 年 8 月号。

影响力较小，在文中并未讨论。[①] 其概念界定的关键因素，除强调第三势力是蓝绿两大阵营之外的力量，还一则突出了第三势力的组织性，即必须为党派势力；二则突出了其精英代表性，即第三势力绝非个体普通选民，形式是党派或精英型代表。但上述界定方式最大不足在于，“跳脱蓝绿阵营的中道力量”在台湾蓝绿二元对立的大背景下，其生存空间极为有限，甚至无法立足。

（二）台湾第三势力的分类

根据上述对台湾第三势力的定义和视角可知，在两大党之外发挥政治性影响力的台湾部分政党及社会运动，可归为第三势力的两大类型。某些利益集团虽也具备第三势力的部分特征，但其缺乏政治性、独立性，不能视为第三势力。此外，在国民党和民进党两大党之外，部分无党籍人士、无党派政治团体及脱党参选者虽标榜无党派，若其政治行为的背后或有某些组织团体暗中支持，或已形成某种松散的组织，甚至已搭建起自己的竞选班子，则也可纳入第三势力的范畴。当然，以上几种第三势力之间亦可进行联合，从而构成混合型第三势力。综上，台湾第三势力的类型包括政党型、社会运动型、无党籍个人及其团体、脱党参选者及混合型第三势力共 5 种。

1. 政党型第三势力。在两大党或两大政党联盟之外，一般都有政党型第三势力的生存空间。从议题上分，政党型第三势力可分为单一议题型政党与复合型政党。前者是指追求的目标较为单一的政党，很多政党形态的第三势力常常在政治纲领中表现出某种特殊的理想，并期望以自身新颖独特的主张唤起人们的关注与支持。如在 2012 台湾“立委”选举中崭露头角、一举超越新党的得票数而跃居岛内第五大政党的绿党。绿党的基本理念是生态主义，成员多为环保主义者，但其纲领也包括和平主义及左翼色彩的社会改革方案。绿党同其他政党的区别在于，绿党并非将某种意识形态作为理论基础，而是把系统论和生态学作为理论基础和行动指南。[②] 复合型政党是指政党提出的主张所涉及的议题较为多元，以面面俱到的政纲来吸引民众支持。以新党为例，虽然新党明确主张一个中国，在台湾被归为统派政党，但其竞选纲领、基本理念也涉及对岛内政治、经济、文化、内政等多方面的规划。从意识形态看，可分为“极左”政党、极右政党及中间型政党。台湾政治环境的特殊

---

① 黄国虹：《台湾第三势力之空间分析》，台湾大学“国家发展研究所”硕士论文，2011 年 1 月，第 4 页。

② 周淑真：《政党政治学》，人民出版社 2011 年版，第 356—357 页。

性在于，其左右政治光谱并非以传统的意识形态划线，而是以“统独”立场作为标准，统派政党被归为右翼，而“独派”政党则被划分在政治光谱的左翼。所谓的“极左”派政党有“建国党”、“台联党”等，极右翼则如新党。中间型党派则意识形态与“统独”立场不甚明显，如周奕成等人筹组的第三社会党，该党声称跳脱蓝绿对立，摆脱“统独”纷争，以一种更为超脱、中立的观点来面对台湾未来的发展。从领导人作用看，可分为个人魅力型与大众型政党。个人魅力型如亲民党，党主席宋楚瑜的个人意志直接决定该政党的发展走向与兴衰，党内几乎没有可对其形成有效制衡的力量，因此也易演变为个人党。大众型政党是指已建立起一套较为有效的政党运作体制，政党的发展并不完全以领导人个人意志为转移，一是党内本身就有一套监督制约机制，二是政党的发展已非党内一个人的力量就可左右，而是按照政党的政策理念及一套行之有效的运作体制进行运作，因此无论谁来担任政党领袖，一般不会彻底改变该党的路线走向。如绿党，其生态主义的理念不会因领导人的改变而发生变化。

2. 社会运动型第三势力。人类社会产生后，随着社会结构的变迁及阶级阶层的出现，人们为求生存而组织进行集体抗争的活动就贯穿人类文明发展史，由此出现了最早的社会运动。若某些社会运动在两大党之外独立展开，且以影响政治为目的，就可纳入第三势力的范畴进行考察。台湾的社会运动产生较早，民进党成立前它就是打破威权专制，开启政治民主化进程的推动力量。民进党成立后，社会运动中的一部分投入民进党，另一部分游离于两大党之外，成为社会运动型第三势力。台湾有代表性的社会运动型第三势力包括反“核四”运动、“泛紫联盟”、“废票联盟”、红衫军“倒扁运动”等。

3. 无党籍人士及其团体。许多选民认为，政党本质上是特定利益群体的代言人，很难与利益输送、“黑金”贿选等脱钩，对政党充满了不信任感。针对选民的这种心理，无党籍人士及其团体应运而生。本文所指的无党籍人士是以参与选举与权力分配为目标，但标榜中立，为吸引中间选民的支持或其他某些原因，选择不加入政党的政治人物。这些政治人物在一定条件下也会联合成立团体以壮大实力、发挥更大影响力。2004 年以前的台湾无党籍联盟，当时其成员包括前国民党“立委”林炳坤、吕新民，前亲民党“立委”邱创良、前民进党“立委”郑余镇、朱星羽，以及无党籍“立委”颜清标、陈进丁、蔡豪、高金素梅以及瓦历斯·贝林等 10 人，规模足以在“立法院”成立党团，但为显示自身无党派的中立色彩，刻意不冠以政党名称。[①]

4. 脱党参选者。从广义上来讲，脱党参选者也属于无党籍人士的范围，但因这两者之间存在主动不参与政党与被动脱党的区别，因此本文将其区别对待。脱党参选者是指无党籍人士中的一批政治人物，他们原属某政党，后因某些原因而失去党籍，在未获原政党提名的情况下执意参选。脱党参选者虽以个体为单位，但其背后一般都有组织化的竞选班底及一定规模的支持者。例如2012年初的台湾第8届“立委”选举中，陈水扁之子陈致中不顾民进党中央劝阻，以无党籍身份参选高雄市“立委”，与民进党候选人郭汶成共同瓜分绿营票源，终致双双落选。

5. 混合型第三势力。所谓混合型第三势力是指以上4种第三势力之间以两者、三者或四者结合的形式所组成的新的第三势力。如2012年台“大选”之前，“红党”、“我心未死运动”及“风绿电联盟”联合筹组了“台湾国民议会”并推介候选人参与“立委”选举，“台湾国民议会”就具有混合型第三势力的性质。

二、台湾第三势力的基本特征

根据第三势力在岛内政坛特别是选举中的表现来看，其具有以下基本特征：

一是两大党之外的力量。第三势力成立的前提要件之一是必须存在两个主要政党，若政党格局为一党独大，根本未出现第二个相关性政党，自然不存在第三势力。在台湾，国、民两党虽接近势均力敌，但又有一定差距，第三势力反而有了在两大党之外发挥“关键少数”作用的空间。以台湾2000年“大选”为例，民进党得票率为39%，国民党为26%，而脱党参选的宋楚瑜得票率则高达36%，甚至超过了国民党的得票率，从而彻底改变了选举结果，成为民进党上台的最大“功臣”。2012“大选”，马英九拿下51.6%的选票，民进党拿下45.6%，马、蔡差距6个百分点。在国、民两党实力接近的情况下，宋楚瑜的得票情况就可能成为影响选举结果的关键因素。只是本次选举宋的得票被有效压制在3%以内而未对国民党选情造成严重冲击。

二是具有政治性特征。第三势力区别于其他政治团体或利益集团、社会团体的重要特性在于，第三势力不以攫取经济或其他利益为目的，而仅以参加政治活动，特别是在岛内不同层级选举中，以直接夺取席次或左右选举结果的方式来展现自身

① 2004年6月，无党籍联盟改名为无党团结联盟，并登记为台湾第106个政党，至此其成为政党而非无党籍团体。

的影响力。而如台湾慈济等宗教团体，虽然力量很大，但并不以参与政治活动或选举为直接目标，无明显的政治性，因此不能纳入第三势力的范畴。

三是既独立又具有一定的摇摆性。虽然第三势力的实力无法与两大主要政党相提并论，但其应有一定的独立性，最低标准是不能长期依附于两大主要政党中的一方。若某第三势力长期支持一个大党而从未改变，没有立场变化的记录，则其就不能称为第三势力。有些“台独”社团长期支持民进党，就不属于第三势力的范畴。第三势力虽具独立性，但受自身实力及政党格局限制，有的情况下又需要在两大党之间的夹缝中求生，这造成第三势力的摇摆性、投机性与跳跃性等特征。即第三势力会随着政治情势及自身利益诉求的变化，或跳跃于两大主要政党之间进行“选边”，或不断调整政党路线以巩固、扩大选民基础，2008“大选”后台联党曾尝试向“中间偏左”政党转型就体现其摇摆性的特征。

四是兴衰具有周期性特征。台湾第三势力存在的必然性与有限性之间的矛盾，导致第三势力的发展具有明显的时间性，即第三势力在一时风光之后，常会受蓝绿二元结构制约而归于平静。第三势力存在的必然性，在于多元开放的社会是其存在的社会基础，选民对两大党的不满是其存在的背景条件，此外中间选民与极端型选民构成支持第三势力的基本力量，加之政党格局与选制设计为其生存提供制度保障。但由于目前台湾的蓝绿二元对立结构牢不可破，第三势力或主动或被动地在蓝绿阵营间“选边”，这使得第三势力的生存空间先天受限。加之两大党与第三势力之间存在明显的实力差距，且第三势力内部成分复杂、不易整合，使其常如昙花一现，兴衰过程具有短暂而明显的周期性特征。

五是以某种有组织的形态出现。第三势力不是松散的、自发的原子型个体，必须是有组织、有领导者的某种形式的力量。如台湾的无党派团结联盟，虽标榜无党派色彩，但事实上其本身就是在台“内政部”备案的正式合法政党，且可组建“立法院”党团，因此真正的第三势力绝非完全无组织的松散型个体。即使是脱党参选者，由于其背后多有某些政治团体或社会组织进行支持，且必然建立自己的竞选班子，因此选举中的脱党参选者一般也具备第三势力的要素。陈水扁之子陈致中虽脱党参选，其背后就有陈水扁的一大批死忠支持者及“急独”团体“一边一国连线”积极辅选；李敖虽为无党籍人士，其2012年参选“立委”，背后的推手就是宋楚瑜及亲民党，也具有政党背景。

六是具有路线的模糊性与观念的前瞻性。第三势力在保持自身主体性的同时，常对自身的路线主张等进行模糊化处理，目的在于防止被贴上非蓝即绿的标签，以争取更多中间选民。此外，第三势力的理念主张常具有一定的前瞻性，能够代表先进的理念或多数民众的呼声，但这又使主要政党不断“抄袭”第三势力的政策主张，侵蚀第三势力来之不易的选民基础。

三、台湾第三势力的生存空间

选举制度设计与第三势力生存空间存在较大关联性，因此考察台湾第三势力的生存空间可从岛内各类型选举入手。台湾的选举若按照席次分配原则划分，可分为单一席次相对多数当选制与复数选区比例代表制两种类型，其中“总统”及区域“立委”选举，以及“直辖市长”、县市首长及乡镇市长选举属单席次选举，且候选人获得相对多数的选票即可当选。除此之外的不分区“立委”及“直辖市议员”、县市议员选举采复数选区下的比例代表制。

一般而言，在单一席次相对多数当选的选制下，国、民两大党围绕本选区唯一当选名额的竞争十分激烈，第三势力从实力上很难与两大党相抗衡，因此生存空间有限，当选难度较大。

一是“总统”选举中第三势力几乎没有获胜机会。尽管台湾“总统”选举采取相对多数当选的选举制度，但该种选举层级最高，关乎台湾前途的“统独”、族群、“国家认同”等问题成为选举中的重要议题，这就使得选民被迫在蓝绿二元意识形态下选边站，从而压缩了选民有第三种选择的空间。当然，2000 年宋楚瑜以独立候选人身份参选而功败垂成，是第三势力挑战“总统”选举最为成功的例子，但宋累积当年的能量需要具备主客观多种条件才能实现，再行复制的难度较高。

二是区域“立委”当选几率低。受“立委”选制改革及席次减半的影响，全台 73 个区域“立委”选区中，各选区只有一个当选名额，在僧多粥少的情况下，席次多为实力强劲的国、民两大党获得。在 2012 年区域“立委”选举中，除国民党礼让的无党团结联盟候选人外，只有连江县的无党籍候选人陈雪生以及亲民党的原住民“立委”候选人林正二当选。

三是“五都”选举第三势力出头无望。从 2010 年开始，台湾当局将“直辖市”的数量由原来的 2 个增加到 5 个，这 5 大“直辖市”同时举行市长选举，因而也被称为“五都”选举。由于“五都”人口接近全台总人口的 60%，且属台湾的政治、经济、文化核心地带，因此这种选举就具有特别重要的意义，也被两大党视为“总统”选举前的预选赛。由于“五都”选举也采单一席次下的相对多数当选制，国、民两党均集重兵参与争夺，造成第三势力当选机会极为渺茫。加之“五都”区长由过去的民选改为官派，又进一步压缩了第三势力在都会区参与基层选举的机会。以2011年“五都”选举中脱党参选的杨秋兴为例，虽然其在高雄县长任内的施政满意度高居全台县市长前列，并在高雄县常年经营而积累了丰富的人脉，选前杨自称获得高雄“企业界、宗教界及年轻人的支持”。但在南台湾，尤其是“直辖市”等高层级选举中，绿营选民多数情况下“选党不选人”。因此民进党提名的陈菊在杨秋兴脱党参选后，轻而易举地营造出政党对决的氛围，迅速边缘化杨秋兴，使杨不但无法动摇陈菊固有的选民基础，就连杨在高雄县原有的绿营支持者也倒戈至陈菊阵营，最终陈菊得票超过杨秋兴与国民党候选人黄昭顺的票数之和。这场选举表面上是陈菊战胜杨秋兴，背后则说明，裂解自绿营的第三势力，很难再从本阵营带走选民，若不重新转换角色、调整政治色彩，其生存空间就面临严重危机。

四是基层县市长选举获胜难度较大，但不排除个别地区存在当选机会。在县市级行政首长选举中，因蓝绿二元对立的政治对抗性降低，选民主要根据候选人特质、政见及民生议题来选择支持对象，在一定程度上提高了第三势力人士当选的几率。以2009年底的县市长选举为例，国民党选前宣布“不提名经一审判刑1年以上者”的“排黑条款”，而原本有意角逐花莲县长的国民党“立委”傅崐萁就因有案在身而被党中央要求不得参选。但傅崐萁不接受国民党中央的决议，退党自行参选，国民党则提名原花莲县府参议杜丽华。在竞选过程中，国民党主席马英九亲赴花莲为党籍候选人杜丽华站台拉票，突显杜丽华的“正蓝”身份，并直指傅崐萁有案在身，不符合国民党的廉能要求。但傅崐萁凭借雄厚的地方实力以8.5万票当选，国民党提名的杜丽华仅得到3.8万票，而另一名脱党参选并获民进党支持的张志明得2.7万票。总体而言，傅崑萁现象仅属个案，17个县市长版图基本仍被国、民两大党所占据。

而在采比例代表制的复数选区中，由于各选区当选名额并不唯一，且各政党按照一定得票比例分配席次，相对降低了第三势力当选的难度，其生存空间较单席次相对多数当选制下明显扩大。

比例代表制的目的重在强调选举的“比例代表性”，希望各政党在“立法院”所拥有的席位比例，能够尽量符合各政党在选举中得到的选票比例，不再出现“赢者通吃”的局面，从而确保小党等第三势力的生存。该选制有利于确保政见、意识形态、社会基础等各不相同的政党或政治团体，都有机会在民意机构拥有一定席次，最大程度地反映多元民意，客观上鼓励了选民按照其本身意愿进行投票，减少了策略性投票与弃保行为。此外，“直辖市”及县市议员选举也实行比例代表制，选举议题更加关注民生，选民的选择更加多元，为第三势力当选提供了便利。

在2008年第7届“立委”选举前，台湾“立委”选制为“复数选区单计非让渡投票制”，该选制确保了国、民两党之外小党的生存空间。从席次上看，2001年“立法院”的225席中，两大党之外的第三势力共占据70席，达总席次的31%。2005年有所降低，为57席，占总席次的25%。从第7届“立委”选举开始，台“立委”选制改为单一选区两票制，这是一种混合型选制，其中区域“立委”部分为单一席次下的相对多数当选制，导致第三势力在73个区域“立委”选区中难与两大党抗衡。但不分区“立委”仍采比例代表制，即以全台为一个大选区，依照比例代表制原则和各党得票数，在得票率超过5%的政党间分配不分区“立委”席次，该制度可确保政党票得票率超过5%的小党在“立法院”赢得议席。尽管2008年“立委”选举中，国、民两大党之外的小党，政党票均未突破5%的最低门槛而一无所获，仅在区域部分取得5席。但第三势力在2012年第8届“立委”选举中又重整旗鼓，取得亮眼成绩，本次选举亲民党与台联党冲破5%的政党票门槛，总得票率达到14.45%，并各取得3席“立委”席次，在“立法院”分别组成了亲民党党团与台联党党团，使“立法院”再次出现“2大+2小”的局面。除此之外的新党、绿党等7个小党的总得票率也超过6%，这显示国、民两大党之外的小党拥有20.83%的政党票，相当于获得270多万选民的支持，一旦这些小党能够将选票集中，那么第三势力将可发挥更强大的影响力。

但是，第三势力的生存空间又很难全部转化为当选席次。在上述20.83%的得票中，“台联党”与亲民党之外还有约6%的政党票为其他多个参选政党或团体所得，但无一单独超过5%的最低得票门槛，因而无法转换成有效席次。[①] 而“台联党”与亲民党虽合计有约15%的政党票，但两党立场各异，很难形成合力，也削弱了第三势力的实际影响力。

（原载《台湾研究》2012年第3期）

① 本次“立委”选举不分区部分，绿党得票率为1.74%，新党1.49%，其他参选政党或团体共取得3.15%。

台湾“立法院”次级问政团体初探

吴　宜

在台湾岛内政治变迁过程中，“立法院”是最为引人注意的机构。它从“威权时代”一个实际上并不具自主性的民意机构，转变为今日左右台湾政局的唯一的实质性的“立法”机构。这一过程中，“立法院”自身结构发生了根本性的变化，反映社会利益多元化的新团体代表——次级问政团体，开始在“立法院”中产生和发展，并对“立法院”甚至整个台湾的政治生态产生不可忽视的影响。

一、台湾“立法院”次级问政团体的产生及其结合形式

“次级团体”（secondary group），原是社会学用语，被政治学所借用。从台湾次级问政团体的产生原因、运作目的、功能以及影响等本质性的内容来看，它接近于“机构性利益集团”这一概念。台湾的次级问政团体是台湾一些民意机构中（“国民大会”、“立法院”以及各级地方“议会”）的机构性利益团体，它由“参议者”（“国大代表”、“立法委员”、地方“议员”）以共同兴趣或利益结合而成，以影响法案的制定和通过为主要手段来达到其表达利益的目的。本文将主要关注“立法院”中的次级问政团体。①

“立法院”次团有其产生背景和特有的结合形式。

（一）台湾“立法院”次级问政团体是岛内政治变迁的产物，集中体现了新兴资产阶级分享权力的要求和社会多元化的呼声

国民党逃台后，为确保其统治地位，在长达四十年的时间里采取“戒严”体制

① 本文中的“次级团体”、“次团”与“次级问政团体”为同一概念。

对岛内进行统治。同时，在其操纵之下，象征“法统”的“中央民意机构”长期没有进行改选，与社会发展脱节，造成了严重的“法统”危机。

二十世纪七十年代以来，随着台湾经济的发展、教育的普及，社会大环境开始了不以人的主观意志为转移的变迁。反映在政治上，“党外”反对运动蓬勃发展、民主浪潮高涨，严重地冲击着不合理的上层建筑，迫使其转变。而国民党当局也不得不顺应潮流，实施“政治革新”，直至完成“政治转型”，进入所谓的“宪政改革”。这样，整个社会风气开放起来，人民对政治产生了日趋强烈的参与热情；社会向多元化发展，代表利益多元化的各种势力介入政治，形成政治的多元化。这种多元化的要求在台湾“立法院”主要体现为其结构的转变：一是组成人员的结构变化，包括“立委”省籍结构、年龄结构、政党结构和文化结构的变化；二是派系结构的变化。而后者集中代表了台湾新兴资产阶级和社会多元化利益在政治上的反映，这些新派系即被称为“次级问政团体”。

台湾“立法院”历来存在派系，但过去这些派系基本上属于国民党党内斗争的产物，是党内派系在“立院”中的延伸，如“CC”、“中社”等。由于国民党对“法统”的维护，能够保住他们的既得利益，使其共同利益大于各自利益，因此各派系在重大政策上均能“拥护”党意。代表新兴资产阶级的“增额立委”进入“立院”后，随其人数的增加，开始组成次级问政团体，对“资深立委”进行挑战。而对此，“资深立委”也不得不联合起来，原有派系逐渐合并为新的次级问政团体。以后，历届“立委”中更出现了各党竞相组织的次团。

这些在党内有不同意见的“立委”和跨党派间有共同利益及兴趣的“立委”，为何不组成政党而要组成次团在“立法院”中运作呢？主要原因在于，他们的根本利益基本上与所属政党一致，只是在个别利益（即某些议题）上存在分歧。

具体而言，国民党长期在台湾占据统治地位，汇集了庞大的政治、经济资源。推行“政治革新”后，它逐渐成为代表台湾本土大资产阶级、中产阶级的政党，并涵盖了部分的劳工、农民、社会弱势团体，具有较广泛的社会基础。长期作为岛内第一大党，国民党拥有诸多可供分配的资源，能够给党员提供强大的保障力；而国民党籍“立委”在根本的阶级利益上与其并无冲突，这决定了他们之间没有根本性的矛盾，也就没有“另起炉灶”筹组新政党的必要。

民进党方面，它由反对国民党专制统治的党外政治势力集结而成，集中代表部分台湾本土中下阶层的利益，在“立法院”与长期执政的国民党的斗争中，较为团结一致。由于民进党“立院”中的次团多是其党内派系的延伸，而各派系间不存在原则性的分歧，有的只是“路线”、“手段”的分歧；同时，党内“派系共治”的稳定存在，使得不同的意见在党内可得到相当程度的协调；2000年执政后，更负有为行政机构“护航”的责任。因此，民进党籍的次级问政团体总体上分歧较少。

跨党派的次级问政团体，也因为其中各党党员与所属政党不存在根本性的背离，只在特定的议题上具有共同利益和兴趣而进行合作，也不具成立政党的必要性。因此，大部分的“立院”次团以机构性利益团体的形式存在，以问政议事为主要手段来达到他们特定的目的。这些目的从根本上而言与政党利益一致，只在某些非原则性的具体问题上有分歧，而次团正提供了他们一个汇集利益、影响“立法”的组织基础。

一般而言，从问政联盟到次级团体，再发展为法人政团，到最终成立单一政党，是次团可能的发展趋势，但并非必走的道路。单纯的问政联盟，无论以所属政党为依附对象或单独成立，在“立法问政”中均较为“温和”，但就实际情况来看较少。许多冠有“问政联盟”之名的团体实际上是具有一定自主性的次团，关注本身的发展空间，并与地方和中央保持一定联系。而若成为与地方和中央紧密结合、正式的法人政团，并朝政党方向发展，则在“立法院”中可“独树一帜”，但是其成员所付出的“代价”却可能相当昂贵。以台湾政治发展的情况观察，“无党籍联盟”或另组的新政党里，随着政局的演变，许多人很快在政治舞台上消失。因此，根本利益的一致、付出巨大成本的顾忌都使得“立委”对成立政团、政党较为谨慎，而筹组次团则“乐此不疲”。

当然也有一些“异数”，先以次团的形式存在，之后由于与所属政党产生严重分歧而另组新的政党。这些次团大多具有强烈的政治意识形态色彩，譬如曾属于国民党的次团“新国民党连线”、民进党内的“台独联盟”。但这些次团在筹组之初，其目的也旨在对本党施加影响，而非有意与其“分道扬镳”，只是当意识形态冲突和其他利益性矛盾激化到一定程度时，在内外因素的影响下才另组新政党。综上，“立法院”次团的产生是台湾岛内政治多元化的产物，是新兴资产阶级和社会多元利益的体现，次团要求分权而非夺权是其在“立法院”中运作的主要目的。

（二）台湾“立法院”次级问政团体的组成原因和结合形式多样，但利益取向是其核心所在

1. 组成原因。通过对“立法院”内次级问政团体的分析，归纳其组成的具体原因有以下几点：

一是“立委”个人及选区利益表达的要求。“立委”靠选举出身，具有选票压力，在某些政策法案上以选区及其支持者的利益为优先考虑，与政党立场有所矛盾，利益趋于一致的“立委”便因此组成次团。

二是政党内部派系斗争的结果。政党内部的派系之别、理念之争也是“立委”组成次团的一大原因，此类次团作为不同派系在“立法院”中的势力延伸，代表党内不同派系的利益，如早期国民党内“主流派”与“非主流派”在“立法院”分别有其势力代表集思会和新国民党连线，四届期间的拥连次团改革会和拥李本土次团e时代问政联盟，民进党党籍的多数次团等。

三是为因应党内竞争，增进“立委”本身实力及地位集结而成。许多次团的产生均出于此因，具有普遍性，其中又以跨党派的次团最为典型。利益性强的次团主要旨在提升问政的“效力”；联谊性强的次团则重在培养人、财网络。而次团作为一种机构性的利益团体，具有一定的组织力量，能够提供“立委”更宽广的参与渠道，帮助其扩大和积累政治资源，有助于提高“立委”本身的实力和地位，为将来连任或其他政治前途的拓展打基础。因此一些有共同兴趣和利益取向的“立委”便组成次团，以集体的力量来实现共同的目标。

四是为便于“立委”个人联谊和交流信息而产生。此原因又可细分为二：其一为“立委”间原已有交往，因交情深，欲经常联谊而组成；其二为选前并无太多接触的“立委”，为扩大和便于交流而组成。每届“立法院”选后新成立的一些次团在相当程度上出于此因。

台湾“立法院”次级问政团体各自产生的原因，虽不尽相同，也难相互涵盖，但细究每个具体次团的产生，利益取向都是其核心所在。由于政治斗争的复杂性，大多次团的产生是多种因素促成的，但其中总会有某种因素起主导作用。如：最早成立的集思会，主要源于党内派系斗争，但又与党内竞争、增进“立委”本身实力及地位所需有关。民进党党内派系所延伸的次团，也多出于以上两种原因而结组。又如新国民党连线，其筹组也主要由于党内派系斗争，但与组成“立委”的个人与选区利益表达也密切相关。另外，多数次团的成立均具有联谊方面的考虑，但单纯联谊性的次团并不多。迄今为止，主要有“增额立委”时期

的环球俱乐部、“DC俱乐部”；而某些冠以“联谊会”名称的次团，如四届“立法院”时的八仙联谊会、“国大立委”联谊会等则实际上不仅仅是出于联谊的需要而产生的。

2. 结合形式。台湾“立法院”次级问政团体的结合形式与其组成的原因密切相关。以次团的组织章程、运作方式和成员在次团中的自由度作为主要考察依据，可大致地将其结合形式划分为三大类，即刚性次团、柔性次团和联谊性次团。

第一类是刚性次团。其特点是：成员具有明确一致的问政目的；组织章程较严格，规定成员必须遵守次团的决议；拒绝跨会参与；成员之间结合紧密，定期召开会议。但有些规定是相对的，并非绝对不可灵活放宽。譬如不可跨会一条，在“立法院”复杂的环境下难以实现，许多成员仍加入跨党派次团。民进党多数次团及国民党部分次团的结合形式属于这一类型。

第二类是柔性次团。其特点是：成员间多具有相近的问政目的；组织较为松散；次团达成的决议不对成员作强制性的要求；成员之间自由结合，可跨会等。国民党籍和跨党派次团多属于这种结合形式。

第三类是联谊性次团。此类次团以联谊性为主结合而成，因此不具明确的问政目的，无所谓次团决议；组织松散，无定期会议；成员间自由结合，可跨会。国民党早期的部分次团属于此类。而这大多是“立委”为制造声势，壮大个人力量的产物。

值得注意的是，随着岛内政局的变动，“立法院”政治生态的变化、各党各派力量的消长，次团的结合形式因之受到不同程度的影响，在发展过程中，其结合形式及特点并非一成不变。

二、台湾“立法院”次级问政团体对台湾政治生态的影响

为便于研究和观察，本文借用西方当代政治学中的系统论，把台湾“立法院”作为其政治系统中的一个次系统，将次团作为“立法院”这个次系统中的一个子系统，具体分析其在“立法院”、在台湾政治中所发挥的功能及影响。

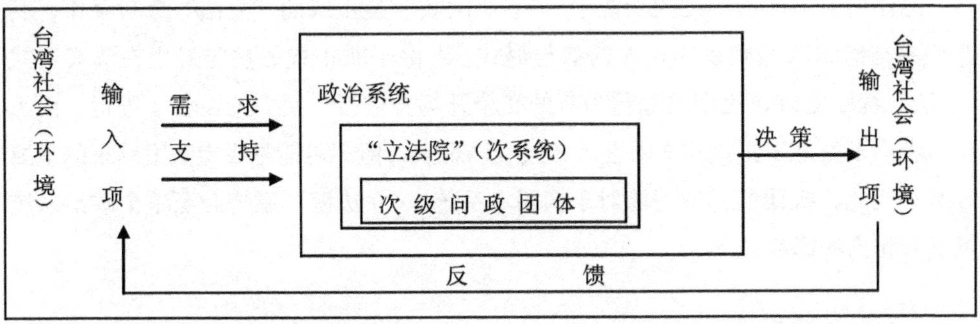

（一）次团的主要功能体现在利益汇集、“立法问政”和组织联谊

1. 利益汇集。是针对次团的“输入项”，体现“环境”对其的支持和需求。具体表现为次团通过经营共同的利益，主要是政经关系网，即所谓的人脉和金脉，从中得到社会支持，并了解和反馈到需求的内容。从中，次团既接受了社会的需求，也得到社会的支持，同时为“立委”的利害结合提供了团体的网络基础。

2. “立法问政”。次团这一子系统将需求转化输出的过程。主要有两方面：一是“立法院”外的各项工作，包括召开功能性会议（如内部的例会、临时会、年会和餐会，对外的公听会、记者会）、对议题和法案进行相关调研等；二是在“立法院”中针对相关议题相互奥援或采取统一行动。这是次团转化过程的核心，一旦按照或接近次团意愿的法案通过“立法”程序，形成政策之后，便意味着转化过程的成功及输出的完成；若运作未果，则导致输出的缺失。

3. 组织联谊。具有“输入”、“转化”、“反馈”等多重功能，是不可或缺的“润滑剂”。各次团组织的联谊活动一般以餐会为主，还有年会、讨论会等。活动有时限于内部成员，有时还包括行政部门的重要负责人、地方派系首领、财团企业界、学界等相关人士。在次团的日常运作中，餐会这种联谊方式所起到的作用难以量化。特别是许多次团成员身兼数职、事务繁多，通过联谊（尤其是餐叙），不仅可加强成员之间的交情，还能结交“四路八方朋友”；非但有利于立法问政，更可助个人“事业”一臂之力。因此，有时出席联谊活动的成员比参加功能性会议和“院会”的人数还要多。借此，次团可完成“院内”“立法问政”所难以攻克的关卡，取得成员、行政部门及其他团体的支持，某种程度上进行着输入和转化的过程；同时，外部环境对次团的要求，包括对次团和“院内”决策的反馈意见，也可从中得到反映，因而这也是一个吸取反馈的良好机会和主要过程。

总体而言，次团的三大功能中，“立法问政”是正式的“立法”参与渠道，利益汇集与组织联谊则是非正式的参与形式。[①]由于非正式的参与发生在法案正式“立法”程序之外；更因这些行为有的在公开场合进行，更多的在私下进行，而无论何者均未见之于正式的文书上，一般难以观察，但却可能是决定法案结果的重要环节。因此，次团的三项功能对于次团本系统、“立法院”系统乃至整个政治系统都具有相当的影响。

（二）台湾“立法院”次级问政团体对“立法院”政治生态的影响

“立委”靠选举产生，为实现选区或个人利益，多以其为出发点来处理问题而不惜违背党团意见，这是次团在“院内”运作并产生影响的根源。

1. 次团与党团运作。早期，国民党作为执政党，党团拥有强大的控制力，但次团出现后开始直接挑战中央的权威。民进党成立后，也出现同样矛盾。“立法院”次团首次大规模对党团运作“发难”是在1990年2月中旬，[②]此后，次团便成了党团运作中不可“轻视”的重要一环。次团的自主性往往使得“立院”党团的动员和运作困难重重，党意难以贯彻，已成为“立院”生态中的常态。总体上，次团对党团运作的影响主要有以下两方面：

一是次团以其利益为重，与其他党派联合而无视本党党团，对党团运作造成严重冲击，有时几乎使之陷入停顿。次团的主张、利益有时超越政党，成为主导“立委”“立法”行为的重要准则。次团在权衡利弊得失时，多将团体或个人利益置于党团利益之上。早期，国民党次团表现明显[③]；此后，各党次团皆出现违背党团意愿的行为。尤其是从二届末开始，“立法院”逐渐形成以议题合作为导向的问政风气，所属党籍对次团之间或次团与其他政党的合作已无重大妨碍。如二届四会期时，针对“国会调查权”、“公投法”、“国安会组织法”三大争议性议题，民意会明确表态与民进党合作，导致国民党党团进行“甲级动员”，才勉强通过。四届二会期，在争夺“委员会”的过程中，国民党次团国改会与新台湾问政联盟在关键时刻“倒戈相向”，与反对势力站在一起，使得国民党党团最终以妥协结束[④]。四届四会

① 盛杏湲：《立法委员正式与非正式立法参与渠道之研究：以第三届立法院为例》，（台）《问题与研究》，第40卷第5期，2001年9—10月，第81—104页。

② 参见1990年2月16日台湾地区各大报关于“国民党籍增额立委炮口朝向中常委”的报导。

③ 主要由于“增额立委”不满党团负责人由“资深立委”担任，全面改选后此矛盾消失；但其他仍矛盾突出。

④ 唐林：《立法院财委会召集委员争夺战》，（台）《展望》，1999年11月号，总第396期，第21页。

期以来，蓝绿两大阵营对峙形成，但在“公投法”、“考试院长提名人选”等多项重大议题上两大阵营内部的次团仍出现不同的声音。

二是同党次团间为争取各自的利益，有时壁垒分明，严重影响党内团结，加大了党团运作难度。引发冲突的原因主要有以下三类：（1）争夺“立法院”内主导性职位或重要委员会席位，如党鞭、召集人。（2）争取利益性强的法案主导权。（3）涉及其他种类的选举而造成矛盾。次团为壮大自身实力，培养后备力量，往往积极介入其他各种选举，包括党内中常委选举、党鞭选举、地方民意代表和县市长选举、“立委”选举等，以形成地方到中央“一条鞭”的准派阀。其间由于分配不均，次团与党部、次团之间往往产生矛盾，进而影响立法的进程和质量。

2. 次团与政党协商。政党协商一般由党团代表政党来完成，在相当程度上可化解“立法”审议过程的纷扰，缩短议事程序，减少不必要的抗争。但这同时也压缩了“立委”的利益代表功能和参与空间，加上政党协商的过程多不公开，导致未参与的相关舆论、民间团体和“立委”无法有效监督，因此常遭到许多“立委”的不满和抵制。在这种情况下，次团的纷起，各次团因不同议题而产生的合纵连横，更为政党协商增加了许多不定因素，其影响主要体现在正负两个方面。

从正面看，当议题与次团的理念、利益一致时，次团的介入对政党协商具有一定的促进和加强作用。全面改选之前，集思会作为国民党“主流派”的“立院”代表，其标榜的“台湾优先”与民进党不谋而合，在某些法案上对国民党党团贯彻“主流”意见起到协助作用。到了第二、三届时，在国民党“主流派”主导下的数次“宪改”中，“主流”次团新政会、玉山会等的介入，对促进民进党党团的合作也起到了一定的作用；四届四会期以来，拥连的改革会在多项法案中发动为国民党版“背书”等诸如此类的次团介入，使得政党在推动其法案的政党协商过程中得以“借力使力”，较为顺利地完成输出过程。

从反面看，当议题与次团的理念、利益冲突时，次团的介入则对政党协商带来一定的破坏和削弱作用。从二届二会期新党成立后，“立法院”进入“三党互动时代”，次团的介入加强了政党协商的困难，导致许多法案需要由执政的国民党发动“强力”表决；三届时，“三党实质不过半”使次团的筹码加重，民意会和政策研究会支持“公投法”、反对“国安会组织”、维持调查权覆议案原决议案以及票选推动党鞭制等，均与民进党“遥相呼应”，而与国民党党团“背道而驰”，导致政党协商困难重重。

（三）台湾“立法院”次级问政团体对整个台湾政治生态的影响

1. 次团与政党形态。“立法院”全面改选后，其地位日趋重要，各党团力量随之扩增，在党内的地位大为提升；而自主性次团的出现和蓬勃发展，以团体的力量影响政局，加强了“立法院行政局”的逆转情势。由于次团同本党党团或本党“总统”及其所主导的行政部门之间既合作又保持着一定的独立性，因此次团对党团或行政部门的政策、议案有时采取批评、不合作、甚至反对的态度。这迫使党团和行政部门要不时调整同次团的关系，听取其意见，适当做出妥协，以求得到合作与支持。这些均直接推动了台湾政党形态的转变：两大刚性外造政党国民党与民进党的内造化，晚近成立的新党、亲民党、“台联党”所具有的内造性。

早在全面改选前，集思会以推动党内改革的姿态出现，就曾提出“从体制内改变逐渐腐化的国民党体质”，要求扩大“立委”的问政空间；此后，出现诸多次团要求“党意听从民意”的呼声。国民党团一方面在政党协商中授权不足，遇事须向上层请示，无法代表政党作最后决定；另一方面在党团运作中权威不够，无力动员党籍“立委”进行合作，还得协调各次团的利益，因而党团不断要求“扩权”以提高决策地位。2000 年“总统”大选后，“立法院”成为国民党重要的权力来源，次团更积极参与党务，直接推动了国民党的内造化。国民党十六全上，“立法院院长”王金平当选为国民党副主席，中央委员中党籍“立委”占 1/4 强，其中 16 位当选中常委（共 31 名），数量与比例均为历史最高。“中常会”结构的变化，显示了国民党从由上而下的权威政党转型为以民意为主的内造政党。[①]

民进党在进入体制后，以“立法院”和地方执政县市作为主要政治舞台，由于其长期处于少数、“在野”地位，因此具有危机意识，整体上较为团结，次团在对党团运作虽也不时造成一定困难，但不严重；而且，次团多是党内派系的延伸，发生矛盾可以通过派系进行协调。但是，刚性外造的体制在实际的运作中仍不能适应变动的情势，因此党团要求提高地位的扩权声音不断，党内次团则积极壮大实力，以推动民进党的内造化。[②] 三届“立法院”时，民进党提出朝内造化调整，表示将把权力中枢转向“立法院”；让党部政策中心与“立院”党团合署办公等等，使得民进党走向“内造刚性”的体质。[③] 执政后为加强“党政同步”，民进党中央于 2002 年 6 月通过了建党以来最大的党务改造案，宣称朝“内造化”方向改革。

---

① 江中明：《中常会的变与国民党的变》，《联合报》，2001 年 7 月 31 日，第 8 版。

② 《民进党派系 忙着壮实力》，《中国时报》，1998 年 12 月 24 日，第 4 版。

③ 《民进党研修党章 走向“刚性内造”》，《联合报》，1996 年 5 月 5 日，第 6 版。

面对“立法院”权力大增和台湾政治的发展趋势，晚近成立的较有影响力的三个政党：新党、亲民党、“台联党”均为内造政党。三党均以民选公职人员为决策与组织运作的核心，其“立院”党团负责订定并推动党的政策。新党在“立院”尚有实力时，内造性尤其突出。

2. 次团与金权政治。由于国民党长期利用地方派系及黑金势力来赢得选举，使得黑金政治成为台湾政治生态的一大特色。“立法院”作为政治核心之一，为各种势力所争夺，已形成难以自清的“黑金异形”。具有黑道背景的“立委”在次团中“举足轻重”的地位，更加深了“立法院”和台湾政坛的黑金色彩；而有的次团本身就有明显的黑道色彩。“立法院”次级问政团体作为一个机构性的利益团体，其大多数的结合内在动因和根本驱动力就是为了更大程度地实现个人和团体的政、经利益。因此，次团以利益结合为主，已是一个不争的事实。这是台湾金权政治的反映，而次团的存在和运作更加强了金权之间的结合。主要表现为以下几个方面：一是具有财经背景、地方派系背景的“立委”在次团中占有重要的分量，对次团的政治取向起决定作用。二是次团“重量级立委”往往抢占“立法院”重要“委员会”，以把持其利益相关法案的审理。三是次团“强力”主导通过利益性法案比例较高，公听会、国事论坛中的利益性成分也不容忽视。最后，次团与地方派系、财团结合，两者相互供给的状况十分严重。这既是金权政治的重要体现，也为其向派阀发展提供了重要的支持基础。这方面民意会是典型，而之后如四届六会期（2001 年 6 月）e 世代问政联盟公开和高雄市议会次团新民意问政会结盟，以期在当年底选举中能互相帮忙拉抬等均体现次团派阀化发展的趋势。

附录：各届“立法院”主要次级问政团体

届次	国民党籍	民进党籍	跨党派
“立法院”全面改选之前	集思会、五五政研会、一心会、建设研究会、新国民党连线、协和会、创新会、国改会	“新台湾联合研究室”	厚生会、“DC”俱乐部、环球俱乐部、“十三兄弟会”、“六人小组”
第二届	集思会（末期为“全民公益联盟”）、新政会、玉山会、协和会、民意会、政策研究会	“新台湾联合研究室”、“台湾国会研究室”、福利国研究室、正义连线研究室、美丽岛研究室	厚生会、科技协进会、“立委联合办公室”、“华隆帮”

第三届	玉山会、协和会、新政会、民意会、巾帼会	美丽岛、新潮流、福利国连线、正义连线、“台独联盟”	财经联盟、产经研究会、联合研究服务中心、祥和问政联盟、新国力策进联盟
第四届	亲政会、新台湾问政联盟、台联会、国改会、亲民会、协和会、巾帼会；选后：国大立委联谊会、e时代问政联盟、八仙联谊会、亲民会、协和会、巾帼会	新世纪、新潮流、正义连线、福利国、美丽岛系、“台独联盟”、快乐国会；选后：新动力（原美系）、新世纪、福利国、新潮流（新国会）、正义连线、“台独联盟”	无党籍联盟、民主联盟、非政党联盟和厚生会；选后：改革会、新台湾政策研究基金会、台联会、新台湾问政联盟、协和会、永续发展促进会、国改会、厚生会、无党籍联盟
第五届	改革会、e时代问政联盟、菁英联盟（原台联会）、读书会、亲民会、V6问政联盟、巾帼会、协和会	主流联盟、正义连线、福利国连线、六〇社	厚生会、新台湾政策研究基金会、国民安定联盟

（原载《台湾研究》2003年第3期）

两岸经贸与台湾经济

关于建立两岸经济合作机制的内涵探讨

张冠华

前　言

经济合作机制是一个涵盖范围很广的概念，一般而言是指优势互补的经济发展形式，是双方或多方通过经济行为或制度性安排而获取更大经济效益而形成的运作机制。两岸经济合作机制的概念，最早出现于2002年1月24日钱其琛副总理在纪念江泽民同志八项主张的讲话之中，提出“我们愿意听取台湾各界人士关于建立两岸经济合作机制、密切两岸经济关系的意见和建议”。随后国台办发言人张铭清表示“两岸经济合作机制涵盖面很宽，具体模式可能是海协曾经提出的两岸经济交流与合作会议制度，也可能是自由贸易区”[①]。可见，当时大陆所提的两岸经济合作机制仍然是个很宽泛的概念，既包括两岸经济关系正常化应有的制度性安排，也含有经济一体化的成分在内。

2005年国共两党共同发布的“两岸和平发展共同愿景”，其中第三条提出“促进两岸经济全面交流，建立两岸经济合作机制”。此后，大陆领导人及涉台部门负责人又多次提出着眼长远、构建两岸经济合作机制的主张，显示建立两岸经济合作机制已成为新时期大陆发展两岸经济关系的重要诉求。国民党重新执政后，马英九等台湾领导层提出两岸签署“综合性经济合作协议”的主张，两岸在构建两岸经济合作机制的方向上取得重要一致。

但两岸经济合作的内涵是什么？虽然自上世纪80年代以来海内外各界所提出的各种建言与概念已达数十种之多，但迄今为止两岸官方均尚未对两岸经济合作机制

---

① 中国新闻网，2002年1月30日，http://www.chinanews.com.cn/2002-01-30/26/158851.html。

的内涵提出具体主张。这一现象也显示，由于两岸关系的特点，建立两岸经济合作机制面临的环境与形势更为复杂。

第一，两岸经济关系尚未实现正常化，两岸经济关系正常化所需要的必要制度性安排基本缺失，因此两岸经济关系合作机制不可能跳脱这一现状直接实现经济一体化形式。

第二，两岸政治关系仍客观存在分歧与争议，而两岸经济合作机制建立过程中又必然涉及许多复杂的政治性敏感问题，如名称问题、定位问题、协商谈判问题等等，这都是建立两岸经济合作机制面临的独有问题。

第三，两岸政治与经济关系的密切互动，也决定了建立两岸经济合作机制除了追求经济利益的互利双赢，还要发挥其促进两岸政治关系的良性互动作用，即要发挥“政治外溢”的正面效果，这同样有别于其他区域经济合作方式。

因此，探讨两岸经济合作机制内涵，应着眼于当前及今后两岸经济关系发展面临的政经形势与互动需求，从现状与长远着眼，通过制度化安排形成包括功能面与机制面的总体性框架，建立具有两岸特点的经济合作机制。

一、建立两岸经济合作机制的形势需求

当前，两岸经济关系正面临一场充满机遇又富有挑战的环境剧变。

（一）两岸关系出现和平发展良好势头

今年以来，台湾岛内新领导人的选举结果，使台海局势发生重大积极变化，两岸经济关系发展面临难得的历史性机遇。中共十七大报告正式提出牢牢把握两岸关系和平发展主题、构建两岸关系和平发展框架重要主张；马英九就职演说提出两岸开启和平共荣新页，显示追求两岸关系的和平发展已成为新时期两岸的共同诉求。在“九二共识”基础上，今年实现两党工作会谈、两会复谈，海协会陈云林会访台意味着两岸制度化协商机制正式确立。同时，本着“先易后难”、“先经济后政治”共识，两会在半年内达成六项协议，尤其两岸通航取得重大突破性进展，标着了两岸经济关系向实现正常化迈出关键一步。从目标趋势看，两岸追求和平发展的努力使两岸在经贸领域中的合作取得快速进展；而两岸经济合作的加快进行又进一步发挥缓和两岸关系气氛、促进两岸关系和平发展的重要作用，两岸政治与经济互动可望步入良性互动的新阶段。

（二）全球金融海啸冲击扩大

全球经济海啸越演越烈，已快速由虚拟经济向实体经济传导，从发达经济体向新兴经济体扩散。全球经济急速下滑并进入衰退期。根据2008年11月IMF发布的最新预测，2008年和2009年全球经济增长分别仅为3.7%和2.2%，较10月份的预测再次大幅下调（参见表1）。世界银行在2008年11月份的预测更为悲观，由于金融危机的影响继续扩大，预计全球经济面临总体下滑，2009年加全球GDP增长率将降至1%左右，并直到2010年才会复苏。同时，世界银行还预测全球实际进口贸易增长将从2007年的7.4%降至2008年的5.8%，而2009年将会出现自1982年以来的首次负增长。①

表1 世界经济增长率预测

单位：%

国家和地区	Global Insight（2008年10月预测）		IMF（2008年11月预测）	
	2008	2009	2008	2009
全 球	2.8	2.1	3.7	2.2
美 国	1.5	0.2	1.4	-0.7
欧元区	1.1	0.4	1.2	-0.5
日 本	0.6	0.4	0.5	-0.2
台湾地区	3.8	3.5	3.8	2.2
中国大陆	9.8	8.4	9.7	8.5

资料来源：台“经济部统计处”网站、国际货币基金组织官方中文网站。

同时，经济全球化与亚太区域经济一体化进程方兴未艾。大陆与港澳地区已建立CEPA，与东盟的10+1自由贸易区进程正在加快，10月24日宣布与新加坡签订自由贸易协定，与韩国、印度等的FTA也在研究推动之中。同时美韩FTA的达成、10+3自由贸易区进程的加快以及有关亚太自由贸易区（FTAAP）的建议等等，显示亚太地区经济一体化进程不断加快。理论与实证表明，中国与东盟10+1进程对于促进双方GDP增长、相互贸易规模的扩张、贸易条件的改善及福利水平的提高已产生明显效果②，而对区域以外的经济体如台湾地区等则会产生一定程度上的贸易转移与投资替代效应。尤其在美韩签署FTA以及中韩FTA的酝酿，对台湾影响将更大。

① 世界银行，《中国经济季报》，2008年11月，世界银行官方中文网站。

② 李荣林等著，《中国与东盟自由贸易区研究》，天津大学出版社2007年版，第126页。

（三）两岸经济步入新的结构调整期

国际金融海啸将使过去国际金融与经济增长方式发生重大变化，美国消费者长期扮演的世界经济增长火车头角色面临严峻考验。过去，美国依靠金融机制的高杠杆化大量融资举债造就了美国消费的持续增长，进而带动了亚太地区新兴经济体出口的快速增长。但国际金融海啸引发的全球金融机制去杠杆化，使得美国的经济模式被打破，美国能否拯救建立在不断增加的消费债务和零储蓄基础上的经济增长模式面临很大难题[①]。两岸特别是台湾以出口为导向的经济增长模式面临巨大结构性调整压力。

全球金融海啸正对两岸经济增长产生重大冲击。

对大陆而言，在接连的自然灾害及全球金融海啸影响下，IMF 最新预测 2008 和 2009 年中国经济增长率将滑落到 9.7% 和 8.5%。世界银行 2008 年 11 月预测大陆 2009 年 GDP 将下滑到 7.5%。大陆国家统计局官员认为，中国大陆经济在经过 2003 年—2007 年年均高达 10.8% 的高速增长周期后，2008 年将可能成为经济进入调整周期的“拐点”，未来将呈现出逐步回落的过程[②]。而此次大陆经济回落不同于过去的周期性波动，而是与经济结构调整相伴随，其未来走势也更将复杂。为应对全球金融海啸冲击，大陆已迅速将宏观经济政策调整为“保增长”，并启动金额达 4 万亿元人民币的刺激经济扩大内需方案。IMF 评估认为，该计划不仅有助于刺激经济增长，一些涉及宏观经济的结构性措施将有助于刺激内需，带动服务业发展[③]。而根据大陆“十一五”规划纲要，未来大陆在经济增长方式上要主要依靠投资、出口拉动向依靠消费、投资、出口协调拉动转变，特别是要扩大国内需求尤其是消费需求。在产业结构调整方面，将大力发展现代服务业，推动由以第二产业为主导的产业结构向第一、第二、第三产业协同发展的产业结构转变。在工业升级方面，通过推进信息化与工业化融合方式，走新型工业化道路。在加快发展服务业方面，国务院专门发布相关指导意见，提出到 2010 年“有条件的大中城市形成以服务经济为主的产业结构”要求，以及到 2020 年“基本实现经济结构向以服务经济为主的转变，服务业增加值占国内生产总值的比重超过 50%”的重要目标。未来大陆经济结构调整步伐将进一步加快。

---

① 戴维·戈德曼等，《美国的复苏之路不可绕过北京》，香港亚洲时报在线（网络），2008 年 11 月 5 日。

② 《国家统计局副局长：我国经济增速将逐步回落》，人民网－《中国经济周刊》，2008 年 6 月 10 日。

③ 同注②。

台湾经济形势同样严峻，面对过去民进党执政8年留下的经济沉疴及金融海啸的冲击，2008年面临经济增长急剧下滑。由于外部需求剧减，2008年9、10月台湾出口出现衰退。官方对2008年台湾经济增长的预测值已由4.3%大幅下调到1.87%，2009年估计为2.12%。而更悲观的预测认为2009年台湾有可能出现负增长。为此，台湾方面已推出一系列旨在促进消费、扩大投资、鼓励出口等在内的振兴经济景气方案，包括证交税、遗增税、所得税调降，中小企业信保基金、消费券、公共基础建设支出等金额共达1.96万亿新台币①。对于已步入服务业社会的台湾经济而言，由于内需市场较小，以及占GDP比重70%以上的服务业仍以内需为导向，更迫切需要拓展服务业外需市场，以扩大就业、弥补制造业持续外移及外部需求下降形成的困境。

外部及两岸各自经济形势变化，增加了加快两岸经济关系发展的迫切性。同时两岸各自应对经济挑战的宏观经济政策调整也有利于加快两岸产业结构转型，从而为深化两岸经济关系提供新的机遇。

（四）两岸经济关系步入转型升级关键期

80年代中期以来，两岸经贸关系在台湾制造业持续向大陆转移带动下，形成赴大陆投资的三次高潮。台商投资又带动两岸贸易的快速发展，两岸贸易呈现典型的投资拉动性特征（参见图1）。总体来看，台湾制造业向大陆持续外移及其对两岸贸易的拉动，是过去20多年两岸经贸关系发展的主轴。

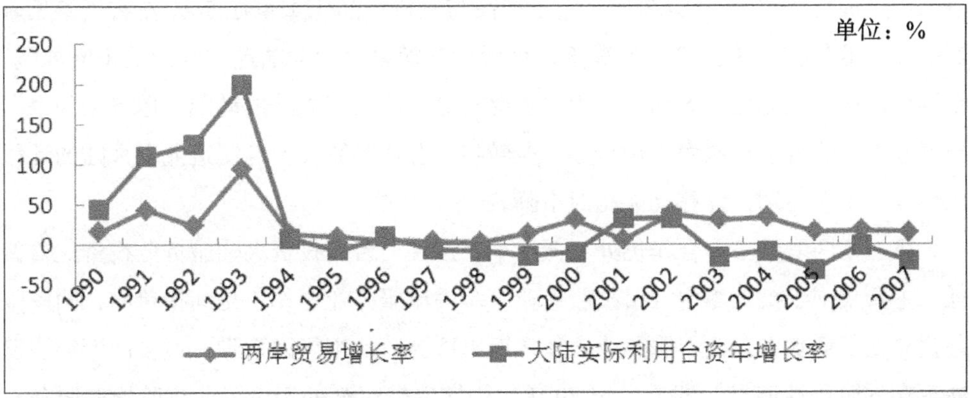

资料来源：中国海关及商务部统计。

图1 两岸贸易与投资增长率

① 台湾《中时电子报》，2008年11月24日。

近年来，两岸经贸关系面临的发展环境发生一系列变化，使两岸经贸关系正步入一个新的转型期。

第一，大陆投资环境发生较大变化。人民币大幅升值，劳动力、土地、原材料等生产要素价格快速上升，大陆宏观经济政策尤其是加工贸易政策、两税合一、货币政策、能源环保政策等调整，均对大陆台商尤其是加工贸易厂商产生较大影响。在诸多因素迭加影响下，大陆台商面临20多年来最严峻的转型升级压力。同时，岛内制造业向大陆转移的成本推动因素也有所减弱。

表2 台湾外销订单主要产品海外生产比重

单位：%

年（月）	信息通信	电子产品	基本金属	机械	电机产品	精密仪器
2005年	73.01	37.05	15.49	31.30	48.10	46.79
2006年	76.48	36.02	13.80	27.54	52.65	47.76
2007年	84.29	43.60	13.99	23.74	52.27	47.05
2008年1—6月	87.88	47.16	14.26	22.13	50.65	45.64

资料来源："经济情势分析"，2008年8月，台"经济部统计处"网站。

第二，台湾产业外移步伐趋缓。从台湾制造业外移比重看，"台湾接单、海外生产"的比重已由2000年的13.3%快速上升至2008年1—6月的46.53%，其中信息通讯产品比重已高达87.88%，电子产品与电机产品比重也在50%左右（参见表2）。在产业外移比重已高的情况下，今后虽然随着台湾大陆经贸政策的不断放宽，半导体产业、液晶面板等新兴主力产业会有进一步投资大陆的动能，但未来的个案投资并不意味着会再次发生规模性产业转移。总体来看，台湾制造业向大陆的外移已步入一个平台期，外移动能相对下降。

第三，两岸服务业合作仍处于低水平。过去，台商投资大陆服务业投资比重偏低，主要集中于批发零售、科技服务业等。两岸服务业合作仍是间接单向，两岸服务贸易处于低水平。两岸服务业合作之所以薄弱，从市场因素看，过去两岸经济发展存在的阶段性差异，即上世纪80年代中期以来台湾处于由工业化阶段向服务业经济转型时期，大陆则处于工业化加速阶段，决定了台湾成为制造业外移者和大陆成为主要承接者。从制度与政治因素角度看，由于服务业与制度、政策与文化等因素的高度相关性，尤其过去政治因素构成两岸服务业合作的巨大障碍。如两岸金融合作，即受制于两岸相关金融监管机制迟迟无法达成。而两岸物流业合作，更受到两岸无法“三通”的直接阻碍。

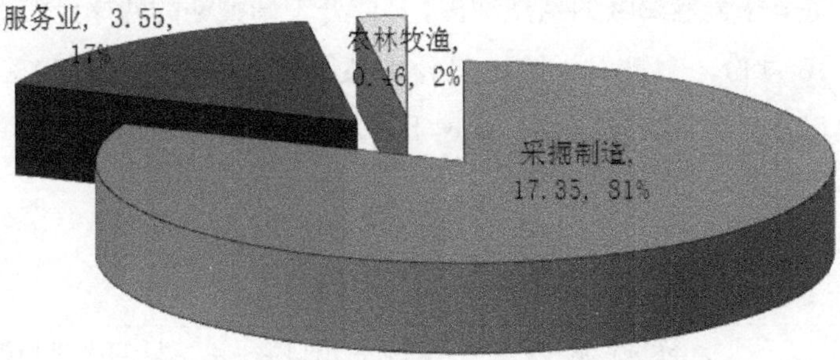

图 2 2006 年台商大陆投资产业分（亿美元）

表 3 2000 年以来台湾对大陆投资

时间	台湾方面统计		大陆方面统计	
	核准金额（亿美元）	平均规模（万美元）	实际金额（亿美元）	占外资比重（百分比）
2000 年	26.1	310.7	23.0	5.6
2001 年	27.8	234.4	29.8	6.4
2002 年	67.2*	259.0**	39.7	7.5
2003 年	76.9*	250.1**	33.8	6.3
2004 年	69.4	346.3	31.2	3.5
2005 年	60.1	463.3	21.5	3.4
2006 年	76.4	700.9	21.4	3.4
2007 年	99.7	1001.0	17.7	2.4
2008 年 1—6 月	50.9*	1543.8	9.9	1.9
1991 年以来	699.6	189.5	466.6	5.9

注：* 包括补登记投资；** 不含补登记金额。
资料来源：(台)“投审会”，中国商务部网站。

由于上述因素影响，近年来两岸经济关系已步入转型关键期：即一方面由于大陆投资环境变化与岛内制造业升级趋缓，导致制造业向大陆转移减慢；另一方面两岸服务业合作尚未真正启动。两大因素导致在过去 5 年大陆经济增长率高达双位数的增长周期内，台湾实际对大陆投资却出现持续下滑态势（参见表 3）。由于台商投资减缓，也使两岸贸易增幅下滑（参见表 4），近年对大陆出口增幅落后于大陆总体进口增幅。大陆台商转型压力增大，据调查 2007 年在东莞总数约 8000 家的台资企业中，约有 2 成台资企业已经消失，约 1000 家台资制鞋企业中就有 200—300 家倒闭[①]。而全球金融海啸的猛烈冲击，又使处于调整期的两岸经济关系雪上加霜。2008 年 9、10 月份，台湾对大陆出口分别急剧衰退 16.3% 与 19.9%，主要为大陆从事加工出口贸易台商对欧美出口快速下降所致。

表 4 两岸贸易状况

单位：亿美元

年份	贸易总额		大陆对台出口额		大陆自台进口额		贸易顺差
	金额	同比（%）	金额	同比（%）	金额	同比（%）	
2000 年	305.3	30.1	50.4	27.6	254.9	30.6	-204.5
2001 年	323.4	5.9	50.0	-0.8	273.4	7.2	-223.4
2002 年	446.7	38.1	65.9	31.7	380.8	39.3	-314.9
2003 年	583.6	30.7	90.0	36.7	493.6	29.7	-403.6
2004 年	783.2	34.2	135.5	50.4	647.8	31.2	-512.3
2005 年	912.3	16.5	165.5	22.2	746.8	15.3	-581.3
2006 年	1078.4	18.2	207.4	25.3	871.1	16.6	-663.7
2007 年	1244.8	15.4	234.6	13.1	1010.2	16.0	-775.6
2008 年 1-9 月	1047.1	16.7	203.4	18.4	843.7	16.3	-640.3
1978 年以来累计	8328.8		1463.1		6866.3		-5403.5

资料来源：商务部网站。

总体观察，在以美国为主的发达经济体消费需求迅速衰退影响下，两岸形成的日本进口、台湾接单、大陆制造、出口欧美的四角贸易与投资形态面临空前考验，迫切需要注入新的增长动力。而国际金融海啸引发的两岸经济结构调整，对处于转型关键期的两岸经济关系既是挑战，也存在新的机遇，加快建立两岸经济合作以推动两岸经济关系转型升级刻不容缓。

二、建立两岸经济合作机制的政策思路

建立两岸经济合作机制，应基于两岸经济关系的发展特点与形势需求，并结合

① 转引自网易报道资料，http://gd.news.163.com/08/0701/09/4FOPRP5H003600FQ.html。

推动两岸关系和平发展来加以构建。

（一）建立两岸经济合作机制的基本原则

由于两岸关系的特殊性，两岸经济关系应基于以下基本原则加以构建。

搁置争议，求同存异。“建立互信、搁置争议、求同存异、共创双赢”已成为今后两岸推动两岸关系和平发展的重要主张，也得到两岸主流民意的认同，这一原则也同样适用于两岸经济合作机制的建立。不容否认，虽然近来台海局势发生重大积极变化，两岸经济关系取得快速发展，但两岸仍客观存在政治分歧。而随着两岸经济关系的深化发展，其触及的政治敏感性议题也将越来越多，这就需要两岸发挥政治智慧务实处理相关问题，这同时也是逐步建立互信的过程。在这方面，近来两岸通过处理包机、海运直航及大陆民众赴台旅游等方面，已积累了丰富的经验。

平等协商，互利双赢。建立两岸经济合作机制需要的许多协议和制度性安排，都需要通过两岸平等谈判与协商来完成。平等协商不仅体现在双方在经贸协商谈判中的平等地位，也应体现在建立两岸经济合作机制的利益分配上，目的是发挥各自比较利益优势，通过建立两岸经济合作机制使两岸均获得更多的效益，实现互利双赢。

立足长远，循序渐进。建立两岸经济合作机制面临的议题十分繁多，既有两岸如何共同应对国际金融海啸冲击的短期举措，建制两岸经贸交流推动两岸经济关系完全正常化的制度化安排，又有追求两岸经济一体化的长期目标。应结合两岸经济关系形势需求梳理相关议题，确立优先顺序，形成两岸经济合作机制的总体框架，然后先易后难、循序渐进推动。在此过程中，要强调立足长远，在建制两岸经济关系正常化进程中要充分考虑未来经济一体化进程，部分经济一体化内容可以预先布局在正常化议题之中，或以“早期收获”方式提前实施。

符合规则，长期稳定。建立两岸经济合作机制首先立足于两岸关系的发展特点。同时，两岸均为 WTO 成员方，两岸经济合作机制的建立也必须符合 WTO 的相关原则与规则；两岸加入 WTO 时双方未对对方引用“互不适用”条款，因此两岸加入 WTO 的承诺也应适用于对方。此外，两岸在经济一体化进程中，还要参考现行的区域经济一体化形式如欧盟、北美、东盟等有关内容，以及两岸各自参与区域一体化进程或与其它 WTO 成员签署 FTA 的相关内容。只有符合规则和受到相关规则约束，才能保持两岸经济合作机制的长期稳定。

（二）建立两岸经济合作机制的主要目标

总体目标：以建立两岸经济合作机制作为构建两岸关系和平发展框架的重要支撑。推动两岸关系和平发展已成为两岸的共同诉求，但两岸和平发展蕴含的丰富内涵仍有待进一步探讨与确立。中共十七大报告提出牢牢把握两岸关系和平发展主题，构建两岸关系和平发展框架，是新时期大陆发展两岸关系的重要主张与目标。特别是构建两岸关系和平发展框架的首次提出，显示大陆在新时期推动两岸关系和平发展开始重视制度面建设，追求制度的建立与创新推动两岸关系的和平发展新局。因此，构建两岸关系和平发展框架，也是建制两岸关系和平发展的过程，而建立两岸经济合作机制显然是其中的重要和有机组成部分。本着先经济后政治、先易后难的原则，建立两岸经济合作机制有助于增加两岸互信和奠定两岸和平发展的经济基础，对推动两岸关系和平发展将发挥重要作用。

近期目标：以制度化安排加快两岸经济关系正常化，通过加速推动两岸全面“三通”，尽快消除过去因政治因素设置的关税、非关税壁垒及其他歧视性做法，实现两岸商品与生产要素的正常往来；各自按照 WTO 原则、规则及入世承诺增加市场准入，从而增加两岸新的贸易、投资机会，共同应对全球金融海啸的冲击。

中期目标：扩大两岸经济合作范围与层次，通过深化两岸服务业合作、产业合作、贸易投资促进等方式推动两岸经济关系转型升级，支持两岸经济加快结构调整。

长期目标：参照区域经济一体化的不同阶段与形式，推动两岸经济一体化进程。

（三）建立两岸经济合作机制相关问题的处理

两岸定位。以“九二共识”为基础，搁置政治争议，参照 WTO 相关规则与原则进行务实处理。可以参照两岸通航协商中有关航线定位问题的务实处理做法。

两岸协商。在涉及公权力的制度性安排方面由两会制度性协商主导，在功能性合作方面充分运用民间企业、行业协会及各界参与的力量，在战略性、前瞻性问题上充分发挥国共平台的作用与影响力。对于两岸经济一体化有关议题，可先行以适当形式组织双方产官学界展开可行性研究。未来两岸协商的形式与平台，可视经济议题与两岸政治互动状况不断完善和强化。

名称问题。通过两岸协商，确立双方均可接受的名称。

三、两岸经济合作机制的总体框架

基于建立两岸经济合作机制的形势需求、建立原则与目标，两岸经济合作机制的内涵应体现全方位、多层次，即在横向关系上应包含功能性合作与制度性合作，在纵向关系上应包括建制两岸经济关系正常化与推动两岸经济一体化不同阶段，在机制运作上谋求两岸政治与经济关系的相互促进，形成互利双赢、长期稳定的两岸经济合作总体框架，并以此作为构建两岸关系和平发展框架的重要支撑。

（一）推动两岸经济关系的功能性升级

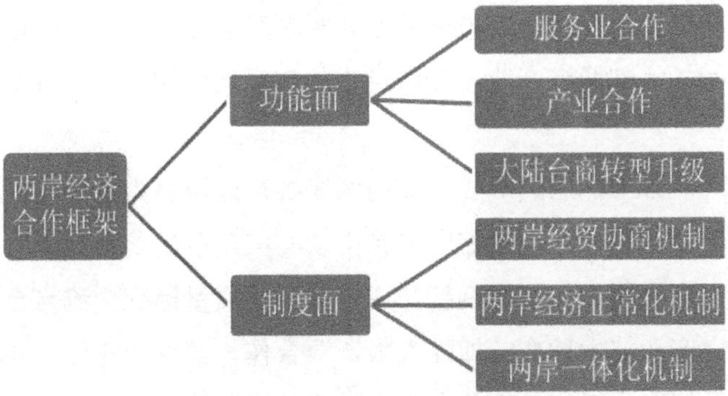

图 3 两岸经济合作框架示意

1. 加强服务业合作为两岸经济关系注入新动力

两岸服务业合作应围绕二大主线展开：一是生产性服务业合作应顺应两岸四地市场的不断整合，通过在环境、组织、资金、人才、技术、法规等方面的突破与开放，围绕两岸产业分工及两岸产业供应链的建构确立整体合作架构。二是消费服务业应以两岸消费市场为依托、以中华文化为凭借，扩大中国人消费市场和两岸消费性服务业的成长空间。从两岸服务贸易角度看，第一阶段应以“跨境服务”和“商业存在”为主，即扩大双方在对方境内的旅游、娱乐、文化、医疗等服务消费范围与规模；两岸服务企业扩大相互投资，尤其促进台湾服务业在大陆投资扩大服务半径，而大陆则通过承接台湾服务业转移发展现代服务业。第二阶段加快两岸服务业领域的“自然人”如医师、会计师、律师等专业服务人员在对方境内从业。第三阶段是形成两岸服务业合作的总体分工合作架构，如形成各具功能与优势的金融中心、航运中心等，共同提高两岸服务业的国际竞争力。

2. 深化两岸制造业合作

今后两岸产业交流与合作的重点，应由台湾产业梯次向大陆转移为主的发展模式，逐步向深化合作方式、共同提高两岸产业的技术层次和竞争力发展，以摆脱两岸产业在全球产业分工体系中的相对弱势地位。一是利用两岸各自优势资源，以大陆市场优势培养知名品牌，利用台湾的全球生产与销售网络将品牌推向国际，逐步摆脱对代工生产模式的深度依赖。二是建立两岸产业合作机制与相应平台，协调两岸高新技术产业布局，优化资源配置，共同建立自主的技术标准，提高产品附加价值与国际竞争力。近来台湾“经济部”推出加快两岸产业合作的“搭桥专案”，拟优先选择中草药、太阳光电、汽车电子、航空、纺织与纤维、通讯、自行车等12项产业展开两岸交流。[①] 这一做法对于推动两岸产业分工与合作由过去的台湾企业与大陆台商之间扩大到两岸产业，并由过去的市场与民间主导上升到两岸公权力推动有积极意义。

未来两岸产业分工机制的形成，应由两岸各行业协会为主导，确立相关产业合作的发展目标与合作平台，利用相应平台推动有关产业的贸易与投资便利化，重大投资项目合作，联合研发、技术创新与成果分享，质量标准交流与合作，合作开发品牌产品，建立产业技术标准，加强人力资源合作，实现产业信息共享，合作开发国际市场，以及解决两岸相关产业合作中出现的问题等等。有研究建议，由两会协商签署《两岸产业合作协议》，定期举办两岸产业合作会议和产业论坛，以对话形式确定产业合作项目与计划，并由两岸各自成立相应工作小组加以推动。[②]

3. 推动大陆台商转型升级

大陆台商是两岸经济关系发展的重要参与者，未来大陆台商的转型升级对建构两岸经贸合作框架意义重大。

推动大陆台商的转型升级，是一项系统性工程，既需要两岸公权力各自从政策上加以推动和扶持，也需要两岸携手营造一个有利于台商转型的有利环境。从政策上看，两岸应加快金融合作步伐解决台商转型的融资瓶颈，提供适当的租税等优惠与鼓励措施，成立转型升级基金加以扶持，等等。目前东莞、昆山等地已开始采取相应措施，而台湾方面也有相应提出升级辅导措施。从营造经营环境角度看，近来大陆有关加工贸易政策的新调整、汇率的缓幅升值策略、有关《劳动合同法实施细

---

① （台）《工商时报》，2008年8月15日。

② 《架起两岸产业合作平台》，载（台）《产业杂志》，2008年9月。

则》的出台，以及宏观政策向“保增长”的转变，正在为台商转型升级提供一个缓冲期和适应期。而随着两岸经贸协商步伐的加快，两岸为台商转型升级建立相应的合作机制与平台，更有利于加快台商转型升级。

（二）加强两岸制度化安排

两岸经济关系的功能性转变，有赖于制度面的安排才会实现。

1. 建构多层次、多元化的经贸事务沟通与协商机制

两岸应完善和建构以两会协商为主、国共平台先导、民间行业辅助的多层次、多元化沟通机制与平台，即：在近中期内，对于涉及双方公权力的经贸事务，由大陆海协会与台湾海基会主导协商并达成协议；对于重要及前瞻性问题，由国共平台先行沟通与论证，达成共识后由两岸授权两会协商并达成协议；对于大量技术性与一般性经贸事务，则由双方民间行业组织先行沟通，达成共识后由两会落实到执行层面。

2. 建制两岸经济关系正常化

目前两会已在两岸包机常态化、大陆民众赴台旅游、两岸海上直航等问题达成 6 项协议，标志着两岸经济关系正常化已迈出关键一步。在两岸实现“三通”和经贸关系基本实现正常化后，建立两岸经贸合作的相应制度与规范应成为今后的协商重点。

优先推动两岸经贸交流的正常化。包括全面实现海空直航，实现两岸商品与生产要素直接往来；按照 WTO 规则及两岸各自入世承诺，减少和消除两岸关税及非关税贸易壁垒，消除服务贸易的歧视性措施，增加两岸商品与服务的市场准入。

进行与两岸经贸关系正常化相配套的制度性安排。在两岸经贸基本实现正常化以后，尽快就两岸金融合作涉及的金融监管协议（MOU）、两岸货币直接兑换与清算机制、两岸逐步开放金融资本市场等建立相应的制度性安排和实施政策开放。在大陆资金与产品入岛后，两岸可就投资保护、贸易争端解决、知识产权保护、共同开发能源等议题进行制度性安排，这些制度性安排既是推动两岸经贸关系转型的重要前提，也是两岸经贸关系正常化的重要保障。

3. 经济一体化安排

经济一体化安排是两岸经济合作机制的长期目标。经济一体化按照阶段可分为贸易一体化、要素一体化、政策一体化与完全一体化的不同阶段；按形式划分可分为优惠贸易安排、自由贸易区或协定、关税同盟、共同市场、经济同盟、完全经济

一体化等等。而现行的许多区域经济一体化形式已打破这些阶段的划分，越来越注重综合性，如内地与港澳地区的CEPA即已大大超越FTA的内容。

尽快以适当形式建立由两岸产官学界组成的工作小动，启动可行性研究。

两岸经济关系实现正常化后，先行达成框架性协议，确定未来两岸经济一体化的形式与步骤，确定时间表分阶段推动。

早期收获：两岸达成框架性协议后，先在相关领域或地区提前实行贸易自由化与贸易投资便利化。如可考虑在两岸有关的自由贸易园区（台湾自由贸易港区与大陆的保税区等）之间先行实现贸易自由化与生产要素自由流动，在大陆台商投资集中地区先行对台实施服务贸易自由化与贸易投资便利化；局部产品先行相互实现货品贸易自由化等。

逐步全面推进两岸货物与服务贸易自由化、贸易投资便利化、部分生产要素自由流动。

推动两岸货币金融等宏观经济政策合作与协调。

双方成立联合委员会，解释并管理、监督相关协议的执行。

长期朝向两岸全面经济一体化的方向努力。

新形势下建构两岸经贸经济合作框架，不仅对于两岸经济关系的转型及促进两岸经济发展产生重要影响，对于促进两岸关系和平发展和构建两岸关系和平发展框架也意义深远。两岸经贸关系的深化发展，有助于增进两岸更多阶层与群体的共同经济利益，成为两岸民众交流和沟通的重要平台。两岸在经济性事务性问题的沟通与协商，有助于两岸逐步累积互信，从而为两岸政治关系的良性互动提供有利氛围和奠定基础。从制度化角度而言，中共十七大报告提出构建两岸关系和平发展框架的目标，而两岸经济合作框架的形成必将成为两岸和平发展框架的重要支撑。

（原载《台湾研究》2010年第6期）

后 ECFA 时期两岸经济关系发展方式的转变

张冠华

ECFA 的签订与生效，是海峡两岸经济交流与合作进程中具有里程碑意义的大事，搭建起了推动两岸经济关系正常化、机制化与自由化的主要平台。特别是，ECFA 的签订发生在后国际金融危机时期全球经济将产生深刻变革，以及海峡两岸各自经济均进入新的重大转型期的大背景下，其对两岸经济交流与合作的意义就更为深远，并将对促进两岸经济关系发展方式转变产生重大影响。

一、传统的两岸经济关系发展方式：总体分析

自上世纪 70 年代末以来，两岸经济关系的恢复与发展已逾 30 年历程。在过去的 30 年历程中，虽然两岸经济关系经历了不同阶段与发展时期，但从增长模式、投资与贸易结构等市场面分析，其主要发展方式与特征并未发生重要改变，主要包括以下几点：

1. 台湾向大陆进行的产业梯次转移成为带动两岸投资与贸易的主导力量。

在过去 30 年间，台商向大陆共发生三次较大规模的产业转移。第一次发生在上世纪 80 年代中后期，当时台湾发生了较严重的泡沫经济现象，生产要素价格大幅上升，新台币升值幅度几年内达 40% 左右，环保与劳工运动兴起，使台湾以加工出口为导向的传统劳力密集型产业在岛内生存空间顿失。1987 年台当局大陆开放民众赴大陆探亲，以后随后采取的经济自由化政策和大幅放宽资本输出管制，给这些台商找到泄洪口，于是发生台湾第一次产业外移潮；而当时大陆的改革开放以及同文同种的优势，使大陆成为台商外移的主要承接地。第二次产业转移大体发生于 90 年代前半期，当时大陆邓小平南方谈话后掀起改革开放新浪潮，台湾传统的

中上游企业跟随下游中小企业赴大陆投资，形成第二次产业规模性产业转移，同时部分下游的电脑周边产业也开始外移大陆。第三次规模性产业转移发生2001年两岸先后加入WTO前后，此时大陆市场的加快开放、以及全球IT跨国公司采取供应链管理方式，促使台湾IT产业向大陆快速转移。三次产业转移，初始阶段多表现为整厂搬迁和设备转移，所需生产原料、零部件等也多由岛内母公司或上游企业进口，从而带动了台商赴大陆投资及两岸贸易规模的迅速增长，使两岸贸易呈现典型的投资拉动性特征（见图1）。

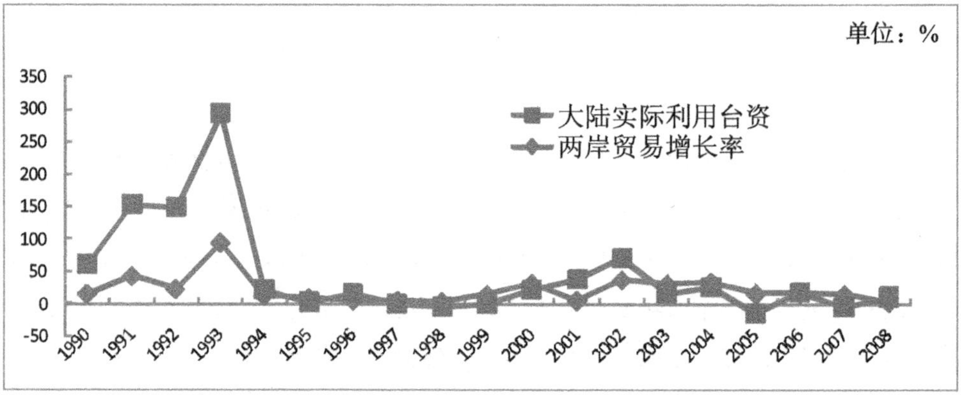

资料来源：中国海关及商务部统计。

图1 两岸贸易与投资增长率

2. 两岸产业交流主要集中于制造业领域，服务业合作薄弱。在过去30余年间，台湾经济处于由工业化向服务业社会的转型之中，而大陆处于工业化加速时期，两岸经济发展阶段的落差导致制造业转移成为两岸产业交流的主要领域。按照台湾有关统计，1991—2005年在台商投资大陆的产业中，对服务业投资金额仅16.4亿美元，仅占台商对大陆投资金额的3.48%。而在台湾对大陆以外的其他海外地区投资中，1952—2005年服务业对外投资金额累计为287.6亿美元，占对外总投资的64.6%。两岸加入WTO后，随着大陆服务市场的扩大开放，台商服务业投资比重有所上升，2003年—2005年上半年，大陆服务业吸引外商投资比重基本在23%—24%之间，仍然偏低①。两岸服务业交流薄弱，除两岸经济发展的阶段性差异因素外，还与两岸关系现状、两岸产业交流合作模式有着密切关系。由于两岸长期处于政治对立并导致缺乏正式的经贸协商机制与平台，成为两岸服务业合作的重要障

① 张冠华：《两岸经济关系转型与服务业合作》，《海峡科技与产业》，2006年4月号。

碍，因为服务业的特性使其与制度、政策、法律、文化等因素联系更为紧密，两岸缺乏正式经贸协商平台与机制严重制约了两岸服务业的交流与合作，如由于过去两岸金融合作就直接受限于缺乏签订金融合作备忘录（MOU）的平台，直接导致两岸金融业无法在对方设立营业性机构。而从两岸产业交流合作的形式看，外移大陆的台湾产业尤其是 IT 业仍沿续在台湾的代工生产（OEM/ODM）形态，这种方式更多是承接欧美跨国公司释出的生产工序和模块化组装，其价值链的服务端如研发设计、渠道、加值服务等大都由欧美跨国公司主导[①]，因此虽然台湾生产基地大量向大陆转移，但带动相应的生产性服务业合作的动力并不强。

3. 加工贸易成为两岸贸易的主要形式，一般贸易水平偏低。过去 30 年间，赴大陆投资的台商其所需中间原料、生产设备仍多从岛内进口，经加工后再出口海外。长期以来两岸贸易中加工出口贸易比重一直占 60% 以上，在国际金融危机期间，尽管大陆加强对台采购使台对大陆一般出口规模增加，但 2009 年第大陆自台进口金额中来料加工和进料加工比例仍高达将近 64%；对台出口中两项合计亦超过 53%，这个比例大大超出中国对外贸易中加工贸易的比重；2009 年两岸一般贸易比重在对台出口中占 40%，自台进口中占 23% 左右，明显偏低（参见表 1）。两岸贸易中加工贸易比重偏高，原因在于台湾产业外移大陆的方式。通过将生产基地向大陆搬迁，形成了台湾接单—日本进口—大陆生产—出口欧美的发展方式，即：台湾厂商从欧美市场获得订单，所需核心技术与零组件由日本进口，在台湾从事中高端零组件或中间产品的生产，然后在大陆进行后端的模组等最后成品的生产阶段，成品则主要再从大陆出口至欧美市场。如图 2 所示，2008 年台湾对大陆出口比重虽达到 39%，但其中有将近 18% 是再出口至美国市场，加上直接从台湾出口至美国市场的 12% 左右的金额，两者合计台湾直接出口与从大陆再出口至美国市场的比重达近 30%，美国仍是台湾最大的最终出口市场，最大的进口市场则是日本。这就不难理解，为什么大陆虽然已成为台湾最大出口市场，大陆在国际金融风暴期通过扩大内需仍实现 8% 以上的经济增长，而台湾在 2009 年则出现严重的经济衰退。

---

① 胡超、张捷：《“服务 – 制造”新形态国际分工的演进及可持续性分析》，《广东商学院学报》2010 年第 2 期。

表 1 2009 年两岸贸易方式

贸易方式	对台出品		自台进口	
	百万美元	百分比	百万美元	百分比
总客	20,502	100.00%	85,722	100.00%
一般贸易	8,218	40.08%	19,953	23.28%
来料加工	2,229	10.87%	13,195	15.39%
进料加工	8,700	42.43%	41,456	48.36%
保税仓库进出境货物	800	3.90%	4,600	5.37%
保税区仓储转口货物	483	2.60%	4,900	5.72%
其他	72	0.35%	1,618	1.89%

资料来源：中国海关。

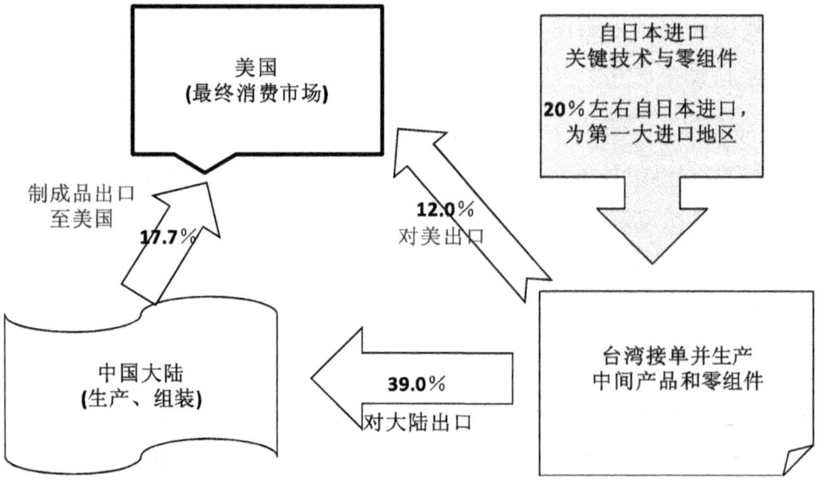

资料来源：根据林圣忠：《两岸经贸与繁荣地方——兼论 ECFA 之影响》(2009 年 10 月 24 日）整理。

图 2 2008 年两岸贸易投资方式

4. 相当多数台商在大陆投资将大陆视为“工厂”而非“市场”，两岸产业链整合度不深。沿海地区以代工生产和加工出口为主的台商，由于其“两头在外”，与大陆本地市场与企业结合度不高。根据台湾经济部门委托中华经济院在 2007 年所作调查[①]，72.6% 的台资企业选择独资，23.5% 选择合资，而在合资中与外资企业进行合资的比例又高达 57%，显示与大陆当地企业合资的比例很低。在产品出口市

① 中华经济研究院，《2007 年赴中国大陆投资事业营运状况调查分析报告》，2007 年 12 月。

场结构上，传统产业的台资企业较注重大陆内销市场；而台商投资主力 IT 产业的产品则仍以出口海外为主，在大陆当地销售比例不足 40%，回销台湾和出口海外比重超过 60%。在采购来源方面，虽然台商在大陆当地采购比例提升到 46.7%，但其中向当地台商采购的部分为 24.2%，其余向台湾和海外采购比例分别为 36.9% 和 16.4%。类似的其他许多调查资料也都显示，虽然台商在过去 30 年中持续向大陆转移，但与大陆本地市场、产业体系和企业的关联度并不强，形同产业“飞地”。过去两岸的产业合作与交流更多发生于两岸台商的上中下游之间以及大陆台商不同工序或生产阶段，两岸产业间虽然有着很大的互补性，但缺乏产业链间的有效整合。

过去两岸经济关系发展方式形成的上述特征，是在经济全球化和国际产业分工大背景下，两岸经济各自转型及两岸关系发展等因素共同作用的结果。经济全球化打破了两岸政治因素的藩篱，台湾当局限制台商投资大陆的政策在资金全球化运作下一步步破功。全球产业分工的深化，不仅促使台湾的传统产业按照以往的雁行模式，在大陆改革开放加入国际分工行列后快速向大陆转移；1990 年代后半期随着全球跨国公司供应连管理的兴起，台湾新兴起的以代工生产为主要经营模式的 IT 产业，基于跨国公司全球供应链管理的要求，也打破一般 FDI 的生命周期理论，在新兴成长阶段即开始规模性向大陆转移和布局[①]，其形成的两岸产业分工成为东亚乃至全球 IT 产业链的重要组成。与此同时，大陆改革开放的扩大与深化、工业化加速与东部地区出口导向经济的发展，成为吸引台湾产业外移的助推器，台商凭借同文同种的优势和着眼于大陆低廉的生产要素，持续将岛内的生产基地连同其代工生产模式移至大陆，促成了过去两岸经济关系发展方式的上述特征。因此，既往两岸经济关系发展方式的形成有其深刻的背景，并在推动两岸关系发展、两岸经济繁荣等方面发挥了重要积极影响。

二、两岸经济关系发展环境的重大变化

但是，近年来尤其国际金融危机的发生，两岸经济关系面临的总体环境正在发生深刻的变化，过去两岸经济关系发展方式的一些内在弊端开始显露出来。

1. 两岸经济关系发展的内生动力显现不足。随着台湾产业的持续外移，台湾制

---

① 张冠华：《台湾 IT 产业在祖国大陆投资格局与两岸产业分工》载《台湾研究》，2003 年第 1 期。

造业占GDP的比重快速降低。2008年国际金融危机前，台湾农业、工业和服务业占GDP比重分别1.68%、25.15%和73.17%，台湾已由工业化社会转变为服务业社会。尤其近10年以来，台湾制造业升级速度减缓，产业外移速度不减。2010年3月台湾外销订单中的海外生产比重高达50.7%[①]，已进入一个新的高平台期。从台湾产业结构变化趋势看，未来制造业很难再形成一次新的产业外移潮；而台湾服务业虽成为经济主导产业，但仍以内需为主要导向，加上两岸经济合作机制未能建立，也制约了两岸服务业合作的深度与广度。即是说，以产业转移带动的投资贸易方式动力趋减，而服务业合作这一新的动力尚受到诸多因素制约，这导致2003年后大陆统计的台商实际投资金额持续衰退，两岸贸易增速也相应的由过去30%左右的高增长，回落到双位数甚至个位数。

2. 两岸贸易投资受外部影响波动性强，受到国际金融危机的剧烈冲击。2009年国际金融危机期间，虽然大陆经济通过扩大内需等举措保持了8%以上的经济增长，但受两岸经济关系发展方式的影响，在2008年第4季和2009年第1季两岸贸易仍然呈现40%左右的大幅衰退，实际上是欧美市场的急剧萎缩通过两岸贸易向台湾岛内传导。大陆在应对国际金融危机期间采取的4万亿扩大投资、家电汽车下乡等举措，台商除了在家电下乡中获得部分商机外，其余机会并不多。据估计2009年大陆庞大的扩大内需政策中，台湾实际掌握的商机仅约56亿元人民币，显然十分偏低[②]。而在金融危机后的2010年伴随着全球经济的复苏，两岸贸易又呈现了高速反弹状态，上半年两岸贸易额增速达61.2%。应该说，这种受外部环境大起大落式的波动，都是难以可持续的。

3. 大陆台商以代工生产为主的方式受到日益严峻的挑战。目前，大陆台商尤其是IT产业台商，仍以代工生产为主要经营方式。由于从事代工生产的厂商不掌握通路、没有自己的品牌、核心技术，在上游海外客户由于金融危机导致的去杠杆化产生流动性紧缩，以及上下游厂商的去库存化过程中紧缩采购的过程中，导致订单突然消失，产能利用率急剧下降。如台湾面板业在去年底产能利用率一度降至30%—40%左右，而韩国三星等面板产能由于有自己的下游品牌电视产业支撑与掌握通路，产能利用率一直维持八成左右，2009年3月份产能利用率甚至提高到100%[③]。而在国际金融危机后，大陆东南沿海地区生产要素价格尤其是劳动力价格

---

① 台“经济部研究发展委员会”，《内外经济情势分析》，2010年3月。

② 拓墣产业研究所，《中国扩大内需政策对其产业及台湾产业之影响分析》，2009年2月。

③ （台）《经济日报》，2009年2月26日。

持续加快上升，过去长期维持台商代工生产方式的成本优势将不断削弱，台商的一般性代工生产模式越来越难以持续，转型升级压力日益加大。

4. 现行两岸经济关系发展方式在加快台湾经济转型升级的同时，也局部产生了一些新问题，这些问题被岛内“台独”势力所夸大和利用，给两岸经济关系发展带来一些不确定因素。在过去 30 年间，台湾产业梯次向大陆转移，给岛内产业升级留出了更大空间，加快了台湾产业结构的升级。从台湾总体产业结构调整的速度看，由工业化社会向后工业化社会转变的时间只用了 20 年左右的时间，从历史比较看明显快于美、日、德等发达经济体经历同样阶段所花的时间。① 目前台湾三大产业占 GDP 比重与欧美发达经济体水平相当，但人均 GDP 水平仅为后者的一半左右，产业结构有“早熟”之嫌。这种产业结构的快速调整与转型，与制造业的持续快速外移有密切关联。因为两岸同文同种的优势，使台湾企业可以用更低的成本与风险实现产业转移，并且中小企业可以较容易的转移到大陆并且存活，这与一般 FDI 方式显然不同。同时，台当局长期采取的限制措施不仅未能阻止这种转移，反而客观上助推了岛内企业“连根拔起”转移大陆，因为在政策限制和两岸无法“三通”的形势下，外移的企业不能有效建立起两岸产业链，只能带动更多的中上游产业出走，在大陆所获收益也不敢回台投资，因为回去后再出来就困难了。这种产业的持续快速外移，客观上导致岛内人力资源结构无法跟上产业结构调整的速度，服务业比重的“被动性”提高也未能同步吸纳就业，于是形成了结构性失业问题，贫富差距也日益扩大。来自于外销订单扩大、出口增长等带动的经济增长，因为海外生产比重的不断提高，并未能同步拉动岛内就业和薪资水平的增长。尤其在 20 世纪 90 年代后半期到 2000 年后民进党执政期间，这一现象更加突出。而吊诡的是，近年来民进党等在野政治势力反而以此作为反对马英九当局两岸经贸政策开放的主张，并对岛内部分弱势群体产生一定的影响力，成为影响两岸经济关系发展的重要非经济因素。

随着后国际金融危机全球经济的深刻变革，以及两岸经济进行的重大转型升级，转变两岸经济关系发展方式更具迫切性，同时也面临新的机遇与挑战。

1. 后国际金融危机时期全球经济正发生的深刻变革与转变，使两岸经济关系发展与过去 30 年相比，面临着一个全新的外部环境。

首先，全球经济将持续复苏但道路曲折，两岸经济关系发展外部环境总体向好

① 张冠华：《跨越新时间门槛之路——透视台湾经济转型》，台海出版社 1998 年版，第 101—103 页。

但不确定因素很多。IMF在2010年7月发布的世界经济展望中，判断全球经济将持续复苏，但欧债风波与美国房地产市场的第二次探底也使全球经济下行风险加大[①]。有专家认为，全球经济复苏形势十分复杂，如果国际社会不能从全球治理层面上解决好失衡根源及调整责任，最终会导致一次全球化时代的世界性大危机。[②]因此，虽然2010年两岸经济贸易投资呈现强劲复苏势头，但全球经济复苏的复杂性，增加了两岸经济关系未来复苏势头的不确定性与不稳定性。而两岸经济的外部不确定因素，又与ECFA的成效密切关联，并可能与未来两年岛内政经形势相成互动。

其次，世界经济再平衡过程中，两岸经济关系既往发展方式面临前所未有的挑战。美国过去"高举债、高消费"经济发展模式难以为继，增加储蓄与出口，成为美国经济走出危机的重要凭借。在2006年，美国的个人储蓄率为-1%，但到2010年6月美国个人储蓄额已提高到7259亿美元，占可支配收入的6.4%。而很多人认为，美国的个人储蓄率将会逐步提到1980年代8-10%左右的水平，这意味着美国人减少的消费数额将更为庞大。美国人同时也意识到，靠过去的虚拟经济与"金融巫术"解决不了目前高企的失业率，因此增加出口就成为增加就业的重要依靠。美国人不仅减少消费，而且还要振兴出口，这对过去依靠美国消费市场为主要出口动力的东亚经济体将是莫大的挑战。而长期以来美国接单—日本进口—大陆生产—出口欧美的两岸投资贸易方式，也面临着前所未有的压力。

再者，来自全球节能减碳浪潮、低碳经济与产业兴起，正深刻改变着全球产业分工的态势。全球经济再平衡过程并伴随的低碳经济产业兴起，从全球产业分工角度看，过去中东、俄罗斯等国家和地区提供初级化石能源与原材料、东亚制造、欧美消费的产业链，面临战略性的重整与布局。美国等发达国家欲重振出口，当然难以把移出的产业搬回去，更主要地要通过技术优势，以及以环保与减碳的道德旗帜改变全球贸易投资规则，来发展新能源等低碳经济，实现掌握新兴产业制高点、重振出口的目标。而提出并欲推行碳关税，就是发达国家为保障本国利益改变国际游戏规则，重新布局全球产业链利益，以振兴和提高发达国家在全球的竞争力、制衡新兴发展中经济体，确保美国为首的发达国家在金融危机后的全球化主导地位的重

---

① 国际货币基金组织，《世界经济展望》，2010年7月。

② 张燕生：《国际金融危机对两岸经济合作的影响》，后ECFA时期两岸经济交流与合作研讨会，桂林，2010年9月。

要手段[①]。同时，低碳经济与新能源产业的兴起，将使现行以化石能源为基础的生产链和价值链产生重大改变，两岸现行以化石能源为基础的产业及生产方式也面临前所未有的挑战。

2. 两岸经济将步入历史上重要的转型升级期，成为决定两岸经济关系发展方式转变方向的关键因素。

后国际金融危机时期全球经济的深刻变革，加快了中国大陆转型升级的步伐。未来大陆经济的转型升级与经济发展方式的转变，将是改革开放以来一次历史性的重大变革。扩内需、调结构成为大陆应对国际金融危机与后国际金融危机时期推动经济转型的主要方向。在扩大内需方面，在继四万亿元投资、家电汽车下乡等举措后，通过调整收入分配改革格局、完善社会保障体系等举措增加居民消费水平与比重等将是长期努力方向，与此相伴随的将是"刘易斯拐点"的到来与劳动力价格的长期上升[②]，这对于台商的代工生产模式将是重大挑战，而对于着眼于大陆内需市场的企业则是重大机遇。在调结构方面，服务业作为扩大内需与调整产业结构的最佳结合点，将是大陆未来尤其是沿海省份重点发展的方向，除沿海发达的大城市外，江苏省也提出未来要发展成为以服务业主的经济体系。从趋势看，后国际金融危机时期，大陆将步入由工业化加速阶段向服务业社会转变的新阶段。为应对低碳经济时代来临，大陆制造业升级也正加快，并明确提出新能源，传感网与物联网，微电子与新材料，生物医药，空间、海洋和地球深部开发等作为新兴战略性产业。

台湾经济也将步入一个重要的经济转型时期。作为长期以外向型经济为主的海岛型经济体，台湾从出口导向为主转向以内需扩张为主显然并不现实。更需要的是逐步改变主要依靠欧美消费市场的态势，将外销市场向大陆等新兴市场倾斜，以减缓来自欧美市场趋减的压力。这就需要改变过去台当局从政治因素考虑执行的谋求与大陆经济保持距离甚至渐行渐远的对外经济战略，在全局上重新布局与大陆的经济关系，这其实是马英九执政后加快开放两岸经贸政策并签订 ECFA 的战略考虑。结构调整上，在台湾已步入服务业社会的情况下，改变台湾服务业以内需为主的发展特点，通过扩大服务业的外向需求增加发展动力，是台湾经济转型的重点方向。实际上，早在上世纪 90 年代中期，台湾当局一度实施的"亚太营运中心"计划，即曾被称作是推动服务业扩大外需的"第二次外向型革命"，但因政治因素胎死腹中。而在制造业的升级方面，改变企业以代工生产为主的模式，加快向微笑曲线的

---

① 蓝庆新：《国际碳关税发展趋势析论》，《现代国际关系》，2010 年第 9 期。

② 张燕生，同上页注②。

两端升级也是必要的选择。台湾近来提出的发展观光旅游、医疗照护、生物科技、绿色能源、文化创意、精致农业等七大新兴产业，反映了其未来升级的重要方向，在发展新兴产业方面两岸颇多相类之处。

3. 两岸关系和平发展新格局，为两岸经济关系发展方式的转变提供前所未有的有利环境。

2008 年国民党重新执政后，按照 2005 年国共两党达成的愿景，两岸在“九二共识”基础上迅速恢复两会协商并实现制度化，两岸关系进入了一个和平发展的新时期。按照“先经后政、先易后难、循序渐进”的方式，两会协商已达成了以经济议题为主的 14 项协议与一项共识。这一新的发展格局，不仅表明两岸在“九二共识”基础谋求建立新的以和平发展为主轴的稳定、可持续关系，而且在经济领域取得了空前的成果，为两岸经济关系发展提供了前所未有的政策与制度环境。这一格局的形成并不断深化，使双方各自在两岸政经战略上取得方向性的一致，使得两岸未来各自进行的政经转型与调整通过两岸经济关系发展进行协调和相互支持成为可能。这一新的发展格局，一方面将使过去因政治力扭曲的两岸经济关系资源配置得到纠错，两岸各自的比较优势可望得到更大程度上的发挥；另一方面，也对转变两岸经济关系发展方式提出新的要求，即两岸经济关系应加快转型升级，来促进后国际经济金融时期双方各自经济战略目标的实现。

三、后 ECFA 时期两岸经济关系发展方式转变的方向

ECFA 的签订与生效，无论对于两岸关系还是两岸经济关系发展来说，都是具有里程碑意义的大事。作为涵盖两岸主要经济领域的综合性经济合作框架协议，是两岸迄今为止位次最高的经济合作协议，它能够在短时间内签订并生效，本身就是两岸关系和平发展的重大成果，是两岸关系和平发展进程深化的重要标志。同时，ECFA 是两岸首次通过的具有法律约束力的协议，明确了未来两岸经济关系正常化、自由化与机制化的方向，这与过去 30 年间两岸经贸政策的南辕北辄相比显然有着划时代的重大意义。特别是，ECFA 签订并生效后，已越来越得到主流民意的认同，说明两岸经济关系开放的发展方向，不仅仅成为台湾执政者的诉求，也成为岛内主流民意的愿望，这就为 ECFA 的落实与后续协商提供了重要基础。而 ECFA 的有效落实，加之后国际金融危机时期全球经济的深刻变革与两岸经济的重大转型，对推动两岸经济关系发展方式的转变就更具深远影响。

但是，ECFA 毕竟只是一个框架性协议，即将实施的 800 余项早期收获清单虽然已远远超出一般 WTO 成员间类似 FTA 框架协议早收清单的内容与规模，但毕竟仍是局部性的。需要指出的是，ECFA 的签订是两岸关系仍存在重大政治分歧、两岸政治互信仍未建立，以及岛内仍有政治势力予以强力杯葛的大环境下签订的。因此我们看到，ECFA 在总体框架上虽有法律约束力，但在两岸经济关系正常化、自由化的程度、时程等方面并没有条文上的明确约束。在现实环境下，后续的投资保护、货物贸易、服务贸易以及争端解机制等四大协议的协商将更为复杂、艰难，实际上后续进程能够顺利根本上还有赖于两岸政治互信的增进。而从转变两岸经济关系发展方式这一大方向观察，仅仅依靠贸易、投资的正常化、自由化进程也显然不够，如果 ECFA 的落实与后续协商成果不能与两岸各自的市场、政策、法律体系等进行实质对接，在实现两岸生产要素的正常与自由往来基础上推动两岸市场与制度面的深度整合，ECFA 的真正效率也会打上折扣。

在后国际金融危机时期全球及两岸经济发生重大变革的新格局、新环境下，要充分发挥 ECFA 的效力加快推动两岸经济关系发展方式的转变，以下几点似应值得思考。

首先，充分运用和发挥 ECFA 内容的综合性优势，统筹布局，系统性稳定推进。ECFA 除货物、服务、投资等主要内容外，还涵盖金融、产业合作等八项其他经济合作议题。货物、服务贸易乃至投资的正常化、自由化，是打通两岸生产要素正常与自由往来的关键。但同时还要看到，由于两岸在资源、市场、经济结构、政策环境等方面存在的差异，光有生产要素往来的正常化与自由化往来显然不够，要实现经济与产业链的整合，还必须在产业合作、金融合作等方面同步建立相应的整合机制，而且这些机制应与货物、服务贸易的机制进行密切衔接与配套，才能发挥整体效益。而从过去一段时间来看，这种衔接受制各种经济与非经济因素影响显然并不理想。如去年两岸开始的“产业搭桥专案”重点项目，与台湾开放大陆资金入岛的项目并未能实现密切衔接。

其次，利用 ECFA 平台大力促进两岸服务业合作。两岸服务业合作应站在一个战略高度上重点加以促进。从提高两岸经济的全球竞争力角度考虑，两岸服务业合作有助于打破过去形成的两岸制造、欧美日等发达经济体提供服务的格局，使两岸产业向微笑曲线两端移动。从产业升级角度看，只有两岸加强在研发创新、品牌建立、通路开发金融支持，以及相应的现代物流业等方面的合作，才能为现行的制造业代工生产模式的转型升级提供强力的支持。ECFA 中服务贸易是重要的内容，而且在早收清单中打破一般惯例加入了服务业内容，这将为两岸服务业合作提供前所未有的重要条件。但同时我们也要看到，服务业合作与过去的制造业合作无论在形式还是内容等方面都有很大不同，服务业合作更多是与双方的人文、政治、法律、政策等内容密切关联。因此，两岸服务业合作不仅是市场准入问题，还有在市场准入后两岸各自相应的政策、人文、法律等环境的调适问题。能否实现 ECFA 后续服务贸易协议与两岸各自政策环境的接轨是其中关键。而在这种接轨过程中，也是两岸服务市场深度开放的重要方式。

第三，建立两岸经济互信机制，并为累积两岸政治互信奠定基础。两岸政治互信不足，无疑是影响 ECFA 后续协商与落实的重要因素。虽然两岸在签署 ECFA 过程中都在尽最大努力降低其政治敏感性，但在政治互信不足的情况下政治因素在 ECFA 的协商过程及条文中都若隐若现。政治互信不足当然会影响到经济互信，在两岸涉及深层次、战略性经济布局上，缺乏互信必然会影响两岸经济的战略层次合作，因此两岸短期内难以出现内地与香港那样的具有战略纵深和全面布局式的经济合作。由于两岸关系的高度复杂性，在一定时期内两岸政治突破有着诸多现实困难，但如果充分发挥中国人智慧，运用 ECFA 平台与经济手段逐步建立起经济互信并非不可能。其中重要的出发点，就是应该通过建立各种平台、机制与新的合作方式，有效增加两岸和两岸企业间的共同利益，如两岸企业的策略联盟、重大项目的共同开发、合资合作、相互参股等多种方式，通过共同利益的连接来增加经济互信，进而累积政治互信。

第四，逐步推动两岸政策协调、制度整合，为两岸经济关系发展方式转变提供更有利的制度环境。

ECFA 的签订与生效，某种程度上是两岸迈出共同治理两岸经济事务的重要一步。而随着两岸贸易投资规模的扩大与对各自经济影响程度的加深，双方的两岸经贸政策与各自的总体经济策略联系将更加紧密。这就需要双方不仅要利用 ECFA 平台实现趋同的两岸经贸政策，还需要进一步将这种两岸经贸政策与各自的宏观经济策略、经济布局进行衔接。随着两岸关系和平发展的深化，双方有必要对各自的经济定位、对方在自己经济发展中的角色等予以较明确的筹划，并将两岸经济合作纳入各自的经济规划与政策之中，进而双方就财政、货币、产业等宏观经济政策进行某种形式的的协调。因此，考虑到这种需求，未来 ECFA 中两岸经济合作委员会的定位与功能也应进行一些相应的增强与完善。

第四，共同应对与务实处理两岸经济合作与亚太区域经济合作相衔接的问题。

胡锦涛总书记在六点意见中提出，建立更紧密的两岸经济合作机制，有利于探讨两岸经济共同发展同亚太区域经济合作机制相衔接的可行途径。ECFA 的签订与生效，是建立两岸经济合作机制的重要一步，为两岸探讨共同参与亚太区域经济合作机制的提供了有利条件。但同时也要注意到，这一问题与两岸间的经济合作相比更具复杂性与敏感性，它不仅涉及台湾的国际参与问题、两岸政治互信问题，更涉及东亚区域经济合作的态势与第三方的利益等因素。应该说，在目前的总体形势下尚不具备全面处理和解决此一问题的条件，这是因为：一是东亚区域经济合作形势复杂，大国间各有不同的利益与战略目标，在参与区域经济合作的路径与策略也有不同，因此东亚区域经济合作与欧、美等区域经济合作不同，大国未能发挥主导发挥区域经济合作的作用，而是由东盟来牵头，这就使亚太区域经济合作进程变得艰难。二是在亚太区域经济合作中，各国的政治利益与经济利益相互纠葛，各国的全球或区域战略与参与区域经济合作的策略密切相关，两岸共同参与亚太区域经济合作的过程中，也必将受到这些复杂因素的影响，在亚太各主要大国战略利益不同甚至有所冲突的情况下，台湾做出怎么样的选择至关重要。三是两岸政治互信尚未建立，这是处理相关问题的主要障碍。四是在现有两岸经济关系发展方式下，两岸经济整合度不够，现行两岸产业交流与合作在需求市场上较多依赖美国，在关键技术与零组件上较多依赖日本，这种态势某种程度上削弱了两岸共同参与亚太区域经济合作的内在市场动力，以及在区域一体化进程中获得更有利地位的能力。而且，其产生的贸易、投资转移效果需认真评估。

但是，从两岸关系和平发展的前景看，两岸共同参与亚太区域经济合作应该予以较乐观的期待。其中最重要的条件取决两岸互信能否建立；其次是台湾在亚太区域经济合作进程中的战略选择，如果两岸能够在区域经济合作进程中的战略利益上取得方向性一致，将有利于加快台湾参与区域经济合作的步伐；再就是两岸经济的整合程度，如果两岸通过加快全面落实 ECFA 后续进程，实现两岸经济关系发展方式的转变并促进两岸经济整合水平，再加上港、澳的经济实力，两岸四地通过合作共同参与亚太区域经济合作进程，无疑将大大提高中国人在东亚区域经济合作的地位。从趋势看，如果两岸沿着和平发展的道路走下去，两岸共同参与亚太区域经济合作的前景是乐观的，而这本身也应当是两岸关系和平发展的重要目标。

（原载《第四届两岸经贸文化论坛文集》）

两岸经贸往来对台湾产业结构的影响

——基于比较利益视角的分析

朱 磊

产业结构合理化是优化资源配置、促进经济增长的重要途径①。一般而言，产业结构的变动由人力资源、技术、资金、商品、外来直接投资、自然条件和资源禀赋、经济发展水平、文化环境等供给因素与投资、消费和对外贸易及对外投资等需求因素所决定。推动台湾产业结构变动的因素包括：国际环境、产业政策、科技进步、国际分工、生产要素投入、经济发展水平、经济系统变化等（林长华，1993；张冠华，1996；陈克明，1997；张骥、韩晓彬，2000；陈晓东2002；李非，2004）。然而，从台湾产业结构的发展看，无论是产值结构还是就业结构，最大的变化均发生于20世纪80年代，其时正值两岸经贸往来从无到有，因此，本文试图从比较利益的视角分析两岸经济开放与台湾产业结构变动之间的关系。

① 虽然有些学者不同意产业结构存在演进规律，或不同意合理化是产业结构的变动方向，但对于发展中国家或地区来说这一规律应该是成立的。现有的宏观经济学理论均以国民经济中下一个有前景的新兴产业不可知为暗含前提，该前提对发达国家是合适的，因其所有产业都处在世界产业链的最前沿，对下一个有前景的新兴产业为何多数情况下难以产生社会共识；但发展中国家或地区在产业升级时，企业所要投资的是技术成熟、产品市场已经存在、处于世界产业链内部的产业，政府和企业很容易预测下一波新兴主导产业，这种产业升级的方向往往是朝向合理化的。

一、比较利益方法在分析产业结构变动中的应用

用相对价格比较描述比较优势（即比较利益）[①]，可以有两种测度方法：第一种是一国[②]内部两种产品 X 与 Y 价格的相对比较：一国 X 对 Y 的相对价格等于 $\frac{p_x}{p_y}$ 或等于 $\frac{p_x^*}{p_y^*}$；第二种是同种产品两国价格的相对比较：X 的 A 国对 B 国的相对价格等于 $\frac{p_x}{p_x^*}$，Y 的相对价格等于 $\frac{p_y}{p_y^*}$。

李嘉图的比较优势说可以表示为以下命题[③]：假设没有国际贸易发生，A 国两种产品 X 和 Y 的价格分别为 p_x 和 p_y，B 国这两种产品的价格分别为 p_x^* 和 p_y^*，则当且仅当 $\frac{p_x}{p_y} < \frac{p_x^*}{p_y^*}$ 或 $\frac{p_x}{p_x^*} < \frac{p_y}{p_y^*}$，A 国 X 产品有比较优势。

这里，$\frac{p_x}{p_y} < \frac{p_x^*}{p_y^*}$ 与 $\frac{p_x}{p_x^*} < \frac{p_y}{p_y^*}$ 是等价的。正因为如此，A 国 X 产品有比较优势，等价于 A 国 Y 产品有比较劣势，也等价于 B 国 Y 产品有比较优势。亦即不论是哪种“相对”比较的描述，X 产品所具有的比较优势都是存在的。按照李嘉图的

① 比较优势理论（comparative advantage theory）也称“比较利益说”或“比较成本说”（comparative cost theory）。学术界普遍认为该理论由李嘉图开创，但也有学者提出最早阐述比较利益思想的是斯密（吴易风，1996）、或者穆勒（Thweatt, 1976）、或托伦斯（Chipman, 1965）。李嘉图的比较优势论与斯密的绝对优势论之间有密切联系。二者的共同点是均认为两国两种产品的贸易由两国成本之比较来决定。但是成本比较有两种思维模式：同种产品两国之间的成本比较（纵向比较），或一国之内两种产品的成本比较（横向比较）。比较优势说与绝对优势说的思维框架不同之处在于：后者只是单一的纵向之比较，前者则是双向的纵横之比较。人们把这种双向的纵横之比称为“相对比较”。这种“相对性”就是李嘉图比较优势理论的思维逻辑的精髓所在。它突破了单一纵向比较的思维禁锢，它在绝对成本理论对事实的描述和说明无能为力的情况下，可进一步揭示其本质，帮助人们做出合乎逻辑的判断和决策。尽管李嘉图的比较优势说是建立在一系列简单假定的基础上，但其对比较利益分析方法的贡献是勿庸置疑的。比较优势由“相对”比较来确定，它解决了在基数不同、计量单位不同情况下绝对数比较无意义的问题。

② 本文论及比较优势理论时所称的“国家”只为理论陈述，不意味台湾具备“国家”资格。

③ 此处为单一生产要素的模型。也可以将李嘉图的 2×2 模型“一般化”推广至 $m \times n$ 模型。譬如在 m 种产品 2 个国家的情况下，不失一般性，可将比较成本按递增方式排列，即 $\frac{a_1}{a_2} \prec \frac{b_1}{b_2} \prec \frac{c_1}{c_2} \prec \ldots \prec \frac{m_1}{m_2}$，引入两国的工资率之比 w，当 $\frac{a_1}{a_2} \prec w \prec \frac{m_1}{m_2}$ 时，国家 1 将专业生产并出口相对比较成本低于 w 的所有商品，国家 2 则专业生产并出口相对比较成本高于 w 的全部商品，相对比较成本等于 w 的那种商品由各国自己生产，不参加国际贸易。

比较优势理论，A 国应出口 X，进口 Y；B 国应进口 X，出口 Y。如果仅仅是 $p_x < p_x^*$，并不能说明 A 国 X 有比较优势。如果 $p_x < p_x^*$ 且 $p_y > p_y^*$，那就是斯密的绝对优势说，即 A 国的 X 和 B 国的 Y 分别具有绝对优势。如果 $p_x < p_x^*$ 且 $p_y < p_y^*$，则 A 国在两种产品上都有优势，B 国在两种产品上都无绝对优势，只能通过相对比较 $\frac{p_x}{p_y}$ 与 $\frac{p_x^*}{p_y^*}$（或 $\frac{p_x}{p_x^*}$ 与 $\frac{p_y}{p_y^*}$）进一步判别其比较优势。

在李嘉图模型基础上，本文借鉴克鲁格曼（Paul.R.Krugman）和奥伯斯法尔德（Maurice.Obstfeld）的相关模型[①]，形成分析比较优势对产业结构影响的以下两个基本命题。

（1）假设世界上只有两个经济体，本地区和外部地区；两地区只生产两种产品，第二产业产品和第三产业产品[②]，两地区间商品自由贸易，则有命题（1）：

当且仅当 $\frac{w_i}{w^*_i} > \frac{a_i^*}{a_i}$，外部地区生产 i 产品的成本比较低，本地区内生产要素的流出不具有比较优势的 i 产业，集中生产另一产品。

其中，w 是本地区单位时间工资率，a 是本地区单位产品的劳动投入；w^* 是外部地区单位时间工资率，a^* 是外部地区单位产品的劳动投入；下标 i 代表第 i 产业，i= 第二产业，第三产业。当第三产业具有比较优势时，生产要素会流向第三产业，使其在社会总产值和就业水平的比重上升，产业结构因此出现“软化”趋势。

该命题较易证明。如果我们将本地区生产单位产品所需要的成本定义为 $\overline{C_i}$，外地区生产单位产品所需要的成本定义为 $\overline{C^*}_i$，则有：

① 克鲁格曼（Paul.R.Krugman）和奥伯斯法尔德（Maurice.Obstfeld）：《国际经济学（第五版）》，中国人民大学出版社 2002 年版，第 26—31 页。

② 费希尔（A.Fisher）和克拉克（C.Clark）按产业发生时序将全部经济活动划分为三次产业：第一产业包括农、林、牧、渔业；第二产业包括矿业、制造业、建筑业；第三产业包括批发零售、金融保险、水电气热、运输通讯等服务业。目前有些国家或地区在此基础上又加上第四产业，包括信息生产、处理、分配及基础设施维护等部门。这种产业结构分类法是目前被广泛接受和采用的分类标准，其理论基础是产业结构的变化总趋势是分别经历农业化、工业化、服务化和信息化阶段。本文在采取三次产业分类法时，按照台湾当局的统计口径，第一产业包括农、渔、林、牧、矿业，第二产业包括制造业、水电燃气业和营建业，第三产业包括批发零售、国际贸易、运输仓储、金融保险、不动产及租赁和政府服务。

若 $\overline{C}_i > \overline{C}^*{}_i$，表示本地区生产 i 产品的成本比较高，将会集中生产另一种产品。

$$\text{而}\ \overline{C}_i = \frac{K_i}{Q_i} = \frac{w_i L_i}{Q_i} = w_i a_i \qquad \text{同理}\ \overline{C}^*{}_i = w^*{}_i a^*{}_i$$

其中，K 为总资本投入，L 为总劳动投入，Q 为产量，w 为单位劳动工资。

当 $w_i a_i > w^*{}_i a^*{}_i$ 时，即 $\frac{w_i}{w^*{}_i} > \frac{a_i^*}{a_i}$ 时，表示本地区生产 i 产品的成本比较高，将会集中生产另一种产品。如果 $\frac{w_i}{w^*{}_i} = \frac{a_i^*}{a_i}$，则两种产业间不存在生产要素流动。

（2）假设世界上只有两个经济体，本地区和外部地区；两地区只生产两种产品，第二产业产品和第三产业产品，生产要素（命题 1 中是商品）可以在两个经济体间自由流动，则有命题（2）：

当且仅当 $\frac{w_i}{w^*{}_i} > \frac{a_i^*}{a_i}$，外部地区生产 i 产品的成本比较低，本地区生产要素流向 i 产业具有比较优势的外部地区。

其中，w 是本地区单位时间工资率，a 是本地区单位产品的劳动投入；w^* 是外部地区单位时间工资率，a^* 是外部地区单位产品的劳动投入；下标 i 代表第 i 产业，i= 第二产业，第三产业。当本地区的第三产业具有比较优势而外部地区的第二产业具有比较优势时，本国第二产业的资本会流向外部地区的第二产业，产业结构因此出现产业外移的现象。

二、台湾产业结构变动的比较利益分析

20 世纪 80 年代中期是台湾经济发展和产业结构变动的重要分水岭，本文从产业交替、产业外移和产业升级三个方面来分析台湾产业结构的变动。

（一）产业交替。从产值比重变化看（图 1），二战后台湾第二产业的产值比重始终低于第三产业。台湾是海岛型开放经济，贸易和运输行业的产值一直在 GDP 中占很大比重，所以台湾服务业在经济起飞之前就占相当大比重。如图 1 所示，1973 年以前是台湾工业产值比重迅速上升时期，与台湾服务业产值比重的差距急

剧缩小，1973 年台湾第二、三产业的产值比重相差仅 0.3 个百分点。此后十几年间，工业和服务业的产值比重保持非常相近的水平，其中 1978 年和 1986 年台湾第二、三产业的产值比重均只相差 0.2 个百分点。但自 1986 年之后，二者差距重新扩大，工业产值比重进入衰退期，而服务业产值比重却持续上升，至 2005 年，台湾第三产业的产值比重已领先第二产业 48 个百分点之多。

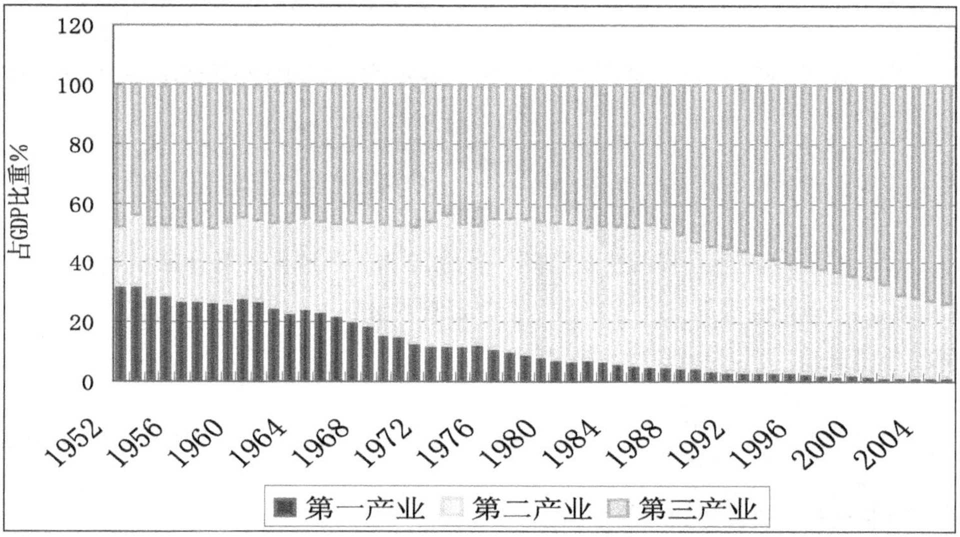

资料来源：1978—2001 数据取自《Taiwan statistical data book》，2002 以后取自《"中华民国"统计月报》，部分缺省数据取自台"行政院主计处"编《中华民国统计年鉴》。

图 1 台湾各产业产值占 GDP 比重图

从就业比重变化看（图 2），台湾三大产业的主导地位变化分三个阶段。20 世纪 70 年代前，台湾第一产业吸收了最多的就业人口，在战后的 10 几年间台湾一直有一半以上的人口从事农业生产。70 年代后，台湾第二产业逐渐成为就业人数最多的产业，第三产业紧随其后，第一产业的就业人口急剧减少。从 1988 年开始，台湾第三产业的就业人数超过第二产业，并且差距快速拉大，到 2005 年第三产业就业人数占总就业人口比重已经领先第二产业近 23 个百分点，第一产业则降至不到 6%。

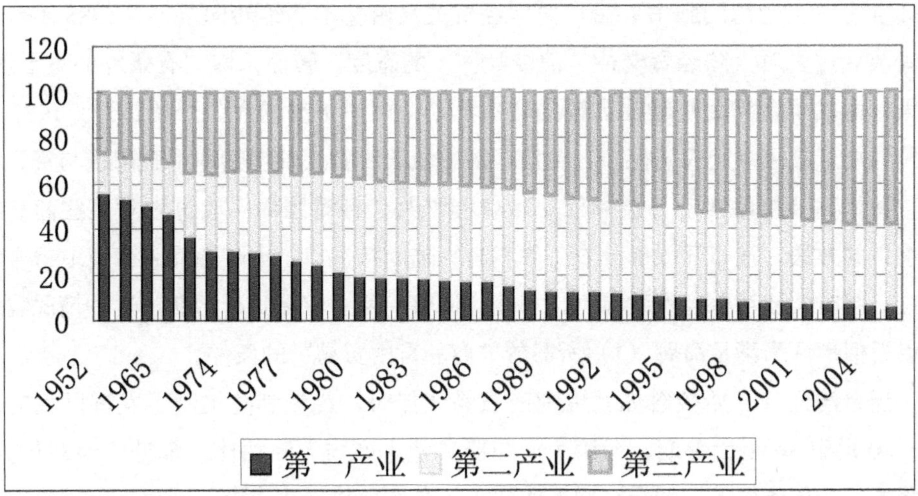

资料来源：1978—2001 数据取自《Taiwan statistical data book》，2002 以后取自台“行政院主计处”编《国民经济动向统计季报》。

图 2 台湾产业就业比重变化图

为什么 20 世纪 80 年代中期以后台湾第三产业的产值比重和就业比重均快速超越第二产业？传统的解释着重于岛内经济环境的变化，认为当时第二产业的升级受到限制导致工业发展速度降低。“由于台湾的劳动力价格大幅度上升，再加上国际贸易保护主义的盛行，使台湾劳动密集型工业失去了原有优势，出现生产急剧衰退的局面。虽然在台湾当局工业升级政策的推动下，台湾技术密集型工业有了较快的发展，但是由于技术条件的制约，以及无法在短期内改变中小企业的落后状况，使工业的升级受到了限制。在现代科技发展突飞猛进的情况下，即使台湾的技术密集型工业，无论在技术上和产品层次上，与工业发达国家相比仍有相当的差距，在高科技领域台湾更是望尘莫及。在这种情况下，一方面劳动密集型工业急剧衰退，而另一方面技术密集型工业的发展因受到种种限制，无法迅速地取代传统的劳动密集型工业，从而使台湾的工业发展进入了一个苦涩的转型期。”[①]

但从比较利益的视角看，如果两个经济体之间存在贸易，即使某经济体在两种产品（第二、三产业）的生产上都处于绝对劣势（或优势），选择劳动生产率相对较高的产品进行专业化生产仍可获得贸易利益。对于台湾这样一个小规模开放型经济体来说，外部经济环境的变化对其经济发展方向的影响是非常巨大的。20 世纪 80 年代中期台湾外部经济环境发生的最大变化，莫过于两岸经贸的开放。1979 年

① 茅家琦主编：《80 年代的台湾》，河南人民出版社 1991 年版，第 400 页。

大陆发表《告台湾同胞书》后，两岸经贸关系由基本隔绝转向复苏。1985 年台湾当局改变过去对大陆经贸交往“消极默许”的态度，转而采取“有条件的不干预”政策，激发了台湾商品输往大陆的转口活动，两岸贸易的大门开始打开。1987 年台湾当局开放民众赴大陆探亲，台湾厂商趁机纷纷到大陆考察和了解市场与资源情况，两岸商务接触活动日益频繁。1987 年 7 月，台湾当局一改过去对某些商品默许进口的办法，宣布开放部分农工原料自大陆间接进口，大陆商品入台也取得合法地位，同时大陆对台经贸政策也作了相应调整，两岸贸易日渐活跃，这种情况我们可以近似地认为满足命题（1）所需的“商品自由贸易”的条件。

当台湾经济开始接触如此庞大的贸易伙伴时，比较利益机制了发挥巨大的作用。20 世纪 80 年代中期，台湾工业与服务业生产与大陆相比，都处于绝对优势，但服务业的优势更大，即台湾服务业比工业具有比较优势。换句话说，大陆第二产业的比较成本低于台湾第二产业。在两岸可以进行间接贸易之后，台湾资源向具有比较优势的第三产业集中更符合经济利益。因此，在比较利益这只“无形之手”的推动下，台湾第三产业蓬勃发展，无论是产值比重还是就业比重均迅速超过第二产业，完成划时代的产业交替。

经验检验。根据命题（1），假设只有两个地区，台湾地区和大陆地区，w_i 和 w_i^* 分别代表台湾和大陆地区第二产业人均年工资率，a_i 和 a_i^* 是台湾和大陆地区第二产业单位产品劳动投入，可用第二产业总劳动人数比第二产业总产值求得。当且仅当 $\frac{w_i}{w^*_i} > \frac{a_i^*}{a_i}$ 或 $w_i a_i > w^*_i a^*_i$ 时，大陆生产第二产业产品的成本比较低，台湾生产第二产业产品成本比较高，则台湾资本将流向具有比较利益的第三产业。

从图 3 可以看出，自 1984 年后，台湾工业品的比较成本迅速与大陆拉大，且长期保持较大差距，换句话说，台湾第二产业的比较优势迅速丧失，而大陆第二产业的比较优势明显，因此台湾的生产要素向具有比较优势的第三产业流动，造成台湾自 80 年代中期开始的产业主导地位交替变化，即工业比重下降而服务业比重上升。

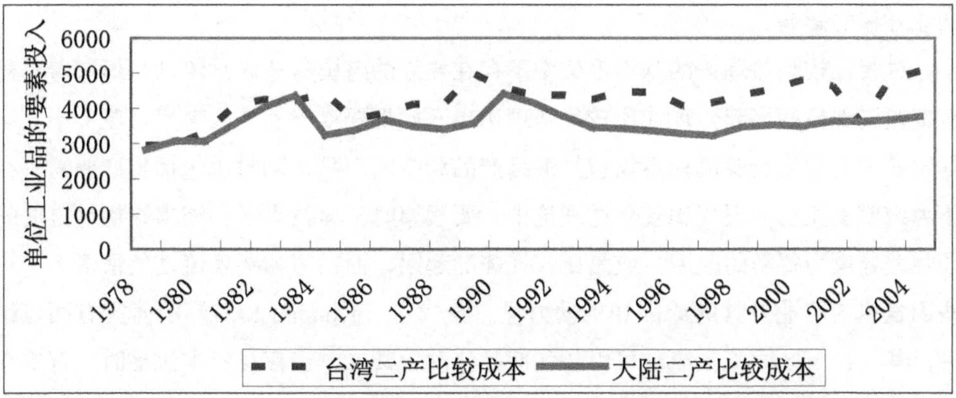

资料来源：台湾部分2002年前均为《Taiwan Statistical Data Book》资料；之后采《“中华民国”统计月报》数据，大陆部分采国家统计局编《统计年鉴》和历年《中国经济年鉴》。

图3 两岸第二产业比较成本差异图

（二）产业外移。台湾对外投资自20世纪80年代以来增长迅速，总体上以第二产业为主，其中劳动密集型产业所占比重很大。据台湾《侨外投资统计月报》的统计数据，从80年代中期到90年代中期的对外投资累计总额中，第一产业所占比重仅有0.27%，第二产业占49.89%，第三产业占46.39%，其他占3.43%。在制造业中，电子及电器产品制造业及精密器械业所占比重为33.95%。80年代以来，向外转移生产据点最多的也是劳动密集型的中小企业。劳动密集型企业大量出走后，虽然台湾制造业每年新增工厂家数目逐渐减少，从1987年的10721家减至1994年的7115家，下降了33.64%，但工厂规模却不断扩大，1994年的工厂规模是1987年的3.5倍，是1991年的1.7倍。①

对于台湾产业外移现象，传统的解释是，岛内存在大量剩余资金、外汇储备迅速增加、投资环境不断恶化、台湾当局政策引导、国际贸易保护主义与技术封锁等因素共同造成台湾资本输出。“台湾自八十年代中期进行产业升级以来，大量的传统劳动密集型产业由于丧失竞争优势而被淘汰出局，但这些劳动密集型产业厂商并未因此倒闭，而是转向海外投资以寻找企业‘第二春’，其中大量地转向祖国大陆投资，他们利用祖国大陆劳动力成本较低的优势得以继续发展，并且多数还获得了较高的投资回报。”②这些解释基本着重于台湾产业绝对利益的变化，诸如工资成本升高、企业用地价格上涨等，而忽略了因两岸经济开放导致的比较利益变化对台湾

① 殷存毅：《台湾对外投资现状及特点》，《台湾研究》，1996年第2期。

② 李家泉主编：《台湾经济总览》，中国财政经济出版社1995年版，第241—242页。

产业外移的影响。

尽管比较利益理论的基本框架中不存在要素的跨国（地区）流动，但随着对外直接投资现象的兴起，现代比较优势理论也开始把要素流动纳入考察对象，毕竟国际贸易中的实物资源流动不仅包括最终产品和中间产品，同时也包括生产要素。在不考虑要素流动的现代比较利益理论中，要素禀赋、科技水平、需求结构等方面的国际差异成为贸易的起因，或是比较优势的起因，而在考虑要素流动的情形下，这些因素成为产业外移的原因和推动力量。蒙代尔（Mundell,1957）的研究有两点结论：其一，地区间资本流动可以替代商品流动；其二，当存在资本流动时，资本在要素价格杠杆下由资本相对丰裕地区流向资本相对稀缺地区，从而使地区之间要素丰裕度改变，比较优势趋于消失。就台湾而言，20 世纪 80 年代转移到大陆的产业主要是第二产业，当时大陆第二产业的绝对成本和比较成本均低于台湾，台湾资本丰裕程度高于大陆，制造业资本流入大陆，台商在大陆进行从加工贸易到直接投资（FDI）的投资活动，同样是比较利益机制在牵引台湾产业外移。

经验检验。假设世界上只有两个经济体，台湾地区和大陆地区；两地区只生产两种产品，第二产业产品和第三产业产品，生产要素可以在两个经济体间自由流动，根据命题（2）：当且仅当$\frac{w_i}{w^*_i} > \frac{a^*_i}{a_i}$，大陆地区生产 i 产品的成本比较低，两地区间生产要素的流向是：生产要素流向 i 产业具有比较优势的大陆地区。其中，w 是台湾地区单位时间工资率，a 是台湾地区单位产品的劳动投入；w^*是大陆地区单位时间工资率，a^*是大陆地区单位产品的劳动投入；下标 i 代表第 i 产业，i=2，3。当台湾地区的第三产业具有比较优势而大陆地区的第二产业具有比较优势时，台湾地区第二产业的资本会流向大陆地区的第二产业，产业结构因此出现产业外移的现象。

从图 3 可以看出，自 1984 年后，台湾工业品的比较成本迅速与大陆拉大，且长期保持较大差距，换句话说，台湾第二产业的比较优势迅速丧失，而大陆第二产业的比较优势明显，在两岸生产要素流动逐步放开的条件下，第二产业台商开始向具有比较优势的大陆进行投资，掀起台湾第二产业的外移潮。

（三）产业升级。对台湾第二产业来说，由于不具有比较优势，其出路有三：一是将资源集中在具有比较优势的第三产业，从而形成产业交替；二是资本流向第二产业具有比较优势的地区如大陆，从而形成产业外移；三是通过产业升级[①]，使原本不具备比较优势的第二产业获得新的比较优势。

产业升级需要提升比较优势，比较优势的产生有两个主要来源：要素禀赋与规模经济。要素禀赋决定初始的比较优势，企业按比较优势进行生产和交易，经济剩余趋于最大化，人均可支配资本量增加，要素禀赋结构得以提升，从而产生新的比较优势。两岸经济往来开放后，台湾第二产业通过将制造部门转移至大陆，降低了生产成本，利润率增加，资本存量增大，从而有力量加强研发和市场方面的投资，逐渐培养出研发和市场方面的比较优势，实现产品价值链上的产业升级。

规模经济也可以产生比较优势。克鲁格曼（P.R.Krugman, 1979）认为，在内部规模经济和不完全竞争的条件下，企业的长期平均成本会随着产量增加而下降，从而形成低成本优势。要实现规模经济，就必须有足够的市场容量。两岸贸易的迅速发展使台湾企业的市场容量迅速增加。

台湾企业形成规模经济的另一个来源是跨国公司的外包[②]订购。当台湾刚刚发展起新兴部门或产品的时候，新产品技术往往掌握在国际大企业手中，在台湾的生产也多以 FDI 方式为主。随着技术外溢，生产新产品的本地厂商逐渐增多，劳动成本升高，外商选择将产权卖给当地厂商后撤资，而后以外包形式给台湾厂商下订单，台湾厂商迅速获得规模经济，并逐步具备投入新产品生产从而再次进行产业升级的能力。

经验检验。选取台湾“电脑通信及视听电子产品制造业（computer, communication & video & radio electronic products）”（简称“电子业”）作为经验检验的案例

① 产业升级的概念在各种文献中有多种不同理解。第一种是将产业升级等同于产业交替，其内涵既包括第一产业向第二、三产业转换，也包括劳力密集型产业向资本密集型和知识技术密集型产业转换，还包括传统产业向高科技产业转换，及第二产业内的轻工业向重工业转换；第二种是将产业升级大致等同于产业创新，如联合国的有关报告中即从产品创新、工艺创新和功能性创新角度分析产业升级；第三种产业升级是指产业技术升级，多从产品结构、厂商层次或集群内部进行定义，这包括产品层级提高，企业经营内容从制造部门向市场和研发两端拓展，或通过加强与相关行业企业的联系促进集群创新。本文从第三种理解出发，即产业升级（industrial upgrading）是产业在厂商层次（firm level）晋升至更高技术层次的行为。

② 学界对“外包”（Outsourcing）有种种不同的内涵界定：Loh 和 Venkatraman（1992）认为是外部供应商在涉及用户组织的信息技术基础的物质资源或人力资源方面做出的显著贡献；Kotabe（1992）认为是由全球独立供应商向跨国公司提供的产品和由独立供应商向企业提供零部件和成品的程度；Lei&Hitt（1995）定义为依赖外部资源制造零部件和其他价值增值活动；Gilley 和 Rasheed（2000）提出是从用户到供应商的资产转移，由供应商负责外包业务。概括起来，目前理论界普遍接受的定义是：企业内部资源有限的情况下，为取得更大的竞争优势，仅保留其最具竞争优势的核心资源，而把其他资源借助于外部最优秀的专业化资源予以整合，达到降低成本、提高绩效、提升企业核心竞争力和增强企业对环境应变能力的一种管理模式。

和统计口径[①]。台湾电子业的产品升级依循电视机、计算机、集成电路、液晶面板的次序向资本、技术更为密集的方向发展。在这一过程中，台湾厂商以外包形式接获新产品的大量订单，主要来自美国跨国公司，形成必需的规模经济，迅速扩充产能，实现产业升级。而这种新产品由美商外包给台商，是由比较利益机制自发进行的，亦即，由于台湾电子业比较成本远低于美国电子业厂商（图 4），美商选择将产品制造外包给台商，自己投入研发或新产品的制造领域。

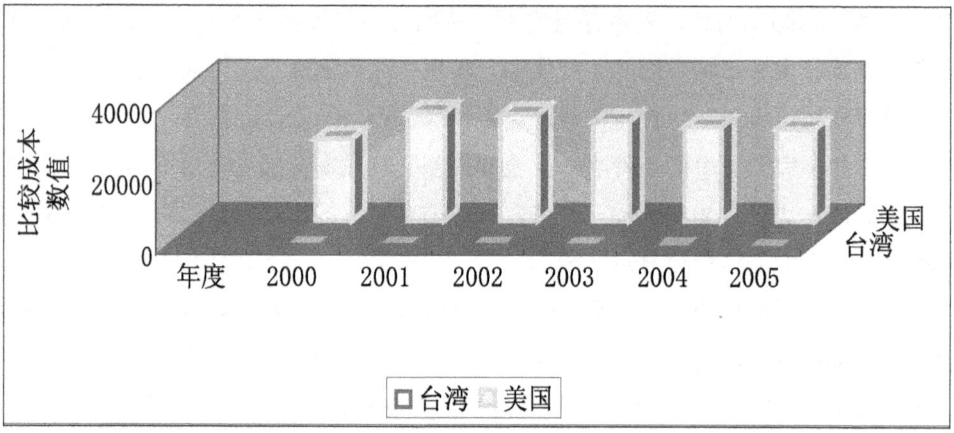

注：台湾数据口径为“电脑通信及视听电子产品制造业”（computer, communication & video & radio electronic products）；美国数据口径为“computer and electronic products”；电子业月薪以制造业月薪替代；美国制造业每周工作 41 小时。
资料来源：美国劳工部劳动统计局（Bureau of Labor Statistics，U.S. Department of Labor）网站 http://www.bls.gov/lpc/home.htm；美国商务部经济分析局（Bureau of Economic Analysis，U.S. Department of Commerce）网站 http://www.bea.gov/；台湾《资讯工业年鉴》；《薪资与生产力统计月报》。

图 4 台湾与美国电子业比较成本

如果比较大陆与美国在台湾企业市场容量扩张方面的作用，基本上是呈现此消彼长的态势（图 5），即两岸经济开放之后，大陆在台湾出口市场中的地位与日俱增，成为台湾产业升级的重要推动力量。

① 该产业是当前台湾经济中生产值、销售值和出口值最大的产业，在全球价值链中的地位也举足轻重，例如主机板等产品几乎垄断了全球的市场，因此是台湾产业升级中最具代表性的产业。

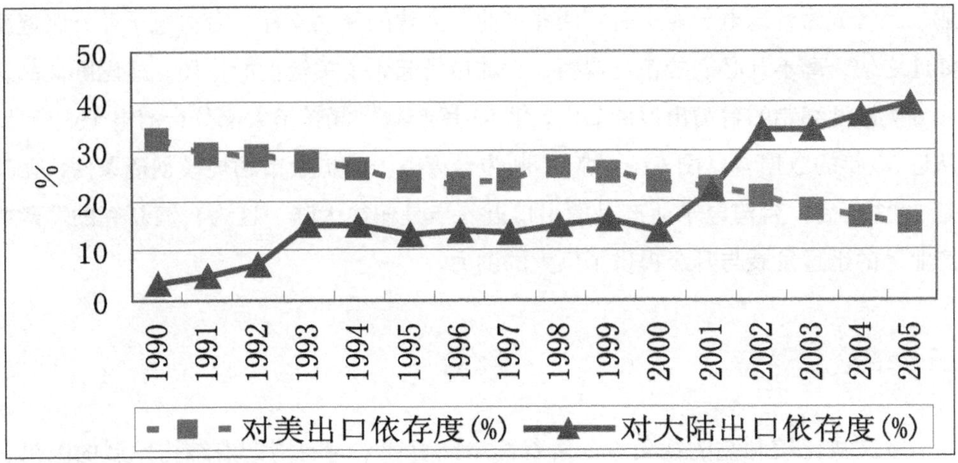

资料来源：台“行政院主计处”编《中华民国统计月报》；中国海关数据。

图 5 台湾对大陆和美国的出口依存度比较

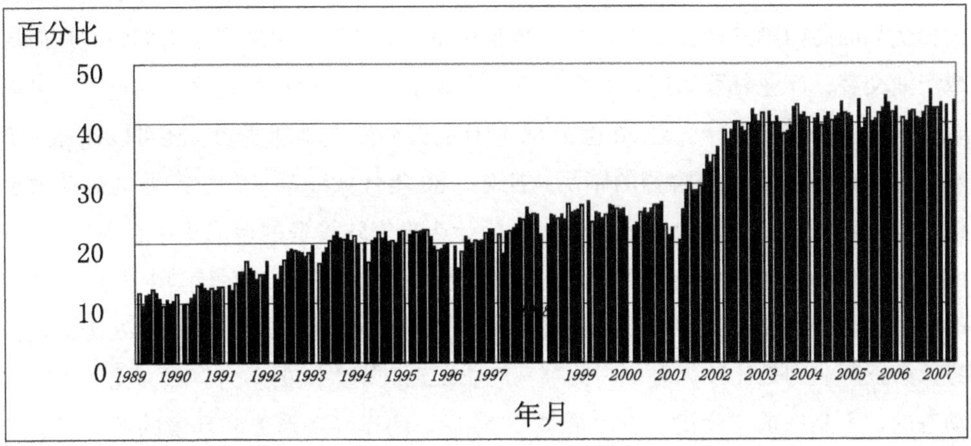

资料来源：台湾海关统计数据，台湾“经济部”网站。

图 6 大陆市场占台出口市场份额（1989—2007）

正如命题（1）所揭示的，当两岸开始自由贸易后，由于台湾第二产业不具有比较优势，生产要素向第三产业倾斜，第二产业必须集中有限的资源形成规模经济，实现产业升级。生产规模有赖于市场规模。大陆市场对台湾第二产业新兴产品起到巨大的吸纳作用。仍以台湾电子业为例，20 世纪 80 年代迅速崛起的资讯电子业取代了传统家电业的地位，并于 90 年代达到鼎盛，而后继续往上游升级，半导体产业的晶圆代工逐渐成为主流，并借亚洲金融危机之机大力发展起液晶面板产业，二者成为台湾电子业中有“两兆产业”之称的新兴支柱。台湾电子业升级速度如此之快，离不开必需的市场规模，大陆市场起到了关键性的作用。按国际商品统一分类制度编制的台湾出口商品中，第 85 章产品[①]涵盖了大部分台湾电子业商品，从近 20 年的数据看（图 6），大陆不断为台湾电子业扩大市场规模创造条件，尤其是 2003 年后，台湾电子业产品的出口近一半是输往大陆，这为台湾新兴的“两兆产业”的迅猛发展与升级提供了巨大的助力。

三、结论

本文从比较利益的视角重新解释两岸经贸往来对台湾产业结构发展的因果关系，运用相关模型和经验数据证明两岸经贸的开放与壮大对台湾产业结构的演进起到直接的推动作用。正是由于两岸经贸从无到有，台湾经济突然面临这样一个巨大的贸易伙伴，才使得比较利益机制充分发挥功能，岛内第二产业资源分别流向具有比较优势的岛内第三产业、大陆第二产业和岛内第二产业中的高技术部门，从而形成产业交替、产业外移和产业升级三方面产业结构的变化特征。这一观点不仅可以解释台湾产业结构为什么自 20 世纪 80 年代起开始发生剧烈变动，还可以弥补从绝对利益视角分析的传统解释的不足。比如，80 年代大陆第二、三产业的劳动力价格都远比台湾低，市场也都较岛内大，为什么来大陆投资的台商集中在第二产业，而第三产业的大规模投资直到 20 年后的今天才开始出现？绝对优势对此难有圆满的解释，而按比较优势的观点看，当时台湾经济与大陆相比，第二产业处于比较劣势，第三产业则是比较优势，因此第三产业缺乏进军大陆的动力。然而比较优势是动态的，不是一成不变的，在发展了 20 年后，两岸经济形势和环境的都发生了变化，不同产业的比较成本也需要重新评估。

总之，比较优势理论对台湾产业结构的演进有强大的解释力。正如芬德利（R.Findlay,1987）所说：“比较优势原理是经济学中最深邃也最优美的结论。”或如萨缪尔森（P.A.Samuelson,1969）所言：“比较优势原理逻辑上之可靠，已不需在数学家面前论证，而成千上万显赫的智慧之士不但不能自己理解这一道理，甚至在经过解释之后依然困惑不解，则又恰证明其意义非凡。”理解了这一点，我们可以找

① 第 85 章产品包括：电机与设备及其零件，录音机及声音重放机；电视影像、声音记录机及重放机；以及上述各物之零件及附件（electrical machinery and equipment and parts thereof sound recorders and reproducers; television image and sound recorders and reproducers, and parts and accessories of such articles）。

到产业结构演进的巨大动力，也益发明白：当我们遵循比较优势参与国际分工的时候，并非只有降低成本一条办法，依靠人力资本投资等手段提高劳动生产率同样是获取比较优势的重要途径。

（原载《台湾研究》2007 年第 4 期）

两岸现代服务业合作的全球及两岸背景

柳　英

后危机时代，世界经济深度调整，复苏艰难。危机的爆发迫使当前世界经济格局中“中心—外围”的两极对各自的经济发展方式进行调整，以维持全球经济的再平衡，未来两岸发展面临的国际经济环境日益恶劣。在当前形势下，大力发展现代服务业有利于促进两岸经济发展模式转型，为经济增长提供新的动力。

一、两岸既有发展模式面临全球经济结构调整挑战

上世纪 80 年代中后期，中国大陆凭借劳动力成本优势开始融入东亚生产网络之中，发展至今已成为东亚生产网络的重要的出口平台。东亚与世界市场之间的出口贸易模式由原来的“双边贸易”转化成“三角贸易”，即东亚经济体先对中国出口部件，由中国组装成为成品，再对欧美市场出口[①]，大陆对欧美的贸易顺差其实是东亚生产网络中各国与地区对欧美贸易顺差。欧美过度消费、过度举债的经济增长模式维持着其作为东亚最终产品最大出口地的地位，在全球贸易体系中形成了“东亚生产—欧美消费”的格局。台湾地区通过东亚生产网络与大陆紧密相连，中国大陆与台湾地区正是这种东亚生产模式的体现。2008 年由美国次贷危机引发的国际金融危机，以及随之而来的发达经济主权债务危机使世界经济遭受了自二战以来的重创，引发了全球经济结构的深刻调整。当前，世界经济的复苏过程曲折而缓慢，危机迫使美欧对“高信贷、高消费”的经济增长模式进行调整，重新回归实体经济，贸易保护主义抬头，加强对本国市场的保护，在货币政策上推行弱势美元政策，亚洲货币升值压力增大。在这种形势下，两岸出口增速明显下降，既有的以欧

① 唐海燕、张会清：《中国崛起与东亚生产网络重构》，《中国工业经济》，2008 年 12 月。

美市场需求为终点的出口导向型发展模式面临巨大的挑战。

（一）美欧发达国家需求锐减，国际供需结构调整

依附理论认为，国际体系存在着“中心—外围”结构，在发达的“中心”区和不发达的“外围”区之间存在一种不等价交换关系。当前的国际经济格局是建立在金融中心和制造中心相分离的基础上的，同样具有“中心—外围”不平衡发展的特征。

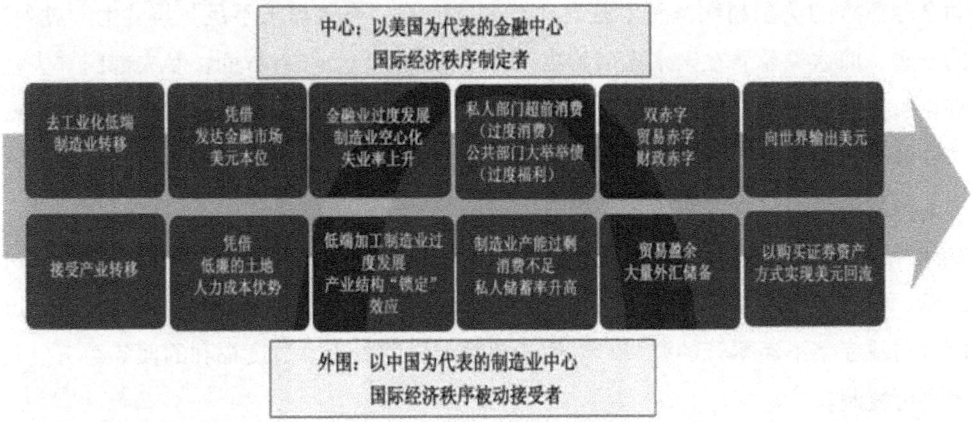

图表来源：作者绘制。

图 1　当前国际经济格局的“中心—外围”结构

美欧等发达经济体作为这一结构的“中心”，是国际经济秩序的制定者。凭借发达的金融市场，金融服务业迅速发展，不断“去工业化”、以虚拟经济创造需求，依靠私人部门的超前消费以及公共部门的大举借债维持总体经济的繁荣。美国利用美元的国际货币地位，在国际金融市场上大量融资维持其高投资和高消费，陷入一种“放纵资产泡沫以促进消费，进而带动经济繁荣的发展模式”[①]：具体表现是实体经济内生性成长动力不足，经济增长高度依赖于资产膨胀与信用扩张之间的循环。这种旺盛的消费需求成为上世纪 90 年代以来全球化下世界经济增长的绝对引擎。但长期发展的结果是金融业畸形发展，制造业空心化，“双赤字”膨胀。

以中国为首的东亚国家与地区，正处于这一结构的“外围”，凭借劳动力成本优势成为“世界制造中心”，并通过“出口导向”政策使得资源配置向低端代工制

---

① 陈晓亮等：《全球化背景下美国资产经济模式与世界经济不平衡》，《经济学家》，2011 年 8 月。

造业倾斜，制造业产能过剩，实体经济增长完全依赖“中心”国家的消费需求；金融市场不发达，大量的贸易盈余又以购买收益较低的国债等债券资产的形式流回“中心”国家。台湾地区则通过东亚生产网络与大陆紧密相连，中国对欧美的贸易顺差实质上是整个东亚生产网络对欧美的顺差①，欧美市场的变化首先直接反映在中国大陆，进而进一步影响台湾地区。

此次危机的出现实际上是对中心国家的过度消费、外围国家过度生产所累积的全球经济风险的纠偏，是对全球供需结构不平衡的一次调整。危机爆发后，过去拉动全球需求的美国超额消费不复存在，全球面临“有效需求不足”与“生产过剩”的矛盾，而这一矛盾在未来很可能出现“常态化”趋势。一方面，私人部门“去杠杆化”。美国家庭资产负债表遭受严重损害，居民总消费需求急速下跌。家庭资产去杠杆化一定程度上改变了美国既往私人部门负债型的消费模式，私人部门的储蓄率上升，消费需求大大减少。另一方面，公共部门“去杠杆化”。欧债危机爆发后，欧洲各国大力削减财政赤字，努力恢复更为严厉的公共财政纪律，以摆脱债务危机泥潭。随着“财政悬崖”问题浮出，美国也被逼到了债务违约的边缘，公共支出过度是财政赤字不断攀升的源头，以往公共部门过度投资、过度福利的债务经济模式不再可复制。

（二）欧美推动再工业化，回归实体经济

此次危机使得欧美意识到了单纯依靠金融服务业对整体经济发展的危害，尤其是产业转移导致贫富差距扩大、失业率高涨，造成社会动荡。欧美均各界出现对“过度消费”的发展模式的反思，制定“再工业化”、“制造业回归”政策，回归实体经济，意图从原有的世界经济的最大需求方转为供需平衡者。首先，制定再工业化具体政策。2009 年 11 月，奥巴马称“今后美国经济要转向可持续的增长模式，即出口推动型增长和制造业增长”。随后在 2009 年 -2012 年陆续推出《美国制造业振兴法案》、“购买美国货”、“五年出口倍增计划”等。英国政府于 2008 年发布《制造业：新挑战、新机遇》战略报告，2009 年提出要占据全球高端产业价值链，赢得低碳经济发展先机。2010 年，《欧盟 2020 战略》中明确提出要恢复工业的应有地位，使工业和服务业共同成为欧盟经济发展的支柱产业。其次，再工业化的核心是新技术的应用。再工业化不是简单的回归传统工业，而是利用新的技术实现传

---

① 华晓红、周晋竹、宫毓雯：《全球价值链与东亚生产网络》，《国际贸易》，2013 年第 7 期。

统产业在新技术上的复兴，在新一轮制造业发展中抢占至高点。第三，欧美跨国公司缩减对外投资，制造业“回流”初现。欧美通过政策引导，如税收减免等，鼓励企业回归本土投资。如2012年2月美国《建设更强大经济计划》，宣布企业税改方案，鼓励在美国本土投资。美国麻省理工学院对108家全球化布局的美国制造业企业进行调查，结果显示有33%的企业表示正在考虑将生产线向美国本土迁移[①]。据波士顿咨询公司的调查显示，美国自2010年开始增加了超过30万的制造业就业机会[②]，是自20世纪90年代后期以来的首次增长。

欧美国家推行“再工业化”，回归实体经济，在新一轮制造业发展中抢占至高点，挤压了两岸产品的既有空间，并将对两岸制造业发展各层级产生冲击。

（三）贸易保护主义抬头，全球贸易环境恶化

在金融危机爆发之前，美欧等发达经济体一直是贸易自由化的鼓吹者和推动者，在经济全球化的过程中利用自身竞争优势要求发展中国家开放市场，赚取了大量超额利润。然而在危机爆发后，美欧经济复苏缓慢，出于抑制经济衰退需要，便首先采取“以邻为壑”的政策，利用贸易保护主义维护本国市场，并在全球范围内形成负面示范效应。2008年后全球贸易环境日益恶劣，全球贸易预警组织发布报告显示[③]，2012年6月至2013年5月，各国共采取了431项贸易保护措施，贸易保护出现强烈反弹，这其中发达经济体是发起贸易保护措施的主要国家。

第一，“碳关税”为代表的贸易壁垒。此次金融危机后国际贸易保护主义出现很多新特点，以“绿色”标签掩护贸易保护主义的本质。危机过后，欧美出于解决日益严重的失业问题，重新发展劳动力密集型企业，以提供就业岗位，缓解社会动荡压力。然而在劳动力密集型产业上，欧美并没有竞争优势，因此以“碳关税”的形式进行掩护，抵制新兴市场国家劳动密集型产品出口，并希望借此制定国际贸易新秩序，利用“绿色”关税提高新兴市场国家产品成本，维持其在全球价值链上的高端定位。2009年美国和法国相继提出征收“碳关税”以应对气候变迁问题，欧盟2010年11月对化学品下游产业进行规范，对于两岸出口至欧盟的鞋、纺织、电子等产业都造成一定冲击。

第二，“购买本国产品”的歧视性贸易政策。2009年2月13日，美国国会通

① 廖峥嵘：《美国再工业化进程及其影响》，《国际研究参考》，2013年第7期。
② 美国波士顿咨询公司：《美国制造业回归：制造业或临拐点》，《赛迪译丛》，2012年第18期。
③ 《贸易保护主义升级拖累全球经济》，《中国财经报道》，2013年6月21日。

过7870亿美元的振兴经济方案，其中包括“购买美国货”条款。该条款严重违反了WTO非歧视贸易的基本原则。2013年4月，美国农业部宣布修订联邦政府采购指定生物产品指南，要求联邦政府采购更多美国生产的生物制品，这是“购买美国货”条款的延续。欧盟国家随后也提出了优先雇佣本国工人、禁止工厂外迁等措施。

第三，针对大陆的“双反”案件升级。欧盟在2012年9月和11月启动对中国光伏产品的反倾销和反补贴调查，涉及中国大陆对欧盟出口金额210亿欧元。2013年6月，欧盟委员会宣布从6月6日到8月6日对产自中国的光伏产品征收11.8%的临时反倾销税。2014年2月14日，美国国际贸易委员会宣布对中国光伏产品进行第二次“双反”调查，并将调查范围扩大至全产业链①。

第四，发达国家采取量化宽松政策，亚洲国家及地区本币升值压力增大。危机后，美国通过多轮量化宽松政策，通过各种方式维持美元对主要贸易伙伴国货币的弱势地位，以达到改善国际收支的目的。美国此举具有示范效应，欧洲国家、日本纷纷出台宽松的货币政策，此轮全球宽松货币政策以发达国家推动为主要特征，加剧了各国货币的竞相贬值和通胀上升，引发资产泡沫化。据高盛（Goldman Sachs）2010资料②显示，2011年流入20个主要新兴经济体国家的国际流动资金无论速度和规模均超过金融危机爆发之前，且进入新兴经济体的国际流动资金78.6%都流向亚洲国家，对这些国家与地区货币构成升值压力、埋下通货膨胀隐忧。

第五，全球经济失衡调整，人民币升值压力增大。

国外学者认为全球经济失衡是造成金融危机爆发的主要原因，并把全球经济失衡的主要责任推向中国，认为人民币低估导致中美经常账户失衡，人民币升值压力不断增大。2011年10月，美国国会参议院通过《2011年货币汇率监督改革法案》，该法案的主要内容是要求美国政府对“汇率被低估”的主要贸易伙伴征收惩罚性关税。虽然自该法案实施以来，中国尚未被列入惩罚名单，但此举逼迫人民币加速升值的意图是十分明显的。在全球失衡调整的舆论压力下，以中国为代表的东亚出口导向型发展模式面临质疑，如何逐步缩减贸易顺差，改变经济增长模式成为东亚经济体发展的新挑战，而完成这一转型并非易事。

---

① 《光伏双反示范效应发酵，澳日恐将效尤》，《中国电子报》，2014年3月18日。

② 《后ECFA经贸商机：2011全球重要暨新兴市场贸易环境与风险调查报告》，台北市进出口商品同业工会，商业周刊编辑顾问发行，2011年4月，第22页。

二、中国大陆扩大内需与经济转型需要大力发展现代服务业

过去30年，大陆利用自身要素价格优势，以“出口导向型”型战略为主导，实现了经济快速增长，创造了世界性的经济增长奇迹，并已成为世界第二大经济体。根据《2010年国民经济和社会发展统计公报》，中国大陆的人均GDP已经达到4481美元，已经进入上中等收入水平。在这一收入水平临界点上，大陆面临“中等收入陷阱”问题的考验。“中等收入陷阱”最早由世界银行在2007年提出，是指低收入发展中国家在收入水平达到一定程度后（人均GDP 3000—10000美元），由于不能顺利实现经济发展方式的转变导致经济增长水平停滞的现象。在此过程中，经济结构累积的问题集中爆发，经济长期停滞将导致贫富差距扩大、社会动荡、失业率高涨、民主发展困境等多种社会问题。导致“中等收入陷阱”的原因有制度层面、产业政策、技术创新等多种因素。在经济效率层面上，“中等收入陷阱”问题的本质即为经济发展方式转型问题。王小广（2010）认为，30年的持续高速增长使我国由低收入国家向中等收入国家转变，但现有的发展模式在新的国内外经济环境下难以继续发挥作用。唯一的出路就是转变发展模式，创造新的经济增长点。经济发展方式转变在党的十七大报告中由胡锦涛总书记第一次提出，也是“十二五”规划的主轴。此次金融危机导致全球经济结构调整对大陆既是压力也是转型动力，倒逼大陆必须改变自改革开放以来所坚持的主要依靠投资和出口拉动经济增长的模式，否则无法摆脱对“中心”发达国家商品市场和金融市场的过度依赖。现代服务业是建立在现代信息化、国际化意义上的服务业，具有高人力资本含量、高技术含量和高附加值等不同于传统服务业的特征。大力发展现代服务业是加快“十二五”时期我国经济发展方式转变，提前规避并顺利跨越“中等收入陷阱”的关键环节之一。

（一）大陆产业结构调整需要发展现代服务业

根据统计，大陆已经进入由工业化向后工业化发展的阶段，理论上第三产业在整体国民经济中的比例应逐步提高，但是目前大陆产业结构与经济发展水平并不相适应，三次产业结构停留在工业化中期阶段，服务业发展严重不足。根据世界各国的一般规律，人均收入在3500美元的发展阶段，第三产业增加值占GDP的比重在60%左右，就业比重在65%左右。2012年，大陆人均GDP约合6100美元，但第三产业增加值占GDP的比重只有44.6%。

第一，要素成本上涨使得出口导向型模式不可持续。

要素成本上升在大陆已经是一个不争的事实。大陆“出口导向型”发展模式长期依赖的低成本优势正逐渐丧失。(1)“人口红利”正在衰减。沿海地区频频出现“招工难”，劳动力价格迅速上涨，大陆近年来针对“刘易斯拐点是否到来”的讨论也异常激烈，反映了当前中国劳动力供给的供求关系正在发生重大转变。(2) 土地价格上涨，可建设用地紧缺。(3) 人民币升值压力增大。(4) 环境承载能力下降。据美国波士顿顾问公司发表的研究报告[①]指出，在5年内，中国沿海城市生产的很多工业产品总成本相比美国有些地区将只有约10%—15%的成本优势，很多跨国公司已经采取行动将工厂转移回美国，未来当涉及到建设新的产能扩张时，跨国公司将可能选择新的目标，而不是中国。

第二，大力发展现代服务业纠正产业结构过度工业化的危险。

全球化以来，国际分工模式出现新的特征，发达国家集聚高技术生产并占领全球价值链的高端，外围国家集聚低技术生产。这种模式可能导致一些国家长期专业化于某些低增长潜力的部门，产生“锁定”效应，陷入“比较优势陷阱”而不能自拔。长期以来，大陆产业结构变动停滞，被锁定在“二三一”的产业结构格局。以1995年—2010年为例，我国经济增长速度始终保持10个百分点以上的增长，在2007年甚至达到14.2%[②]，整体社会经济状况发生了巨大变化。但从三次产业构成比来看，我国国内生产总值三次产业的构成比变化并不明显，第二产业始终占据国内生产总值的47%左右，第三产业略有增长但始终低于第二产业，且其变化很大程度上是第一产业比例不断下降的结果。从三次产业贡献率来看，第二产业始终保持较高水平，意味着我国经济增长拉动主要依靠第二产业，且从2007年后第二产业贡献率再次攀升而第三产业贡献率下降，2010年第二产业贡献率达到58.5%，第三产业仅为38.5%。

① 《美国制造回归——为何制造业将回流美国》，美国波士顿顾问公司，“赛迪译丛”，2011年10月31日。

② 数据来源：《中国统计年鉴2011》。

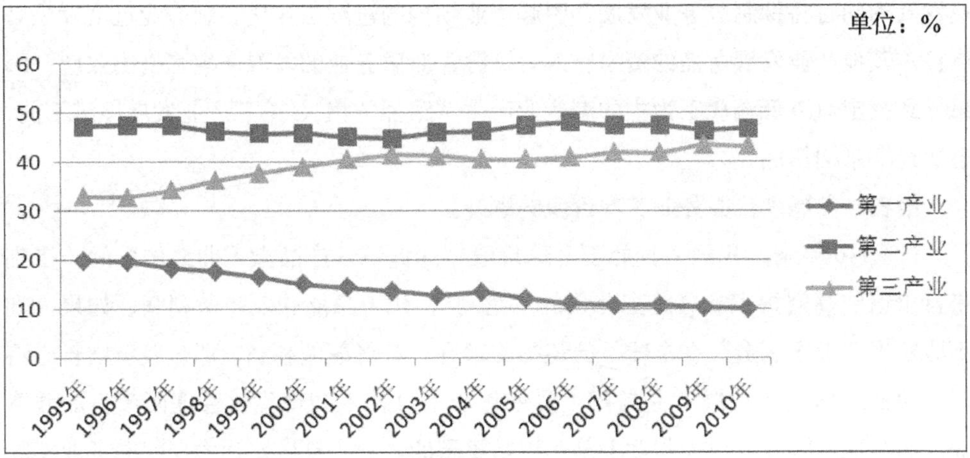

资料来源：根据《中国统计年鉴2011》数据绘制。

图2 1995—2010年国内生产总值构成

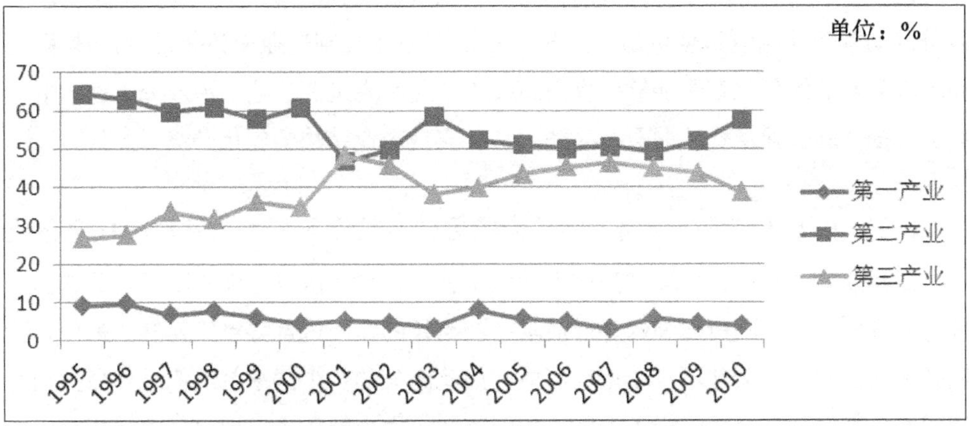

资料来源：根据《中国统计年鉴2011》数据绘制。

图3 1995—2010年国内三次产业贡献率

这种产业结构调整相对于经济增长速度的停滞现象正是由于不合理的贸易格局与经济发展方式导致的。长期以来"加快增长"目标形成了中国"过度工业化、过度重工业化、过度依赖出口、过度投资驱动、过度粗放增长"的模式[①]。"两头在外"的加工贸易占据了进出口贸易的主要份额，极大削弱了出口导向型制造业与本土服务业之间的关联。同时制造业对服务业的基础效应大于关联效应，出口在拉动制造

① 胡鞍钢：《中等收入陷阱逼近中国》，《发展》，2011年第6期。

业发展的同时将抑制服务业发展，引起产业结构的过度工业化。制造业过度发展必然挤占其他产业发展所需的资本、人力资源，对服务业的发展产生了挤出效应，结果导致我国对以低端代工为主的制造业产生“路径依赖”，第三产业发展停滞不前，造成经济结构扭曲。

第三，发展现代服务业实现价值链攀升。

过去30年来，我国一直处于全球价值链的低端，产品微笑曲线的中间，受到来自价值链高端国家或者跨国公司的“盘剥”，代工只能获取微薄利润，如果大陆不能实现“中国制造”在全球价值链中的攀升，获得超额利润，那么经济增长必将陷入停滞。所谓现代服务业是指主要依赖于信息技术和现代化管理而产生的服务业，而且这种服务业很大程度上是知识密集型的，一个高度发达的现代服务业实际上是知识经济的一个重要特征①。现代服务业中，尤其是作为中间产品投入的生产性服务业，如研发、设计、市场咨询、金融保险、物流等活动可以有效提高第二产业的竞争力，是制造业效率提升的关键。我国目前面临的第三次工业化其核心内容就是推动服务业与制造业的融合生长，建设服务业与制造业一体化的生产体系②。高端服务业的优势就在于能够引领高新技术产业和先进制造业，形成分工配套的产业链，推动制造业从代工向自有品牌发展，实现产业结构的优化升级。

（二）大陆从“出口导向”向“内需导向”转变需要大力发展现代服务业

国际金融危机后，全球经济进入深度调整，世界经济复苏前景黯淡，美欧消费拉动力量削弱，大陆所面临的外部需求在相当长的时间内都将难以恢复。另外，我们必须认识到，大陆并不是小型经济体，如此庞大的一个国家单纯依靠外需拉动经济增长，其经济安全面临极大威胁。如何有效扩大内部需求，调整需求结构，以内需拉动经济发展就成为未来我们面临的重要课题。扩大内需最重要的是扩大内部的消费需求。服务业相对于制造业是一种可贸易程度差但内需性强的产业，服务经济和消费经济紧密相连。制造业的制造和产品的消费在空间上可以分离，如“两头在外”的代工产业，使得我国制造能力远远超过消费需求，形成产业“飞地”，不能形成实际消费能力。而服务业的制造和消费几乎在空间上不可分，大力发展现代服务业有利于抛开欧美的外需拉动，拓展本土内需市场，依靠内需拉动整体经济增长。

---

① 曾文利：《台湾服务业发展与竞争力分析》，厦门大学，博士论文，第34页。

② 孙建波、张志鹏：《第三次工业化：铸造跨越“中等收入陷阱”的国家价值链》，《南京大学学报》，2011年第5期。

（三）大陆可持续性发展需要发展现代服务业

过去30年“高投入、高消耗、高污染、低效率、低利润”的粗放型经济发展方式提前透支了大陆的自然环境承受能力，能源消耗量大，污染严重，极大限制了我国经济的进一步发展，不具有可持续性。以COD排放量为例，2010年，中国COD排放总量达到1400万—1500万吨，接近最大允许排放量的两倍。大气中二氧化硫排放总量为1900万—2000万吨，远远超过大气达标的1200万吨[①]。以能源消耗为例，2000年—2010年，全国能源消耗总量（万吨标准煤）从14.55亿吨增加到32.49亿吨，增长幅度达123.3%。2010年能源消耗32.49亿吨标准煤，其中工业耗能2010年占全部耗能的80%左右，这其中纺织业、造纸及纸制品、石油化工、非金属矿物制品、有色金属冶炼等对环境破坏尤其严重的几大行业又占了工业耗能的全部的70%左右。

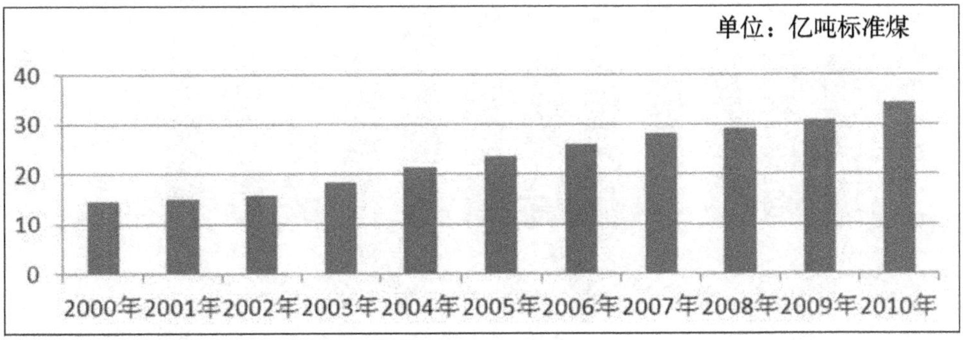

数据来源：《中国统计年鉴2011》。

图4 能源消耗总量

中国的环境污染已经对生态系统、食品安全、人体健康构成了极大威胁。大力发展现代服务业，可以把原本挤占服务业发展的资源从第二产业中释放出来，减轻对能源、资源以及环境的消耗。

三、台湾经济转型需要大力发展现代服务业

与大陆目前所处的经济发展阶段相比，在克服“中等收入陷阱”问题上，台湾曾是亚洲地区实现经济体跨越发展的典范。从经济增长速度看，台湾经济在20世纪50—70年代出现了近30年的高速增长（年均约9.8%），80—90年代又保持

① 李刚：《中等收入陷阱与中国现实》《中国经济问题》，2012年9月。

了20年的中速增长（年均7.3%），在2000年前，50年的平均增长速度达到8.3%。从人均GDP水平看，1952年人均GDP仅196美元，1992年即突破10000美元，到2012年提高到20374美元，增长近104倍，实现了由落后的农业经济向现代经济体的跨越[①]。从产业结构变化看（见下图），农业所占GDP比重从30%左右下降到近年来的不到2%，工业在经历了上世纪60年代至80年代的快速发展后比例也开始逐渐下降，90年代初台湾正式进入后工业社会与服务经济的时代（一般以服务业占GDP的比例超过60%为界），近年来服务业占GDP的比例达到70%。台湾在半个世纪内快速实现了先进经济体经历近百年才能完成的产业升级历程。

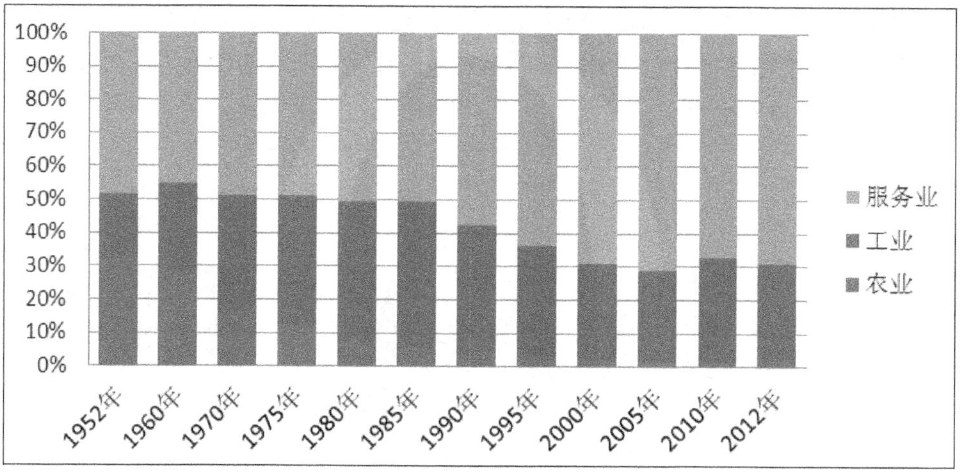

数据来源：*Taiwan statistical data book 2012* /《台湾经济论衡》2013年7月，"行政院经济建设委员会"。

图5 台湾三大产业结构变化图（1952—2012）

但进入后工业化社会与服务经济时代后，台湾经济发展并不像之前那样顺利，"快速工业化与快速去工业化"后遗留下来的产业结构转型、升级困境逐渐凸显。自2000年至今，台湾经济发展缓慢、停滞，人均收入扣除物价指数后出现负增长，陷入了"中上等收入困局"。据统计，台湾每户平均可支配所得2000年至2010年减少了2092元（新台币，下同），但同期每户消费支出却增加了近40000元，以上班族经常性薪资为例，同期间内增加2318元，涨幅为6.83%，然而同期间物价上涨幅度为9.8%，物价上涨幅度大于经常性薪资，使得实际薪资在10年内呈现负增

① 数据根据 *Taiwan statistical data book 2012* 计算。

长[①]。对比当初亚洲四小龙，香港、新加坡人均 GDP 都已经突破 3 万美元，而台湾才刚突破 2 万美元。台湾经济长期低迷，“中上等收入困局”带来了诸多社会问题，随着近几年国际经济形势的恶劣，这一问题愈发突出。

引发台湾经济“困局”有诸多原因，如制造业升级不利、国际环境变化、缺乏有效产业政策引导等，这其中，服务业发展深度不够、内涵不足，不能起到服务经济时代对经济的真正拉动效应是一个重要原因。近 10 年来，台湾服务业仍过度集中于传统行业、劳动生产率提高有限，结果导致服务业 GDP 增长速度放缓，发展呈现低迷状态。从下图可以看出，1990—2000 年 10 年间服务业 GDP 增长率高于总体 GDP 增长率，以 8.52% 的年平均增长率有力拉动台湾经济增长，同期工业 GDP 年增长率平均值仅为 4.3%，可见服务业对整体经济贡献率高，带动性强。但是在 2000—2011 年期间，虽然服务业 GDP 已经占整体经济 GDP 的 70% 左右，但其 GDP 年增长率仅为 3.22%，低于整体 GDP 增长率，而同期工业 GDP 增长率年平均值达到 6.71%，制造业对整体经济的贡献率明显高于服务业，服务业对 GDP 增长的贡献度呈现衰退趋势。

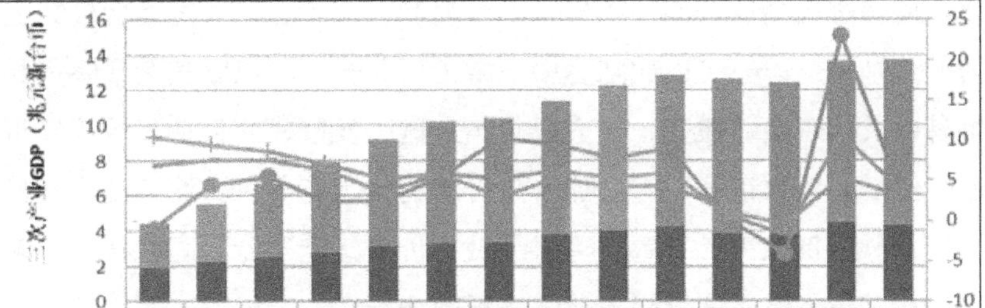

	1990	1992	1994	1996	1998	2000	2002	2004	2006	2007	2008	2009	2010	2011
服务业GDP	2.53	3.29	4.17	5.09	6.07	6.87	7.03	7.57	8.21	8.62	8.75	8.61	9.17	9.44
工业GDP	1.73	2.03	2.3	2.57	2.91	3.11	3.15	3.61	3.84	4.03	3.67	3.59	4.25	4.05
农业GDP	0.179	0.202	0.225	0.242	0.219	0.205	0.188	0.191	0.196	0.191	0.201	0.215	0.223	0.224
工业GDP增长率（%）	-1	4.5	5.5	2.5	2.4	5.4	10.2	9.5	7.8	9	0.2	-4.1	23	4.3
服务业GDP增长率（%）	10.4	9.4	8.7	7.1	5.2	5.9	2.9	5.2	4.2	4.4	1.1	-0.5	5.4	3.1
GDP总增长率（%）	6.9	7.6	7.6	6.3	3.5	5.8	5.3	6.2	5.4	6	0.7	-1.8	10.7	4

数据来源：根据 *Taiwan statistical data book 2012* 绘制。

图 6 台湾产业 GDP 值与增长率

2012 年 5 月，台“经济部”拟定了 2020 年产业发展策略，提出“台湾产业结构优化策略”，建议以“制造业服务化、服务业科技化与国际化、传统产业特色化”的“三业四化”为重点，推动台湾产业结构转型、优化。这其中，我们可以看出

① 林祖嘉：《520 总统就职后展望台湾经济》，“国政研究报告”，2012 年 5 月 15 日。

“三业四化”的核心架构是以“服务”为主轴：其中“制造业服务化”主张以产品为中心的制造业可转型为以服务为中心的经营模式；“服务业科技化”强调用科技的优势作为服务传递的媒介或者借以作为服务专项的基础；“服务业国际化”强化服务的国际贸易，各种形态包括跨境服务、国外据点与国外消费等。笔者认为，台当局这一产业引导政策长期来看符合台湾当前产业结构存在的问题，以此为基础，大力发展现代服务业在一定程度上有利于总体经济摆脱困境，有利于推动实现产业结构调整，拉动整体经济发展。

（一）制造业服务化，有利于突破制造业发展瓶颈

当前台湾制造业存在的问题一是发展过度偏向于 IC 与 IT 产业（ICT），二是以代工为主，缺乏关键技术能力，缺乏自主品牌。制造业这一结构特征导致：一方面，当国际经济形势恶化，欧美需求大幅萎缩时，出口迅速下滑。ICT 产业的通病是 GDP 衰退，其跌幅是 GDP 跌幅的 4—7 倍[①]，2008 年金融危机后台湾出口产品便出现大幅衰退，单一产品的出口结构导致经济风险性增大。另一方面，国际环境变化，使得过去高成长的代工模式不可复制。台湾在产业的运营模式上偏重“以台湾为上游基地”——“以大陆为中下游工厂”——“以欧美为最终产品市场”的三角贸易以及代工出口模式，过去几十年来这一发展模式创造了台湾经济快速增长的奇迹。但随着新兴市场兴起后加入与台湾的代工竞争，台湾厂商成本优势不再；国际大厂主导议价权力，导致台湾只能做“价格接受”者，高科技产业附加值率一路走低，代工模式已不能继续支持经济稳健增长。

制造业的生产过程包括前期研发、中期生产和后期销售三个阶段，其中前期研发和后期销售都属于服务业的范畴。大力加强服务业与制造业的结合，强化研发，增加服务创新创建品牌，制造销售通路，构建以技术为导向的高科技产业发展模式有利于台湾高科技产业的摆脱恶性价格竞争，是摆脱国际大厂价格控制的有效途径。

（二）服务业科技化，为服务业注入活力

台湾服务业增长乏力与服务业知识密集型比重不高有很大关系。进入服务社会后，知识和资本密集型的服务业往往是带动服务业和经济发展的主要动力，如美国、日本等进入服务经济社会后，传统服务业在服务业中的比例逐年下降，但近年

① 刘孟俊：《台湾产业与技术政策展望》，《科技与产业》，2010 年第 1 期。

来，台湾的商业、餐馆、旅馆等在服务业中的比例并无明显变化。据亚洲开发银行统计[①]，1990—2010年间，台湾现代服务业（资通讯、金融及专业商业服务）占GDP比率居四小龙之末（2010年台湾12.4%，新加坡29.6%，香港24.4%，韩国16.1%）。服务业增长仍主要靠传统服务业带动，绝大多数服务业工作仍保持专业知识比例低、廉价劳动力比例高、薪资水平低的属性，无法弥补台湾制造业转移后的空缺，自然无法有效拉动经济增长。当前消费模式变化迅速，服务业如果没有改变将被市场淘汰，科技化已经成为服务业发展的必由之路。加强利用信息科技能有效提升服务业的附加值和生产率，例如利用手机、个人电脑等终端设备，带动服务业的科技化，新科技将更有效的为服务业发展注入活力。

（三）服务业国际化，增加服务输出，扩大出口

服务业总体需求市场包括内需市场与外需市场，长期以来岛内服务业主要内需市场为主，外需严重不足。具体表现是内需占服务业比例高、商业服务出口规模小、国际竞争力差。

近年来全球服务贸易发展迅速，与这一发展潮流相悖，台湾服务贸易增长缓慢，甚至有下降的趋势，与亚洲四小龙相比排名处于最后。据统计（见图7），2009年服务贸易出口数额仅为309.2亿美元，仅为香港的35.9%，新加坡的41.8%，韩国的55.2%；占全球服务贸易比重为0.93%；全球排名第27位，（同期香港全球第11位，新加坡第14位，韩国第19位[②]）；占亚洲的比重也仅为4.2%。与制造业相比差距也较大，2011年台湾商业服务出口仅占货品出口金额的15%。[③]

近年来，由于整体经济形势不景气，制造业外移、劳工实质薪资增长停滞、消费力不足等原因，导致岛内企业、个人对于服务业需求几乎无增长。在这种情况下，台湾服务贸易尚有很大的发展空间，引进岛外需求或者是台湾服务业拓展境外市场（例如开发旅游市场，吸引更多大陆游客赴台，以及承接离岸服务外包等）对于促进就业以及扩大出口、拉动GDP都将有重要作用。

① 《101年国家建设计划执行检讨》，“经建会综合计划处”，《台湾经济论衡》2013年6月。

② 数据引自《经济部服务业发展蓝图》，“经济部工业局”。

③ 数据来自《中国时报》，《台湾服务业该脱胎换骨了》，2013年10月9日。

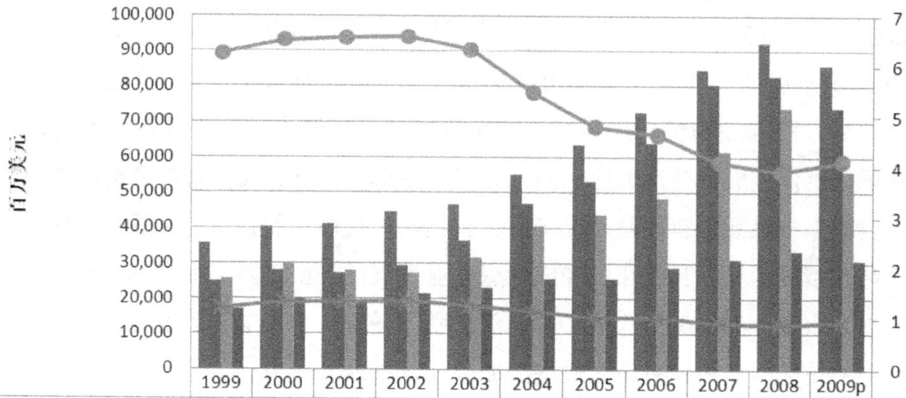

	1999	2000	2001	2002	2003	2004	2005	2006	2007	2008	2009p
香港	35,568	40,362	41,056	44,546	46,500	55,103	63,651	72,674	84,643	92,318	86,000
新加坡	24,845	28,075	27,307	29,428	36,243	46,732	53,151	63,977	80,490	82,934	74,000
韩国	25,766	29,746	28,103	27,345	31,753	40,505	43,711	48,382	61,729	74,107	56,000
台湾	17,037	19,890	19,760	21,501	23,028	25,545	25,574	28,860	31,015	33,569	30,920
台湾占全球比重(%)	1.22	1.34	1.33	1.35	1.26	1.15	1.03	1.02	0.92	0.89	0.93
台湾占亚洲比重(%)	6.25	6.52	6.56	6.58	6.33	5.48	4.8	4.64	4.1	3.91	4.12

数据来源：根据台湾中华经济研究院 WTO 电子报第 209 期，《台湾服务贸易现状与未来发展》相关数据绘制。

图 7　亚洲地区及国家服务业出口统计

（原载《现代台湾研究》2014 年第 3 期）

当前台湾经济形势分析

胡石青

2012年台湾经济在内外形势同时恶化的叠加影响下，出现了5年来第2次的低速增长，其下降幅度与速度都远大于当局年初的预期，虽然到当年第4季开始出现企稳态势，但2013年后能否恢复中速增长，仍有相当大的变数，而要维持经济稳定增长，则还需要岛内进行更深刻的经济变革。

一、台湾经济形势恶化的主要表现

（一）经济增长持续走低，第4季才开始有所企稳

台湾经济自2011年第4季开始持续下滑，“主计总处”先后9次下调对经济增长的预期值。2012年第2季经济更出现负增长，总计2012年前3季经济实际增速仅为0.5%，全年经济增长率将仅为1.1%，这将是近5年来台湾经济继2008年0.7%、2009年-1.8%后的第3次大减速。

作为综合反映台湾经济发展情况的指标，景气对策信号自2011年11月起亮起代表衰退的蓝灯，此后蓝灯持续时间长达10个月，被称为“十连蓝”，持续时间超过了2008年金融海啸时期。虽然从2012年9月后已转为代表回暖的黄蓝灯，但从其中的资本设备进口、就业与产业情况等主要参数走势判断，台湾经济形势复苏力道“仍微弱”[①]。

（二）进出口出现负增长，主要出口市场同步萎缩

台湾外贸2012年上半年各月表现不佳，直到9月才出现回稳迹象，总计前

① 台湾“经建会经济研究处”:《2012年10月景气新闻稿》，www.cepd.gov.tw。

11个月台湾对外出口2750.1亿美元，同比下降3.3%；进口2487.6亿美元，减少4.3%，这也是台湾外贸5年来的第2次减速。主要出口品除矿产品外，均呈下滑趋势，前11个月出口下滑幅度最大的信息与通讯产品，下跌了23.7%。主要出口市场中，对大陆与香港及美国、欧洲的出口额都有不同程度的下降，对美国出口更是下降了10%；只有对东盟国家出口仍然维持了增长势头，增幅为9.3%，东盟国家因此超过香港成为仅次于大陆的台湾第二大出口市场。进口品方面，前10个月只有消费品增长了2.3%，资本设备进口额衰退了8.8%；进口市场部分则呈全面衰退，其中以自日本进口衰退9.5%最多①。

（三）投资大幅下滑，消费不振

作为影响经济增长的主要因素之一的岛内民间投资，自2011年第3季起连续4个季度呈现衰退，其中2012年第1、2季分别较上年同期衰退了9.1%与5.7%，第3季也仅增长了2%，2012年全年将衰退1.4%。2012年投资率仅为19.7%，是2009年以来首次跌破20%。民间消费2012年前3季的年增率也从1.9%、1.6%逐季下降到了0.9%。对台湾经济雪上加霜的是，“政府投资”对经济增长的负面影响更为严重，全年衰退幅度达两位数，为10.8%②。民众对经济增长的信心也在持续走低，台湾中央大学公布的全台消费者信心指数自2012年4月即开始下降，10月跌到了2010年2月以来的最低点。岛内消费市场趋冷的现象非常明显，而岛内低薪化现象日益加剧也非常不利于岛内消费市场的振作。扣除物价上涨因素，2012年1到9月岛内工业与服务业雇员的平均实质薪资仅为43103元（新台币，下同），是1998年以来的最低水平。③

（四）制造业生产出现较大波动，全年仅能维持小幅增长

岛内工业生产自2012年上半年持续下滑，7月份以后才开始缓步回升，2012年前10个月工业生产较前一年同期下降0.9%，其中制造业下滑1.1%。四大制造业门类中，只有信息电子产业微增0.7%，其余金属机械工业、化学工业与民生工业都出现了不同程度的衰退，以金属与机械工业衰退5.6%最大。制造业销售额则从2011年第4季开始连续4季度呈下降趋势，2012年前3季销售额为95740亿元，

① 引自台湾“财政部”网站数据，www.mof.gov.tw。

② 台湾“主计总处”：《国民所得统计及“国”内经济情势展望》（2012年11月），见www.dgbas.gov.tw。

③ 刘俐珊：《主计总处：上班族月薪倒退回14年前》，台湾《联合报》，2012年10月23日。

同比下降 4.8%，其中只有电子零组件业销售情况从 2012 年第 3 季开始有所回稳，其他产业仍在不断下降。从工业生产整体走势看，全年可实现小幅增长，但这种回升并未改变其产品滞销，利润下降的困境。台湾“经济部”7 月做的调查显示，岛内企业预期 2012 年获利较上年增长的只占 25.7%,远低于预期减少的比例（44%）[①]。

（五）金融活力减弱，股市连续走低

受经济不景气影响，岛内货币供给额年增率不断下降，不论是 M1B 还是 M2，年增率从 2011 年下半年即开始持续探底，2012 年 9 月两者的年增率均较一年前下降了 2 个百分点左右，金融机构放款与投资余额年增率也从 7.9% 降到了 4.5%。与此同时，先是受到当局计划开征证券交易所得税的消息打压，后是在基本面不利的影响下，岛内股价指数从 3 月下旬的 8000 点以上一路下滑，到 6 月初跌破 7000 点大关，此后在 10 月初一度回到 7700 点以上，但维持不久即又开始新一轮下跌，11 月中旬曾跌破 7200 点。股市交易情况也趋冷，下半年日成交量不足 600 亿元的低量反复出现。11 月底在当局大力施放利好政策的拉抬下，股市交易才逐渐回温。

（六）物价上涨压力增大，就业形势恶化

岛内消费者物价指数（CPI）年增率近几年一直保持较低水平，但受到当局实施“油电双涨”方案等的冲击，2012 年 7 月后连续突破当局 2% 的控制目标，其中 8 月高达 3.4%，当局一度面临物价失控的危机。10 月以后物价形势才有所好转，2012 年 1—11 月台湾 CPI 年增率为 2%，预计全年增幅可回降到 2% 以内。岛内就业情况更为严重，失业率 2012 年前 10 月为 4.24%，较日本及其他亚洲四小龙都高，而且其中因裁员或企业倒闭而失业的人数不断增加，到 10 月已增加到 14.1 万人，占失业总人数 49.3 万的比例超过四分之一，达 28.6%。

二、台湾经济形势恶化的主要原因

台湾经济在 2010 年曾经创造出年增长 10.7% 的高速度，却在 2011 年后出现了连续 6 个季度增长率下滑的局面，其原因是多方面的。

① 引自台湾“经济部统计处”网站数据，www.2k3dmz2.moea.gov.tw。

（一）外部经济环境恶化，冲击台湾出口

国际金融危机爆发后台湾对外贸易起伏波动明显加剧，后危机时期的国际经济环境对台湾经济发展更加不利。这是因为欧美发达国家财政金融危机频发，对台湾出口导向型经济产生了较大冲击。欧债危机在2012年非但未能遏制，反而更趋扩大化，欧元区经济自2011年第4季开始持续4个季度衰退，对外需求不断缩减。而美国联邦储备委员会2012年下半年开始实施所谓第3次量化宽松政策，虽然对促进美国经济稳定复苏发挥了一定作用，却使得美元汇率表现更为弱势，压缩了台湾用货币贬值的方法刺激出口的空间。日本经济2012年也呈现逐季下滑的态势，2012年第3季甚至出现了衰退。欧美日市场的同步萎缩，对台湾出口造成了极为深刻的影响。与此同时，新兴经济体的表现也不尽如人意。发达国家的经济灾难首先危及的是国际贸易市场，印度、巴西等国近年的兴起主要还是建立在境内所拥有的人力与矿产资源优势，自身不仅没有形成完整的产业创新体系，更不具备与经济发展水平相配套的成熟消费市场，不仅不足以取代欧美市场的作用，自身都因欧美市场的波动而大幅放缓。至于台湾在世界其他地区市场的份额虽有一定增长，也都远不足以抵消欧美市场缩减对台湾出口的影响。

欧美市场的萎缩也直接导致了两岸贸易增长放慢。两岸经贸关系是以台商对大陆投资为基础发展起来，加工贸易占有极高比重，主要依赖于欧美市场不断增长的消费需求，以2011年为例，一般贸易在两岸贸易中占比不到31%，其余几乎全部属于各种形式的加工贸易与转口贸易，大陆实际上只是台湾出口产品的中间加工地[①]。两岸贸易在2012年上半年出现持续下降，台湾“海关”统计数字也表明，1至11月台湾向大陆（及香港）出口1081.9亿美元，同比下降5.5%，占台出口总金额的39.3%（其中台湾对大陆直接出口737亿美元，下降5.2%，占台出口总金额的26.8%），进口金额为397.8亿美元，同比减少5.1%[②]。两岸贸易下降直接影响到台湾外贸增长。

国际市场萎缩对岛内主要出口品造成了直接冲击。台湾机械及电机设备出口额即占其全部出口额的45%左右，而电子及信息通信产品出口又占了其中的一半以上，即电子及信息通信产品出口约占台全部出口的四分之一。出口产品过于集中，是台湾外贸易受世界经济形势变化影响的一大原因。在日益激烈的国际市场竞争中，台湾电子与通讯产业的国际竞争力不断下滑，2011年台湾电子产品出口增速

① 根据中海关相关统计数据计算。

② 引自台湾“财政部”网站数据，www.mof.gov.tw。

已出现大幅放缓，2012 年台湾机械电机设备产品全面衰退，信息通讯产品衰退幅度更高达 20% 以上，造成台湾出口彻底丧失了增长动能。

表 1 台湾出口集中度与近年表现

年份	2007	2008	2009	2010	2011	2012*
机械及电机设备出口额（亿美元）	1180.3	1142.5	952.2	1312.8	1443.1	1166.5
占出口总额比例（%）	47.8	44.7	46.7	47.8	46.8	46.6
年增率（%）	5.8	-3.2	-16.7	37.9	9.9	-19.2
电子产品出口年增率（%）	4.3	-3.2	-10.7	36.4	8.5	-2.1
信息通讯产品出口年增率（%）	-3.4	6.4	-9.6	53.3	40.5	-24.5

资料来源：台湾“财政部”网站，www.mof.gov.tw。*2012 年为前 10 个月数据。

（二）岛内投资动能缺失，消费不足，难以支撑经济增长

台湾经济面临的另一大难题是内需不足。以近 5 年台湾经济表现看，岛内市场占台湾 GDP 的比重超过 90%，但较外销市场波动性更大，其中有 2 年出现了衰退，对每年 GDP 增长率的贡献有 4 年低于外需的贡献（见表 2）。

表 2 台湾内需与外需占 GDP 的比重

年份	2007	2008	2009	2010	2011	2012*
内需占 GDP 的比重（%）	92.0	95.1	91.4	92.9	93.1	93
净外需占 GDP 的比重（%）	8.0	4.9	8.6	7.1	6.9	7
GDP 增长率（%）	6.0	0.7	-1.8	10.7	4.0	1.1
内需对 GDP 增长率的贡献（%）	1.3	-2.1	-3.2	8.3	0.3	0.2
净外需对 GDP 增长率的贡献（%）	4.6	2.8	1.4	2.4	3.8	0.9

注：净外需指出口减进口。　　* 台湾“主计总处”11 月中预计数。
资料来源：台湾“主计总处”网站，www.dgbas.gov.tw。

岛内市场的高波动性与投资表现不佳、消费增长缓慢是密不可分的，后者的变化有其各自的深刻原因。

岛内投资动能缺失与岛内产业结构密切相关。从岛内经济总体看，台湾虽早已进入后工业化社会，服务业居于主干地位，服务业产值比工业生产规模大 1 倍以上（2011 年服务业与工业产值分别占台湾 GDP 的比重为 68.4% 与 29.8%），但服务业面向内需市场，服务贸易发展迟缓，到 2011 年服务贸易占台湾商品及服务贸易总

额的比例也仅为 12.7%[①]。近 8 年来岛内工业生产增速有 6 年高于服务业，工业扮演了引领经济发展的角色，特别是少数主力制造业的大规模投资扩张发挥了带动经济增长的作用。但也因为少数主力产业的发展耗用了过多的经济资源，其增长快慢，转型升级进程是否顺畅，都直接影响着岛内投资表现，从而对台湾经济增长有着举足轻重的影响。而台湾产业主要依循代工模式发展道路，依附于跨国企业技术与品牌，即使拥有自有品牌的企业，也缺少原创技术，只能通过不断追加投资扩大规模从而降低生产成本以扩大市场占有率，当国际相关产业发展受阻，岛内投资就会跟着下降。信息电子与通讯产业作为台湾近 30 年来的主力产业，10 年来占台湾 GDP 比重基本维持在 12% 左右，最高不到 14%，其投资占全体产业投资的比重却从 21% 上升到了 31%（见表 3）。正是这一主力产业在最近 4 年中有 3 年投资降幅达到了两位数（其中 2012 年降幅将为 12.3%），直接造成了台湾投资动能的急剧流失。

表 3　近 5 年台湾信息电子与通讯产业在经济发展中的各项比重

年份	2007	2008	2009	2010	2011
产值占 GDP 比重（%）	13.5	13.4	12.6	13.3	12.8
固定资本形成占全体产业比重（%）	31.1	27.1	22.4	29.8	26.5
固定资本形成增长率（%）	6.0	-18.3	-27.0	63.5	-12.3

资料来源：台湾“主计总处”网站，www.dgbas.gov.tw。

宏达电子公司近两年的发展变化可说是岛内企业投资起伏变化的一个缩影。宏达电子在 2010 年成功崛起，成为与苹果、三星并列的世界三大智能手机厂商，成功促使通讯设备制造业在 2011 年迅速成长为引领岛内产业投资的主要力量。但 2011 年 7 月后宏达电子公司开始面临苹果公司对其发起的专利侵权诉讼，产品外销受阻，后续产品开发也难以推动，面对全球智能手机市场随即开始出现趋于饱和的压力，与主要竞争对手韩国三星的差距不断拉大。2012 年上半年该公司营业收入大幅衰退 20% 以上，股价一年间从最高的 1300 元跌到了 250 元[②]。虽然 2012 年 11 月宏达电子利用苹果与三星的竞争关系成功与苹果公司达成专利合作协议，但被迫一再收缩后续投资扩产的规模，成为岛内通讯产业 2012 年投资与生产同时萎缩的重要原因。

① 台湾“主计总处”：《国民所得统计及“国”内经济情势展望》（2012 年 11 月），见 www.dgbas.gov.tw。

② 傅启伦：《宏达电再起？ 2 大机会点》，台湾《卓越》2012 年 9 月号。

岛内消费市场维持低速增长的局面，主要受到了两方面因素的影响。一方面，近几年岛内经济表现波动加剧，影响了民众对未来收入的预期，特别是2012年全球经济形势不断恶化，抑制了社会扩张消费的心理，迫使民众储蓄倾向维持高位运行。以岛内储蓄率（储蓄毛额占GNP的比例）为例，近几年虽有所下降，2012年仍有28.8%。另一方面，岛内企事业经营表现波动扩大与“无薪假”风潮再起都直接压低了企事业员工对收入的合理预期，削弱了民众消费的热情。

对台湾经济发展更加不利的是，当局可用以拉动经济的财政资源日益枯竭。经过20多年大幅扩大社会福利支出规模后，当局财政连年赤字，背负了沉重的债务，到2011年底，台湾当局的债务余额已高达47685.7亿元，占前3年岛内GNP平均数的35.9%，逼近40%的法定上限[①]。财政困难一方面使当局无法通过大幅扩张财政支出直接拉动经济增长，另一方面当局通过减税间接刺激经济的空间也日益缩小。马英九自2008年上台后，为拉动经济增长已经先后大幅调低了遗产税等资本税率，虽然促使台湾经济在2010年实现了两位数增长，但相关的政策弹性也因此被提前释放，减少了应对再次经济恶化形势的政策工具。

（三）非经济因素影响不断加深

岛内政治与社会等非经济因素影响持续上升，对经济发展的干扰日益加剧。

一方面，非经济因素加剧了当局可用于经济发展的财政资源紧张，降低了决策效率与政策效果。为争取更多选票，蓝绿政治人物不断以各种名义增加社会福利支出，并为选区发展争取超前建设项目，不仅使当局财政支出日益庞大，也对经济发展支出产生了强烈的排挤效应。台湾当局财政支出决算数中，经济发展支出从2002年的2911.7亿元缩减到2011年的2070.7亿元，10年中减少了28.9%，最低的2007年仅为1932.9亿元。而同期社会福利支出却从2622.4亿元增长到3485.2亿元，增幅达32.9%，而且除2008年外均呈逐年增长趋势[②]。非经济因素还一再给当局经济发展的指导思想与政策手段制造混乱，降低了当局决策效率与政策效果。以开征证券交易所得税方案为例，作为促进社会分配公平的政策，一度曾是获得岛内各界共识度较高的财政改革方案之一，但2012年2月台湾“财政部”正式立案推动后，却不断遭到各方干扰与阻挠，岛内股市交易出现持续价跌量缩的局面，3到7月下跌了近1200点，跌幅约17%，市值减少了近3万亿元。在各方压力下，

① 台湾“财政部”编：《财政统计月报》（2012年7月），www.mof.gov.tw。

② 台湾“主计总处”编：《“中华民国”年鉴》（2011年），第292页。

台湾当局被迫更换了“财政部长”，设立了股价指数8500点以上作为起征点，开征证所税方案的政策意义受到了极大削弱。尽管如此，岛内仍不断有利益集团倡言为刺激股市交易推迟开征时间，连一向鼓吹社会正义的民进党也表态支持。当局其它经济改革措施，如自由经济示范区、减少市场保护等也都面临着如何克服非经济因素掣肘的难题。

另一方面，环保等限制因素也在很大程度上制约了岛内实现经济增长的手段。自上世纪80年代后岛内环保运动开始兴起，开发与环保间的矛盾便逐渐成为岛内经济发展的一大制约因素。2000年民进党执政后，环保运动更为高涨，环保审议程序更加完备，相关审查条件更加严格。2006年以大型钢铁与石化业为主的滨南工业区开发案被台主管部门否决，岛内大型产业投资案实际上就宣告终止。2008年国民党的马英九上台后，仍无法跳脱此一限制。2011年基于各种复杂因素的考虑，马英九决定取消国光石化彰化兴建案，使岛内石化业的发展再次遭遇重大挫折。非经济因素还加剧了岛内土地、劳动力等要素资源供应不足的压力，导致对投资的额外限制不断增多，岛内人才、资金等资源外流趋势进一步扩大。

三、台湾经济发展前景展望

受到美国经济好转的影响，2012年第4季开始岛内经济基本已止跌回稳，具体表现包括外贸回温；在当局积极引导下，台商回流的趋势与效果明显增强，投资重新出现起色；工业生产在有效消化产品库存后，从下半年开始稳步增长等。所有迹象显示，台湾经济已经渡过2012年上半年的低谷，2013年第1季度有望基本摆脱衰退的阴影。但台湾经济回升的基础并不稳固。2012年11月底经合组织（OECD）再次调低了对2013、2014年全球经济增长率的预测值，美国经济复苏仍存在着沉重的政府财政包袱等阴影的威胁，美国联邦储备委员会已加大第3次量化宽松货币的实施力度；欧债危机尚存在很大的变数，对欧洲乃至全球经济的影响仍会持续，2013年欧元区经济将继续衰退，世界市场对台湾经济的拉动作用依旧不足。与此同时，台湾产业结构性问题短期内仍无法解决，其信息电子与通讯业经营状况在2013年出现根本好转的可能性不大。因此，总起来看，2013年台湾经济的复苏将更多地以触底反弹的形式出现，其持续性与强度都将受到很大限制。

（原载《台湾研究》2013年第1期）

台商对外直接投资的特点、成因与趋势

——技术升级替代型 FDI 假说

朱　磊

与常见的对外直接投资（FDI）不同，台湾企业 FDI 在技术能力相对较低的条件下就开始大量出现，被西方学者称为“早熟的对外投资”或“跳跃式的国际化”。现有 FDI 理论无法圆满地解释这种较为独特的现象。本文提出“技术升级替代型 FDI 假说”，即台湾企业的 FDI 始于对技术升级[①]的替代，因此很多台湾 FDI 的技术含量不高，并由此形成台商“逐水草而居”的对外投资特性，这也是要素成本升高后，大陆台商投资开始出现递减趋势的主要原因。

一、台商对外直接投资的理论解释

技术含量相对较低是台商 FDI 普遍存在的特点。[②]台湾中华经济研究院院长陈添枝认为：“台商的海外投资是国际投资现象中的异数。台商以相对甚小于西方企

① 技术升级，狭义上指由劳动密集型生产技术向资本（或技术 / 知识）密集型生产技术转化。广义上还可以将技术升级从流程层次引申到产品层次、功能层次和部门层次（Gereffi,1999b; Lee and Chen,2000；Humphrey and Schmitz,2002）。流程层次的技术升级，是企业引入更为复杂的生产系统生产同类型产品；产品层次的技术升级，是企业通过不断提升的设计、生产和营销能力从事更多类型产品的生产；功能层次的技术升级，是企业由产品价值链中的低附加值环节向高附加值环节升级，即通常所说的从 OEA、OEM 向 ODM 和 OBM 升级的的过程；部门层次的技术升级，是企业由低附加值产业向高附加值产业升级，即由原价值链的生产转向新的价值链，也称“链升级”。

② 技术含量是个相对概念，台商 FDI 技术含量低，是指其所用技术多为世界范围内已经成熟的技术，不但落后于发达国家企业的 FDI，即使与其他新兴经济体（如韩国）的 FDI 相比，技术上也毫无领先可言。但这不代表其技术能力与东道国企业相比没有优势。其表现特征是以追求“低成本竞争优势”为目标，以代工为主，不追求品牌。竞争优势有两种：“差异型竞争优势”和“低成本竞争优势”，低成本竞争优势的来源多通过价格较低的劳动力、原材料、生产技术、生产方法和规模经济（Michael E.Porter,1990）。

业的规模，以相对不太起眼的技术能力，完全欠缺知名品牌，甚少拥有行销通路，却在全球各地建立生产的据点。”①

现有 FDI 理论并未对台商 FDI 的特有现象给出圆满解释。作为西方经济学的一个重要分支，FDI 理论一直未形成较为系统的理论框架，其中每一理论或假说基本只能解释部分直接投资现象，而不存在具有一般解释功能的“通论”。也因此，邓宁 (J.H.Dunning,2001）断言“不可能存在一种国际贸易理论可解释所有现象”②；凯夫斯（R.E.Caves，1982）也称“对 FDI 理论作一个全面深刻的回顾与评价是一项几乎毫无希望的工作”。③ 而多数的 FDI 理论又是以发达国家企业的 FDI 经验为基础，即使在以发展中国家和地区企业 FDI 为研究对象的理论中，多强调管理者的“干中学”和标准化技术的适应性改进，对那种单纯依赖资本优势、缺乏技术优势的 FDI 还不能有效解释，而台湾企业早期的 FDI 很大程度上属于这一类型。

其一，海默（H.Hymer,1960）的“厂商垄断优势理论”、维农 (Vernon,1966）的“产品生命周期理论”、尼克博克（F.T.Knickerbocker，1973）的“寡占博弈论”、格来姆（Graham,1975，1978）的“威胁互换假说”、迪克西特（Dixit,1980）的“跨国企业与潜在竞争者互动的博弈论模型”，均是建立在发达国家对外直接投资经验基础上，总结发达国家的大型跨国公司在 FDI 之前具备的各种优势，将“优势前提”作为核心假设，认为具备某种优势是跨国公司从事对外直接投资的必要条件。然而，台湾企业在大量出现 FDI 的时候，台湾还只是新兴工业化地区。如果按照 2005 年国际上对发达国家或地区的定义（人均 GDP 在 1 万美元以上及较高的社会发展水平），台湾直到 1992 年（人均 GDP 首次突破 1 万美元）才进入发达地区，因此这些理论并不适用于始于 20 世纪 80 年代的台商 FDI。

其二，威尔斯 (L.T.Wells, 1977）的“小规模技术理论”、拉尔（S.Lall, 1983）的“局部技术变动论”（技术地方化理论）、坎特韦尔（J.A.Cantwell）和托兰锡诺（P.E.Tollaention）提出的“技术创新产业升级理论”，虽然是以发展中国家或地区的 FDI 实践为基础，可以部分地解释台湾企业 FDI 的动因，即利用自身的管理经验及技术适应性在境外市场生存，但却无法说明这些企业为什么不利用已有的条件进行技术升级，扩大在岛内的生产规模，同样可以扩大其出口市场占有率。

---

① 《台商海外投资经验汇编》，台湾“经济部投资业务处”编著，2004 年，序三。

② John.H.Dunning, 2001，The Eclectic(OLI)Paradigm of International Production: Past, Present and Future, Int.f.of the Economics of Business, Vol.8，No.2，2001，pp.173-190。

③ Caves, Richard E. Multinational Enterprises and Economics Analysis. London: Cambridge University Press.1982：pp. Ⅸ。

其三，巴克莱（P.J.Burkley）和卡森（M.Casson）提出、并经拉格曼（A.M.Rugman）等人补充和完善的内部化理论，从制度经济学的交易成本理论出发，对企业为什么采取对外直接投资的方式，而不是采取发放许可证、出口等方式利用优势的原因做出回答，但该理论仍以发达国家跨国企业为研究对象，是对企业已形成技术优势后的交易方式选择作出分析，而无法解释企业形成技术优势前发生FDI的原因。

其四，约翰逊（H.G.Johnson,1970）、格雷（H.P.Gray,1982）的生产区位理论强调外部市场的优势，认为企业FDI是利用外部市场优越条件降低成本的重要途径，这其实是人们在看待FDI现象时最直观的印象，也是迄今解释台商FDI的主要理论，但该理论主要应用于解释FDI的投资区位，其分析重点是被投资方经济体的优势（外因），而非投资方经济体的劣势（内因）。

其五，小岛清（K.Kojima，1971）和小泽辉智（T.Ozawa,1975）的边际产业扩张理论从内因角度分析了边际产业外移的现象，但却不能解释企业为什么不通过技术升级由比较劣势产业转化为比较优势产业，从而避免以FDI形式外移的被动选择。

台湾学者对台湾企业FDI动因的研究成果可以归纳为：占有原材料、获取市场、方便出口、取得技术（薛琦，1990）[①]。从发展过程看，70年代台商对外投资的目的是为确保原料供应和躲避歧视性贸易；80年代台商对外投资的考虑主要是寻求低成本的生产据点，规避国际歧视性贸易的考虑依然重要；90年代的最主要动机则是追求企业国际化，发展多元化经营（高长、杨景闵，2004）[②]。台商前期的投资以"防御性"为主，后期的投资以"扩张性"为主（陈添枝、顾莹华，2004）。台商投资大陆的动因，则缘于岛内产业结构调整、投资环境恶化形成的"推力"和大陆投资环境和对台经贸政策的相对优势形成的"拉力"，台商追求的是成本、利润、便利性和产业的群聚效应因素（陈德升，2004）[③]。以上研究表明，虽然台商FDI随投资发展阶段和企业所在行业不同而有所变化，但最初以FDI获取低成本则是得到普遍认可的解释。问题是，台商面对成本升高为什么不采取技术升级、而是选择FDI来降低成本？本文对此提出"技术升级替代型FDI假说"。

---

① Chi.Schive, 1990, "The Foreign Factor", Hoover Institution Press, pp.86-87。

② 高长、杨景闵：《制造业台商全球布局对台湾产业发展之意涵》，《经济全球化与台商大陆投资》，晶典文化事业出版社2005年版，第285页。

③ 陈德升：《经济全球化与台商大陆投资：策略与布局》，《经济全球化与台商大陆投资》，晶典文化事业出版社2005年版，第155—173页。

二、技术升级替代型 FDI 的形成

台湾企业 FDI 技术含量不高，是因为在要素结构变动后，台商在“特殊主义”（Particularism）文化环境下，出于交易成本[①]的考虑，不愿通过合并或合作方式扩大企业规模，从而限制了以技术引进为主要途径的技术升级，转而选择 FDI 解决要素成本升高的问题。

20 世纪 60 年代以来有两种主要的技术变迁内生化理论：希克斯—速水—拉坦—宾斯旺格提出的“要素价格假说”（Hicks-Hayami-Ruttan-Binswanger Hypothesis）和施莫克勒—格里克斯提出的“市场需求假说”（Schmookler-Griliches Hypothesis），很好的总结了发达国家的技术变迁过程。但在发展中国家或地区，技术变迁主要靠技术引进，而非技术创新。当发展中国家或地区企业向更高技术的产品与服务升级时，这种技术在世界范围内已经属于“成熟技术”。发展中国家或地区企业引进这种技术进行量产，则需要企业具备一定的规模，一是为聚集充足的资本与技术人才配合机械设备的购入，二是形成规模经济以应对成熟技术产品利润率大幅滑落的趋势。

企业应该将规模扩张到何种程度？马歇尔（Alfred.Marshall，1890）从生产角度提出，企业最优规模经济应该是单位产品的平均成本达到最小时的产量水平。科斯（Coase.R.H，1937）则从交易角度提出，“企业的扩大必须达到这一点，即在企业内部组织一笔额外交易的成本等于在公开市场上完成这笔交易所需的成本，或者等于由另一个企业家来组织这笔交易的成本”。如何向这一点扩充呢？科斯提出两种方式：“当先前由两个或更多个企业家组织的交易变成由一个企业家组织时，便出现了联合。当所涉及的先前由企业家之间在市场上完成的交易被组织起来时，这便是一体化。企业能以这两种方式中的一种或同时以这两种方式进行扩张。”尽管最优企业规模为何迄今仍无定论，但创造出“生存检验法”[②]的斯蒂格勒（George.

① 交易成本（即交易费用）广义上指谈判、履行合同和获得信息运用的全部资源，狭义上指单纯履行契约所付出的时间和努力。科斯在 1937 年提出交易费用理论以后，威廉姆森、杨小凯、库特等人又对交易费用理论进行发展和完善。

② 斯蒂格勒（George.J. Stigler，1998）从经验出发，给出一个生存检验法，用以测定现实世界中企业的规模或效率问题：先将某一产业的厂商按规模分类，然后计算各时期各规模等级的厂商在产业产出中所占的比重。如果某一等级的厂商所占的生产份额下降了，说明该规模效率较低，一般说，效率越低，则份额下降越快。他认为，所有关于规模经济的判断，通常都要立足在检验其生存能力的基础上，或者至少要以其生存能力来证实之。斯蒂格勒用生存检验技术测定了美国一些行业中各企业的规模和效率，事实显示，生存检验技术不仅比其他方法更直接、更简便，也更具权威。但是他没有从技术上给出企业的最适生产规模界限，也没有指出为什么厂商会使用种类不同、质量不同的资源。

J.Stigler）认为："一个企业通过并购其竞争对手成为巨型企业，是现代经济史上的一个突出现象。没有一个美国大公司不是通过某种程度、某种方式的并购而成长起来的，几乎没有一家大公司主要是靠内部扩张成长起来的。"总之，企业客观上存在最优规模，而合并与联合则是企业走向最优规模的必由之路。

但是，企业进行合并与联合必然发生交易费用，其多寡因社会文化不同而异。一般说来，在更为注重人际关系的社会中，企业规模扩大时交易成本更高。帕森斯和希尔斯 (T.Parsons & E.W.Shils, 1951）区分了"特殊主义"（Particularism）与"普遍主义"（Universalism）两种不同的价值取向、行为准则和人际关系模式。"特殊主义"是指"根据行为者与对象的特殊关系而认定对象及其行为的价值高低"；"普遍主义"则是指"对对象及其行为的价值认定独立于行为者与对象在身份上的特殊关系"[①]。简言之，"特殊主义"比"普遍主义"更注重人际关系，在企业文化中常常表现为家族性。

在"特殊主义"文化环境中，小规模组织的效率较高，而大规模组织的效率相对较低；"普遍主义"文化中的组织则正好相反。这是因为，"特殊主义"文化环境中的小规模企业容易产生信任，而大规模企业则难度较大。信任是在价格和权威之外的另一种组织控制机制，是组织运转的要因。信任由于具有有限理性及专用性特点，是一种具备价值的无形资产（Mark.Lorenzen，1998）。信任的出现在于降低组织内部及组织之间的交易成本，减少违约等机会主义行为的可能性，信任的出现往往是人们理性选择的结果（Kreps，1986；Williamson，2001）。信任分为三种：一是基于过程的信任模式（此模式依赖于过去的交易经验，如信誉等），二是基于特征的信任模式（依赖于家庭背景或种族），三是基于制度的信任模式（依赖于社会规章制度）（Zucker，1986）。总体上看，家族（或泛家族）信任是家族企业[②]分工与合作的基础，也是家族企业形成的前提和基础。家族企业首先从靠近自己的"圈内人"中寻找合作伙伴，由最亲密、信任度最高的家族、宗族成员或同乡结成小型企业；随着经济活动的扩大，其选择范围也不断扩大，成员更加复杂，可能超越语系和地缘的界限，形成较大规模的企业；家族企业甚至可能跨越种族的外在界限，

---

① T.Parsons & E.W.Shils, 1951，Toward a General Theory of Action, Harvard University Press,P82.

② 唐纳礼（Robert.G.Donneley）认为家族企业有 7 个指标来判定：1. 家族关系是决定管理继承的主要因素；2. 现任企业主持人的妻子儿女或前任企业主持人为现任董事会的主要成员；3. 企业目前的价值观念与家族成员的价值观念相同；4. 尽管家族参与经营，但其属员行动，都反映了企业的信誉和荣誉；5. 家族成员认为他有义务持有公司的股份，其理由并非财务关系，而是为使公司延续下去；6. 家族成员在公司的地位，影响到他在家族中的地位；7. 家族企业的成员与公司的关系，决定其一生的荣誉。

建立与“圈外人”的网络关系（王苍柏，1998），但这取决于家族企业所处社会信任水平的普遍提高，在“特殊主义”气氛仍然浓厚的环境中就会很难。

企业规模扩大的过程中，两种人际关系模式下组织交易费用都会增加，但在“特殊主义”文化环境中，组织的交易费用增加的速度较快。因此，在这种文化环境中，企业进行规模扩张时存在更大的障碍，也就难为技术升级提供必需条件。于是在要素成本升高的压力下，企业选择FDI而回避技术升级。

三、台商的“技术升级替代型FDI”

中小企业[①]一直是台湾经济组织结构中的重要组成部分，尤其是20世纪80年代中期以前，中小企业无论是在数量上还是在雇用人数和出口比例方面，都在台湾经济中占有举足轻重的地位（王健全，2003；于宗先、王金利，2000）。要素禀赋结构决定台湾形成以中小企业为主的经济组织结构。台湾经济发展初期是典型的农业社会，20世纪50年代农产品及农产制造品占出口比重90%以上，工业可从农业部门取得充裕的劳动力，而资本却相对不足。这种要素禀赋结构使台湾企业发展的主要制约因素是资本。资本制约规模，是以多数台湾企业以中小企业的面貌出现（周添城、林志诚，1999）。台湾经济发展早期的金融压抑状况也制约了中小企业难以取得足够的资本迅速扩大企业规模，以致中小规模企业在较长时期内一直是台湾经济中的普遍现象。

企业规模小和家族性往往互为因果。规模小则企业数量多，从而市场交易频繁。为降低交易成本，企业需要依靠某种特殊的信任建立长期合作关系。在传统文化的影响下，台湾企业很自然地发展出带有浓厚家族色彩的企业网络形式。但家族性往往又因为人才和资本的限制反过来制约企业规模的成长。“从世界的产业组织看，有以下这样几种类型：‘英美型’的倒金字塔型（大型企业居多）；‘西欧型’的正金字塔型（中小型企业比大型企业多）；‘日本型’（也是正金字塔，但底边比较宽大）；台湾的产业组织模式接近于日本型，但其底边又要比日本型宽大得多”（渡边利夫、栗林纯夫，1992）。“小型化趋势是所有华人企业都具有的属性”，

① 关于中小企业的定义，台湾当局1967年公布《中小企业辅导准则》曾作具体规定，后多次予以修订。1995年最近一次修订后的定义是：1. 制造业、矿业、加工业及手工业，实收资本额6000万元新台币以下的企业；2. 农林渔牧业、水电燃气业、进出口贸易业、商业、运输业、金融保险不动产业、工商社会及个人服务业，前1年营业额在8000万元新台币以下的企业；或经常雇用人员不满50人的企业。

而“当个人之间的相互信任是主要的联结纽带时，企业规模的扩展总是有一定限度的”(Redding，1993)。东亚的“特殊主义”文化传统是形成众多中小企业的重要原因，这种“特殊主义”在华人社会更多地表现为家族主义。基于家族（或泛家族）信任的社会关系网络是台湾地区及东南亚华人中小企业网络形成的重要原因(李新春，1998，2005)。家族企业的特点是企业活动以家族（或泛家族）社会关系为基础，而建立在血缘、亲缘、姻缘基础之上的家族信任以及建立在地缘、业缘、学缘、朋友缘等私人关系基础之上的泛家族信任，则是家族企业基本的运行机制。

在台湾，不仅70%以上中小企业具有较明显的家族特征，大型企业中60%的上市公司和几乎全部的上柜公司都有相当浓厚的家族色彩（高孔廉，1980；林建山，1991)。台湾家族企业大致有四种类型：基于血亲关系、基于宗亲关系、基于同乡关系、基于共同创业的伙伴关系。其中，以前三种数量居多。台湾绝大多数中小企业的家族性，是建立在广义的“同”与“缘”的基础上的人脉关系。同姓、同乡、同学、同事，加上血缘、姻缘、地缘、学缘的关系，再配之以利益，使台湾企业的原料采购、加工、装配、销售等都很容易看到这种广义的家族关系（陈明璋，1990)。家族关系的延伸就是感情关系。台湾企业中，感情原则与利益原则是同等重要的两个基本条件（陈介玄，1991)。

家族色彩带来长期合作与信任，这使台湾中小企业可以有效降低交易成本，提高其运营效率。在台湾，交易成本往往只是一通电话、一场应酬、一纸订单。台湾中小企业间的合作如同一家大型企业，但又避免了大型企业层级官僚组织的僵化。因为中小企业决策过程比大企业迅速，更容易掌握商机，且由于必须自负盈亏，决策也都是利润导向，经营弹性较强，较之日、韩等经济体更接近完全竞争市场。也因此，当国际大型公司有任何新的产品需要寻找生产制造商，台湾中小企业可以最快的速度通过企业网络分工提供出来。国际转包制度和岛内企业网络的结合，使其克服了规模的限制，在生产流程易于分割且劳动密集的产业上，充分发挥网络经济的效益。利用和发达国家厂商间的国际转包，台湾出口导向中小制造业避开了国际行销的资金和管理问题；由家族和情感关系为基础建立的家庭代工、内包、外包、平行产销及加工的企业网络，使中小企业在创新及发展时，可以得到技术、机器设备、原料、市场、人力、资金等的流通，促进生产的专业化及交易成本的降低，有效运用各种资源。台湾中小企业各自均选择自己所熟悉的局部流程进入市场，专业化分工的效益极易转化为低成本的竞争优势。总之，“特殊主义”文化环境可以通过家族信任有效降低台湾企业间的交易成本，从而提供可以支持频繁交易的基础，进而发展出台湾企业细密而高效的专业化分工。

细密而高效的专业化分工为台湾企业带来生产剩余的最大化，人均可支配资本迅速增长，推动要素禀赋结构的变化。

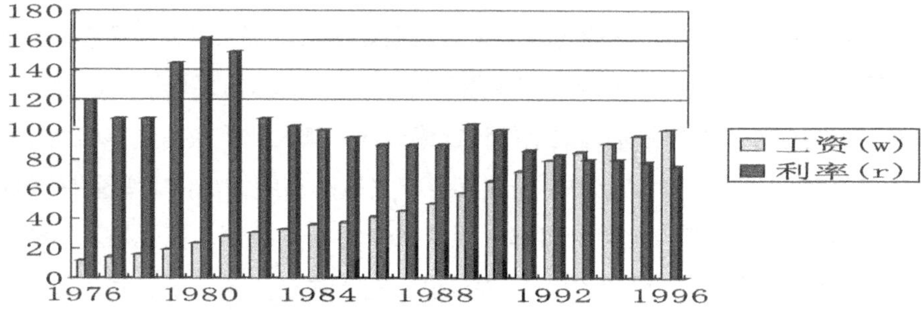

资料来源：《Taiwan statistical data book》，台“经建会”编印。

图 1 台湾要素禀赋结构变化图

从上图可以看到，20 世纪 70 年代中后期以来，台湾要素禀赋结构急剧变化，代表劳动力成本的工资不断上升，而代表资本成本的利率却在不断下降，这也意味着台湾劳动力相对价格升高，而资本相对价格下降。台湾企业面临转型，需要用相对价格较便宜的要素替代价格相对较高的要素，即由劳动密集型生产方式向资本密集型生产方式转变。这种转型常常表现为引进自动化生产设备的技术升级。然而，据台湾当局 90 年代所做的调查，很多台湾厂商拒绝推行自动化升级，最主要困难来自于“企业规模太小，自动化无效益”①。

企业规模扩张的障碍主要在于以家族性为特征的“特殊主义文化环境”。在较小规模的水平上，以家族企业为基础的经济组织结构可以通过特定的关系网络，在一定范围内克服市场的某些不确定性因素，表现出较低的交易成本和较高的经营效率；但在较大规模的水平上，由于受到可利用的人际关系的规模限制，需要更多地依赖正式规则取代原有的非正式规则作为约束机制，交易成本骤然升高，很多企业因此对规模扩张望而却步。

台湾当局的调查还表明，台湾厂商在以合并或合作推进规模扩大化的过程中，

① 台“经济部中小企业处”委托，台湾经济研究院，1992，《产业结构调整与中小企业转型之研究》，第 89 页。

最主要的阻碍因素是“合并对象的选择”①。这意味着由于寻找合适的合并或合作对象存在相当大的不确定性，企业为降低经营风险，宁可放弃规模扩张和技术升级。家族企业对规模扩张的制约除不确定因素外，还有资本和人才方面的约束。家族企业为保持控制权常常摒弃股票筹资方式，而多采取借款等方式筹资，使企业负债率较高，并难以进入以大量资本注入为先导的产业；家族企业排斥从外部市场上公开招募经理或关键技术人才，也限制了用人范围，并在企业内增加了“圈内人”和“圈外人”之间的交易费用。

因此，当要素成本变化时，企业宁愿选择 FDI 回避成本压力，也不愿通过规模扩张进行技术升级。据台湾官方资料记载，第一例台湾企业对外投资案是 1959 年一家水泥厂商到马来西亚投资了 10 万美元②。暂停两年后，一家台湾麻袋生产商于 1962 年在泰国投资建厂。整个 60 年代，台湾每年的 FDI 大约在 8 万美元左右。但自 70 年代起，台湾企业 FDI 开始以每年 24% 的速度增长。真正的蓬勃发展始于 20 世纪 80 年代，并分别于 80 年代末到 90 年代初、90 年代中期、90 年代末到 21 世纪初掀起三次投资热潮。从 1980 年到 2005 年，台商 FDI 的年均增长率高达 56%（按台湾当局公布数据计算，包括对大陆投资，不含补报金额）。

就动因和技术而言，台商对外投资的三个阶段是有所差别的：第一阶段由于整体生产环境改变，中小型企业面临外贸环境改变，与生产要素价格上升所造成的产品成本优势流失，对外投资以维持外贸出口的成本控制，此为“生产要素考虑的资本外移模式”；第二阶段是“比较优势考虑的资本外移模式”，台湾石化、钢铁、电子等资本、技术密集型产业在政府进口替代政策的协助下陆续出现规模经济效应，进而形成产业竞争优势，在政府优惠政策逐渐停止后，加上后起厂商的威胁，为维持本身生产的比较优势进行对外投资；第三阶段是“垄断优势考虑的资本外移模式”，在资讯产业的全球分工中，台湾在制造与组装环节具有高度优势，即使部分下游组装厂商外移后，岛内资讯产业仍具有中间产品生产的优势，并在设计上领先全球，但为扩大获利来源，该产业仍采取对外投资策略以降低成本、接近市场和提高生产效能（张弘远，2004）③。虽然纵向来看，台商 FDI 的技术含量不断在增加，但就每一阶段的横向比较而言，台商 FDI 的技术含量在世界范围内仍是相对较低

---

① 台“经济部中小企业处”委托，台湾经济研究院，1992，《产业结构调整与中小企业转型之研究》，第 56 页。

② Chi.Schive, 1990,“The Foreign Factor”, Hoover Institution Press, pp.83-84。

③ 张弘远：《两岸经贸关系中国家角色的转变》，《经济全球化与台商大陆投资》，（台）晶典文化事业出版社 2005 年版，第 63—65 页。

的。而且，越早进行对外投资的台湾企业，其“技术升级替代型FDI”的特点就越明显。这些FDI动因主要是寻求廉价劳动力和原材料，结合自身细密分工的企业网络优势，获取低成本利润。一旦东道国或地区的要素成本出现大幅上升，这些企业又会转移到要素成本更低廉的新开发地区进行FDI。

以台商在大陆投资为例，早期进行FDI的台商多为中小企业，90年代中期以后大型企业逐渐增多，但多为代工厂和零配件供应商，技术含量都不高，主要看中大陆的低廉要素成本，尤其是在第一次台商FDI热潮中，大量劳动密集型企业外移，大陆以其低廉的土地和劳动力成本成为台商们的首选投资地。21世纪以来，随着大陆经济持续快速发展，劳动力和土地成本都出现大幅上升，台商到大陆实际投资也出现减少趋势，自2002年的39.7亿美元下降到21.4亿美元，降幅达46%；2007年1至11月，大陆实际使用台资金额14.3亿美元，同比下降26%。同时，大陆台商因当地要素成本升高而转移FDI的案例也不断增多，其特点有二：一是以中小企业、传统制造业为主，二是转移方向以越南、印度为主。前者是因为这类台商技术含量相对更低，后者是因为越南、印度的要素成本更加便宜。

四、结论

由于台商FDI始于对技术升级的替代，所以缺乏发达地区企业进行FDI时通常具备的先进技术，其最初动机就是追求更低廉的要素成本，并由此形成“逐水草而居”的对外投资特性，在当地要素成本升高之后，又会转移到其他地区投资。在大陆经济出现“刘易斯转折点”① 后，当地劳动力成本明显上升，大量未及时升级或转型的台商不得不移至南亚、东南亚等劳动力成本更低的地区，这种现象和趋势正是台商FDI的特性使然。

（原载《台湾研究》2008年第1期）

① 刘易斯转折点（刘易斯拐点），是指工业化过程中，随着农村富余劳动力向非农产业的逐步转移，农村富余劳动力逐渐减少，最后再也没有富余劳动力了。该点之前不论有多少新增就业，工资都不会涨，这是一个典型的二元经济发展；在这一点之后劳动供给不再是无限的，工资开始上涨，人均收入开始实质性地增长，这是一个典型的现代经济增长。蔡昉（2007）提出存在两个“刘易斯转折点”：第一个转折点是结束了劳动力无限供给，需要提高工资才能够继续转移；第二个转折点就是城乡边际劳动生产率基本相等。只有在第二个转折点到来的时候，城市和农村的边际劳动力生产率基本相等，农村人口才不再向城市转移，但在这样的情况下，城市和农村的生活水平也差不多，城乡基本上一体化了。

浅析台湾产业升级面临的挑战、机遇与未来发展方向

胡石青

台湾自上世纪80年代信息电子产业兴起后，一直在探索新的产业升级与转型方向，尤其是近8年来，先后提出了“两兆双星”产业与“六大新兴产业”等目标，虽然发挥了延续产业发展动力的作用，但真正能够替代信息电子产业的新产业支柱至今尚待确立。当前全球产业发展在金融危机后出现了新特点，台湾产业升级面临着难得的良好机遇，而在制造业占台湾经济的比重日益退缩的趋势下，未来的支柱产业必将跨越工业与服务业两大领域，并带有更深的服务业特性。

一、台湾产业发展的薄弱环节与机遇

台湾经济近10年不仅陷入了超低增长期，甚至还有两年出现了衰退[①]，正是产业升级迟滞的结果。但从另一方面看，这一时期也是其累积增长动能的产业调整期，决定良窳的关键在于未来的发展方向是继续向下萎缩还是反转向上突破。目前台湾产业发展已经到了十字路口，面临的挑战越来越大，良好的机遇也已逐渐展现。

（一）台湾产业发展的薄弱环节

台湾产业发展除受到前执政者短视政策的深刻干扰与滞碍外，更重要的还是被过去成长过程中长期存在的软肋所拖累，其中主要有以下几项：

---

① 根据国际货币基金组织数据，2000年至2009年，台湾人均GDP仅增长3%，还落后于日本6.3%的增长率。引自杨玟欣：《杜英宗：台湾勿再陷失落的10年》，台湾《工商时报》2010年3月2日。

1. 浅碟型经济，基础薄弱，对外依赖过大

台湾经济历经战后60年发展，始终没有建立稳固的产业根基，被形象地称为“浅碟型经济”，90年代后兴起的高科技产业也未能在深化产业基础方面有所突破，代工模式仍然是其制胜的法宝。另一方面，服务业占台湾总产值的比重已超过70%，但其中技术含量低的零售批发业始终是最大的产业部门，而专业与技术服务业作为新兴的服务业门类，虽然是台湾目前少数能够保持持续增长的产业部门（见表1），但规模依然较小，加上自有技术有限，难以达成井喷式增长。台湾擅长的产业群聚作法虽然有助于提高生产效率，快速降低成本，但所掌控的产业链优势依然集中在制造端，产业纵深不足，所能产生的衍生效果与附加价值正被快速压缩，更无法摆脱严重依赖外部市场的命运。因此从总体产业方面来看，与制造业面临产业基础浅薄及外在环境变迁等挑战，增长动能递减的同时，服务业也受困于规模分散，技术进步缓慢，经营形态保守等弱点，难以实现超越式发展。

表1 台湾专业及技术服务业历年营业额变化表

单位：新台币亿元

年份	2002	2003	2004	2005	2006	2007	2008	2009
营业额	2908	3024	3357	3465	3807	4241	4396	4547

资料来源：台湾“经济部”网站，www.moea.gov.tw。

2. 长期集中在少数明星产业，风险高，发展空间收窄

台湾经济过去50年获得快速发展的经验之一是依靠众多中小企业发挥经营灵活性，实现支柱产业的快速转换，能否及时转换及过程的顺利与否都直接影响着发展风险的高低。90年代以来，以半导体产业及21世纪后崛起的液晶面板构成了制造业的领军产业，不仅在制造业产值中占有较高比重，出口占比更高，已成为维系其外向型经济延续的主要支柱。不过液晶面板取代原有的电脑制造业成为龙头产业，是投资向上游产业转移的结果，新兴的产业链并未能及时出现与壮大，以零部件制造业为主构成支柱产业虽然有助于提高附加价值，增强灵活性与适应能力，但仍无法跳脱产业单一化所带来的高风险。同时新一轮的产业转换滞后又加剧了支柱产业增长速度衰减造成的影响。

3. 后继产业未能及时跟进，产业发展梯度不足

目前台湾产业在大陆经济不断崛起，东盟国家后发优势加大的引力作用下，

制造端加速外移，而留在岛内的产业发展梯度又明显不足。迄今为止，台湾虽然陆续发展出一些新兴产业，但都不足以承担起后续支柱产业的使命，即使是2001年台湾当局提出的“双星”产业，即生技产业与数位内容产业，也都未能实现快速增长，与半导体业和液晶面板产业发展存在着过大的发展时差。未来10年台湾如果仍不能蕴育出新的明星产业链来填补此一缺失，其既有的产业优势就会加速流失。

台湾以上这些困境有些早就存在，目前只是更加突出，主要原因不仅在于外在环境变化加快，制造端外移呈加速度发展，更在于岛内社会老龄化问题日益突出(见表2)，降低生产要素成本的可能性不复存在，内需市场规模再扩大的空间有限。

表2 台湾人口老化指数变化情况

单位：%

年份	2002	2003	2004	2005	2006	2007	2008	2009
65岁以上人口比重	9.02	9.24	9.48	9.74	10.00	10.21	10.43	10.63
0-14岁人口比重	20.42	19.83	19.34	18.70	18.12	17.56	16.95	16.34
老化指数	44.17	46.58	49.02	52.05	55.17	58.13	61.51	65.05

注：老化指数=65岁以上人口/0-14岁人口 ×100。
资料来源：台湾“内政部”数据，http://www.moi.gov.tw/stat/news_content.aspx?sn=3779。

台湾产业发展的弱点在2008年9月国际金融危机爆发后暴露无遗。面对国际市场大幅萎缩，台湾产业难以及时应变，出口大幅下降，加剧了支柱产业的调整幅度，造成投资锐减，最终导致经济发展出现全面性倒退，陷入了20世纪50年代以后的首次连续5个季度衰退的困难局面。

（二）台湾未来产业发展的机遇

从另一个角度看，台湾产业难得的发展机遇期也正在形成。两岸经贸关系的理顺，产业转型调整的最大阻碍得以消除，后国际金融危机时期全球产业新变化提供的新机会，将可以与岛内日益成熟的人才与技术储备相配合，发挥促进产业升级的作用。

1. 两岸产业合作有望深化，资源可以更合理配置

两岸经贸关系历经30多年的发展，产业分工逐渐成型，但一直无法达成最基本的双向交流，关系无法正常化，资源要素配置长期只能以单向形式流动，岛内产

业优势随之逐渐流失。2008 年以后两岸关系取得了重要突破，“三通”全面实现，以此为契机，两岸更深层次的产业分工合作有望逐渐达成。除大陆土地与劳工、市场资源外，通过将大陆丰富的基础研究和广大的产业规模，与台湾开发市场经验及灵活经营手段更好地结合，台湾产业将可充分利用两岸间的资源优势，作最合理的配置。而且更具关键作用的两岸经济合作框架协议已经完成商签，将推动两岸经济合作机制化建设顺利进行，也为台湾产业提供实现跨跃式发展的机会。

2. 后国际金融危机全球产业出现新的变化，为台湾发展提供新的空间

国际金融危机在很大程度上打乱了旧有的世界产业分工格局。一方面，中国大陆持续地经济发展提供的巨大市场需求对加快世界产业复苏的作用日益明显，日本、韩国、美国等国对中国大陆的出口依存度都有所上升。另一方面，国际金融危机首先冲击的是虚拟经济，世人重视实体经济的程度上升，全球产业将进一步加强对科技的研发，云计算的概念逐渐推广；苹果公司凭借 iPod、iPhone 等一系列新产品已经成为全球产业发展新的领军企业；美国医改方案的通过对生物医疗业的促进作用；节能减排新概念日益深入人心，势将成为下一波产业发展的原动力。所有这些新变化都为在全球科技产业分工中占据较为有利地位的台湾产业提供新的成长空间。

3. 可利用既有的产业与优势基础与累积技术储备

台湾产业尽管发展后劲正逐渐趋弱，但已累积的基础与技术储备仍相当雄厚。在高科技产业部分，不仅拥有半导体与液晶面板两大明星支柱产业，更打造出以电脑为核心的完整电子零部件制造业，在国际产业分工中占有重要地位，通过生产技术的深入开发建立了自己的专利技术保护网，拥有多项足以跻身世界先进水平的产业部门。在传统产业方面，台湾的石化、钢铁、机械、纺织等工业也都有部分产品达到了国际先进水平。

4. 岛内服务业发展已相当成熟

目前金融服务业与批发零售业是台湾服务业的两大支柱，虽然与先进国家相比竞争力稍逊，规模也相对不足，但和大陆与东南亚地区相比，仍拥有不少独到的优势。尤其是金融服务业基本已完成了现代化改造过程，经营型态趋于优化，可以为新兴产业提供充沛的资金供应。另外，长期培养出来的文化软实力与发展环境具有较好的潜力可供利用与发掘。

表 3 台湾三大产业占 GDP 比重表

年份	GDP	农业	工业	制造业	服务业	金融保险业	批发零售业
2005	100.00	1.67	31.26	26.53	67.08	7.65	17.63
2006	100.00	1.61	31.33	26.46	67.06	7.28	17.88
2007	100.00	1.49	31.38	26.52	67.12	7.26	18.22
2008	100.00	1.60	29.25	24.98	69.16	7.24	18.80
2009	100.00	1.55	29.86	24.78	68.59	6.35	18.49

资料来源：台湾“主计处”网站，www.dgbas.gov.tw。

二、台湾产业发展重点的递进与变化特点

21 世纪初台湾科技产业逐渐由下游的终端产品电脑向上游的零部件转移，台湾当局据此在 2003 年提出了发展“两兆双星”产业的目标，成功培育出“两兆”产业作为支柱产业。2009 年在内外形势不利的双重打击下，台湾出现了 60 年来最大的经济衰退，“两兆”产业遭遇了首次衰退。经过半年多时间的酝酿，2009 年台湾当局提出并制订了发展“六大新兴产业”的计划，代表着新的台湾产业发展重点，从中也可看出台湾产业发展的若干新特点。

（一）“两兆双星”—由口号带出的产业发展新方向

2003 年 5 月，台湾“行政院”在其“挑战 2008—‘国家’发展重点计划”中首次提出发展“两兆双星产业”目标，即推动半导体产业与影像显示产业（以液晶面板为主）在 2006 年前年产值分别超过 1 万亿元新台币（兆元），成为新的产业龙头；另扶植生物技术产业与数位内容产业作为未来产业发展明星。计划还提出将通讯产业作为后续重点产业加以培养，以达成第三个“兆元产业”。该计划在一定程度上反映出了当时台湾产业发展的主流与方向，虽然该计划倡言实现“产业高值化”的总体目标并未达成，但“两兆”产业发展成功，成为支撑后续整体经济发展的重要力量。

1.“两兆产业”的地位与作用

“两兆产业”的成功发展与壮大，是台湾 21 世纪头 8 年产业发展的主要脉络，其地位与所发挥的作用无可替代。

一是构成台湾产业发展的龙头与最重要的支柱产业。依靠代工与技术引进及自

身研发突破，2004年台湾半导体产业产值率先突破1万亿元新台币，并持续扩张到2007年。影像显示产业中的平面显示器产业也在2006年跨过1万亿元新台币大关。另外，两大产业每年数千亿元新增投资与基本两年一代的技术进步频率更成为引领岛内高技术产业成长的主力。

表4 台湾“两兆”产业产值历年变化表

单位：新台币亿元

年份	2002	2003	2004	2005	2006	2007
半导体产业	6529	8188	10990	11179	13933	14667
平面显示器产业	3006	4162	7150	9550	12720	16900

资料来源：台湾《工业发展年鉴》(2007年)，台湾“经济部工业局”编，2008年11月。

二是延续了台湾产业的核心竞争力，并累积了雄厚的发展基础。虽然半导体产业早在20世纪90年代后半期即已成为台湾科技产业的明星，而液晶面板产业也是奠基于20世纪90年代末期，但真正使其成为岛内无可替代的产业支柱的原因是3项主要条件的迅速成熟：(1)顺利获得产业发展所需的关键技术与设备；(2)自身开发的制程技术迅速完善，并形成有力的专利技术保护网①；(3)20世纪90年代的主要支柱产业电脑制造业外移让出市场。由“两兆产业”所带动的出口与上下游配套需求为台湾产业发展提供了雄厚的基础。

三是再次验证了正确的产业发展方向所可能创造出来的巨大动能。事实上当时台湾当局规划的“发展重点计划”包含了许多产业发展项目，但其中多数不是当时条件不成熟，就是发展基础不够扎实，只有“两兆产业”获得了成功。而正是借由“两兆产业”的发展成功，台湾产业走出了2001-2002年间由网络泡沫化后造成的低谷，到2007年重新恢复了活力。

表5 台湾2001—2007年间经济增长情况

年份	2001	2002	2003	2004	2005	2006	2007
经济增长率(%)	-1.65	5.26	3.67	6.19	4.70	5.44	5.98

资料来源：台湾“主计处”网站，www.dgbas.gov.tw。

① 如友达公司最近在与韩国LGD公司专利权互诉官司中，依靠自身开发的技术专利赢得了胜诉。详见萧君晖：《友达告赢LGD拟求偿310亿》，台湾《经济日报》2010年5月3日。

2.“双星产业”失落的原因

明星产业未必等于未来的支柱产业，台湾发展“双星产业”的结果便是一个活的例子。历经5年的曲折发展，数位内容产业产值从2002年的1537亿元新台币增长到2007年的3600亿元[①]，生技产业产值更是仅从2003年的1250亿元新台币增长为2007年的1309亿元[②]。“双星产业”发展迟缓的主要原因有以下几点：

一是技术掌握度不足。台湾产业发展的长处在于引进跨国公司发展出的成熟技术加以再利用，以低成本与规模化快速达成应用面的普及化，OEM与ODM是其典型的成功作法，完善后续的制程技术是台湾企业的最大优势。生技与数位内容都是需要品牌与前期技术高投入的产业，台湾既缺乏培养品牌与应用品牌的经验，又不习惯投注资源用于先期技术开发，这就注定了台湾无法依靠自身的力量创造出新的产业链。

二是缺乏跨国公司的配合与支持。生技产业至今在国际上都属于高精尖技术产业，数位内容也属前沿科技，连其具体范围都还没有完全界定清楚，5年来，台湾始终无法从跨国公司手中获取成熟技术与充足供应的设备，其开发的新技术与新产品也寥若晨星。台湾生技产业的两大支柱中医疗器材业至今只能生产家庭用小型设备与低端的辅助设备；而医药业更是在跨国公司专利网的夹杀下艰难生存。数位内容产业则离不开雄厚的中文文化背景与产品认同感，在两岸关系无法突破，并时而紧张的5年中就更不可能做大市场规模了。

三是与岛内既有产业优势脱节。虽然台湾当局在设想“双星产业”时也设想过利用已有的电脑与通讯产业基础，但总起来看，发展生技产业必须要打破台湾已经习以为常的做法与经验，而数位内容产业就更注重创新开拓精神。时机的不成熟与条件的不具备最终使双星产业陷入了低速发展的徘徊中。

（二）“六大新兴产业”——产业发展思想的成熟与产业根基的延伸

2009年2月台湾当局根据形势的发展与外部条件变化情况，首次提出发展“六大新兴产业”的思想，随后分别制订了完整的发展方案。仔细分析整个过程可以看出，台湾产业发展思想较以前已趋于成熟。尽管未来发展不可能如当局所宣称的达成多项产业的茁壮成长，但只要其中两三项产业能够达成发展目标，便可以盘活目前台湾经济，并使台湾产业突破目前优势集中于少量零部件产业的困境，开创出新

① 台湾《工业发展年鉴》（2007年）第452页，台湾“经济部工业局”编，2008年11月。

② 见台湾《生技起飞钻石行动方案》，台湾“经建会”网站 www.cepd.gov.tw。

的发展格局。

1.“六大新兴产业”的配套关系

台湾“六大新兴产业”指的是生物技术产业、绿色能源产业、精致农业、文化创意产业、旅游休闲业与健康照护业。从其选择过程与发展规划可以看出以下几个特点：

一是产业发展从制造业为主向服务业为核心转移。6项产业中不仅有4项属于服务业项目①，即使以制造业为主的生物技术产业与绿色能源产业也加入了许多服务业的内容。以台湾目前的经济结构来看，此种选择符合了台湾经济发展的总趋势，将可充分发挥提高消费层次，满足老龄化社会发展需要的作用。

二是充分利用台湾既有的优势产业提供技术支撑。除生物技术产业直接继承自“双星”产业规划外，其他5项产业都是在“两兆双星产业”之后技术或需求有了较大的飞跃。6项产业的发展规划都提到了利用ICT产业（指通讯、信息、光电与半导体产业）累积的经验、技术与产能，目的就是要实现高起点发展，既能有效利用现有资源，又能抢占国际相关产业链靠前的位置，缩短发展成熟的时间。

三是6项产业互有关联，可以互相促进。其中绿色能源产业与生物技术产业直接根基于ICT产业，生物技术产业的发展又将提供发展精致农业、健康照护业直接的技术与产品支持，旅游业则可以借力精致农业与健康照护业，加大对外吸引力，并充分发挥台湾软实力的优势，实现加速发展；文化创意产业也可以直接吸收ICT产业的技术精华，实现高起点发展，并从其他5项产业的发展中获取发展的灵感与助力②。

2. 选择“六大新兴产业”的意义与可能产生的作用

“六大新兴产业”并非台湾当局的一时起意，或单纯追赶时尚的产物，当今台湾无论谁执政，或许具体项数有所增减，名称会有不同，但其产业政策必然都是围绕着此6项产业推动，这从6项产业中关于生技、文化创意与观光旅游业的发展规划就直接承接自前民进党执政时期的发展大纲就可看出③。不过，正如“新兴”两字所阐释的，该6项产业目前在岛内的规模都不大，形成最早、技术最尖端的生物技术产业目前岛内年产值不过1800多亿新台币，其中医疗器械与制药产业产值就

① 参见台湾《服务业发展方案》（2009年7月9日），www.cepd.gov.tw。

② http://www.boco.com.tw/ColumnistDetail.aspx?bid=B20100203000004。

③ 具体内容可参考《挑战2008，国家发展重点计划（2002—2007）》（2002年5月31日台湾“行政院”核定），见台湾“经建会”网站，www.cepd.gov.tw。该文件并已将绿能产业中的电动车产业与服务业的健康照护业一并列入了“产业高值化计划”项目。

超过1000亿元。其被选定为重点扶植目标，主要是因为其发展潜力巨大，产业关联度高，而且国际上的相应产业链也迅速成熟。

"六大新兴产业"体现出台湾有关部门对后金融危机时代全球产业与技术发展方向和重点的判断，实现了几大突破。首先它明确了台湾产业未来转型升级的方向与策略，即依托优势产业技术与产能，抓准国际产业发展所能提供的机会，及时切入国际产业分工链，争取占据较高端的位置。其次是强调整体产业的发展，以扩大产业发展的衍生效益。台湾产业过去不是负责中端的零部件制造就是提供整机装配服务，附加价值比例日益下滑，而"六大新兴产业"更强调整体产业的发展，不仅可以培养个别产业，更着重于岛内的相互配套，相互促进，可以使台湾产业根基向下扎根。三是打破了制造业与服务业的壁垒，使产业发展更具可行性。台湾当局的产业政策过去受制造业与服务业严格区隔的限制，选择范围较为狭窄，但随着高技术产业中的技术服务业不断壮大，此一区隔已经模糊化，今后以制造业支撑服务业发展将成为台湾未来产业发展的新现象。四是反映出当局促进产业升级的主要手段开始从强调租税优惠向低税赋为主调整。具有当局指导产业转型方向作用的"产业创新条例"作为当局产业政策的主要体现，几经修改内容，最终取消了国际营运总部得享受15%优惠营利事业所得税率的特殊条款，而统一将该税率由25%降为17%，众多奖励优惠项目也缩减到只剩研发一项，力图建成"低税岛"的投资环境①。

"六大新兴产业"在相当程度上代表了台湾产业未来的发展前景，如能获得突破，台湾就可以充分发挥其对大陆及东南亚地区软实力的优势，将劳力与资本密集型的制造端外移，而将技术与脑力资本密集型的开发端留在岛内，扭转高技术产品附加价值走低的趋势，进而完成其多年来一直努力达成的地区营运总部计划，克服老龄化社会到来后产生的一系列社会问题，缓解产业基础薄弱，增长动能递减等困扰多年的痼疾。

3."六大新兴产业"成败的关键

"六大新兴产业"发展的成败，关系着台湾未来产业发展的命运。要避免重蹈"双星产业"的老路，关键在于以下几方面的配合。

首先是两岸关系及两岸经贸关系的调整与完善。目前台湾产业转型已严重滞后，经济表现掉到了"四小龙"末尾，其症结在于10多年来台湾在产业定位方面

① 徐碧华：《招商投资，梦幻投资岛 宣告诞生》，台湾《经济日报》2010年4月17日。

进退失据。在大陆经济高速发展，亚太地区土地与人力等生产要素价格大幅滑落之际，香港与新加坡先后以金融中心与转运中心取得了新的发展定位，而韩国则凭借内需市场的支撑，在制造业关键技术上取得重大突破，缩短了与日本之间的差距，只有台湾仍徘徊在以中小企业为主的框框内，无论是工业还是服务业都面临困境，进一步扩张的阻力越来越大。未来台湾发展只能依赖两岸经贸关系的调整，通过加强两岸经贸与产业合作，实现两岸产业与资金的双向往来，以填补新兴产业壮大前的空档，并为新的支柱产业提供足够的市场与资源支撑。

其次是国际相关产业技术的突破与成熟情况。台湾目前发展“六大新兴产业”在制造端的准备较为充分，但在技术储备方面依然相当欠缺，这首先要归因于其历来不重视基础技术研发投入与人才培养。长期依赖从先进国家引进成熟技术再发展，将会持续受制于跨国公司严密的专利技术保护网，而且只有国际相关产业技术取得明显突破及产业达到一定成熟度后，台湾才有机会切入，并凭借自身优势将其坐大。

第三是后国际金融危机的国际产业生态变化。一方面国际金融危机使各国更加重视实体经济，对科技产业的偏好将更加突出，为科技产业尽快实现突破性发展提供了更好的条件。另一方面国际金融危机也对风险性投资造成很大冲击，其投资将更趋谨慎，台湾新兴产业有可能遭遇更严厉的检验，加速其完成优胜劣汰的过程。

三、台湾产业发展的方向与特征

目前台湾产业转型已不容再耽搁，以“六大新兴产业”为例，虽然规划的蓝图美好，但真正做起来仍要受制于众多外部因素，内部条件也不尽成熟，岛内不少人就抨击其为“拼装车”。具体到未来台湾产业升级转型的方向，仍在探索阶段，总起来看，未来的图景将会有几个主要特征。

一是必定建立在台湾目前最强的 ICT 产业基础上，这是台湾目前所能掌握的核心竞争力。一方面，国际新的 ICT 应用技术如云运算技术仍在不断涌现与深化中，揭示出 ICT 产业仍然有广泛的发展潜力，台湾雄厚的技术与产能基础将可持续发挥作用。另一方面，众多新兴产业也都根植于 ICT 技术，例如最有希望成为台湾未来支柱产业之一的绿能产业，可以说是直接继承了 ICT 相关技术与产能。

二是新支柱产业在岛内的关联性将会加大，产业链向“微笑曲线”的两端发展，但主要品牌与关键上游技术仍将掌握在跨国企业与欧美日等国手中。以台湾

"六大新兴产业"规划方案中，其中3项提出了具体的产值目标，包括绿色能源产业提出了2015年达成"兆元产值"的目标①；文化创意产业更以4年达成"兆元产业"为期许②；生物技术产业提出"四年倍增"计划，争取早日达成"兆元产值"③。尽管如此，岛内仍有不少学者专家建议，应放弃以产值作为产业发展导向，而改以技术进步为发展重点，以夯实新的支柱产业基础④。

三是不仅制造端将主要仰赖大陆等周边地区提供支持，市场端也将在欧美之外更多地依赖大陆。岛内人口老龄化与生产要素成本长期升高的两大趋势都已固化，将制造端不断外移是不可避免的最终选择，消费市场也只有向岛外推展，其中大陆不断增长的经济实力与消费潜力更是不能忽视的行销对象。台湾既然无法在品牌与先期技术开发上取得明显突破，新兴产业只有做好产品开发端才有可能赢得足够的发展空间，特别是应用技术的创意更是不可欠缺，否则就只能逐渐丧失核心竞争力而沦为弱势产业。

四是未来支柱产业的服务业性质将更加明显。由于制造端的进入门槛会随着产业的发展成熟而快速降低，台湾要想保住产业竞争优势，就只有更多地向应用开发与技术服务领域延伸，以延长其在岛内发挥支柱作用的时间。台湾既往的成功做法主要集中在开发产品的新应用，但在高技术产业链中，各环节相互间的技术差距缩小，台湾产业初始领先的优势很容易被赶上乃至被超越，必须靠加强技术服务，向产业链的后端拓展，这是台湾产业过去发展的弱项，未来会有所加强。

台湾未来产业的实际发展未必会局限在"六大新兴产业"内，如已经孕育10年以上的通讯产业现在又得到了云计算运用技术的带动，完全有机会继续壮大。另外，从战后台湾产业发展史来看，当局的产业扶植与优惠政策达成最终目的的机率并不高，只有该产业能够获得持续的民间资本参与和投资，成功降低成本以扩大消费群体后，才有机会茁壮成长为支柱产业。绿能产业就是最新的例子，其能够列入"六大新兴产业"，并非当局倡导的产物，而是因为在此前民间技术开发与应用已经积累了相当雄厚的基础，众多企业先期投入与扩张更使其发展超越了当局原先重视的生技与通讯产业，成为"六大新兴产业中"最大也是最有希望成功的产业，当局的扶植政策可说是对既有现实的追认。

---

① 详见台湾《绿色能源产业旭升方案》，台湾"经建会"网站，www.cepd.gov.tw。
② 详见《创意台湾——文化创意产业发展方案》，台湾"经建会"网站，www.cepd.gov.tw。
③ 见台湾《生技起飞钻石行动方案》，台湾"经建会"网站 www.cepd.gov.tw。
④ 曾志超：《台湾科技产业的问题与对策》，http://www.npf.org.tw/post/2/6142。

总之，历经30年的坎坷，台湾产业转型迄今仍未摆脱艰辛坎坷之路，目前只能说是看到了一线曙光，未来10年将是决定其是持续衰退还是重写辉煌的关键时期。后国际金融危机的全球产业发展趋势相当有利于台湾的产业发展，只要全球产业未来的突破包括了生技与节能减排这两大重点，台湾未来的产业升级就可以有很大的成功空间。

（原载《台湾研究》2010年第4期）

台湾产业技术转移模式研究

熊俊莉

科技迅速发展使工业部门内部专业化生产程度越来越高，产业技术由于在空间上、企业间发展的不平衡，也出现由高势位向低势位的定向转移，表现为技术上先进的国家、地区、行业、企业向技术落后的国家、地区、行业、企业实行技术让渡，前者是技术的输出者，后者是技术的输入者。技术转移就是包括技术成果、信息、能力的转让、移植、引进、交流和推广普及的过程。台湾产业技术转移根据中介方式不同可以区分为“衍生型”、“产学型”和“交易型”三种模式，以下就台湾产业技术转移的三种模式展开分析。

一、企业衍生与台湾“衍生型”技术转移模式

企业衍生是政府科研成果转移至民间产业的一种做法，一般而言，发达地区的研究机构多从事创新型技术研发，其成立衍生公司是为了带领技术走出萌芽期，促成新产业的发展；而发展中国家或地区引进发达地区成熟期的技术，其成立衍生公司是为了推进技术的吸收、再创新和产业化，拉近与发达地区的技术差距。由于企业衍生可以带走原企业的技术经验、技术成果、技术人才，因而成为各国（地区）重要的产业技术转移模式之一。“衍生型”技术转移模式的内涵在于，技术成果、研发人员等科技资源同时转移，吸引投资者成立独立的新企业，具有加速技术创新与技术扩散的效果。

采用衍生方式转移产业技术需要具备一定的条件：(1）产业条件。当本国（区域）产业处于成长期，面临自国（区）外引进技术的困难，产业需要投入研发经费自行研发技术，而民间厂商出于财力规模较小或规避风险考虑，对于自主研发

的意愿不高。此时宜由政府投资技术研发，并成立发展先进技术的衍生企业，来提升产业技术水平和推动产业的升级。（2）市场条件。衍生公司的目标产业必须有庞大的市场潜力，但在发展初期先要能立足于某一区隔的利基市场，证明其商品化投资的经济效益，未来在全球市场才能有进一步生存与发展的机会。（3）技术条件。当研发机构研究人员积累了技术成果，而区域内企业技术水平过弱，都不具有接收技术转移的能力，或者技术产业化的投资与风险较大，企业接收技术转移的意愿不高，此时较适合企业衍生转移模式。（4）政策条件。政府对于发展科技产业、鼓励技术创新有明确一贯的政策与推动决心，并在资源需求上给予充分支持。

台湾为顺利引进先进技术（主要是半导体技术）并在岛内实现产业化，自20世纪70年代起采取企业衍生方式进行了大量技术转移。而且，台湾采取产业“衍生式”技术转移模式有其独特的背景条件。刘常勇（1998）① 把台湾早期成立半导体衍生公司实现技术转移的影响因素归纳如下：（1）为促成新兴高科技产业发展，并克服产业萌芽期需要大量人才与资本的瓶颈，因此将政府研究资源转移成立衍生公司来引领产业创新。（2）半导体产品技术不但具有时效性，而且可以大幅提升产业的国际竞争力，但当时岛内企业技术能力不足以完全接受研究成果转移，因此需要设立衍生企业。（3）研究机构的研发成果很可能因人员解散而无法维持，因此将研发团队与相关技术设备转移成立衍生公司，使其继续扩大研发成果，并提供企业所需的科技产品与技术服务。

台湾产业技术衍生模式对“政府”、研究机构、衍生企业进行了明确的角色分工，各角色职能清晰、合作无间，因而使台湾在短短的20年间成为排名世界前列的半导体生产基地，这对于发展中国家或地区高科技产业的发展是可借鉴的经验模式。台湾企业衍生转移技术的路径可归结为：“海外顾问团”考察规划——“经济部”推动“科专计划”——“工研院”接受委托技术引进与再创新—— 成立“衍生企业”实现技术转移，衍生路径图如下：

① 刘常勇：《台湾半导体衍生公司对产业创新之影响》，台湾《中华管理评论》2009年第1卷第2期。

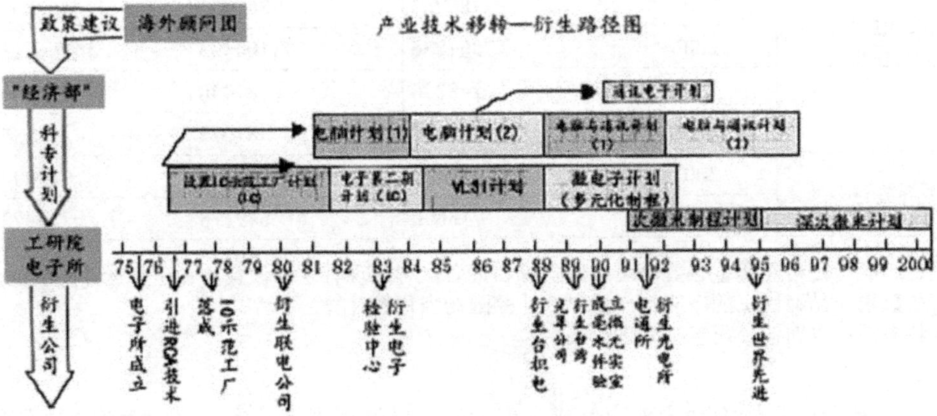

图 1　台湾半导体产业技术转移的衍生路径

技术衍生模式对台湾半导体产业的起步有重大贡献，现今台湾半导体产业龙头企业都是衍生而成。联电是“工研院”衍生的第一家半导体制造公司，联电衍生的成功经验，奠定了台湾半导体产业的基础；台积电的成功衍生，引发了台湾民间投资半导体制造与设计公司的风潮；世界先进是台湾最大规模的“科专计划”技术转移成果，这次衍生“工研院电子所”共转移了 331 位专业技术人员。目前，台湾四大半导体衍生公司联华电子（UMC，1979 成立）、台湾积体电路（TSMC，1987 成立）、台湾光罩（TMC，1988 成立）、世界先进（VISC，1994 成立）已经带动数百家 IC 设计及测试公司成立与再投资，建立了从 IC 设计、制造、测试到封装等产业链完整的半导体产业，使台湾成为全球第四大半导体 IC 生产地。2007 年，上述四家衍生公司的产值分别为新台币 835.8 亿、1646.3 亿、22 亿、98 亿，除台湾光罩外其余三大衍生公司产值合计占台湾半导体晶元代工总产值（4，518 亿）的 57.1%①。

表 1　台湾半导体产业四大衍生公司产值

单位：片、片、新台币千元

		产能	产量	产值
联电	2007	4308000	3263224	83582656
	2006	4017000	3030999	82910682

① 台湾光罩不属 IC 代工企业。

台积电	2007	8289788	7861951	1154625063
	2006	7061856	71104333	147668232
台湾光罩	2007	148230	81440	2200801
	2006	101000	87075	2171545
世界先进	2007	818400	893739	9800042
	2006	713800	649178	7799729

注：产能指公司经衡量必要停工、假日等因素后，利用现有生产设备，在正常运作下所能生产的数量。晶圆代工的产能与产量以 8 寸晶圆约当片数计算。
资料来源：根据各公司年报整理绘制。

以基于厂商行为理论和交易成本理论的信息处理观点来看，当时台湾技术移转的各种形式（共订规格、技术授权、先期移转、转委托、合作研究、以及衍生公司）中，企业衍生方式最具技术信息沟通与传递的效果。由于研究机构的人员随技术成果一同转移，成立独立自主的“衍生公司”，既没有缺乏动机的问题，也没有学习与采用技术的困难（Morone & Ivins，1982）。[①] 因为衍生公司的创业者，本身就是技术的创新者，而充分应用与开发技术，就是这群科学家或工程师创立企业的主要目的。衍生公司模式的应用，可能造成短期研究机构人员流失的现象，但长期而言，有助于丰富研究机构与产业间人际与技术网络的关系，并增加研究机构的研究动机与人员士气。因此，台湾每次成立衍生企业都伴随着大量的人才转移，据统计，在“电子所”正式衍生的公司里，联华电子，台积电的技术转移，都同时转移了科研人才 100 余人，而世界先进公司进行衍生转移时，形成超过 300 人的人才转移（杨丁元、陈慧玲，1996）。[②]

由于对资金、技术、人才等资源的全面转移，有利于解决企业技术能力不足以自行接受与吸收技术的问题，“工研院”衍生企业对台湾早期产业技术转移发挥了关键作用。但这种从“政府研究机构”直接把资金、技术、人才全面转移的方式是在当时台湾经济和技术水平都落后的背景下被迫为之，并不能作为长久之策。一方面，普遍的观点认为“工研院”应以进行基础研究和发展前瞻性的关键技术为主要任务，多次衍生使它的科技资源严重受损；另一方面，“民间”的研发资源要多于“政府研究机构”，“民间”的研发实力也不逊于“工研院”，如果持续“政府科研机

① Morone,Joseph.&Ivins,R.：Problems and Opportunities in Technology Transfer from the National Laboratories to Industry，*Research Management*，No.5，1982，pp35-44.

② 杨丁元：《业竞天择：高科技产业生态》，北京航空工业出版社，1999 年。

构”衍生企业的模式，不免有“与民争利”之嫌，阻碍市场经济的自由化进程。因此，在半导体产业步入扩张期以后，台湾“衍生型”为主的技术转移模式逐渐调整为以“产学型”为主的技术转移模式。

二、产学合作与台湾“产学型”技术转移模式

产学合作的优势和功效最早在日本受到重视，一种普遍的观点认为，日本政府、学者专家与企业通力合作，实行“产官学结合”的体制，是日本战后经济起飞的重要经验，“产”即指产业界、企业，“官”指政府，“学”指学术界，包括大学与科研机构等。

对产学合作的职能研究认为，产学合作一方面落实学术界先导性与实用性技术研究，另一方面鼓励企业积极参与学术界应用研究，培植企业研发潜力及人才，达到共同研发、信息咨询和人才培育等功能。产学合作对高科技产业发展具备多项职能，如技术创新（共同研发）、技术转移（技术成果转移、技术人员培训）、咨询服务（投资咨询、法律咨询）等，其中技术转移是最核心的职能。产学合作使学术界取得研究所需的市场信息、经费等，使企业快速取得未来具发展潜力的科技、研究信息，快速移植学术单位的知识与技术、甚至直接获取高技术人力资源，达成双赢（Valentin，2000）。① 产学合作的技术转移职能，为学术机构和企业之间提供专利权合作、策略联盟、转让或授权等技术转移的机会，使无研发能力的企业能利用授权或受让方式，取得所需的知识与技术，整合上中下游科技产业，加速技术转移及创新活动，提升区域高科技产业的竞争力。

20 世纪 90 年代中后期台湾产学合作蓬勃发展，并已替代企业衍生成为台湾最重要的产业技术转移模式。这是台湾经济和技术水平提升的必然要求，既可排除因衍生造成“政府研究机构”科技资源枯竭的忧虑，为民间最丰沛的学术性技术成果转化提供有效的转移渠道，也能防止政策向“政府研究机构”衍生企业过度倾斜，保证竞争公平与市场自由化。台湾高等教育机构有丰硕的论文、专利等技术成果，表现出极大的技术转化潜力，为了使这些学术性技术成果转化为产业发展所需的应用技术，台湾各科技“主管部门”资助并引导高校设立“产学型”技术转移的服务机构，将大学研发成果转移给企业，主要的三种产学技术转化组织是：“经济部中

① Valentin,E.M.，“University-Industry Cooperation:A Framework of Benefits and Obstacles”，*Industry & Higher Education*，2000，pp.165-172.

小企业处”在大学与研究机构成立的创新育成中心[①]、“行政院国家科学委员会”在各大学成立的技术移转中心和“教育部”在各技职院校成立的区域产学合作中心。

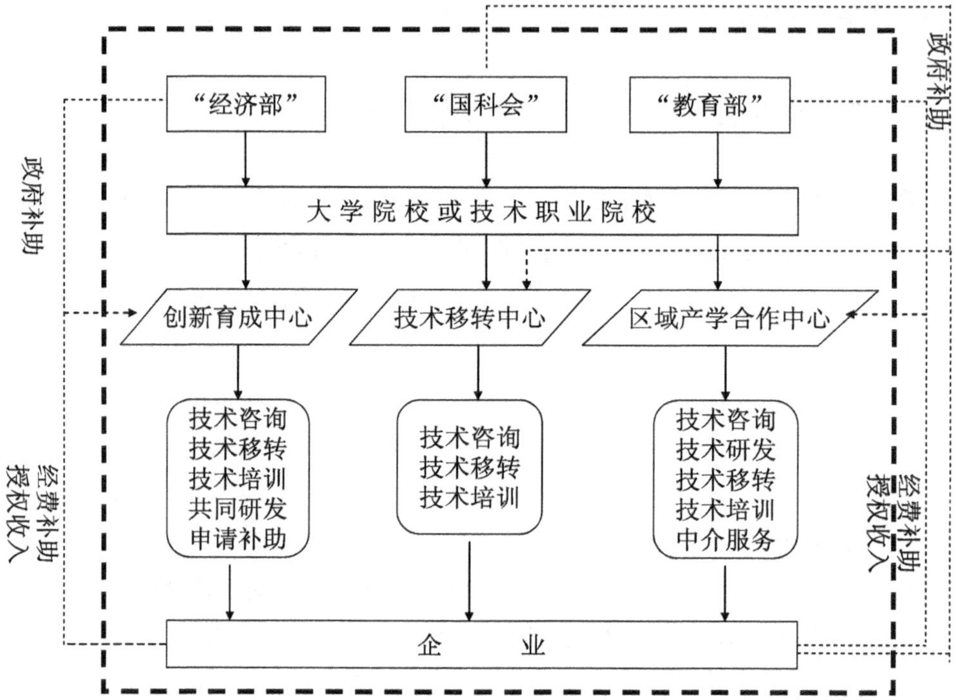

资料来源：作者整理绘制。

图2　台湾产学合作组织结构及运作机制

台湾产学合作机制发展10多年来，也出现形式分散与职能重叠等问题。第一，台湾产学合作的主管部门太多，如“行政院劳委会”、“教育部”、“国科会”、“经济部”等，有各类补助计划和创新计划，造成对产学合作的多头管理和权责不清。“国科会”以技术开发为主要目标，提供产学合作的专案补助计划，并鼓励学校设立技术移转中心；教育部以人才培育为主要目标，鼓励产业界与学校进行人才培育上的合作，鼓励学校设置研发中心，推动区域产学合作中心的设立；“经济部”以提升产业竞争力，协助技术的市场化为主要目标，鼓励学校设置创新育成中心，协助企业创业，另外也透过“科专计划”补助产学合作。尽管各个部门依其主要目标

① 不仅“经济部”设立育成中心，自1996年起台湾“经济部中小企业处”运用中小企业发展基金鼓励公民营机构设立中小企业创新育成中心，共补助设立79所中小企业创新育成中心，再加上中小企业发展基金投资设立的南港软件育成中心、南科创新育成中心、南港生物科技育成中心，累计共辅导设立82所育成中心，其他“部会局处”及民间设立的创新育成中心也在蓬勃发展中。

提出各具特色的政策支持与运作模式，但总体来说，因为主管部门、计划类型的差异，造成规模分散、缺乏整合的无序状态。第二，不同形式的产学合作组织，出现职能重叠和浪费资源现象。比如“经济部”的“育成中心”包含技术转移或创业培育的内容，而“国科会”主导的“技术移转中心”分散了“育成中心”技术转移的功能，但又无法取代“育成中心”完成辅导厂商市场营销、人力资源、法律以及财会需求等功能。又如“教育部”主导的“区域产学合作中心”，定位为“产官学研”的资源整合与联络中心，也兼任创新育成与技术转移的服务工作。近年来台湾各大专院校争相设立产学机构，但很难对各类产学合作组织的功能有所区隔，甚至有大学同时成立技转中心、育成中心以及产学合作中心三种组织，如台湾科技大学（陈南鸣，2007）。[①] 三个职能相近的产学机构无论在争取政府资金补助（供给面）还是争取企业服务项目（需求面）等方面都形成竞争，造成行政资源浪费、服务资源分散等弊端，影响产学合作机制的功效。

三、技术市场与台湾“交易型”技术转移模式

同其他商品一样，技术也能直接在市场上买卖，拥有技术的个人、企业、研究机构可以在技术市场上售卖技术获取利润。狭义的技术市场概念，是作为商品的技术成果进行交换的场所；广义则指技术成果的流通领域，是技术成果交换关系的总和，技术市场的交换关系是技术成果的生产者、经营者、消费者之间的关系。技术市场属于商品经济范畴，哪里有技术商品生产与交换，哪里就有技术市场，在技术输入方与输出方之间，搭建实体或虚体的技术交易平台，以实现技术交易的市场化运作。在构建的技术交易市场平台上，技术商品的买卖双方同样遵循商品市场交易的原则，任何一桩技术交易是自愿、平等、公平的。

技术市场与一般的实物性商品市场不同，有其特定的交易方式和经营范畴，同时也有狭义与广义之分。狭义的技术交易方式（经营范畴）指技术或专利的转移、授权、让予，台湾技术交易市场（Taiwan Technology Transfer Marketplace，简称TWTM）即体现此范畴。大陆地区使用广义的技术交易范畴，在技术交易方式中加入技术开发、技术咨询与技术服务等。由于技术成果的供应方不再局限于科研机构和大学院校，越来越多的个人、企业成为技术成果的供应方与需求方，客观上要求形成更灵活更有效率的中介机制，技术市场交易平台作为技术转移中介组织的职

① 陈南鸣：《产学合作、技术移转与创新育成》，2007 年，http://203.71.210.27/epaper/9602/data.

能与重要性日益提升，各种专业技术交易服务机构也应运而生。实体与虚体技术市场交易平台，及各类技术交易服务机构的成熟，标志着技术转移有了新形式，对科技成果向现实生产力转化具有重要的推动作用。

全球化趋势下技术的专业分工逐渐细化，经营与研发的角色逐渐明确，技术外包、技术买卖等已成为常见的技术转移方式，技术市场交易日趋热络。目前国际著名的技术交易市场包括美国的 yet2.com、英国的 BTG、德国的 Innovation Market、日本的 JTM，以及大陆技术交易市场。台湾技术市场（TWTM）是在技术资源流动自由化与国际化背景下产生的，是全球技术交易平台发展与接轨的重要组成部分。目前，台湾技术交易市场平台主要依托台“经济部”的“科技专案计划”产生，有“虚体”与“实体”两个部分：实体是“台湾技术交易市场整合服务中心”，虚体是“台湾技术交易市场资讯网”。2001 年台湾“经济部工业局”开始推动“台湾技术交易市场机制发展计划”，出资成立“台湾技术交易市场整合服务中心”，并委托“工研院”经营管理，设立于南港软件园区的“中小企业软件育成中心”负责技术交易市场的实体运作，并结合技术交易服务企业提供加值服务与实体中介服务。虚体指虚拟的技术交易市场平台形式，提供一站式的入口网站（www.twtm.com.tw）与线上资料库的服务。

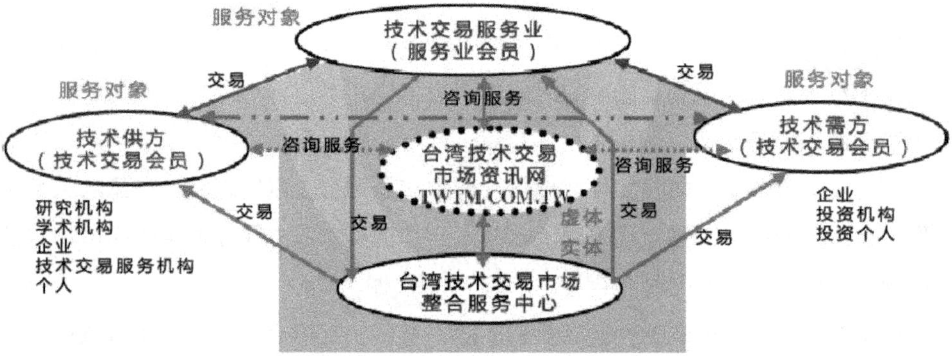

资料来源：根据（台湾“经济部工业局”，2004）① 绘制。

图 3　台湾技术交易市场平台

技术交易市场机制的建立，丰富了台湾的产业技术转移模式，它也是经济与技术发展全球化、自由化的必然要求。一方面，台湾“交易型”技术转移由于建立的

① 台湾“经济部工业局”：《台湾技术交易市场机制发展计划》，2004 年，http://www.twtm.com.tw.

是一个整合性技术交易资讯平台，提供一站式（one-stop shop）的整合信息，节省了技术搜寻成本。目前台湾技术交易市场资讯网的可交易项目资料库中有11，000笔以上岛内外产学研机构或个人的可交易技术（专利）项目资料，而且已经实现全球技术搜寻引擎，成为岛内厂商搜寻国际可交易技术的入口网站，因而促使技术交易便捷化，降低了技术交易成本。另一方面，台湾TWTM也为技术交易服务型企业提供广阔的发展空间，促成台湾技术中介机构和技术交易服务业的发展。台湾技术交易服务产业的市场潜力过去一直未受重视，直到TWTM技术交易平台建成以后，技术交易服务型企业与技术服务业才得到快速成长。

截至2005年7月，台湾技术交易市场整合服务中心（TWTM）已经促成了392项技术完成授权和让与。现阶段，台湾技术交易市场平台逐渐重视并扩大与国际技术交易市场的接轨范围。台湾TWTM已经与美国yet2.com、Tynax公司、英国Iceberg Associates LLP、日本立地中心(JILC)、韩国技术移转中心(KTTC, Korea Technology Transfer Center)、大邱科技园区等技术中介与转化组织形成策略联盟；大陆的上海技术交易所、火星863技术交易网、北方技术交易市场、浙江网上技术市场，以及欧盟CORDIS及西德IRC等机构，也已经同意让TWTM虚体资讯网的“全球技术搜寻引擎”使用它们的技术数据库，促成跨区域技术成果的交易与转移。

表2 台湾技术交易市场整合服务中心（TWTM）可交易专利技术来源

知识产权拥有者	岛内（项）	岛外（项）	合计（项）
产业界	1,064	127	1,191
学术界	5,026	0	5,026
研究机构	4,881	0	4,881
中央研究院	297	—	—
工业技术研究院	2,626	—	—
其他研究机构	1,958	—	—
个人发明者	3,511	0	3,511
合计	14,482	127	14,609

资料来源：台湾“经济部”：《台湾工业简介2005》，2006年出版，http://www.moea.gov.tw.

四、台湾产业技术转移模式的比较分析

技术转移方式的选择受到技术本体、技术供体和技术受体三个变量的影响。第一，技术本身的复杂性导致了转移过程的复杂性，技术发育状态、技术匹配状态、

技术环境等因素均对选择技术转移方式形成重要影响。第二，在技术转移过程中，技术供体对技术转移的作为或不作为，直接制约着技术转移能否实现及其实际成效。第三，技术受体是技术转移系统中最关键的部分，它对外部技术吸纳能力的强弱直接制约着技术转移的渠道、方式和其所能达到的实效。技术本体的特性、技术供体的转移意愿、技术受体的经济实力和技术素质直接影响技术转移方式的选择及实效。

对台湾产业技术转移模式的综合比较发现，尽管“衍生型”、“产学型”和“交易型”技术转移模式的功能作用基本一致，即均促成技术成果由供给方（个人、研究机构、学校、企业等）向需求方（主要是企业）的转移，但三种模式也呈现供给主体重叠化、生命周期阶段化、协作关系自由化与政府影响差异化等特征。

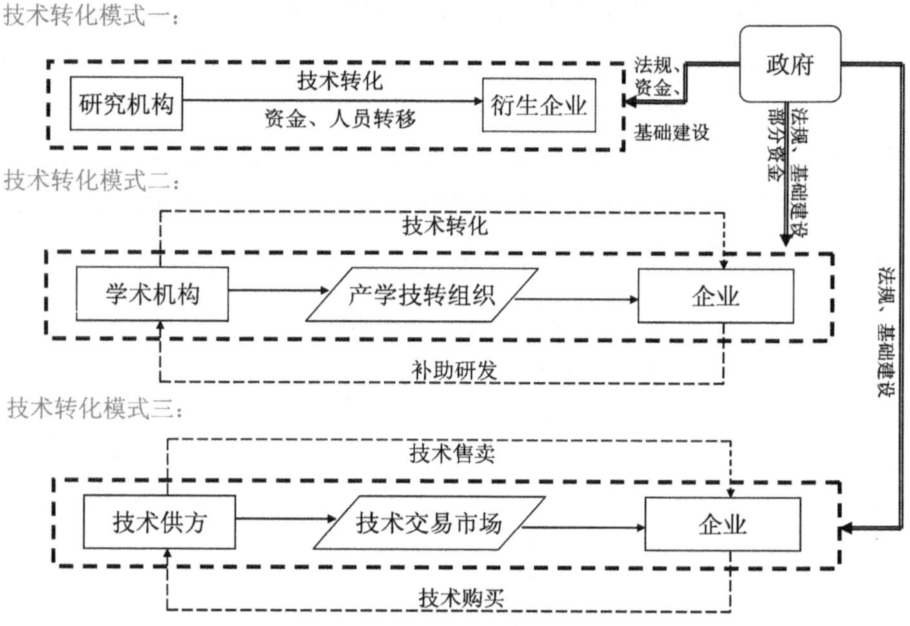

资料来源：作者整理绘制。

图 4 台湾高科技产业化的技术转化子系统

第一，供给主体重叠化。“衍生型”技术转化系统以“政府研究机构”为主要技术供应方，“产学型”技术转化系统的技术来源主要是大学、大专院校，然而，三种模式的供给主体实际上趋于重叠。许多大学、大专院校开始热衷于成立自主经营创收的衍生企业；产学合作计划也有越来越多的研究机构参与；技术交易平台为非组织化的个人提供技术转移管道的同时，也成为高校和研究机构等技术创新机构越来越重视的技术转移途径。

第二，生命周期阶段化。产品的生命周期可以分为萌芽期、成熟期与衰退期，如果为台湾技术转移模式的发展划分阶段，20世纪70年代至80年代是技术转移的萌芽期，主要采取“衍生型”技术转移模式；90年代中后期“产学型”渐渐取代“衍生型”，成为台湾最重要的技术转移模式，至今台湾技术转移仍以“产学型”为主，这个阶段可以看作技术转移的成熟期；新世纪以来经济与技术全球化成为趋势，技术交易市场平台在世界范围内兴起，使台湾“交易型”技术转移模式快速发展，这是技术转移的调整期。

第三，协作关系自由化。各种技术转移模式中，技术供应方与企业间的协作关系并不一致。“衍生型”技术转移，“政府研究机构”对衍生企业转移的不仅是技术成果，也包括企业营运资金、技术人才等，是一种单向、全面的科技资源转移；“产学合作”促成学术机构与企业间的双向协作，企业为大学（大专）院校提供一定的资金，委托研发或合作研发，高校则进行技术创新、转移企业所需的技术、培育企业所需科技人才，它往往形成一对多、双向、固定对应的协作关系；“交易型”技术转化的协作对象不固定，可能是个人、研究机构、高校或是企业，双方可以自由选择，协作关系却相对简单，往往是一方出售技术获取权利金，另一方购买技术付出权利金。大致可以认为台湾技术转化子系统间，存在从单向发展到多向协作，从固定发展到自由协作的趋势。

第四，官方影响差异化。三种技术转移模式均离不开台湾当局的政策支持，都是“经济部”—“科技专案计划”的执行结果，差别仅在于“政府”影响程度的深浅。“衍生型”是完全由“官方”主导的技术转移模式，引进的技术由当局选择，转移的技术由“政府研究机构”供应，甚至衍生的企业最初也是“官营”。“产学型”技术转化模式中，各种产学技术转化组织均由台湾当局全资或补助（科技专案计划）成立。“交易型”技术转移方式中，台湾主管部门仅促成“实体”与“虚体”技术交易市场平台的形成，及资助交易平台的维护费用，也就是协助技术转移环境建置，参与程度相对较低。

（原载《台湾研究》2010年第4期）

台湾对外关系

台湾问题中国际因素变化的新特点与未来趋向

修春萍

台湾问题是一个有着复杂国际背景的中国的内政问题，它的本质是中国的内政，但它的产生、延续与国际因素密切相关。现阶段两岸关系的发展，以及将来台湾问题的最终解决，从根本上说，取决于中国大陆因素以及台湾岛内因素的发展变化，但囿于历史和客观现实等原因，国际因素在其中的影响也难以忽视。台湾问题中国际因素存在的形式、程度以及影响的大小并不是一成不变的，它会随着力量对比的改变和形势的发展而发生相应的变化，从对现阶段两岸关系产生影响的外部因素中也可以明显地感到这一点。

一、台湾问题中国际因素的新变化

冷战结束以来，尤其是近10年来，随着中国的崛起、国际政治经济格局的变迁，以及岛内政治生态的变化，台湾问题中长期存在的国际因素开始变得突出，而另一些原先相对处于隐性状态的国际因素，近年来也逐渐显性化。

（一）美国插手台湾问题、介入台海局势的程度进一步加深

美国从来就是影响台湾问题的最主要和关键的外部因素，当初如果没有美国的介入，就不会有现在所谓的台湾问题；之后没有美国的插手，台湾问题也不会拖至今日尚未解决。只要中国统一问题一天不解决，这个因素就不会完全去除，而且会不可避免地影响到两岸关系的发展。当然，美国对台湾问题的介入程度、对两岸关系的影响力度，是随着其战略需要的不同而演变的。冷战结束后，尤其是近10年来，美国插手台湾问题的力度不断加大，影响台海局势及两岸关系走向的意图更加

清晰化，美国对台湾政局、台海局势的影响力则呈现上升趋势。

首先，美国不仅对台湾朝野主要政党的影响力越来越大，甚至到了可以在相当程度上左右台湾政局的程度。目前，美国可以通过各种方式和途径，直接对台湾当局涉及两岸关系、台湾未来走向等的政策制定与实施施加影响，以至陈水扁在特定时间、特定场合的讲话美国都要事先过目，目的在于确保台湾当局不致脱离美国的基本政策框架。与此同时，美国又与岛内主要在野党保持密切联系，及时转达美国对相关问题的态度与立场，以保持其对台湾在野政党的影响力度。美国甚至已可以在一定程度上影响岛内重要选举以及执政当局的执政地位。2000 年陈水扁当选后，执政危机不断，正是因为美国从政治、军事、外交等各方面加大对陈水扁当局的支持，才使其得以稳住权力地位。2004 年陈水扁在不占优势的情况下，凭借“3·19 枪击事件”得以连任，从而引起泛蓝政党及其支持者对选举结果的强烈质疑。而正是美国对此次选举结果的态度，由开始的暧昧转为后来的快速承认，使得陈水扁能够在选后的纷乱中稳住阵脚，再次攫取执政权。

其次，美国极力将其对台湾朝野政治势力的影响力作用到两岸关系上，力图在一定程度上控制两岸关系发展的速度和方向。美国为避免因被拖入两岸冲突，而使自身利益受损，所以在维持两岸现状，防止两岸关系过于紧张方面采取了一些措施，其中包括对台湾当局激进“台独”动作加以约束等。但另一方面，防止两岸关系因发展过快而脱离美国的掌控，则是美国台海政策的主要内容。陈水扁当局大陆政策出尔反尔，有岛内政治的需要，也在相当大程度上体现了美国的意志。马英九当选国民党主席后访美，再三表态“台美关系是最重要的”，“国民党不会为了发展与大陆的关系而牺牲台美关系”等，则从另一个侧面说明美国对国民党积极发展两岸关系的大陆政策心存疑虑，并加大了对马英九以及国民党的压力。

第三，美控制台海局势的意图日益强烈。美国从其战略利益出发，既要保持两岸分离现状，以使台湾在牵制中国战略中长期发挥作用；又要维持台海局势的稳定，以确保美国的东亚利益。因此，掌握台海局势的主导权成为美国台海政策的主要内容。美国助理国务卿凯利 2004 年 4 月 21 日在众议院国际关系委员会台湾问题听证会上提出一份书面证词，该证词被认为是对当前美国台海政策所做的最系统、最全面、最清晰的论述。证词充分表现了美国对台海局势未来走向的担忧，以及对掌握台海局势发展主导权的急切感。美国强调，反对片面改变“台海现状”，而这一现状是由美国定义的，也就是两岸“不统不独”长期分离。为此，美国一方面联手日本加强在台海地区的军事存在、深化与台湾的军事关系、扩大对台军售，使台海维持一定程度的紧张，并对中国武力解决台湾问题形成威慑；另一方面，对岛内“台独”势力的冒险行为进行约束，防止台海局势过于紧张进而引发冲突。通过上述两手策略，美国力图使台海地区长期保持低强度、可控的适度紧张，从而使其台海利益最大化。

（二）日本介入台湾问题的动作增加，并且越来越公开化

日本是仅次于美国的影响台湾问题的重要外部因素，但由于历史、现实等多方面原因，中日邦交正常化以来，在中日友好的大环境下，日本因素在台湾问题上基本处于隐性存在的状态。但近10年来，尤其是2001小泉政府上台以来，随着中日关系的变化，日本开始调整其对华政策，并一改以往在台湾问题上小心谨慎的态度，利用台湾牵制中国的战略意图越来越公开化，台湾问题中的日本因素逐步凸显出来。日本因素在台湾问题中的显性化主要表现为两个方面：一是日本介入台湾问题趋于积极和公开化。从对于1997年“日美安保防卫新指针”所涵盖的范围，含含糊糊地以“周边事态”掩饰包括台湾海峡的实质，到2005年2月，美日安全磋商“2+2会议”发表“共同宣言”，首次公开将台海和平列为美日两国在亚太地区的“共同战略目标”，以及同年4月，日本外相町村信孝公开表示，“台湾原本就在美日安保条约防卫范围之内”；从回避就台湾问题公开表态，到积极主动地对台湾问题表示关注、公开对中国解决台湾问题的方式指手划脚等；从暗中为台湾当局出谋划策，到公开指责在野党阻挡军购案在“立法院”过关，日本配合美国插手台湾问题不仅已完全公开化，而且表现出借助美国之力在台湾问题上发挥影响力的明显企图。二是日本小步快进地提升日台关系，对陈水扁当局的影响力明显增加。近年来，日本逐步放宽1972年以来一直延续下来的一系列规定，不断提升台日官方接触层级，日本“交流协会台北事务所”所长内田胜久公开表示，“日台官方关系，已经从过去仅是单纯技术上不得不接触，进入到负责的官员之间必须进行政策性对话的时代了”。①不仅台日间政党往来、军事交流、情报交换等趋于密切，而且陈水扁当局在一些重要政策出台前，不仅先征求美国的同意，也开始主动与日本沟通。日本积极介人台湾问题、借助美国扩大其在台海地区的影响力，也使声势看涨、决意在2008年大选中重新夺回执政权的国民党对发展与日本关系的重视程度提高、力度加大。不仅国民党智库人士、民意代表纷纷赴日，扩大与日各政党、政

① 台湾《中国时报》2003年1月14日。

界人士的联系，被日本认为具有“反日情绪”的党主席马英九，也于2006年7月亲自赴日，向日方说明国民党的大陆政策，以化解日本长期以来对其存有的“反日”疑虑。

（三）影响台湾问题的国际因素出现多元化趋向

长期以来，影响台湾问题的国际因素主要是美国以及日本。但是，近年来，随着国际环境的变化，影响台湾问题的国际因素出现了一些新特点，如国际上关注台湾问题的国家数量明显增加，这些国家或就台湾问题发表相关言论，或提出涉台议案等，试图在台海问题上借题发挥。再有，国际上利用台湾问题打牌，进而在两岸间渔利的国家增加。此外，国际多边领域中的涉台问题也明显增加等。

总体上看，台湾问题中的国际因素在某种程度上出现了扩大化趋势，这一趋势不可避免地会对两岸关系产生影响。

二、台湾问题中国际因素出现新变化的主要原因

冷战结束后，尤其是近10年来，台湾问题中国际因素的持续增加，原因是多方面的。

首先是中国的快速崛起。中国崛起是近年来国际上使用频率最高的词汇之一，也是公认的21世纪世界政治中最重要的事件之一。中国作为一个拥有13亿人口的大国，其发展壮大将不可避免地要对现有的世界政治、经济格局产生影响，并在一定程度上改变原有的利益格局，引起地区力量对比的变化。美国学者约瑟夫·奈教授曾言，古往今来，每当有新的大国崛起时，都会在既有大国中引发焦虑。[①] 在相当一部分人的认知中，“后起的大国总会挑战现存大国”，一如近现代史上的德国、日本，以及二战后的苏联。这些国家由于不满足于自身在国际体系中的地位，甚至还受到现存大国的挤压和威胁，因而“常常试图改变现状，而不是适应现存的、通常强国受益的国际架构”，因而都会对世界秩序构成挑战，成为不稳定因素。[②]

美国作为世界上唯一的超级大国，对中国崛起的警觉是不加掩饰的。在美国一部分人尤其是在美国新保守派中，中国不断被形容为“潜在的对手”、“不稳定因素”。2006年2月6日美国国防部发表的《四年防务评估报告》称，美国必须“对

---

① 《中国：威胁还是机遇》，《环球时报》2005年8月19日。

② 傅梦孜：《亚太战略场》，时事出版社2002年版，第17页。

一个大国或正在崛起的大国未来选择敌对道路的可能性加以防范对冲”，用美国传统基金会亚洲研究中心高级研究员谭慎格说法，这个大国“无疑是指中国”。美国的保守派将中国在亚洲地区影响力的扩大、中国与拉美国家关系的发展等看作是对美国在这些地区利益的挤占，认为“一个强大的中国”会“要把美国赶出亚洲”；将中国的崛起视为对美国全球超级强权地位的挑战。

与中国同处亚洲的日本对中国崛起所表现出的担心与不安也是显而易见且日渐扩大的。如果说，上个世纪末日本国内最初鼓噪“中国威胁论”还主要是少数右翼人士，那么，近年来此类言论在日本学界、政界已有所扩散，在日本政府高层官员中也开始出现这种言论。2006 年 4 月 4 日日本官房长官安倍晋三在接受《日本经济新闻》的访谈时称，“中国是一个破坏稳定的因素”。日本外务省发表的 2006 年度《日本的裁军和不扩散外交》白皮书，首次不指名地将中国增加军备作为“直接关系到日本安全保障的课题”。白皮书声称“亚洲还存在着正在扩大军备以及军事力量缺乏透明度的国家，这正成为周边国家担忧的问题”，日本外务省官员解释说，白皮书中说的这个国家就是中国。[①] 日本的担心表现于几个方面，其一是担心中国崛起对日本在东亚地区的地位形成挑战；其二担心由“陆权向海权扩张”影响到日本的利益；其三是中国军事力量的提升，尤其是实现国家统一对日本的安全构成威胁。

美国、日本对于中国崛起的认识与态度，不可避免地会影响到其对华战略，防范与牵制中国也因而成为现阶段以及未来一个时期美日对华战略的重要内容。台湾问题是中国崛起过程中不得不面对一个高度敏感问题，因为它涉及中国领土、主权等核心利益，所以在此问题上中国没有任何退让的余地。这就使得台湾成为美国、日本用以牵制中国的诸多筹码中，极为重要、而且成本小、效果显著的一个。这也是冷战结束后台湾问题中美日因素日益凸显的主要原因。

其次是台湾岛内政治生态的变化。从根本上说，国际因素得以在台湾问题中存在并日益突出，一个关键原因在于台湾岛内主要政治势力，尤其是执政当局主动投靠国际势力。也就是说，“台独”分裂势力在岛内掌握执政权，着手推行分裂国家的“台独”路线的同时，也在积极引入国际因素，企图以此为其“台独”冒险买一份保险。在大陆决不允许国家主权与领土完整遭到分裂，而且两岸力量对比悬殊的情况下，无论是谋求“实质台独”的李登辉当局，还是公开主张“台独”的民进党

① 《日本又称“中国威胁”》，《环球时报》2006 年 3 月 6 日。

当局都十分清楚，没有外力的庇保与支持，在岛内大多数民众反对和大陆的强大压力下，任何分裂国家的企图都将是寸步难行。唯有投靠外国，在美、日的保护伞下，才能为“台独”活动谋得一线空间。因此，为达到分裂国家的目的，李登辉以及陈水扁全面投靠美国与日本，不惜主动充当美、日牵制中国的马前卒。这无疑大大扩大了美日因素在台湾问题中的存在。此外，2000 年民进党当局上台以来，岛内政治生态发生深刻变化，政治上的蓝绿对决、势均力敌，社会上的族群矛盾深刻、二元对立。在此态势下，蓝绿双方不仅需要竭力争取岛内民意。也越来越需要外部力量特别是美国的支持，双方对美国的依赖程度均持续增加。近年来，不仅陈水扁当局争取日本支持的动作越来越大，泛蓝政党对日本的重视程度也明显提升，这也是使美、日对台湾政局的影响力越来越大的主要原因之一。

第三，国际环境的变化。冷战结束以来，随着因东西方两大阵营全面对抗而被长期压抑的各种政治、经济、社会能量被充分释放，世界开始发生巨大变化。全球化、区域一体化快速推进，国际组织迅猛发展，对国际格局、地区形势以及国际关系都产生了深远的影响。就台海地区而言，随着经济全球化、区域一体化的不断发展，各国、各地区间的利益更加密切地联系在一起，台海地区因有越来越多国家包括经济利益在内的各种利益重叠交织，从而使得这地区的利益相关者不只局限于海峡两岸，而是向更大范围扩展。而这种利益的关联，客观上使关注台海局势的国际因素增加，台湾问题因此而变得更加复杂。此外，国际组织包括大量非政府组织的日益活跃、活动领域不断扩大、在国际事务中发挥的作用越来越广泛，再加上台湾当局竭力以此为平台进行分裂国家活动，也使得这一领域的涉台问题有所增加。这些变化不可避免地会影响到两岸关系的发展。

三、国际因素对两岸关系的影响

从根本上说，中国大陆是主导两岸关系走向的决定性因素，但也应该看到，现阶段以及今后一个时期，美国、日本等国际因素仍会在相当程度上作用于台湾问题，并对两岸关系发展产生影响。就美国、日本而言，其对华遏制战略具有长期性，将伴随着中国崛起的全过程。美、日绝不会轻易舍弃台湾这一牵制中国的重要棋子，而且随着中国的不断发展，台湾在它们眼中的利用价值还将升高。因此，未来一个时期，美日将进一步加大对台湾主要政治力量的影响乃至控制，并在相当程度上纵容与鼓励岛内分裂势力的存在与发展。为防范两岸关系进一步朝向有利于中国大陆的方向演进，美日会密切关注两岸关系的发展，并随时准备为两岸关系降温。同时，进一步加大在台海乃至亚太地区的军事存在，不断深化美台军事关系，甚至可能推动建立实质上的美、日、台军事同盟。

另一方面，美国、日本需要维护台海地区局势稳定，台海局势紧张超过限度并不符合美国和日本的国家利益。就当前及未来一个时期，可能引起东亚地区局势紧张进而改变地区战略格局的主要因素中，台湾是相当突出的一个。近年来，陈水扁当局仰仗美国的支持，有恃无恐地的进行“台独”挑衅，造成台海紧张局势加剧，美国终于意识到了台海发生军事冲突的现实危险性。2004 年 4 月 21 日，美国主管东亚事务的助理国务卿凯利在国会作证时表示，“美国十分忧心，如果北京确信台湾在走‘台独’路线，准备永远与中国分离时，美国旨在阻止中国威胁的努力可能会失败”,“美国卷入台海军事冲突的可能性非常高”。毫无疑问，一旦事态演化到这种地步，美国将被迫做两难的战略选择，如果卷人台海军事冲突，就意味着的中美关系将出现严重倒退甚至可能发生直接冲突。而中美两个大国的对抗。其后果将超出美国所能控制的范围。最关键的是，无论最后的结果如何，美国的利益都将受到损害，这是美国决不愿看到的。日本对于台海局势紧张的担忧更甚于美国。日本对外贸易的 99%以上是依靠海上的货物运输，其中 70%的船只须经过台湾周边海域，日本所需石油的 90%和核燃料的 100%都依赖着这条海上通道，台湾海峡及其周边水域一直被日本视为其“生命线”，如果台海地区出现不稳定局势，对日本产生的影响更加直接和危险。正因为此，美、日在支持台湾当局的同时，对其“台独”冒险言行也进行一定程度的约束，以维持台海地区稳定、确保美、日的台海利益不受损失。

总之，美国、日本台海政策的基本目标是保持两岸分离现状的固定化，使台湾在其牵制中国的战略中长期发挥作用，美国一再宣称的“不愿看到任何一方擅自改变台海现状”即明白无误地表明了这一点。为达此目标，美日在台海采取的是两面政策，即一方面鼓励与支持岛内分裂势力，牵制两岸关系的发展；另一方面，对过激的、可能引起两岸冲击的“台独”冒险行动在一定程度上加以约束。这也就决定了美国和日本这两个对台湾问题影响最大的外部因素，在可预见的将来，仍将是造成两岸关系发展继续呈现不稳定性、波动性的最大因素，也是滞碍两岸关系发展、阻挠中国的和平统一的重要干扰因素。当然，美日从其自身利益出发，在一定时期和条件下要极力保持台海的现状，也希望看到台海局势的相对稳定，因此也会在防止“台独”冒险方面起到发挥一定作用和影响，但前提是要两岸维持它们所定义的现状，也就是两岸“不统不独”长期分离。

另一个值得注意的现象是，目前在台湾岛内和国际上存在着一股推动着台湾问题向“国际化”方向发展的力量，显而易见，其目的是干扰与阻挠中国和平统一，牵制中国的发展壮大。虽然，任何将属于中国内政的台湾问题转化为国际问题的企图都将遭到中国政府的坚决反对，也不可能达成，但是不可否认，这股力量的存在，将增加两岸关系发展的复杂性。

现阶段及今后一段时期，外部因素对台湾问题以及两岸关系的发展仍将产生相当作用和影响。但在任何情况下，内因总是主导事物发展变化的根本。就台湾问题而言，最终起决定作用的必定只可能是两岸关系发展变化，而大陆对两岸关系的主导作用也只会与日俱增，国际因素对两岸关系的影响将不可避免地随着中国实力的增强，及两岸关系的不断发展而日渐衰退。从根本上说，中国大陆才是两岸关系的走向以及中国实现最后统一的决定性因素。2005 年以来两岸关系出现的良好发展势头事实上已经揭示出这样的发展趋向。而近期来不断被美国及岛内学界提及的“台湾问题边缘化”现象，表象上看是台湾这一筹码在美国对华战略中策略运用的变化，实质上，却是美国在面对中国崛起这一现实所进行的策略调整，其关键是在美国牵制中国的诸多筹码中，台湾已不再是成本最小的一个，过多使用这一筹码，反过来可能使美国付出更多的代价。总之，随着大陆整体实力的上升，主导两岸关系发展的能力以及排除各种干扰实现两岸和平统一的能力都将不断增加，中国和平统一的进程也将随着两岸关系的日益紧密、不断发展而向前推进。

（原载《台湾研究》2006 年第 5 期）

美国对台政策的走向及其对两岸关系的影响

谢　郁

台湾是中国不可分割的领土，台湾问题纯属中国的内政，这是毋庸置疑的。但同时，台湾问题的形成又是美国干涉中国内政的结果，这就使得两岸关系的发展过程错综复杂，在很大程度上受美国因素的影响。1949年以来，随着世界格局变化和两岸关系的发展，美国对台政策不断调整与变化，但其分裂中国，阻挡台湾与大陆统一的政策却始终沿续，至今未变，成为中国和平统一进程中的一大障碍。

一、1949年以来美国对台政策的调整

1949年以后，美对台政策经过了一个曲折而复杂的调整和演变过程，主要可以分为三个阶段。

第一阶段，从1949年到1972年。这一时期，美国对台政策的核心内容就是要将台湾与中国大陆分离开。从政治、经济、军事上控制、支持在台湾的国民党政权与大陆对抗，阻止大陆收复台湾，把台湾作为包围中国大陆的军事基地。

1949年初，随着中国人民解放战争的节节胜利，美国采取了“脱身政策”，决定放弃中国大陆而把对华战略的重点放到如何将台湾与大陆隔离开来，其政策的核心目标即是：“不让台、澎落入共产党手中”，为此，最可行的办法就是“将该岛屿与中国大陆隔开”①。为使台湾成为美国包围中国的军事基地，成为美军在西太平洋上“不沉的航空母舰”，美国为台湾提供大量军事援助以加强对台军事控制及防护。从50年代至70年代，美国对台提供超过35亿美元的军援。另外，美国还一再以武力介入的方式阻止大陆收复台湾。1950年6月，朝鲜战争爆发，美国总统杜鲁

① FRUS 1949，Vol. IX，PP 265-267。

门发表声明称，“台湾未来地位的决定，必须等待太平洋安全的恢复，对日和约的签订或经由联合国的考虑”[①]。同时下令美国海军第七舰队进入台湾海峡，1951 年美在台北设立“军事顾问团”，1954 年美台签订“共同防御条约”。政治上，对新成立的中华人民共和国采取孤立遏制政策，拒绝承认其在国际上的合法性，并利用自己在联合国的地位，阻止中华人民共和国恢复在联合国的合法席位，使得台当局非法窃据中国在联合国的合法席位达 22 年之久。对迁台后的国民党政权则长期在国际上予以官方承认，在台北设立“大使馆”并派驻“使节”。经济上，美国为台湾提供巨额经济援助，使迁台后的国民党政权得以稳定社会、恢复经济。与此同时，美还不断抛出“划峡而治”、“一中一台”、“台湾地位未定”等论调，千方百计使台湾与中国分离。

第二阶段，从 1972 年中美关系解冻到冷战结束。这一时期，美国从其全球战略和国家利益出发，对中国从孤立遏制转变为接触遏制。采取了既与中国发展正式关系，又视台湾为“独立政治实体”，保持与台湾的“实质关系”；既促进两岸缓和又防止中国统一的所谓“双轨政策”，在中美“三个公报”及“与台湾关系法”中寻找对华对台政策的平衡点。

70 年代初，国际局势呈两极对峙，为在美苏两强的较量中保持均势，美国力图通过改善同中国的关系达到“联华制苏”的目的。中美关系走过了迅速发展的十年，1972 年尼克松访华，中美双方签署《上海公报》，从此打开了中美关系的大门；1979 年 1 月，中美正式建交，双方发表《建交公报》；1982 年 8 月，中美签署关于限制美国对台军售的《八一七公报》。在以上三个公报中，美国政府承认中华人民共和国是唯一合法的中国政府，只有一个中国，台湾是中国的一部分，并表示，解决台湾问题是中国人的事，要由中国人自己解决。美国同意与台湾“断交、废约、撤军”，并承诺美国对台军售将逐年减少直至完全停止。与此同时，美国并未放弃其分离中国、控制台湾、制衡中国大陆的作法。在不断声明保证遵守以上“三公报”的同时，又插手台湾政局，把台湾视为“独立政治实体”，保持与台湾的“实质关系”。1979 年 4 月，美国单方面制定了与“三公报”相违背的《与台湾关系法》，其中对台湾的安全保障的承诺，双方互设办事机构，及对台军售等，都有详细的规定，该法成为美对台政策的基础。

第三阶段，从冷战结束至今。这一时期，因东欧剧变，苏联解体，两极对峙的

① 《中美关系（文件与资料选编）》，北京人民出版社 1971 年版，第 234—235 页。

冷战局面结束，世界格局的变化使得中美关系中以往的国际战略基础已不复存在，加之中国大陆和台湾岛内形势及两岸关系不断变化发展，美国开始逐步调整其对台政策。

80年代末、90年代初，随着中国在经济发展国力日强以及国际地位的上升，一方面，美国在诸多国际事务中不得不重视中国的态度，寻求中国的支持合作；另一方面，美国日益感到中国强大所带来的挑战与威胁，其防范与遏制的重点目标从冷战时期的苏联转移到中国上来，台湾问题则当然地成为美国遏制中国的一张牌。美国虽口称“将尽一切可能促进大陆与台湾之间的交流”[①]，但实际上，又以多种方式提升美台关系，加强台湾在国际上“独立政治实体的地位”，支持台湾在国际上进行制造“两个中国”、“一中一台”的“务实外交”活动。1992年9月，布什政府突破《八一七公报》的限制，批准对台出售150架F-16战机；1992年12月，布什派出贸易大臣希尔斯访台，开创了美台“断交”后美国部长级阁员访台的先例；1994年9月，克林顿政府对台政策调整案出台，允许台北驻美机构更名、升级，扩大美国官员访台的范围；1995年5月，克林顿政府批准李登辉以“私人身份”访美。美国这一系列不断突破“三公报”，提升美台关系的作法，使得以往相对平衡的“双轨政策”明显地向台湾方面倾斜。

二、目前影响美国对台政策的几个重要因素

首先，决定美国对台政策的根本因素，是当前国际局势下美国的全球战略利益及其在亚太地区的政经利益。

随着苏联的解体，两极格局的消失，美国企图成为世界上唯一的超级大国，充当“自由世界的领袖与灯塔”，称“随着冷战的结束，我们看到了建立世界新秩序的各种机会”[②]。其所谓的世界新秩序，有两层含义：一是要在世界范围内确立其标榜的“民主、自由、私有制”的价值观念，特别是使一些发展中的第三世界国家认同并接受这一观念；另一个就是在新的世界格局形成过程中，美国欲通过插手世界各地区事务，加强对地区局势的控制与防御，维护其自身的政经利益，并进而充当全球范围内的单极领袖。近年来，亚太地区飞速发展的经济势头及多元化的政治格

① 台湾《中国时报》1988年3月11日。

② 《1991年布什在美克斯韦尔空军基地的讲话》，转引自杜攻主编：《转换中的世界格局》，世界知识出版社1992年版，第301页。

局，使美国将之视为重点控制的地区。中国作为该地区唯一高举社会主义旗帜的大国，成为美国重点遏制的对象。

在这种大前提下，提升美台关系对美国来说具有多重的作用。其一，台湾私有制的经济体制及正在形成中的多元化的政治格局，加之“美国第五大贸易伙伴”的身份，使其成为美国所谓“自由世界的盟友”；其二，台湾已成为美国用来牵制、遏阻中国的一张王牌，美国力图通过加强与台湾关系，控制海峡局势来阻挡中国的统一与强大，维持亚太地区目前的战略均势，确保美国在这一地区的主导地位及其在地区“至关重要的战略及经济利益”[①]；其三，台湾海峡重要的战略地位，是美国在亚洲安全防御体系中的重要环节。以上这些因素，导致台湾在中美台三角平衡关系中的地位大为上升，提升美台关系，控制台海局势成为美国对华政策中的一项重点。

其次，中美关系的现状及走向是影响美国对台政策的重要因素。

长期以来，台湾问题牵涉中美双方利益，呈现出错综复杂的三角关系。中美关系能否平稳发展，很大程度上取决于台湾问题是否能得到妥善处理，而美国对台政策的调整往往也受美中关系进展状况的影响。冷战结束以后，美国对发展中美关系一直处于探索和调整之中，近几年来，美国越来越意识到所面对的是“一个正在崛起的东方大国”,“是美国在21世纪将面临的国际上最大的挑战者”[②]。1993年以后，西方出现了所谓的“中国威胁论”，及“围堵中国”的政策，一方面，以美为首的西方国家借口人权问题、贸易问题、台湾问题等对中国大加攻击，力图以此影响中国的发展；另一方面，在许多重大的国际事务上，美国又需要中国的支持与合作，如朝鲜核问题、东亚战略防御问题等等，加之美国在华有重大经济利益。因此，接触与介入并举，合作与制约同行，成为美对华政策的主要方向。

去年5月李登辉访美后中国政府的强烈反应及坚守“一个中国”的态度，加之今年2、3月间的台海危机，使美国意识到，台湾问题事关中国领土主权的完整，中国政府不会有丝毫的让步与妥协，是中美关系的“地雷区”，如何处理台湾问题是中美关系能否顺利平稳的关键。因此，美国在今后的对台政策中，中国大陆的因素将是美国首要考虑的一个重点所在。今年4月中美两国外长在海牙会谈，6月中美关于知识产权的谈判完成，使去年以来中美之间的紧张关系有所缓和。

---

① 1996年5月20日克林顿在“太平洋盆地经济理事会”第二十九届年会上的讲话，见台《民众日报》1996年5月22日。

② 多尔：《亚洲政策演讲》，见台湾《中国时报》1996年5月11日。

应该看到，中美关系中固有的矛盾依然存在，各种摩擦将持续不断，台湾问题仍将是美国对付中国的一张牌。但在近一时期内，保持中美关系的平稳发展，而对台政策的调整应在中国所能容忍的限度以内，已在美国内部达到一定的共识。

其三、美国年底的总统大选对其对台政策的影响将是有限的。

长期以来，对华政策一直是美国民主党和共和党争论及相互攻击的焦点问题，尤其是每当大选之年，这个问题就更加突出。1992 年底大选前夕，布什政府的对华政策备受民主党责难，为赢回一分，布什不惜突破《八一七公报》的限制，批准售台 150 架 F-16 战斗机。今年 2、3 月间，共和党总统候选人多尔，则对克林顿关于李登辉访美的决定及台海危机期间的所谓“模糊策略”不以为然，声称“如果中共以武力对付台湾，美国一定会作出反应”①，并提出应重新考虑对台军售，“将台湾纳入亚太民主国家防御计划之内”②。

选战期间，尽管候选人与媒体会在台湾问题上表现出过多的激进态度，但仔细分析，两党的对华对台政策在本质上并无重大歧异。二者对中国的评价基本一致，都认为下一世纪的中国将发展成为世界上最强大的国家之一，都主张扩大同中国的交往与接触，以附合美国的国家利益。在对华最惠国待遇问题上，1992 年大选期间，民主党候选人克林顿曾对布什政府无条件给予中国最惠国待遇大加攻击，但克上台后，经过两年多的尝试与权衡，1994 年同样决定将对华最惠国待遇与人权纪录脱钩处理。最近，多尔也表示，支持无条件给予中国最惠国待遇。在台湾问题上，两党“一个中国”的立场亦基本趋同，都强调必须以和平方式解决台湾问题。关于美国对台海安全的承诺问题，目前虽然多尔的表态更显明确与积极，称台湾如果受到大陆攻击，美国一定会回应，但他并没有说明如何回应，是仅限于武器协助，还是美军全面介入，实际上这与克林顿政府采取的“模糊政策”同一机杼；而克林顿政府在台海危机期间一再表示“任何对台使用武力的行为将产生严重后果”③的态度，与多尔的说法也相去不远。

由此可见，受今年底总统大选的影响，在台湾问题上，美国内部可能会出现一些较为尖锐或激进的政策性宣示，甚至会有一些局部政策的调整。但除非中国大陆和台湾有重大的行动或政策转变，美国政府的对台政策不会发生根本性的变化。

① 多尔：《亚洲政策演讲》，见台湾《中国时报》1996 年 5 月 11 日。

② 多尔：《亚洲政策演讲》，见台湾《中国时报》1996 年 5 月 11 日。

③ 台湾《民众日报》1996 年 3 月 8 日。

三、美国对台政策的未来走向

如果说冷战结束以来，美国对华的“双轨政策”由于美台关系的不断升级而向台湾方向倾斜，那么经历了去年李登辉访美以后中美关系的紧张及今年二月、三月的台海危机以后，美国对台政策又有了新的调整意向。

在中美关系陷入低谷的一年多来，尤其是今年春天台海危机机期间，美国内部出现了一场对华、对台政策的大讨论，各党派政治人物、中国问题专家及新闻媒体，纷纷对近几年美国的对华、对台政策展开讨论与评估。讨论中出现了一股强烈的声音，强调平稳的中美关系对美国具有重要的战略价值，关系到美国的经济利益。一些有识之士认为，美国不应以“冷战的态度”来对中国采取“遏制”的政策，呼吁“美国当局应重新信守其‘一个中国’政策的默契，北京和台北应恢复对话，不要使先后六位美国总统培育起来的体现国家利益的美中关系破裂”，因为“实现亚洲和平的演进仍是两国共同的利益之所在，中国将越来越成为亚洲稳定及世界和平的关键”。①

这场讨论的结果，就是今年 5 月份以后，美国两党领导人先后就对华、对台政策发表讲话。5 月 9 日，前参议院多数党领袖、共和党总统候选人多尔在华盛顿“国际战略研究中心”发表亚洲政策演讲，提出其一旦入主白宫后将推出的对台政策蓝图。5 月 17 日，美国务卿克里斯托弗在纽约亚洲协会发表演说，勾勒出克林顿政府未来对台政策的基本轮廓；5 月 20 日，美国总统克林顿在太平洋盆地经济理事会第 29 届年会上发表演讲，提及美对台政策；5 月 22 日，美国防部长佩里在该会上发表讲话，提出美国对华全面接触的政策。从他们的讲话及近一个时期美国政府的动向，可以看出，今后一段时间内美国对台政策的基本框架：

（一）基于其全球战略和国家利益的考虑，美对华、对台政策短期内不会有根本性的改变。将继续沿续其所谓的“双轨政策”，在积极与中国大陆进行“广泛接触与合作”的同时，维持与台湾的非官方关系，关视其为“独立的政治实体”。由美国来掌握“双轨政策”的平衡，根据美国的利益来调节对两岸政策的倾斜程度，控制台湾海峡的局势，这是美国对台政策追求的最佳效果。

（二）1972 年以后美历届政府所奉行的“一个中国”政策仍将继续，但同时又是以“台湾问题必须以和平方式解决”为前提的。去年以来，中国的反“台独”斗

① 新华社 联合国 1996 年 3 月 31 日电，基辛格文章《对华关系利害攸关》，刊登于美国《华盛顿邮报》1996 年 3 月 31 日。

争及“一个中国”的严正立场，向全世界同时也向美国表明了中国人民反对分裂维护主权的态度与决心。最近一个时期，美国政要的谈话反复强调美国将继续“一个中国”的立场，但又同时为此附设了前提。4月18日，美日高峰会谈时，克林顿表示“美国将遵守‘一个中国’政策，同时也将信守防御台湾的承诺”。①5月17日，克里斯托弗重申，“‘一个中国’政策是深化中美两国交往的根基”，但同时又强调美国“一个中国”政策的前提是以“中华人民共和国遵循以和平方式解决台湾和北京之间的问题”②为基础的。6月4日，克林顿政府官员对台湾有关方面表示，大选之年，台北若欲游说美国国会改变两党行之多年的“一个中国”政策内涵，将是对台北与华府、北京关系均无益处之举动。

（三）维持台湾海峡的均势及现状不变。无论是经贸活动的便利，还是从战略角度的考虑，保持台湾海峡的畅通及和平现状，对美国来说都是至关重要的。正如美亚太助理国务卿洛德所言，“台湾海峡的和平将直接涉及美国的国家利益”③。克里斯托弗亦称，“此一地区的和平攸关我方重大利益”④。美国既不希望看到大陆以“一国两制”实现两岸统一而失去一张牵制中国的牌，也不希望因台湾宣布“独立”而导致海峡爆发战事，进而危及整个亚太地区的和平及美国在这一地区的利益。因此，美国对台政策的一个重点目标即是，防止任何有可能打破目前该地区均势及现状的事态发生，使海峡两岸长期维持一种“分而不离，独而不立”的局面。

（四）继续承诺对台湾的安全保护。今年以来，尤其是海峡危机以后，美国方面对于台湾安全的重视程度大大提升，近期多名政要讲话中反复对此作出表示。克里斯托弗称“美将致力于建立与台湾的非官方关系的承诺，其中包括依‘与台湾关系法’规定协助台湾维持充分的自卫能力”⑤。克林顿也表示，美国派到海峡地区的两组航母“化解了危险的情势，并且向我们的盟邦显示了我们对这个地区稳定和平的承诺”⑥。另外，美国还将继续向台湾提供先进武器以提升台湾的防御能力，并通过插手海峡局势加强对台湾的安全保护。最近，美国又决定向台湾出售战区导弹防御系统。

① 台湾《中国时报》1996年4月18日。

② 克里斯托弗5月17日在纽约亚洲协会讲演，见台湾《中国时报》1996年5月18日。

③ 台湾《自由时报》1996年2月8日。

④ 台湾《联合报》1996年3月11日。

⑤ 克里斯托弗5月17日在纽约亚洲协会讲演，见台湾《中国时报》1996年5月18日。

⑥ 1996年5月20日克林顿在“太平洋盆地经济理事会”第二十九届年会上的讲话，见台《民众日报》1996年5月22日。

（五）对于今后台湾在国际上的“务实外交”活动会采取有选择的支持，为其设限在“一个中国”范围之内，而对于一些超出该原则的举动，如加入联合国、李登辉访美等将采取不明确支持的态度。近几年来，为反制大陆美国对于台湾当局在国际上的“务实外交”采取纵容和支持的态度，使台湾在加入国际组织、政要出席国际会议及出访等问题上，活动越来越升级，李登辉访美使这类活动达到一个高峰。此后一年多来，中美关系因此跌入低谷，也使得美国在这方面的政策有所转变。今年5月，克里斯托弗明确表示，美国认为“台湾在寻求国际角色时，宜以附合‘一个中国’政策的方式追求此一目标”[①]6月，美参议院亚太小组委员会主席托马斯亦表示，李登辉访美后对美中关系产生了“破坏性”的效果，因此他不赞成李登辉二度访美；只要美国坚持“一个中国”的政策，他“不认为美国国会会大幅支持让台湾加入联合国的想法”[②]。

（六）将极力推动亚太集体安全网的建立并将台湾纳入其中。一方面，美国极力将台湾问题与亚太地区安全相联系，呼吁亚太国家关注台湾局势，并以确保亚洲安全繁荣为由向中国大陆施加压力，迫使大陆作出放弃武力以和平方式解决台湾问题的承诺；另一方面，积极推动亚太集体安全网的建立。今年2月，美国白宫发言人麦柯里表示，美国鼓励亚太地区内各国政府采取措施，以确保台湾海峡地区的紧张局势不致失控。美国防部长佩里更进一步提出，亚太各国的国防部长应定期集会，增进相互了解；并声称，“建立我们自己的安全关系网，现在是时候了”。今后，美国还将加强与我周边国家的同盟及军事合作，除日美安保条约外，韩国、菲律宾、泰国也将是美国结盟的对象。美国防部长佩里认为，加强同日、韩、澳、泰、菲的同盟称为美国在亚太地区战略防御的第一支柱。最近美国决定“独立号”航空母舰常驻日本，以加强对周围地区的防卫。美国的这些作法既能进一步控制台湾、牵制中国，又能在插手台湾问题时，借助维护区域和平的名义，避免独自承担干涉它国内政的责任。

四、对两岸关系的影响

首先，美国在台湾问题上实行的所谓“双轨制”分离政策，将使得两岸关系难以顺利发展，美国因素已成为中国和平统一进程中的一大障碍。美国的干涉及其长

① 克里斯托弗5月17日在纽约亚洲协会讲演，见台湾《中国时报》1996年5月18日。
② 台湾“中央社”华盛顿6月18日电。

期以来所实行的分离两岸政策，使是两岸关系的发展曲折崎岖，障碍重重。而其视台湾为“独立政治实体”的作法，被台湾某些本已有分裂意识的人所依恃，更加顽固地抵制“和平统一、一国两制”的方针，中国统一的进程会更加缓慢。

其二，美国在国际上对台湾的支持以及对台湾安全的承诺，将使得两岸关系的发展更加缓慢。美国对台湾所谓“民主化进程”的认同与吹嘘，并将其视为在亚太地区的“自由世界的盟友”加以保护，被台湾当局当作是目前最为有力的外部支持力量。今后，台湾当局会打着“台、澎、金、马地区 2100 万人民的民主权利得不到保证”，“民主的台湾”受到压制的招牌，继续在国际上造势宣传，寻求支持力量；通过扩大国际影响和提升国际地位，来增加与大陆抗衡的筹码。两岸在国际上的斗争会因此而更加尖锐，两岸关系的进展会更加复杂和困难。

其三，将在国际上对两岸关系产生一些负面影响。一方面，许多国家会纷纷效尤美国，竞相发展与台湾的“实质关系”，或明或暗地承认台湾在国际上制造“两个中国”或“一中一台”的作法；另一方面，也不能排除有的国家会利用两岸间的歧异，玩弄投机的两面手法，左右逢源，谋取双重利益。此外，将台湾问题与亚太区域安全混为一谈的说法，将把台湾问题推向国际化，并引起周边国家的反华防华情绪，使台湾问题的解决增加更多的复杂因素。

其四，美国反复强调“一个中国”的立场，以及其在台湾危机期间的“模糊政策”，都在向台湾表明，现阶段美国不会支持台独，也不希望台湾当局“两个中国”的步子走得太远，从而导致海峡局势失控，使“美国被逼到角落里而直接卷入纷争”[①],这就使得台湾方面在从事一些违反“一个中国”的“务实外交”活动时会有所顾虑。另外，最近一段时期以来，美国政界普遍有一种看法，认为台湾过分扩大李登辉访美及其“民选总统”的影响，有推进“台独”制造分裂的倾向，与美国对台政策的初衷不附，示意台湾应在改善两岸关系方面主动表现，采取一些新的措施，使两岸尽快恢复商谈。美国的这种态度在一定程度上迫使台湾当局不得不重视缓解两岸间的僵局，放低姿态，打出缓和的旗子；在某种程度上，美国对“台独”的态度，对岛内外的“台独”活动或多或少也会有一些约束的作用。

结　语

本来海峡两岸实现和平统一纯属中国内政，应由两岸中国人自行解决，结束近

① 香港《亚洲周刊》1996 年 2 月 25 日。

半个世纪的分离状态，实现祖国统一，亦是两岸广大同胞所共同乐见的。但由于各种原因，两岸关系的发展始终不很顺利，这与美国的干涉有很大关系。多年以来，美国的对台政策也在不断调整，但其分离中国的总方向没有改变，始终在把台湾当作牵制中国大陆的一张牌在打，尽管美国也为台湾提供这样那样的支持与承诺，但并不真正是为了台湾的利益和前途着想，而是为了阻止中国的统一和强大，以确保其自身的国家利益。因此，台湾当局在考虑台湾前途命运的时候，应该充分认清美国的这一企图及目的，以民族大义为重，以国家前途为重，排除外力干扰，以诚意推动两岸关系恢复与发展。反之，如果把美国的一些承诺及支持当作后盾，盲目挟洋自重，自甘为外人所利用和控制，在分裂的道路上越走越远，把台湾引向歧途，最终会成为国家民族的罪人，同样也是台湾人民的罪人。

（原载《台湾研究》1996 年第 3 期）

浅析美国对台政策的“民主困境”

潘　飞

台湾问题是美国亚太战略的重要组成部分。为确保在台利益，美国不仅长期维持与台湾的所谓“盟友”关系，并将支持和保护台湾的“民主”纳人美国对台政策的重要内容。冷战结束前后，美国敦促台湾当局启动和完成“民主转型”，“民主牌”也成为台湾当局寻求美国支持的重要手段，成为美台“断交”后双方构筑“实质关系”的价值纽带。但是，美国推动台湾实现“政治体制民主化”客观上也为台湾当局以“民主”方式抗衡外部特别是美国压力、推动“台独”活动提供了空间。台湾当局以“民主”为幌子大肆推动“台湾正名”、“公投制宪”，制造“两个中国”、“一中一台”等分裂活动，将两岸关系带向危险的边缘，严重威胁了台海和平稳定，也威胁到美国的亚太战略利益。目前，陈水扁当局借“民主”之名推动“以台湾名义加入联合国公投”（以下简称“入联公投”），这种变相的“统独公投”是陈水扁推动“法理台独”的重要步骤，挑衅“一个中国”，势将严重冲击台海地区和平。美国对台政策的“民主”策略与其现实利益的矛盾日益突出，成为美国“维持两岸现状”政策的严峻考验。

一、“民主”与美国的对台政策

美国的民主属于意识形态的范畴。众所周知，美国对外战略的重要目标之一就是推展民主价值观。台湾因其特殊的地缘战略价值，一直是美对外实施“民主输出”战略的重要对象。随着美国将台塑造为“亚洲民主的灯塔”，“民主”与经济、安全利益一并成为美国在台利益不可或缺的组成部分，也成为美对台提供政治、军事、“外交”支持的重要原动力之一。美国对台“民主”策略主要表现在：

（一）鼓励并协助台湾实现“民主转型”

早在上世纪70年代中后期，随着中美关系的改善，美国开始调整对台政策，由容忍、默认国民党当局的独裁统治，逐步转变为促使其向“民主自由”的方向发展[①]。其政策重点是“扶持国民党内的技术官僚，保护新兴的党外反对势力，厚植台湾自由化和多元化的党内力量和党外力量，以待变局”[②]。为促使台湾向民主化迈进，80年代后美国开始频频向国民党当局施压，要求其容忍“党外”势力的存在和发展，力促岛内政治力量的多元化。美不仅暗中扶持“党外”势力、积极支持台湾出现反对党，同时还不断敦促国民党当局进行政治改革，“解除戒严”、实现“舆论自由”，并催促其扩大开放“地方公职人员”及“中央民意代表”的选举。民进党“非法”成立后，美国要求台湾当局“开明地处理”，不要流于冲动，做出过激反应。将经国去世后，美积极促使国民党向“台湾化”、“本土化”转型，协助李登辉为首的本土派力量对抗国民党内以李焕、郝柏村为首的“大陆籍”政治势力，支持李通过“宪政改革”搭建起台湾民主运作的架构，并实现“总统直选”。为保护台湾“民主转型”的进程，美依据“与台湾关系法”，调整对台政策，扩大对台军售强化台湾的“自卫能力”，还在1996年“台海危机”期间，通过派遣航母编队来显示其“保卫民主台湾”的决心。1997年民进党在“县市长选举”中大胜国民党，美国务院称赞这场选举是“过去十年台湾‘民主转型’令人刮目相看的又一步”[③]。在美国的施压和推动下，台湾通过“宪政改革”基本确立了美国式的民主模式，实现了“总统直选”，政治体制开始在民主的程序下运作，台湾也因此成为美国在亚洲推展“民主的样板”，成为美国“具有相同价值观念的盟友”。

（二）支持民进党当局“巩固和深化民主”

在美国人看来，“台湾作为世界棋局中的一颗重要的棋子，尤其是台湾的意识形态、价值观念以及近年来的政治民主化，完全符合美国的利益”[④]。以西方政治和美国的观点，为“确保台湾的民主成就”[⑤]，一个更加本土、更能彰显台湾“民主成就”、维持两岸现状的台湾领导人掌权，无疑更符合美国的利益。台湾实现首次政党轮替前后，美对台“民主”策略更多地体现在继续深化台湾的“政治民主”和本

① 杨永斌：《冷战后美国在台湾的意识形态战略利益》，《当代亚太》2001年第9期，第12页。
② 姜南扬：《台湾政治转型之迷》，台湾文津出版社1993年版，第196页。
③ 《美国务院肯定我民主选举》，台湾《中国时报》1997年12月3日。
④ 于江欣：《两难：美国在台海问题上》，《世界知识》2000年第6期，第12页。
⑤ 《美国坚决确保台湾民主成就》，台湾《中央日报》1997年6月8日。

土政权的巩固与维系上。2000年以来，美国从政治、经济、军事、外交等方面对民进党当局都予以全方位支持。其一，支持民进党政权。2000年3月，民进党击败长期执政的国民党实现“政党轮替”，克林顿赞赏“这明白展现了台湾民主的力量和活力”①。而此次“大选”前夕，美30多位众议员连署提出“支持台湾民主选举”的决议案，要求克林顿政府防止大陆“以文攻武吓的方式干扰台湾的自由民主选举”②。2004年3月陈水扁以两颗子弹获得连任，激起了泛蓝支持者的强烈抗议，国际社会也对此表示质疑，但布什政府及时对陈水扁当选的结果给予承认，使陈水扁当局渡过难关。2006年9月，陈水扁因家人及亲信相继涉及弊案，岛内民众掀起风起云涌的“反贪腐”逼扁下台活动，但美国表态“不支持暴力或罢工等体制外（倒扁）运动”③，“力挺”陈水扁继续执政。其二，不断强化美台“实质关系”。小布什上台后，公开提出“将竭尽所能来协助台湾自卫”，批准大宗对台军售，明显放宽台湾领导人访美限制等等，使陈水扁的执政地位得到稳固。而且，美国更加重视“台湾安全”、保障“台湾的民主”与其亚太战略的联系，2002年美国的《国家安全战略报告》公开将台湾称作美国的“盟友”，赞扬“民主的台湾”④。布什也公开吹捧“台湾是由专制走向民主化的成功社会典范”，强调“自由民主是美国与亚洲关系的基石”⑤。美国还以保护所谓“台湾民主”为借口，将“台海问题和平解决”列为美日同盟共同的战略目标之一。2005年8月，美台“断交”26年后美国首次派遣现役军官驻台，美台军事安全合作关系进一步提升。其三，支持台湾参与国际社会。美国虽不支持台湾加入联合国等以国家为会员的政府间国际组织，但对台湾以观察员或其他“非国家身份”实质参与国际组织活动持不反对态度。在美国的帮助下，台湾得以“台澎金马单独关税区”的身份加入WTO。对台湾参与WHO，布什不仅亲自签署法案支持，美国代表也在世界卫生大会亦公开投票支持台湾成为观察员。其四，一定程度上纵容和默许台湾当局的“台独”活动。尽管美国不支持台当局操弄“台独”改变台海现状，但为“尊重和支持台湾民主”，美对台湾当局以所谓“民意”推动的“正名”、“去中国化”、“提高行政效率的修宪”等“台独”

---

① 《克林顿：陈水扁当选两岸和平的新契机》，台湾《自由时报》2000年3月19日。

② 《美议员提案支持台湾民主选举》，台湾《联合报》2000年3月12日。

③ 《美反对非宪政手段倒扁》，台湾《自由时报》2006年9月12日。

④ The White House, “The National Security Strategy of the United States of America,” Sep. 2002, p.27.

⑤ “Text of Bush's Remarks in Kyoto, Japan”, *The Washington Post*, November 15, 2005。http://www.washingtonpost.com/wp-dyn/content/article/2005/11/15/AR2005111501298_pf.html, 2014-03-11。

举动却采取一定程度的纵容。2003年，陈水扁推动“护照加注TAI-WAN”字样的“正名”运动，美方以“未违背美国的‘一中政策’，没有必要介入”为由放其过关。美在批评台湾当局“公投绑大选”、“废统”、“宪改”等问题过程中，也总是“高高举起，轻轻放下”，为其预留下台阶的空间，多次使美台紧张关系在陈水扁重申“遵守‘四不’及对布什政府的承诺”后而步入平缓期，避免伤害到陈水扁当局的执政基础。

二、美国促进台湾“民主化”的困境

“民主化的台湾”符合美国的利益，是台湾当局寻求美国同情和支持的重要筹码。冷战结束前后，尤其是美台“断交”以来，台湾当局维持与美关系的重点由地缘政治价值转向了“民主价值观”。前“美国在台协会”理事会主席白乐崎就表示，“台湾民主政治的发展是美国支持台湾的关键，（台湾）民主化程度越深，受到美国支持的程度也就越高”[①]。可以说，“民主”已成为美台维持并发展“实质关系’，的最重要因素。但随着台湾“民主化”的发展，民众“自主意识”的增强，在政客的煽动和民粹动员下，美国推动台湾“民主化”初衷与台湾政治的现实往往出现矛盾，“民主的成果”频频被“台独”绑架，使得美在“保障台湾民主”的道德使命和遏制“台独”的现实利益之间处于尴尬境地。

表现之一：美国对待台湾“民主”的多重标准与处理“台独”议题的冲突。众所周知，美国促使台湾实现“民主化”受其利益主导，为其全球战略利益服务。然而，这也会导致一个显而易见的矛盾，即一旦台湾当局的作为与美国的现实利益冲突，民主的利益最终将屈从于现实利益，这种矛盾近年来比较集中体现在美国对台湾当局“台独”行为的处理上。譬如，1991年至今的7次“修宪”，既关乎台湾的“民主建构与深化”，但在“民主”的外衣下也包含了浓厚的“台独”分裂意识，美国最初虽不介入，但情势的发展使其又不得不做出一定反应。2004年4月，美国务院助理国务卿凯利（James Kelly）首度公开阐明美国支持“修宪”的有限性，指出“在台湾深化民主之际，如果我们觉得这些努力可能对美国的安全利益有不利影响或可能伤及台湾本身安全，我们不得不说明。关于台湾考虑‘修宪’问题，美国

① 《白乐崎指出，台湾民主发展是美国支持台湾的关键》，台湾“中央社”1997年10月6日。

的支持是有限度的”①。针对台湾当局通过“宪改”深化“民主”和利用“民主”寻求“法理台独”的举动，美国也试图进行严格区分。凯利表示，“美国坚决支持台湾民主，包括支持台湾人民有权选举自己的领导人，有权就自身的安全、经济、外交等问题做出决定，但我们不支持台湾‘独立’。片面迈向独立的举动不可能让台湾在民主自由、自治、繁荣和安全层面上更上层楼”②。为此，美对台湾当局的“修宪”活动采取了两种不同态度：一是支持台湾当局提高行政效率的“修宪”，并将其视为“内政”而不予介入。二是坚决反对台湾当局片面改变台海现状，引发两岸关系紧张的“修宪”，对台湾当局“涉及主权、领土、国旗、国号等敏感议题的修宪”不予支持，并对此高度警惕和预防。

对2004年台举办首次“公投”活动，美国也表达了三个层次的立场：一是“反对”改变现状或让台湾走向“独立”的“公投”；二是“不支持”只有政治象征意义但根本无法实现的“公投”；三是对有关公共政策等内部治理的“公投”不予介入③。美国强烈反对陈水扁“入联公投”亦是基于这样的思考。美副助理国务卿柯庆生公开表示，“美国并不反对公投，台湾和所有民主社会一样，具有举行公投的权利。但必须考虑的是公投的题目与内容，台湾加入联合国的公投，如果没有牵涉更改国号，美方的反应可能不会这么强烈”④。

可以看出，美国支持台湾“民主”的出发点始终是以美国利益至上，与其所宣扬的“民主具有普世价值”并不一致。美支持台湾“民主”与否的判断标准关键是看台湾当局的“民主”活动是否会引发两岸局势紧张，破坏美国的两岸政策。一旦台湾“民主”的发展方向有破坏台海和平、威胁美国亚太利益的危险，美必然会采取措施加以管束或纠正其发展方向。

表现之二：美国支持和保障台湾民主与“台独”民粹的违愿回应之间的矛盾。美国强力推动台湾“民主化”带来的后果之一，就是进一步强化了台湾民意对美对台政策的违愿回应。“台独”分裂势力往往打着“民主”的旗号抗衡美国的施压动作，使美国对台政策的核心利益与支持和保护台湾“民主”出现矛盾，并因此成为

---

① James A.Kelly，Assistant Secretary of State for East Asian and Pacific Affairs，“Overview of U.S. Policy Toward Taiwan”，Testimony at a hearing on Taiwan，House International Relations Committee，Washington，DC，April 21，2004。

② James A.Kelly，Assistant Secretary of State for East Asian and Pacific Affairs，“Overview of U.S. Policy Toward Taiwan”，Testimony at a hearing on Taiwan，House International Relations Committee，Washington，DC，April 21，2004。

③ 《公投入联合国 美强硬反对 扁更严峻挑战》，台湾《联合报》2007年6月20日。

④ 《柯庆生在美台“国防工业会议”上的演讲》，台湾《联合报》2007年9月13日。

美对台政策最大的难题。近来，美国对待“台独”的冒进活动，似乎已基本确立起封杀“法理台独”的底线，但在实际执行过程中，美国不仅难以将陈水扁“宪改”、“公投”中的“台独”本意彻底剥离出来加以清除，相反往往却获致“台独”民粹的违愿回应，使美应对“台独”因囿于所谓“民意”而陷于动辄得咎的境地。

陈水扁在2003年极力推动制定“公民投票法”,并在2005年推动“公投入宪”，就是为其利用“直接民权”来煽动民粹、规避“立法院”制衡铺平道路。陈水扁明知“宪改”目标难以实现，但仍鼓吹要在民间举办“万场宪改说明会”，鼓动民间提出各种版本的“宪改”方案，持续炒热“宪改”议题，其目的就是希望煽起民众对现有“宪法”不满的狂热情绪，从而实现“以民促官、以民压美、以民制蓝”的氛围，通过民意清除来自蓝营和美国的压力，完成“实质制宪”的目标。2003年以来处理“公投立法”、“防御性公投”和“终统”事件的经验表明，在泛蓝被迫屈服于陈水扁民粹式操作的情势下，美国很难从外部间接压制陈水扁，而且陈水扁很容易将美国的干涉偷换成为“美国不尊重台湾民主”，从而进一步利用民众的“反美”情绪凝聚支持，增大其与美对抗的资本。2003年泛蓝和美国最终与陈水扁在“公投绑大选”上达成妥协和让步，就充分说明美国并无有效手段将“民主”与民粹做有效切割，相反却因陈水扁施以“民意牌”化解了来自美国的压力。年初以来，陈水扁当局以“台湾民意”、“朝野共识”为由推动“以台湾名义加入WHO”和“入联公投”，再次让美国陷入支持和保障台湾“民主”与台当局的“民意牌”相对抗的境地。为抗议美国反对“以台湾名义加入世卫”，民进党当局公开向美表示这是“民意的强烈要求”，声称“高达94.9%的台湾民众支持以台湾名义加入”、“有半数以上‘立委’（110位）连署提案要以台湾名义成为WHO会员”[①]。陈水扁也向美众议院外交委员会主席海德解释，“用台湾名义最有力、最美，也是多数民意支持的名字”[②]。为回击美国反对“入联公投”，民进党当局6月21日发布民调，指出“71%的民众赞同以台湾名义加入联合国,泛蓝选民也有55%赞成”[③]。台“外长”黄志芳更公开表示，“这是朝野都支持的共同民意，美国不应该老是这样强势的看台湾问题。如果美国老是漠视台湾内部民意，台美关系反而会先受伤”[④]。台“驻美代表”吴钊燮也表示，“台湾现在已是完全民主的社会，希望美国能尊重”，

① 《争取加入WHO会员 扁亲自以台湾名义加入》，台湾《中时晚报》2007年4月12日。
② 《台湾名义申请加入WHO 总统：不违背四不承诺》，台湾《中时晚报》2004年4月17日。
③ 《台湾名义入联国 71%民众赞成》，台湾《自由时报》2007年6月21日。
④ 《政府坚称未违反四不 美碰一鼻子灰》，台湾《中国时报》2007年6月21日。

“布什总统以推广民主自由作外交主轴，这方面美国政府应倾听台湾民意的声音”[①]。陈水扁甚至通过媒体公开质问美国，“是反对公投？还是反对参加联合国？还是反对用台湾的名义？”，“入联公投”已经是“台湾社会的主流价值、多数的意见”，“明年总统大选就是公投的继续举办，其中也包括加入联合国的公投在内”[②]，“不希望美国对全世界民主的普世价值有所谓的双重标准”[③]。随着泛蓝提出“返联公投”，岛内已形成蓝绿在“入联公投”议题上竞相飙车的态势，情势的发展似演变至台湾民粹与“民主”的公开冲突。

表现之三：“民主”成为“台独”的挡箭牌，增大了美对台政策的局限性。美国支持台湾“民主”的本意是促使台湾当局更能遵从美国的意志，服务于美国的利益。但事与愿违的是，当实现了政治程序的“民主化”后，台湾当局领导人并非事事听命于美国，却往往以“民主”之名干扰美国的对台政策，凸显了美国对台政策中的“民主”盲点和局限性。陈水扁上台以来，充分利用美国坚定支持和保障台湾“民主”的政策，加强对美游说以“民主”掩盖其“台独”活动。其重要策略之一就是将“台独与民主捆绑”，将经过“民主”包装的“台独”理念诉诸普通民众以获取合法性，游说并化解来自美国与外界的压力。为避免美国做出过激反应，陈水扁民进党当局事先通常会在“台独”议题上展现出“柔软身段”，令其反制手段难以有效着力。为推动“制宪”，陈水扁多次向美保证“2006年催生新宪，2008年实施台湾新宪法是整个台湾民主改革、宪政改革的时间表，而不是台独时间表”[④]、“宪改不会触碰国号、领土等敏感议题”，使得美国的反应大多时候只能停留在警告、“进一步听其言、观其行”的层次上。2003年的“公投”及去年的“终统”都在一定程度上表明，布什政府派遣特使赴台、降低陈水扁“过境”待遇、甚至公开批评陈水扁等手法，已难以对陈水扁当局的冒进举动形成实质威慑，相反还增强其“先不择手段争取赢取选举，选后再修补关系”的政治赌徒心态。面对美严词反对“入联公投”，陈水扁也相当“不以为然”，还以在美国压力下成功推动“防御性公投”及“废统”的经验向美叫嚣，“路是人走出来的，他会坚持做对的事、走对的

---

① 《吴钊燮：扁任期绝不接受“九二共识”》，台湾《联合报》2007年6月29日。

② 陈水扁接受美国《华盛顿邮报》专访，http://www.hi-on.org.tw/bulletins.jsp?b_ID=70710，2007年7月8日。

③ 《入联公投 总统：美国不应为台湾民主划红线》，台湾《中时晚报》2007年8月15日。

④ 转引自林文程、林正义：《台湾修宪与美中台三角关系》，台湾《台湾民主季刊》第3卷第4期，2006年12月，第146页。

路”[①]。在当前一个中国的国际政治大框架下，陈水扁操弄“入联公投”明显是想复制 2004 年“防御性公投”的“吸票效应”，尽管美国已指出“公投对台湾参与联合国没有助益”的“假议题”本质[②]，但陈水扁民进党当局仍坚持符合“人权”价值和有“民意”支持，并没有显示出退让的迹象。

三、美国对台“民主困境”的成因

美国对台政策“民主困境”产生的根源在于美国对台政策的本质。美国对台政策的核心是维持两岸“不统不独”的现状，既要利用台湾的战略位置实现其“以台制华”策略，又要推动台湾的“民主化”实现其推展“民主”的理念。这种结构性因素是其难以有效制约台湾当局的根本原因。

首先，美国奉行的“以台制华”、“以台变华”战略，凸显了美国施压“台独”的有限性。美国支持和保障所谓“台湾民主”的一个重要目的，就是扶持台湾与大陆对抗，维持两岸的“不统不独”局面。为避免两岸关系过度向大陆倾斜，美国不仅不愿意看到两岸关系顺利发展，相反却频频通过提升美台实质关系保持两岸关系的适度紧张，谋取利益的最大化。1979 年以来两岸关系发展的历程来看，每当两岸关系趋向缓和或者将出现重大突破之时，美国因素就会凸显出来。1995 年江泽民发表“八项主张”后即出现美国允许李登辉访美事件。1996 年中国政府展开“反台独、反分裂”斗争，美国以所谓“保护台湾民主”为名出动航空母舰游弋台湾外海。美国不仅明里暗里支持陈水扁和民进党，2000 年陈水扁上台后，美对台湾当局冠以“民意”、“民主”旗号的“渐进式台独”行为也采取了适当容忍和放纵的态度，只要其挑衅两岸关系的行为不足以破坏台海现状，美就默许以适度的“分离”倾向来平衡或压制岛内的“统一”倾向。

美国支持台湾“民主”的另一重要目的，就是将其作为对大陆进行“西化”、“和平演变”的工具。为确保台湾的“民主成就”和经验能持续对大陆发挥“示范效应”，美不仅高度赞赏和吹捧“台湾民主”，还以台湾的“民主体制”向大陆施压，要求大陆与台“民选领导人对话”。美国在台湾的“民主”战略等利益，不仅为陈水扁当局将两岸之间的“统独矛盾”诡辩为“两岸制度之争”提供了温床，还滋长了其“携民主自重”，以“民主”对美讨价还价的心态。一方面，陈水扁通过

---

① 《扁坚持公投 促马英九提案》，台湾《联合报》2007 年 6 月 23 日。

② 《美国务院：公投无助入联 反升高台海紧张》，台湾《中国时报》2007 年 6 月 21 日。

强调台湾对大陆“民主化”的重要性来博取美国好感和支持；另一方面，陈水扁频打“民主牌”让美陷入投鼠忌器的困境。

其次，美国民主体制的负面因素使美对台施压的效果有所削减。美国行政部门与国会在对台政策上长期存有分歧，尽管美国务院和部分国会议员对台湾当局无视美国利益的“台独”行径相当不满，但总体上仍坚持不放弃对台湾“民主自由”的支持，以致经常出现行政部门批台，但同时少数国会议员却要求行政部门继续依照“与台湾关系法”保护“台湾民主”的矛盾现象。据媒体披露，布什政府第一任期内，美国防部的一批新保守主义份子经常向台当局传递与国务院对台政策相反的讯息，甚至暗中鼓动“台独”[①]。美国务院对台“入联公投”公开予以反对不久，6月21日，以谢伯特（Steve Chabot）为首的少数亲台议员，在众议院国际关系委员会主导通过了解除美台高层官员接触限制的决议案，该案宣称“此举是为向亚太地区表明美国对民主的强烈支持”，这使得先前美对台警告的色彩大为降低。[②]

台湾的事例亦足以证明，美国在台“民主化”策略的消极影响是显而易见的。目前来看，“民主”已不仅成为陈水扁对抗大陆的工具，更演变成其反制美国“遏独”举措的“保护膜”。美国对台政策受困于“民主价值观”的现象，很可能对未来中美共同遏制“台独”的局面形成困扰。尤其是，未来陈水扁当局很可能利用美国的顾忌强硬推动“公投绑大选”，持续扩大岛内“统独”争议，势将冲击两岸关系与台海和平稳定，直接威胁到美国在亚太地区的利益。

（原载《台湾研究》2007年第5期）

① 《鼓动台独 布什政府曾爆内江》，台湾《自由时报》2007年6月4日。

② 《台湾官员访美限制 美众院促废》，台湾《自由时报》2007年6月28日。

亚太新格局及其对两岸关系的影响之研究

刘国奋

自2010年美国提出“重返亚洲”（后改为“亚太再平衡”）战略以来，美国在亚太地区加紧展开各方面新的部署，美国的举措对该地区的政治、经济、军事等关系和地区格局影响重大。在美国新的亚太战略中，美国能否抛弃冷战旧思维，寻求建立新型的美中关系对亚太地区和平繁荣十分关键，然而过去三年多来，美国在亚太地区的举动所产生的效应似乎以负面居多。为此，分析美国推行“亚太再平衡”战略对亚太地区局势产生的影响，探讨亚太地区面临的突出问题及其对两岸关系的影响有着十分重要的现实意义。此外，在亚太地区新的矛盾冲突中，两岸如何共同谋求新出路也是本文要关注的问题。

一、亚太地区新格局之特点

在当今亚太国际格局的演变中，美国无疑扮演了举足轻重的角色。特别是在结束伊拉克和阿富汗战争后，美国在亚太地区的一些举措使得该地区的局势出现新一轮的变动，其特点主要有以下几个。

（一）美国重新寻找“敌手”，大国关系对该地区局势影响重大

多年来美国的全球战略和地区战略无不以寻找和对付其“敌手”而展开，在“亚太再平衡”战略中，综合实力上升较快的中国就成为美国的首要“目标”，而美国在日本、菲律宾和澳大利亚拥有军事基地，是美国对付中国的三大战略支撑点，组成了美国在亚太地区的重要战略盟友。总的来说，在策略手法上，美国采取了冷战时期老一套的分化、对抗策略，使得原本就不简单的亚太地区国际关系更加错综

复杂。最为突出的是东北亚地区，由于美国的介入，美、中、日三国关系变化对东北亚、乃至整个亚太区域关系都有重大影响。冷战结束后，日本一直在谋求摆脱战后体制的制约，借由各种路径试图成为政治大国。近几年来，日本利用美国的战略东移寻找各种机会，在“修宪派兵”等问题上动作不断。尤其是安倍第二次执政以来，竭力谋求修改集体自卫权解释，试图突破武器出口禁令，为发展日本国防工业服务。安倍推出的所谓“积极和平主义”，其实是要谋求日本摆脱战后体制，这为日本的军国主义复活埋下了伏笔。由于美国扶持日本对抗中国，美、中、日三国关系出现近乎于冷战时期的某些特点，但不同的是，冷战时期美国的综合实力极强，其霸权地位较稳固，日本不过是一个小伙伴，而现在的日本其野心和实力均增加很多，试图达到与美国平起平坐的“大国”地位。[①] 近几年来，美国对亚太地区的战略调整增加了该地区关系的复杂性，其产生的影响以负面居多。因此，美国能否抛弃冷战旧思维，如何看待中国综合实力无可避免地上升态势，如何对待日本的军国主义企图心，如何在亚太地区理顺大国关系对该地区的和平繁荣影响重大。

（二）中国与周边国家的领土主权和海洋权益纠纷增多，“老问题”演变成“新麻烦”

自美国“重返亚洲”以来，亚洲地区的局势不时出现紧张，一些国家和地区的领土主权和海洋权益纠纷由以往的隐性矛盾转变为显性冲突。尤其是日本、菲律宾、越南等与中国有领土主权和海洋权益纠纷的国家，在对待相关矛盾纠纷问题上的态度趋于强硬。特别是2012年以来，美国的两个战略盟友菲律宾和日本的强硬举措似乎不谋而合：菲律宾自恃有美国撑腰，积极扩充军备，在南海问题上频频采取强硬立场，不时表现出鲁莽与冒险倾向，比如对海峡两岸的渔民动用军舰从事所谓“海上执法”活动，迫使中国奋起反击，于2012年6月间夺回对黄岩礁的主控权。日本则于同一时期试图加强其对钓鱼岛的控制权，上演了将钓鱼岛“国有化”的闹剧，引发了日本与海峡两岸关系的紧张。在这样的形势下，美国仍将钓鱼岛列入“美日安保”范围，并还与日本展开所谓“夺岛”联合军演。2013年12月，日本政府推出的三份文件[②]，明确提出将防卫重心由北方移到西南诸岛的长期战略，

① 安倍政府目标是修宪和全面修改《日美安保条约》，实现所谓日美“相互保护”，而不是美国“片面”保护日本，其实质是要谋求与美国的对等关系。参见《站在十字路口的安全保障》，日本《世界》月刊2013年12月号。

② 即2013年12月17日日本政府出台《国家安全保障战略》、《防卫计划大纲》和《中期防卫力整备计划》三份文件。

并提出放宽武器出口三原则。相关国家和地区在东海和南海问题上的领土主权和海洋权益之争虽为“老问题”，但由于美国的“亚太再平衡”战略，刺激了日本、菲律宾等国的野心，使他们在触碰领土主权和海洋权益纠纷这些“老问题”上自恃有美国支持而敢冒风险，成为亚太地区格局演变中的“新麻烦”，这些纠纷冲突的影响不仅仅局限于军事领域，而且还影响到经济领域甚至是民众的心理层面。特别值得注意的是，日本的安倍政府甚至还试图先于美国，在中国周边国家加紧行动，如日本领导人频访中国周边国家，意图构筑对中国的围堵圈。

（三）美国积极推动“跨太平洋伙伴关系协议”（TPP），亚太经济一体化进程更加复杂多变

在伊拉克和阿富汗的十年战争消耗了美国大量的人力、物力和财力，2008 年的金融危机使得美国的经济实力进一步下降。面对中国大陆在亚洲的崛起，以及中国大陆与东亚国家的经济一体化进程的推进，美国除了政治和军事的谋划外，在经济上则利用原先由新西兰、新加坡、智利和文莱等四国发起的“跨太平洋战略经济伙伴关系协定”（Trans-Pacific Strategic Economic Partnership Agreement），遂于 2011 年亚太经合会议上力推扩大 TPP。TPP 是一个门槛较高的经贸合作体，要在政治经济环境复杂的亚太地区推广有相当大的难度，需要一定的时日。但在这过程中，有一点是肯定的，即美国可以此为经济阵地，争夺其在亚太地区经济一体化进程的主导权，利用它作为牵制中国大陆经济发展的力量，以抵消这些年来中国大陆与东盟国家经济一体化进程所发挥的影响。2011 年和 2013 年日本和韩国先后宣布加入 TPP 谈判，而中国大陆则未被邀请参与谈判。众所周知，在亚太地区，原本就有亚太经济合作组织（APEC）和东亚自由贸易区等各种双边或多边自由贸易协定，而且这些年来亚太地区经贸一体化已步入一定的轨道，尤其是东亚自由贸易区“十加三”发展势头良好，仅在 2010 年东亚自由贸易区“十加三”区域内贸易已占其世界贸易总量的 25%[①]，而且东亚峰会成员在 2011 年已扩展到 18 个国家。如今美国进行叠床架屋式的另外扩建 TPP 这样的经贸合作体，将使亚太地区的经贸关系更加复杂化，如果再掺杂政治和军事等因素[②]，亚太地区原有的经济一体化进程

① 《第十四次东盟和中日韩经贸部长会议举行》，中国新闻网，http://www.chinanews.com/cj/2011/08-12/3255227.shtml。

② 美国国务卿希拉里曾表示，21 世纪将是美国的太平洋世纪，TPP 不但要搞经济，还要搞价值观，要用美国价值观来统一亚太。参见《媒体称美国欲借 TPP 架空 APEC 我国未收到邀请》，新浪网，http://news.sina.com.cn/c/2011-11-14/074923461331.shtml。

会受到影响、经济一体化的成本也会大大增加。

在上述新形势下，亚太地区政治经济和地缘安全局势更为错综复杂。从目前的发展情况看，亚太地区正面临以下三个方面的问题。

一是战争与和平的抉择。由于美国新的亚太战略需要日本支持，对于谋求所谓“普通国家”地位的日本右翼政客以极大刺激，近几年来日本国内军国主义抬头，政治右倾化加重。而围绕东海和南海问题的领土主权和海洋权益纠纷加剧，亚太地区局势诡谲多变，爆发战争的风险在增高。据报道，对第一次世界大战颇有研究的英国学者史蒂文森最近在接受媒体采访时认为，目前中国和日本间的冲突局势尤为危险，与一战爆发前的情况相似①。另一方面，我们也看到，深受战争之害的中国、韩国和东南亚地区国家对日本侵略战争深恶痛绝，不希望再次爆发世界大战，与日本反战人士一起形成一股维护和平的力量，例如在安倍参拜靖国神社问题上，日本国内一些政治家和民众纷纷提出批评。因此，维护地区和平稳定、遏制战争风险是今后亚太地区所面临的一个重要课题。

二是独赢与普赢的抉择。21 世纪以来，经济全球化与区域经济一体化步伐加快，世界各国（地区）经济的相互依赖在扩大和加深。尽管各国（地区）有各自的问题和相互间的矛盾，但经济全球化与区域经济一体化发展是大势所趋。如何实现经济全球化与区域经济一体化的问题较多，总的原则应是平等互惠，是以普赢为目的的，而不是某些国家不顾国际经济发展现状，把自我利益置于他国（地区）利益之上，追求以自我利益为优先的独赢目标。美国推动的 TPP 是一种高门槛的地区经济一体化，有美国自身的经济利益需求，更为其政治和战略目标服务。我们注意到，近几年来，美国利用量化宽松等手段，对国际经济、金融等领域产生了较大的负面影响。美国转嫁危机的手法，虽然已使其经济开始从低谷爬升，近年来“美国制造”出现新活力，但世界各国（地区）的经济已或多或少地受到美国不当的经济和金融政策措施的拖累。从产业分工看，中国等新兴国家仍处在产业链的中下端，全球产业分工板块没有发生大的变动。出于经济互惠互利原则，中国等新兴国家与广大发展中国家一起走的是一条普赢的路线，追求共同受益与共同繁荣。因此，今后中国等发展中国家能否在经济全球化和区域经济一体化中占有自己的一席之地，以促使世界经济分工合作更为合理有效将是十分关键的。

三是猜忌与互信的抉择。近几年来，亚太地区形势变化让我们注意到，在各种

① 埃菲社伦敦 2013 年 12 月 22 日电。

因素的作用下，某些亚太国家（地区）间的矛盾在加大，相互猜忌与防范心在加重。随之而来的是不少国家（地区）军费开支增加，特别是中国大陆的周边国家如日本、菲律宾、越南、印度等国军费增加显著①。亚太国家的猜忌与防范源于领土主权和海洋权益之争，更与美国、日本的不当言行有着直接的关系。美国为推行“亚太再平衡”战略、保住其在亚太地区的领导权，乃至世界“霸主”地位，采用挑拨离间的办法，联合相关国家对中国大陆采取某种程度的遏制战略。而日本则利用美国有求于他的机会，有意“拿中国说事”，不断在言行上挑战中国大陆。一方面，日本谋求所谓“行使集体自卫权”，以求进一步武装自己，进而突破战后体制对日本的束缚；另一方面，日本在中国大陆周边国家（地区）进行拉拢、挑拨，试图形成对中国大陆的包围圈。今后，亚太国家（地区）如何减少相互猜忌、增加互信基础，对于该地区的和平稳定和经济繁荣发展至关重要。

二、亚太新局对两岸关系的影响

美国调整亚太战略，不仅在亚太地区投入了不少变数，也给两岸关系带来了某些不利影响，大体而言，其相关影响主要有以下几个方面。

（一）两岸难以超然于亚太新格局，两岸关系的复杂性增加

2008年以来海峡两岸关系虽进入到和平发展新时期，但两岸政治关系问题复杂，解决难度较大，这种局面易被人分化、利用。美国“亚太再平衡”战略首要矛头针对中国大陆，不管是接触还是遏制，台湾都是美国对付中国大陆的一枚棋子，为此海峡两岸无可避免地被卷入其中，相关影响已逐渐显现。其实，进入深水区后的两岸关系问题的解决急需开启两岸官方政治谈判，然而在这一问题上，由于马英九当局多少要看美国的脸色，迟迟不肯迈出这一步。② 此外，台湾长期受亲美思想影响，视己为“美国盟友”，在对待中国大陆方面往往站在美国利益立场上考虑问题，而忽视对自身尤其是两岸利益的考虑。例如，台湾在2013年5月的“政军兵棋推演”中，模拟中国大陆为争夺钓鱼岛主权、不惜和日本开战的紧急状况，马英

---

① 《美刊：美国盟友军费剧增 加剧亚太地区紧张》，中国新闻网，http://www.chinanews.com/gj/2013/07-27/5091417.shtml。

② 《旺报：两岸政治谈判 美国态度影响马政府意愿》，中评网，http://www.crntt.com/doc/1028/4/3/3/102843380.html。

九当局却在钓鱼岛争执问题上因被美国要求选边站而倒向美、日阵营。[①] 而民进党则认为美国的“亚太再平衡”战略和日本的右倾化，会让台湾的地位更加凸显，大陆对台湾的影响则可以被抵消，台湾应该被整合成为美国“亚太再平衡”的一员。民进党甚至在2013年6月推出的“国防政策蓝皮书”中主张连结周边国家包围大陆。[②] 此外，民进党领导人虽表示要与大陆交往，“以对话取代对抗”，但表示不会放弃“台独”主张。[③] 而且在实际操作层面，民进党对扩大和深化两岸关系和平发展的反对与阻挠的态度更加明确，他们动辄对马英九当局的大陆政策措施提出批评，不时地干扰快速发展的两岸关系。

（二）两岸经贸关系面临新的复杂环境，两岸经济整合受到一定程度的影响

随着大陆经济发展水平的提高，两岸经济的差距在逐步缩小。近几年来，两岸经济基本保持互利互补的格局，但也产生一定的竞争性。如何使两岸产业分工布局合理，已提上两岸经济合作的议事日程。两岸能否在经贸领域展开更有效的合作，并将这一合作扩大到其它领域，关系到台湾在新一轮亚太经济变局中处于何种地位，对两岸各自的经济发展前景都意义重大。遗憾的是，由于民进党往往从意识形态出发看待两岸经贸关系，不愿台湾与大陆发展较全面的经贸往来。TPP似乎给民进党“从国际走向大陆”的主张以希望，因此在美国提出推动TPP后，民进党对马英九当局拟在十年内加入TPP的做法很不耐烦，要求尽快加入TPP，并积极争取与美国洽签“自由贸易协定”(FTA)，认为FTA和TPP都是台湾经济生存与繁荣的途径，反映其急于卷入美国主导的TPP经贸合作体系的心态[④]。在民进党的压力下，马英九在连任后加快了台湾进入TPP的进程。近期，马英九当局将台湾参加TPP和“区域全面经济伙伴协定”（RCEP）作为最优先的经济工作，希望台湾

---

① 《兵推钓岛冲突 台湾联美日抗中》，台湾《自由时报》2013年5月29日，A4版；《马英九“钓岛兵推”曝光：联手美日攻大陆》，新华网，http://news.xinhuanet.com/cankao/2013-05/30/c_132419087.htm；《政军兵推落幕 未来每年实施》，台湾《中时电子报》2013年5月28日，http://www.chinatimes.com/cn/realtimenews/20130528005118-260407。

② 苏贞昌发表“新世纪的新伙伴：如何强化台美关系”专题演讲，见台湾民主进步党网站，http://www.dpp.org.tw/news_content.php?sn=6651；王昆义：《民进党国防蓝皮书脱离现实》，台湾《中时电子报》2013年6月13日，http://news.chinatimes.com/wantdaily/11052101/112013061300432.html。

③ 《苏贞昌：两岸对话代对抗 非投降》，台湾《中时电子报》2013年6月7日，http://www.chinatimes.com/newspapers/20130607000975-260301。

④ 《蔡英文：盼美助台加入TPP》，台湾《美丽岛电子报》，http:// www.my-formosa.com/article.aspx?cid=5&id=17841。

各部门在今年7月就相关法规做出研议。马英九当局虽在两岸经贸政策方面持较为积极开放的态度，过去五年多来两岸经贸关系发展较快，但由于受制于民进党的反对立场，进入深水区后的两岸经贸关系遭遇到较大的阻力。近年来民进党加大对两岸经贸关系踩刹车的力度，例如，在民进党的搅局下，“两岸服务贸易协议”签署近一年仍未能在台湾“立法院”通过审查。“两岸服务贸易协议”本来就是大陆对台湾让步较多，对台湾经济转型发展很有利，该协议不通过对台湾经济发展影响较大，两岸的经济整合多少受阻，并将对两岸经贸关系良性互动发展产生一定的消极作用。

（三）两岸错失共同维护领土主权和海洋权益的良机，建立军事互信机制的难度更大

美国的“亚太再平衡”战略主要考虑到的是保持其地缘战略优势，台湾无疑是其地缘战略上的一枚棋子。本来，在面对日本、菲律宾等国在钓鱼岛和南海问题上的挑衅，两岸完全可以合作维护领土主权和海洋权益，但由于受美国影响，马英九多次表示不会与大陆合作。在面对两岸有可能合作维护钓鱼岛主权的态势下，日本担心两岸会在钓鱼岛问题上联合起来对付自己，不得不拉拢台湾，在已与台湾进行了长达17年谈判的渔业问题上做出让步，于2013年4月与台湾达成渔业协议。在南海问题上，其实也是一样，如果两岸能联手合作，共同维护两岸在南海的领土主权和海洋权益，则对两岸的共同核心利益的维护将是十分有利的。然而，过去几年来，两岸不仅在共同维护领土主权和海洋权益上不时地错失良机，而且还因美国的介入、日本的挑拨等，台湾方面对大陆的防范心非但没有减少，有时反而还有所增加。例如，在去年底，大陆宣布设立东海防空识别区后，台湾方面一时反映强烈，马英九甚至比美国表态还快，他在接受日本媒体的专访时称，希望大陆不要在南海设立类似的防空识别区。[①] 在这样复杂的地区政治经济和军事安全环境下，两岸军事互信机制的建立似乎更加困难。

三、亚太新局中的两岸选择

尽管亚太地区新局势对两岸关系有诸多的不利影响，但这种局势也非全然是负

① 《马英九接受日媒访问 呼吁大陆勿设南海防空识别区》，环球网，http://taiwan.huanqiu.com/news/2013-12/4637628.html。

面的。在新的形势下，两岸必须辨清以下几个问题，才能在亚太新局中走出一条共同繁荣与共同发展的道路。

第一，共同利益与各自利益的关系。毫无疑问，两岸有着各自的利益诉求，但在推进两岸关系和平发展进程中，两岸应看到大势与大局，将追求两岸共同利益放在首位。比如说，在维护领土主权和海洋权益问题上，两岸面临机遇与挑战并存的形势，如果台湾方面仍不能从两岸整体利益出发，两岸不能建立军事互信机制事小，而两岸共有的领土主权和海洋权益将受到损害则事大。

第二，包容性思维与排他性思维的纠结。在发展两岸关系上，提倡包容性思维很重要，求同存异、求同化异逐渐成为两岸共识，这是包容性思维的精华。此外，我们还须强调的是，包容性思维是相互的，不是一方对另一方的一味让步；包容性思维是有原则的，在原则之中一切都可以包容。近几年来，台湾方面常用的一个观点是，大陆这么大，应该对台湾多让点。笔者认为，在提倡大陆对台湾多点包容与让步的同时，我们也要强调，台湾要少点“排拒大陆的心态”，两岸提倡相互包容对于两岸关系和平发展进程的深化是很重要的。

第三，统一取向与“台独”取向的冲突。毋庸置疑，这样两个取向是水火不容的，尤其是在两岸关系经过五年多的和平发展期，“台独”已越来越被台湾民众所唾弃。2013 年底，民进党“立法院总召”柯建铭提出“冻结台独党纲”的主张，从一个侧面反映出“台独”已走向末路。但是，我们也注意到，“冻结台独党纲”还仅仅是提议，并不等于有“台独思想”的民进党人士会全然放弃“台独”主张，“冻结”不等于放弃，“冻结”还可以被“化冻”。然而，即便是“冻结台独党纲”这样的主张，也不被民进党高层所接受。民进党于 2014 年 1 月 9 日公布“对中政策检讨纪要”，依然坚持既定的“台独”立场，随后民进党主席苏贞昌还公开宣称“台湾已是主权独立国家”。[①] 不过，从大势发展看，民进党应及早放弃“台独”主张，只有建立统一取向的两岸关系，才能减少两岸的内耗，有利于两岸和平发展进程向前推进，有利于两岸同胞的民生福祉和中华民族根本利益之维护。

面对亚太地区格局的变动，两岸应从大局思考两岸关系问题，以解决两岸间存在的矛盾与分歧，总的来看，两岸关系发展应有以下几个思考方向。

---

① 《两岸关系 / 苏贞昌抛海鸥理论：各走各的》，台湾《中央日报网路报》2014 年 1 月 14 日，http://www.cdnews.com.tw/cdnews_site/docDetail.jsp?coluid=111&do cid =102609604。

（一）追求终极统一目标，确保两岸共同的核心利益不受损害

反观过去几十年的历史，两岸应清醒地认识到，正是由于两岸的分离，造成当年美国将钓鱼岛管辖权移交给了日本，才让如今的日本对该岛有了进一步吞食的机会；正是由于两岸的分离，菲律宾、越南等那些对南海的声索国才会有机会不断地侵占原本就属于两岸的岛屿（礁）。这些年来，两岸关系和平发展取得了不少成绩，但两岸关系仍具有较大的脆弱性，这种脆弱性是由多方面原因造成的，而最主要原因还是两岸不能在终极统一的方向上保持一致性。美国"亚太再平衡"战略的推行、日本军国主义的抬头，以及菲律宾等在南海问题上的强硬，无一不是以两岸中国为目标，试图从包括台湾同胞在内的中国人手中抢夺更多的利益，比如钓鱼岛和南海的领土主权和海洋权益。因此，在亚太新形势下，两岸若能避免内耗，追求两岸终极统一目标，不仅有利于维护好两岸关系和平稳定的大局，也有利于维护两岸共同拥有的中国领土主权和海洋权益，以确保上述两岸共同的核心利益不受损害。

（二）建立互利互惠观念，追求两岸经贸关系的相对平衡性

2008年以来，大陆为纾解台湾经济之困，同时也为求两岸关系和平发展快速推进，对台湾实行多种形式的经贸优惠政策措施，得到多数台湾民众的欢迎。但是，大陆的让利让步举措因遭到岛内"台独"人士的歪曲宣传也使少数人心存反感，感觉自尊心受伤。为此，今后两岸应以互利互惠为主要原则，追求两岸经贸关系的常态化与平衡化发展。一方面，台湾对与大陆经贸的诸多限制性政策措施应予放宽或取消。以两岸相互投资而论，在某些民进党和"台独"人士甚至部分蓝营人士的观念中，对入岛的陆资要采取严格的限制措施，以防台湾经济被大陆掌控；而反过来，台湾对大陆的投资则被他们称之为"掏空台湾经济"，是台湾在"失血"，这种双重标准对两岸经贸关系良性发展十分不利。因此，台湾方面有必要清理那些似是而非的论调，以便让两岸经贸关系在相对平衡的状态下发展。另一方面，由于大陆和台湾的市场和经济体量的不同，两岸经贸关系不可能追求绝对的平等与平衡，如果台湾认为大陆市场大，应有更大的让步空间，那么在WTO规则下，大陆可以考虑优先发展与台湾的经贸关系。两岸双方应该清醒地认识到，在后金融危机时期，国际需求结构正处于深刻变化之中，两岸如何在经贸投资等方面通过共同合作，在国际社会追求双赢，达成两岸经济利益共享，对两岸共同繁荣与发展都将是十分关键的。因为只有建立在互惠互利、相对平衡发展和共同合作的基础上，两岸

经贸关系才会有更大的发展空间。

（三）排除各种干扰，不断探索新路径，促使两岸关系和平发展深入持久地进行下去

两岸关系和平发展已持续了五年多，面对亚太地区格局的变化，两岸正面临着多重挑战。因此，如何避免可能面临的风险，对于两岸关系和平发展进程的延续意义重大。两岸应与时俱进，解放思想，探索巩固和深化两岸关系和平发展的各种新路径。此外，两岸要珍惜过去五年多来共同取得的各种成果。过去五年多，两岸关系和平发展的进程并不顺坦，今后需要两岸双方共同维护已有的和平发展机制和框架，以便让两岸关系和平发展进程能不受干扰地持续下去。两岸关系和平发展的方法和路径有很多，但有一点将是肯定的，即两岸应从中华民族整体利益出发来推进两岸关系和平发展进程，因为海峡两岸受外力干涉、干扰的历史已经太久了，两岸利益受损太多了，只有两岸联合起来，中华民族才有希望，才能排除外力干扰，真正维护好中华民族的根本利益。不管前进路上有多么艰险，只要两岸能保持共同的方向，团结合作，抓住机遇，必将对两岸关系和平发展进程有利，对两岸民众的根本利益有利，对中华民族的整体利益有利。

四、结语

由于美国的“亚太再平衡”战略，亚太地区大国关系的变动使得区内国家（地区）或多或少地受到影响，两岸关系也概不能外。

从过去十多年历史看，美国插手过的国际和地区问题，最后几乎无不留下难以收拾的烂摊子，如伊拉克、阿富汗、利比亚等等。因此，面对美国“亚太再平衡”战略，亚太地区尤其是有领土主权和海洋权益纠纷的国家（地区）应对此保持清醒的头脑，千万不要将一些矛盾纠纷演化成战争冲突，从而使各相关国家（地区）遭受严重损失。

对于海峡两岸来说，在美国积极推动“亚太再平衡”战略的形势下，两岸对于美国在台海地区的角色定位问题应重新予以检视。对美国“亚太再平衡”战略，某些民进党和岛内“台独”人士或许心中窃喜，以为有靠山可依。然而我们应看到，美国从自身战略利益出发，始终以维持两岸分离现状的固定化、永久化作为实现其国家战略目标为导向。为与大陆保持距离、求得美国的“保护”，台湾得经常花大

笔资金购买美国先进武器装备，而两岸在东海、南海的领土主权和海洋权益等问题上却难以形成有效的合力，两岸共同的核心利益不断受损。因此，从两岸的长远利益和两岸统一的角度看，两岸共同的核心利益与美国的战略利益没有交集点，在亚太地区新形势下去除美国对两岸关系和平发展造成的各种消极影响是必要的。

（原载《台湾研究》2014 年第 2 期）

马英九当局“活路外交”问题探析

修春萍

“活路外交”是马英九当局的重要施政理念之一。在两岸关系持续改善、并建立起一定政治互信的大前提下，经过马英九当局数年来的戮力推行与落实，“活路外交”政策不仅使台湾的对外交往逐步走出陈水扁时期的困境，并为台湾的对外活动营造出了前所未有的宽松环境，甚至一向看似无解的台湾“国际参与问题”也出现了转圜的空间。2012 年马英九在台湾领导人选举中连任成功，“活路外交”自然成为其续行的施政重点。在此时刻，全面检视马英九当局“活路外交”政策的基本思路、主要特点，以及对台湾涉外活动问题产生的影响等，不仅将有助于把握马英九当局对外政策未来走向，也有助于在两岸关系持续改善的情况下，妥善处理台湾的涉外活动问题。

一

马英九最早提出“活路外交”概念是 2006 年 3 月，当时他刚出任国民党主席，并首次以此身份访美。在哈佛大学费正清东亚研究中心发表演说时，马英九首次提出两岸要建立国际参与的“暂行架构”，声称期待两岸透过新模式，让台湾参与国际活动的问题更为多元。2007 年 11 月，作为国民党 2008 年台湾领导人参选者，马英九在公布的“外交政策白皮书”中，正式提出“活路外交”（Flexible Diplomacy）基本思路。2008 年 5 月马英九上台后，就开始对“活路外交”的理念进行政策化设计，并全面加以推动。

（一）“活路外交”的政策思路与主要内容

“活路外交”源自拉丁文的 Modus Vivendi，原义是“存活下去之道”，也被译为“活路模式”，又被引伸为“暂行架构”。马英九的重要幕僚、前“国安会秘书长”苏起在马英九当初提出“暂行架构”时，曾解说这一全新概念，“意谓两岸保留模糊空间，透过双边、多边的架构，来解决台湾邦交国逐年流失、无法参加 WHO 等国际组织的问题”[①]；希望透过两岸谈判，达到“维护台湾国际尊严”、“确保台湾国际参与”、“两岸双赢、终结外交上你争我抢等浪费资源的对抗”三项目标[②]。从马英九本人及其马英九当局对外部门负责人对“活路外交”的阐述，以及相关的落实步骤中，可以大致看出这一政策的基本思路和主要内容。

首先，“活路外交”的政策目标是要摆脱台湾被孤立的困境，为台湾在国际间寻找新的出路。在此目标下，具体的政策实施包括：“巩固邦谊”，维持住既有“邦交国”；“扩大友谊”，进一步发展与美、日、欧、东盟等国家和地区“实质关系”；“参与国际”，在参与世界卫生组织等功能性政府间国际组织及其活动，以及亚太地区经济一体化方面取得进展，同时争取更多地参与非政府组织国际多边活动；“维护尊严”，确保台湾作为“独立实体”的国际存在。

其次，“活路外交”的逻辑顺序是通过改善两岸关系，增加台湾的涉外活动。马英九表示，“大陆政策是外交政策的上位”，“要解决台湾的外交，必须从两岸政策这个根本问题上解决[③]”。“活路外交”的基本构想就是“将两岸关系的和解休兵，两岸之间达成的互信延伸、扩大到对外关系上”。台“外交部长”欧鸿炼也强调在推动对外关系时，“务须随时考虑两岸关系发展的因素”。同时，马英九还强调，“只要国际上不继续被打压，相信两岸关系一定有更好的发展空间”，“如果台湾在国际上继续被孤立，两岸关系发展就将受到严重阻碍”。

第三，“活路外交”的策略是务实、弹性、灵活，不挑衅、不冲撞。马英九表示“活路外交”与过去推动的“务实外交”在精神上是前后一贯的，都是以务实主义为原则。在“国际参与”方面，强调“有意义参与”国际多边组织及其活动；愿意接受以“中华台北”名称、观察员身份参与世界卫生大会等功能性国际组织及其活动的安排。强调对外交往“里子”重于“面子”，更侧重营经对外“实质关系”。

① 《增进台湾国际参与空间马倡议两岸发展“暂行架构”模式》，台湾《中国时报》2006 年 3 月 23 日。

② 《终结对抗“外交”双赢马英九：两岸议定国际参与暂行架构》，台湾《中央日报》2006 年 3 月 23 日。

③ 台湾《中国时报》2008 年 4 月 8 日。

在“邦交国”问题上，不追求新的增加，同时以“外交休兵”换大陆的“不作为”，以确保台湾现有“邦交国”不减少。

（二）“活路外交”提出的背景

马英九当局提出“活路外交”政策，既基于其政治理念，也是执政的需要，并有着深刻的背景原因。

首先是台湾的对外活动环境日益严峻。上个世纪90年代中后期，李登辉、陈水扁当局为达到“台独”目的，不惜牺牲台湾民众利益，将经贸、文化等民间对外活动赋以政治目的，并完全拒绝大陆为照顾台湾社会经济发展实际需要而提出的台湾参与有关国际经济文化活动的安排，结果造成台湾对外活动空间大幅萎缩：台湾当局参与国际组织的图谋屡遭挫败；“邦交国”也不断流失，到陈水扁下台前仅剩下23个；而其着力推进的对外“实质关系”同步受到冲击和制约，与其有实质来往的一些主要国家公开质疑陈水扁当局的做法，致使台湾与这些国家的“实质关系”不断缩水；而在东亚区域经济一体化过程中，台湾则日益陷入被边缘化的境地，台湾的对外关系与交往陷入前所未有的困顿中。马英九提出“活路外交”，最直接的原因就是要尽快摆脱孤立的困境，为台湾在国际上找一条出路。

其次是两岸实力对比差距日益拉大。经过数十年的发展，中国大陆的综合实力持续增强，并在世界格局中举足轻重。在全球近200个国家中，有171个与中国大陆建交，承认台湾当局的只有23个小国。台湾在国际上与大陆正面对抗与冲撞，不仅无法增加涉外活动，反而引发国际社会的普遍反感，并遭到大陆方面强有力的反制。陈水扁主政8年间，以“主动出击”的方式，大搞所谓的“烽火外交”，图谋突破一个中国框架，结果却四处碰壁，成为国际社会避之唯恐不及的“麻烦制造者”。台湾当局过去着力推行的“经贸外交”、“金钱外交”等主要对外交往手段，在对象国更加看重与中国大陆经贸往来的背景下，也越来越难以为继。陈水扁主政时期，“金钱外交”不断加码，但仅新增3个“邦交国”，却丢掉9个，“邦交不稳”的传闻此起彼伏。面对陈水扁当局留下的烂摊子，马英九当局只能以变求存，另图生路。

三是一个中国政策正在成为当今世界的国际行为准则。中国大陆坚持在一个中国原则下合情合理处理台湾涉外事务的政策主张得到了国际社会的普遍认同与支持，而李登辉、陈水扁当局谋求突破一个中国框架的行为不断遭到挫败。冷战结束后，以美国为首的一些西方国家推行对华遏制战略，李登辉、陈水扁当局基于这些西方国家因看重台湾战略价值所以会无条件支持台湾的错误判断，屡屡进行“台独”冒险，结果导致台海局势高度紧张，不仅让亚太地区国家深受困扰，也令美、日等西方国家陷入尴尬的境地，美国从其自身利益出发，不愿也不会因“台独”挑衅而去冒与中国大陆发生直接对抗的风险。李登辉、陈水扁等人的肆意妄为使得国际社会提高了对台湾当局“台独”活动的警惕，从而更加倾向于在一个中国框架内处理涉台问题。另一方面，面对中国大陆的快速崛起，美、日等西方国虽设法加以牵制，并将台湾问题作为他们的一个重要着力点，但基于其战略和现实利益，更倾向于在不激化两岸关系以及台海局势的前提下扶持台湾，以确保台湾在对华牵制战略中长期发挥作用。这些都为马英九当局在不挑战一个中国底线的前提下拓展对外活动，寻求国际支持提供了机会。

二

马英九当局上台后，全面推行“活路外交”政策，在积极改善两岸关系的前提下，务实开展对外活动，从而为台湾的涉外活动带来了明显变化。

（一）“活路外交”某种程度上解开了台湾对外活动的死结

李登辉、陈水扁时期台湾涉外活动空间不断萎缩，究其根本，是李、陈当局将分裂国家的活动从海峡两岸扩展到国际，从而导致大陆方面的强力反制，并遭到国际社会的质疑和抵制所致。上个世纪90年代后，岛内分裂势力的“台独”挑衅猖獗，执政当局甚至让原本一些台湾经济社会发展必要的民间对外交往，服务于形形色色的“台独”诉求，这一行径迫使大陆不得不进行反制，两岸间“台独”与反“台独”的斗争之火，延烧到了包括国际舞台在内的诸多领域。事实上，两岸国际上的角力是两岸关系在对外领域的延伸与反映，两岸关系高度紧张，双方在国际上的斗争必然呈现出相应的高强度。两岸在国际上展开的“台独”与反“台独”斗争的不可调和性，迫使世界各主要国家进行“选边站”，即在大陆与台湾之间做出明确选择。一些原想利用两岸问题上尚存的“模糊地带”，暗中扶持台湾以牵制中国大陆的国家，出于自身的现实利益，不得不做出认同一个中国的明确表态，同时公开指斥进行“台独”挑衅的陈水扁当局是“麻烦制造者”。这一事实让岛内各界对当今的国际准则有了一个相对清醒的认知，从而也为马英九当局日后从改善两岸关系入手，为台湾的对外困局解套积累了民意基础，为其推行“活路外交”预留了政策空间。

2005年4月，中共中央总书记胡锦涛与时任国民党主席的连战会面，明确提出推动两岸关系和平发展的主张，引起岛内民意和整个国际社会的积极反响。2008年马英九上台，并明确表示反对“台独”，承认“九二共识”，于是在两岸各方的同共努力下，两岸关系开始步入和平发展的轨道。在此大背景下，马英九当局适时推出“活路外交”政策，并宣称要抛弃“零和”，求得“双赢”。在“活路外交”政策框架下，台湾的对外活动不以“台独”为诉求，使得两岸在国际上的矛盾性质转化为如何在一个中国框架下对台湾涉外事务做出合情合理安排，台湾涉外活动问题有了合理解决的前提。

（二）“活路外交”打开了台湾涉外活动的通道

“活路外交”的重要特点之一，是将不冲撞、不挑衅的策略配之以务实、灵活的做法。台湾涉外事务涉及一个中国框架和国家主权问题，在一些领域尤其是国际多边领域，只有采取务实、变通的做法，才可能找到解决办法。比如在参与政府间国际多边组织及其活动问题上，如果台湾方面坚持使用“中华民国”的名称，大陆不可能接受，也不符合国际法和相关国际组织的现行法规，当然无解。马英九当局愿意以“中华台北”等名称、以不具主权性质的实体身份参与国际组织，在对外活动中，不故意冲撞一个中国框架，不挑衅大陆的政策底线，正是这种务实、弹性、不冲撞的态度与做法，使得合理解决台湾涉外活动问题有了可讨论，以及可以做出各方都能接受相关安排的可能性。

（三）“活路外交”扩大了台湾对外活动空间

4年来，“活路外交”扭转了陈水扁时期对外活动窒碍难行的局面，不仅与美、日、欧等主要国家以及东南亚国家“实质关系”均有不同程度的提升，与其他国家和地区关系也有所进展。马英九当局修复被陈水扁破坏的台美互信，争取美国信任与支持的努力得到美方的肯定，美国不仅公开表示现阶段美台关系“处于最好时期”，而且给台多方面的支持，包括提升官方互动和接触层级。2011年美国助理商务部长库马尔、国际开发署长沙赫、能源部副部长波内曼先后访台，其中波内曼是2000年以来美国访台的最高层官员。美国还允许台湾向海地运送救灾物资的军机在美国本土军事基地落地加油，日本311大地震后美国甚至将台湾作为撤侨点，批准大规模对台军售等，台美“实质关系”出现较大进展。美国政府在2012年台湾

“大选”前展开一系列动作，包括高层官员连续访美、宣布将台列入免签证计划名单等，更被视为是对马英九连任的支持。

马英九当局建立“台日特殊伙伴关系”的努力获得日方正面回应。台湾在日本北海道增设办事处，在东京成立“台北文化中心”，台日签订青少年打工度假协议，恢复台北松山与日本羽田机场间断航 31 年的航线等，尤其是 2011 年 9 月签署《亚东关系协会与财团法人交流协会有关投资自由化、促进及保护合作协议》（简称台日投资协议），被认为是台日“实质关系”的重大进展。

马英九当局发展对欧关系尤其扩大与欧经贸、文化、人员往来也有明显效果。台与欧盟以及英、法、德、匈、意等国家签署了“避免所得税双重课税及防杜逃税协定”、“关务合作”、“航权协定”等多项协定和备忘录。

台与新加坡、马来西亚、菲律宾、越南等国家的关系继续向纵深发展。台湾与新加坡就“台新经济伙伴协议”进行正式谈判，与新西兰、菲律宾等宣布启动签署“经济伙伴协议”可行性研究，与印度、印度尼西亚展开经济合作协议的可行性研究。

与此同时，台湾还先后获得 73 个国家和地区给予免签证或落地签证待遇，使获得免签证或落地签的国家和地区达到 127 个。

在参与国际多边组织及其活动方面，台湾从 2009 年起得以观察员身份参与世界卫生大会，还顺利成为“国际贸易资讯暨合作机构（AITTC）”的赞助会员，加入 WTO“政府采购协定（GPA）”，参与《南太平洋公海渔业资源养护与管理公约》等。

（四）“活路外交”使台湾当局的“邦交国”关系不稳问题得到缓解

在大陆的充分善意下，马英九当局不仅维持住了现有“邦交国”，而且得以叫停岛内反对声大、国际形象差的“金援外交”，改以通过执行“目的正当、过程合法、执行有效”的“援外计划”，扩大与“邦交国”在农业、渔业、轻工业、科技产业领域的合作等，摆脱被“邦交国”勒索的困境。

三

马英九当局上台后推行“活路外交”政策，使台湾涉外活动问题出现较大转圜。2012 年，马英九在台湾地区最高领导人选举中获得连任，而他在竞选期间，就将“活路外交”的推行和取得的成效作为重要的政绩大加宣传，并宣称“活路外交”受到国际社会的欢迎，“今后要继续推动”。[①] 可以预期，未来马英九当局在推动对外关系时，将维持“活路外交”的基调，包括以维持良好的两岸关系为前提，做法务实、弹性等；同时期待通过“活路外交”，在扩大涉外活动方面取得更大突破。然而，“活路外交”政策在未来4年是否会如台湾当局之所愿能有新的突破，则需要对其涉及的各种要素进行更深入的考察。

马英九提出“活路外交”是基于当今国际社会的基本现实，其动因是为陷入死局的台湾对外交往解困；岛内民意对台湾对外交往要走出新路的期待，则是提出的这一政策的条件；而两岸关系的良性发展与互动，是这一政策能够实施并收效的前提与基础。在马英九的第二任期，其推行“活路外交”的动因、条件均已在一定程度上发生了变化，要想“活路外交”政策在扩大涉外活动方面再有所突破，关键还在于支撑这一政策的基础———两岸间的政治互信不断深化与两岸关系的持续发展。换言之，“活路外交”政策如果没有持续增进的两岸政治互信的支撑、没有两岸政治关系不断取得进展作为后盾，则必然会行之弗远。

未来4年，马英九当局的施政环境存在诸多不确定因素，无论是岛内经济、社会改革举步维艰，贫富不均等问题凸显，民进党等反对力量具有较大牵制施政的能量，还是欧美等发达经济体债务危机漫延，整体世界经济的下行压力增大等，这些内外因素均增加了马英九当局在新任期内的施政难度。在此情况下，马英九当局势必要从上一任期取得进展的对外关系方面寻求突破，以平衡内政方面短期内难以交出亮丽成绩的不足。可以说，这将成为马英九当局在打破台湾对外交往困境后仍着力推行“活路外交”的新动因。

此外，台湾社会对于扩大国际参与一直有很高意愿，两岸关系的改善，给解决台湾涉外活动问题带来契机，不仅使台湾民众扩大国际参与的期待居高不下，而且也将大陆处理该问题作为检验两岸关系以及大陆对台善意的重要指标。此次台湾“大选”，马英九在蔡英文的强力挑战下获得连任，很大程度上得益于是民众对其改善两岸关系的肯定，以及对未来两岸关系继续稳定发展的期待。而马英九连任，两岸关系和平发展的势头得以为继，反过来也将升高岛内民众对于扩大国际参与的期待。台湾方面已通过多种方式强烈表达这一要求。2012年3月，国民党荣誉主席吴伯雄访问大陆时，当面向胡锦涛总书记表示，希望大陆能深入了解台湾对涉外活

① 见马英九2011年“双十节”发表的《百年奋斗·民主台湾》讲话，台“总统府”网站http：//www.president.gov.tw/Default.aspx？ tabid=1075。

动的强烈意愿[①]。4 月，时为马英九参选搭档的吴敦义在出席博鳌论坛与国务院副总理李克强会面时表示，台湾民众对涉外活动需求有“很强烈愿望”，尤其是国际航空组织、联合国气候变化框架公约以及非政府组织等。[②]这些均表明，作为马英九“活路外交”政策条件的民意仍在，但在目标指向与性质归属上已经发生了某种值得重视的变化。

由此可见，在国际参与方面取得突破，是马英九第二任期的执政诉求，也是其化解社会压力的政治需要，而未来台湾涉外活动问题否能得到进一步合理解决，关键还在于两岸能否进一步巩固与深化政治互信。台湾对外关系是一个涉及国家主权的高度敏感问题，在中国尚未统一的现状下，两岸若没有一定政治互信，双方在国际上的斗争在所难免。马英九当局反对“台独”，承认“九二共识”，主张两岸关系是“非国与国关系”，是“台湾地区与大陆地区的关系”，明确表态“不从事双重承认，也不会推动两个中国”。在相关对外活动中，接受以“中华台北”等具有两岸同属一中内涵的名义参与国际组织等政治立场，以及积极改善两岸关系的实际行动，使得两岸得以在反对“台独”、坚持“九二共识”的共同政治基础上建立一定互信，从而为“活路外交”的实施开拓出空间。需要指出的是，台湾当局对外活动在性质上是属于非民间性的，对大陆而言，处理台湾涉外事务既要充分考虑到岛内社会经济发展的切实需要和民众的切身感受，同时也要确保不会影响到国际社会已然确立的一个中国框架。过去 4 年，两岸建立起一定的政治互信，两岸关系发展也取得了前所未有的巨大进步。但目前两岸仍存在着相当大的政治分歧，虽然双方在“两岸同属一个中国”上的立场接近，但在关于一个中国的内涵上仍有较大分歧。马英九当局的“活路外交”政策仍以“中华民国”作为基点，加之岛内“台独”势力仍具有相当的政治能量，且未停止在岛内外进行分裂国家的活动。这些决定了两岸间一些结构性问题尚未得到解决的现状下，在双方没能通过政治谈判与协商建立起更进一步的政治互信之前，台湾涉外活动问题解决的速度和空间都将是有限的。

此外，台湾涉外活动问题取得更合理的解决，需要两岸加强沟通，建立两岸常态化协商机制。台湾涉外活动问题，不仅关系到台湾社会经济的发展，更关系到一个中国国际框架的维护，是高度敏感问题。在当今国际现实下，台湾方面想单方面解决这一问题几乎没有可能性。而大陆方面考虑到台湾社会发展的客观需求，以往也曾通过单方面与国际组织协商的方式对台湾涉外活动问题做出某些安排，但由于

① 《吴胡会吴提一国两区》，台湾《中国时报》2012 年 3 月 23 日。

② 《台湾国际空间吴李正面讨论》，台湾“中央社”2012 年 4 月 1 日。

没有台湾的参与，再加上被“台独”势力的故意歪曲，也往往得不到台湾民众的理解与支持，取得的效果也不如预期。台湾涉外活动问题由两岸共同解决显然是一个可行的方式，大陆早就提出通过两岸协商解决台湾涉外事务的建议，但在分裂势力在台湾主政、并顽固推行“台独”路线的情况下，大陆的建议没有得到回应。2008年国民党重新执政后，马英九当局明确表示，愿意在“九二共识”的基础上通过两岸协商解决台湾涉外活动问题，“找出两岸双赢之道”。双方也开始就一些台湾涉外事务问题进行了沟通与协商，并积累了经验。事实证明，沟通与协商有利于寻找双方都能接受的台湾涉外活动的安排，而且也有助于及时化解两岸在国际上出现意外摩擦而引起的对两岸关系的负面影响。而双方的沟通协商常态化、机制化，则会使台湾涉外事务问题的处理与解决更为有序、有效。

总之，妥善处理台湾涉外活动问题需要双方的共同努力，未来4年马英九当局的“活路外交”能走多远，很大程度上取决于两岸政治互信的巩固与增进，取决于两岸关系和平发展的不断深化，取决于双方能否实事求是地经由沟通与协商寻找合情合理而且可行的解决方案。

（原载《台湾研究》2013年第4期）

马英九当局“双重提升”战略及其影响

张　华（男）

引　子

在台湾问题的发展过程中，大陆、台湾和美国是最主要的互动方，因此台湾对外战略最主要的关注点就是处理与大陆和美国的关系。台湾当局的对美政策和大陆政策之间并非是割裂的关系，而是存在着重要联系。从台湾惯常的逻辑思维来看，大陆对台政策的目标是实现两岸统一，而且统一的进程中并未承诺放弃使用武力，因此两岸关系应是敌对关系，台湾不应该也不可能与大陆开展全方位的交流。同时，一直以来美国是台湾最大的外部依赖，而且中美关系发展存在相当的不确定性，台湾作为美国制衡中国棋子的价值一直存在，因此台湾应该全方位的倒向美国，借助美国的力量与大陆展开对抗。也就是说，台湾当局的对外政策是“依美仇陆”。在以上战略逻辑中，台湾的大陆政策和对美政策目标是完全是相悖的，两岸关系和台美关系发展在某种程度上是零和的。台湾当局试图提升台美关系的政策必定引发大陆的强烈反对，因而伤及两岸关系发展；两岸关系发展陷入停顿将引发台湾关于安全问题的忧虑，因此进一步倒向美国，从而使两岸关系和台美关系陷入恶性循环之中。二战后两岸关系和台美关系发展的历史也证明，二者之间的关系确实难以协调。1949 年以后，败退台湾的蒋介石当局妄图“反攻大陆”，1955 年与美国签订“共同防御条约”，双方建立“军事同盟”关系，共同“抵御大陆的进攻”。台美“军事同盟”引发大陆的强烈反对，造成一波波台海危机。1979 年台美“断交”后，台美关系经历重大挫折，然在台湾当局的努力下，台美仍依靠所谓的“与台湾关系法”，继续维持包括美国对台军售在内的全方位联系，这成为影响两岸关系发展最为重要的外部因素，两岸不断地为此而进行较量。20世纪八九十年代，台湾当局虽开放两岸民众交流，两岸关系发展初露曙光，然克林顿政府的“对台政策审议”和李登辉窜访美国的行为，再次使两岸关系陷入紧张状态。2000年陈水扁执政后，其对外政策更是赤裸裸地挑衅大陆，全方位发展台美关系，使两岸关系发展屡次经历严峻考验。

当前，马英九当局因为处理台湾地区经济、社会和民生问题不力，招致岛内舆论和民众的诸多批评，执政满意度迭创新低。马英九执政似乎一无是处，批评马英九已经成为岛内的“政治正确”，人人可以“得而诛之”。但是，如果全面检视马英九当局的内外政策，我们就会发现事实似乎并非如此，至少目前看来其两岸和对外政策是“成功的”。因此，本文拟研究马英九当局的大陆政策和对美政策，分析其提出背景和实质，并预测未来的发展方向。

一、“双重提升”战略的基本内涵

2008年马英九上台后，对台湾涉外政策进行全面检讨，提出了一系列新主张，其中最为重要的便是“亲美、友日、和陆”。长期以来，台湾当局的对日政策依附于对美政策，因此其对外战略的核心是“亲美、和陆”。具体表现为：

在大陆政策方面，在“九二共识”基础上，启动与大陆的事务性协商谈判，使两岸关系迈入和平发展阶段。其一，政治基础方面，马英九当局坚持“一个中国、各自表述”的“九二共识”，不支持“台独”分裂活动，与大陆建立政治互信；提出“不统、不独、不武”的“三不”原则以维持两岸现状，但同时声言“台湾前途由2300万台湾人决定”。其二，在发展内容方面，马英九当局主张本着“先易后难、先经后政、先急后缓”的次序进行两岸协商，在其任内主要解决经济社会民生领域的议题，对两岸政治对话及签署和平协议设置诸多障碍，甚至声言“不会进行两岸政治议题的谈判”。其三，在协商原则方面，马英九当局坚持“以台湾为主、对人民有利”，不会“出卖台湾主权”，甚至同意台立法部门审议通过部分与大陆签署的协议。其四，在目的方面，马英九当局旨在通过与大陆和解降低台湾的安全风险，并分享中国大陆崛起的经济红利，同时借两岸关系改善促进台湾与其他国家和地区及国际组织的关系。

在对美政策方面，强调“低调、零意外”的“亲美”政策，恢复台美高层互信，大幅提升台美“实质关系”。其一，改变陈水扁执政时期对美“意外”不断的政策，在各政策层面尤其是两岸关系发展方面强化对美沟通与协调，坚持在涉及美国利益问题上对美“零意外”。二是积极寻求提升台美“实质关系”。不断重申对美军购，消除美国对两岸关系缓和后台湾不重视“国防”的忧虑；对美国关心的“美牛议题”，即使冒岛内政治风险，仍然坚持满足美国的要求[①]。三是与美国就两岸协商谈判进行全面、及时、顺畅地沟通。强化对美沟通协调，不仅积极邀请美国部长级官员及国会议员访台，而且不断派“内阁”官员访美，以使美国对两岸协商有及时、全面、准确的了解。

在大陆政策和对美政策关系上，马英九当局认为二者可以“相辅相成”，形成“良性循环”。也就是说，两岸关系的发展有助于台美关系的提升，反之亦然。马英九当局认为，美国其实并不希望看到两岸关系长期处于对峙状态，而是希望两岸关系能够实现对话和解，维持台海地区的和平稳定，这也就是在陈水扁执政后期出现“中美共管台独”局面的原因。同时，大陆虽然反对台湾提升与美国的关系，尤其是美国对台军售问题，但是在目前形势下，大陆深知难以短时间内割断台美所有的联系。对最为敏感的美国对台军售问题，大陆反对的对象也是美国，很少对台湾当局公开直接施加压力。而且马英九当局坚信，在推行两岸关系和平发展方面，大陆虽不满意，但难以短时期内有其它的选择，尤其是在经历了民进党执政带来的痛苦经历以后。

通过分析马英九当局的大陆和对美政策以及二者之间的关系，我们发现马英九当局抛弃了过去“依美仇陆”的基本策略，而是采取在强化对美安全依赖的同时缓和改善两岸关系的战略，作者将其称之为“双重提升”战略（Dual-improvement Strategy）。

二、“双重提升”战略的实质分析

再评估美国和大陆的对台战略，维系台湾的战略主动。台湾前“国安会秘书长”苏起认为，虽然台湾的实力是大陆、美国和台湾三方中最小的一方，但在三方互动中，台湾一直占有战略主动权，意即往往是台湾抛议题，大陆和美国被动应

① 如“美牛”问题，长期以来就是影响台美经贸关系的重要议题，马英九先是与美国秘密签订协定，允许美牛进口台湾，在引起岛内各界强烈反应之后，再次通过利用国民党在“立法院”的多数席位强行通过法律修正案，最终放行美牛进口台湾。

付，“同时牵动两个大国”[①]。李登辉和陈水扁基于对战略形势的误判，采取“冲突求主动”的战略，不断制造两岸关系紧张，以期拉近台美关系制衡中国大陆，然而结果往往是美国和大陆联手遏制“台独”。相较而言，马英九当局对美国和大陆的对台政策更为了解。马英九当局认为，台美关系和两岸关系之间确实存在着冲突，但也并非没有交集。寻求和维护台海地区和平稳定符合美国、大陆和台湾三方利益，因此与大陆和解、维系和平稳定的两岸关系，同时强化与美互动、及时化解美国疑虑，意即同时实现关乎台湾生存与安全的两大关系的提升是可能的。“双重提升”战略便是再评估美国和大陆对台政策的结果，具有一定的战略高度，在某种程度上维持了台湾的主动权。

西方现实主义理论认为，行为体之间最为经典的互动模式是均势，即相关各方力量大体均衡的状态最能维持和平稳定，最符合各方的利益。美国的现实主义大师布热津斯基更是将其扩展为离岸平衡战略，也就是让相关各方力量维持均势状态，而美国作为域外大国扮演平衡者的角色。马英九当局的“双重提升”战略与此有异曲同工之妙。台湾同时发展与美国和大陆的关系，而且让二者相互博弈以实现某种程度的平衡，最大限度实现台湾的利益。一方面，以两岸关系的改善制衡美国在发展台美关系时对台湾的过高要价。过去，因为台湾对美国有所求，美国依赖台湾的地方少，因此台美关系的主动权完全掌控在美国手中，美国可以为了自己的利益而对台湾予取予求。然而，当前两岸关系的发展虽不能说已经成为台湾处理对美关系时的“一张牌”，但台湾时常利用美国不希望两岸走得过快过近的顾虑，在处理台美关系时对美国施加一定的压力。如在两岸签订 ECFA 之后，台湾便以此为杠杆要求尽快恢复台美 TIFA 商谈，甚至要求美国支持台湾参与 TPP；另一方面，台湾以台美关系的不断提升为资本，要挟大陆释放更多的利多。马英九当局深知，大陆迫切希望台湾当局开放陆客、陆资等入台，以形塑在台湾的利益和影响力，因此不断以台美关系的提升对大陆进行要价。如马英九当局不断声称，对美军购的重要原因之一就是增加台湾在与大陆对话时的信心，使台湾在与大陆谈判时有所依靠。

政经分开的投机主义。中国崛起是 21 世纪最重要的国际事件。面对中国经济实力的增强，中国周边国家和地区采取的应对策略大体相同，即强化与中国的

① 苏起认为，国际关系一向都是“小的听大的”、尤其不会“两个大的听一个小的”；但过去 20 年来，台湾同时撼动美国和大陆，影响了北京、华盛顿的政策，当然台湾也受到他们的限制，但这在国际政治非常罕见。见《苏起：台湾出招 大陆接招》，台湾《中国时报》2012 年 2 月 8 日；《苏起：美中新局面 台准备不够》，台湾《中国时报》2012 年 11 月 6 日；《苏起：台湾新的机会之窗》，台湾《联合报》2012 年 3 月 1 日。

经贸往来，分享中国经济高速发展的成果，但同时对中国军力增长和地区影响力上升抱持高度疑虑的态度，甚至拉美国作为后盾与中国进行较量。① 马英九当局的“双重提升”战略同这些国家和地区的策略基本一致，其实质是盲目的政经分离政策，意即经济上分享大陆发展的成果，安全上继续依靠美国的支持。② 一方面，分享大陆经济高速发展的成果，受惠于大陆的诸多惠台措施。马英九当局选择和解而非挑战性的大陆政策，受到大陆的高度肯定和欢迎，因此在两岸协商过程中向台湾方面做出了诸多的让步，并单方面出台了多项惠台措施，台湾从中获取了大量的经济利益。另一方面，台湾当局继续在安全问题上向美靠拢，不仅持续向美采购大批武器装备，而且全方位强化与美国的政治互信和军事联系；同时，在两岸政治谈判问题上扭捏作态，找出各种理由和借口加以推脱，甚至连两岸二轨对话及退役军人的交流都抱持警惕的态度，致使两岸政治谈判至今尚未有任何进展。

两岸关系与台美关系孰轻孰重之辩。辩证法认为，任何事物之间都是矛盾的，同时还应区分矛盾的主要方面和次要方面。毫无疑问，两岸关系和台美关系是密不可分、相互影响的，但战略界对于二者孰轻孰重、孰先孰后却一直存在争辩。有人认为，两岸关系的位阶高于台美关系，因为美国在处理对台政策时不光看台湾的对美政策做出了何种姿态，更看台湾当局如何处理两岸关系，因此只有处理好了两岸关系，台美关系才有可能提升。也有人认为，在大陆仍旧追求两岸统一、并未承诺放弃对台使用武力的背景下，美国仍然是台湾最大的安全保障，基于生存权大于发展权的考虑，发展台美关系应优先于两岸关系。马英九当局的主张时左时右，或言模糊不清。在战略层面，马个人的认识和定位也不清晰，一方面称维护台湾安全的“第一道防线”是两岸关系的改善，“第三道防线”才是与美国“建立起信用和信任”、“整合台美之间的国防与外交”③；另一方面又认为“在两岸关系持续发展的时候，台湾需要美国的协助以站稳脚跟”，④ 台美关系是“维持台湾海峡‘不统、不独、不武’的现状的重要支柱”⑤。在操作层面，2008 年曾有国民党前高级涉外官员公开

① Gideon Rachman, “China or US? Make Your Choice,” *Financial Times*, Oct. 3，2011.

② 徐青：《从马英九两岸及对外关系政策目标看其相关新人事安排》，《中国评论》2012 年第 11 期，第 47 页。

③ 《狂牛症、TPP 与台美关系》，台湾《中国时报》2012 年 4 月 30 日。

④ 《马英九与美国战略与国际研究中心视讯会议讲话》，台湾“总统府”网站 2011 年 5 月 12 日新闻稿。上网时间：2012 年 8 月 10 日。

⑤ 《接见美国在台协会主席薄瑞光讲话》，台湾“总统府网站”2012 年 2 月 1 日新闻稿。上网时间：2012 年 8 月 10 日。

称“两岸关系的位阶高于台美关系”，但在2010年却又发生了“陆委会副主委”赵建民称“台美关系优于两岸关系”的事件。

三、“双重提升”战略的背景因素

国际战略理论认为，影响行为体战略决策的因素非常多，包括国际战略环境、对自身战略目标和实力地位的认知、领导集体的政治文化以及领导人政治性格等等。台湾当局推行“双重提升”战略，也离不开以上因素的制约。

其一，国际和地区环境的变化。当前，国际格局正面临大发展、大变革、大调整的新局面，其中最为突出的特征是西方传统强国的相对衰弱和新兴国家的群体性崛起，国际权力正呈现分散化的趋向。其中，影响马英九当局制定对外战略最为重要的因素是中国大陆的崛起使中美和两岸实力对比发生巨大变化。21世纪以来，大陆对台湾的经济、军事优势迅速扩大，而与美国的差距在逐步缩小。2000年，大陆GDP是台湾的近4倍、美国的1/8，军费是台湾的3倍，美国的1/11；至2008年，大陆GDP增长为台湾的10倍多、美国的3/10，军费是台湾的10倍，美国的1/6；2011年，大陆GDP为台湾的15倍、接近美国的一半，军费是台湾的14倍、美国的1/5。展望未来，诸多权威国际机构预测，中国经济总量将在未来数年内赶超美国[①]。美国、大陆和台湾三方实力对比的变化使台湾当局不得不调整以往“亲美仇陆”的战略，改而与大陆也维持良好关系。此外，美国战略重心东移使美国和中国大陆关系变得日益复杂，这一关系既存在一定的战略互信，也存在巨大的“战略互疑”，为台湾当局实施平衡战略提供了一定的空间。

---

① 国际货币基金组织2011年4月发布的《世界经济展望》和国际经济合作组织2012年11月发布的《展望2060：远期增长的全球视野》都认为，按照购买力平价计算，中国经济规模将在2016年超美；2011年4月中国社科院发布的《新兴经济体蓝皮书》预估，中国将在2020年超过美国，成为全球最大经济体；2012年12月美国国家情报委员会发布的《2030年全球趋势：变换中的世界》认为，中国经济总量将在2030年超过美国。

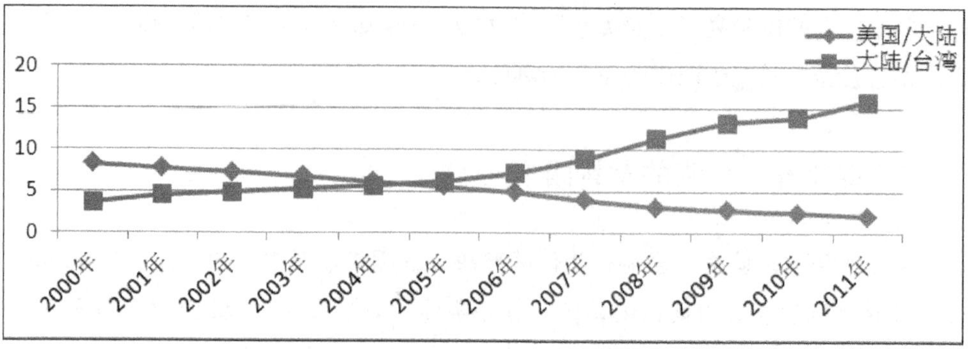

资料来源：根据世界经济合作发展组织及世界银行相关数据整理而来。

图 1 美国和大陆、大陆和台湾的 GDP 比值

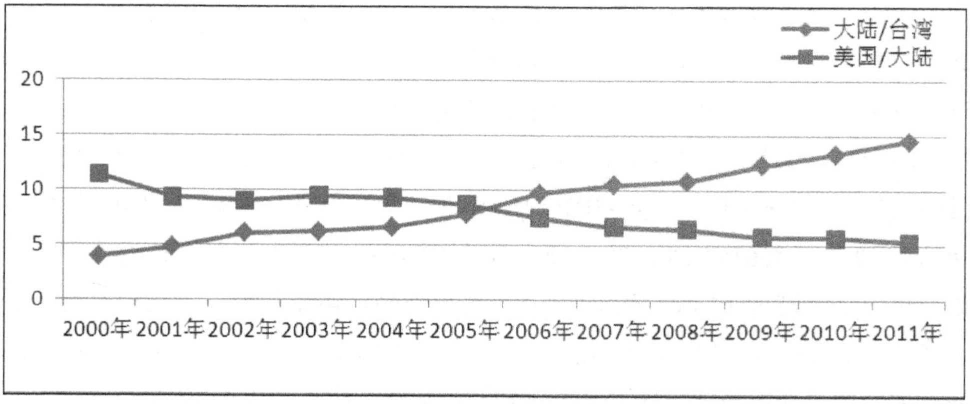

资料来源：笔者根据斯德哥尔摩国际和平研究所相关数据整理而来。

图 2 大陆和台湾、美国和大陆的军费比值

第二，台湾历史与政治文化的交织。影响决策者制定对外战略的一个重要方面就是该地区的历史传统和政治文化。台湾的历史传统有两个分析维度。第一个维度认为，两岸应该统一。无论是政治上、历史上还是血缘上台湾都是中国的一部分，因此实现中国的统一是天经地义的事情。第二个维度则认为，台美享有共同的价值观。台湾虽然在法理上还是中国的一部分，然而两岸处于长期的对立状态，台湾民众对大陆的认知和感情逐渐疏远；与此同时，由于美国向台湾提供了全方位的政经和军事援助，加之由此带来的文化人员交流，台湾民众对美国产生了某种特殊的情感，甚至岛内具有某种亲美的社会心态。2009 年 12 月台湾《远见》杂志民调显示，高达 46.1% 的台湾民众信任美国总统奥巴马，高于台湾政治人物马英九（38.6%）

和蔡英文（35.4%），同时 52.3% 的台湾民众认为美国能维护台湾整体利益。[①] 这两个分析维度决定可台湾战略决策的基本方向和内容。在政治文化方面，台湾具有“大小相处之道”的普遍认知。台湾当局和民众高度认同《孟子·梁惠王篇》中孟子与齐宣王的对话，即“仁者能以大事小，智者能以小事大”。在大陆、台湾和美国三角关系中，台湾力量最为薄弱，因此要求大陆和美国都要向台湾施以仁义，而台湾则需要靠智慧来处理三方关系，马英九当局同时提升台美和两岸关系便是其运用“巧实力”的结果。

第三，两岸民意主流系追求和平与发展。两岸经过半个多世纪的斗争和对抗，两岸民众已经厌烦了两岸关系的紧张状态，迫切需要和平稳定的发展环境。2005 年国民党主席连战访问大陆，并与大陆确立反对“台独”、坚持“九二共识”以来，两岸民众尤其是岛内民众给予高度期待。马英九上台后，在台湾追求两岸关系和平发展民意的推动下，改变陈水扁时期挑衅的大陆政策，实施和解交流的两岸政策，恢复两岸两会制度化协商。在此后的四年中，民众对马英九当局的两岸政策也给与了高度肯定。台湾进行的历次民调均显示，马英九当局的两岸政策系其施政最为成功的部分，始终能够得到半数以上台湾民众的支持和认可。此外，舆论普遍认为，马英九能够赢得 2012 年台湾“总统”选举，其中最为重要的原因是台湾民众肯定马英九追求两岸关系和平发展的政策，对蔡英文的两岸政策不放心。可以说，台湾民意成为两岸关系和平发展的重要基础，给马英九当局的“双重提升”战略提供了动力。

第四，马英九个人的政治性格。根据台湾相关制度安排，台湾的两岸和对外政策系由最高领导人负责，因此马英九的政治性格不可避免地成为影响台湾对外战略的重要因素。一般认为，马英九的政治性格由两部分组成，一是其“大中国意识”浓厚。马英九作为台湾的外省人，受过较为系统和全面的中国传统文化教育，但同时也被灌输了反共的意识形态，因此马英九认同中华民族的同时也持较强的反共意识。二是受到美式思维的强烈熏陶。马英九曾在美留学，自由主义思想和法律人的政治倾向较为突出，因此对美国具有价值观的认同。马英九这两方面的政治性格，决定了其既不可能像李登辉、陈水扁一样“仇中”，也不会完全认同中国大陆，放弃与美国的传统关系。

此外，李登辉和陈水扁执政时期两岸和对外战略失败的教训，以及大陆和美国

---

① “美国与两岸领导人主要政党信任度、马英九满意度”民调（2009 年 12 月），《远见》杂志民调中心网站：http://www.gvm.com.tw/gvsrc/index.asp，访问日期：2011 年 5 月 20 日。

对其改变台湾当局以往政策的鼓励和支持，也是马英九当局决定抛弃台湾传统战略思维，进而寻求“双重提升”战略的重要原因。

四、“双重提升”战略的影响评估

短期来看，马的“双重提升”战略取得了预期效果，台湾经济社会发展、两岸和平稳定及美国的亚太利益都得到了一定程度的兼顾，得到了各方的一致支持。然而长期而言，两岸关系和台美关系的冲突面将逐步显现，大陆、台湾和美国三方互动中，最弱小的台湾很难驾驭二者的矛盾。

第一，台湾在东亚变局中站稳了脚跟。长期以来，台湾被视为亚太地区最为易爆的着火点，然而在此轮东亚变局中，台湾海峡维持了相对稳定的状态，台湾也获得了相对进退自如的战略态势。马英九当局和解的两岸政策，使两岸爆发战争的可能性大为降低，两岸关系迈入和平发展新阶段。台湾与周边国家的关系没有因为地区领土和领海争端而受到重大影响，反而呈现稳步提升的态势，甚至如马英九当局所宣扬的“台美关系是30年来最佳”、“台日关系处于40年来最好的状态”。同时，台湾在与大陆签署经济合作框架协议的基础上，与新加坡、新西兰等国家洽签经贸协定，使台湾经济开始摆脱“被边缘化”的风险。此外，在大陆的默许下，台湾甚至参与了世界卫生大会、政府采购协定等国际组织，使台湾的“国际空间”得到进一步的拓展。

第二，两岸关系和平稳定发展迈入正轨。虽然马对两岸关系发展的思路与大陆的想法并非完全一致，其不断发展台美关系的做法对两岸关系发展也非正面作为，但是其主张两岸在坚持“九二共识”、反对“台独”共同政治基础上发展两岸关系的做法，在某种程度上确保了两岸能够不断建立累积政治互信，促使两岸关系沿着和平发展的道路前进。两岸虽未进行政治性议题的商谈，但双方领导人初步建立了某种程度的政治互信；两岸恢复制度化商谈，迄今共进行了9次制度化会谈，签署了包括经济合作框架协议在内的19项协议；实现了两岸直接全面双向“三通”，两岸经济、文化、人员往来方面的交流逐步走向常态化。

第三，美国在台湾的影响力持续上升。美国在台湾一直有巨大的政经影响力，马英九当局“亲美”的政策使这种影响力进一步上升。与一般政治体排斥外部干涉不同，台湾蓝绿阵营都积极拉拢美国介入到台湾政治当中。2012年台湾“大选”前，蔡英文亲自出马率团访美，马英九也派其“分身”金溥聪同期赴美活动，国、民两党形成了竞相赴美争宠的状况。美国在仔细评估衡量的基础上，最后决定支持马英九。因此，在蔡尚未离开美国之前，美国高官便发言批评蔡的两岸政策，美国政府还采取了批准美国高官访台以及台湾民众赴美免签等对马利好的动作，影响台湾选举结果。对此，台湾社会未见任何的反对意见，而民进党也仅仅是抗议了事。由于历史原因和价值观的趋同，台湾社会和政党均看重美国，而马英九当局实施更为“亲美”政策，使美国在台湾的影响力进一步提升。

第四，岛内民意正在发生量变。马英九当局的“双重提升”战略，是台湾民意推动的结果，同时也不断地在塑造台湾的民意。岛内的民调显示，2008 年以来，台湾民众在对待台湾政治前途和大陆的态度上并没有发生重大变化。岛内民众主张两岸统一（尽快统一约占 1.5% 和维持现状后统一约占 8%）的比例并没有明显的上升，主张“独立”（尽快宣布“独立”约占 6% 和维持现状后“独立”约占 16%）的民众也没有明显的下降。同时，台湾民众认为大陆对其“不友善”的比例也没有因为大陆的大幅让利而有所松动，一直占 40% 以上。但是，由于两岸大规模人员往来交流，台湾民众对大陆崛起的认知却明显强化，对台湾的前途的思考方向开始发生改变。2012 年“日本交流协会”委托尼尔森营销研究顾问公司进行的民调显示，虽然当前台湾民众对大陆的喜好度不高，但也认为台湾未来最应该亲近的国家和地区是中国大陆。①

过去四年的历史发展证明，马英九的“双重提升”战略符合台湾利益，基本契合当前两岸关系发展的基本情况，也有利于美国维护台海和平的愿望。如果站在台湾的角度来看，“双重提升”战略的实施是成功的。然而，在台海地区的战略环境或将发生重大变化，尤其是美国再平衡战略持续发力和大陆希望推动两岸政治谈判的背景下，“双重提升”战略未来能否维系将面临诸多考验，甚至可能如“刀尖上舞蹈”一样的危险②。

（原载《台湾研究》2013 年第 4 期）

① 《日本研究：台湾人哈日 但认为最该亲近中国》，台湾《中时电子报》2012 年 6 月 22 日。

② 岛内学者对马当局当前的对外战略也提出了批评。苏起认为，面对亚太新形势和美中关系新局面，台湾明显准备不足，反而整天陷入内斗之中，台湾应该凝聚共识，形塑新的对外战略；台湾淡江大学陈一新建议台湾与大陆和美国进行等距离外交，将“亲美、友日、和中”调整为“和中、稳日、友美”；台湾《中国时报》社论认为，马“亲美友日和中”的平衡策略有可能从美中逢源的高招沦为进退两难的境地；台湾“中央研究院”欧美所副研究员黄伟峰也认为，目前马当局想要两边讨好。经济靠中，安全靠美，反可能遭到中美发挥国家实力夹杀。

台湾参与“跨太平洋伙伴关系协议”问题初探

王　敏

自2008年9月美国高调宣布加入谈判后，跨太平洋伙伴关系协议（TPP）这个仅由4个小型经济体组成的FTA一时间名声大噪，逐渐发展为拥有11个成员、首个横跨太平洋东西两岸的多边自由贸易区，并在亚太经济一体化进程中扮演着越来越重要的角色。台湾早在TPP诞生之初就对其给予高度关注，马英九上台后更公开提出创造条件10年内加入的目标。当前，在美国强力主导下TPP正处于加速谈判阶段，因此研究TPP的最新发展形势、台湾的战略意图及可行性对了解与把握台湾对外经济关系走向无疑具有十分重要的现实意义。

一、TPP的发展及主要特点

（一）TPP的起源与发展

TPP的成立和发展与亚太经济合作组织（APEC）所推动的贸易与投资自由化进程受挫紧密相关。1989年11月由美国主导成立的APEC是目前亚太地区最高级别政府间经济合作机制，其成立初期曾相继通过《茂物宣言》、《大阪行动议程》和《马尼拉行动计划》等重要协定，有力推动了亚太地区贸易与投资自由化的进程。但由于APEC属于论坛性质组织，坚持“自愿”与“协商一致”的原则，对各成员并无强制约束力，因而阻碍了亚太地区贸易与投资自由化进程。为突破这一困境，1998年美国曾倡议在APEC框架下率先成立“太平洋五国自由贸易区”（美国、澳大利亚、新西兰、智利和新加坡，简称P5），但随后美国将重心投向双边FTA，使P5陷入停顿，但智利、新西兰和新加坡的热情并未因此而减退[①]。

2002年这3国正式启动“太平洋三国更紧密经济伙伴协定”（P3）的谈判，文莱随后也加入。2005年6月四国签署了“跨太平洋战略经济伙伴协议（Trans-Pacific Strategic Economic Partnership,TPSEP,简称P4)，并于2006年5月生效实施。尽管P4属于一份高标准FTA，但由于4个成员都属于小型经济体，影响力有限，因而并未引起外界太多的关注。

奥巴马上台后，为解决国际金融危机造成的经济困境，相继提出“国家行动出口计划”等目标，并将目光投向占其出口额6成的亚太市场。但由于APEC进展有限，美国所推动的亚太自由贸易区裹足不前，使美国认为需要建立新的自贸区才能获取更多利益。同时，随着中国大陆经济蓬勃发展，东亚地区逐步形成以东盟为中心的“10+1”、“10+3”等区域合作机制，美国认为自身已被排除在亚太尤其是东亚区域经济合作机制外，不仅每年蒙受约250亿美元的出口损失[②]，还将面临影响力被中国大陆取代的威胁。在此背景下，奥巴马政府大力推动“重返亚洲”战略，并于2009年11月公开提出将参与TPSEP的第2阶段谈判，P4也在美国参与后简称为TPP[③]。美国加入谈判后，澳大利亚、秘鲁、越南、马来西亚等国陆续跟进。2012年6月，墨西哥、加拿大也相继加入，使参与谈判的成员达到11个。此外，日本、韩国等也表达参加意愿，其中日本最为积极，但由于国内农业等团体强大反弹尚未正式加入。自2010年3月在澳大利亚墨尔本举行首轮谈判以来，截至2012年7月已密集举行13回合的谈判，力争在未来1年内取得实质突破。其中2011年12月所公布的TPP纲要文件，基本确立了TPP的主要框架与内容。（见图1）

① 刘晨阳：《“跨太平洋战略经济伙伴协定”发展及影响的政治经济分析》，《亚太经济》2010年第3期。

② 美国贸易代表署网站关于TPP介绍，www.ustr.gov/tpp。

③ 台湾“国贸局”关于TPP背景介绍，www.trade.gov.tw。

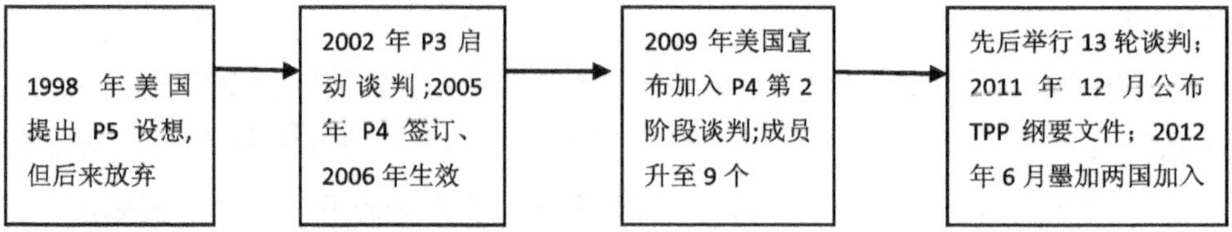

资料来源：作者根据美国贸易代表署 TPP 材料整理而成。

图 1 TPP 的变迁历程

（二）主要特点

从目前所公布的纲要文件看，TPP 基本延续了过去 P4 的基本精神，呈现出以下特点：一是自由化程度颇高。早在 P4 时期就以高度自由化著称，2006 年生效时成员 90% 货物关税立即降为零，所有关税须在 2017 年前降为零。美国公开表示将 TPP 打造成“一个即可广纳成员、素质高，又适用于 21 世纪的区域贸易协定”。从目前公布的 TPP 框架看（见表 1），TPP 将推行“全面的市场准入”，以消除所有货品关税与非关税壁垒为目标。二是合作议题广泛。TPP 明确表示不仅将涵盖传统 FTA 所具备的贸易与投资议题，还首次纳入具有约束力的法规调适、中小企业、环保、劳工、知识产权等众多“新时代”议题，充分体现美国欲借 TPP 制定与推广国际贸易新规则的意图。三是开放程度较高。与传统 FTA 所具有的排他性形成鲜明对比的是，TPP 专门设立了“开放条款”，明确表示欢迎非成员经济体特别是 APEC 其他成员的加入，为协定的扩张预留了广阔的空间①。

① 刘晨阳：《“跨太平洋战略经济伙伴协定”发展及影响的政治经济分析》，《亚太经济》2010 年第 3 期。

表 1 TPP 纲要文件的主要内容

主要特点与功能	涵盖的范围与领域	法律文本的主要内容		其他内容
全面的市场准入：消除关税与其他服务与投资壁垒	该谈判协议作为单一承诺，将涵盖所有重要和与贸易相关领域。谈判各方均同意达成一个高标准、充分确保共享利益和义务关系的协议，并妥善解决各类敏感问题，如发展中国家成员国待遇、贸易竞争力培养、技术援助和分期履约等问题	竞争政策：确保公平竞争的商业环境，保护消费者权益	知识产权保护政策 投资非歧视与权利保护	关税表与其它市场开放进程： 协议关税时间表覆盖全部税目； 服务和投资条款覆盖全部服务业部门； 政府采购条款拟覆盖更多范围
全面的区域合作协定		合作与贸易竞争力培养	劳工权利保护与人力资本开发政策	
重叠贸易议题解决原则：保持监管的连贯性；促进竞争力提升和商业发展便利；支持和鼓励中小企业跨国发展；建立实施和执行 TPP 的有效机制		跨境服务：为服务贸易提供安全、公平、公正和透明市场	争端解决机制	
		海关手续便利化	原产地规则	
		电子商务政策	货品市场准入原则	
		环境政策：加强环境保护的框架制定；贸易与环境相互支持条款	卫生与动植物检疫标准（SPS）	
			技术性贸易壁垒（TBT）	未来谈判时间安排： 2011 年 12 月初相关谈判各方代表协商，继续进行谈判
鼓励产品和服务创新			电信业竞争与运营监管条款	
		金融服务开放与非歧视	临时入境条款	
机动原则：根据新成员和新情况更新和灵活处理		政府采购开放与非歧视 贸易救济措施	纺织品与服装产品市场准入原则	

资料来源：刘中伟、沈家文：《跨太平洋伙伴关系协议（TPP）：研究前沿与架构》，《当代亚太》2012 年第 2 期。

二、台湾提出加入 TPP 的主要考虑

早在 2005 年 6 月 P4 诞生时，台湾当局就给予其很大的关注。2005 年 10 月，时任台湾“国贸局局长”黄志鹏就公开表示将申请加入 P4，形成“P4 加 1”的自由贸易区[①]。美国正式表态加入后，马英九当局开始将参与 TPP 作为推动对外洽签 FTA 的重点工作之一。2010 年 11 月，台“经济部长”施颜祥在参加 APEC 年会期间就密切与 TPP 各成员密切接触，搜集相关资料。2011 年 7 月马英九在接受日本

① 《我拟加入跨太平洋策略伙伴》，台湾《联合报》2005 年 10 月 26 日。

媒体专访时首度公开表示将加入 TPP[①]，并在其“黄金十年”战略“活力经济”篇中提出“创造条件 10 年内加入”。在 2011 年 11 月夏威夷 APEC 领袖峰会上，连战代表台湾正式向美国提出加入意愿，施颜祥还与部分 TPP 成员密集进行双边会谈[②]。近日，为因应年内将启动的中日韩 FTA 谈判，马英九当局更将加入 TPP 的时间表由此前的 10 年缩减至 8 年，并希望在 5 到 6 年内取得重大进展。为尽快加入，马英九当局积极部署多项政策措施：一是在高雄等地推动建设“自由经济示范区”，积累自由化经验。二是加快解决美牛等问题，尽快重启台美贸易与投资架构协议（TIFA）会谈，以获得 TPP 主导者美国支持。三是加速与新西兰、新加坡等 TPP 成员洽签经济合作协议，将其作为未来 TPP 谈判的“试金石”，为未来加入奠定基础。台湾当局提出加入 TPP 并非一时兴起，而是在政治、经济、“外交”等多因素考虑下所做出的战略部署。

（一）融入亚太区域经济一体化进程，避免所谓经济被边缘化与“锁进大陆”的危机

自上世纪 90 年代以来，经济全球化与区域经济一体化日益成为世界经济发展的两大潮流，特别是旨在推动全球自贸区的多哈回合谈判受阻后，以签订自由贸易协定为代表的区域经济一体化蔚然成风。然而，由于多种因素的制约，台湾长期游离于东亚区域经济一体化浪潮外，在两岸签署 ECFA 前只与中南美洲 5 个“邦交”小国签署 4 个 FTA，占其对外贸易总额的比重还不足 0.2%，使其萌发台湾会发生类似于朝鲜边缘化危机的联想[③]。与之形成鲜明对比的是，台湾在国际市场上的主要竞争对手韩国自 2003 年推动对外 FTA 战略以来，已相继与东盟、印度、欧盟、美国等重要经济体签署实施 FTA，占对外贸易比重高达 35%（见表 2），由此带来的贸易与投资转移效应对台湾经济产生严重冲击。据台“经济部”研究，韩国与欧盟 FTA 已对台产业产生约 1527 亿元新台币的冲击[④]，韩美 FTA 也将冲击台对美约 118.39 亿美元出口，使台 GDP 减少 0.04%[⑤]。2012 年 5 月，中日韩 3 国领导人又宣布年内将启动中日韩 FTA 的正式谈判，据研究若中日韩 FTA 生效，台湾产业产

① 《“总统”：台湾欲加入 TPP》，台湾《中央日报网络版》2011 年 7 月 22 日。
② 《加入 TPP 经长密集双边会谈》，台湾《中央日报网络版》2011 年 11 月 21 日。
③ 《马：台湾处境和北韩一样 不公平》，台湾《联合报》2010 年 4 月 28 日。
④ 《韩欧盟 FTA 千项产品受威胁》，台湾《中央日报网络版》2011 年 7 月 1 日。
⑤ 《美韩 FTA 冲击 我 GDP 料减 0.04%》，台湾《中国时报》2012 年 3 月 22 日。

值将减少4600亿元新台币，GDP也将大幅衰退1.49%①。在此背景下，台湾当局压力与日俱增，希望加快对外签订FTA步伐，而加入TPP就是其中重要一步。台湾当局认为，若能加入TPP，就形同与美国、新加坡、马来西亚等主要经济伙伴签署FTA，产生“毕其功于一役”的效果，从而杜绝经济被边缘化危机，同时还可分散过度依赖大陆的风险，应对民进党在FTA议题上的攻击，避免所谓经济被“锁进大陆”的危机。

表2 台湾与韩国对外洽签FTA及相关协议概况

国家 / 地区	已签署生效的FTA及相关协议	占对外贸易总额比重	正在谈判中
韩国	1. 与智利FTA（2004.4） 2. 与欧洲自由贸易协会FTA（2005.9） 3. 与新加坡FTA（2006.3） 4. 与东盟FTA（2007.6） 5. 与印度CEPA（2009.8） 6. 与欧盟FTA（2011.7） 7. 与秘鲁FTA（2011.8） 8. 与美国FTA（2012.3）	约35%	1. 加拿大 2. 墨西哥 3. 海湾合作委员会（GCC） 4. 澳大利亚 5. 新西兰 6. 哥伦比亚 7. 土耳其 8. 中国大陆 9. 中日韩
台湾	1. 与巴拿马（2003.8） 2. 与危地马拉（2005.9） 3. 与尼加拉瓜（2006.6） 4. 与洪都拉斯及萨尔瓦多（2007.5） 5. 与大陆ECFA（2009.6）	约5%②	1. 与大陆ECFA① 2. 与新加坡“经济伙伴协议”（ASTEP） 3. 与新西兰“经济合作协议”（ECA）

注：① ECFA属于框架性协议，后续谈判还在进行。②大陆虽占台湾对外贸易总额的约21.6%（2011年），但目前已实现自由化的只限于早收清单。
资料来源：作者通过查阅韩国外交通商部及台“国贸局”网站整理而成

（二）拓展亚太地区新兴市场，促进岛内经济转型与发展

近些年来，随着全球经济重心的持续东移，亚太地区日渐成为全球经济最具活力和潜力的地区之一，特别是国际金融危机爆发后，欧债危机持续蔓延，以中国大陆、东盟等为代表的亚太新兴经济体逐渐成为世界经济复苏的重要引擎。据国际货币基金组织（IMF）2012年4月预测，亚太地区2012年经济增长率将达6%，2013年将进一步提高到6.5%，远超过全球平均3.5%和4.1%的增速。②台湾位处

① 《中日韩FTA冲击台4600亿产值》，台湾《中国时报》2012年5月25日。
② IMF官方网站，《2012年4月亚太地区经济展望》，www.imf.org。

东亚，约2/3以上的对外贸易与投资都集中于亚太地区，因此加强拓展新兴的亚太市场成为后国际金融危机时期台湾当局发展经济的重要选择。面对TPP的迅速崛起与发展，台湾当局认为若能加入将对岛内经济发展及转型产生十分积极的影响：一方面，目前TPP11个成员中除文莱、秘鲁等外，其他都是台湾重要的贸易与投资伙伴（见表3、4）。2011年TPP11成员占台湾对外贸易总额及出口额的比重分别达23.5%和25.2%，截至2011年底台湾对其投资及其在台湾外资比重也分别高达36.7%和28.7%。若日本正式加入后，TPP在台湾对外贸易总额的比重将达35.5%，其在台湾外资比重也升至42.9%。若台湾加入后，将自其所产生的贸易与投资创造效应中获得显著的经济福利[①]。据台"经济部"预估，岛内GDP将增加115.62亿美元，占台GDP的2.5%，其中工业部门的纺织业、化学塑料、橡胶制品、成衣、皮革、金属制品及汽车零件等受益较大；服务业产值将增加27.57亿美元，出口也有望增加106亿美元[②]。另一方面，台湾也可藉加入TPP加速岛内经贸自由化，突破岛内近年来产业转型升级的瓶颈，促进经济结构由效率驱动型迈向创新驱动型。

表3 2011年TPP成员台湾对外贸易及进出口额比重

单位：亿美元

成员	贸易总额及比重	台对其出口额及比重	台自其进口额及比重
美国	621.22（10.5%）	363.64（11.8%）	257.59（9.2%）
新加坡	248.33（4.2%）	168.8（5.5%）	79.53（2.8%）
马来西亚	154.93（2.6%）	68.92（2.2%）	86.02（3.1%）
澳大利亚	145.60（2.5%）	36.53（1.2%）	109.07（3.9%）
越南	108.71（1.8%）	90.26（2.9%）	18.45（0.7%）
智利	25.68（0.4%）	3.98（0.1%）	21.7（0.8%）
新西兰	11.65（0.2%）	4.34（0.1%）	7.31（0.3%）
秘鲁	7.91（0.1%）	3.54（0.1%）	4.37（0.2%）
文莱	0.79（0.01%）	0.38（0.01%）	0.41（0.02%）
加拿大	45.79（0.8%）	25.69（0.8%）	20.10（0.7%）
墨西哥	21.53（0.4%）	15.35（0.5%）	6.18（0.2%）
11国总计	1371.4（23.5%）	781.43（25.2%）	610.71（21.9%）

① 林祖嘉、谭谨瑜：《台湾加入TPP的重要性、挑战与具体策略》，台湾《两岸经贸月刊》2012年第1期。

② 《加入TPP台湾GDP将增加2.5%》，台湾《中国时报》2012年6月28日。

日本*	704.27（11.9%）	182.28（5.9%）	521.99（18.6%）
12 国总计	2096.41（35.4%）	805.47（31.1%）	1132.7（40.5%）

注：*为潜在加入国。
资料来源：作者根据台湾“国贸局”对外贸易统计系统查询整理而成。

（三）拓展“国际空间”，大力发展实质关系

长期以来，台湾当局积极通过参与国际经济组织开辟“国际经济空间”，先后加入包括亚洲开发银行（ADB）、APEC 及 WTO 等多边经济组织。但总体而言随着近些年来中国大陆的日益崛起，国际社会中“一个中国”框架日渐巩固，台湾当局拓展“国际空间”的成效日趋甚微。由于签署 FTA 某种程度上意味着建立了“经济同盟”，FTA 的谈判、签订、实施等必然涉及到官方层面的往来，多边 FTA 更是各成员加强交往与互动的重要平台，因此台湾当局提出加入 TPP，希望借此扩大涉外经济活动，并增进与主要成员的实质关系。

表 4　截至 2011 年 TPP 成员占台湾外资及对外投资比重

单位：亿美元

成员	对台投资额及占台外资比重	台对其投资额及比重
美国	223.63（19.3%）	130.04（18.77%）
新加坡	69.31（5.98%）	59.57（8.6%）
马来西亚	22.85（1.97%）	23.21（3.35%）
澳大利亚	10.5（0.9%）	2.23（0.32%）
越南	0.57（0.04%）	34.74（5%）
智利	—	—
新西兰	1.05（0.09%）	0.06（—）
秘鲁	—	—
文莱	—	—
加拿大	4.61（0.4%）	3.78（0.55%）
墨西哥	—	—
11 国总计	332.52（28.7%）	253.63（36.7%）
日本*	168.97（14.6%）	15.77（2.3%）
12 国总计	501.49（42.9%）	269.4（38.9%）

注：“—”代表金额和比重过小而忽略不计；*为潜在加入国。
资料来源：作者根据台湾“投审会”2011 年投资统计年报资料整理而成。

三、台湾加入TPP的可行性分析

在当前复杂多变的国际及岛内政治经济环境下，台湾加入TPP虽存在诸多有利契机，但更多地是面临着一系列严峻挑战，短期内加入难度很高。

（一）有利契机

首先，TPP的开放性为台湾加入提供了有利条件。与其他FTA的排他性所不同的是，TPP具有很强的开放性，明文规定“欢迎APEC成员参与”，主导者美国也多次公开表示欢迎其他成员加入。台湾作为APEC成员，加入TPP并无法理上的障碍。目前看，TPP各成员对台湾的加入意愿都给予了正面回应[①]。2012年1月，“美国在台协会主席”博瑞光公开向台“外交部”表示台湾应积极解决美牛问题，推动台湾贸易自由化，加入TPP无需等10年[②]。

其次，美国为获取更多的经济利益极力拉拢更多APEC成员加入。目前，美国已与澳大利亚、新加坡等签署双边FTA，仅未与文莱、新西兰、马来西亚和越南等4国缔结双边FTA，这些国家市场仅占美国货物贸易出口的1.5%，因而对美国经济拉动效果十分有限。有学者研究发现，美国加入TPP只能推动GDP0.05—0.06%、出口增加0.24%—1.1%[③]。为扩大TPP对自身经济的积极效果，美国积极拉拢日本等主要经济伙伴加入，希望吸引APEC更多成员加入，最终藉此实现FTAAP的目标。台湾是美国的第10大贸易伙伴、第13大出口市场和第9大进口来源地，更是美国第6大农产品出口目的地[④]，若台加入无疑将进一步增加美国的经济利益，因此从这一角度考虑，台湾可能成为美国拉拢的重要对象。

再次，台湾加入TPP符合美国“重返亚洲”、“以台制华”的战略需要。美国大力推动TPP是其“重返亚洲”战略的重要一环，意在强化自身在亚太地区的战略经济地位，稀释大陆在亚太地区日益增长的影响力。台湾长期以来是美国制衡大陆的“不沉的航空母舰”，特别是随着大陆的日益崛起，台湾作为美国战略棋子的角色也日益凸显。2008年后，两岸关系和平发展势头不断增进，虽总体上符合美国战略利益，但美国又担心两岸走得过近损及其台海利益，因而也高度防范两岸

---

① 《台表加入TPP获会员正面回应》，台湾《中国时报》2011年11月10日。

② 《薄瑞光：台湾加入TPP不一定要等十年》，台湾《联合报》2012年2月1日。

③ 沈铭辉：《跨太平洋伙伴关系协议（TPP）的成本收益分析：中国的视角》，《当代亚太》2012年1期。

④ 美国贸易代表署网站台湾介绍：www.ustr.gov/countries-regions/china/Taiwan。

关系发展溢出其掌握范围。两岸签署 ECFA 后，美国国内担忧两岸关系“失衡”的声音日益增多，呼吁台美加快商签 FTA 的声浪也日渐高涨。在此背景下，美国出于其战略利益考虑可能会积极拉拢台湾加入 TPP，借此加强与台的经济关系与实质关系。

（二）主要挑战

尽管台湾加入 TPP 面临着一系列有利契机，但在岛内产业界存在严重保护主义心态、蓝绿二元对立的政治格局等背景下将面临诸多严峻挑战。

首先，要正式加入 TPP 须与所有成员协商，待其“一致同意”后方可加入。这意味着台湾在正式加入前必须与 TPP11 成员甚至未来更多成员进行双边会谈，就各自计划开放的产业、市场等展开预备磋商。从某种意义上而言台湾唯有提出让对方满意的市场开放条件才能征得其同意。但由于每名成员各自利益诉求不同，加之各成员均深知台湾加入的迫切性，因此台湾很可能将面临被提高要价甚至“变相勒索”的困境，使得台湾争取所有成员一致同意的难度很高。

其次，TPP 成员扩大已引起部分成员的质疑。目前，由于 TPP 制定的自由化标准过高，成员也从过去经济结构相似、发展程度相当的 4 个小型经济体发展成为既包括美国、澳大利亚等发达国家，也包含越南、马来西亚等发展中国家，各成员社会经济差距较大，导致谈判各方分歧增多，严重阻碍 TPP 的谈判步伐。虽然 TPP 明确表示欢迎其他成员参与，但部分成员担忧更多的成员加入给原本就错综复杂的谈判进程增加新的变数，不仅将加剧“意大利面条碗效应”，也将不利于谈判目标的尽快实现。

再次，TPP 高标准的市场开放将对岛内经济产生严重冲击。加入 TPP 对台湾社会经济的长远发展无疑具有十分积极的意义，但由于 TPP 是一项自由化程度颇高的 FTA，台湾若加入短期内将遭受巨大的冲击。特别是在农产品市场开放上，由于台湾当局长期采取保护岛内农业的政策，导致岛内农产品价格偏高、竞争力不强。根据台湾“财政部”的统计资料，2011 年台湾全部产品平均名义关税率约为 5.89%，实质税率只有 1.13%，其中工业产品的名义和实质税率分别只有 4.23% 和 0.68%，但农产品税率则分别高达 13.88% 和 7.94%。由于农产品在美国、新西兰、越南、马来西亚、澳大利亚等 TPP 成员出口中都占有较高的比重，因此若台湾加入必然要考虑大幅开放岛内农产品市场。但由于当前岛内农业及工业等产业界保护主义心态严重，加之民进党等绿营的掣肘，使台湾当局在开放农业等议题上始终如履薄冰。虽然马英九多次公开表示加入 TPP“需要一点牺牲”、“农业可以转型成功”[①]，但仅开放美国牛肉进口就已在岛内掀起多场“美牛风暴”，至今仍未解决，给马英九当局施政造成极大困扰。与台湾相类似的是，日本在公开提出加入 TPP 后引发国内农业团体的强大反弹，使日本政府态度趋于保守。据日本农林水产省研究，如果日本对世界 19 种主要农产品废除关税，在不采取措施情况下，日本粮食自给率将由目前的 40% 下降至 14%，GDP 将减少约 79000 亿日元，约 340 万人失去就业机会[②]。由此可看出台湾加入 TPP 将有一条很漫长的路要走。正如美国 APEC 资深官员唐伟康（Kurt Tong）在面对台提出加入 TPP 的要求时就公开表示“台湾自己还没有准备好”[③]。

（原载《台湾研究》2012 年第 4 期）

① 《马：拼入 TPP 农业也可转型成功》，台湾《中国时报》2011 年 11 月 23 日。
② 刘昌黎：《TPP 的内容、特点与日本参加的难题》，《东北亚论坛》2011 年 3 期。
③ 《台拟入 TPP 美：自己准备好》，台湾《中央日报网络版》2011 年 7 月 5 日。

台湾当局与非洲关系的历史演变及发展趋势

潘　飞

非洲是当前台湾当局三大“邦交”区域之一[①]。台湾当局持续拓展与非洲国家关系的主要目的，就是要在国际上凸显其所谓的“独立政治实体”地位。上世纪90年代以来，台湾当局的“外交”政策开始从两蒋时期的“汉贼不两立”向“务实外交”转变，其对非政策的基本目标是维持一定数量的“邦交”关系。尽管陈水扁当局仍采取“金钱外交”等各种手段积极巩固对非关系，但受国际形势变化及中非关系不断深化的影响，当前台非“邦交”关系逐步萎缩、台在非“外交活动空间”也进一步被压缩。本文拟从历史发展的角度，对台与非洲关系的发展历程、动因以及趋势加以梳理和分析。

一、台非关系的历史演变

自上世纪50年代非洲国家大规模独立运动开始后，台非关系基本经历了发展、萎缩和巩固调整几个阶段。

第一阶段：1949年至70年代初中国恢复联合国合法席位之前。这是台非关系的发展期，也是海峡两岸在非洲进行“外交”拉锯的时期。二战结束初期，非洲真正意义上的独立国家只有埃及、埃塞俄比亚和利比里亚，当时国民党政权与埃及建有大使级外交关系，与南非、莫桑比克、马达加斯加等少数国家建有领事级外交关系[②]。1949年国民党当局败退台湾后，在较长时间内只保持与南非的“领事级”关

① 至2006年10月，国际上与台湾建有官方“外交”关系的国家共有24个，其中中美洲和加勒比海地区有12个，南太平洋地区有6个，非洲地区有5个，欧洲1个。

② 卢晓衡：《中国对外关系中的台湾问题》，经济管理出版社2002年版，第164页。

系[①]。这既与当时非洲地远偏僻，影响力不大及国家数目不多有关，更重要的是当时国民党当局与美关系密切，不敢公开支持非洲国家反帝反殖的民族解放运动，限制了台与非洲新独立国家的建交进程。随着20世纪50年代末到70年代初的非洲民族独立运动迅猛发展，非洲约有3/4的国家相继获得独立，台湾当局对非活动转趋积极，利用在联合国占据的席位谋求与非洲国家发展关系。据统计，从1950年至1972年间，台"官员"共计出访635人次，访问次数最多的地区就是非洲[②]。台湾当局还针对非洲新独立国家普遍急于解决粮食供应危机的状况，从60年代初就向非洲提供技术援助，派驻各种"农技团"[③]，协助非洲国家满足粮食的自给自足。整个60年代，台湾当局与祖国大陆在非洲展开激烈的外交拉锯战，但台占据明显优势，台在非"邦交国"最高达22个，与大陆最高差距曾一度达9国之多。

第二阶段：从1971年台湾当局被逐出联合国到1988年蒋经国去世，为台在非"邦交"关系急剧萎缩时期。1971年联合国大会恢复中华人民共和国合法席位后，在世界范围内出现了与台湾"断交"的狂潮，到1972年10月就有29个国家与其"断交"，尤其是美台"断交"、中美建交后，台湾当局在国际上日益孤立，与台保持"外交"关系的国家锐减至21个，而台在非洲的"邦交国"也从1972年的15国萎缩至5国，1984年后又跌至历史的最低点，仅存南非、马拉维和斯威士兰3国。1972年蒋经国接掌"行政院"，面对国际环境的转变，被迫调整"外交"策略，要求在进行"外交"工作时，应灵活结合"变"与"不变"两大原则，认为"实际的做法不宜胶柱鼓瑟，至少要晓以利害来开展工作……"[④]。1973年更明确提出所谓"总体外交政策"，主张"应透过多方面管道与其他国家维持关系，……除了形式上的外交关系外，也要注意本质上的外交"[⑤]。台湾当局一方面尽最大努力维持现有"邦交"关系，另一方面则是通过一切可能途径，与"无邦交"国家发展经贸、科技、体育、文化等方面的实质关系，并力争提升为半官方关系或建立正式

① 高朗：《"中华民国外交关系"之演变（1950~1972）》，台湾五南图书出版公司1993年版，第78页。

② 高朗：《"中华民国外交关系"之演变（1950~1972）》，台湾五南图书出版公司1993年版，第164—165页。

③ 1960年，台湾与非洲的利比里亚签订其第一个对外技术合作协定，并于1961年向该国派驻"农耕队"，自此，台对非洲技术合作正式开始。详情参见台湾"财团法人国际合作发展基金会"（ICDF）（以下简称"国合会"）网站，www.icdf.org.tw。

④ 《行政院蒋经国院长施政报告口头补充部分》，台《立法院公报》第66卷第18期，第7页。

⑤ 《行政院长提出施政方针及报告并备质询》，台《立法院院会记录》，1973年2月24日，第6—12页。

“邦交”。到1978年，有140多个国家与台保持“实质关系”[①]，而在非洲台不仅与甫“断交”的冈比亚、布基纳法索等国仍维持实质关系，与无“邦交”的安哥拉、毛里求斯、尼日利亚等国也建立起实质关系[②]。但因台湾当局仍坚持“汉贼不两立”的政策，总体“外交”收获不大。

第三阶段：从1988年李登辉上台执政迄今，台湾当局积极推行“务实外交”政策，在巩固既有“邦交”的同时，对非关系也取得了一定进展。1988年蒋经国去世，李登辉上台。为尽快摆脱台湾在国际上的孤立处境，李提出将“采取更实际、更灵活、更具有前瞻性的作为，升高并突破目前以实质外交关系为主的对外关系，相机建立或恢复外交关系”[③]，为其后来推行的所谓“务实外交路线”定下基调。随后，台湾当局正式宣布放弃“汉贼不两立”的政策，在“外交”上“要因时制宜，因地制宜，提出务实的方案，以创机造势，展布新局”。在此指导下，台湾当局动用一切资源及可能手段，在非洲展开“外交”攻势，谋取“邦交国”数目，1989年至1992年，台先后与利比里亚恢复“外交”关系，与莱索托、几内亚比绍、中非和尼日尔“建交”，至1992年底台湾当局在非洲的“邦交国”达到8个[④]。虽然李登辉执政期间台非关系时有反复，但总体来讲“务实外交”策略在普遍落后的非洲地区还是取得了一定成效，从1993年到2000年，台湾非洲“邦交国”数目始终维持在9个左右[⑤]，1997年台与非洲国家中最具指标意义的南非“断交”后，“邦交国”数目也未出现下滑，显见台湾当局长期经营的“务实外交”对“巩固邦交”的正面效应。

李登辉时期对非“外交”的另一个特点是积极谋求“双重承认”。1989年10月，台湾当局与已同中国建交的利比亚“建交”，试图在非洲制造“双重承认”的模式，但中国随即以断绝与利比亚外交关系的方式粉碎其企图[⑥]。1994年，莱索托

---

① 全国台湾研究会：《台湾问题实录》，九州出版社2002年版，第440页。

② 《中华民国89年外交年鉴》之“我国与非洲地区国家关系”，台湾“外交部”网站，http://multilingual.mofa.gov.tw/web/web_UTF-8/almanac/almanac1999/mo3/chapter1-3.htm，2014-04-12。

③ 李登辉于1989年6月3日在中国国民党十三届二中全会开幕式上的讲话。

④ 高朗：《中华民国外交关系之演变（1972-1992）》，台湾五南图书出版公司1994年版，第84页。

⑤ 到90年代初时，台湾与当时世界上160多个国家中的120多个维持经贸、文教、科技、旅游等各种实质关系。台在其中42个“无邦交国”中设有64个代表及办事机构，并在其中9个国家以“中华民国”名义设立代表团、处，部分人员享有“外交”豁免权。25个“无邦交国”在台设有30多个代表机构。参见台“行政院研究发展考核委员会”编印：《加强实质关系至建立外交关系途径之分析》，“国立中央图书馆”出版社1993年版，第55页。

⑥ 卢晓衡：《中国对外关系中的台湾问题》，经济管理出版社2002年版，第168页。

与台再度“断交”后，台试图通过第三者斡旋，让莱与其维持“邦交”，以开启“双重承认”的先例，但功败垂成[①]。1996年底，南非宣布将与台“断交”，转而承认中华人民共和国，台亦试图说服南非接受“双重承认”，但最终未能得逞。

2000年主张“台独”的陈水扁上台后，沿袭了李登辉时期的“务实外交”政策，但在策略运用上更注重“可行性”与“有效性”，在目标上更侧重于提高台湾在国际上的“能见度”，凸显台“独立政治实体地位”。但是，随着中国经济的快速发展，综合国力不断增强，国际地位和影响日益提高，越来越多的台“邦交国”开始重视对华关系。而且，台湾当局意识形态挂帅，朝野尖锐对立，加上经济不景气，其长期以来推行的“金钱外交”也日渐乏力。从2000年至今，相继有利比里亚、塞内加尔等国与台“断交”，台湾在非洲“邦交国”仅剩5个，且基本上处于不稳定状态。

二、台湾当局开展对非“外交”的主要方式

台湾当局对非关系的开展不是建立在“功能性”的需要基础之上，而是具有很强的政治意图，因此长期以来台与非洲国家间并未建立起经济、安全、社会和文化的广泛联系，但为维持并拓展非洲国家对其支持，台湾当局不得不动用各种资源、以各种手法巩固非洲“邦交”、拉拢“非邦交国”。总体来看，台开展对非关系主要有以下几种方式：

（一）经贸合作

经贸合作可以降低政治因素的干扰和目标国家的顾虑。在台湾当局与大多数非洲国家没有“邦交”的情况下，经贸合作成为台发展对非关系的重要方式。为此，台湾当局积极在非洲国家设立各种功能性的双边经贸发展机构，当前台在其非洲最大贸易国南非设有三个办事处，在安哥拉、马达加斯加设有特别代表团，在毛里求斯和尼日利亚设有商务代表团[②]；台“经济部”在科特迪瓦设有商务办事处；台“外贸协会”则在埃及、摩洛哥、尼日利亚设有“台湾贸易中心”，并决定在南非约翰内斯堡增设办事处，同时还将埃及定为未来重点发展目标，并推动筹组“非洲经

① 《台湾烽火外交血泪史》，台湾《联合新闻网》，http://mag.udn.com/mag/abian/storypage.jsp?f_ART_ID=36999，2014-04-12。

② 卢晓衡：《中国对外关系中的台湾问题》，经济管理出版社2002年版，第352页。

贸联谊会”。台湾当局利用这些机构加大力度拓展对非实质关系。1997 年台与南非“断交”后，就一直试图通过经贸合作与其维持“较高水平”的非正式关系，2001 年台南“次长级经济商会”正式举行第一次高级别的官方接触。此外，台湾当局还积极推动台商赴非洲国家投资，台“经济部”、“国际经济协会”、“中小企业协会”定期组团赴非洲国家考察投资环境。目前台湾在主要非洲国家都有投资设厂，其中主要集中在南非和尼日利亚两国。截至 2003 年，在南非投资的台湾厂商达 600 多家，投资金额达 15 亿美元[①]。

（二）对外援助

非洲国家经济基础薄弱，急需外来资金来解决社会发展难题，执政当局往往也需要外来资金以度过内部政治危机，这就为台湾当局以经济、农业、医疗卫生、教育等名目向非洲国家提供各种援助提供了条件,“援助”成为台湾当局巩固“邦交”、发展与非洲国家“非官方”关系的主要方式之一。台湾当局对非洲国家援助的主要方式有：

一是整合对非援助的专门机构，提高资金分配。上世纪 50 年代开始，台湾当局就制定了“先锋计划”，对非洲国家提供技术合作及援助，其主要做法就是派遣“农耕队”、农技团或“渔技团”赴非洲“友邦”协助农渔业生产。1961 年台专门成立“先锋专案执行小组”，1962 年该组织扩大为“中非技术合作委员会”，并于 1972 年与“外交部海外技术合作委员会”合并为“海外技术合作委员会”（海外会）。1996 年，台湾当局合并“海外会”后正式成立了“国际合作发展基金会”[②]，成为台对外援助的主要部门，大大提高了台对非援助的效率和手段。同时，台对非援助的资金分配也逐年提升。2000 年陈水扁上台初，台“外交部”对非国际人道救济的金额仅占该项预算的 3.13%，但 2001 年跃升至 32.81%，2002 年增至 44.21%[③]。

二是扩大对非援助范围，推动“志愿者”行动。目前台派驻非洲的各种“农技团”和“医疗团”数量和人数居于各洲前列。据统计，2003 年台派驻非洲的各类技术服务团体达 12 个，总人数 101 人，与其拥有 12 个“邦交国”的“外交重镇”

① 《中华民国 92 年外交年鉴》之“我国与非洲地区国家关系”，台“外交部”网站，http://multilingual.mofa.gov.tw/web/web_UTF-8/almanac/almanac2003/08/08_01_03.htm，2014-04-12。

② 《财团法人国际合作发展基金会 2005 年报》，第 10 页，http://www.icdf.org.tw/ct.asp?xItem=2764&ctNode=30093&mp=1，2014-04-12。

③ 《中华民国 92 年外交统计年报》，台“外交部”编印 2003 年版，第 94 页。

中南美洲不相上下[①]。台湾援非的范围也日渐扩大，已由最初的农渔技术合作扩展至手工艺、医疗、职业培训、基础建设、中小企业及劳动密集型产业在内的各项合作，甚至提供无偿技术援助。台湾当局也非常重视对非洲地区的技术合作。2005年，台推行对外技术合作计划总计89项，其中仅非洲地区6国就有32项，其件数和计划执行经费都超过其他地区[②]。台"外交部"也将对非洲国家公共医疗合作和援助作为重点考绩来执行，通过派遣医疗团驻点医疗，巡回义诊、捐赠药品和必要医疗设备、实施医疗援款计划等形式在非洲开展长期医疗援助，并采取与非政府组织或专业医疗机构合作的模式来开展短期紧急医疗救助。2005年台湾当局就与海伦凯勒基金会合作在布基纳法索推行"沙眼防治计划"[③]。

三是为非洲国家进行人力资源培训。留学生教育是台湾当局对非援助的重要内容。除了通过"国合会"以投资或融资方式协助非洲国家提升整体教育环境外，台也通过各种区域性合作计划，协助非洲国家培养高层次人才。其中最主要的方式就是为非洲国家开设各种专业培训班和提供硕博士奖学金。2005年非洲地区11个国家的56名学员赴台参加台湾经验与发展、观光产业、水产养殖等14项专业研习班。另有6个国家的27名学生赴台攻读热带农业、水产养殖等8个方向的硕博士课程[④]。

四是为非洲国家援建基础设施或公共设施。2000年8月，陈水扁首次赴非访问就承诺援助乍得2000万美金以兴建大桥。2003年，台湾当局与非洲开发银行（AFDB）合作，协助斯威士兰开展"公路计划"[⑤]。2005年5月，台协助马拉维兴建艾滋病防治中心。2006年8月，台湾与乍得"断交"后，为稳住与布基纳法索的关系，台允诺援建一座价值至少6000万美金的医疗中心[⑥]。

（三）高层互访

"元首外交"和高层往来是台湾当局维持对非关系的又一重要方式。陈水扁分别于2000年和2002年两次出访非洲，访问台所有非洲"邦交国"，成为历来访非

---

① 《中华民国92年外交统计年报》，台"外交部"编印2003年版，第90—91页。

② 《外交部94年度施政绩效报告》，第32页，台"外交部"网站，www.mofa.gov.tw。

③ 《外交部94年度施政绩效报告》，第35页，台"外交部"网站，www.mofa.gov.tw。

④ 《财团法人国际合作发展基金会2005年报》，第84页，http://www.icdf.org.tw/ct.asp?xItem=2764&ctNode=30093&mp=1，2014-04-12。

⑤ 《财团法人国际合作发展基金会2005年报》，第138页，http://www.icdf.org.tw/ct.asp?xItem=2764&ctNode=30093&mp=1，2014-04-12。

⑥ 《巩固布吉纳法索，我助建医学中心》，台湾《自由时报》2006年8月7日。

国家最多的台湾地区领导人。2001 年，台“副总统”吕秀莲也前往冈比亚参加新任总统的就职典礼。陈水扁上台以来，非洲国家访台领导人也明显增多，仅 2001 年非洲 8 个“邦交国”中就有 5 个国家的最高领导人访台。2005 年，台“邦交国”部长级官员访台 90 次，其中非洲地区 28 次，并且 6 个“邦交国”中有 4 国总统访台。

（四）“金钱外交”

以金钱收买等方式巩固既有“邦交国”、发展与“无邦交国”的实质关系，是台湾当局开展对非关系的重要途径。1991 年，为换取与中非共和国第三次“复交”，台湾当局付出了 1000 万美元的代价①。1992 年台又以帮助尼日尔政府解决财政危机的方式换取“复交”②。1995 年，为与冈比亚“复交”，台前后付出将近 8000 万美元的巨额“援助”。1997 年，台又通过提供给赤贫如洗的西非岛国圣多美和普林西比 3000 万美元援助的方式获取“建交”③。2005 年 10 月，津巴布韦反对党议员席卡拉披露，其所属政党曾接受来自尼日利亚和台湾总数 250 万美元的政治献金④。同年，马拉维前总统穆鲁齐因涉嫌私吞台湾等地捐助的 1200 万美元巨款而被该国检调机关侦办⑤。

考虑到非洲“邦交国”多数经济落后，为维持既有“邦交”关系，台湾当局还往往以巨额“经济援助”来套牢非洲具有一定影响力的国家。据报道，陈水扁上任以来，对乍得的经援超过 1 亿美元。为笼络塞内加尔，仅“促进塞国经社发展五年（2001—2005 年）合作协定”一项，台湾每年向其提供高达 100 多万美元的援助⑥。2005 年台塞“断交”后，陈水扁自曝过去 10 年台对该国的援助款项高达 50 亿元新台币（约 1.6 亿美元）⑦。此外，为讨好“邦交国”，对其无力或不愿偿还给台的贷款，台湾当局也只能隐忍不发，台“外交部”也不得不利用每年的“外交机密预算”来打消因此形成的巨额呆账。

---

① 余克礼：《台湾问题实录》，九州出版社 2002 年版，第 442 页。

② 余克礼：《台湾问题实录》，九州出版社 2002 年版，第 442 页。

③ 余克礼：《台湾问题实录》，九州出版社 2002 年版，第 442 页。

④ 《涉金援津巴布韦反对党，台“外交部”否认》，星岛环球网，www.singtaonet.com，2005-10-27。

⑤ 《马拉维前总统涉嫌私吞台湾金援被捕》，新浪网，http://news.sina.com.cn/c/2006-07-28/11039593812s.shtml，2014-04-12。

⑥ 《中塞邦交分分合合，近 800 万美元经援塞国》，台湾东森新闻网，2002 年 6 月 30 日。

⑦ 《扁爆料给塞国 50 亿，立委轰泄密》，台湾《联合新闻网》，http://city.udn.com/52665/1509391，2014-04-12。

（五）“民间外交”

陈水扁上台后，提出所谓“全民外交”的新理念，即动员“国会”、经贸、政党、学术、文化等在内的各种力量发展有别于正式官方“外交”的“二轨外交”。2001 年 5 月，台借助学术活动的名义，邀请非洲著名人士访台，其中包括时任非洲联盟秘书长的科特迪瓦人埃马拉·埃西。此外，台还利用宗教活动扩大在非洲的影响，台宗教界在南非成立国际佛光会，通过施舍和捐赠等活动宣扬台湾。体育文化交流也是台湾当局加强与非洲国家联系的重要形式，2002 年台湾当局利用世界杯足球赛在韩国举行的机会，邀请塞内加尔球队访台，推行所谓“体育外交”①。2003 年 9 月，台“中华女子足球队”赴南部非洲四国访问比赛。同年 10 月和 12 月，台还分别邀请冈比亚、马拉维及塞内加尔等国民族舞蹈团体赴台表演②。

随着财政状况日趋吃紧，在非洲进行大规模“输血式”援助和“金钱外交”已无以为继的情况下，近年来台湾当局开展对非关系的途径与方式也在发生变化。2005 年以来，台湾当局加大了对非洲产油国的“外交”攻势，试图以石油投资与合作来巩固既有“邦交”，并提升与“无邦交”国家的“实质关系”。今年 6 月，台“国安会”指示国防部以代号“安行专案”恢复与利比亚的军事交流，此项交流不仅包括邀请利比亚重要军方人士赴台参观军演，更同意出售通讯、战车通话系统、步枪等轻兵器给利比亚③。

三、台湾当局开展对非关系的动因与局限性

上世纪 50 年代以来，在非洲维持一定数量的“邦交国”，一直是台湾当局彰显“中华民国”作为“主权国家”的存在，在国际社会维持其“法统”地位的重要依恃。民进党上台后，争取“台湾主权独立的国际承认”成为“外交”政策的主要目标，在台湾整体“外交空间”日益萎缩的趋势下，非洲国家的重要性反而日益凸显。

尽管台非“外交”成果有限，且相当不稳，但台湾当局仍不遗余力地巩固和提升台非关系，主要出于以下考虑：一是稳住非洲“外交”阵地，防止“外交崩盘”。非洲是台“邦交”关系反复较大的地区，现有“邦交国”中除马拉维、斯威士兰外，其他 3 国都曾与台有过“断交”经历。尽管台湾当局力图通过加大对非洲

① 《盛宴演成“乌龙院”，“足球外交”变调》，台湾《中国时报》，2002 年 6 月 26 日，第 03 版。

② [33《中华民国 92 年外交年鉴》之“我国与非洲地区国家关系”，台“外交部”网站，http://multilingual.mofa.gov.tw/web/web_UTF-8/almanac/almanac2003/08/08_01_03.htm，2014-04-12。

③ 《传台湾与利比亚展开军事交流》，《参考消息》2006 年 8 月 3 日，第 8 版。

“邦交国”的“经援”来降低“断交”危险，但非洲“邦交”不稳状况并未改变。台湾当局担心一旦非洲国家突然“外交转向”可能会对中南美“邦交国”造成示范效应，从而导致整个“外交”阵地的崩盘。二是突破“外交困境”，争取国际支持。非洲“邦交国”是支持台湾当局参与国际社会、为台湾“发声”的主要力量之一。从1994年开始，非洲“邦交国”一直是支持台湾“参与联合国”的主要提案国或连署国，同时也是为台“参与世界卫生组织”等政府间国际组织摇旗呐喊的主要力量。此外，非洲“邦交国”也是台湾当局推行“过境外交”、提升与无“邦交国”“实质关系”的重要凭借。2001年12月，吕秀莲利用访问冈比亚之机过境法国和奥地利[①]。2005年5月，陈水扁出访中美洲回程时曾“过境”利比亚，均被视为台“外交重大突破”。

台湾当局拓展对非关系的根本目的是在国际上制造“两个中国”、“一中一台”。在台湾当局动用各种资源全力巩固非洲“邦交”阵地的努力下，近10余年来台在非“邦交国”始终能保持在5个左右。但是，随着中国国际影响力的持续增强以及一个中国政策的国际框架日益稳固，台开展对非关系的内外制约也非常明显。

一方面，海峡两岸在非洲地区的实力对比和影响力的差距越来越大，使台湾当局谋求扩大在非洲“国际活动空间”的制约也会越来越大。目前，中国大陆在非洲对台已形成压倒性优势。53个非洲国家中已有48个国家与中华人民共和国建交，占非洲地区总面积的90%，总人口的近98%。而且，自1955年万隆会议以来中非关系就一直建立在相互信任、相互支持、平等相待的基础上，中国支持非洲民族独立运动，并以不附带任何先决条件的经济援助帮助非洲国家发展经济，得到非洲国家普遍认同和赞赏，维持了在非洲拥有良好的国际形象。中国在联合国及国际货币基金组织等重大国际政治经济机构中的作用对非洲国家也有重大影响力。随着中国全面崛起，其对非贸易、投资和援助的“硬实力”也在不断增强。截至2005年底，中国对非累计投资达60多亿美元，有800多家企业进驻非洲，在非修筑铁路2000多公里、免除非洲国家债务达100多亿元人民币[②]。今年11月，中国领导人在北京举行的“中非合作论坛”中又提出了8个方面的政策措施以推动中非新型战略伙伴关系的发展[③]。中非战略合作关系的不断深入，将进一步拉大两岸在非洲的实力对比，台非关系的发展空间将进一步受到压缩。

---

① 《吕秀莲出席冈比亚总统就职礼》，台湾《中央日报》2001年12月23日，第04版。
② 《中非论坛，邀我五友邦与会》，台湾《中国时报》2006年10月19日。
③ 《加强中美合作 促进互利共赢》，《人民日报》2006年11月5日，第3版。

另一方面，台非关系先天不足，基础不牢，局限性明显。首先，非洲国家基础薄弱，不易与其建立坚实利益基础。2000年民进党上台之初，台在非洲有8个"邦交国"，随着利比里亚、塞内加尔和乍得先后与其"断交"，目前仅余5个（冈比亚、布基纳法索、圣多美和普林西比、马拉维、斯威士兰），它们不仅国小（其中面积最大的布基纳法索仅27万平方公里，最小的圣多美和普林西比只有1000平方公里），而且基本上都属于国际社会公认的最不发达国家，外债负担沉重，年人均国民收入约300美元左右。台湾当局维持与这些国家的关系主要依赖的是经济手段，但一旦无法满足要求就极有可能转向。其次，台非"官方往来"的深度相对有限。由于非洲国家在国际政治经济中的影响力相对有限，难以对台谋求"国际承认"产生实质效果，因此台非交往一直是"去少来多"，台高层对访非的积极性相对较低。陈水扁上台后10次出访，仅两次访非。台"国安会"和"外交部"官员访非频率也远逊于其他地区。台非之间每年"政府官员"和"国会议员"的交流互访人数和次数远不及其外交"重镇"中南美地区，台在非洲地区举办或参加的国际会议和国际活动的次数相比也较少。再次，台非关系的范围、领域狭窄，政治性远大于功能性。台非双方在政治、经济发展水平和社会文化生活上差距较大，因而彼此可以展开对等合作的领域很少。尽管台湾当局积极促进双边经贸关系，但成果不大，增长速度缓慢。2003年，台非进出口贸易总额为31亿美元，只占同期台全球进出口贸易总额的1.5%。且在非洲地区的主要贸易对象是"非邦交国"的南非和尼日利亚。主要进出口国也是埃及、安哥拉、尼日利亚等"非邦交国家"。台商在非投资不仅有限，且分布极不均匀，主要集中在南非和尼日利亚①。而且，投资方向也较单一，主要是台湾当局鼓励台商赴非投资办厂，在现有"邦交国"中，台除因石油合作对乍得有较大投资外，仅在个别国家有规模不大的零星投资。

四、台非关系发展的基本趋势

随着中国崛起和国际大环境的变化，台湾当局谋求对非关系有所发展将越来越难，台在非洲的"外交活动空间"日益缩小已是必然的趋势。但同时我们也应看到，未来一段时间内，非洲国家内部的政经环境根本改变的可能性不大，推动台非关系有所发展的基础和诱因仍然存在。

① 《中华民国92年外交年鉴》之"我国与非洲地区国家关系"，台"外交部"网站，http://multilingual.mofa.gov.tw/web/web_UTF-8/almanac/almanac2003/08/08_01_03.htm，2014-04-12。

第一，台湾当局对非“金钱外交”的诱惑力仍然存在。非洲国家多数贫穷落后，在对华关系上实用主义倾向依旧很强，当权者的政治取向和外交政策容易受到外来利益的影响和左右，因而台湾当局的金钱拉拢、利诱手段在一些非洲国家仍具有一定的吸引力，台在非提升与个别国家“官方实质”关系的可能性依然存在。

第二，“能源外交”将是未来台对非“外交攻势”的重点。近几年，随着国际石油安全环境日益严峻以及油价居高不下，加上中东地区局势紧张，台为分散能源风险，遂将目光从其传统的石油来源地中东和东南亚转向油矿资源丰富的非洲地区，试图利用其在非既有的“外交”基础，推动“开拓油源”与“外交利益”相结合的“石油外交战略”，以达到确保能源供给和提升台非实质关系的目的。2005年，台“国安会”和“外交部”专门联合组建了“台非小组”，针对非洲石油矿产丰富的国家，进行石油能源开采投资的可行性评估。该小组拟定了名为“缉黑行动”的“海外石油合作计划”，力图加大对非洲产油国的拉拢力度①。目前台湾当局已就投资安哥拉、尼日利亚等产油国进行过多次评估。在手法上，台湾当局主要是利用其掌控的“中国石油公司”（简称“中油”）出面，以优惠条件与对象国进行石油勘探、开发、生产等方面的合作。2005年台“中油”公司就编列了28亿元新台币的原油勘探经费，主要用于与乍得的油田开发合作。为此，台乍双方签署石油矿区及联合经营合约，台已先期投入1700万美元与其合作勘探石油②。台乍“断交”后“中油”公司与乍方的石油合作计划仍在进行。此外，台也注重对非洲“石油生产潜力国”的投资。台“邦交国”冈比亚认为贮藏丰富油气资源，但因资金匮乏，至今未发现任何可供开采的油气田。台为先行套牢该国，于2004年在台北科大成立岛内唯一的单一国别留学生班——“材料系冈比亚石油专班”，为该国培养石油工业人才③。

（原载《台湾研究》2006年第6期）

---

① 《台多管齐下与大陆争夺能源，积极拉拢非洲产油国》，新浪网，http://news.sina.com.cn/c/2005-07-15/08336440835s.shtml，2014-04-12。

② 《台乍合作采油，中油2000万美元恐泡汤》，台湾《联合报》2006年8月6日。

③ 《积极巩固非洲外交阵营，反制中共谋我作为》，台湾《青年日报》，http://www.cetin.net.cn/cetin2/servlet/cetin/action/HtmlDocumentAction;jsessionid=75B89379790F85B3C840A07119958CA4 ?baseid=1&docno=277001，2014-04-12。

中美建交前后美国反对“台湾独立”的原因、措施及其影响

——基于美国最新解密档案的考察

钟厚涛

中美建交前后，对于台湾的地位及未来走向问题，美国有部分学者及政客鼓噪“台湾独立”甚至“建立台湾共和国”。① 从美国国务院最新解密的档案来看，② 卡特政府并没有接受这种论调，不但如此，卡特政府还采取了多种措施来试图遏制当时“台湾独立”的可能性。本文尝试分析美国政府当时为何反对“台湾独立”，采取了哪些措施，又产生了哪些影响。

一、美国反对“台湾独立”的原因

美国反对“台湾独立”，绝非受某种单一因素的影响，而是综合考虑了中国大陆的反应、美国的战略利益以及岛内蒋经国当局可能的举动等多方面因素。

（一）忌惮中国大陆反应强烈

“上海公报”中中方明确把台湾问题定位为“阻碍中美两国关系正常化的关

---

① 例如，1958 年美国参议院外交委员会投票决议，委托由“康仑公司”完成一份对华政策报告。该报告由当时中国问题专家斯卡拉皮诺（Robert A. Scalapino）等人执笔，其中提出美国应该支持和帮助建立一个“台湾共和国”，并保留台湾在联合国的席位。

② 2013 年 4 月 22 日，美国务院在其官方网站上，将美中建交时期的一些秘密文献对外公开解密，并定名为《美国对外关系：1977—1980》（卷 13，中国）。该书汇集自美国国务院、白宫国家安全会议和国防情报局等多家重要部门，由尼克尔斯（David Nickles）负责整理，共计 1231 页。作为一份解密文件，该书最大限度地还原了美中建交过程中的许多重要场景，披露了美中在台湾问题上是如何达成“断交、废约、撤军”三原则的，是美国与海峡两岸关系研究的重要参考资料。

键问题”，[①]邓小平更是说：“台湾问题是中美关系的主要障碍，甚至可能发展成为两国关系中爆炸性问题”。[②]由于台湾问题是中美建交前后双方之间最为重要也是最为敏感的问题，[③]因而美国在制定对台政策时，必然会考虑到中国大陆方面的态度。不但如此，为推动美中关系早日实现正常化，进而实现其“联中抗苏”的战略布局，美国甚至在某些时候还愿意在台湾问题上对中国大陆作出一定的迁就与让步，即如卡特时期美国国家安全委员会高级成员米歇尔·奥克森伯格（Michel Oksenberg）所言，“如果说在对待苏联方面的相似战略利益有助于中美缓和的话，那么，美国在台湾方面的迁就通融就成为促进因素”。[④]

在这样的背景下，美国自然不希望看到因为台湾宣布“独立”造成对中国大陆的刺激，因为美国深刻认识到“虽然中华人民共和国对两岸统一在态度上非常现实，但中华人民共和国自其建立之日起，就把‘世界上只有一个中国、台湾是中国的一部分’作为核心外交政策，寻求国际认可”。[⑤]美国政府深知，如果台湾宣布“独立”，势必会冲撞中国大陆“世界上只有一个中国、台湾是中国一部分”的底线，而其后果难以估量，美国的预计是：“北京的反应将不仅仅局限于中美关系。北京将会施压，推动其他国家——特别是经常惹事的日本——切断他们与台湾所保持的经济或其他任何联系。同时，北京还有可能采取威胁性的军事行动，甚至直接对台湾采取军事封锁”。[⑥]与此同时，美国还担忧，如果台湾宣布“独立”，中国大陆方面会认为是美国的支持或纵容才造成台湾有胆量如此行事，即如美国时任国

① 《人民日报》1972年2月29日。

② 邓小平：《邓小平文选》（第三卷），人民出版社1993年版，第97页。

③ 中国驻美联络处主任黄镇1978年2月8日首次会见美国总统卡特时，曾专门详细论述台湾问题的“关键性意义”。见 Alan D. Romberg, *Rein in at the Brink of the Precipice: American Policy toward Taiwan and U.S.-PRC Relations*, Washington, D.C.: Henry L. Stimson Center, 2003，p.76.

④ Michel Oksenberg, Memorandum for Zbigniew Brzezinski, “Sino-American Relations, 1967-1976, and Their Implications”, February 4，1977，p.2，enclosed in Zbigniew Brzezinski, Memorandum for the President, “Meeting Next Week with the Representative of the PRC (Tuesday February 8)”, February 4，1977, Carter Library. Quotes from Alan D. Romberg, *Rein in at the Brink of the Precipice: American Policy Toward Taiwan and U.S.-PRC Relations*, Washington, D.C.: Henry L. Stimson Center, 2003，p.76.

⑤ Memorandum from Secretary of State Vance to President Carter, Washington, July 24，1977, enclosed in Department of State, *Foreign Relations of the United States: 1977-1980* (Volume XIII, China), edited by David P. Nickles, Washington: United States Government Printing Office, 2013，p.115. 按：此处万斯称“中华人民共和国对两岸统一在态度上非常现实”，是从他和邓小平的多次谈话中得出的，对于如何处理台湾问题，邓小平曾提出：“我们将尊重台湾的现实来解决台湾问题”。（《邓小平年谱（1975—1997）》（上），中央文献出版社2004年版，第442页。）

⑥ Memorandum from Secretary of State Vance to President Carter, Washington, July 24，1977, enclosed in Department of State, *Foreign Relations of the United States: 1977-1980* (Volume XIII, China), edited by David P. Nickles, Washington: United States Government Printing Office, 2013，p.115，pp.115-116.

务卿万斯（Cyrus R. Vance）在给卡特的备忘录中所言："无论事实怎样，北京方面都会认为如果台湾宣布独立，美国具有不可推卸的责任。"①也就是说，台湾若贸然宣布"独立"，势必会冲击到美中关系，而当时的背景是美中关系才是美国各界考虑的重心，而台湾问题只不过是美中关系中一个因素而已，即如美国前国务卿迪安·鲁斯克（David Dean Rusk）的回忆所言，"在美中建交时期，虽然如何处理同断绝台湾关系有联系的政治、安全问题非常重要，但没有人关注台湾的未来，当时美国在战略上把重心放置到了中美关系上"。②既然美中关系才是美国战略规划的重心，而台湾的未来又乏人问津，美国自然不愿意看到由于"台湾独立"而影响到美中关系的进程。

（二）维护美国国家利益

美国著名国际关系学者汉斯·摩根索（Hans J. Morgenthau）曾提出国家利益是现代国家对外政策的最高准则，是所有问题思考的出发点和落脚点，"所有当代成功的政治家都把国家利益作为他们政策的最高标准"。③美中建交前后，卡特政府对于"台湾独立"的担忧和遏制，同样也是出于维护美国国家利益的目的。即如台湾淡江大学战略研究所助理教授黄介正所言，"卡特总统与一手策划与北京建交的国家安全顾问布热津斯基，当时固有冷战对抗苏联'大棋盘'的考量，也曾多方顾虑台湾是否采取断然宣布独立的措施，终究围绕着美国利益是否受损的估算"。④当时美国对于利益受损的估算具有多层面考量：首先是冲击美国的"一个中国"政策。即如万斯所言，"在上海公报中，美国已经承认一个中国原则是目前正在进行的中美关系正常化的一个重要前提"。⑤而如果"台湾宣布独立，将会对美国的一

① Memorandum from Secretary of State Vance to President Carter, Washington, July 24，1977，enclosed in Department of State, *Foreign Relations of the United States: 1977-1980* (Volume XIII, China)，edited by David P. Nickles, Washington: United States Government Printing Office, 2013，p.115，pp.115-116.

② 以上是迪安·鲁斯克在应美国前国务院副发言人、现任史汀生中心东亚研究室主任容安澜（Alan Romberg）访谈时所作的回忆，见 Alan D. Romberg, *Rein in at the Brink of the Precipice: American Policy toward Taiwan and U.S.-PRC Relations*，Washington, D.C.：Henry L. Stimson Center, 2003，p.85.

③ Hans J. Morgenthau, *Defense of the National Interests: A Critical Examination of American Foreign Policy*，University Press of America, 1982，p.34.

④ 黄介正：《再回首台美"断交"的省思》，台湾《联合报》2013 年 4 月 25 日。

⑤ Memorandum from Secretary of State Vance to President Carter, Washington, July 24，1977，enclosed in Department of State, *Foreign Relations of the United States: 1977-1980* (Volume XIII, China)，edited by David P. Nickles, Washington: United States Government Printing Office, 2013，p.115，pp.115-116.

个中国政策造成巨大冲击”。[①] 其次，鉴于当时美国与台湾之间的“共同防御条约”并未废除，台湾一旦宣布“独立”，就可能拉美国下水，迫使美国陷入战争泥潭，而这显然是与美国的国家利益相悖的。

（三）担心蒋经国采取过激行动

上世纪 70 年代末，美国政府认为，与中国建交“面临着较高的政治风险”，[②] 万斯将之称为是“艰难的选择”。而众多风险当中，让美国政府比较担忧的则是台湾会贸然宣布“独立”。后来的事实证明，美国的这种担心绝非杞人忧天。当美国在宣布与中国建交约七小时前向蒋经国正式通知此事的时候，[③] 蒋经国反应异常激烈。根据美国当时驻台“大使”安克志（Leonard S. Unger）1978 年 12 月 15 日发给国务卿万斯和国家安全事务总统助理布热津斯基（Zbigniew Kazimierz Brzezinski）的材料记载，“今天夜里当地时间 2 点 20 左右，我与蒋经国相见，台湾外交部副部长钱复和蒋经国私人秘书宋楚瑜也在场”。在这次相见过程当中，安克志将美国白宫发给他的美中建交联合公报一字一句地向蒋经国做了陈述解释。根据安克志的观察，“对于我的报告，蒋经国态度非常恶劣，声称这将产生最为严重的后果。蒋经国说，美国所谓的‘方案’（solution）‘完全不可能’（totally impossible）引导台湾内部稳定和持续发展。美国承认（recognizing）中华人民共和国政府是中国唯一的合法政府，以及美国承认（acknowledging）中国的立场：世界上只有一个中国和台湾是中国的一个部分，这事实上等于把台湾交给了中华人民共和国。美国的做法背弃了盟友，必将丧失台湾人民和世界其他国家人民对美国的信任。蒋经国郑重提出，此事将在台湾产生严重后果，而美国必须对此负全部责任。蒋经国非常痛苦地说，过去他对美国充满信心，从未想过美国会以这种方式行事……蒋经国称，

① Memorandum from Secretary of State Vance to President Carter, Washington, July 24，1977, enclosed in Department of State, *Foreign Relations of the United States: 1977-1980* (Volume XIII, China), edited by David P. Nickles, Washington: United States Government Printing Office, 2013，p.115，pp.115-116.

② Cyrus Vance, *Hard Choices: Four Critical Years in Managing America's Foreign Policy*, Simon and Schuster, 1983，p.79. 卡特自己在他 1977 年 7 月 7 日的日记里，也有类似的记述：“与中国建交是可行的，我要向所有美国人民说明这一点，并愿为这一决定承担所有政治责任。”（《美国总统日记披露中美建交鲜为人知的决策内幕》，见《晚霞》2010 年第 4 期，第 49 页。）

③ 1978 年 12 月 14 日，中美双方决定，为减少泄密的可能，在北京时间 1978 年 12 月 16 日上午 10 时（即华盛顿时间 12 月 15 日晚 9 时）同时宣布“建交公报”。而蒋经国得知这一消息是在 12 月 16 日凌晨约 3 点左右。

他无法保证在美国宣布‘美中建交公报’之前保持沉默”。[①]

显然，蒋经国对美中建交的消息非常震惊，并表示了极大的愤怒。也正是由于这种原因，安克志给国务卿万斯和国家安全事务总统助理布热津斯基的材料中，最后专门添加了一段评论性文字，称“我只有极其有限的信心去劝阻蒋经国不要做出激烈的负面反应”。[②]安克志的担心是完全有道理的。事实上，就在安克志16日凌晨离开蒋经国之后，蒋经国随即就召集时任“行政院长”孙运璇、“外交部长”沈昌焕等人紧急磋商。同日蒋经国更是对美国发表公开抗议：“美国决定与共匪伪政权建立外交关系，不仅严重损害中华民国政府及人民之权益，且将对整个自由世界产生严重之影响，其因此所引起之一切后果，均应由美国政府负完全责任。”[③]不但在口头上向美国表示强烈不满，蒋经国更以实际行动向美国表示抗议。12月17日，蒋经国发表电视讲话，宣布三项紧急措施，其中之一即是“三军、警察取消休假，进入戒备状态”。面对蒋经国如此激烈的反应，美国自然会担心蒋经国是否会采取更为激进的措施，例如直接宣布“台湾独立”。

二、美国反对“台湾独立”的主要措施

尽管万斯预测“台湾短期内宣布独立的可能性有限”，[④]但仍然表示“我们不能完全排除中华民国宣布台湾独立的可能性。我们与中国关系的正常化，会让台湾产

---

① Backchannel Message From the“Ambassador to the Republic of China”(Unger) to Secretary of State Vance and the President's Assistant for National Security Affairs (Brzezinski), Taipei, December 15, 1978, enclosed in Department of State, *Foreign Relations of the United States: 1977-1980* (Volume XIII, China), edited by David P. Nickles, Washington: United States Government Printing Office, 2013, pp.654-655. 按：蒋经国之所以说自己无法保证保持沉默，是因为美国在通知台湾美国与中华人民共和国建交消息之前，曾透过当时台湾“驻美大使”沈剑虹转告蒋经国：“要绝对保密，在建交公报正式宣布前，只能把消息告诉少数亲信。”（《我驻美首任大使柴泽民回忆中美建交往事》，见《文化交流》2009年第3期第3页。）蒋经国拒绝保密，其实是对美国的一种抗议。

② Backchannel Message From the“Ambassador to the Republic of China”(Unger) to Secretary of State Vance and the President's Assistant for National Security Affairs (Brzezinski), Taipei, December 15, 1978, enclosed in Department of State, *Foreign Relations of the United States: 1977-1980* (Volume XIII, China), edited by David P. Nickles, Washington: United States Government Printing Office, 2013, p.655.

③ 台湾《联合报》1978年12月17日。

④ Memorandum from Secretary of State Vance to President Carter, Washington, July 24, 1977, enclosed in Department of State, *Foreign Relations of the United States: 1977-1980* (Volume XIII, China), edited by David P. Nickles, Washington: United States Government Printing Office, 2013, p.115, pp.115-116.

生一种绝望感，认为我们完全抛弃了台湾，而这种绝望会刺激他们宣布台湾独立”。[①]为了谨慎应对台湾宣布“独立”的可能性，美国政府多管齐下，全力因应。

首先，从美国总统到国务卿都高度重视。1977年7月24日，时任国务卿万斯向总统卡特提交了一份名为《台湾独立的后果及其可能性》（*The Consequences and Likelihood of Taiwan Independence*）的备忘录。在此一备忘录的标题下面，专门有这样一句说明性文字：“您曾询问台湾独立有何后果、有多大可能性，本备忘录即是对您的回答。”[②]这说明卡特曾经亲自向万斯询问过，台湾是否会宣布“独立”，如果宣布“独立”的话，会带来哪些后果等问题。从现在保存的资料来看，“在《台湾独立的后果及其可能性》备忘录的首页上，有一手写的‘C’，这说明卡特是阅读过这份备忘录的”。[③]万斯担任国务卿期间，总共向卡特总统提交过9份备忘录，[④]我们就可以发现万斯专门以备忘录的形式向总统作答，而非当面几句简单的口头应付，也足以显示万斯对这一问题是进行了认真研究准备的。1977年7月30日，卡特召集万斯等6人专门召开了一个“中国政策”会议，会上卡特再次向所有与会人员询问：“台湾会宣布独立吗？”[⑤]由此观之，卡特对“台湾是否会宣布独立”这一问题的关注，绝非一时一地，而是长期多次。这也足以说明这一问题当时已经

---

① Memorandum From Secretary of State Vance to President Carter, Washington, July 24，1977，enclosed in Department of State, *Foreign Relations of the United States: 1977-1980* (Volume XIII, China)，edited by David P. Nickles, Washington: United States Government Printing Office, 2013，p.116. 另：1977年7月30日上午，总统卡特、国务卿万斯、国防部长哈罗德·布朗等7人就“中国政策”进行了专题讨论。米歇尔·奥克森伯格在会上也称，“只要没有被推到绝望的位置，台湾不会轻易宣布独立。但如果台湾认为他们的生存已经处于危险的边缘，他们会采取激进的措施。因而，我们对台湾的所作所为，将会在很大程度上影响到他们是否会考虑宣布独立”。（Department of State, *Foreign Relations of the United States: 1977-1980* (Volume XIII, China)，edited by David P. Nickles, Washington: United States Government Printing Office, 2013，p.126.）

② Memorandum from Secretary of State Vance to President Carter, Washington, July 24，1977，enclosed in Department of State, *Foreign Relations of the United States: 1977-1980* (Volume XIII, China)，edited by David P. Nickles, Washington: United States Government Printing Office, 2013，p.115，pp.115-116.

③ Memorandum from Secretary of State Vance to President Carter, Washington, July 24，1977，enclosed in Department of State, *Foreign Relations of the United States: 1977-1980* (Volume XIII, China)，edited by David P. Nickles, Washington: United States Government Printing Office, 2013，p.115，pp.115-116.

④ 这九份备忘录分别见《美国对外关系：1977—1980》（卷13，中国）中第26、37、99、119、199、272、282、285和297个文件。

⑤ Memorandum of Conversation, Washington, July 30，1977，9：30-11：15 a.m.，enclosed in Department of State, *Foreign Relations of the United States: 1977-1980* (Volume XIII, China)，edited by David P. Nickles, Washington: United States Government Printing Office, 2013，p.123. 根据卡特当时的交代，他之所以会提出“台湾是否会宣布独立”的问题，是因为当时他的亲信查理·科博（Charlie Kirbo）有一次问他“我们是否应该鼓励台湾走向独立”。卡特怀疑科博之所以会如此发问，是因为受到了当时台湾“驻美大使”的游说，这意味着是台湾方面提出“台湾独立”，并经由科博来打探美国高层态度的。

引起了美国政府首脑的高度关注。

其次，建议把“美国不会承认独立的台湾”列入美中建交谈判的条款之一。1977年6月27日，美国国务院、国家安全事务委员会、国防部、中央情报局等机构联合召开了一个以“对台政策选择及从台湾撤军”为主题的联合会议，万斯、布热津斯基等人悉数出席。在这次会议上，确立了三点与中华人民共和国政府进行谈判时的立场：“首先，承认上海公报的立场，即台湾是中国的一部分；其次，支持海峡两岸中国人民以（任何形式的）和平方式解决台湾问题；① 再次，既不鼓励也不刺激台湾独立或者分裂。”事隔约一个月之后，同年7月30日，在由总统卡特主持的关于“中国政策”的会议上，布热津斯基在6月27日确立的三个条款基础上，进一步提出：“除了声明我们既不支持也不鼓励台湾独立之外，我们还应当声明：美国不会承认独立的台湾。除非把这一点内容加入到第三条款，否则第三条款对前面两个条款的意义不大，因而变得可有可无。”对于布热津斯基的建议，国务卿万斯表示认可，称“第三条款的确需要增加某些内容。它表明了我们的倾向性。而且，这一条款还融合了尼克松五点意见的各个方面，虽然措辞与之有所不同。如果省略了某些内容，就会被中国发现”。② 由此可见，无论是布热津斯基还是万斯，都认为应当把“美国不会承认独立的台湾”列入美中建交谈判的条款之一，以便更加明确地向中国大陆展现“反对台湾独立”的鲜明立场。

再次，对台湾当局进行严密监控。为防范台湾突然宣布“独立”，损害美国战略利益，在美中建交前后，美国一方面实行安抚政策，由总统卡特亲自致电安慰蒋经国：“本人愿意重申，美国在为维持台湾人民的和平、繁荣和福祉而建立新安排方面将随时进行充分的合作”，③ 另一方面则通过种种手段对台湾当局进行监控。甚至在美中建交近10个月之后，1979年9月29日“美国在台协会台北办事处”给“华盛顿办事处”发送的机密级电报中，仍然要向美国政府汇报对蒋经国当局在台湾是否会宣布“独立”这一问题上的监控情况：“有些人认为，蒋经国或许会宣布

① 此处的括号原文当中就有，可能表示6月27日的会议上尚未正式决定在与中国进行谈判时，是保留还是删掉“任何形式”这个词汇。

② Memorandum of Conversation, Washington, July 30，1977，9：30-11：15 a.m.，enclosed in Department of State, *Foreign Relations of the United States: 1977-1980* (Volume XIII, China)，edited by David P. Nickles, Washington: United States Government Printing Office, 2013，p.127.

③ 资中筠：《战后美国外交史》，世界知识出版社1993年版，第817页。按：需要说明的是，美国对于蒋经国政府的安抚政策，并不仅仅只是口头上的，它同样落实于具体行动。例如1979年3月，在与中华人民共和国建交的短短三个月后，美国国会就以立法的形式通过所谓的《与台湾关系法》，确立了美台之间的“准官方关系”，并持续至今。

台湾是一个独立的国家，并寻求国际社会的承认，包括谋求成为联合国的一员……绝大部分人都意识到，如果蒋经国宣布台湾独立，将对美国有害而无益。”[①] 显然，直到 1979 年年底，美国还在命令“美国在台协会”对台湾当局进行严密监控，全面搜集台湾是否会宣布“独立”这一问题上的相关信息，并及时向美国汇报。

三、美国反对“台湾独立”的影响

第一，奠定了美国历届政府反对“台湾独立”的政策传统。早在尼克松时期，反对“台湾独立”就是美国政府重要对台政策之一。根据此次解密的档案透露，尼克松与基辛格访华期间，曾与毛泽东和周恩来多次会晤，并向毛、周作出了五点“秘密保证”，其中第二条即是“我们不支持任何台湾独立运动”（We will not support any Taiwan independence movement）。[②] 后来布热津斯基又以备忘录的形式专门向卡特汇报了这五点内容。[③] 而在整个卡特政府时代，反对“台湾独立”几乎是美国总统、国务卿、国家安全事务助理等人的基本共识。这种共识奠定了美国历届政府对于“台湾独立”问题的基本态度，那就是绝对反对“台湾独立”。例如，1998 年克林顿在访华期间重申坚持“一个中国”政策，明确表示“三不”立场，其中第一个就是“不支持台独”。[④] 2003 年 12 月 10 日，布什与温家宝会谈时也称，“台湾领导人的言论与行动表明，他们可能想单方面改变现状，这是我们所反对的”。[⑤] “单方面改变现状”一个重要选项就是“台湾独立”，此处布什对之明确表示了反对态度。2012 年 2 月，奥巴马则以更加明确而坚定的态度，对访美的

---

① Telegram from the “Taipei Office of the American Institute in Taiwan” to the “Washington Office of the American Institute in Taiwan”, enclosed in Department of State, *Foreign Relations of the United States: 1977-1980* (Volume XIII, China), edited by David P. Nickles, Washington: United States Government Printing Office, 2013, pp.997-998.

② Memorandum From Michel Oksenberg of the National Security Council Staff to the President's Assistant for National Security Affairs (Brzezinski), Washington, January 25, 1977, enclosed in Department of State, *Foreign Relations of the United States: 1977-1980* (Volume XIII, China), edited by David P. Nickles, Washington: United States Government Printing Office, 2013, p.16.

③ Memorandum from the President's Assistant for National Security Affairs (Brzezinski) to President Carter, Washington, undated, enclosed in Department of State, *Foreign Relations of the United States: 1977-1980* (Volume XIII, China), edited by David P. Nickles, Washington: United States Government Printing Office, 2013, pp.356-357.

④ 《人民日报》1998 年 7 月 1 日。

⑤ 《人民日报》（海外版）2003 年 12 月 11 日。

中华人民共和国副主席习近平表示："美方拒绝任何'台湾独立'主张"。①

第二，对"台湾独立"势力产生了一定的威慑作用。在美中建交前后，虽然美国对台湾当局是否会宣布"台湾独立"忧心忡忡，但台湾并没有采取激进措施，贸然行动。在万斯看来，蒋经国当局之所以保持相对克制，没有宣布"台湾独立"，主要基于三层原因：首先，"中华人民共和国和中华民国都认为台湾是中国的一个省。北京和台北都认为，如果台湾宣布独立，台湾在法律地位上将会变成一个与中国没有关系的主权实体（sovereign entity）"。其次，"中华民国认识到，如果宣布独立，将会刺激和挑衅大陆，而美国也不会做出任何支持台湾的承诺"。再次，"中华民国领导人非常谨慎小心，蒋经国总统更是如此……蒋经国不愿意放弃其父蒋介石的'一个中国'遗产"。②显然，在这三个原因当中，美国因素扮演了一个颇为重要的角色。事实上，台湾当局当时最为担心的就是，如果贸然挑衅大陆，但得不到美国的支持，那么台湾的局势就会岌岌可危。1979 年"美国在台协会台北办事处"发给"华盛顿办事处"的一封电报中，美国官员经过评估得出："在很长一段时间内，美国对台湾的影响力最大。"③这种影响力表现之一就是在美国的强烈反对之下，台湾当局没有胆量贸然"独立"。更为重要的是，美国当时反对"台湾独立"的主要对象虽然是以蒋经国为首的台湾当局，但后来对以民进党为主体的"台独"势力也产生了一定的威慑遏制作用。直到近日，苏贞昌访美之前，为打消美国疑虑，争取美国对民进党及其本人的支持，仍然需要自我消毒，声称"不要回过头去搞台独"。④

第三，以"反对台湾独立"为名继续插手台湾问题。1977 年 7 月 30 日的会议上，奥克森伯格向与会的卡特、万斯、布热津斯基等人建议："有一点必须牢记在心，那就是为了防止台湾发展核武器、与苏联建立关系或者宣布独立，我们必须

① http://news.ifeng.com/mainland/special/xijinpingfangmei/content-3/detail_2012_02/15/12521995_0.shtml 上网时间：2013 年 7 月 9 日 20：08。

② Memorandum from Secretary of State Vance to President Carter, Washington, July 24，1977，enclosed in Department of State, *Foreign Relations of the United States: 1977-1980* (Volume XIII, China)，edited by David P. Nickles, Washington: United States Government Printing Office, 2013，p.115，pp.115-116.

③ Telegram from the "Taipei Office of the American Institute in Taiwan" to the "Washington Office of the American Institute in Taiwan"，Taipei, September 29，1979，enclosed in Department of State, *Foreign Relations of the United States: 1977-1980* (Volume XIII, China)，edited by David P. Nickles, Washington: United States Government Printing Office, 2013，p.998.

④ 台湾《联合报》2013 年 6 月 4 日。

继续留在台湾。”[①] 在做出这一建议之后，总统卡特马上追问：“您这句话的意思是什么？”而奥克森伯格的回答则非常明确：“我们必须从行动上来限制台北。如果台湾现在宣布独立，那么《共同防御条约》将会马上失效。如果台湾未来宣布独立，他们并不确定我们会如何反应。”[②] 奥克森伯格的逻辑是，如果当时台湾宣布“独立”，那么美国可以以废除“共同防御条约”为手段来制裁台湾；而如果未来台湾宣布“独立”，美国并不明确该如何处理。在这样的情况下，美国就有必要继续留在台湾，以便对台湾进行更为深入和全面的监控，防止其走向“独立”。为了实现这一目的，继续留在台湾，1978 年 8 月 23 日，万斯在与中国外交部长黄华进行会晤时表示，“作为一个世纪问题，美国政府人员有必要根据非正式安排继续留在台湾”，既然要保留美国行政人员继续驻留台湾，自然就必须有能为这些人员提供办公场所和机构，但万斯特别强调，“很明显，无论这个机构具有怎样的名称，它都不具有外交性质，不会履行外交职能，也不寻求以任何其他方式得到承认。既不升国旗，门上也不挂国徽，办事人员也不列入外交名单。”[③] 对于万斯的这种提议，8 月 24 日下午邓小平在与万斯的会晤中，将之称之为是“一个门上没有招牌的大使馆”。[④]

从上面的分析中，我们可以看到，美国出于维护自身战略利益的考虑，强烈反对“台湾独立”。美国此举，既产生了一定的积极影响，如设定了美国政府反对“台湾独立”的基本立场，对海内外的“台独”势力具有一定的遏制打压作用，但也造成了许多严重的后果，如美国以“反对台湾独立”等为名，继续插手台湾问题，对两岸的和平统一造成了巨大障碍。

（原载《台湾研究》2013 年第 4 期）

---

① Memorandum of Conversation, Washington, July 30，1977，9：30-11：15 a.m.，enclosed in Department of State, *Foreign Relations of the United States: 1977-1980* (Volume XIII, China)，edited by David P. Nickles, Washington: United States Government Printing Office, 2013，p.126，p.127.

② Memorandum of Conversation, Washington, July 30，1977，9：30-11：15 a.m.，enclosed in Department of State, *Foreign Relations of the United States: 1977-1980* (Volume XIII, China)，edited by David P. Nickles, Washington: United States Government Printing Office, 2013，p.126，p.127.

③ Memorandum of Conversation with Huang Hua, August 23，1977 (9：300 am-11：50 am)，Carter Library, p.21.

④ Memorandum of Conversation, August 24，1977 (30：00 pm-5：40 pm)，Carter Library, p.23.

台湾社会文化历史综合

《马关条约》是否割让台湾给日本之考辨

伍俐斌

2013 年 4 月 17 日是《马关条约》签署 118 周年纪念日。然而，重读《马关条约》发现，条约的中文本与日、英文本在最核心的领土问题上的表述有重大出入。《马关条约》中文本只是规定中国将管理台湾及附属岛屿的权力让与日本，即中国仅将对台湾的管理权让与日本。但是，《马关条约》日文本却是规定中国将对台湾的主权永远割让给日本；鲜为人知的《马关条约》英文本也是规定中国将对台湾的主权割让给日本。一种是管理权的让与，一种是主权的割让，而管理权与主权是性质迥异的两个概念。因此，面对条约的不同文本，不免产生疑问——《马关条约》真的将台湾割让给日本了吗？

本文首先从国际法的角度论证台湾自古是中国领土的一部分，证明中国自古对台湾拥有主权；之后，对《马关条约》的三个版本进行比较，指出“主权”与“管理权”的重要区别；最后，对“割让”在国际法上的意义进行分析，本文认为中国可以且应当改变目前“1895 年《马关条约》割让台湾给日本”的提法，并代之以《马关条约》中文本所述，这对宣传中国对台湾的主权有重要意义，并构筑起驳斥“台独”分子“台独”理论的一道屏障。

一、从国际法的角度看中国自古对台湾拥有主权

有一部分“台独”分子认为《马关条约》中文本之所以没有规定将主权割让给日本，是因为中国对台湾不享有主权，只拥有管理权，从而中国只能将对台湾的管理权让与日本。这显然是一种谬论，中国早已通过国际法上的“先占”方式取得了对台湾的主权。

在国家的历史发展过程中，国家可能因为某种原因取得或丧失部分领土而导致领土的变更。国际法上的领土变更方式随着领土观念的变化而变化，变更的合法性标准也在发生转变。传统国际法援引罗马法中关于财产取得、丧失的概念和标准，作为领土变更的合法方式。之后的"文明社会"认可殖民扩张、战争结果作为领土变更的合法缘由，兼并和掠夺也被作为法律依据。传统国际法主张的领土变更方式主要有：先占、时效、添附、割让和征服等。而现代国际法只将符合国家主权平等原则、民族自决原则以及其他国际法基本原则和国际法规则的领土变更视为合法变更。①

国际法学界一般将第二次世界大战结束前后，以联合国的成立为标志作为划分传统国际法和现代国际法的时间界线。中国对台湾领土主权的取得发生在传统国际法时代，并且是以先占这种方式取得对台湾的主权。根据传统国际法，先占是指国家占有无主地并取得对它的领土主权。因此，通过先占取得领土主权，应当符合三个条件：其一，先占的主体必须是国家；其二，先占的对象是无主地，即不在任何其他国家主权之下的土地；第三，先占必须是有效占领，即国家对该土地实行实际的管辖。

中国对台湾领土主权的取得符合上述有关先占的条件。首先，中国最早发现台湾，且台湾不处于任何其他国家主权之下。公元230年，吴王孙权曾派1万官兵到达台湾；吴人沈莹《临海水土志》留下了世界上对台湾最早的记述。公元610年，汉族人民开始迁徙到澎湖地区；到宋元时期，移居澎湖地区的大陆汉族人民已有相当数量，并开始向台湾发展；17世纪末，大陆赴台开拓者超过10万人；至1893年时，总数已达50.7万户，约254万人。

其次，1894年之前，台湾处在中国的有效管辖之下。公元12世纪中叶，南宋王朝将澎湖划归福建泉州晋江县管辖，并派兵戍守；元朝政府开始设泉州府，代管台湾，后又设置澎湖巡检司代管台湾；1662年，郑成功从荷兰殖民者手中收复台湾，建立"承天府"，对台湾进行管治；1684年，清朝政府设置"分巡台厦兵备道"及"台湾府"，隶属福建省；1885年，清政府正式在台湾设省。

因此，中国通过先占这种方式合法地取得了对台湾的主权，并在1894年以前对台湾行使着完整的主权。

---

① 王虎华主编：《国际公法》，浙江大学出版社2007年版，第205页。

二、中国对台湾的主权没有割让给日本

（一）《马关条约》中文本仅将中国对台湾的管理权让与日本

《马关条约》是一个条约的集合，包括《媾和条约》十一款、《另约》三款、《议定专条》三款。通常所称的《马关条约》是指中日之间的《媾和条约》，本文所指的《马关条约》也仅限于《媾和条约》。《马关条约》中涉及台湾权利转移的关键条款是条约的第二款。该款中文约文为：

中国将管理下开地方之权并将该地方所有堡垒、军器工厂及一切属公物件，永远让与日本……台湾全岛及所有附属各岛屿……①

日文约文为：

清国ハ左记ノ土地ノ主权并ニ该地方ニ在ル城垒兵器制造所及官有物ヲ永远日本国ニ割与ス…台湾全岛及其ノ属スル诸岛屿……②

日文约文可翻译为：

清国将左记土地之主权并在该地方之城垒、兵器制造厂及官有物，永远割让给日本……台湾全岛及所有附属各岛屿……③

《马关条约》除有中文、日文两种文本外，还有一个英文本。而根据《议定专条》，英文本被作为当中日两国各持本国文本发生争执时的作准文本：

为预防本日署名盖印之和约日后互有误会，以生疑义，两国所派全权大臣会同议订下开各款：

第一、彼此约明，本日署名盖印之和约添备英文，与该约汉正文、日本正文校对无讹。

第二、彼此约明，日后设有两国各执汉正文或日本正文有所辩论，即以上开英文约本为凭，以免舛错，而昭公允。

前述第二款的英文约文为：

---

① 中国海关总税务司编：《海关中外条约》（Treaties, Conventions, Etc. Between China and Foreign States），第 2 卷，1917 年第 2 版，第 591 页。

② ［日］外务省编：《日本外交文书》，第 28 卷第 2 册，第 364 页，转引自权赫秀：《< 马关条约 > 的中日英文本异同考》，香港《二十一世纪》2004 年 12 月第 86 期。

③ 此译文援引自权赫秀：《< 马关条约 > 的中日英文本异同考》，香港《二十一世纪》2004 年 12 月第 86 期。

中国海关总税务司编：《海关中外条约》（Treaties, Conventions, Etc. Between China and Foreign States），第 2 卷，1917 年第 2 版，第 591 页。

China *cedes* to Japan in perpetuity and *full sovereignty* the following territories, together with all fortifications, arsenals, and public property thereon:…[①]

英文约文可翻译为：

中国将下开领土之主权及该地方上之堡垒、兵工厂及公有财产永远割让给日本。

比较以上三个文本，可以发现《马关条约》中文本与日、英文本之间存在重大差异：条约中文本是将台湾的管理权让与日本，并不涉及主权；日文本和英文本则是将台湾的主权割让给日本。

另查《交接台湾文据》，载明："……中、日两帝国全权委员交接光绪二十一年三月二十三日，即明治二十八年四月十七日，在马关两帝国钦差全权大臣所定和约第二款中国永远让与日本之台湾全岛及所有附属各岛屿，并澎湖列岛，在英国格林尼次东经百十九度起至百二十度止，及北纬二十三度起至二十四度之间诸岛屿之管理主权，并别册所示各该地方所有堡垒、军器工厂及一切属公物件，均皆清楚。……"

根据汉语语法，"管理主权"是明显有别于"主权"的，前者偏重于"主权"的"管理"部分，更接近于"管理权"之意。并且，与《马关条约》相同，此《交接台湾文据》中文本使用的仍然是"让与"一词，而非"割让"。可见《交接台湾文据》中文本使用的措辞与《马关条约》中文本基本无异，二者自始至终没有出现"割让"、"主权"的字样，而是使用的"让与"、"管理"、"管理主权"等用语。这再次证明，与所涉领土——台湾相关的一系列文件的中文约文都是将"管理权"让与日本，而不是将"主权"割让给日本。

（二）转移"管理权"不等于转移"主权"

根据国际法理论，"主权"与"管理权"是性质迥异的两个概念。"主权"是构成国家的基本要素之一，它是指国家独立自主地处理其对内对外事务的权力，包括对内的最高统治权和对外的独立权两个方面，被认为是国家最重要的属性。[②] 在国际法上，与"管理权"相近似得概念有"管辖权"、"行政权"等，它从属于主权，

① 黄瑶著：《国际法关键词》，法律出版社 2004 年版，第 16 页。

② ［英］詹宁斯、瓦茨修订：《奥本海国际法》第 1 卷第 2 分册，中国大百科全书出版社 1998 年版，第 328 页，第 398 页。

一个国家行使管辖权的权利是以主权为依据的。① 因此，在国际法上，“主权”与“管理权”是上下位概念，转让“主权”意味着同时转让“管理权”，但“管理权”的转让不等于“主权”的转让。

如果依照《马关条约》的中文本，中国只是将台湾的管理权让与日本，那么就意味着中国从未将台湾的主权割让给日本，从而中国就从未丧失对台湾的主权，也就是台湾的主权一直属于中国，即使被日本占据了长达50年之久。因此，“旧金山和约”未明确规定台湾主权的转移对象，并不影响中国对台湾的主权，因为中国从未割让对台湾的主权。

国际实践也证明，“管理权”的转移不等于“主权”的转移。在这方面的一个例子是，纳粹德国投降后，盟国取得了在德国的最高权力，但是德国继续存在；这种主权的大量减损是在未取得德国同意的情况下，外国取得德国政府权力，因此不能构成主权的转让；在这种情形下，“主权”的重要特征表现为一个法律人格的继续存在和领土归属于这个法律人格者而不是暂时的持有者。② 换言之，盟国取得了德国的管辖权，但德国仍保有主权，“主权”使得它仍作为一个国际法主体而存在，这个“主权”之下的领土归属于德国而不是盟国。

1971年6月17日，日美签署“归还冲绳协定”(《关于琉球群岛及大东诸岛的日美协定》)，美国将“私下里”将钓鱼岛及其附属岛屿的“行政权”“归还给”日本。但是，美国一再声明“归还”“行政权”不影响“主权”归属。如早在1971年10月，美国政府就表示：“美国认为，把原从日本取得的对这些岛屿的行政权归还给日本，毫不损害有关主权的主张。美国既不能给日本增加在它们将这些岛屿行政权移交给我们之前所拥有的法律权利，也不能因为归还给日本行政权而削弱其他要求者的权利。……对此等岛屿的任何争议的要求均为当事者所应彼此解决的事项。”③ 在2012年，因日本“国有化”钓鱼岛引发中、日之间紧张关系以来，美国国务院多次表示：“虽然美国承认日本对这几个岛屿拥有行政管辖权，但美国对钓鱼岛的主权不持立场。”④

---

① [英]伊恩·布朗李著，曾令良、余敏友等译：《国际公法原理》，法律出版社2003年版，第122页。

② 美国参议院外交关系委员会听证会，第九十届国会记录，1971年10月27日—29日，第91页。

③ 《“外交部”：美称尖阁诸岛 非关主权》，台湾《中国时报》2012年8月31日；《美助卿：钓鱼台冲突若升高 全球承担不起》，台湾《中国时报》2012年9月21日。

④ 柳华文：《从国际法角度评析1887年中葡<和好通商条约>》，《中国边疆史地研究》1999年第2期“澳门专号”。

因此，理论与实践都证明“主权”与“管理权”是性质不同的概念，转让“管理权”不等于转让“主权”，一国转让对某部分领土的“管理权”仍保有对该领土的“主权”。根据《马关条约》中文本，当年清朝政府只是将台湾的管理权让与日本，并没有从国际法的意义上将台湾的领土主权割让给日本；日本对台湾的领土主权只是从《马关条约》日文、英文本中取得。

（三）清朝已知晓“管理权”与“主权”的区别

另外一个疑问是，尽管“管理权”与“主权”确实存在性质上的差异，但清政府闭关锁国，观念落后，它在签署《马关条约》时，是否已知晓“管理权”与“主权”的区别，是否将“管理权”等同于“主权”？

“主权”是国际法的一个重要概念，国际法是西方近代文明的产物，是在19世纪40年代以后才传入中国的。1864年由美国传教士丁韪良（William M.P. Martin, 1827—1916）翻译的《万国公法》是在中国正式出版发行的第一本系统完整的西方国际法著作，它将西方国际法移植入中国，对中国产生了巨大影响。《万国公法》译自美国国际法学者亨利·惠顿于1836年出版的《Elements of International Law》一书，它所翻译创造的许多汉语法律术语沿用至今，例如“主权”一词。“主权”是对惠顿书中sovereignty一词的翻译，《万国公法》将“主权”的定义翻译为：“治国之上权，谓之主权。此上权，或行于内，或行于外。行于内，则依各国之法度……主权行于外，即本国自主，而不听命于他国也。”这一译法与英文sovereignty的内涵基本无异，从而可推断出清朝官员对“主权”这个概念的掌握应当是比较准确的。“主权”不仅成为中国近现代国际法的基本概念，也传入日本，为日本国际法学界沿用至今。

《万国公法》译稿送给清朝一些高级官员阅看，得到很高赞扬，很快予以印行。第一版即印300本，分送总理衙门、各行省等使用，该书很快在清朝官员中得到了传播。《万国公法》译出后不仅，清朝外交官员就利用该书阐述的国际法原理成功处理了“普丹大沽口船舶事件”。1864年4月，普鲁士公使李福斯（H. von Rehfues）乘坐军舰来华，在天津大沽口拿获了三艘丹麦商船。总理衙门提出抗议，指出普鲁士公使拿获丹麦商船的海域是中国“内洋”（领海），按照国际法原则，应属中国管辖。最后普鲁士释放了丹麦商船，并予以赔偿，事件得到和平解决。第一次运用国际法就顺利解决了原本可能成为严重外交事件的纠纷，使得总理衙门和清政府对西方国际法产生了信心，并促进了国际法在中国的传播。

另外一个例子可以证明清政府当时已知晓“管理权”的内涵。1887年清政府与葡萄牙签署了《和好通商条约》，这是唯一对澳门法律地位进行规定的条约。当时葡萄牙已窃据澳门300年，但中葡之间并未就澳门法律地位作出约定。葡萄牙以协助清朝缉拿鸦片走私为名与清朝签署了《和好通商条约》。葡萄牙原本冀条约取得对澳门的主权，但清政府未予同意。最后双方在条约中规定葡萄牙“永居管理澳门”。这种规定表明澳门仍是中国的领土，中国从未丧失对澳门的主权。[①]

由此可见，在《马关条约》签订时，西方国际法在清朝已有数十年的传播，清朝外交官已经掌握了一定的国际法知识。“主权”一词是中国最早翻译使用的，并对其内涵有精准把握，而且该术语是从中国传入日本的。另外，此时清朝已知晓“管理权”与“主权”的区别。因此，《马关条约》中文本反映了清政府的真实意图，不存在清政府将“管理权”等同于“主权”的情况。

三、应坚持《马关条约》中文本的表述

前文已经论述《马关条约》中文本只是将台湾的管理权让与日本，并没有将台湾的领土主权割让给日本；日本对台湾的领土主权只是从日文、英文版本中取得。但是目前在各种有关《马关条约》的论著中都是千篇一律地介绍“中国将台湾割让给日本”，而在国际法上，“割让”一词意味着主权的转移，因此有必要改正目前这种错误的做法，而代之以《马关条约》中文本的表述。这样做并不违反条约法规则，且对驳斥“台湾地位未定论”有重要意义。

（一）“割让”在国际法上的意义

在国际法上，割让（cession）是有特定涵义的一个用语，它是指一国根据条约将本国的领土转移给他国。割让的构成必须有转移领土主权的意图，仅取得领土的管理权，即使是排他性的，也不能构成割让。割让以条约为基础，它可分为两种：一种是强制性割让，即一国通过使用武力以签订和约的形式迫使他国将其部分领土转移给自己；另一种是非强制性割让，它是有关国家在平等自愿的基础上缔结条约转移部分领土，其形式通常有赠与、国家的自愿合并、国家间买卖土地、交换部分

---

① 王铁崖主编：《国际法》，法律出版社1995年版，第171—172页。参见[英]詹宁斯、瓦茨修订：《奥本海国际法》第1卷第2分册，中国大百科全书出版社1998年版，第328页，第398页。

领土等。①

比照上述定义，根据《马关条约》的中文本，中国将台湾的管理权让与日本，日本取得了中国对上述领土的管理权，这一过程不符合国际法上“割让”的定义，因此并不构成国际法上的“割让”。而且，可能正是因为中、日两国之间涉及的是“管理权”的转移，《马关条约》的中文本为与之相匹配，没有使用“割让”一词，而是使用的“让与”一词，这也进一步佐证《马关条约》中文本并没有“割让”中国对台湾的主权。

另外一个问题是，虽然根据《马关条约》中文本清朝没有将台湾的主权割让给日本，那么在清朝被推翻以后，是否就意味着中国丧失了对台湾的主权呢？在这里有必要简要提及国家与政府的关系。在国际法上，国家具有国际法律人格，是国际法主体；政府是国家的代表；主权属于国家所有，但由政府代表国家行使。一国之政府因革命、政变等原因发生更迭，并不影响该国作为国际法主体的资格，国家作为国际法主体依然存在，发生变化的只是代表国家的政府。就中国而言，中国这个国家作为国际法主体从古到今一直存在，但代表中国行使主权的政府则发生了更迭，例如清朝取代明朝、中华民国取代清朝、中华人民共和国取代中华民国，都是代表中国这个国家的政府发生了更迭，并不影响中国这个国家的国际法地位。

因此，就领土主权而言，它属于国家所有，但由代表国家的政府予以行使；如果国家没有消亡，只要领土主权没有转移，无论代表国家的政府发生什么样的更迭，国家对这一领土的主权就没有发生变化。根据《马关条约》的中文本，如果清朝政府只是将台湾的管理权让与日本，就意味着清朝政府代表中国仍然享有对台湾的主权，中国这个国家对台湾的领土主权没有发生变化。清朝政府被推翻以后，建立了中华民国，这是代表中国的政府发生了更迭，中华民国政府取代清朝政府享有对台湾的主权；同理，中华人民共和国取代中华民国也是代表中国的政府发生更迭，中华人民共和国政府继承了中华民国政府对台湾所享有的主权。

（二）坚持《马关条约》中文本的表述并不违反条约法规则

前文已述按照《议定专条》，中、日两国如果各持本国文本发生争执，以英文本为准。因此，如果中、日两国因为《马关条约》发生争执，将以英文本作为解决争议的作准文本，如此中国将会处于不利的境地。但是我们不能就此无视《马关条

① 《是割让“主权”或“管理权”？》，台湾《自由时报》2010年1月31日；《马关条约真本》，台湾《自由时报》2010年2月4日。

约》中文本，而是应当坚持《马关条约》中文本的表述，这一做法并不违反条约法规则。

首先，暂不论《马关条约》的不平等性，作为条约的缔约方，坚持以己方文字作成的文本是应有之意。例如，国际法学者奥本海认为，除非条约另有规定，缔约每一方只受以其本国语文作成的约文的约束。虽然中、日两国约定因《马关条约》产生的争议，以英文本为准，但这并不妨碍中国坚持用中文作成的条约文本，当然日本也可以坚持用日文作成的条约文本。换言之，坚持用本国文字作成的条约文本是一回事，因各自坚持己方文本导致产生争议，则是另外一回事。因此，在争议未起之前，一国理应坚持用本国文字做成的条约文本；即使在应对争议时，支持己方立场的依据有多么薄弱，也不应妨碍坚持己方文字文本的效力。

其次，虽然《马关条约》日文本上有中方代表的签字，但中文本《马关条约》上同样有日方代表的签字；不仅如此，中、日两国各自还对条约进行了批准。也就是说，纯粹从条约法角度来看，《马关条约》的中文本与日文本具有同等的效力，并不可以因为《议定专条》约定中、日之间因《马关条约》产生的争执以英文本为准，而否定中文本的效力。

另外，日本在“二战”战败以后，再无可能援引《马关条约》，更无可能因所谓《马关条约》而与中国产生争议。“旧金山和约”第 2 条第 2 款规定：“日本放弃对台湾及澎湖群岛的一切权利、权利根据及要求。”就该款中的“权利根据”而言，它所指的就是《马关条约》。日本既然已经“放弃”《马关条约》，它就不可能再援引《马关条约》主张它的“权利”。因此，二战以后再无可能因为《马关条约》中文本与日、英文本的差异而产生争议；中国并不用“担心”在历史教育和宣传中坚持《马关条约》的中文本，而产生所谓的争议。

（三）坚持《马关条约》中文本，驳斥“台湾地位未定论”

今天我们坚持《马关条约》中文本的表述，一个重要目的是反驳“台湾地位未定论”。一些“台独”分子引用《马关条约》的日文本和英文本来作为“台湾地位未定”、“台湾主权不属于中国”的证据。但是“台独”分裂势力无权也没有资格援引《马关条约》。因为“条约对第三方无损益”是国际法上的一条习惯法规则，这一规则也适用于《马关条约》。《马关条约》是中、日两国之间签订的条约，既没有为第三国创设义务，也没有为第三国创设权利，因《马关条约》而产生的争议，也只能存在于中日之间。而“台独”并非国家，只是一国之内的分裂势力，他们更不可能是《马关条约》的缔约方，他们没有“身份”和理由援引《马关条约》、援引《马关条约》的日、英文本，来说明“中国不拥有对台湾的主权”。

总而言之，“《马关条约》将台湾及附属各岛割让给日本”的提法契合《马关条约》日文本和英文本的约文，而非中文本。这样的提法甚至可能给“台独”分子主张“台湾地位未定”提供口实。因此，在我们的媒体报导、教科书以及各种著作中应当改变目前的提法，严格按照中文本介绍《马关条约》的表述——“中国将台湾的管理权让与日本”。

五、结语

根据《马关条约》中文本，以及后来的《交接台湾文据》中文本，中国只将“管理权”“让与”日本；但根据日、英文本，中国则是将“主权”“割让”给日本。虽然条约遇有争议时，以英文本为作准文本，但这并不能否认《马关条约》中文本的效力，因为中文本上面同样有日本代表的签字。

一些“台独”分子贬低甚至无视用本国文字作成的《马关条约》，单凭条约的日、英文本，为其“台独”理论辩护。中国政府曾经发表声明废弃中国签订的一切不平等条约，但这并表示不需要对这些不平等条约进行研究。在我们的教科书、各种著作及舆论宣传中，应尽可能地体现条约的原文，这样可以还原历史真相。就《马关条约》而言，如果能够在教科书、各种著作及舆论宣传中以条约中文本的原文告知世人，不仅可以还原史实，而且对于宣传中国对台湾的主权，反驳“台独”理论具有重要意义。

（原载《台湾研究》2013 年第 3 期）

试论十七世纪荷兰海权的崛起与对台湾的侵占

汪曙申

17世纪，在欧洲航海国家大举向东方殖民扩张的进程中，地处连接东北亚和东南亚交叉点的我国领土台湾成为新兴海权代表荷兰觊觎的对象。荷兰凭借强大海上实力趁机侵占台湾并构建起庞大的远东殖民贸易网络，将台湾作为拓展贸易和建立远东霸权的重要据点，自此台湾沦为荷兰殖民地38年，不断卷入西方国家主导的资本主义殖民贸易体系。

一、荷兰海权崛起及台湾卷入西方殖民贸易体系

16世纪末17世纪初，世界范围内的海权形势出现新的变化，尼德兰摆脱西班牙王朝统治成立资产阶级性质的荷兰联省共和国（1581年），被马克思称之为“十七世纪的资本主义典型国家”，有历史学家也称其为“世界上第一个赋予商人阶层充分的政治权利的国家”。荷兰不仅赢得民族独立和自由，而且为之后的经济起飞和海权崛起奠定了重要制度基础。荷兰凭借先进的造船业大幅降低海洋运输的成本；建立高度授权和资本化运作的东印度公司（1602年）减少国内海外探险者之间的恶性竞争，统一组织领导、集中人力与资本从事对外贸易扩张①；依靠国家信誉以近代股份筹资的方法吸收和募集社会资金，以维持对外贸易所需要的庞大资本；通过建立良好的商业信誉赢得欧洲各国商业委托人的信任。美国学者诺斯和托马斯曾从新制度经济学解释称，“荷兰不是依靠自然的恩赐，而是发展了比其对手

① 荷兰政府授予东印度公司诸多主权国家拥有的庞大权力，包括对外发动战争、缔结条约、招募军队、发行货币、建立据点等，自此荷兰对东方的贸易形成一个权威和一种意志。伊曼纽尔·沃勒斯坦在著作《现代世界体系》中称东印度公司是“集投机事业、长期投资和殖民于一身的资本主义贸易公司的典范”。

有效的经济组织并在这样做的过程中获得了在经济上和政治上都与其国家之小规模不相称的重要性”①。在航海技术、贸易资本、机构制度等基本条件逐步具备后，荷兰自1596年派遣第一只船队前往东印度群岛探险后开始加快对东方商业贸易的扩张步伐，逐步成为第一批海权强国葡萄牙和西班牙的强劲竞争对手，被誉为“世界马车夫、贸易的中间商、欧洲的代理人和经纪人”②。

扩展和垄断贸易以赚取巨额商业利润是荷兰向亚洲殖民扩张的最主要目的，为了破除葡萄牙和西班牙对世界海洋的垄断和控制，荷兰人从两个方面进行了论证和准备。在海权理论上，荷兰著名思想家格老秀斯在《论海洋自由》一书中竭力为作为新兴海洋强国的荷兰辩护，强烈质疑和批判葡萄牙和西班牙垄断海洋的合法性和正当性，竭力强调荷兰人应拥有航海权，有权参与东方贸易，“所有人依国际法均可自由航行”，“每个民族均可与另一个民族自由地交往，并可自由地与之从事贸易”③。格老秀斯关于海洋自由的开创性论述为荷兰加入葡、西垄断的航海贸易竞争扫除了思想障碍，是“帮助推翻先前葡、西两国大洋垄断体制的头号思想利器，宣告了现代世界第一条延续至今的全球性原则”④。在海权的实践上，荷兰以东印度公司为组织形式，通过武力征服逐步占领了跨越非洲和亚洲的诸多重要贸易据点，1619年在巴达维亚（今雅加达）建立第一座城市，并以此为基地在东方编织起囊括台湾在内的庞大商业贸易网络。“荷兰仅靠着200万人口，15000艘商船（占全欧洲四分之三的吨位）和16万海员的海上商业力量，却囊括了全世界五分之四的海上运输量，殖民地遍及亚、非、美洲和大洋洲”⑤。

台湾面积虽小，“但因其天然资源及地理位置的关系，在近世初期重商主义时代，曾经一度卷入各殖民国竞相攫取殖民地的旋涡”⑥。早在16世纪中后期，台湾在东亚航线上已具有重要地位，成为欧洲殖民者和周边国家觊觎的对象。16世纪90年代日本丰臣秀吉曾谋划招抚台湾未果，由于明朝实施海禁政策，台湾反而成

① [美]道格拉斯·诺斯、罗伯斯·托马斯，厉以平、蔡磊译：《西方世界的兴起》，华夏出版社2009年版，第190页。

② [美]伊曼纽尔·沃勒斯坦，尤来寅等译：《现代世界体系》（第二卷），高等教育出版社2004年版，第52页。

③ [荷]格老秀斯，马忠法译：《论海洋自由或荷兰参与东印度贸易的权利》，上海人民出版社2005年版，第7页。

④ 时殷弘、霍亚青：《国家主权、普遍道德和国际法——格老秀斯的国际关系思想》，《欧洲》2000年第6期，第12页。

⑤ 王立东：《国家海上利益论》，国防大学出版社2007年版，第49页。

⑥ [日]矢内原忠雄著，周宪文译：《日本帝国主义下之台湾》，帕米尔书店1985年版，第3页。

为中国内地与日本之间进行货物贸易的中转站。随着台湾贸易地位的日益重要，江户时代的日本幕府曾两次派兵攻台，结果仍无功而返，然日本与台湾之间一直保持着较为密切的贸易联系和往来。1623 年 2 月，巴达维亚城寄给荷兰东印度公司董事会的书信中称，“日本人亦每年来该处（大员）与中国人贸易”。[①] 与此同时，称霸东方的葡萄牙和西班牙也十分关注台湾地理位置的战略意义，一直图谋借机占领。16 世纪末，荷兰继葡萄牙、西班牙之后开拓东方航路，力图在关键的海上位置建立军事和贸易据点，控制东南亚地区的香料贸易。进入 17 世纪，欧洲和日本市场对中国商品诸如生丝和瓷器的需求快速增长，经营中欧、中日之间的商品贸易具有高额利润回报，这极大刺激了荷兰人前往东方扩张的心理欲望。1603 年，荷兰人在马六甲海峡劫掠一艘葡萄牙商船“凯瑟琳”号，缴获 1200 大捆生丝，随后将这些生丝押回阿姆斯特丹拍卖获利达 225 万荷盾，相当于当时荷兰东印度公司股本总额的三分之一。史料显示，荷兰东印度公司从东方以低价购买生丝贩卖到欧洲的毛利一般都超过 300%。荷兰东印度公司曾在一项指令中称，“我们必须用一切可能来增进对华贸易，首要的是取得生丝，因为生丝利润优厚，大宗贩运能为我们带来更多的收入和繁荣，如果我们的船只无法直接同中国进行贸易，那么公司驻各地商馆就必须前往中国船只经常往来的地区（北大年等地），购买中国生丝”。[②] 在这种形势下，如何在中国沿海建立适合贸易转运的商业据点，掌握中国商品货源，进而建立与中国直接贸易关系就成为荷兰远东政策的重要内容。

17 世纪 20 年代，荷兰人在经济利益的强大诱惑下再次远航到中国表示希望与明朝进行贸易通商，然而明王朝因中国东南沿海备受“倭寇”袭扰而采取海禁政策，加上素有天朝上国的自大心态和长期形成固有的朝贡贸易体系，对荷兰提出的通商计划缺乏兴趣，只答应允许中国商人出洋贸易，而不许外国人到东南沿海一带经商。当时荷兰甫加入东亚地区的殖民角逐，实力不够强大，于是采取以谈判交涉和利益交换为主的方式力求达到通商目标，但亦未完全放弃武力施压。有史料记载，“因为据我们所能看到的，要用友善的方法来达成通商目的将非常艰难而且麻烦，要不是因我们的武力在澳门战败而变得那么脆弱，情况就会不同了，又因经常有很多士兵生病，很缺乏各种需用品”，“不过我们还在等候时机，希望在神的庇佑

---

① 赖永祥、曹永和译：《十七世纪台湾英国贸易史料》，台湾银行 1959 年版，第 2 页。

② Albert Hyma, *A History of the Dutch in the Far East*, George Wahr Publishing Co. Ann Arbor, Michigan, 1953, p.130.

下，将会赐给我们比迄今更好的（可以去攻打中国的）时机”[①]。在对中国东南沿海商船贸易进行骚扰难以奏效的情况下，荷兰先后两次攻打葡萄牙控制下的重要贸易港口澳门，但均告失利，随后不得不将目光转向在远东贸易航路中地位愈益重要的澎湖。澎湖背靠台湾，面对着明朝政府唯一允许开放对外贸易的福建漳州港，澎湖岛上有一处适合大船停泊的港湾，容易控制中国沿岸港口，扼阻中国对外贸易的航路，因而荷兰东印度公司在1622年再次派兵占领，将其作为对中国大陆和日本贸易的转接基地。由于澎湖毗邻东南陆地，在明朝海防中的地位相当重要，1624年明朝政府派兵逼迫荷兰人离开澎湖，默许荷兰转往台湾的大员（今台南安平）重新建立贸易据点。不过，荷兰人初来大员并未顺利实现其扩展贸易的目标，一方面面临来自中国海商集团和海盗的威胁，另一方面又有日本和西班牙对手的竞争，因而一开始很难谋利，反而承担了大量人力和物力的消耗成本。在这种情况下，荷兰人更不愿放弃夺取中国大陆贸易据点的计划，此后陆续增加驻守大员的兵力，并不断扩充财力支撑。1629年，荷兰据台第四任总督朴特曼上任后开始推行“贸易与战争交互为用”的政策，处心积虑通过战争一举打开对华直接贸易的大门，“在中国贸易，就像在东印度其他地方一样危险，除非使用武力，别无办法迫使那些大官就范，也没希望改善贸易”[②]。1633年，朴特曼对福建沿海发动了三次进攻，荷兰军队初始占据一定优势，但由于动员能力和补给有限，加上明朝军队实力强大、策略得当，最终在金门的料罗湾一战中大败。当时荷兰巴达维亚城方面向东印度公司总部报告指出，“我们去年发动的战争结果已表明，自由无限制的中国贸易，凭武力和强暴是无法获得的”。[③]

明王朝与荷兰东印度公司围绕中国东南沿海贸易据点争斗的结果表明，明朝虽步入衰落，但其中央集权结构下的陆权实力仍可以在近岸防御中对抗处于崛起中的新兴海权国家荷兰；荷兰虽处于海权扩张的上升通道，但毕竟国家规模偏小，兵力有限，力量分散，与盘踞东亚的殖民据点间路途遥远，补给周期长，亦无法完全通过战争撬开与中国直接贸易的大门。此后，荷兰东印度公司开始加强殖民经营，出于寻找黄金、强化控制以及传教等考虑不断向台湾内地扩张，同时鼓励中国内地商人和汉族移民前往台湾进行贸易和垦殖，招徕中国商船驶往其控制下的巴达维亚进

① “雷尔松寄总督顾恩函”，1622年10月8日于澎湖。《荷兰台湾长官至巴达维亚总督书信集(1) 1622—1626》，江树生主译，“国史馆”台湾文献馆主编，台北，南天书局2007年版，第16页。

② 《热兰遮城日志》第一册，第40页。

③ 程绍刚译注：《荷兰人在福尔摩莎》，联经出版社2000年版，第147页。

行贸易。可以说，“在这38年间，台湾从一个被视为化外之域的小岛，一跃成为众家争夺的贸易重镇”[①]，被迫卷入西方殖民贸易体系。

二、台湾在荷兰东方殖民体系中的定位和作用

在荷兰人的殖民统治下，台湾逐步被纳入到荷兰凭借海权所建立和运营的殖民贸易体系中，其定位及作用主要表现在三个方面。

（一）海外贸易的中转站。荷兰崛起的时代是重商主义盛行的时期，商业利润很重要的一部分源自流通领域，而贱买贵卖的不等价交换则是巨额利润的源泉。荷兰东印度公司向远东殖民扩张的主要目的即是通过垄断低价购进东方国家盛产的生丝、瓷器、香料、鹿皮等商品，然后依靠其庞大且具有竞争力的海上商船运输能力以高价往外分销，从中赚取十分可观的差价利润。在与葡萄牙和西班牙的竞争中，荷兰建立联结东西方的商贸网络不仅需要有强大的海上力量保障，而且需要有为舰队提供补给以及能与东方国家直接贸易的据点。台湾在荷兰占领前就是中国商船走私贸易的中继站，在荷兰统治下构建东方殖民贸易体系中的首要定位也是商品交易和运输的中转站。一方面，荷兰利用大员港口鼓励和吸引中国商人前往台湾进行货物贸易，然后将购入的商品转运至西欧和日本进行销售。当时除欧洲市场外，日本在结束内乱后商品经济实现恢复和较快发展，对生丝和绢布的外在需求增大，荷兰在经过调查后决定依靠1609年在日本设立的平户商馆，以台湾为基地致力于发展中日之间的转口贸易。特别是日本德川幕府1639年实施锁国政策后，葡萄牙在日本的贸易链条被切断，荷兰商馆则保留下来继续经营着中国大陆、台湾、日本之间的三角贸易，荷兰向日本贩运中国丝织品的规模不断上升，1640年跃升至8.3万斤，此后一直保持在六七万斤的高位。1641年，荷兰进一步攻占葡萄牙自1511年即据有的重要海上通道马六甲海峡，葡萄牙在亚洲的贸易进一步萎缩，荷兰则独霸印度与中国沿海之间的贸易。另一方面，台湾是连接荷兰占据的巴达维亚殖民地与中国大陆的重要中间站。荷兰东印度公司不仅通过派驻台湾总督掌握中国东南沿海的贸易情况，吸引和招徕中国商人前往巴达维亚交易，而且在一定程度上控制东亚地区以台湾西海岸为汇集点的南方与北方航路，为荷兰试图垄断东方贸易提供了便利。事实上，明末中国私人海上贸易的三大出口商品丝、糖和瓷器有相当大的部分是通过台湾转口输出的，荷据时期台湾的出口贸易是大陆海上贸易的组成部分，大

---

① 司马啸青：《台湾荷兰总督》，玉山社出版事业股份有限公司2009年11月，第4页。

员是中国对外贸易的转运中心之一[①]。

（二）出口商品生产地和税收来源地。荷兰人“虽以贸易上的利益为主要的目的，但为奖励商业，即商品的生产起见，他们也曾用力拓殖农业，向中国大陆招致垦民，输入家畜，供给资本，规定地制，并教化先住民，而收得效果”[②]。除利用大员港口转运和分销中国内地商品外，荷兰人还极力掠夺台湾岛上丰富的原料和资源向外出口，以换取金属货币。当荷兰人初踏上台湾时，就发现当地盛产的糖和鹿皮可供出口贸易，荷兰东印度公司曾建议驻印度的代理商使用报废和返航荷兰的船只运送糖回国。台湾学者戚嘉林指出，“福尔摩沙（台湾）原就生产稻米与甘蔗，荷人认为其天然环境颇适于栽种甘蔗，故希望能在福尔摩沙生产其整个东印度公司亚洲驻地人员所需的米与糖，从而使福尔摩沙成为荷兰殖民地的粮仓”。[③] 17世纪上半叶，荷兰人输入日本和欧洲的商品不仅有中国内地产的丝绸、瓷器和东南亚产的香料，还有来自台湾的糖、鹿皮等。据格拉曼计算，1636年有一艘荷兰船从东印度将糖运回荷兰贩卖所得利润是成本的1.75倍[④]。随着向台湾岛北部和东部的扩张，荷兰人开始展开农业拓殖。荷驻台第四任总督朴特曼任内曾积极争取汉人从事稻米和甘蔗为主的农作物种植，逐步奠定了日后米、糖在台湾农业中的基础地位，“总计17世纪30年代，从台湾销往欧洲与中国的糖，多达一百万磅”[⑤]，“荷兰据台，已从大员商馆的格局，迈向殖民地的经营”[⑥]，台湾逐步被赋予“荷兰殖民地粮仓”的地位。研究荷兰东印度公司在亚洲殖民扩张史一般分为商业掠夺和殖民地统治两个时期，前一个阶段重在通过商业贸易和不等价交换获取利润，海外领土扩张服务于商业利益的需要；后一个阶段重在经营和掠夺殖民地，主要表现即抢夺原材料和实行掠夺式的赋税制度。荷兰殖民统治台湾38年间，除利用台湾作为贸易中转站的功能谋利外，还通过高压统治和税收政策掠夺了大量财富。早在1625年，荷兰人曾为限制日本人在台湾的贸易一度决定对所有贸易商品征收10%的输出税，结果导致日本商人强烈不满爆发“滨田弥兵卫事件”。此后，荷兰人为缓解财政收支窘迫的困境，不断加强税收掠夺，包括对鹿肉、鹿皮等征收出口税以及其他林林总

① 陈孔立主编：《台湾历史纲要》，九州出版社2008年版，第29页。

② [日]矢内原忠雄，周宪文译：《日本帝国主义下之台湾》，帕米尔书店1985年版，第4页。

③ 戚嘉林：《台湾史》，海峡学术出版社2008年版，第53页。

④ 李金明：《17世纪初荷兰殖民者在澎湖、台湾的海盗贸易》，《台湾研究》1999年第3期，第88页。

⑤ 《热兰遮城日志》第一册，第233页。

⑥ 司马啸青：《台湾荷兰总督》，玉山社出版事业股份有限公司2009年11月，第152页。

总的什一税和人口税等。“从1636年—1637年，各项强收税捐均有6000多盾，到了1644—1645年增为11.7万多盾，比贸易收入的7.7万多盾足足多出4万盾，意味着就地抽税远比飘扬海上还要有赚头。”①

（三）打击西班牙和葡萄牙海上对手的重要据点。“荷兰人早在到达东方之初，就打算垄断中国的丝织品贸易，他们急需在中国沿海寻找一个立足点。这个立足点既可作为进攻菲律宾西班牙殖民地的据点，又可对抗任何无视荷兰海上贸易垄断而敢于冒险到马尼拉贸易的中国商船。”②从战略位置看，台湾是中国大陆的海上屏障，亦是东亚地区海上运输的重要咽喉，地处中国大陆与菲律宾贸易航道的中间，控制它可以直接干预西班牙人与中国的贸易往来，对中国东南沿海商船也形成一种威慑效应。“晚明的台湾海峡是东亚最为重要的国际通道，谁控制了台湾海峡，便拥有了东亚贸易的主动权。”③荷兰人占领台湾后，妄图“阻绝中国与吕宋间之贸易”，“独获市利之权”，极力鼓动中国商人前往大员进行商品交易，但因中国帆船远赴马尼拉的航行经商经之有年，且所得利润高于大员，因而不少中国商人仍然倾向选择与资金充足的西班牙人交易。为改变这种被动局面，荷兰人在不断提高商品买入价的同时，开始以台湾为据点诉诸军事武力，频繁破坏福建漳州与马尼拉之间的贸易往来，除保证在荷兰军舰护航下前往巴达维亚的航船安全外，其余均可能会遭到掠夺。“荷兰殖民者就是把台湾作为占领菲律宾的阶梯，企图以武力来切断漳州与马尼拉之间的贸易。”④荷兰驻台第三任总督纳茨曾向巴达维亚总督报告称，“我们必须不遗余力地破坏中国与马尼拉的贸易，因为要是能做到这一步，我们深信诸位将看到西班牙人自动离开马鲁古群岛，甚至离开马尼拉”。⑤此外，台湾海峡也是福建商人与澳门贸易的必经航路，荷兰人控制海峡便能打击侵占澳门的劲敌葡萄牙。为突破荷兰人对贸易航路的封锁，西班牙人从1626年起相继占领了台湾北部的鸡笼和淡水作为殖民据点，并在当地建筑防御堡垒，其后几年间又将势力范围扩展至台湾东北部海岸地区，极力拓展与中日双方的贸易，在顶峰时基隆一度成为中国华南沿海与东南亚之间的重要通商中心，这进一步激化了西、荷两国之间的矛盾。荷

① 司马啸青：《台湾荷兰总督》，玉山社出版事业股份有限公司2009年11月，第257页。

② 李金明：《17世纪初荷兰殖民者在澎湖、台湾的海盗贸易》，《台湾研究》1999年第3期，第87页。

③ 徐晓望：《论17世纪荷兰殖民者与福建商人关于台湾海峡控制权的争夺》，《福建论坛·人文社会科学版》2003年第2期，第33页。

④ 程绍刚译注：《荷兰人在福尔摩莎》，联经出版社2000年版，第147页。

⑤ Compbell, *Formosa under the Dutch*, Taipei: Cheng Wen Publishing Company, 1972, p.55.

兰人担心西班牙的介入不仅将威胁其贸易地位和航运安全，还可能鼓动台湾原住民和汉人联合反对其殖民统治。荷兰驻台湾总督纳茨直言西班牙的威胁来自三个方面，第一，西班牙从基隆直接派武装船只截击荷兰快艇和商船；第二，西班牙人把商人和商品吸引到北部居留地去；第三，西班牙煽动台湾本地土著居民和大陆汉族移民袭击荷兰人[①]。在根本利益冲突下，1642年荷兰人最终用武力将盘踞台湾北部达16年的西班牙人赶出了台湾。

荷兰凭借有利的地理位置对中国商船进行拦截和劫掠，确实打击了西班牙控制的马尼拉与中国东南沿海之间的商业贸易，漳州、泉州的商船不得不开始转往台湾与荷兰人进行交易，“即便有冒险到马尼拉的，也只敢载少量船货，如1626年到吕宋的50艘华船仅运去40担生丝，而同时期载到台湾的丝却有900担”[②]。期间，荷兰人还持续从对中国商船进行劫掠中获得了庞大利益。“1645年底，荷船在马尼拉沿岸载获了两艘由福建安海驶往当地的大帆船，船上装满了生丝、丝织品及其他商品，价值总计27万7千多盾。大员荷馆1644至1645年间，贸易收入不过7万7千多盾，1645至1646年间也只有12万2千多盾”。[③]可见，台湾在荷兰远东殖民贸易体系中充当了重要军事据点，对维护荷兰与远东贸易航道的安全以及控制东亚区域海上霸权都具有重要意义。

三、几点思考

17世纪是全球霸权结构调整的变迁时代，伊比利亚半岛的葡萄牙和西班牙日渐没落，新兴强权荷兰与英国相继崛起，伴随世界领导者更替的是西方殖民者海外利益的重新划分，正是在这一大背景下，台湾走进西方强权的掠夺视野并最终沦为荷兰殖民地。台湾被荷兰侵占并被纳入其主导的殖民体系，其中的背景值得思考。

（一）台湾被纳入荷兰殖民体系客观上是17世纪东西方陆权与海权势力消长的结果。自大航海时代开启，东西方国家间的贸易往来开辟了新的且成本较低的海上航路，西方殖民者凭借庞大的海上军事力量和商船运输能力把持着东西方之间的商品货物买卖，巨额商业利润不断刺激着它们将殖民扩张的触角延伸到地大物博的中

① 厦门大学郑成功史料调研组：《郑成功收复台湾史料选编》，福建人民出版社1982年版，第106—108页。

② 李金明：《17世纪初荷兰在澎湖、台湾的海盗贸易》，《台湾研究集刊》1999年第2期，第66页。

③ 司马啸青：《台湾荷兰总督》，玉山社出版事业股份有限公司2009年11月，第254—255页。

国。荷兰是 17 世纪全球新兴海上霸权国家，其推行海外殖民扩张政策不仅具有先进航海技术和强大经济实力的支撑，而且拥有社会和经济组织上的制度优势，是当时世界权力格局中一股处于上升阶段且具有强大竞争力的先进力量。相反中国时值明末大动荡时代，明朝虽凭借固有的武力将荷兰人赶出澎湖，但面对国内风起云涌的农民起义以及北方满族势力的威胁，并无力顾及防卫台湾，最终对荷兰人将军事和贸易据点撤至台湾采取了忍让和默认的态度。从这个角度看，荷兰殖民者觊觎台湾是基于该岛对拓展远东贸易有着十分重要的地缘价值，但台湾被纳入殖民贸易体系的决定因素是新兴荷兰海洋霸权在与日益陷入危机之中的明朝进行较量中所具有的领先优势。这一点在此后大陆与台湾的分合历史中一再得到印证，作为陆权存在的中国能否保持繁荣强大足以抗衡外来海上强权的侵略和袭扰，也即中国（陆权）与挑战者、干预者（海权）之间的实力对比关系直接影响着台湾的历史命运。

（二）海权观念的巨大差异从根本上影响中国封建王朝和西方列强对台湾地缘战略价值的看法。17 世纪西方虽未形成系统的海权理论，但欧洲民族的海外冒险精神和追求利润的强烈需求，使其对探索和利用海洋充满激情和勇气，进而对台湾地缘战略价值给予高度重视。“各国基于台湾具备战略价值、经济利益和航路安全之需，对台湾的港口垂涎已久”①。事实上，在 17 世纪初期，独特的贸易和军事价值一度导致在台湾出现日本、西班牙、荷兰等外国势力竞争并存的局面，而后随着日本实行海禁锁国政策退出，以及盘踞台湾北部的西班牙人被击败，荷兰才最终确立了在台湾的殖民统治地位，进而利用台湾的海上通道价值为其殖民贸易和统治服务。反观之中国，明朝初年就开始实施海禁政策，在沿海地区建立卫所旨在抵御倭寇入袭，郑和七下西洋也只为宣扬中华帝国威仪，继续推行偏离市场规律的“朝贡贸易”，封建统治阶层重陆地、轻海洋的传统思维使之对海洋及重要战略据点和通道的认识严重不足，对台湾作为中国东南门户以及在远东贸易中的重要地位缺乏应有的重视。固然，海权观念的差异是东西方历史、文化、政治、经济等综合因素影响的结果，但这种差异所导致的对台湾地缘政治价值的不同认识，深刻影响中国封建王朝与西方殖民者对台湾政策的历史选择。

（三）郑氏海商集团对荷兰海权的区域优势是郑成功收复台湾的重要基础。荷兰人据台后，郑氏集团与荷兰殖民者围绕海上贸易的争斗从未停止，郑成功基于抗清斗争、维护国家领土以及郑氏海商集团利益等需要决定收复台湾，其整体陆海军

① 林丽容：《台湾史》，上大联合股份有限公司 2000 年版，第 94 页。

事力量与荷兰在远东的实力对比成为关键。17 世纪 50、60 年代荷兰殖民者在东方不断扩张，但本国领土和人口规模有限，加上海外殖民地范围十分广泛，使其无法在所有殖民地大规模驻军和移民人口，这也是其海权过度向外扩张所呈现出来的明显软肋。从历史资料看，荷兰殖民者占据台湾后虽极力向北部和东部推进，但真正管辖地区限于“北部的基隆和淡水两港和以安平为中心的台南平原”①，建筑城堡数量不多，规模不大，驻军人数也相当有限。1650 年荷兰东印度公司曾决定台湾岛内平时守军不得少于 1200 名，最多时全岛近 2200 人②。郑成功在誓师起兵抗清后，凭借以东南沿海为基地对外贸易积攒了雄厚经济实力，鼎盛时期士兵达 20 万人，并拥有各种大小船只 5000 余艘，1661 年郑成功率 2.5 万人大军和 400 余艘舰只进军台湾，在整体实力上明显占优，这也是后来不畏荷兰东印度公司增援而最终迫使荷兰人于 1662 年投降的力量保障。荷兰被赶出台湾后其远东贸易体系受到重挫，一直伺机卷土重来，并企图与清王朝联手夺回台湾，但囿于军事力量与郑氏集团相差甚远而始终无法达成。

四、结论

随着 16 世纪以来欧洲海权强国不断向远东进行殖民扩张，台湾以其作为贸易中转站和军事基地这一独特的地理位置成为西方殖民者觊觎的对象。17 世纪荷兰海权崛起，凭借强大的海上实力向东方拓展贸易，并趁明朝陷入内忧外患、陆权衰弱之际侵占台湾，将之纳入其构筑的远东殖民贸易体系。台湾沦为荷兰殖民地在某种意义上是东西方传统陆权与新兴海权势力消长的结果，也反映了中国封建王朝与西方资本主义国家对台湾地缘政治价值的不同认知。郑成功收复台湾背后所展现的实力原则，从一个侧面说明台湾的历史命运与主要作为陆权国家的中国和觊觎台湾的域外海权国家间的竞争态势息息相关。

（原载《台湾研究》2011 年第 5 期）

① 周文顺：《台陆关系通史》，中州古籍出版社 1991 年版，第 158 页。
② 陈碧笙：《台湾地方史》，中国科学出版社 1982 年版，第 66 页。

海峡两岸社会发展差异及因应策略之异同

王建民

台湾与大陆社会发展处于不同发展阶段。台湾已步入“后工业化社会”时期，社会开放程度高，公民参与社会化程度高，城乡社会一体化程度高，城乡差别小，社会结构较为稳定，特别是较为顺利地渡过了“中等收入陷阱”发展阶段。大陆正处于“工业化社会”迅速发展时期，处于社会大转型时期，城市化程度低，城乡差距大，呈现典型的城乡二元社会结构，同时刚迈入“中等收入发展阶段”，社会阶层结构正处在中产阶级迅速上升时期。尽管如此，海峡两岸社会发展也面临不少相同或类似的问题与挑战。海峡两岸需要通过广泛的社会接触、交往与交流，以促进海峡两岸的相互了解与社会融合，实现两岸社会的共同进步与发展。

一、海峡两岸社会发展之差异

近代以来，台湾与大陆经历了不同的历史发展进程与轨迹，走上了不同的经济发展道路，建立了不同的社会政治体制，造成当今海峡两岸社会发展、社会结构、社会矛盾等存在明显差异。

（一）海峡两岸社会发展阶段之差异

海峡两岸社会发展处于不同阶段，台湾是发达社会，大陆是发展中社会；台湾进入“后工业化社会”阶段，大陆正处于工业化进程之中。台湾经济现代化起步早，可追溯到清代刘铭传治理台湾时期，日本殖民统治客观上进一步促进了台湾现代化的发展。战后，台湾经济在经历短暂阵痛之后，于20世纪60年代开始步入工业化发展时期，到20世纪80年代基本完成了工业化，即大约经历了30年的工业化进程，20 世纪 90 年代初开始逐步进入“后工业化社会”发展时期。依台湾统计，1993 年，台湾工业产值比重首次降至 40%以下，2011 年为 29.8%（其中制造业为 25.1%）；服务业产值于 1995 年超过 60%，2011 年为 68.4% [①]；与发达工业化国家或地区产业结构相似。可以说，台湾已进入以服务业为主的“后工业化社会”发展阶段。

大陆工业化发展过程曲折，从农业社会向工业化社会转型时间长。20 世纪 80 年代中期后，大陆工业化进程才进入快速发展时期，目前仍处于工业化中程阶段，农业就业人口持续向城市与工厂转移，工业产值比重依然偏高，仍是主导产业；服务业虽然呈现较快发展势头，但占 GDP 的比重仍然偏低。依国家统计局统计，2001 年，服务业产值虽然首次超过工业，但此后十多年，工业产值与服务业产值比例交替变化。2012 年，工业产值占 45.3%，仍居第一位；服务业产值为 44.6%，农业产值接近 10%（2013 年第一季度服务产业再次超过工业）。不过，大陆服务业产值比例要达到 70%以上，即进入“后工业化社会”，还需要较长时间（有专家预计在 2020 年前后），表明大陆仍处于工业化进程之中，较台湾约晚 30 年左右时间（北京则已迈入后工业化社会，正式说法是“北京已形成服务主导型的经济发展格局”。1994 年，北京服务业产值比重为 49%，首次超过第二产业；1998 年超过 60%，较台湾仅晚三年；2012 年达到 76.4%，已高出台湾服务业产值比例 [②]）。

总体上讲，大陆是“发展中社会”，台湾是“发达社会”。海峡两岸社会发展阶段的不同与差异，决定了海峡两岸社会结构、社会发展水平与社会矛盾等诸多方面的差异。目前台湾处在经济增长相对缓慢与民生问题更为突出的又一次社会转型时期，陷入“民主陷阱”的发展困境（英国《金融时报》发表《台湾的中上收入困局》，认为台湾陷入“中上收入困局”，即虽有民主体制，但近年经济增长缓慢，民众不乐观）；大陆则从“温饱型社会”（基本实现小康）向“发展型社会”（中等收入）转型时期，处在“社会结构发生重大变化，利益格局进行着深刻调整，思想观念呈现多样化的特征”的发展阶段 [③]。十八大报告对中国特色社会主义发展道路提出了更为具体的发展方向：“坚持走中国特色新型工业化、信息化、城镇化、农业

① 2012 年，台湾服务业占 GDP 比重为 68.5%，服务业就业人口比重为 58.8%；但若将制造业纳入，则分别达 71.34%与 66.54%。廖珪如：《服务协议，未见部会冲击评估》，台北《工商时报》，2013 年 5 月 28 日。

② 朱竟若、余荣华：《服务贸易：新引擎，大未来——第二届京交会成果盘点》，《人民日报》2013 年 6 月 3 日，第 14 版。

③ 向春玲：《社会管理创新事关改革的深入推进》，《中国国情国力》2013 年 5 月，第 10—12。

现代化道路，推动信息化和工业化深度融合、工业化和城镇化良性互动、城镇化和农业现代化相互协调，促进工业化、信息化、城镇化、农业现代化同步发展”[①]。这一论述提出了现阶段与未来较长时期大陆社会发展的基本方向。

（二）海峡两岸城乡结构与城乡发展之差异

城市化水平是衡量一个社会是否进入发达社会的重要标志之一。其中，城市人口超过70%，城乡居民收入水平接近，是两大关键性指标。海峡两岸社会发展的一个重大差异在于台湾与大陆城市化发展水平与城乡结构有很大不同。台湾工业化与城市化进程起步早，城市化发展程度高，城市化水平（城市人口占总人口比率）于1980年超过70%（进入工业化社会中期）；20世纪90年代开始，城市化进程放慢，但城市人口比例仍持续上升，到20世纪90年代中期达到80%，目前约为87%（目前北京市为86%）。以城市人口密集度观察，台湾38个大中小城市的面积约占台湾岛总面积的7.09%，人口却达1240万人，占了台湾总人口的56.7%。目前台湾农村人口少，只有约300万人，约占总人口的13%。尤其是台湾城乡社会经济一体化程度高，城市结构合理，特大城市少，中小城市密集，城乡差别小，基本上实现了城乡社会一体化发展。

大陆城乡结构较为特殊，农村人口规模庞大，城市化程度低，长期以来城市化发展迟缓。依统计，1981年，大陆城市人口比例才突破20%，1996年只有30%。20世纪90年代中期以来，随着工业化、城市化的快速发展，农村人口迅速向城市转移，城市人口比例出现较快上升态势，大陆逐渐进入城市化快速发展时期。依国家统计局统计，2011年，城市人口达到6.9亿人，城市人口比例首次突破50%（51.3%）[②]，2012年超过52%。不过，与台湾或发达经济体相比，大陆农村人口规模仍然巨大，接近总人口的半数，城市化水平依旧偏低，与台湾城市化水平有很大差距。尤其是大陆庞大的人口规模与特殊的户籍管理制度，造成大陆城市化发展存在一些制度性障碍与特殊的城市化特征，即部分城市人口与居民身份脱节。大陆城市化水平接近52%，是依城市常住人口计算的城市化水平；若以户籍计算，城市化率只有36%，就是说一部分“被城市化”的市民生活在城市，但仍是农村户口，不能与城市居民享受相同的福利、购房、子女教育等权利，使得大陆城市化水平存

---

① 胡锦涛：《坚定不移沿着中国特色社会主义道路前进——在中国共产党第十八次全国代表大会上的报告》，人民出版社，2012年版，第20页。

② 闫龙、赵健彬：《我国城镇化的历史轨迹与展望》，《中国统计》2013年5月，第17—19页。

在可议之处。

同时，大陆城乡社会一体化程度低，城乡差别显著，还是典型的城乡二元社会结构。农村居民人均收入与城市居民收入有较大差距，城市居民享有更多的社会福利待遇与社会保障，农村社会保障少，起步晚，尤其是历史上形成的户籍制度成为大陆城乡一体化与破解城乡二元社会结构的一大难题。据统计，1978年，大陆城乡居民收入差距为2.57倍，2002年超过3倍①；2009年以来，由于大陆采取“强农惠农富农”政策，农民收入增长明显，城乡居民收入差距有所缩小。据统计，2012年，大陆城镇居民人均总收入为26959元，农村居民人均纯收入只有7917元，只有前者的29.4%；即使与城镇居民的人均可支配收入24565元对比计算，农民纯收入也只有城镇居民的32.2%②。

目前，城镇化与城乡一体化已成为大陆社会发展的国家战略，城市化将步入一个迅速发展时期，对未来大陆社会发展影响重大，需要做出科学评估，稳步推进。十八大报告提出：“要加大统筹城乡发展力度，增强农村发展活力，逐步缩小城乡差距，促进城乡共同繁荣。”江苏省委书记罗志军也提出，“在新形势下破除城乡二元社会结构、加快农村小康建设，不能简单地走过去的老路，必须加快建立以工促农、以城带乡、工农互惠、城乡一体的长效机制，同步推进新型工业化、农业现代化、城乡发展一体化，努力形成城乡社会发展一体化新格局”③。

（三）海峡两岸社会阶层结构之差异

社会阶层结构与经济发展、经济结构、城乡结构与相关社会制度等均有密切关系。海峡两岸的社会阶层结构存在明显差异。

前几年，日本学者最先提出日本出现M型社会发展趋势，并推广到台湾，即中产阶级相对贫困化与人数减少，中下层群体上升，顶尖富人群体更集中。但实证研究发现，台湾并没有出现典型的M型社会发展趋势。中产阶级人群仍呈现上升趋势，只是上升速度放慢，中下层或劳工阶层一直是台湾最大的社会群体。

20世纪80年代以来，随着台湾工业化的迅速发展与社会管制的逐步开放，中产阶级迅速兴起，逐渐改变了传统的社会阶层结构，劳工阶层比例显著下降，中产阶层迅速增加，逐渐成为一个最具影响力的社会阶层。依台湾就业者职业分类初步

---

① 白余霞、蒋同明：《人力资本视角下的城乡居民收入差距研究》，《中国国情国力》2013年2月，第26—27页。

② 闫龙、赵健彬：《我国城镇化的历史轨迹与展望》，《中国统计》2013年5月，第17—19页。

③ 罗志军：《在率先发展中推进共同富裕》，《求是》2013年11月，第9—11页。

估算，1978 年到 2008 年，台湾中产阶级人口从 120 万人增加到 463 万人，占就业人口比例从不足 20%上升到 44.5%，显示中产阶级在台湾社会结构中占有重要地位。中下层阶级主要是普通劳工、农民、摊贩、中低收入户等，其基本特征是收入低，社会地位低。在每个阶层内部也存在差异。中下层阶层主体是劳工阶级，主要包括在生产一线的体力劳动者、机械设备操作工、服务工作人员及售货员、公务机构中的技工、工友、司机，党政雇用的工作人员等，约 520 万人，占台湾地区劳动力人口的 52% ①。如果按就业者的职业观察，服务工作人员及售货员、农林渔牧工作人员、生产及有关工人与机械设备操作工等可视为劳工阶级。1978 年到 2008 年，这一劳工阶级人口呈现了先增长后下降的过程，1978 年达到 500 万人（502 万人），1988 年接近 600 万人（597 万人），2008 年为 557 万人；劳工阶层占就业人口的比例则大幅下降，从 1978 年的 80.6%降为 2008 年的 55.5%，从另一面反映了中产阶级的兴起与发展过程。

大陆社会阶层结构与台湾有很大不同。农民群体庞大，即使工业化与城市化迅速发展，一部分农民群体进入城市，构成一个“移动农民工群体”。依统计，2012 年，农民工人数达 26261 万人，相当于 11 个台湾地区的人口。另一方面，大陆经济快速发展，教育日益普及，民众教育水平普遍提高，以知识精英、企业管理阶层与以民营企业主等为主的中产阶层获得新的发展，即所谓中产阶层的迅速崛起。另外，大陆在经济发展过程中也出现了极少数集中了大量财富的顶级富裕群体，社会分化日益明显。

大陆有多少中产阶级或中间阶层，因认定标准不同（收入、职业、消费水平、社会地位等），仍是一个难以准确估算的问题，目前没有一个准确答案。2005 年，国家统计局依据“国际标准进行换算”，完成对中国大陆中产阶级的定义，家庭收入在 6 万至 50 万元人民币之间的人群，为中产阶级。依此计算，2005 年大陆中产阶级为 6550 万人 ②。在今天看来，家庭收入超过 6 万元人民币作为中产阶级的标准显然过低。2011 年，亚洲开发银行发表的《亚洲和太平洋地区 2010 年关键指标》报告称中国大陆有 8 亿中产阶级，并将在 2020 年超越 10 亿，显然有扩大之嫌，无法获得认同。有学者研究认为，大陆中等收入群体比例大致占总人口的 23% − 25%，规模约 3 亿人，并认为与发达国家同等阶段相比，中等收入群众比例明显偏低（美国在 20 世纪 70 年代初人均 GDP 达到 5000 美元时的中产家庭比重达 60%

① 周大计：《对岛内劳工阶层的若干观察》，《台湾民情》2011 年第 2 期，第 34—40 页。

② 胡赉：《中产阶级在中国最难定义》，《南方周末》2011 年 8 月 4 日。

以上）[①]。笔者估算方法如下：大陆城市人口6.9亿人，减去2.6亿城市农民工，有4.3亿实际城市人口，其中约一半为中下市民或职工，则中产阶级约为2.2亿人，约占总人口的17%；再加上估算农村有5%的中产阶级人口，约3000万人，合计有2.5亿中产阶层，约占总人口的19%。显然，就总体社会阶层结构观察，大陆中产阶级人口比例仍相对偏低，农民及农民工、城市普通职工等是最庞大的社会群体，仍属于中下层社会群体与弱势群体，呈现典型的金字塔型社会结构。但值得注意是大陆社会阶层固化与定型化现象日益明显。近年来，大陆农村学生放弃高考现象增加，能够进入重点大学的比例下降，如进入北京大学的农村学生比例从三成降至一成，农村青年“知识改变命运”的机会减少，底层上升渠道变窄，造成所谓的“社会阶层固化”趋势。

在海峡两岸两种不同的社会阶层结构下，台湾社会的稳定与否，中产阶级是关键；大陆的社会稳定与否，包括农民工在内的庞大劳工阶层是关键。

（四）海峡两岸社会政治制度与公民社会发展程度之差异

海峡两岸实行不同的社会政治制度，大陆走的是社会主义发展道路，实行的是“有中国特色的社会主义制度”；台湾走的是资本主义发展道路，实行的是有“台湾特色的资本主义制度”。与社会制度相关，大陆在政治上建立并实行社会主义人民民主制度，政治体制是以执政党——中国共产党领导的多党合作制度，走的是群众路线，实行的是“协商民主”；台湾建立了西方民主政治体制，实行以直接选举为核心的多党政治制度。这是两种完全不同的社会政治制度，各有利弊，与各自的社会经济基础相适应。台湾对自己的社会政治制度有认同感与优越感；大陆也对自己的社会政治制度有自己的认同感与优越感。大陆政治体制与发展道路重新获得越来越多海内外专家学者的认识与肯定。民进党前“立委”林浊水发表评论指出：“对岸专制的中共政权，党外虽然无民主，党内则采取民主集中制，由集体领导的政治局做决策，也和西方内阁或总统制一样做精英决策，但依赖广设在各级机关的智库，由下而上汇集来资讯和知识，这样的过程保证了近20年来，在财经决策上稳定而优良的品质，硬是远远地把台湾比了下去”[②]。这一论述，值得反思。事实上，国际金融危机后，西方民主政治制度缺陷日益突出，国际社会开始反思与检讨西方民主制度，同时开始重视“中国模式”与“中国道路”。

---

① 高汉：《扩大内需，急需扩大中等收入群体》，《人民日报》2013年6月17日，第7版。

② 《借助大陆经验，推动政治再转型》，台湾《旺报》2013年6月5日，C5版。

在海峡两岸不同的社会政治制度下，海峡两岸公民社会内涵与公民社会发展程度也存在差异。20世纪80年代后期以来，随着“戒严体制”的结束，台湾进入一个新的社会政治转型与发展时期，社会日益多元化，民间社会组织迅速增加，公民意识提高，公民参与社会治理与参与政治活动日益普遍化，目前台湾已是一个相对成熟的公民社会。据台湾“内政部”统计，到2010年，台湾各级职业团体为5209个，各级社会团体达35426个，合计超过4万多个，平均575人就有一个社会团体。台湾公民社会的发展，形成台湾较为显著的“小政府、大社会”框架，即当局的功能与角色地位相对下降，民间社会治理角色增强。

相对的，大陆社会发展、政治经济体制与社会结构，决定了大陆公民社会发展起步晚，还不够成熟，公民参与社会治理仍处于初级阶段。不可否认，大陆已逐渐进入公民社会发展初期，公民参与意识明显提高，民间社会组织大量涌现。日前中国社会科学院发布的《中国慈善发展报告（2013）》显示，2012年社会组织达到49.2万个[①]。NGO与民间志愿者组织得到了迅速发展与规范化，公民参与社会治理有了新的发展。公民社会并不完全是公民的政治参与或者政治运动、政治对抗，而是更广泛的公民参与社会治理，并发挥公民对政府的社会监督作用。当前台湾有过度强调公民社会政治参与及过度政治化的趋势，引起部分学者的反思。台湾媒体发表文章认为，“活络的公民社会是台湾的资产，但公民社会并不是纯然以非政府组织批评政府、挑战公权部门、示威抗议为已足，它仍有为民间社会解决问题的积极意义与功能，对两岸来说，这都是可操作的正面角色”[②]。这是较为客观的论述。

台湾更强调公民社会的公民政治权利、民主参与、政治参与等；大陆更强调公民社会民众对社会公共事务的发言权与参与权，更强调参与社会公共事务，而且强调从基层参与做起，逐步扩大范围。中共十八大报告提出：“在城乡社区治理、基层公共事务和公益事业中实行群众自我管理、自我服务、自我教育、自我监督，是人民依法直接行使民主权利的重要方式”，“要健全基层党组织领导的充满活力的基层群体自治机制，以扩大有序参与、推进信息公开、加强议事协商、强化权力监督为重点，拓展范围和途径，丰富内容和形式，保障人民享有更多更切实的民主权

① 邓琦、郭少峰：《社会组织增3万个，捐赠量反降17%》，《新京报》2013年6月1日，A 21版。

② 《民进党逢中必反如何谈结盟》，台湾《旺报》2013年5月15日，A 14版。

利”[①]。可见，海峡两岸处在不同的社会发展阶段，对公民社会的理念、认知有所差异与不同，在社会治理上也有明显不同。大陆讲的社会治理、社会管理，更强调大陆特色的“人民民主权利”，重视社会层面尤其是社区、基层与公益事业的自主管理，与台湾更强调政治民主、民众政治参与有所不同。

台湾社会管理较为成熟，制度较为健全。大陆社会管理起步晚，制度不健全，发展滞后。2002 年，中共十六大对政府职能进行了明确定位，提出了加强社会管理的功能。十六届六中全会进一步明确提出要“健全社会组织，增强服务社会功能”。中共十七大通过的政府工作报告，首次将社会组织作为“发展基层民主、保障人民享有更多更切实的民主权利”的重要内容，提出“发挥社会组织在扩大群众参与、反映群众诉求方面的积极作用，增强社会自治功能”。中共十八大报告同样提出要引导社会组织健康有序的发展，充分发挥群众参与社会管理的基础作用。可见，新世纪之初，大陆就开始重视政府的社会管理、健全社会组织与增强社会公共服务，并逐渐取得进展。大陆的社会管理或社会治理强调“群众路线”与“协商民主”，这是大陆特色的社会民主参与方式。

公民社会发展与人权观念、人权保障密切相关。联合国把人权的基本内容划分为两大类：第一类人权叫做公民权利和政治权利；第二类人权称为经济、社会和文化权利。这两类权利作为人类的基本权利受到世界普遍的肯定和承认。海峡两岸的人权观念都在发展之中。大陆也在积极推进人权事业的发展，已签署、批准并已加入了 25 项国际人权公约，充分说明大陆认同人权概念，重视人权发展，尤其是更重视公民的经济、社会和文化权利，更重视发展权、生存权，与西方过度依自己的标准定义人权尤其过度强调政治权利有所差异。

（五）海峡两岸社会发展面临的主要问题与社会矛盾之差异

由于台湾与大陆社会发展处于不同阶段，以及政治社会体制的差异，面临的社会发展矛盾与问题也存在显著差异。

台湾面临的主要社会问题有：财富分配差距持续扩大，民生问题突出；民粹主义泛滥，个人权益至上，局部利益重于整体利益，社会缺乏共识；重公平轻效率，存在平均主义与“左倾化”现象；合作主义精神缺失，在台湾社会遇到困难与危机时，不能同心协力，难以同舟共济；政府遭遇信任危机，民众不相信政府，对政府

① 胡锦涛：《坚定不移沿着中国特色社会主义道路前进——在中国共产党第十八次全国代表大会上的报告》，人民出版社 2012 年版，第 27 页。

抱怨强烈[①]。

当前台湾社会发展面临的主要矛盾有：蓝绿矛盾及蓝绿政治对抗造成的社会撕裂与社会对立，严重影响社会和谐发展；政治发展与经济发展的矛盾，政治权力之争与政治斗争严重制约着经济改革与进步；民主与效率的矛盾，这是政治与经济矛盾的另一种表现，民主的权力制衡造成“民主僵尸”，制约行政效率、施政效率，影响经济发展；政治执政能力与民众日益增强的经济发展与社会公平等要求之间的矛盾突出，民众社会发展期待高，不相信政府，政府施政得不到民众支持；经济发展与环保的矛盾，环保问题已成为制约经济发展的关键性因素。

那么，当今台湾社会的主要矛盾或基本矛盾是什么？是统“独”矛盾、政经矛盾、官民矛盾、还是蓝绿矛盾？依笔者判断，蓝绿矛盾是台湾社会的基本矛盾。今天台湾社会的其他诸多矛盾，都与这一矛盾相关，甚至是这一矛盾的延伸。张灿鍙（前台南市长，开创台湾文化基金会董事长）撰文写道：在台湾，“讨论问题前，要先分清颜色，台湾社会早已陷入‘有立场没是非，有党派没对错’的极端对立”，“台湾当前的政治乱象：蓝绿严重对立，社会不断撕裂，政府持续空转。历次的民调也都显示，有50%以上受访民众认为：‘政党恶斗是台湾当前最大的危机’”[②]。他提出的解决之道是：尊重包容，理性沟通，诚实信诺，正面竞争，扩大共识。他进一步提出警告：“面对全球化的浪潮与中国崛起的压力，台湾社会倘若政争不断，无法团结，分裂的社会无法立足，撕裂的‘国家’无法前进，台湾必输无疑。”也可以说是强调台湾蓝绿政争是台湾社会的基本矛盾。

大陆面临的主要社会问题包括：贫富差距持续扩大，社会信任危机；弱势群体利益得不到有效保障，民众生活压力增大；大都市过度扩张，城市人口膨胀，交通拥堵；环境污染，食品安全事件、群发性事件增多。同时，大陆还面临“中等收入陷阱”困惑。2012年，大陆人均GDP 6000美元（2011年为5432美元），处于中等收入阶段的中段，会不会落入“中等收入陷阱”成为当前最关注的问题。

大陆社会发展面临的主要矛盾在于：经济发展、经济改革与政治发展、政治改革之间的矛盾；城市化快速扩张与公共资源高度集中城市，与农村社会空洞化、人

---

① 台湾《群我伦理关系促进会》公布2013年台湾社会信任调查，民众最不信任政府，对马英九的信任度还不如对陌生人的信任度。其中信任的倒数前三名为政府高官、民意代表与房屋中介，前三名为家人、医生与老师。王茂臻：《台湾民众最不信任政府高官》，台湾《联合报》2013年6月1日，A14版。

② 张灿鍙：《台湾民主的现状、未来和愿景》，台北《台湾国家政策学刊》2011年7月第5期，第5—8页。

口老龄化、儿童留守化、文化精神荒芜化之间的矛盾；经济发展与环境污染之间的矛盾。那么，大陆社会的主要矛盾或基本矛盾是什么？十八大报告指出："人民日益增长的物质文化需要同落后的社会生产力之间的矛盾这一社会主要矛盾没有变"。这一概念的哲学性强，较为抽象，但基本上回答了现阶段大陆社会发展的基本矛盾，其他诸多主要社会矛盾可以说都是这一主要矛盾或基本矛盾的延伸或演化。

二、海峡两岸因应社会发展策略之异同

海峡两岸社会发展虽然有诸多差异与不同，但也有许多相同或相似之处，存在不少共同问题与挑战，均倡导社会和谐与均衡发展，均重视改善民生与缩小贫富差距问题，均致力于协调不同群体的利益分配问题，均共同推进社会进步与社会发展。

（一）海峡两岸均将解决民生问题置于重要施政地位

妥善解决民生问题成为海峡两岸的重要共识，均放在施政的重要地位。民生问题成为当下台湾当局执政面临的最大挑战，一切施政方针几乎都是围绕这一主题。重视民生、改善民生，是近年来台湾当局最重要的社会政策。新任"行政院长"江宜桦在首个施政报告中将"扶助弱势群体，实现社会正义"作为一部门专门论述。大陆也非常重视民生问题，将民生问题置于施政特别重要的地位，中共十八大报告第七部分提出"加强社会建设，必须以保障和改善民生为重点"，"要多谋民生之利，多解民生之忧，解决好人民最关心的最直接、最现实的利益问题"。可以说，民生安，则社会安；社会安，则政治安。海峡两岸在解决民生问题上有相互借鉴与学习的必要。

（二）海峡两岸均致力于缩小贫富差距、实现社会共同富裕

缩小贫富差距、改善弱势群体生活状态成为海峡两岸共同面对的挑战，也是海峡两岸的重要共识。台湾在社会发展进程中尤其是迈入中等收入阶段后曾很好地解决了贫富差距问题，成功跨越了"中等收入陷阱"。但 20 世纪 80 年代后，台湾贫富差距开始持续扩大，2010 年，基尼系数为 0.342，五等分位所得差距倍数为 6.19。这一贫富差距指标在国际上仍属较平均的水平，但在台湾内部则普遍认为贫富差距扩大，财富向极少数人集中。当然，台湾实际财富差距较上述两个指标要严

重得多。依2011年综合所得税收入统计，前5%家庭平均年所得为463.5万元新台币，是后5%家庭所得的96.5倍[①]，这一所得差距创历史新高。同时，城乡收入差距、地区收入差距也有恶化趋势。2010年，城市（都会区域）平均每户可支配所得比值为117.3，而东部与南部各县市分别只有75.6与79.8[②]。

同样，大陆贫富差距扩大态势明显。2012年9月，北京国际城市发展研究院与中国社会文献出版社共同发布首部《社会管理蓝皮书——中国社会管理创新报告》指出，20世纪80年代初，大陆基尼系数为0.275，2010年达到0.438。90年代以来，基尼系数以每年0.1个百分点增长，目前已接近或超过国际上公认的0.45警戒线。有民间学者分析，大陆基尼系数超过0.5，五等分位差距倍数为8.39（2005年）[③]。这两个指标在世界上均属于贫富差距较严重现象，仅好于拉美地区等少数国家。同时，大陆行业之间、地区之间、城乡之间收入差距明显。大陆城乡居民收入比达3.3倍，国际上最高在2倍左右。行业之间职工工资最高与最低相差15倍左右，国有企业高管与社会平均工资相差128倍；收入最高10%人群与收入最低10%人群的收入差距已从1988年的1.3倍上升为2007年的23倍。

缩小贫富差距，提高中低收入阶层的收入水平，成为海峡两岸共同面临的重大任务，并均采取相应政策。2010年8月，台湾“行政院”成立“改善所得分配专案小组”，2011年提出并批准“改善所得分配具体方案”，采取短期、中期与长期三阶段七大策略，解决贫富差距问题。大陆方面，中共十八大报告提出“必须深化收入分配制度改革，努力实现居民收入增长和经济发展同步、劳动报酬增长和劳动生产率提高同步，提高居民收入在国民收入分配中的比重，提高劳动报酬在初次分配中的比重。初次分配和再分配都要兼顾效率和公平，再分配更加注重公平”，同时特别强调“必须坚持走共同富裕道路”，“加大再分配调节力度，着力解决收入分配差距较大问题，使发展成果更多更公平惠及全体人民，朝着共同富裕方向稳步前进”。这是大陆方面对改善民生、增加居民收入与解决贫富差距方面的重大指导原则。

---

① 于国钦：《诚实面对贫富差距》，台湾《工商时报》2013年6月11日，A 6版。

② 台湾“经建会人力规划处”：《均衡所得分配，缩短贫富差距——改善所得分配具体方案》，台北《台湾经济论衡》2012年第1期，第15—79页。

③ 台湾“经建会人力规划处”：《均衡所得分配，缩短贫富差距——改善所得分配具体方案》，台北《台湾经济论衡》2012年第1期，第15—79页。

（三）海峡两岸共同积极应对老龄化社会发展

老龄化社会发展成为当前海峡两岸面临的共同问题与挑战。台湾与大陆均进入老龄化社会发展阶段。1993 年，台湾 65 岁以上的老年人口比例超过 7%，迈入老年社会；2010 年，台湾人口老化指数（65 岁以上人口与 0—14 岁人口比率）为 68.64%；2008 年，台湾 65 岁以上的老年人口比例为 10.43%（超过 7%步入高龄化社会，超过 14%属于高龄社会，超过 20%属于超高龄化社会）①，预计 2017 年台湾 65 岁以上人口比例将超过 14%，成为老年社会。就是说台湾已步入高龄化社会，还不属于超高龄化社会。2012 年，台湾平均寿命为 79.5 岁，其中男性平均寿命达 76.2 岁，女性达 83 岁，进入发达社会行列。

大陆人口规模庞大，不得不采取计划生育政策，在这一政策实行四十多年后，人口结构发生重大变化，人口红利正在消失，人口老龄化日益明显，大陆社会发展正处在一个新的“拐点”上（一是刘易斯拐点；二是老龄化拐点；三是城镇化拐点）。中共十八大报告提出“积极应对人口老龄化，大力发展老龄服务事业和产业”。人口老化带来的不仅仅是对经济发展的影响，而且还面临养老问题，尤其是老年人的社会保障问题。据研究，2013 年，大陆老年人口数量将突破 2 亿大关，老龄化水平将达到 14.8%，此后人口老龄化进程还将加快，在 21 世纪中叶将达到老龄化峰值期，60 岁以上老年人口将超过 4 亿，占总人口的 30%以上②。

应对老龄化社会发展、谋求应对之道、减少负面冲击，是海峡两岸共同努力解决的重要目标。

（四）海峡两岸均非常重视解决就业压力尤其是青年就业问题

失业问题是当今许多国家或地区面临的重大经济社会问题。2012 年全球有 1.97 亿人失业，其中 15—24 岁的青年失业人数达 7400 万人。联合国劳工组织（ILO）最新发布的《全球就业趋势》报告显示，目前发达国家或地区有 35%的失业青年待业超过半年。海峡两岸也不例外。尽管台湾与大陆的失业率并不算高，2012 年，台湾失业率为 4.24%，大陆城镇登记失业率为 4.6%，但两岸就业压力偏大，尤其是年轻人失业率高，就业率偏低，是海峡两岸共同面对与需要解决的重大社会经济问题。

海峡两岸在社会发展进程中，均不约而同地出现了高等教育盲目扩张的发展模

① 《中华民国经济年鉴》（2009），台湾经济日报出版社 2009 年版。

② 刘守序：《站在“拐点”上的一代》，《金融时报》2013 年 6 月 21 日，第 9 版。

式，造成严重的后遗症。台湾高校从20世纪80年代的40余所增加到目前的160多所，大学生人数大幅增加。同时，台湾硕士与博士生人数也大幅增加，分别从2002年的12.2万人与18705人增加到2011年的21.8万人（2012年开始降为18.3万人）与33686人（2012年降为32731人）。研究生增加的另一诱因是就业难，许多人选择继续深造，所以出现“博士满街跑”的现象。于是在台湾出现庞大的“尼特族”（NEET，未就学，未就业，未职训的15—29岁的青年），其中许多成为“啃老族”。2007—2012年，台湾尼特族数量每年保持在47万—65万人（2012年为47.3万人），相当于每10个青年人中至少有1个是尼特族[①]。2012年，台湾青年失业率高达12.66%。为解决青年失业问题，台湾当局采取了一系列政策举措，目前提出“严师高徒计划”、“产业学院计划”、“职能基准与能力鉴定计划”与“产学训全作训练计划”等，努力解决青年失业问题。

大陆没有尼特族的研究与报道，但类似的青年群体依旧庞大，许多大学毕业生找不到工作，滞留在家，成为典型的“啃老族”。日前北京发布的《2013年中国大学生就业报告》显示，到2013年4月10日，大陆大学毕业生的就业签约率只有35%，硕士生签约率只有26%，就业问题成为大陆社会发展面临的重要问题。

调整经济结构，改革教育，加强职业培训，促进青年就业，成为海峡两岸社会发展的重要共识之一。

（五）海峡两岸在寻求解决利益分配与利益博弈问题上存在共同认知

海峡两岸共同面临日益突出的群体利益博弈问题。不论是进入后工业化社会时期的台湾，还是正处于工业化迅速进程中的大陆，虽然处在不同的社会发展与社会转型时期，但社会日益异质化与多元化，均面临社会转型时期不同利益群体的利益博弈与利益冲突问题。

当今台湾社会的利益博弈问题非常严重，对于当局的经济社会改革方案，只关心个人利益、局部利益或本群体利益是否受损，而不关心整体利益与长远利益，不关心整体社会发展。对当局的任何重大经济社会改革方案，如油电价调涨、“国民年金”改革、证所税改革、“十二年国教”等，不同群体有不同的主张，既得利益群体会强烈反对。意见分歧，让台湾的改革非常困难，阻碍社会发展。

大陆经济改革也步入“深水区”，利益固化与利益博弈问题越来越突出。目前

① 李昭安：《47万尼特族类，台湾沉重负担》，台湾《联合报》，2013年5月27日，A 6版。

《人民日报》发表评论指出：走过集体至上的时代，中国已进入一个利益的迷宫，每一件事都面临不同的利益选择；公共利益与个人利益、长远利益与短期利益的纠葛，格外明显；《时代周刊》撰文称，“有利益的表达，才有相对的利益均衡，通过有效沟通达成共识，以协商方式解决问题，让权力与权利对话，才可能实现社会利益最大化”[①]。这一分析不仅适用于当前的大陆，也适用于当前的台湾。以协商方式，通过制度化建立，求得相对利益均衡成为两岸社会发展与解决利益分配问题的重要认知。

另外，海峡两岸在完善社会保障制度、加强社会管理、推进公民社会发展等方面有着相同的主张与共识，需要海峡两岸加强社会领域的广泛接触、交流、交往与合作，促进海峡两岸的社会和谐与社会融合，以实现海峡两岸社会的共同进步与发展。

（原载《台湾研究》2014年第1期）

① 杨国英：《官方告别傲慢，民间驱散“偏见”》，《时代周刊》2013年5月10—16日。

从台湾反核四社会运动探析政党政治与社会运动之关系

王鸿志

2013年5月20日，马英九第二任期届满周年，岛内各家民调均显示国民党的施政满意度在谷底徘徊，马英九似乎落入难以摆脱的执政泥淖。造成国民党面临执政困境的原因有多方面，其中自2011年日本福岛核电站严重泄漏事故发生后就再度发酵，2012年底以来又被炒作扩大的反核四（台湾第四核能发电厂，简称核四）社会运动，对马英九当局形成了超出预期的冲击效应，甚至一度演变为当前岛内政党攻防的焦点。本文将结合反核四社会运动的发展历程，尝试探究台湾国、民两党与反核四社会运动之间的关系。

一、台湾的社会运动与反核运动

社会运动是政治、经济、社会条件发展到一定阶段的产物，台湾于20世纪80年代开启的政治转型为社会运动兴起提供了空间。随着政治环境日渐宽松，民众环境保护意识增强，加之国际上了发生了几起严重的核泄漏事故，导致反核运动在台湾出现并成为社会运动的重要组成部分。

（一）反核运动是台湾社会运动的一部分

人类社会产生后，随着社会结构的变迁及阶级阶层的出现，人们为求生存而组织进行集体抗争的活动就贯穿人类文明发展史，由此出现了最早的社会运动。马威尔（Marwell）在考察16种关于社会运动的定义后，提出了社会运动的两大要点，一是社会运动与公共目标有关。二是社会运动的定义常暗示有规模、范围及重要性的意义。[①] 据此可认定，社会运动本质上必须与促进社会变迁有关，其目标是“公共性”的，其方式是集体行动。还有学者认为，社会运动是指“由多个个体参与、有一定组织和领导，在主观动机或在客观后果上使社会和政治现状沿自由、平等、公正、和平和民主的方向发生改变的制度外群体政治行为”。[②] 综合来看，社会运动大致可定义为：由利益或信念一致的人群发起的共同行动，这些参与者一般采取非体制内的途径推动或抵制某一种社会变迁的趋势，并以影响公共政策制定而非获取政治权力为目的。社会运动的兴起至少应包括三要素，一是有效的动员能力，二是明确的诉求与论述，三是较专业的组织化形式。[③]

西方早期著名社会运动可追溯至1763年英国议员约翰·威克斯和他的支持群众在伦敦街头对抗国王的行动，以及1773年美国的“波士顿倾茶事件”。[④] 随后，社会运动逐步向欧美以外扩散。1945年台湾光复前，岛内出现过大大小小的抗争行动，但这些抗争多为以武力暴动的方式反对荷兰及日本殖民者，且缺乏公开的集会游行行动，因此还不属于现代意义上的社会运动。第一次世界大战后，随着全球民族解放运动的兴起，台湾民族资产阶级成立的台湾文化协会及“议会设置请愿运动”，可视为台湾早期社会运动的萌芽。但很快因日本殖民当局推动侵略扩张政策，在台湾施行战时动员体制，强力扼杀了岛内的社会运动。

1949年国民党败退台湾，在岛内进行了长达30多年的高压统治，国民党当局视社会运动为破坏社会秩序的行为严加防范，直到20世纪60年代岛内并未出现明显的社会运动。随着20世纪70—80年代台湾经济起飞与社会阶级结构的两极分化，以及都市化的快速发展，过去潜藏或被压制的各种经济社会矛盾不断爆发，“自力救济”的街头示威、“保钓运动”、“党外运动”突破禁锢而出现。20世纪80年代，蒋经国解除戒严、开放党禁，推动台湾政治转型，对岛内社会的控制程度逐步放松，台湾社会运动逐渐呈风起云涌之势。[⑤] 这一时期出现的社会运动包括消费者运动、劳工运动、妇女运动、校园民主运动、原住民运动、老兵返乡运动、政治受刑人人权运动以及环境保护运动等。[⑥] 其中环境保护运动中的部分学者，除倡议

① 张茂桂：《社会运动与政治转化》，台湾业强出版社1994年版，第4—5页。

② 李文、赵自勇等著：《东亚社会运动》，社会科学文献出版社2009年版，第3页。

③ 何明修、萧新煌主编：《台湾全志·卷九·社会志社会运动篇》，“国史馆”台湾文献馆2006年12月，第34—37页。

④ 何明修、萧新煌主编：《台湾全志·卷九·社会志社会运动篇》，“国史馆”台湾文献馆2006年12月，第37页。

⑤ 陈孔立主编：《台湾历史纲要》，九州出版社2006年版，250页—253页。

⑥ 陈孔立主编：《台湾历史纲要》，九州出版社2006年版，250页页。

保护大自然外，还呼吁要关注核能发电对人类及环境的危害。[①] 本文论述的反核四社会运动，就是这一时期开始的台湾社会运动的一部分。

（二）反核四社会运动的兴起历程

国民党退台后，从军事及经济角度皆坚持发展核电事业，并于1979年完成核一厂商业运转，到1986年也就是切尔诺贝利核电站发生事故的当年，台湾已建成三座核电站。由于此前国民党严控社会运动、限制言论自由，因此一般民众接受的关于岛内发展核电事业的报道都是正面宣传，对发展核电带来的危险性认识不足，一些学者等民间反核力量很难推动反核运动。这种情况在20世纪80年代出现了改变。

1983年，台"立法院"通过兴建台湾第四核能发电厂的征地案，次年"经济部"拟定了总额高达1870亿元（新台币，下同）的投资预算，并预定于1994年完工，这也是当时岛内规模最大的投资案，平均每位台湾民众就要分担1万元的成本。1985年3月，台湾清华大学教授黄提源动员"立委"王清连提出质询案，要求暂缓兴建核四厂，当时就有55位国民党"立委"及6位党外"立委"表示赞同。随后，台湾主要电视媒体联合消费者文教基金会（消基会）举办"消费者大众看核四厂"座谈会，成功透过大众媒体使核能安全问题延伸至普通百姓，这就为反核四社会运动打下了群众基础。1985年5月，"行政院"在各界压力下决定"在疑虑未澄清前不必急于动工"，暂时搁置兴建核四厂计划。该阶段反核四行为主要停留在自发层面，尚未形成有组织的社会运动。

1986年民进党成立，1987年7月15日，国民党宣布正式解除戒严，岛内民众享有了自由集会、结社等权利，社会运动迎来了"久违的春天"，本已蓄势待发的"反核四运动"在民进党鼓动下迅速发展壮大。特别是1986年苏联发生的切尔诺贝利核电站事故，为民进党大打反核牌赢得了口实。1987年11月，台湾环境保护联盟在民进党推动下成立，民进党鼓吹"台湾社会运动必须政治化"的主张。次年，"反核四运动"的在地化组织——"贡寮反核自救会"成立，并获得当地派系、宗亲势力、宗教团体及利益相关企业的支持，"反核四运动"开始从"理念型"向"行动型"转变。在民进党及台湾环境保护联盟运作下，截至1989年底，"反核四运动"已经从贡寮当地的反核自救会，扩大为当地组织与核一至核三厂相邻乡镇共

---

① 何明修、萧新煌主编：《台湾全志·卷九·社会志社会运动篇》，"国史馆"台湾文献馆2006年12月，第60页。

同抵制核四厂的联合体，迈出了“反核四运动”全台化的重要一步。核四议题在民进党操弄下一度成为继“统独牌”之后的又一“神主牌”。

随后，民进党又将核四议题与“公投”相捆绑，使核四议题的政治性、敏感性大幅提高。1991 年，民进党前主席林义雄创立“核四公投促进会”，1994 年在台北县贡寮乡发动“核四公投”；1996 年台北市政府发起核四市民投票，并与“大选”合并举行；1998 年宜兰县发起“核四公投”，并与地方选举合并举行；2000 年民进党上台后，陈水扁于 5 月 20 日指示“行政院长”唐飞缓建核四，从而引发严重的政治危机，岛内蓝绿对抗的格局由此形成。2001 年，民进党当局在政经压力下，又宣布核四复工续建。2003 年，陈水扁当局宣布通过“公投”解决核四争议，研拟制定“公投法”，国民党被迫跟进，导致“公投法”获得通过，为岛内“台独”势力借“公投”之名制造“统独”族群对立留下了隐患。

二、反核四社会运动与国、民两党的互动关系

国、民两党围绕核四兴建与否的争斗延烧了 30 多年，两党与反核社运力量的博弈也一直延续至今，透过相互间互动，可一窥岛内政党与反核四社会运动之间的竞合关系。

（一）与民进党的关系

一是依附阶段。在国民党威权统治下出现的反核四运动及新生的民进党都有合作对抗国民党、联合壮大力量的需求，因此民进党成立之初就将“反核”列入党纲，并试图掌握反核运动主导权。在“反核四运动”孕育过程中，“台湾环保联盟”与民进党发挥了重要作用。贡寮当地的“反核自救会”又是在地运动的主力，它们草根性强、冲劲足，敢于以激烈的抗争手段吸引舆论关注，让反核运动掀起巨大的政治影响力，但不足之处是缺乏政党奥援与斗争策略，因而他们也很乐意与民进党结盟。于是在社会运动与反对党各取所需的情况下，早期的反核四运动与民进党建立了相互依附的关系。

这种相互依附关系对社会运动而言利弊参半，“利”在于可迅速壮大实力，有效参与政治进程，“弊”则导致社会运动严重依赖于政党而丧失主体性。民进党则是这种结盟关系的受益者，1989 年民进党候选人尤清能够拿下反核四运动策源地台北县县长宝座，很大程度上可归功于民进党成功将选举动员与反核四社会运动相

结合。民进党胜选又使双方依附关系进一步密切，反核四运动开始由草根组织抗争升级为有更大“靠山”的“中央与地方之争”。双方的依附与结合并未仅停留在地方层级，随着1992年第2届“立委”选举民进党的大胜及次年“行政院长”郝柏村下台，再加上新党成立并挺进“立院”，反核四运动又借助民进党、新党的力量而将施压重心移向“中央”层级的“立法院”。至此，双方的策略结盟与依附关系达至顶峰。

二是渐趋疏离阶段。反核四运动本寄望于通过进军“立法院”的体制内抗争来实现重启核四环境评估、阻挠核四预算案等目的，但受政党实力“国强民弱”等结构性因素限制，最终皆以失败告终。这些挫败使社运人士认识到，民进党出于迈向执政的考虑，视社会运动为与国民党讨价还价的筹码，与民进党进行体制内合作虽有利于推动相关法案尽早排入“国会”的议事日程，但也让社会运动失去主体性与应有的批判性，甚至如同扮演民进党“次级团体”的角色，并加速了社运人才的流失。

在此后一系列运动中，反核四社运团体对民进党的失望进一步加剧，尤其1996年的“废核案覆议案”中，民进党出于政党分赃、利益交换的需要，以“领票但不投票”的消极方式妥协，使国民党的覆议案获得通过。事后，台湾反核行动联盟等反核组织开始重新检讨与民进党的合作路线，指责民进党是故意放水以换取国民党做出有利于民进党的“修宪”让步，并发表“告别议会，就地抗争”的宣言，指出“核四覆议案是在野党与国民党和解套招，对国会游说可达成反核的路线应该觉醒”，“不应将反核的希望与积累的社会力都放在政治层面上，变成政治人物的筹码”。随着民进党在民主化过程中的质变与选举挂帅总路线的确立，反核四运动中的部分领导者与民进党“因了解而分离”，开始重新寻求自身的主体地位。

2000年政党轮替后，初尝胜果的民进党摆出对反核四运动知恩图报的姿态，宣布了“停建核四”的行政决定，但很快又在朝野压力下表示，“为了政局稳定及经济发展，核四复工”，反核四运动对民进党执政后一举实现多年来诉求的期待落空。但大多数社运团体在2004年“大选”中仍抱有对民进党的一丝幻想，帮助民进党延续执政权，孰料民进党第二任期内“为政能力不升反降”，“更不幸的是，第一家庭弊案接连被踢爆，社会运动主力失望不满之情上扬”，[1]包括反核团体在内的社会运动与民进党之间关系的热度明显下降。

---

① 萧新煌，顾忠华主编：《台湾社会运动再出发》，台湾巨流图书公司2010年版，第4页。

三是再次谋求策略性结盟阶段。民进党2012年“总统选举”失败后，党内浮现“要赢回北台湾，应该积极推动停建核四的公投”的声音。同年6月，新北市议会通过“公民投票自治条例”，前“副总统”吕秀莲随即发动“公投挡核四”连署，希望2013年能达到10万份连署并正式提案，在2014年“七合一选举”时合并举行“反核四公投”。随着岛内反核四民意氛围不断升高，民进党内部倾向于2014年“七合一选举”中若能操作“选举绑公投”，势必对民进党选情产生加分效果，进而有利于2016年重夺政权。2013年3月9日，岛内“绿盟”等公民团体发起了据称有20万人参加、横跨台湾北中南的“309反核游行”，尽管主办单位谢绝政治人物上台讲话，但民进党主席苏贞昌及党内实力派人物蔡英文、谢长廷、游锡堃、陈菊、赖清德、吕秀莲等全程参加，暴露了民进党策略性结盟、企图利用反核四社会运动达到政治目的的意图。

（二）与国民党的关系

一是紧张对抗时期。台湾社会运动靠反国民党起家，因此在2000年之前，双方关系较为紧张，不时出现对抗行为。尤其国民党对反核四运动采取压制态度，郝柏村“行政院长”任内甚至对反核运动厉行高压政策。

二是策略合作时期。2000年下野后，国民党对反核四运动的态度出现了策略性改变。一是由于民进党上台对社运的态度转趋保守，大片政治空间被释放出来而待填补，国民党若想从原属民进党的社运领地获取支持，就必须向社运人士示好，软化过去较强硬的对社运的态度；二是国民党判断，台湾社会主要分歧在于国家认同，因此即使在某些社会议题上采取激进策略，也不会过度冲击自身的社会基础，反有利于争取其他社会力量的支持。基于此种机会主义的考虑，国民党下台后对反核四运动的态度出现转变，在核四复建一年后，当兰屿少数民族抗议核废料未能按照承诺迁出时，国民党一改拥核立场，支持反核主张并要求民进党“经济部长”为此下台。但由于社运人士亲民进党的情结要远强于同国民党的交情，因此反核四运动的参与者多认为，“国民党的政策调整是出于机会主义与利益考量，双方的政治联盟并未形成”[①]。台湾环保联盟理事长徐光蓉认为，“过去我们与民进党有过密切的合作，但其执政8年而渐行渐远也是事实”，未来“反核四运动”仍将在两党之间寻求发挥作用的空间。

① 何明修、萧新煌主编：《台湾全志·卷九·社会志社会运动篇》，“国史馆”台湾文献馆2006年12月，第222页。

三是博弈再升级时期。为防止民进党将“核四公投”与2014年“七合一选举”捆绑并行，同时解决长期困扰国民党的核四是否续建争议，2013年2月，国民党当局在江宜桦出任“行政院长”后，主动抛出“核四公投案”，并拟在今年底完成。国民党当局一方面正面肯定反核游行，主动与反核社运团体沟通。3月31日，马英九率“内阁”团队与反核团体“妈妈监督核电厂联盟”会面，力争化解其对核电安全的担忧。另一方，马英九当局通过晓以利害的方式，向岛内民众宣导台湾需要核电，应“稳健减核”的立场。同时策略性地从“公投主文”设定等方面，希望化解核四续建争议。根据2月份TVBS民调显示，58%的受访民众反对核四，27%支持续建。3月份《财讯》民调，70%的受访民众表示会去投票，若投票则有77%反对核四，17%表示赞成。截至4月初，岛内反核四的民意氛围并未显著下降，国民党与反核四社运团体的博弈仍将持续。

三、几点思考

透过反核四社会运动的起伏变迁，可以发现社会运动在岛内政治现代化进程中扮演了重要角色，同时其成员结构也不断优化，知识水平不断提高，政治影响力亦不容小觑。但由于台湾独有的蓝绿二元对立结构始终难解，导致社会运动的发展空间与作用仍受到较大限制。

（一）社会运动内部持续蜕变，理性平和特征进一步突显

在威权统治时期，岛内言论、结社自由都受到严格限制，社会运动被控制在政治的角落。随着20世纪80年代台湾政治自由化进程加快，社会运动取得了突飞猛进的发展。当时的党外势力以及后来成立的民进党，都将社会运动作为抗争国民党的重要力量，许多参加社会运动的成员抱有对执政党发泄不满的目的，社会运动一定程度上成了政治斗争的工具。从当时社运参与者的构成看，也多具有浓厚的草根气息，早期反核四运动的参与者中，在地的农民、渔民、原住民占据相当比例。

随着台湾政治经济发展程度的不断提高，社会结构发生深刻变化，城乡差别大幅缩小，整体教育水平与社会保障能力明显提升，岛内阶级结构开始呈现两头小中间大的橄榄型，中产阶级成型。这部分规模庞大的中产阶级与受过良好教育的年轻群体，逐步取代过去的草根、弱势群体，成为当今台湾社会运动的主力。本次的反核四运动的主力，就包括了许多大学教授、高校学生、军公教人员，以及演艺界人

士等社会名流。社会运动的目的也由早期纯粹为了反对执政党，逐渐向诉求更加理性平和的方向转变，议题也更加真正关注民生，其在民众中的认同度与感召力进一步加强。

（二）蓝绿二元对立下的社会结构，压缩了社会运动发挥作用的空间，不利于建构成熟稳定的公民社会

台湾以蓝绿二元对立结构为特征的政治环境，主要是指从2000年民进党执政以来，由相互对立的朝野政党，通过意识形态切割和政治符号识别形成的基本政治生态。形塑蓝绿二元政治的结构性因素包括：政治上的“统独”认知与国家认同差异，民间的社会族群与省籍分野，以及体现在南北地域、文化层次及社会地位、阶级等方面的差别。其中“统独”认同、国家认同上的差别是引发蓝绿二元对立的最重要因素。2008年国民党重新执政后，岛内外多方寄望于马英九，希望其能够拨乱反正，导正台湾民众在国家认同上日益偏“独”的倾向。但从目前情况看，岛内已被撕裂的“统独”、国族认同短期内难以弥合。这种非蓝即绿的二元对立结构下，使得民众在选举，特别是重大选举中常被迫依照“统独”立场选边，客观上造成对社会运动所关注的环保等民生议题的忽视。这种局面既不利于维护岛内民众的切身福祉，也与当今时代提倡建构公民社会，关注民生议题的潮流不符，更使得台湾社会运动长期无法摆脱政党政治的桎梏。

（三）反核四社会运动在2014年“七合一选举”及下届“大选”中的作用值得关注

尽管台湾二元对立的政治环境限制了社会运动在重大选举中的作用，但目前岛内的民意氛围与政治现实又为反核四社会运动发挥影响力提供了空间。一是2011年日本“3·11”大海啸所引发的福岛核电站泄漏事故已造成“严重的健康影响与环境后果”，该事件在核电站自然及技术条件相似的台湾造成一定的心理恐慌，强化了反核运动的民意基础。二是2012年“大选”后，民进党内有势力认为其僵化保守的两岸政策是败选关键，过度操弄“统独”议题易引发中间及理性选民反感。但随之启动的民进党两岸路线转型却因多种原因仅停留在讨论阶段。面对即将到来的2014年地方选举及2016年“大选”，民进党除主打马英九当局“拼经济不力、执政无能”外，也开始关注拥有较强民意基础的反核四议题，企图借热炒核四议题，利用社会运动的力量，塑造民进党“为民请命”、国民党为了大财团利益而罔顾民

众健康的形象，进而冲高投票率，在选举中扩大战果。目前，国民党已动用执政资源对核四议题进行危机处理，民进党也很难按其意愿主导议题的发展方向。未来选举中，两党在此议题上的博弈仍将继续，不能排除随着选情加温，该议题最终对选举结果产生一定影响。

（原载《台湾研究》2013 年第 3 期）

台湾佛教现代转型初探

杨 磊

台湾佛教的现代转型，肇始于清末民初的中国佛教复兴运动，并随着台湾经济社会的现代化而快速发展。特别是 1987 年台湾“解严”之后，以佛光山、慈济功德会、法鼓山、中台山为代表的“四大道场”，在“人间佛教”理念影响下对佛教的现代化进行了积极探索、实践和创新，大大加速了台湾佛教的现代转型，在海峡两岸及国际上产生了重要影响。台湾佛教的现代转型虽日趋成熟，但同时也出现了许多问题，如何妥善解决这些问题，将直接决定台湾佛教的未来发展走向。

一、台湾佛教现代转型的背景

台湾佛教的现代转型，源起于清末民初的中国佛教复兴运动，上世纪六、七十年代台湾经济的腾飞为这一转型提供了物质技术支持，并因 1987 年台湾“解严”而取得突破性进展。

（一）台湾佛教现代转型是对 20 世纪初期以来中国佛教变革的传承和发展。近代以降，面对着中国历史上前所未有的大变局，中国佛教陷入了衰落的困境，特别是僧团的蛊惑迷信、消极避世，越来越背离倡导救亡图存、民主科学的社会主流，遭到了许多社会精英人士的批评，并逐渐酿成了全国范围的“庙产兴学”风潮。[①]新文化运动时期，以“科学代宗教”、“以美育代宗教”、“以哲学代宗教”的呼声是一浪高过一浪，中国佛教面临着严峻考验。面对制度和社会的巨大变化，佛教界有识之士奋起抗争，掀起了佛教复兴运动。1913 年 2 月，太虚大师在中国佛教会会

① 按：太虚认为，佛教在近代衰落，主要原因之一是许多僧徒或隐遁潜修，或赖佛求活，佛教不但不关心社会，介人生活，反而与世日隔。

长释敬安的追悼会上发表演讲，提出“教制革命、教产革命、教理革命”的“佛教革命三大主张”。此后，太虚又大力倡导“人间佛教”。太虚的“佛教革命”及“人间佛教”理念在当时的佛教界引起了极大震动，成为佛教复兴运动的主潮流。虽然由于20世纪上半叶中国动荡不安，人间佛教及佛教改革在实践上并未取得实质进展，但1949年以后，太虚弟子印顺大师等将人间佛教理念传至台湾，并在星云、圣严等大师的推动下逐渐成为台湾佛教界普遍认可的主流理念，在宗教实践上推陈出新取得巨大成就。

（二）台湾工业化为佛教现代转型提供了坚实基础和广阔空间。20世纪60年代以来，台湾经济进入快速发展期，由农业社会转变为工商业社会，成为亚洲四小龙之一。经济的快速发展使佛教的现代化在物质技术上成为了可能，台湾著名学者江灿腾指出，“现代台湾佛教的蓬勃发展，其实是奠基于台湾的工商业发达，以及奠基于大众传播工具的发达及其无远弗届的强大影响力”。[①] 更重要的是，工业化及其所带来的社会变迁，对传统的社会关系和家庭模式造成强大冲击，人们在享受现代化便利的同时，也不得不承受其带来的强大压力，从而更需要得到心理、精神、情感上的调节、宽慰和纾解，强调因缘和合、非对立、自觉觉他、终极关怀的佛教对于缓解工业文明及科学理性所造成的紧张和冲突显然具有正面的积极作用，可以充分发挥其终极关怀和道德规范功能。

（三）“解严”解除了台湾佛教现代转型的政治束缚。自1949年国民党当局败退台湾到1987年“解严”前，台湾佛教界完全由国民党掌控的“中国佛教会”所控制。在“中佛会”大一统的局面下，台湾佛教虽取得有限发展，但主要是服务于国民党当局巩固在台统治的需要。1987年以前，在“动员戡乱时期临时条款”的箝制下，民间没有新闻、结社、组党的自由，故亦无自主意识的民间结社团体。1987年“解严”及1989年“人民团体法”实施，台湾佛教逐渐摆脱对政治的依附，并迅速在组织、文化及社会事业上呈现出多元发展的繁荣景象。解除“戒严令”不到一年，就有740个人民团体向“内政部”登记并获核准。至1993年，台湾登记的宗教团体已达106个，宗教财团法人为168个。[②] 台湾佛教组织的突破性发展也始于此。在“戒严”时期就开始发展的佛光山、慈济功德会、法鼓山、中台山更是快速发展，其影响不仅遍及全台湾，而且延伸到世界范围。以规模最大的佛教慈善

① 江灿腾：《战后台湾汉传佛教史》，台湾五南图书出版有限公司，2011年版。

② 李志夫：《现代台湾宗教与社会变迁之因果关系》，《佛学研究论文集》，《1996年：当代台湾的社会与宗教》，台湾，佛光出版社1996年版。

组织——慈济功德会为例，1966年至1987年，慈济只吸收了十万位左右的会员，而到1991年，慈济的会员增长到178万位左右，如今更已增加到400多万人。据2004年统计，台湾的佛教徒超过800万人，约占台湾总人口的三分之一。考虑到华人社会的佛教性格，其中儒释道混杂的民间信仰信众必然占相当比例，但台湾佛教在"解严"后的快速发展却也是显而易见的事实。

二、台湾佛教现代转型的内涵

台湾佛教的现代转型，主要体现为世俗化、市场化、科技化、企业化和全球化。

一是佛教理念的世俗化。宗教的世俗化主要是指宗教的人间化，这也是世界宗教现代化的突出特点。在台湾佛教现代转型过程中，"中国佛教会"以及山林佛教等传统佛教力量明显衰退，而奉行人间佛教的佛光山、慈济功德会等新兴佛教团体迅速兴起。特别是在教义方面，批判传统佛教的玄学化、天鬼化，宣扬社会关怀和实践，具有浓厚的入世倾向和强烈的社会参与意识，努力融入社会主流意识甚至现代科学成果的人间佛教理念，成为台湾佛教界甚至社会各界普遍奉行的主流理念。在人间佛教理念影响下，各佛教团体积极投入慈善、教育等社会事业，一扫传统佛教消极避世的神秘色彩。如慈济功德会就以慈善、医疗、教育、文化为"四大志业"，并全力投入骨髓捐赠、环境保护、社区志工和国际赈灾，称之为"一步八脚印"。慈济的证严法师在两岸社会最有影响力人物评比中多次名列前茅。

二是组织管理的企业化。与传统佛教以寺庙为核心的比较单一的组织形式不同，现在台湾佛教团体普遍采用了比较先进和现代的企业组织管理模式，通过建立适合自身特点的决策制度、决策程序、监督系统、反馈系统，逐步实现管理的自动化和网络化。佛光山首创了道场职事轮调制和选举制度，下属各道场职事每三年轮调一次，佛光山住持是由九位"宗务委员"互相选举产生，并以现代企业的管理方式来管理道场。因募捐能力惊人而被称为"慈善事业托拉斯"的慈济功德会建立了严格的财会制度，任何涉及金钱的决定，都要交由集体领导的董事会处理，慈济医院成立后就直接将经营权委托给台大医学院，这种将所有权与经营权分开的方式，显然借鉴了现代企业委托专业经理人的经营模式。

三是传教手段的科技化。早在"戒严"末期，佛光山就已在台视等电台开播"甘露"、"信心门"、"光明世界"等节目。"解严"后，慈济功德会又率先成立专属的“大爱”有线电视台，佛光山也成立了“佛光”有线电视台。花莲和南寺首创“多媒体”弘法方式，利用现代声光科技进行传教。1992年，该寺又建成了世界上首座佛教多媒体视听馆——般若文化讲堂。目前，台湾各佛教团体均大量采用现代科技手段来弘扬教义，如广播、电影、电视、文艺演出、出版发行、广告等。在网络传播上，佛教团体也引领风潮，“佛网”等网站将佛经转化为“PDA”格式以便于传播，即使是点光明灯、安太岁等传统法会活动，也都可通过网络办理。这与以往多在寺庙等固定场所举行的传统佛教传教活动相比，其效果和影响大不一样。除大众媒体之外，小众传播也是不可或缺的一种手段。许多新兴宗教不仅借助电视、广播、出版物等现代科技工具，而且根据不同的传教对象设计出了不同的方式，如将宗教艺术化，推出各种艺术活动，举办宗教文物展览、宗教音乐欣赏、宗教歌曲演唱活动、宗教艺术品制作、宗教舞蹈表演、宗教戏剧表演、宗教电影欣赏等，其次是举办与宗教有关的各种体育、娱乐活动，还教练气功、静坐，开办保健讲座、素食药膳讲座、心理咨询等活动。正是现代科技成果的广泛应用，使一些新兴佛教团体在短时间内就拥有了大量信徒。

四是宗教活动的市场化。佛教现代转型所带来的世俗化，使佛教不得不进入“市场”，并逐渐为市场经济的规律所支配。在此环境下，佛教机构已变成“交易所”，佛教本身也变成了“消费品”，佛教组织及信徒在“双向选择”中寻找自己的“市场定位”。如岛内民众常说的“慈济做功德，中台了生死”，其实就是佛教团体在市场规律作用下的自我区隔，即把慈济定位在功德事业，把中台禅寺定位为领悟生死的地方。为了追求市场差异性，一个禅修课程，就有中台禅寺的七日禅、法鼓山的三日禅，以至灵鹫山的“九分钟禅”等各种选择，以适应不同的市场需求。台湾《新新闻》报道称，“佛光山就像百货公司一样”，提供一切信众需要的商品。① 更为重要的是，经过几十年的发展，台湾主要的佛教团体不仅在宗教活动上市场化趋势明显，自身也发展成为实力不容小觑的经济实体，直接从事经营性生产、商业贸易和旅游事业等经济活动，并与工商业界建立了密不可分的经济关系。佛光山大力兴办各种实业、慈善机构和教育机构，据称其资产总值已达100多亿新台币。②

五是组织发展的全球化。自上世纪初以来，佛教就一直受到全球化的巨大冲击。上世纪70年代之前，在国民党当局扶持和西方传教士的影响下，基督教会等在台湾发展迅速，吸纳了大量知识分子，大大压缩了佛教的发展空间。为了适应全

① 林修全：《佛教五大教团的管理革命》，台湾《新新闻》2003年第12期，总第844期。

② 李海峰：《台湾佛教团体建设的现代性》，《法音》2009年第3期，总第295期。

球化的挑战，台湾佛教在现代转型过程中主动向海外扩张，产生了巨大影响，被视为亚洲佛教海外扩展的先导。如佛光山被称为“佛光普照三千界，法水长流五大洲”，自 1992 年斥资 2600 多万美元在美国洛杉矶修建“西来寺”以来，佛光会已在海外成立 70 多家分会。慈济功德会也在全球 40 多个国家和地区设有分支机构。全球化使台湾佛教团体从地域性信仰组织逐步发展成为具有全球影响力的宗教组织。

三、台湾佛教现代转型的影响

台湾佛教在现代转型过程中，对佛教发展、台湾经济社会变化、两岸文化交流等产生了深远影响。

（一）对台湾社会的现代转型发挥了正面引导作用。台湾现代化以及由此引发的政治、经济的巨大变革，对传统社会造成了巨大冲击，传统农业社会的生活方式、价值标准在都市化的挑战下岌岌可危，民众在失去精神重心和价值依托的情况下，尤其需要超越的宗教精神的滋润。在台湾本就根深蒂固的佛教通过现代转型，充分发挥了宗教的终极关怀和道德规范功能，特别是对慈善事业、环保活动的推崇、倡导，有助于民众寻求新的价值支点、精神重点，对克服商业社会的拜金主义、个人主义发挥了难以替代的作用。

（二）促进了台湾教育、文化、慈善事业的发展。慈济功德会、佛光山、法鼓山等佛教团体在促进教育、文化、慈善事业的发展上不遗余力，并做出了卓越贡献，得到社会各界的高度肯定，其中最突出的当属慈济功德会。1991 年，慈济在台湾发放的社会救济金高达 5.5 亿元新台币，远高于当时台湾省政府编列的 2 亿元新台币的社会福利预算。在台湾“9·21 大地震”时，慈济功德会志愿人员在第一时间赶到救灾现场，并在灾后捐建了 50 座小学。在教育方面，终身以教育为志业的晓云法师于 1990 年创办了华梵大学，被视为佛教传入中国后第一所由佛教人士创办的高等学府[①]；法鼓山以提升佛教教育为己任，创办了中华佛学研究所；佛光山创办了南华管理学院（1999 年改制为南华大学）和佛光大学，在美国开设了西来大学，出版了佛光大辞典等佛学学术著作；慈济创办了慈济大学、慈济医学院；台湾佛教界人士集资于 1997 年创办了玄奘大学；灵鹫山创建了世界宗教博物馆；佛光山、法鼓山等还设立了佛学研究方面的奖学金。台湾佛教团体对教育、文化、

① 何绵山：《台湾佛教》，九州出版社 2010 年版。

慈善事业的极力推动，使佛教团体及佛教界人士在岛内获得了很高声誉，慈济的证严法师多次在岛内媒体评比的民众最信任人物中名列第一。更难能可贵的是，台湾佛教团体在强大光环下并不自满，而是充分利用其崇高声望更加积极地推动教育、文化、慈善事业的发展，这种良性循环模式为岛内教育文化慈善事业的发展打下了坚实基础。

（三）为汉传佛教的现代化进行了积极探索和实践创新。其一，人间佛教理念的成功实践，实现了汉传佛教的去鬼神化、去迷信化及世俗化，扫除了佛教现代化在教义上的障碍。其二，将现代企业管理模式融入佛教组织，改革了汉传佛教一千多年来以寺庙为核心、奉行丛林清规的组织形式，使佛教的大规模扩展成为可能。其三，利用现代化手段进行传教活动，为传统佛教节庆活动、佛教仪式注入新文化内涵，彻底改变了明清以来以经忏佛事为主的宗教活动方式，提高了佛教在现代社会的接受度。

（四）进一步促进了两岸文化交流。1987 年台湾当局开放赴大陆探亲政策之前，两岸佛教界基本处于隔绝状态。此后，在经过短暂的试探性接触之后，由于两岸佛教法乳一脉、同根同源的特殊性，加上祖国大陆的积极推动，两岸佛教界交流迅速发展。即便是民进党 8 年执政时期，虽然台湾当局奉行“台独”分裂路线为两岸民间交流交往带来不确定因素，但两岸佛教交流仍能冲破种种阻挠，继续深入发展。2002 年，大陆法门寺佛指舍利赴台供奉 37 天，朝拜信众达 500 万人；2004 年两岸佛教界共同组成中华佛乐团，在台港澳及美国等地演出；2004 年，海峡两岸暨港澳佛教圆桌会议召开；2006 年首届世界佛教论坛举办。2008 年国民党重新执政以后，随着两岸关系大交流、大合作、大发展局面的到来，两岸佛教交流进入深化阶段，特别是在赈灾等慈善事业方面，两岸佛教界紧密合作，发挥了巨大作用。2010 年，慈济慈善事业基金会在江苏苏州成立，这也是第一家境外非营利组织在大陆设立基金会。未来，随着两岸关系的不断深化，两岸佛教交流将在促进两岸共同认同的塑造上发挥更积极作用。

四、台湾佛教现代转型存在的问题

经过几十年的发展，台湾佛教的现代转型日趋成熟，但同时也出现了许多问题，如何妥善解决这些问题，将直接决定台湾佛教的未来发展走向。

一是过度世俗化问题。佛教毕竟是一种宗教信仰，过于世俗化虽短期内易于吸引信众、扩大规模，但长远看也会产生一定的负面影响。台湾佛教虽在现代化、人间化上进行了成功实践，但“化现代”、“化人间”才是佛教的终极关怀，如何在教义上将人间佛教的实践进一步理论化，解决“化人间”的难题，为佛教发展奠定更坚实基础，是台湾佛教发展亟待解决的瓶颈问题。对此，台湾佛教界有识之士已有清醒认识，并为改变这一现象做了积极努力，2005 年，法鼓山宣布成立“中华禅法鼓宗”，2006 年，慈济宣布成立“慈济宗”，都是力图通过立宗开派，深化教义改革，进而遏制过度世俗化倾向，实现“化人间”的终极关怀，但这种尝试因教义创新不足并未为佛教界所认可，在社会上也引起了一些争议，可以说是收效甚微。

二是市场化的冲击问题。台湾主要佛教团体在现代化转型过程中，通过市场化推动了传教事业的发展，但随着台湾佛教现代转型的深化，市场化的负面效应逐步显现。一方面，各大佛教团体在市场化过程中基本发展成了规模惊人、吸金能力超强的经济实体，这与传统讲求无欲无求、清苦的佛教形象形成较大反差，许多人甚至部分信徒难以接受。再加上部分佛教团体为吸引信徒，片面追求传道场面的豪华，招来了诸多质疑与批评，如中台禅寺被人称为超大观光景点，吸收信徒的方式被认为如同开连锁店一样。另一方面，经过几十年的发展，各大佛教团体在规模上基本达到了上限，而现代禅等一些“新兴佛教”团体的出现，又压缩了台湾原有佛教团体自我调适的空间，在市场化的压力下，佛教组织间的竞争有可能更趋激烈甚至恶化。

三是政治化的干扰问题。台湾俗称，“要选举先起庙”，生动地讲出了在台湾现行选举制度下，宗教组织的影响力、号召力。正因为此，台湾佛教团体一直是各政治利益团体积极争取的对象，台湾政坛上的许多政治人物也与台湾佛教界有着千丝万缕的联系。佛教界与政界的这种密切关系，使佛教界领袖在蓝绿高度对抗的台湾社会中根本无法置身事外，但佛教人物对政治的涉足又是信众所难以接受的，部分佛教人物甚至被带上了“政治和尚”的帽子。在台湾社会政治化的影响下，未来台湾佛教的发展仍难以摆脱政治的纷扰。

四是接班人问题。佛光山、慈济、法鼓山、中台山的发展，与其开山祖师星云、证严、圣严、惟觉的个人魅力、组织管理能力等有着密不可分的关系，但这些大师目前均年事已高（圣严法师已于 2009 年圆寂），接班人选问题是各大佛教团体面临的迫切问题，未来能否维持目前良好的发展势头有很多不确定因素。比如对于慈济的未来发展，岛内多认为慈济功德会能取得如此大成就，主要靠证严法师的个人声望和能力，未来一旦慈济基金会里其他董事出现问题，很可能会对慈济的发展造成严重冲击。

不过，可以肯定的是，经过几十年的发展，台湾佛教团体已逐步将现有成果制度化，未来虽将面临种种新挑战，但终将在促进佛教现代化上做出更突出贡献。

（原载《台湾研究》2013 年第 6 期）

台湾“家庭计划”：过程、特征与启示

谢　楠

第二次世界大战之后，我国台湾地区人口增长势头迅猛。为有效控制人口增长，台湾推行了与大陆计划生育政策类似的“家庭计划”政策，取得显著效果。回顾台湾“家庭计划”的实施过程，分析其特征及影响，对理解当前大陆人口政策调整的紧迫性和必要性不无裨益。

一、“家庭计划”的缘起：由民间呼吁到政府行为

台湾地区在1945年光复后，受战后“婴儿潮”、死亡率下降及国民党裹挟大批人员退台等诸多因素影响，人口呈现快速增长趋势，人口自然增长率长期保持在36‰左右，并在1951年达到了38.4‰的历史最高值（见图1）。台湾地区人口总数也从1945年的600万迅速增加到1951年的800多万，并在1958年突破1000万。迅速膨胀的人口给台湾社会产生了巨大的压力，特别是对粮食供应产生了巨大的压力。岛内部分有识之士如台湾大学教授陈正祥开始在媒体上发文呼吁，主张节制生育、控制人口。岛内“中国农村复兴委员会”（下简称“农复会”）向社会发行《幸福家庭》小册子，提倡生育安全期方法，推行“家庭计划”，但反应并不好。当时岛内的国民党政权还一直坚持“反攻大陆”政策，强调民众必须“增产报国”，同意节制生育的政府官员极少。但岛内主张节制生育的人士并没有放弃，一方面与美国合作开展人口研究工作，研究妇女生育率、婴儿死亡率等问题，为节制生育做理论准备；另一方面，于1954年成立民间团体“中国家庭计划协会”（FPAC），在“农复会”的支持下，率先在部分乡村地区作小规模节育宣传。

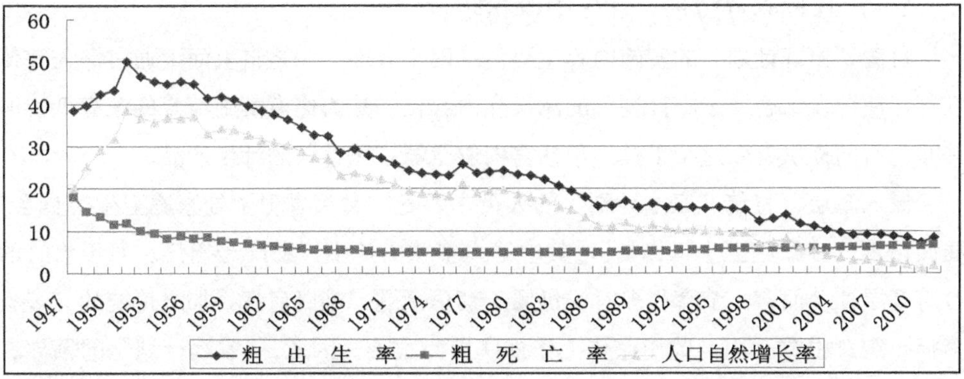

图 1：台湾地区人口自然增长率、粗出生率及粗死亡率 1947—2011 年[①] 单位‰

1955 年，台湾稻米减产导致粮食供应紧张，这引起了岛内部分“民意代表”对人口政策的关切。岛内政府对节制生育的态度有所松动，“台湾省主席”严家淦表示民间组织推行的“家庭计划”并不违法。1956 年台湾第一次人口普查结果公布，显示二战后十年间人口平均出生率为 44‰，这进一步引发了岛内舆论对人口过快增长的忧虑。1959 年，担任“农复会”主委的蒋梦麟发表“让我们面对日益迫切的台湾人口问题”一文，再度呼吁推行家庭计划及节制生育的必要性，激起各界热烈讨论。1964 年，台当局开始全面推行“家庭计划”工作，专门成立“台湾省卫生处家庭卫生委员会”，负责策划、推动并执行“家庭计划”。第二年，台“行政院”首次将“家庭计划”列入“台湾经济建设四年计划”。至此，台湾“家庭计划”从民间呼吁正式成为政府行为，开始在岛内全面实施。

二、“家庭计划”的特征

台湾地区实施的“家庭计划”政策具有重视宣传教育、普遍使用计生产品、配套政策严密、强制性较小的特点，对抑制岛内人口过快增长、推动妇女生育率快速下降起到了积极的作用。与大陆自上而下强力推动的计划生育相比，台湾实施的“家庭计划”堪称是一场静悄悄的生育革命。

① 资料来源：台湾“内政部”历年《台湾地区人口统计》，该资料中的“台湾地区”不包括金门县和连江县。

（一）宣传教育与推广计生手段相结合

台湾"家庭计划"的实施内容主要包括两个方面：一是自上而下通过深入宣传教育，使民众了解"家庭计划"的意义和内容；二是为愿意实施节育的家庭低价但并非免费的提供有效避孕工具，包括宫内避孕器"乐普"的计生产品。

深入基层、宣传"家庭计划"的人员主要是"台湾省卫生处家庭卫生委员会"雇佣培训的"家庭卫生工作员"，其中绝大多数由护士、助产士担任。对于当时的台湾基层社会而言，节育很多时候仍属于禁忌话题，难以启齿，加之传统的"多子多福"观念根深蒂固，致使宣传工作推广极为艰难。因此，"家庭计划"的领导者通过研究，决定先以30岁以上、已生育3个子女且其中至少1人为男孩的妇女作为主要宣传对象，以宣传孕前卫生为名义，上门家访传授节育观念和知识、推广避孕工具，后期再逐步推广至青年夫妇和适龄未婚男女青年[①]。这种极富针对性和技巧性的宣传策略逐渐打开了局面，使"家庭计划"逐步在岛内基层社会扎下了根。而在推广使用避孕节育工具时，"家庭计划"政策的执行者们特地实行避孕节育工具低价但不免费的措施，因为考虑到就中国人消费习惯而言，对免费的东西总是不够珍惜。

此外，"家庭计划"的宣传手段还包括给新婚夫妇发放《新婚家庭手册》、设立节育知识咨询电话专线、针对工人及在校学生等团体组织开展团体教育等多种形式，并特别针对不同人群特点制定相应宣传策略，如针对农村不识字的女性，根据她们下午两点到四点爱听戏曲广播的特点，购买广播时段进行宣传；针对城市工人或军队等组织性强、文化程度相对较高的群体，则广泛采用设立讲座、播放电视节目的办法将进行宣传教育。

（二）根据人口形势变化调整人口政策目标和宣传口号

台湾"家庭计划"的另一个重要特点就是根据不同时期人口形势的变化及时调整人口政策目标，同时更换针对性的"宣传口号"。在1964年前后开始启动"家庭计划"时，主要从卫生角度进行推广宣传，口号为"实施家庭计划，促进家庭幸福"，并不直接提少生孩子。1967年，针对普遍存在的多胎生育情况，台当局提出"五三"口号，希望民众婚后三年才生育、间隔三年再生育、最多不超过三个孩子、三十三岁前全部生完；1969年进一步提出"子女少、幸福多"。1971年，随着

① 卢忻谧、梁妃仪、蔡笃坚，《台湾家庭计划之奠基启航——以周联彬教授口述访谈为主轴的探索》

出生率的稳步下降，台当局希望将总体生育水平稳定在平均一对夫妇生两个孩子的水平，因此“两个孩子恰恰好，男孩女孩一样好”及“三三三一”的口号被相继提出。“三三三一”指婚后三年生第一个小孩，过三年再生一个[①]。

从 1984 年开始，台湾总和生育率（某一国家或地区的妇女在育龄期间，每个妇女平均的生育子女数）降到人口替代率之下（一般而言，一对夫妇平均生育两个孩子就能基本保证人群实现替代延续）。考虑到生育率过低将导致人口老化、劳动力不足，台当局认为不应再强调缓和人口增长，而应促进人口合理成长。1989 年，台湾家庭计划的口号由“两个孩子恰恰好，一个不嫌少”转变为“两个孩子恰恰好，一个嫌太少”。台“卫生署”在制定 1991—1994 年的新家庭计划时，把“施行避孕，计划生育，优生保健”的方针调整为“建立和谐家庭，认识家庭生活周期，计划生育及优生保健”。家庭计划的工作重点开始发生转移，计划生育降到第二位。

如果以“控制人口快速增长，有效节制生育”作为台湾“家庭计划”的主要政策目的，那么到上世纪 90 年代初，台湾“家庭计划”政策就已经实现历史使命，取而代之的是注重人口均衡发展、重视性别平等的新型人口政策。

（三）自愿节育与利益诱导相结合

台湾“家庭计划”政策强制性并不明显，即便是在台当局节制生育愿望最迫切的上世纪六七十年代，1969 年所颁布的第一个“家庭计划”条文性政策法令——“人口政策纲领”——也明确指出“国民得依其自由意愿，实施家庭计划”。但这并不意味着台当局只有宣传一种手段。实际上，台当局的人口调控政策随着社会发展及台当局对社会经济调控能力的增强而逐步完善。1983 年，台湾当局修正了“人口政策纲领”，公布“加强推行人口政策方案”。修正案中不仅有原则性强的强制性法令，更以多种措施直接抬升了夫妇生育多胎的经济成本，促使个体进一步调整生育行为。如对生育第三个及以上子女不给予生育补助和保险；生育第三个以上子女者自行负担生育医疗费用等[②]。

---

① 《台湾人口政策转变：从节育变为鼓励生育》，中国台湾网，2005-11-4，查询网址：http://www.taiwan.cn/wh/ktw/200511/t20051114_211778.htm。

② 刘云：《台湾的家庭政策》，《南京人口管理干部学院学报》2000 年 2 期。

三、“家庭计划”的效果

总体而言，个体的生育意愿具有三个维度：生育的时间、生育孩子的个数和生育孩子的性别，其变化发展受诸多因素影响。一般来说，随着社会形态由农业社会向工业社会转变，女性受教育程度的提升及劳动参与率的提高、养育子女成本的上涨、节育技术的扩散都会逐渐降低妇女的生育意愿。而外在人口政策的实施也会对妇女的生育行为产生影响。台湾地区的总和生育率之所以在1951—1983年间出现快速的下降（见图2），除受外在社会经济环境变化影响，与当地政府所推行的“家庭计划政策”密切相关。

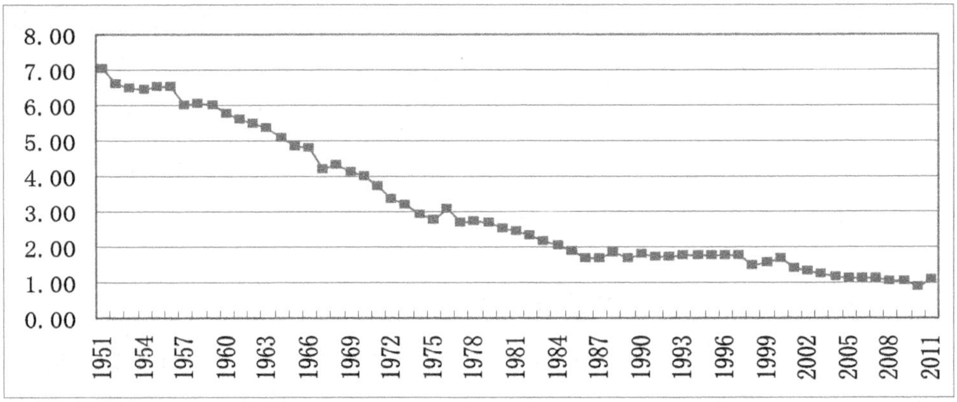

图2：台湾地区总和生育率1951—2011年[①]

二战之后，台湾社会经济快速发展，推动了台湾社会由传统社会向现代社会的转型，传统大家庭体系逐步瓦解，妇女受教育年限逐步提高，妇女就业率大幅抬升。在台湾社会转型背景下，“家庭计划”政策的深入实施，有力改变了台湾地区妇女的生育意愿，延迟了生育的时间、压缩了生育孩子的个数。如图1所示，仅从1964到1972年，粗出生率便由34.5.‰下降至24.2‰，八年间下降了千分之十多，这是极为罕见的。更重要的是，台湾地区总和生育率的快速下降并没有产生严重的出生性别比失衡（某一时期内出生男婴与女婴的数量之比的反映，其数值为每100名女婴对应的男婴数，正常值为104—106），这是殊为难得的，堪称一场静悄悄的生育革命。其他同样受儒家文化影响、父权主义传统浓厚的亚洲国家，如韩国在总和生育率快速下降的过程中，就出现了较为严重的性别比失衡的问题，其出生性别

① 资料来源：台湾“内政部”历年《台湾地区人口统计》。

比一度高达116。大陆实施了更为严格的计划生育政策（在绝大部分地区，城市户口只允许生育一胎，农村户口在第一胎为女性情况下，可生育第二胎，简称“一胎半”政策），一方面确实促进了生育率的快速下降，但另一方面出现了严重的出生婴儿性别比失衡问题，将对未来产生一系列深远的影响。

台湾“家庭计划”成效显著，在国际上深受好评。1987年、1992及1997年美国人口危机委员会（后改为国际人口行动委员会）连续三次将台湾“家庭计划”实施绩效评为全世界95个发展中国家和地区的第一名。在20世纪70年代，许多发展中国家还纷纷派遣人员赴台观摩学习，甚至在岛内成立国际训练中心，将台湾“家庭计划”的相关经验向全世界推广。

四、总体评价与启示

台湾“家庭计划”政策采取尊重民众自主意愿、注重宣传教育、结合经济诱导机制的综合措施，有效影响了个体生育意愿。这对大陆调整人口调控政策大有启发。当前大陆主要实施对超生家庭征收社会抚养费的政策，希望通过这种经济惩罚手段遏制违反人口政策的超生现象。但由于收入的不透明及使用用途的不合理，在某些地方，默认甚至鼓励民众超生以获取社会抚养费的“放水养鱼”现象并不罕见[①]。因此，可以参考台湾“家庭计划”政策，建立一系列严密利益诱导机制，实施更为细致的生育政策，促使人们更自觉地调整自身生育行为。

另一方面，虽然台湾通过实施“家庭计划”在较短的时间内有效控制了人口增长的势头，促使生育率迅速下降，推动台湾人口增长类型快速由“高出生低死亡”模式向“低出生低死亡”模式转变。但台湾总和生育率下降至更替水平后继续下探，过去十年间一直在1左右徘徊（意味着一对夫妇平均只生一个孩子），处于超低生育水平，即便采取各种鼓励生育的政策但依然难见起色。这导致台湾地区人口结构日趋失衡，老龄化现象日趋严重，甚至未来几年内就将出现人口负增长。据台湾“经建会”估计，台湾将在2022年前后达到人口总量的顶峰，之后将出现人口负增长，2060年时总人口估计仅为1890万，约为2012年台湾总人口的81.1%[②]。这使研究者逐渐开始反思“家庭计划”政策是否对人口问题的复杂性及人口政策的

① 王亦君：《如何说清“200亿元社会抚养费”用在哪》，《中国青年报》，2013-12-15，查询网址：http://finance.sina.com.cn/china/20131215/025417636999.shtml。

② 台湾“经建会”，“2012至2060人口推计”报告。原文发表在《今日中国》2014年第2期，有所增删。

前瞻性考虑不足。

人口问题的复杂性首先就在于人口的增长规律极为特殊，包括积累性、周期性和惯性等特征。有研究证明，人口长期处于低生育状态具有极强的惯性，容易陷入低生育水平陷阱。另一方面，人口问题的复杂性，还在于其广泛涉及社会生活的方方面面。因此制定人口政策，必须考虑方方面面的综合因素，必须权衡长期短期的利弊得失。对此，岛内有人批评台湾正是一直陶醉在“家庭计划”政策的成功当中，形成控制、减少人口的习惯性思维，对人口结构变动趋势认识不够深刻，对人口再生产的长期性和复杂性重视不够，人口政策调控前瞻性不足，致使当前台湾陷入超低生育水平陷阱难以自拔。而大陆的总体生育生平虽然相比台湾地区还高出一截，但已长期低于更替水平，是否会陷入低生育水平甚至是超低生育水平陷阱还不得而知。但在重视控制人口数量的同时，注重人口结构的平衡，重视人口问题的长期性、复杂性，认识到人口调控政策的局限性，及时、适度调整人口政策是极为必要的。

（原载《今日中国》2014年第2期）

两岸图书出版业交流评析

袁　伟

自两岸开放交流至今，各行各业交流已相当频繁，和其他行业一样，图书出版业交流也发展迅速，已成为两岸文化交流的重要组成部分。海峡两岸同文同宗，共同的历史文化传统、共同的血源与文化氛围成为两岸图书出版交流的坚实基础。自1988年7月台湾当局放宽祖国大陆出版品进入台湾地区，至1997年5月，祖国大陆图书进入台湾地区的数量已近720万册，经核准在台发行则有1500余件[①]。据台湾有关方面统计，仅1994年至1998年的5年中，祖国大陆有关部门、机构申请在台发行制作图书即有991种、1351册，同意在台发行制作的图书达886种、1243册；台湾进口祖国大陆出版品5年共达520余万种（册）[②]。两岸图书出版交流已经发展到相当规模。本文拟对方兴未艾的两岸图书出版交流的若干问题谈点粗浅的看法。

一、两岸图书出版交流的发展概况

两岸图书出版交流是在两岸关系的大背景下发展起来的，它的发展过程深深烙有两岸关系互动的痕迹。在台湾解除“戒严”以前，由于两岸处于隔绝状态，无论台版图书在祖国大陆还是祖国大陆版图书在岛内，都是处于被绝对控制不能出版的。虽然如祖国大陆作家萧乾、画家华君武等与台湾作家陈映真、三毛等人，曾在美国共同提出过“互相开放禁书”的建议，但并没有被接受。当时的两岸图书出版

---

① 《推动知识共享的出版视听交流》，《跨越历史的鸿沟：两岸交流十年的回顾与前瞻》，台湾“行政院大陆工作委员会”编辑出版，1997年。

② 《中华民国出版年鉴》，1999年版，第1296页。

交流处在非公开状态。直到1987年底之后，随着两岸人员交流和各种交流逐步开放，图书出版业的交流才随之逐步开展起来。从80年代末90年代初开始，为推动图书出版界交流，两岸图书出版主管部门达成共识，要求双方出版单位在出版前，必须取得著作权人的授权，并签订授权契约方可出版，双方图书出版交流开始化暗为明，有章可循。

（一）祖国大陆强调保护台湾地区图书作者版权，确保和促进两岸图书出版交流进行

80年代开始，一批批台湾作家的作品开始在祖国大陆出版发行，为保证这一趋势的正常运行，保证作者的权益不受侵犯，从80年代中期起国家出版局作出了一系列保护台湾著作权的规定。1986年5月，国家版权局在所发的《对于内地出版港、澳、台同胞作品版权问题的暂行规定》中，要求“尊重台港澳同胞版权”。1987年，国家版权局发出《关于清理港、澳、台作者稿酬的通知》，要求对1980年7月1日后重印、发表、转载或改编港、澳、台作品的情况，立即清理。凡未支付稿酬的，按作品出版或发表时的付酬标准与办法结算应付稿酬，并予以保存，以备作者日后随时领取，并责成中华版权代理总公司具体负责。1988年又颁布《关于使用台、港、澳同胞作品的规定》，指出“凡大陆发表、转载、重印、翻译或改编出版台湾同胞的作品，均需取得作者或其它版权所有者的授权，并签订版权转让或许可使用合同”[①]。此规定并明确指出，大陆出版者如侵犯台湾同胞的版权，版权所有者可请求侵权者所在地的版权管理机构进行处理，亦可向当地人民法院提起诉讼。为维护作者权益，1991年6月施行《著作权法》，1992年参加国际版权公约，在著作权、版权方面与国际接轨。为促进两岸图书出版交流，先后公布了《国家版权局关于认真执行对台、港、澳版权贸易有关规定的通知》（1990年2月2日）、《国家版权局关于下发对台、港、澳版权贸易示范（出版合同）的通知》（1990年8月20日）、《国家版权局关于由北京市版权局负责中央级出版涉及台、港、澳图书版权贸易合同审核的通知》（1993年2月10日）等14个法规、法令。1997年10月1日起开始实施的新修订的《中华人民共和国刑法》在第三章第七节专门规定了侵犯知识产权罪，并将1994年通过的关于惩治侵犯著作权的犯罪的决定中相关的决定吸收到此章节里。这样就为台湾作者及版权所有者的著作权力提供了法律保

① 国家版权局：《关于依法保护台胞作品权的规定》，《人民日报》1988年4月31日。

障，也为两岸图书出版交流提供了法律基础。

（二）台湾方面同意进行两岸图书出版交流，但附有很多限制性条款

1987年7月，台湾当局宣布“解严”，废除了“台湾地区戒严时期出版物管制办法”。关于图书出版的管理由“警总”转为“新闻局”，结束“戒严”一星期后（7月22日），台“新闻局”公布“出版品进出口管理与辅导要点”，规定大陆的科技、艺术、史料文献等作品，个案申请批准后，可重新印刷繁体字及竖排体发行。同时，中国国民党文化工作会邀请出版业者和学者专家讨论大陆出版物，认为应原则上开放出版品，申请、审查从宽，执行从严。次年7月“行政院新闻局”发布“‘沦陷区’出版品、电影片、广播电视节目进入‘本国自由地区’管理要点”，8月公布“‘沦陷区’出版品审查作业须知”，称“业者在申请出版前，应与已获得著作权人、制版权人、或其授权之人，在‘自由国家或地区’签订授权契约，并经‘自由国家或地区’公证人员公证”。台湾主管图书出版的“新闻局”、“内政部”等机构共颁发了8个相应规定，规范图书出版交流。但在这些规定中，台湾当局仍为两岸图书出版交流的正常往来制造了许多障碍：其“新闻局”要求授权必须透过第三国家或地区中介的第三者，不得直接与祖国大陆出版机构及人员打交道；规定每次申请不得超过十种等。从技术上讲，台湾有关方面不允许书店书市销售大陆简体字书籍，祖国大陆出版的书籍因为是简体字，不可能在台湾上市，台湾书商进口大陆出版的书籍受到严重限制。此外，与两岸交流在启动之初几年间“只登（大）陆不上台（湾）”的单向性一样，图书出版交流也有类似之处，来祖国大陆进行交流的多，去台湾进行交流的少；经第三地间接交流的多，直接交流的少。

（三）两岸图书出版交流的迅速发展

在两岸分别为各自图书出版界制定政策的同时，两岸的图书作品已悄然在彼方掀起了“大陆热”、“台湾热”。30年代、80年代的祖国大陆作品在岛内赢得广大欢迎；而台湾作家琼瑶、三毛、席慕蓉、柏杨等作家的作品博得祖国大陆读者的青睐，创下销售巨量。此时两岸图书出版交流一半以上是经由香港为中介间接进行的，但此种间接接触的局面很快便转为直接接触。1990年2月台湾当局允许岛内各工商企业组团访问大陆，台湾一些出版机构开始赴大陆参加书展或洽谈会，两岸的一些出版机构开始从对方取得出版授权。远流出版公司通过中介取得祖国大陆《长城万里行》等书授权，后又直接从大陆商务印书馆取得《辞源》出版权。锦

绣出版社取得《中国美术全集》、《中国大百科全书》的出版权。祖国大陆作家沈从文、钟阿成、残雪等则成为较早授权在台湾出版其作品的作家。人民文学、友谊、三联、国际文化、中国少儿等出版社也先后取得了许多台湾作品的授权。如三联书店、国际文化出版公司等先后获得台湾天下文化杂志的《蔡志忠漫画》、《做个高附加值的现代人》等书的出版权。此外，第一部由祖国大陆、台湾、香港联合编制的中国历史读物《岁月河山——图说中国历史》在三地同时出版发行。据不完全统计，截至1990年底，祖国大陆31家出版社共出版台湾文艺书籍近700种[①]。

值得指出的是，早已看好祖国大陆图书市场和读者群体，跃跃欲试的台湾出版业界，在当局政策性开禁后，立即大面积、全领域、多层次的投入两岸图书出版交流，他们为两岸图书出版交流作出了不少贡献。台“行政院陆委会”于1996年曾委托“中华征信所”对台湾的出版业者进行“两岸出版合作情形及意见交流调查”，结果在600家受访公司中，曾与祖国大陆进行出版合作，或曾在大陆加工、印制出版品的公司有216家，比例为36%[②]。据此项调查显示：大多数（67.8%）的受访公司是以直接与祖国大陆出版社接触的方式与大陆进行著作权贸易；其次则是直接与著作或著作权人接触（53.3%）；许多（32.6%）受访公司是以委托祖国大陆翻译或组稿的方式与大陆方面进行出版合作。再者，则为委托大陆画插图（25.6%）。大多数（56.5%）的受访公司是因为大陆制作成本较低而在大陆加工或印制出版品，另一方面则是为了同时开发大陆市场（52.2%）。“两岸出版合作情形及意见交流调查”表明，在台湾图书出版行业与祖国大陆的交流已经相当普遍，交流途径、方式多种多样。

两岸图书出版交流以类别而言，台湾引入祖国大陆版图书系以文史类为最，约占总量的70%以上。而近年来，随着学术交流日益增多，自然科学类图书亦呈现增长趋势。祖国大陆引进台版图书系以通俗读物为最，社会科学及翻译著作次之，近年来商业企管类图书也有大量增加的现象。总体而言，同两岸各自出版文化与特长有着密不可分的关系。

目前，在台湾方面，远流、时报、天下、联经、淑馨、园神、光复等出版公司与祖国大陆的出版合作较多，成文出版社则通过其香港公司在北京设立办事处，搜集大陆出版信息，编制《北京书目》，提供岛内同业及学界、图书馆界参考；光复书局与大陆海豚出版社在北京成立“光海文化用品公司”，并于海淀图书城进行

① 辛广伟：《两岸出版交流与版权贸易的现状与前景》，《中国图书商报》，1997年8月8日。
② 王明德：《两岸出版合作之现况调查》，台湾《交流》第30期，1996年2月。

售书业务。在祖国大陆方面，依国家版权局对25个省、自治区、直辖市的统计，1991—1996年底，祖国大陆出版社输出图书版权（不包括作者直接授权）2395项①。其中，与台湾出版界合作最多的几个地区是北京、上海、湖北、江苏、辽宁、吉林等省、市。

从上述情况可以看出，十多年来，两岸图书出版界的交流发展迅猛，由暗为明，由间接转为直接，由无序转为有序，数量更是直线上升。

二、两岸图书出版交流的主要方式

两岸图书出版交流工作，在过去十余年中，由暗中摸索而逐步转为积极拓展，如今与祖国大陆的出版业合作进行大陆地区市场营销业务，几乎已成为台湾地区很多出版机构的首要工作。往来合作由混沌紊乱、纠纷不断，而逐渐发展整合为有条不紊的模式。

（一）两岸图书出版交流的方式

随着两岸图书出版交流的迅猛发展，相应的合作方式也基本形成，主要有“授权出版”与“合作出版”两大类。

1. 授权出版。台湾出版界取得祖国大陆出版品授权方式，具代表性的有以下几种：一是通过第三地或海外学者作为中介，间接取得祖国大陆作品或出版品授权。比如远流出版公司通过香港问学社为中介，从陕西人民美术出版社和香港商务印书馆取得《长城万里行》、《千年古都西安》的出版授权；又如香港大学黄德伟教授为台湾新地出版社、三民书局中介的一系列大陆作家作品。二是直接与祖国大陆在香港的中资出版社洽谈版权。如台湾商务印书馆、台湾“中华书局”，就获得香港商务印书馆、香港中华书局多种出版品的授权。三是直接取得祖国大陆作者的授权。如光复书局取得沈从文的书面授权等。四是通过对台版权业务的代理机构中华版权代理总公司或香港中华版权代理公司，取得出版授权。五是直接与祖国大陆出版机构签订授权出版合同。这是目前应用最多的一种方式，有的取得大陆简体字版图书授权，印行繁体字版，如《实用中国养生全书》等；有的取得祖国大陆期刊授权，印行台湾版，如《童话大王》；有的出版连环画册、彩色儿童书和大陆作家文集、全集、译文选集以及各学科的书籍。

① 王明德：《两岸出版合作之现况调查》，台湾《交流》第30期，1996年2月。

2. 合作出版。除授权出版外，“合作出版”的模式越来越为两岸出版界采行。两岸出版界各具特色，互补性很强：台湾出版界经济实力较强，有不少出版策划人才，一些出版社在对外版权贸易方面较有经验，大部分出版企业都属于中小规模，对书籍的市场运作灵活。不足是缺少高素质的编辑队伍，编辑力量较弱，缺少出版资源，作者队伍力量薄弱；相比之下，祖国大陆拥有大量学术素养扎实的编辑人才，有一批资深的编辑，许多专业出版社在本领域有着重要影响。更重要的是祖国大陆出版资源丰富，作者队伍素质高，力量强大。其不足是一些出版社经济实力较弱，缺少国际版权贸易经验。依据两岸各自特点，双方合作表现了极强的互补性，如在有关中国文化传统及理工等领域的图书的创作及翻译方面，台湾主要依靠祖国大陆。而台湾艺术类的图书，更有七成以上来自大陆编辑[①]，1996 年台湾艺术家出版社策划推出的《秦始皇兵马俑》，亦是邀请西安秦俑博物馆的秦陵考古学家张涛撰稿，合作完成的。

（二）两岸图书出版交流的基本形态

两岸图书出版交流的发展，是建立在成熟的合作方式之上的，成熟的合作方式又是建立在可行的合作形态之上的。以两岸图书出版交流合作的形态而言，可分为以下几种：

1. 共同策划，合作出版。因应祖国大陆地区编辑撰稿人才优势，发展出此一模式，或为大陆地区提出构想，台湾地区业者根据其丰富的市场营销经验，共同完成具体计划；或是台湾地区业者提出具体计划，寻求大陆地区同业人员的协助撰稿、编辑等；也有分别邀请两地作家合作者，而其版权则由双方共享，如光复书局与大陆人民文学出版社合作的《世界文学名著文库》，即是此类合作之一例。

2. 台湾策划，祖国大陆成书，再到台湾出版，这是两岸图书出版交流较为普遍的方式之一。在两岸图书出版交流中，有一些书由台湾出版单位命题策划，直接向祖国大陆作者邀稿或委托翻译、绘图、编纂，然后在台湾出版。如淑馨出版社的《世界文化丛书》。

3. 两岸各自取长补短，互利协作。祖国大陆引进台湾版的图书，其种类少于台湾引进大陆版图书，但数量却因大陆地区市场广大，远超出大陆版图书在台湾的印刷数量。台湾地区出版品在大陆地区出版，与大陆作品在岛内出版的模式相同，只

① 胡珍妮：《从北京国际书展看两岸出版交流》，台湾《交流》第 30 期，1996 年 11 月。

是具体运作有所不同。授权出版表现为，台湾地区出版社或作者将作品授权予祖国大陆出版社在大陆地区出版，除少部分外，多将繁体字转为简化字，其中以文艺作品、漫画、企业管理专著以及外文教科书题解为主。协作出版方式，主要是各类学术著作及社会急需推广的科研成果的读物、有利于发展新科学技术的书及读物，准予供稿单位使用出版社书号出版，并承担编辑、印刷、发行等任务。合作对象多为国家科研教学单位、机关、国有企业等单位，出书范围一般为学术著作、自然科学和工程技术方面的著作。协作出版的选题列入出版社年度出书计划，成书由出版社终审终校。但由于受利益驱使，岛内出版单位通过购买书号的手段，直接投入资金，在祖国大陆出版的现象亦是屡见不鲜。

4. 各种书展、访问、旅游也为两岸图书出版交流架起桥梁。1991 年 5 月，台湾联经出版公司与中国图书进出口总公司在广州联合举办了“1991 年台湾地区图书展销会”，这是台出版界第一次正式在祖国大陆举办书展。1993 年 11 月，台湾图书展首次在北京举行，305 家台湾出版公司参展。1994 年 3 月，祖国大陆图书展首次在台湾举行，107 家祖国大陆的出版社参展。而 1992 年一年间，台湾地区出版业者即先后参加天津书展、北京国际图书博览会、成都全国书市、广州科技书市等大小十余次图书展销会。1995 年，台湾地区教科书展首次在北京举行，展出从小学至大专院校各类教科书近 8000 种，展览结束，参展书籍全部送予北京师范大学。目前，每两年举办一次的“北京国际图书博览会”及每年一次的“台北国际书展”，已被普遍认为是两岸图书出版交流的盛会。两岸大型书展为两岸图书出版交流创造了极好的机会。除“书展”之外，两岸图书出版界还举行了两岸关于“缩印技术及档案管理”、“现代图书馆藏书建设与资源共享”、“地方志编辑”、“图书馆与资讯科学教育”、“图书出版合作”、“图书出版事业与图书馆经营”、“儿童及中小学图书馆”、“古籍整理与传统文化”等专题研讨会。涉及图书出版各领域的研讨会的举行，为提升两岸图书出版交流层次，提高两岸图书出版交流质量，扩大图书出版交流规模，提供了有效信息和途径，大大增加了两岸图书出版交流的成功率[①]。

三、两岸图书出版交流中出现的问题

两岸图书出版界的合作、分工日趋紧密，然而不同的管理制度、意识形态及屡禁不止的盗版现象等，也使两岸图书出版交流衍生出一些问题，在相当程度上阻碍

① 刘胜骥:《两岸图书之交流》，台湾《中国大陆研究》第 42 卷第 11 期，第 43 页，

了两岸图书出版交流的深入和发展。

（一）两岸意识形态领域的对立和台湾当局对祖国大陆的敌意，是影响两岸图书出版交流的最重要因素

在台湾当局和某些政治势力的眼中，两岸交流只是祖国大陆达成“和平统一”的手段，把大陆发展两岸经贸和交流说成是“以商围政”、“以民逼官”。因此，从政策和法律两方面制约双方交流的步伐。而从图书出版交流的角度来看，台湾当局的“戒急用忍”和以“政”限“经”，不开放“三通”，已成为两岸图书出版交流主要障碍。此外，意识形态的对立，也限制了两岸图书出版交流的进行，一些书籍和作品则会因意识形态不同而被排斥。

（二）管理制度的不同，制约了图书出版交流的深入

在管理制度方面，台湾为了保护本地印刷业者，出版商若要出版祖国大陆图书，必须以个案向“新闻局”申请核准，不能自由发行；祖国大陆方面，由于但心目前以500家国营出版社为主的出版生态被打破，在政策上不允许外资或台资创办出版社，并且以书号限量，终审权控制出版。两岸管理制度缺少交集点，增加了交流的难度，需要从事两岸图书出版交流的人士进行更多的协作。

（三）缺少对违约者的有效惩治措施

在合作过程中也衍生了诚信问题。版权卖出后的版税账目、共同投资后的盈余分配，两岸间是否有共同信任的会计人员诚实申报作账？而投资大陆的台商也是良莠不齐，有的签下购买版权意向书，回台后却下落不明；有的订货后不去交货，至使大陆签约者损失惨重。这已成为两岸图书出版交流的障碍与漏洞。

（四）盗版问题，一直是困扰两岸出版界的隐忧

对付盗版，两岸图书出版界进行过很多努力。1999年4月在台北召开的“两岸出版研讨会”还专门对如何采取有效措施打击盗版进行了研讨。盗版问题之所以屡禁不止，其原因是多方面的，但最主要的应是利益驱动。为了打击盗版活动，大陆方面曾先后颁布了一系列法令措施，通过司法及行政手段予以打击，近年来采取更多的、更有效的方式是依靠“扫黄打非”的力量打击盗版。据不完全统计，1998年28个省级版权局共受理各类版权案件1182件，收缴各类盗版制品650多万

件[①]。1998年国家版权局倡议建立反盗版联盟，目前，已有上海、江苏、四川、重庆、广东、贵州、安徽和吉林8家省、市结合本地区特点，建立了反盗版联盟。此外，两岸的民间组织为解决盗版问题也发挥了积极的作用。祖国大陆、香港、台湾的出版协会曾达成协议，为两岸三地之间发生的著作权纠纷进行调解，并且取得了一定的成绩。这种合作今后仍将继续下去，并将发挥更重要的作用。

尽管在交流合作过程中出现了许多棘手问题，然而基于未来两岸在图书出版领域合作的广阔前景，两岸出版界同仁仍对未来的合作孜孜以求，不懈努力。两岸图书出版交流已经取得了有目共睹的成绩，两岸图书出版业应通过资源的统合、市场的整合与行销的组合，为中华民族的出版事业，开创更美好的天地，这才是两岸图书出版业交流的最终目的。

（原载《台湾研究》2000年第2期）

① 辛文纪：《两岸出版研讨会圆满闭幕》，台湾《展望》1999年5月。

台湾报业演变特点简析

袁　伟

台湾报业的发展演变过程和其他媒体一样，与政治、经济和社会变迁的关系十分密切。政治、经济和社会的发展变化，促进了报业的发展，同样也对报业提出了新的要求。台湾报业在经历过限制、发展和干扰的不同阶段后，正在新的高峰段运行，同时需要新的调整和适应。

一、报业控制期的台湾报纸

因为“报禁”的存在，台湾报业在国民党迁台后的前40年间，一直只有31家。但是从报业行情和综合因素看，虽说报社家数有总量控制，但是报业生存和发展的环境在不断改善，为迎接“宪政改革”后的大发展积累了条件。

台湾地区报纸统计

年度	报纸这数	每百户报纸份数	年度	报纸这数	每百户报纸份数
1987年	31	70.34	1998年	360	53.56
1988年	122	67.37	1999年	384	51.68
1989年	195	71.13	2000年	445	46.91
1990年	211	69.49	2001年	454	41.44
1991年	237	68.61	2002年	514	40.39
1992年	270	66.04	2003年	708	37.87
1993年	274	63.04	2004年	2534	35.34
1994年	300	64.53	2005年	2442	33.7
1995年	335	60.54	2006年	2381	30.9

续表

1996 年	362	56.45			
1997 年	344	56.93			

资料参考："行政院新闻局"：《2007 年出版年鉴》第 541、546 页；陈飞宝：《当代台湾传媒》九州出版社 2007 年第 1 版，第 88 页

（一）"报禁"中台湾报业起步

从国民党当局到台湾起，至解除"戒严"的近 40 年间，台湾报业虽说先后有过 42 家，但其中改组和重组时有发生，因此到 60 年代初，报纸实际家数为 31 家，报社规模一直保持到 1987 年。

台湾报业控制期开始于 40 年代末。为维持和强化专制统治，国民党当局于 1949 年 5 月 20 日起实施"戒严"，"戒严"的重点之一是控制舆论、主导言论，实施"报禁"，新办报纸十分严格。1949 年复刊和创刊的报纸有《中央日报》、《民族报》、《中国日报》、《经济时报》等 16 家，1950 年创刊和改组的报纸有《军民导报》、《征信新闻》、《民众日报》、《台光报》等 8 家，1951 年创刊和改组的报纸有《民权日报》、《工人报》、《联合报》等 4 家，1952 年有（青年战士报》等 3 家，1953 年有《商工日报》等 4 家，以后到 1961 年有《台湾日报》、《台湾新闻报》等 7 家。至此，因为查封、停刊、改组，台湾报纸正常出版的只有 31 家，一直保持到取消"戒严"。

台湾当局对报纸实行"限题"（限制报纸的议题和内容，任何台湾当局不认同的新闻不能上报，否则重处）、"限张"（限制报纸篇幅，如 1950 年 11 月，台湾当局发布"台 39（教）字第 6516 号训令"，规定自当年 12 月起，各报篇幅"至多不能超过一大张半"，直到 1967 年才增至二大张半）、"限印"（规定报纸的印刷、发行地点，规定中南部的报纸不能向台北市和北部发行）、"限价"、"限纸"（限制纸张供应数量），"报禁"严重阻碍了报业的发展。

50 年代的"报禁"之下，一是当局对舆论的控制不断加大，当时的台湾报业，官办报纸成为主流，主要有国民党中央机关报《中央日报》、国民党中央宣传部控制的《中华日报》、台湾省政府控制的《台湾新生报》、军方的《和平日报》。官办报纸作为统治集团利益的维护者，无论是从篇幅上，还是从发行上，以及广告上，都占有绝对优势地位。二是民营报纸具有特殊的生命力。尽管在当局的政治高压下和官办报纸的强势下，民营报纸由于报道内容和立场相对客观一些，深受读者的欢迎。值得一提的是，1951 年 9 月 16 日，由王惕吾主办的《民族报》、《全民日报》，

与《台湾经济快报》改版的《经济时报》，发行《民族报、全民日报、经济时报联合版》，成为1957年6月20日正式登记的《联合报》的前身。1950年10月2日创刊的《征信新闻》，由主办单位台湾省物资调节委员会研究室主任余纪忠主持，到1968年9月易名为《中国时报》。在《联合报》和《中国时报》两大私营报业带领下，台湾民营报纸生存空间在不断扩大。

（二）政治高压下报业的发展

在政治高压下，台湾报业迎来发展期是从20世纪60年代开始，主要因素有：

一是台湾经济开始进入发展期。从人均收入看，在50年代10年平均只有162美元，自60年代起开始增加，到1964年超过200美元，1976年超过1000美元，1980年超过2000美元，1987年超过5000美元，1988年达到6000美元。①，经济增长对报业产生直接的效果，是新闻数量和时效性增加，报社设备更新，广告收入大幅上升，编辑人员待遇和素质都有提高。

二是政治多元化争论开始。自60年代末期开始“增补选中央民意代表”和70年代开始“增额中央民意代表”选举以来，特别是“保钓运动”开始后，党外运动开始发展起来。在时政争论、朝野对立中，报纸成为重要的阵地，官办报纸基本是维护当局的利益，民营报纸中的绝大部分为党外提供言论阵地，社会各界关注政治多元化报纸成为主要信息来源。因此，政治多元化带来的直接效果是报纸的发展。

三是人口增加和教育发展。对于至关报业状况的读者来说，台湾人口由1961年1114万人，增加到90年代初期的2000万人左右。人口增加带来的直接结果，是报业的受众数量大幅增加。随着经济发展和人口增加，教育发展很快，到1969年受过高等教育的有41.7万人，受过初等教育的有294万人，受过小学教育的达到635万人。人口增加和教育普及的直接结果，是报业的受众质量提高。②

四是报纸广告收入增加。对于报纸发展至关重要的广告收入，也是一路攀升。随着报纸发行量的增加，报纸开始成为受到工商界和相关部门欢迎的广告载体。报业广告收入由1960年1亿元增加为1970年的5.1亿元，10年增加

① 中国社会科学院台湾研究所：《台湾总览》，中国友谊出版公司1991年版，第313页。

② 陈飞宝：《当代台湾传媒》，九州出版社2007年版，第25—26页、第53页、第35和53页、第95页、第99页、第159页、第152页。

399.32%。[1]1974年突破10亿元，1987年突破100亿元，为126.2亿元。[2]广告收入的增加，带来的直接效果，是报社经费的增加，办报条件大为改善。

观察“戒严”和“报禁”继续存在的台湾报业，自60年代起直至取消“报禁”，主要特点有：

一是报纸发行量增长很快。从60年代开始，虽说“报禁”下报纸家数没有改变，但是报纸发行量直线上升，1961年后的10年间增加1倍，发行总数由56万份增加为125万份，1980年为350万份，1987年达到390万份，当年每百户拥有70.34份报纸。[3]显然，政治高压控制下，随着经济的发展和民众生活水平的提高，媒体对社会生活和政治生活的作用在不断提高，同样也给媒体自身的发展带来了机会和动力。

二是官办报纸进入“最后辉煌”。官办的《中央日报》、《中华日报》和《台湾新生报》面对《联合报》和《中国时报》挑战，开始从增加新闻、调整版面、增加副刊和其他专刊等方面着手，增加报纸的吸引力。在官办报纸中，军报十分特殊。台湾军队总数约60万人，却办有《台湾日报》、《青年日报》等近20家报纸。由于官报作为当局的喉舌，作为打压政治反对派的打手，因此政治、经济后援强大，但这一状况却已是“最后的辉煌”。

三是民营报纸集团化。在这一期间，民营报纸最大的特色是《联合报》和《中国时报》开始成为两大报业集团。《联合报》发展为有7家报纸、2家杂志、1家通讯社和1家出版公司，其中包括美洲、泰国的《世界日报》和《欧洲日报》。《中国时报》拥有《海外航空版》、《工商时报》、《美洲中国时报》、《时报杂志》、《时代月刊》、《美洲时报周刊》及4个相关的公司。70年代末期，台湾报纸发行量为300万份，《联合报》和《中国时报》都突破100万份。在两大报业集团的带领下，有利于民营报业生存和发展的政治、心理和社会环境逐渐强化。

四是报纸出现多样化。到70、80年代，随着社会多样化的出现，台湾报业多样化开始加强。较为突出的有，地方报纸的地位逐渐上升，其中最为突出的是《自由时报》。该报的前身是《台东导报》、《台东新报》、《大汉日报》，70年代后期先

① 任熙雍：《十年来报业的发展》，《中华民国新闻年鉴60年版》第53页。陈飞宝《当代台湾传媒》，九州出版社2007年版，第33页。

② 陈飞宝：《当代台湾传媒》，九州出版社2007年版，第25—26页、第53页、第35和53页、第95页、第99页、第159页、第152页。

③ 陈飞宝：《当代台湾传媒》，九州出版社2007年版，第25—26页、第53页、第35和53页、第95页、第99页、第159页、第152页。

后从台东迁往彰化、台北县、台中等地，因为灵活经营和相对客观地报道新闻而崛起于报坛，取消“报禁”前后正式易名为《自由时报》。报业多样化中成效最大的是专业类报纸的出现，如《联合报》集团的《经济日报》和《中国时报》集团的《工商时报》为社会所关注。

总体上看，“报禁”之下，台湾报业基本处于上升态势。更为重要的是，正是在“报禁”高压下，报业累积起不小的能量，为迎接下一阶段的发展准备了条件。

二、政治多元化与台湾报业的发展

随着1987年7月15日台湾当局“解严”，“报禁”取消，台湾报业开始迈入至关重要的商业自由竞争阶段，快速发展的通道被打开。

（一）政治多元化是台湾报业高速增长的关键因素

自取消“戒严”开始，台湾报业迎来前所未有的大改版、大扩充、大发展，究其原因，固然有经济因素，但最为关键的是政治限制的逐步取消，及政治多元化对于新闻媒体需求的增大。

一是“报禁”取消。1987年7月“解除戒严”后，“报禁”随之解除。1999年1月12日“立法院”通过“废止出版法案”，标志着台湾当局对意识形态领域的控制大幅放宽，限制报业发展的政治枷锁终于废除，台湾报业的办报政治、社会环境越来越好，进入相对新闻自由、办报自由、竞争自由阶段。从台湾报业走过的近40年历史看，限制台湾报业发展的经济、社会条件确实存在，或者说在50年代初期起着决定性作用的，就是政治上的限制。当时，从创办新报、报纸张数、政治立场、报道内容、评论观点、纸张供应、印刷地点、发行场所等几乎办报涉及的所有方面，台湾当局进行垄断和控制，严重限制了报业的生存和发展。在20世纪70年代初党外运动兴起后，“报禁”为代表的对新闻出版、思想言论自由的限制，成为党外运动主要批判的目标和要求废除的内容，并且围绕取消“报禁”和废除“出版法”等专制法案出现过一系列的冲突。“解严”后，“报禁”实际上被取消，到终止“戡乱”和废止“出版法”，“报禁”被彻底废除，台湾社会出现办报高潮。

二是“参政议政热”的出现。随着蒋经国晚年开始、李登辉上台后继续推行的“宪政改革”的深入，社会上对于新闻媒体的需求迅速增加，进而为报业的发展提供了广阔的空间。如“组党热”。与“报禁”几乎同时取消的是“党禁”，社会上出现“组党”高潮，到1990年底就增加54个新政党。众多新政党要宣扬自己的理念和能力，要评论执政党和其他政党，执政党则要宣扬自己的政绩，要压缩在野党还击的空间，政党需要表达各自的阵地，报纸显然是最合适的工具之一。如“选举热”。“宪政改革”的重点之一，是完成“选举制度化、公职任期制”。“选举制度化”实现，一方面整个“选举制度化”的完成过程，报纸成为朝野各界围绕选举制度调整进行论战的阵地；一方面众多候选人在参选过程中，需要宣扬自己、批评对手的阵地。报纸显然是最合适的选举工具之一。如“议政热”。政治多元化的特点之一，是思想和言论自由的逐步实施，报纸成为朝野竞争，成为以民进党为代表的在野党监督和批评执政党的主要阵地。此外，李登辉和民进党开始煽动省籍矛盾，挑起统独冲突，族群对立激化，“台独”和“反独”成为社会主要论战议题，报纸成为各种论战的主要阵地。显然，“参政议政热”扩大了社会对报纸的需求。

三是报业的快速发展。进入发展高潮期的报业特点明显，第一，“办报热”涌现。取消“报禁”时，报纸家数为31家，次年增加到122家，到结束“戡乱”的1991年增加为237家，到1996年，即取消“报禁”10年间，报社家数增加到362家，增加近12倍。[①]第二，报纸规模扩大。自由办报后，在从形式上看，变化最大的是主要报纸纷纷扩大版面和增加张数，由“报禁”时的3大张马上大幅增加，有的增加为16大张等。报纸张数增加，版面也随之改变，内容充实和细化，以符合多元化带来的读者兴趣和关注点的转变。第三，三大报业集团形成。《联合报》和《中国时报》实力雄厚，基础扎实，抓住有利时机和原有优势，继续发展。引起高度关注的是，《自由时报》开始崛起。该报由三重帮主办，“报禁”解除后扩张迅速，办有美洲版、美东版、《台北时报》等媒体，90年代初则成为台湾第三大报。值得一提的是，《自由时报》的发展，除了采取“高额赠品”和“免费赠阅”等灵活手法经营外，更为主要的是，《自由时报》支持“台独”立场，适应了李登辉“实质台独”的需要，成为“台独”政党的主要宣传阵地。第四，官办报纸开始衰落。官办报纸历来形象不佳，再加上“报禁”取消后迅速发展的民营报纸，压缩了官办报纸的空间，官办报纸被迫转型。如省政府的《台湾新生报》、《台湾新闻报》和军方的《台湾日报》改制为民营报纸。国民党的党营报纸《中央日报》、《中华日报》处境改变，亏损增加，在报业界的地位急剧下降。第五，报纸专业化在强化。《经济日报》、《工商时报》领军的经济专业报纸，在经济转型过程中继续受到重视。

---

① 台湾“行政院新闻局”：《2007年出版年鉴》第541和546页、第12页。

因为电视、网络等新型媒体的广泛流行，晚报受到严重冲击，《自立晚报》和《劲报》等晚报被迫停刊。地方报纸迎来更多的机会，长期受到压制的中南部地区，成为报业关注的重点。再加上因为发展当地经济和政治选举等的需要，地方新闻重要性上升，因此地方报成为新报主要成员。此外，以科技、交通、旅游、环保、法制、健康以及不同群体为对象的报纸也开始发展起来。

（二）“台独”执政对报业的干扰

在台湾报业进入发展阶段后，面临的问题很多，其中之一是“台独”的干扰。不过，陈水扁当局的限制，并没有挡住台湾报业的发展。

一是陈水扁当局对报业的限制。长期以来，媒体一直是“台独”极力争夺的主要阵地，报纸一直是“台独”力图控制的主要对象。陈水扁执政期间，出于巩固统治、推行“台独”和操纵选举的需要，加大对媒体的控制。为此，运用执政优势全面接管官营媒体，基本掌握国民党当政时期的主要媒体，控制了主要“官营”媒体的报道倾向。扶持《自由时报》、《自立晚报》、《台湾日报》等倾向“台独”、支持陈水扁当局的“本土”媒体，力图借这些媒体营造出有利于民进党执政的舆论氛围。利用广告发包、银行信贷等经济手段控制媒体，把相关“部会”的“政令宣导预算”集中使用（2003 年达 40 亿新台币），通过“选择性招标”投放给“绿色媒体”，形成“当局得名，特定媒体得利，全民买单”的共犯结构。① 为了增加对媒体的控制，陈水扁当局直接指使“新闻局”出面，根据需要，有时借口“媒体评鉴”以打击特定媒体，有时则选择性的“喂新闻”或“封锁消息”，垄断媒体发言权，更可以打压绿营不满意的媒体。对于分外看重时效性的报纸来说，受到的影响很大。为了达到控制媒体的目的，陈水扁当局还运用司法手段，打压不与当局合作的媒体，在上台后的 3 年间，就 3 次搜查媒体，7 次起诉媒体及相关人士。陈水扁当局破坏新闻言论和思想自由的行为，引起社会各界的强烈不满，被人怒斥为“直追北洋军阀”，② 从另一个侧面，引发社会各界对媒体的关注。

二是台湾报业发展进入新阶段。陈水扁当局对媒体的打压，严重侵犯新闻言论自由，也直接打击了媒体，从一定程度上改变了媒体市场，报界受影响明显，亲民进党的报纸获利丰厚，不听陈水扁当局打招呼的报纸发展受阻。如《联合报》曾经

① 《绿色执政肥了绿色媒体》，台湾《新新闻》周刊第 808 期。

② 《媒体代表：只有军阀才抄报馆》，台湾《中国时报》2000 年 10 月 12 日。

连续几年每年亏损20亿新台币,《中央日报》发行量越来越小。[①] 陈水扁当局要求,社论版要“实事求是”,不要“逢李(登辉)必反”,不要有特定立场。[②] 陈水扁当局侵犯新闻自由的违法行为,再加上自2003年起,台湾经济出现复苏迹象,民间办报热情又起,成为台湾报业的转型期。与政治多元化的前12年相比,第一,新报增加很多。2000年时有445家,2001年有454家,2002年有514家,2003年增加为708家,2004增加到2534家,与“报禁”时期比,增加了81倍,与“宪政改革”初期比,增加了20倍。在台湾报业发展史上,2004年创下新纪录。第二,《苹果日报》异军突起。在报纸的膨胀期内,《联合报》集团开始成为“华文报业中规模最大、现代化水平最高的报业集团之一”,[③]《中国时报》集团成为“21世纪跨媒体复合型多媒体集团”。[④] 原在香港的《苹果日报》于2003年5月2日在台湾发行,并且在很短的时间内,成为第四大报业集团。关键是《苹果日报》的报道主题、采访手段、版面设计、图片安排、图字比例和报道方式,在读者和报界引起巨大轰动,迫使台湾报界纷纷效仿。第三,广泛使用新技术。从20世纪80年代末期起,随着取消“报禁”带来的发展契机,台湾报业广泛采用新技术,编排技术全面更新换代。进入21世纪以来,电脑技术贯穿于采访、编辑、修改、排版、印刷、装订等全过程。如《联合报》在2001年间,完成数字化编排工程,每月完成12万则新闻的数字化工作。到2002年底,《联合报》知识库资料量已经超过400万笔。[⑤] 在网络逐渐普及后,台湾报业开始创办电子版和网络版,以扩大报纸的影响力和增加时效性。

三、台湾报业面临的问题

总体上看,台湾报业表现出上升趋势,不过与报纸家数增加不一样,每百户拥有报纸数呈现下降趋势,1987年为70.34,1990年为69.49,1996年为56.45,2000

① 李筱峰:《收笔感言》,台湾《中国时报》2003年7月28日。

② 林莹秋:《联合报卖点弱点都是同一点》,台湾《财讯》2002年5月号,第89页。

③ 陈飞宝:《当代台湾传媒》,九州出版社2007年版,第25—26页、第53页、第35和53页、第95页、第99页、第159页、第152页。

④ 陈飞宝:《当代台湾传媒》,九州出版社2007年版,第25—26页、第53页、第35和53页、第95页、第99页、第159页、第152页。

⑤ 陈飞宝:《当代台湾传媒》,九州出版社2007年版,第25—26页、第53页、第35和53页、第95页、第99页、第159页、第152页。

年为46.91，2004年为35.4，2005年33.68，2006年为30.9。[①] 此外，在台湾现有报纸中，正常发行的只有约近百家，并且像《中时晚报》和《中央日报》这样的大报，前者在2006年11月停刊，后者在2006年6月改为电子报。这一趋势说明，台湾报业面临新的发展困境。

（一）新型媒体普及挤压报纸产业

电子媒体的广泛出现，直接威胁到平面和传统媒体市场。为了改变报纸的不利处境，报界也采取了许多改革措施，强调知识性、生活性和实用性，强调要有多元化、亲和力、多角度、专业化，强调版面版序清晰化、报道内容多元化、议题角度多样化、照片图数扩大化，强调头版新闻数越来越少、版面愈分愈细、新闻标题和照片突出、版面更加耸动和震摄人心，以增加报纸的软性导向和视觉导向。[②]

新型媒体的出现，对信息消费市场形成“排挤效应”，吸引走许多传统媒体的读者群体。台湾地区家庭有线电视普及率为85%，手机普及率为百分百，拥有电脑比例达58%，每百人拥有13条宽频线路，2004年网民达到905万人，上网几乎成为“全民运动”。[③] 许多报纸也看到了这一现实，纷纷创办电子报、网络报和网站，争夺越来越多的电子媒体的读者群体。如《联合报》集团有《联合新闻网》、《中国时报》集团有《中时电子报》、《自由时报》集团有《自由电子报》，规模较大的有《中央日报网络报》、《中华日报电子报》等。台湾地区的通讯社、电视台、广播公司和文化信息公司，也创办各自的新闻网站和电子报。新型媒体如此发达，直接威胁的就是传统媒体，报纸更是最大的伤害群体。本来台湾报纸就偏多，在3.6万平方公里、2300万人口中，活动着2400家报纸，报纸自身分配新闻资源、广告资源和读者资源就十分紧张，如今再出现如此多的电子媒体，对报业的威胁之大可见一斑。

（二）阅读方式改变影响报纸读者群体

在电子媒体不发达时期，台湾民众主要是凭借报纸了解新闻、获取信息，因此在取消“报禁”前后每百户报纸拥有量达到70份以上。电视普及后，在报纸、广

---

① 台湾“行政院新闻局”：《2007年出版年鉴》第546页。陈飞宝：《当代台湾传媒》，九州出版社2007年版，第83页。

② 台湾“行政院新闻局”：《2007年出版年鉴》第541和546页、第12页。

③ 陈飞宝：《当代台湾传媒》，九州出版社2007年版，第25—26页、第53页、第35和53页、第95页、第99页、第159页、第152页。

播、杂志和图书中，读者和观众花在电视上的时间最多，认为电视是最可靠的媒体的人也最多，报纸开始从媒体的顶峰下降。90年代中后期起，新型电子媒体尤其是互联网开始普及后，民众的阅读方式迅速适应这一变化，成为新型电子媒体的基本消费群体。

新型电子媒体之所以吸引读者和观众，首先是因其与报纸等传统平面媒体相比，具有更多的优势：时效更快、内容更多、容量更大、界面更生动、检索更便捷。在网民与日俱增的情况下，有些报纸开始同时发行网络版，以减少读者群的流失。如《联合报》在1999年9月14日推出的《联合新闻网》，把该报系的《联合报》、《经济日报》、《民生报》、《联合晚报》和《星报》的主要新闻、信息等内容，集中到一起，每天更新新闻达1000条以上；《中国时报》也同时发行网络版的《中时电子报》。互联网所拥有的超强信息存取功能，为网民准备了"取之不尽"的信息资源，随时查取和整理，这让以纸为介质的报纸望尘莫及。网络越来越多地成为人们获取信息的主要媒介，进而直接改变了众多读者的阅读方式。其次是网络具有的与读者即时互动功能，是报纸和其他传统平面媒体无法做到的。读者在网络上阅读的同时，可以查取所需的资料，可以发表自己的看法，可以看到其他读者的即时评论，这是报纸和传统平面媒体无能为力的。为此，为稳住读者群，传统媒体自身也在改变。新的阅读要求，显然是对传统媒体、特别是报纸形成深层次的冲击。

（三）报业竞争激烈造成"短缺经济"

台湾报业十分发达，而整体消费市场有限，因此带来的问题是报纸相关的因素十分短缺，进而造成报业内部竞争十分激烈。

台湾报业过的是"短缺经济"，从源头上讲是"新闻短缺"，有限的新闻被过多的报纸抢夺，挖掘过深，最后造成有些报纸凭借雄厚实力发布符合真相的新闻和有水平的评论，有些报纸按照各自立场各取所需，有些报纸不是缺乏新意就是弄虚作假。从最终结果上看是"读者短缺"，报纸过多读者市场有限，甚至缺乏起码的报纸经营所必需的读者基数都不足。因此报纸的报道内容、版面设计、标题图片安排，都需要考虑对各自读者的吸引力，《苹果日报》的揭秘报道方向、超大型图片、图片连载、吸引眼球的标题设计、同一事件的连续报道、过于缩小文字的数量等，为各报争相效仿。"蓝绿省籍"都成为报业拉拢、稳定读者群体的手段，《自由时报》最为典型，长期以来坚持泛绿立场，依靠占选民四成左右的绿营支持者的支持，挤进四大报业圈。从关系到报纸生存与发展的经济收入来看，是"广告短缺"。

对于台湾报纸来说，无论是订户和零售，只能提供部分经济支撑，主要经济收入是广告。在台湾报业内部，从报纸销售上讲，因为竞争激烈、“读者短缺”，所以杀价、送礼十分普遍，带来的后果是销售环节几乎无法赚钱。再加上由于报纸发展过快，报纸数与居民数的绝对比值越来越小，几乎已经达到饱和的程度，广告业又受经济不景气影响，无论是广告数量还是广告价格没有大幅提升，带来的结果，是过多的报纸抢夺没有增加的广告，互相杀价，“广告价格”下降。现代报纸经营中，广告是主要收入之一，广告收入不足，加重台湾报业的危机。

总体上看，台湾报业还处在发展和调整状态，报纸总量难有大的增加，报纸发行量还会出现一定程度的下降，但是报纸在台湾政治、经济、社会生活中的地位不会有大的降低。

（原载《台湾研究》2008 年第 6 期）